Wolf: Weltgeschichte der Lüge

Prof. Dr. Heinrich Wolf

Weltgeschichte der Lüge

Archiv-Edition

Die in der *Archiv-Edition* erscheinenden Veröffentlichungen sind Nachdrucke.
Die Nachdrucke erscheinen zu Forschungszwecken, ihr Inhalt entspricht nicht
immer der Meinung des Verlegers.

1989
Archiv-Edition, Verlag für ganzheitliche Forschung und Kultur, 2257 Struckum
Nachdruck der Ausgabe von 1937
ISBN 3-922314-84-8

Aus dem Vorwort zur ersten Auflage
(1922)

Bekanntlich hat Gustav Freytag „Bilder aus deutscher Vergangenheit" geschrieben, um die Eigenart und das Wesen unseres Volkstums aufzudecken. Mein Buch „Weltgeschichte der Lüge" könnte man „Spiegelbilder aus der Vergangenheit" nennen; es kam mir darauf an, zu zeigen, wie groß seit Jahrtausenden der Unterschied ist zwischen arisch-germanisch-deutschem und fremdem Volkstum, zu zeigen, daß die ganze Weltgeschichte ein gewaltiger Kampf der Nichtarier gegen das Ariertum ist, wobei die Hauptwaffen der äußeren und inneren Feinde in Schein, Heuchelei und Lüge bestehen.

Ich weiß im voraus, daß man meinem Buch den Vorwurf der „Einseitigkeit", „Rückständigkeit", „Reaktion" machen wird; es sei eine „Tendenzschrift", „nicht objektiv". O über die moderne „Wissenschaft", die alle Unterschiede zwischen Gut und Böse, Wahrheit und Lüge, Gott und Teufel verwischen möchte! Wie Sokrates und Plato, so müssen wir heute den Kampf aufnehmen gegen eine falsche Aufklärung, gegen alle Sophistik und Rabulistik. Rückständig sind heute die Leute, die noch in der Ideenwelt des 18. Jahrhunderts stecken und sich einbilden, mit ihrem bißchen Menschenverstand ergründen zu können, was für Kiche und Staat, Gesellschaft und Wirtschaftsleben allüberall und zu allen Zeiten das „Vernunft- und Naturgemäße" sei, und die Kuren nach Art des Doktor Eisenbart vornehmen.

Wie ein vorsichtiger Gärtner müssen wir alle Schädlinge, alles Unkraut sorgsam entfernen, damit das echte Christentum und das unverfälschte Deutschtum aus der erstickenden Umklammerung befreit werden und sich wieder frei entfalten können. Und da gilt es, rücksichtslos den Kampf gegen die Lüge und den Schein, gegen Wahnvorstellungen und Selbsttäuschungen aufzunehmen. Richard Wagner sagt: „Wir dürfen nur wissen, was wir nicht wollen, so erreichen wir aus unwillkürlicher Naturnotwendigkeit ganz sicher das, was wir wollen, das uns aber erst ganz deutlich und bewußt wird, wenn wir es erreicht haben."

Aus dem Vorwort zur fünften Auflage
(1936)

Am 6. August 1931 feierte ich mein 50jähriges Doktorjubiläum. Pünktlich brache die Post die Erneuerung meines Doktordiploms durch die Bonner Universität; darin heißt es, daß Heinrich Wolf stets bemüht gewesen sei, seine wissenschaftlichen Grunderkenntnisse cum ira et studio zum Wohle von Volk und Vaterland fruchtbar machen.

Cum ira et studio? „mit leidenschaftlichem Eifer"? Sollte das ein leichter Tadel sein? Ich selbst empfand es ebenso als hohes Lob, wie die Worte eines früheren Schülers: „Ich denke immer gern an Ihren Geschichtsunterricht zurück; aber Sie waren doch mehr Treitschke als Ranke." Auch ließ ich mich nicht irre machen, wenn man über den „Entweder-Oder-Wolf" spottete, mir „Einseitigkeit" und „Mangel an Objektivität" vorwarf, mich als „Störer des konfessionellen Friedens", „Katholikenhasser", „politischen Schulmeister" denunzierte, der die Jugend vergifte. Die Menschenheitsapostel haben mich mehr als drei Jahrzehnte verfolgt, und noch im Januar 1934 sprach mir der Vatikanische Osservatore Romano in einer langen Besprechung meiner Geschichte der katholischen Staatsidee „den letzen Rest des Christentums" ab.

Den Zentrumsgewaltigen und den romhörigen Kultusministern zum Trotz habe ich, wie die politischen Geschichtsschreiber von Sybel und von Treitschke, die vornehme, kühle Neutralität und Objektivität stets abgelehnt. Mochte es sich um Deutsch oder Geschichte, um Griechisch oder Latein handeln, immer ließ ich mich von der bewußten Absicht leiten, auf die Gegenwart zu wirken und mich zu meiner nationalen Überzeugung zu bekennen. Freilich, Voraussetzung ist für uns Schulmeister, daß obenan die Wahrheit steht; wir müssen dem heranwachsenden Geschlecht ein Vorbild strengster Wahrhaftigkeit sein.

Leben heißt Kämpfen! so wie Jesus Christus getan hat. Er kannte keine kühle, vornehme Neutralität und Objektivität, sondern warf den Pharisäern, Sadduzäern und Schriftgelehrten sein „Ihr Otterngezüchte" ins Gesicht und jagte mit der Geißel die Mammonsknechte aus seines Vaters Haus.

Heinrich Wolf.

Inhaltsverzeichnis

Seite

Einführung: Die sagenhafte Ur- und Vorgeschichte der Völker 1

Die alte Kulturwelt
I. Der Orient

A. Die Hauptrassen der Weltgeschichte 16
B. Theokratie (der größte Betrug der Weltgeschichte) 21
C. Die Korrektur der jüdischen Geschichte 24
D. Weltreiche, Universalismus 34

II. Die Griechen

A. Versuch einer Kirchenbildung 37
B. Freiheit und Gleichheit, die Demokratie 38
C. Der Sieg des Orients 52

III. Römische Geschichte

A. Die ältere römische Geschichte bis 264 v. Chr. 61
B. 264-31 v. Chr. 65
C. Der Sieg des Orients (die Kaiserzeit) 77

IV. Die Verfälschung der Religion Jesu

A. Christentum und Judentum 87
B. Christentum und Griechentum 92
C. Christentum und Römisches Reich 95

Mittelalter
Eintritt der Germanen in die Welt

I. Waren die Germanen ein »Eroberervolk«, »freche Eindringlinge?« 105
II. Die Germanen als »Barbaren« 109
III. Die Germanen als »Ketzer« 112

Das Papsttum

I. Die ersten Jahrhunderte 119
II. Das 8. und 9. Jahrhundert 125
III. Das Ringen zwischen den »beiden Gewalten« 130
IV. Das Papsttum auf der Höhe seiner Macht 135
V. Die Unfehlbarkeit 149

Der Wahn einer Kulturgemeinschaft

   I. Die drei »Großen« des Mittelalters und ihre falsche Renaissance . 157
  II. Die »Großtat« des deutschen Volkes im Mittelalter 160
 III. Die Renaissance des 14., 15., 16. Jahrhunderts
      A. In Italien 164
      B. In Deutschland 171
 IV. Die Habsburger 176

Neuzeit

Reformation, Preußentum, Deutschtum

   I. Der 400jährige Lügenfeldzug gegen Luther und die Reformation
      A. Luthers Persönlichkeit 185
      B. Die Begehrlichkeit der Fürsten 194
      C. Die Schuldlügen 198
  II. Kampf gegen das Preußentum und das romfreie Deutschtum
      A. Das Preußentum 204
      B. Kampf gegen das romfreie Deutschtum 208
 III. Der Kampforden der Jesuiten
      A. 16.–18. Jahrhundert 212
      B. Aufhebung des Jesuitenordens 216
      C. Der 1814 wieder hergestellte Orden 217

Masken und Tarnkappen

   I. Die christliche Religion als Maske 226
  II. Die Lügen-Demokratie 229
      A. Geschichte der neuzeitlichen Demokratie 231
      B. Der Freimaurerorden und das Judentum
         1. Der Freimaurerorden 254
         2. Das Judentum 262
 III. Pazifismus als Maske und als Waffe
      A. Weltreichs- und Weltfriedensgedanken 269
      B. Und wir Deutschen? 271
      C. Rom und Juda 273
 IV. Der status quo als Maske und als Waffe 277

Verteilung der Welt in der Neuzeit

   I. Die europäischen »Kulturträger« in den fremden Erdteilen . . . 280
  II. Das deutsche Mitteleuropa 293
 III. Die »kranken Staaten« und »der Schutz der Schwachen« 309

1890 – 1933

Die Großmacht der Lüge in der nachbismarckschen Zeit

I. Vor dem Krieg 317
II. Während des Krieges 331
III. Nach dem Weltkrieg
    A. Die »Sieger« 356
    B. Fortsetzung des Krieges mit anderen Mitteln 363

Fieberzustand

I. Draußen in der Welt 387
II. Fieberzustand des deutschen Volkes 391
III. Mein Kampf gegen den Bildungs- und Kulturschwindel 395

Der Lügenfeldzug gegen Hitler und sein Drittes Reich

I. Der jüdische Lügenfeldzug 413
II. »Katholikenverfolgungen« 414
III. Die »Siegerstaaten« und Hitlers Drittes Reich 421

Anhang

Die Geschichtschreibung des 19. und 20. Jahrhunderts

Vorbemerkungen 425
I. Die großen Wahrheitssucher des 19. Jahrhunderts 431
II. Irrwege einer durch die Naturwissenschaft und die »Aufklärung«
    beeinflußten Geschichtschreibung 440
III. Die katholische Geschichtswissenschaft 451
IV. Konjunktur-Geschichtschreiber 464

Die sagenhafte Ur- und Vorgeschichte der Völker[1].

„Daß die Welt in sechs Tagen erschaffen sei, glaube ich nicht; ein Paradies hat es nie gegeben; Noah, Abraham, Isaak, Jakob haben nie gelebt; vielleicht auch Moses nicht. **Ihr habt uns in der Schule und in der Kirche belogen!**" Solche leidenschaftlichen Anklagen kann man heute oft hören. Was sollen wir darauf erwidern?

1.

Mythen, Sagen, Märchen sind keine Lügen oder Geschichtsfälschungen, sondern **Dichtungen**, die in den Kindheitsepochen der Völker entstanden sind. Zwar erzählen sie uns keine wirklichen „historischen" Begebenheiten, aber sie sind **wahr**, und die schönsten Mythen und Sagen verdanken wir gerade den Völkern, unter denen die größten Wahrheitssucher lebten, den alten Indern, Griechen, Germanen.

Die Grenze zwischen Mythen und Sagen läßt sich schwer ziehen; vielmehr fließen sie ineinander. Die Mythen, so sagt man, sind primitive Wissenschaft, die Sagen primitive Geschichte; die einen erzählen von den Taten der großen Götter, die anderen von den heldenhaften Vorfahren der Urzeit. Man spricht von „mythischem Denken", „mythischen Bildern", und ein Geschlecht überlieferte dem folgenden die „heiligen Geschichten", welche den Wandel der Naturerscheinungen, den ewigen Kreislauf des Werdens und Vergehens erklären.

In Griechenland wurde um 280 v. Chr., als der alte Glaube an die Götter schon erschüttert war, von dem Rationalisten Euhemeros die törichte Behauptung aufgestellt: Was man als Götter anbete, Zeus und Apollo, Poseidon und Dionysos usw., seien in Wahrheit Könige und Staatengründer der Vorzeit gewesen. **Genau das Umgekehrte ist richtig:** Was die Sage als die ältesten Könige, Städte- und Staatengründer bezeichnete, sind ursprünglich Gottheiten gewesen. Lebendige Überlieferung **geschichtlicher** Vorgänge geht kaum über das dritte Geschlecht zurück; dagegen wird nichts so zäh festgehalten, wie religiösmythische Gebräuche und Vorstellungen. Als bei höherer Kultur die einfachen Hirten- und Bauerngottheiten vor den himmlischen Göttern zurücktraten und auf die Stufe von „Heroen" sanken, da wurden ihre Namen für die angeblichen Könige der Vorzeit gebraucht. Es läßt sich nachweisen,

---

[1] Ausführlicher handelt meine „Kulturgeschichte" von den Mythen und Sagen.

daß die ältesten „Könige" Athens Gottheiten und Schutzgeister waren, die der attische Hirt und Bauer anrief:

> Kekrops ein Erntegott,
> Erechtheus der „Schollenbrecher",
> Butes ein Gott der Rinderzucht,
> Triptolemos ein Gott der dreifachen Pflügung.

Ebenso stellte man später an die Spitze der latinisch=römischen Geschichte Saturnus, den Gott der Aussaat.

2.

Interessant sind die Wandlungen, welche die Mythen und Sagen, besonders die Heldengeschichten im Laufe der Jahrhunderte erfuhren. Jedes Geschlecht sah die Helden im Lichte der eigenen Zeit, legte den Maßstab der eigenen Sitten und Anschauungen an und formte demgemäß die Überlieferung um. Dies tritt uns recht deutlich in der germanisch=deutschen Nibelungensage vor Augen. Die Erzählungen von Sigurd=Siegfried, Brünhilde und Kriemhilde waren in einer Zeit entstanden, da man weder vom Christentum etwas wußte noch vom Rittertum. Aber in dem um 1200 n. Chr. verfaßten Nibelungenlied fehlt fast alles, was an den mythischen Ursprung erinnert; dagegen wird der junge Königssohn Siegfried mit vielen Altersgenossen zum Ritter geschlagen, so wie es am Hofe der Hohenstaufen geschah, und der berühmte Streit zwischen den beiden Königinnen findet beim Kirchgang statt[1].

Ähnlich war es im Altertum. **Herakles** wurde aus einem Lichtgott ein Held, das Ideal des dorischen Stammes; zugleich spiegelt sich in seinen Sagen die griechische Kolonialgeschichte. Ursprünglich beschränkt sich der Schauplatz seiner Taten auf Süd= und Mittelgriechenland; aber mit der Erweiterung des geographischen Horizontes wuchs er von Jahrhundert zu Jahrhundert; im 5. Jahrhundert v. Chr. war Herakles in allen Ländern gewesen, die man kannte, von der Pyrenäenhalbinsel bis zum Kaukasus; später soll er sogar in die Länder der Nordsee gekommen sein. Auch werden aus seinen Taten Rechtsansprüche für die dorische Wanderung abgeleitet[2]. Bekanntlich haben die Dorer um 1000 v. Chr. gewaltsam den Peloponnes erobert; einige Jahrhunderte später wurde erzählt, ihre Könige seien Herakliden, Nachkommen des Herakles; sie hätten den widerrechtlichen Besitzern die Länder wieder entrissen, die Herakles ererbt oder er=

---

[1] Wie naiv man damals die Zustände und Anschauungen der eigenen Zeit auf die Vergangenheit übertrug, zeigt uns das Epos „Der trojanische Krieg" vom Pfaffen Konrad aus dem 12. Jahrhundert n. Chr.: Auf Seiten des Menelaos stehen Russen, Ungarn, Dänen, Portugiesen und Deutsche, auf Seiten der Trojaner Mohammedaner und Griechen.

[2] Auch die Juden erzählten, ihre Vorfahren hätten, als sie Palästina eroberten, von einem Lande Besitz ergriffen, das ihnen rechtmäßig als das Erbe Abrahams zukam. Ebenso wurde der Perserkönig Kyros (um 550 v. Chr.) zum Enkel und Erben des letzten Mederkönigs gemacht, und die mittelalterliche Sage läßt Dietrich von Bern nicht als Eroberer nach Italien ziehen, sondern um sein angestammtes Reich wiederzugewinnen.

worben habe. — Bedeutsam war die **innere** Umgestaltung der Sage im 5. Jahrhundert v. Chr.: Herakles wurde der Dulder, der die Mühen und Drangsale des Lebens wie kein anderer zu tragen hatte. Auch die **P h i l o s o p h i e** bemächtigte sich der Gestalt des Herakles; allbekannt ist die schöne Geschichte, die Prodikos im 5. Jahrhundert v. Chr. erfand: „Herakles am Scheidewege"¹).

Zusammen mit der steigenden Macht **A t h e n s** erhob sich **Theseus** zum Doppelgänger und Konkurrenten des Herakles; man erzählte von ihm ähnliche Heldentaten, wodurch er das Land von schrecklichen Ungeheuern in Menschen- und Tiergestalt befreit habe. Vor allem aber hielt Theseus gleichen Schritt mit der Entwicklung und dem Wachstum des **a t h e n i s c h e n S t a a t e s**, und er machte alle politischen Wandlungen mit:

1. Ursprünglich bildete die kleine Landschaft Attika ebensowenig eine politische Einheit, wie Böotien oder Thessalien, und es steht fest, daß Eleusis und die vier Gemeinden der Marathonischen Ebene bis ins 8. und 7. Jahrhundert hinein ihre Unabhängigkeit behaupteten. Die spätere Sage aber ließ die Einigung, die sich **a l l m ä h l i c h** im Laufe von Jahrhunderten vollzogen hatte, in **e i n e r** bestimmten Zeit, von **e i n e m** bestimmten König ausgeführt werden, von Theseus. Ihn feierte man als den Helden, der nicht nur Ordnung und Sicherheit brachte, das Land von der Fremdherrschaft befreite und verständige Rechtssatzungen aufstellte, sondern der auch alle Gemeinden Attikas in den **e i n e n** städtischen Mittelpunkt Athen zusammenschloß²).

2. Geschichtlich ist, daß Athen erst seit **S o l o n** (um 590) zu höherer politischer Macht emporstieg. Besonders segensreich war die vielseitige Tätigkeit des „Tyrannen" **P e i s i s t r a t o s** (um 540); er hob die soziale Lage der ärmeren ländlichen Bevölkerung, der er brachliegende Grundstücke zur Bebauung überließ und die er durch eine weise Rechtsprechung schützte. Er legte Landstraßen an; aber zugleich förderte er die städtischen Interessen durch eine Wasserleitung, durch prächtige Bauten, durch Erweiterung des Handelsgebiets; an seinem Hof entwickelte sich ein reges, geistig bewegtes Leben. Wie ein goldenes Zeitalter erschien die Zeit des Peisistratos. — Wiederum spiegelte sich die Gegenwart in der Sage; damals erhielt **T h e s e u s** die Züge eines sozialen, gerechten, volksfreundlichen Königs; er wurde das mythische Abbild des Peisistratos. Das **N e u e**, das Peisistratos schuf, wurde zum Teil auf Theseus zurückgeführt, vor allem das Hauptfest der Panathenäen.

3. Es ist schwer, die Grenze zwischen unbewußter und bewußter Umdichtung zu erkennen. Im 5. Jahrhundert, als Athen nach den glorreichen Siegen über die Perser immer demokratischer wurde, ging man noch einen Schritt weiter. Diese Zeit machte aus dem König Theseus einen Apostel demokratischer Grundsätze:

---

¹) Vgl. meine „Kulturgeschichte", 4. Auflage, S. 39 ff., 47 ff.
²) Vgl. Thukydides II, 15.

In Ed. Meyers Geschichte des Altertums III, S. 503 lesen wir:

„Was die Gegenwart bewegte, spiegelte sich wider in der Sage; nach ihrem Bilde gestaltete man die Erzählungen aus der Urzeit um. Die Heldengestalt des Theseus, einst das mythische Abbild des Peisistratos, wird jetzt der Heros der Demokratie, der Athens Machtstellung begründet und seine Verfassung in volkstümliche Bahnen hinübergeführt hat ... Theseus Gebeine führte Kimon 469 im Triumph von der Insel Skyros nach Athen; die Grabstätte und das Heiligtum, das man ihm hier bereitete, galten als eine der heiligsten Stätten Athens."

3.

Mit großem Stolz erzählten die Spartaner von ihrem weisen Gesetzgeber **Lykurgos**. Zwar steht heute fest, daß ein Gesetzgeber Lykurg überhaupt nie gelebt hat, und doch entspricht die sogenannte Lykurgische Verfassung im wesentlichen durchaus den Tatsachen. Nur müssen wir aufs nachdrücklichste betonen, daß wir es hier nicht mit einem einmaligen Gesetzgebungsakt zu tun haben. Es ist ungeschichtlich, daß um 880 oder 820 v. Chr. ein einzelner Mann allen Grundbesitz in Lakedämon eingezogen und neu verteilt habe, daß er dann über das Wirtschaftsleben, die Staatsverwaltung, die Erziehung bestimmte Gesetze gegeben habe. Vielmehr sind die eigenartigen Einrichtungen des spartanischen Staates allmählich, im Laufe von 4 oder 5 Jahrhunderten aus den besonderen Verhältnissen erwachsen[1]).

Anderseits ist der athenische Gesetzgaber Solon die erste greifbare historische Persönlichkeit der alten Griechen (um 590 v. Chr.), von der wir uns ein genaueres Bild machen können. Aber auch seiner bemächtigte sich die Sagenbildung; besonders wurde Solon in den folgenden Jahrhunderten der Sammelbegriff für alle Gesetze, über deren Ursprung man nichts Genaueres wußte.

Ähnlich ging es im Mittelalter mit Karl dem Großen, auf den man Einrichtungen und Gesetze der verschiedensten Epochen zurückführte.

4.

Auch die seltsamen Zeitrechnungs= (chronologische) Konstruktionen des Altertums dürfen wir nicht „Lügen" oder „Geschichtsfälschungen" nennen; es sind Dichtungen, zum Teil eine Art Wissenschaft. Als um 600 v. Chr. bei den alten Griechen gleichzeitig Philosophie und Geschichtschreibung sich zu entwickeln begannen, da stand für beide die Frage nach der ἀρχή, d. h. nach dem Anfang, dem Ursprung im Vordergrunde. Die ältesten Geschichtschreiber strebten danach, in die Überlieferung Ordnung zu bringen; sie gingen auf die Entstehung, die Gründung der wichtigsten Stadtstaaten zurück und stellten Stammbäume der Urkönige auf. Sie suchten einen chronologischen Rahmen für ihre Geschichte fest=

---

[1]) Genaueres in meinem Buch „Geschichte des antiken Sozialismus und Individualismus", S. 38 ff.

zulegen, und chronologische Studien wurden bis zum alexandrinischen Gelehrten Eratosthenes (3. Jahrhundert v. Chr.) und bis zum Zeitgenossen Ciceros, dem bedeutenden Forscher Terentius Varro (1. Jahrhundert v. Chr.), die Ursache für zahlreiche künstliche Schöpfungen. Die **Königslisten** für Troja, Athen, Theben, Rom sind ziemlich spät entstanden.

In den letzten Jahrhunderten v. Chr. stand es für die Geschichts- und Altertumsforscher fest, daß der Trojanische Krieg 1194—1184, die Gründung Roms 753 gewesen sei[1]. Deshalb konnte der trojanische Held Aeneas, in dem man den Stammvater des latinisch-römischen Volkes sah, nicht mehr der Vater bzw. Großvater des Romulus sein, des Gründers der Stadt Rom. Denn es lagen ja über 400 Jahre dazwischen. So wurde denn die lange **Albanische Königsliste** konstruiert, die wir im 1. Buch des Livius finden.

Wir sprechen von „ätiologischen" Mythen und Sagen, d. h. Erzählungen, die uns bestehende Einrichtungen erklären sollen. Ein klassisches Beispiel dafür ist die **römische Königsgeschichte**, die bei Livius den größten Teil des 1. Buches füllt. Von die sieben Königen Roms sind vielleicht die beiden Tarquinier historisch, aber nur die Namen; was von ihrer Herkunft und ihrem Sturz erzählt wird, ist sagenhaft. Die ganze Königsgeschichte wurde erdichtet, um die Entstehung der politischen, rechtlichen, sozialen, religiösen Einrichtungen zu erklären.

Romulus erscheint als der Gründer Roms, der Schöpfer des Königtums, des Senats, der Einteilung der Bürgerschaft.

Von **Numa Pompilius** stammt angeblich die älteste Einrichtung des Gottesdienstes und der Priesterschaften.

Tullus Hostilius soll Alba mit Rom vereinigt und

Ankus Martius Ostia gegründet haben.

Tarquinius Priskus war, wie man erzählte, der Baumeister und legte die berühmten Entwässerungsbauten an.

Servius Tullius gab die Gesetze.

Tarquinius Superbus führte durch seinen frevelhaften Übermut den Sturz des Königtums herbei.

Zugleich erscheinen manche Erzählungen über diese Vorzeit wie exempla, d. h. Musterbeispiele für bestimmte Gebräuche: z. B. für das „unters Joch gehen" und für die Kriegserklärung.

5.

Dürfen wir an die **biblischen Mythen und Sagen**, die uns von Jugend auf aus dem 1. Buche Mosis geläufig sind, denselben Maßstab anlegen? Sicherlich.

Bis tief ins vorige Jahrhundert hinein war für die Geschichte Vorderasiens, soweit sie sich auf die Zeit vor dem 6. Jahrhundert v. Chr. bezog, die Bibel, bzw. das Alte Testament die einzige Quelle; heute, wo die

---

[1] Das sind natürlich die in **unsere** Zeitrechnung übersetzten Zahlen.

Pyramiden sich geöffnet und die assyrischen Paläste sich aufgetan haben, wo uralte Urkunden in Hieroglyphen und Keilschrift zu uns reden, wissen wir, daß das Volk Israel und sein Schrifttum der jüngsten eines ist unter seinen Nachbarn. Wir haben eine **ältere** Urgeschichte kennen gelernt, die Babylonische, die aus dem 3. Jahrtausend v. Chr. stammt. Es ist eine spätere Umbildung, daß von Anbeginn an das hebräisch=israelitisch=jüdische Volk im Mittelpunkt alles Weltgeschehens stehe; nicht in dem kleinen Israel, sondern in dem uralten babylonischen Kulturland sind die Gedanken zum Ausdruck gekommen, mit denen man den Ursprung der Welt und der Menschheit zu ergründen suchte. Die uns aus der Kinderzeit vertrauten Erzählungen über Schöpfung und Paradies, Urväter und Sintflut waren nicht in Israel einheimisch, sondern sind von den Babyloniern übernommen, und diese hatten sie vielleicht von den nicht= und vorsemitischen Sumerern erhalten.

1. Da haben wir zunächst im 1. Buch Mosis den bekannten **Schöpfungsbericht** vor uns, der in feierlich einfachen und von einer erhabenen Gottesvorstellung durchdrungenen Worten die Erschaffung von Himmel und Erde durch das allmächtige Schöpfer **wort** Gottes schildert. Er ist frühestens im 6. Jahrhundert v. Chr. so niedergeschrieben; aber er weist uralte Züge auf: das Chaos, das Tohuwabohu, mit der Finsternis auf der Tiefe; der Tehom, d. h. der Urozean; der Geist Gottes schwebend, oder wie es wörtlich heißt, brütend auf dem Wasser; die Himmelsfeste mit dem Himmelsozean darüber. — In den **poetischen** Büchern des Alten Testaments finden sich zahlreiche Stellen, in denen eine noch urwüchsigere, ältere Vorstellung über den Hergang der Weltschöpfung vorliegt. Da ist von einem **Kampfe** Jehovas mit einem mythischen Wesen, der Personifikation des Urozeans, die Rede. Der Name wechselt: Rahab, Leviathan, Drache, Tehom. Bei Jesaias heißt es im 51. Kapitel: „Bist du's nicht, Jahve, der **Rahab** zerschmetterte, den Drachen schändete? Bist du's nicht, der das Meer austrocknete, die Wasser des großen Tehom?" Freilich hat der Prophet dabei gleichzeitig an den Auszug aus Ägypten gedacht.

Im Buche Hiob lesen wir:
„Mit seiner Macht hat er das Meer beruhigt,
mit seinem Verstand **Rahab** zerschmettert ...
Seine Hand bändigte die gewundene **Schlange**."

Ähnlich im 74. und 89. Psalm. Überall geht der eigentlichen Schöpfung ein Kampf Jehovas mit dem als Drachen vorgestellten, personifizierten Urozean, Rahab, Tehom, Leviathan voraus. Und diese Erzählung, die Schöpfung **mit** dem vorausgehenden Drachenkampf, ist die urwüchsigere und ursprünglichere. Später konnte der Verfasser des 1. Kapitels der Mosesbücher so krasse mythische Vorstellungen bei seiner geläuterten Gottesauffassung nicht mehr ertragen. —

Wohl wußten wir von einem ähnlichen **babylonischen** Schöpfungsbericht; aber wir konnten bis vor kurzem mit den knappen Angaben nichts anfangen. Erst die Ausgrabungen der letzten Jahrzehnte haben Licht gebracht, indem der größte Teil des uralten babylonischen Mythos aufgefunden wurde. Da hören wir von der Urflut, die als ein riesenhaftes Wesen **Tiamat** (das biblische Tehom) gedacht ist. Als sich Tiamat gegen die oberen Götter empörte, da erbietet sich **Marduk**, der Stadtgott von

Babylon (der biblische „Merodach"), den Kampf aufzunehmen. Auf seinem von feurigen Rossen gezogenen Streitwagen fährt er der Tiamat entgegen, bleibt Sieger und zerschlägt den Leichnam in zwei Teile. Dann heißt es:

   „Aus ihrer e i n e n Hälfte machte er das Himmelsdach,
   schob Riegel vor, stellte Wächter hin,
   ihre Wasser nicht hinauszulassen befahl er ihnen",

genau so wie im biblischen Bericht der erste Schritt zur Erschaffung von Himmel und Erde darin besteht, daß die oberen Wasser von den unteren durch die Himmelsfeste geschieden werden. Dann folgt die Erschaffung der Himmelskörper, des Festlandes, der Pflanzen, Tiere und Menschen.

  Wir sehen, daß es sich bei der biblischen und der babylonischen Erzählung um d e n s e l b e n Mythus handelt. Und nicht nur der Schöpfungsmythus, sondern die ganze biblische Urgeschichte ist durch E n t l e h n u n g   a u s   B a b y l o n zu den Israeliten gelangt, wahrscheinlich schon in sehr früher Zeit.

  2. Wenn man nun nach dem ersten Kapitel der Bibel die beiden folgenden liest, so erkennt man, daß hier ein z w e i t e r , v e r s c h i e d e n e r   S c h ö p f u n g s b e r i c h t   v o r l i e g t . Da treten die Dinge nicht einfach durch das Schöpferwort ins Dasein, sondern werden in anstrengender Arbeit geschaffen. Jahve bildet den Menschen aus einem Erdenkloß, wie der Töpfer aus einem Stück Lehmerde seine Figuren formt. Dann bläst er ihm den Lebensodem in die Nase. Er pflanzt darauf einen Garten („Paradies") in Eden und setzt den Mensch hinein. Wir alle kennen die weitere, wundervolle Volkspoesie atmende Geschichte: den Lebens- und Erkenntnisbaum, den Paradiesesstrom, das Verbot vom Baume zu essen, die Erschaffung der Tiere und schließlich die des Weibes aus der Rippe des Mannes; dann die Szene unter dem Baum, die Schlange als Verführerin, die Übertretung des Verbotes, die Flucht des Menschenpaares vor Jahve, die Entschuldigungsversuche, zuletzt die Verfluchung der Schlange und die Austreibung der ersten Menschen aus dem Paradies.

  Zwar haben wir keine babylonische Sage, die dem biblischen Paradiesesmythus v ö l l i g entspricht. Trotzdem begegnen uns dort ähnliche Vorstellungen von dem Lebensbaum, Lebenswasser, Lebensspeise, die unsterblich macht; durch eigene Schuld geht der erste Mensch der Unsterblichkeit verlustig; auch bildet der babylonische Schöpfergott den Menschen aus Erde, gleich dem Töpfer, der seine Figuren aus Lehmerde formt; ferner stammt die Rolle, die die Schlange als Verführerin der Menschen und als Feindin Gottes spielt, aus der babylonischen Mythologie.

  3. Groß ist weiter die Ähnlichkeit der folgenden U r g e s c h i c h t e , zwischen den biblischen zehn Urvätern und den zehn Urkönigen der Babylonier. Am offensten aber liegt die Übereinstimmung zutage zwischen dem biblischen und babylonischen S i n t f l u t - M y t h u s . Durch die Ausgrabungen ist uns eine uralte babylonische Erzählung bekannt geworden, und zwar befand sie sich in der Keilschriftbibliothek des Assurbanipal, die in Ninive gefunden ist. Der Hauptinhalt ist folgender:

  Xisuthros (der babylonische Noah) erhält vom Gott der Wassertiefe den Befehl, ein Schiff von einer bestimmten Größe zu bauen, es gut zu verpichen, seine Familie und allen lebendigen Samen hineinzubringen. Das

Schiff wird bestiegen, seine Tür verschlossen, und es stößt hinaus in die alles verheerenden Wogen, bis es schließlich auf einem hohen Berge strandet. Es folgt die berühmte Stelle: „Am 7. Tage nahm ich heraus eine Taube und entließ sie; die Taube flog hin und her, aber da ein Ruheort nicht vorhanden war, kehrte sie wieder zurück." Wir lesen weiter, wie eine Schwalbe entlassen wurde und zurückkehrte, bis endlich der Rabe die Abnahme des Wassers gewahrte und nicht zum Schiff zurückflog. Xisuthros verläßt das Schiff und bringt auf der Spitze des Berges ein Opfer dar, dessen süßen Duft die Götter rochen.

Auf Grund anderer wichtiger Funde hat die Wissenschaft des Spatens festgestellt, daß diese babylonische Erzählung schon im 3. Jahrtausend verbreitet war; ja daß die babylonischen Mythen und Sagen um 1500 in ganz Vorderasien, in Palästina und Ägypten als eine Art Schulbücher dienten, um die babylonische Sprache zu erlernen. Als die Israeliten in Kanaan einfielen, fanden sie dort die Erzählungen über die Urgeschichte bereits vor.

Für Moses gilt dasselbe, wie für Lykurg und Theseus; sein Name wurde ein Sammelbegriff. Einrichtungen, Gebräuche und Gesetze, die in einer jahrhundertelangen Entwicklung entstanden, wurden alle diesem **einen** Gesetzgeber zugeschrieben. Die Mosaische Gesetzgebung ist einerseits von der babylonischen abhängig; anderseits macht Moses die späteren Wandlungen bis ins 5. Jahrhundert v. Chr. mit[1]).

6.

Sind nun all die Erzählungen, die wir bei den Babyloniern, Juden und Griechen über ihre Urgeschichte finden, wertlos, weil wir sie als „ungeschichtlich" und „sagenhaft" erkennen? Müssen wir nicht vielmehr die unreifen, gefühl- und pietätlosen Menschen verachten, die mit überlegener Miene auf die Ergebnisse der Naturwissenschaft hinweisen und über Schöpfungsbericht, Paradies, Sintflut, Durchzug durch das Rote Meer oder Jonas im Bauche des Walfischs witzeln? die sich wunderswie weise vorkommen, wenn sie wissen, daß der Trojanische Krieg und der Nibelungen Not nicht „historisch" sind, daß Oedipus und Wilhelm Tell nicht gelebt haben, daß Goethe in seinem Faust von der Geschichte abgewichen ist? Wollen wir nicht vielmehr dem Beispiel Herders und Goethes, der Gebrüder Grimm und vieler anderer folgen, die sich mit besonderer Vorliebe in die Kindheitsepochen der Menschen versenkten?

Wir dürfen nicht den großen Unterschied zwischen „wahr" und „wirklich" vergessen. Was in Homers Ilias und Odysee, im Nibelungenlied und Gudrun, in den Mythen und Sagen des Alten Testaments steht, trägt den Stempel der Wahrheit, obgleich es nicht historisch ist. Besonders

---

[1]) So wurden von den alten Griechen alle epischen Gedichte, die bis ins 6. Jahrhundert v. Chr. entstanden, **Homer** zugeschrieben; „homerisch" bedeutete so viel wie „episch". Die Namen **Homer** und **Moses** wurden so sehr Sammelbegriff, und was man von ihnen erzählte, war so sagenhaft, daß die Frage, ob es wirklich einmal historische Menschen dieses Namens gegeben hat, müßig ist.

schätzen wir die Erzählungen, worin die Völker sich selbst zeichnen und angeben, was ihr Leben erfüllt, was sie wünschen und hoffen. Man kann von **Selbstbildnissen** sprechen; sie erläutern besser als dicke Bücher den Unterschied zwischen Juden, Griechen, Römern, Germanen[1]):

1. In den Erzvätern **Abraham, Isaak** und **Jakob** hat das jüdische Volk sich selbst dargestellt. Und da die Bücher Mosis erst im 7., 6. und 5. Jahrhundert v. Chr. ihre heutige Fassung erhalten haben, so sind Züge **dieser** Zeit auf die Erzväter übertragen, und die in den Erzählungen niedergelegte Religion ist die Religion der Erzähler. Ein Geist des Materialismus weht uns aus den Sagen entgegen; die Juden nahmen dem Abraham weder die Lügen noch die Preisgabe seines Weibes übel. Welch ein niedriger Stand der Sittlichkeit! wie wenig kommt es bei dem Bund mit Jahve auf die innere Gesinnung an! Und der vielgepriesene „Gehorsam" Abrahams, der bereit ist, seinen eigenen Sohn zu opfern, widerspricht unserem deutschen religiösen Empfinden. — Wie liebevoll beschäftigt sich das 1. Buch Mosis mit den Schicksalen des Erzvaters **Jakob**! Der Erzähler sieht in Jakobs Betrügereien keine „Sünde", spricht auch nicht von einer späteren Läuterung Jakobs, sondern ergötzt sich an seinen listigen Streichen; Jakob ist zwar sehr klug, aber wenig tapfer. Den Heißhunger des müden, von der Jagd heimkehrenden Bruders Esau benutzt er, um ihm die Erstgeburt für ein Linsengericht abzukaufen. Mit Hilfe der eigenen Mutter Rebekka gelingt es Jakob, durch Betrug seinem greisen und blinden Vater Isaak das segnende Wort abzulisten, das dieser gern seinem Erstgeborenen zugewandt hätte. Mit Behagen wird das Wechselspiel von List und Gegenlist erzählt zwischen dem klugen Laban und dem noch klügeren Jakob. Zuerst betrügt Laban den Jakob, dann umgekehrt, wobei sich Jakobs zweite Frau, die Rahel, hervortut. Und dann die Verachtung gegenüber dem Wirtsvolk! die Verheißung, daß sie das Land besitzen sollen, in dem sie „Fremdlinge" sind!

2. Wie verschieden sind die Idealgestalten der **Griechen**! ein Achilleus und Odysseus, Herakles und Theseus! Überall Heldentum und edle Gesinnung! Frauengestalten wie Penelope und Andromache, Iphigenie und Nausikaa, Antigone und Elektra kennt die jüdische Sage nicht. Charakteristisch ist für die Griechen die heitere Freude am Gesang und am ritterlichen Spiel. Homer wird der Typus des fahrenden Sängers, blind und arm, viel vom Schicksal herumgetrieben. — Man hat wohl den „vielgewandten, listenreichen" Odysseus mit Jakob verglichen; aber welch ein Unterschied! Wohl ist Odysseus listig und verschlagen, weiß in jeder Lage einen Ausweg, aber doch voll Heldenkraft und adeliger Gesinnung.

3. Ganz anders wieder die nüchternen **Römer**! Zwar besaßen sie keinerlei poetische Anlagen und haben keine Mythen geschaffen. Aber sie wußten doch mancherlei über ihre Vorfahren zu berichten, das, obgleich es unhistorisch ist, „wahr" genannt werden muß, weil es die Grundzüge des altrömischen Wesens wiedergibt oder wenigstens die Idealgestalten, welche die späteren Römer hochschätzten. Wir denken an die Erzählungen von

der Keuschheit der Lukretia und Verginia,

der Vaterlandsliebe und Todesverachtung des Horatius Cocles, des Mucius Scävola, der Clölia,

der Strenge des Brutus und des Manlius Torquatus,

---

[1]) Vgl. meine „Kulturgeschichte".

der Einfachheit des Cincinnatus und des Curius Dentatus,
dem Opfertod des Curtius und des Decius Mus,
der Unbestechlichkeit des Fabricius.

4. Und dann die Idealgestalten des **germanisch-deutschen Volkstums**! Siegfried, Dietrich von Bern, Rüdiger, Hildebrand, Beowulf, Kriemhild, Brunhild, Gudrun! Wo finden wir da etwas vom orientalischen Händlergeist? wohin zielen ihre Wünsche und Hoffnungen? was erfüllt ihr Leben? Heldentum!

Fürwahr, Mythen und Sagen sind von Haus aus keine „Fälschungen". Bis zum heutigen Tage haben gerade die größten Wahrheitssucher, die mit den höchsten Problemen ringenden gottbegnadeten Dichter, die alten Mythen und Sagen benutzt, um ihre tiefen Gedanken hineinzufassen. Auch die Geschichtskonstruktionen, bei denen die Absicht bestand, Ordnung in die Überlieferung zu bringen und die Vergangenheit zu erklären, gingen von Wahrheitssuchern aus. „Geschichtsfälschungen" sind da, wo man mit bewußter Absicht und mit einem bestimmten Zweck von der Wirklichkeit abweicht. Und Mythen, Sagen, Geschichtskonstruktionen werden zu Lügen und zu einer Quelle großer Irrtümer, wenn man sie wider besseres Wissen als wirkliche „historische" Tatsachen behandelt oder gar als Gegenstand des religiösen Glaubens.

7.

Diluvium, Katastrophentheorie, Zeitrechnung.

Die biblischen Schöpfungs- und Sintflutberichte haben, weil man in ihnen mehr als Mythen und Sagen sehen wollte, die wissenschaftliche Naturforschung sehr gehemmt. Man sprach von einem großen „Diluvium", einer gewaltigen Flut (Sintflut), welche die ganze Erde bedeckte, so daß alles zugrunde ging. Ein solches allgemeines Diluvium sei nicht nur zu Noahs Zeiten gewesen, sondern auch der Schöpfung vorausgegangen, wie es im Anfang der Bibel heißt: „Der Geist Gottes schwebte über dem Wasser"; „Gott schied das Trockene von dem Wasser." So verstand man unter „Diluvium"[1] die Zeit, die der Entstehung der Menschen, Tiere und Pflanzen vorausgeht. Nicht ohne Hinblick auf die biblischen Berichte entwickelte der Franzose Cuvier seine **Katastrophentheorie**, die bis in die neueste Zeit wie ein Dogma verkündet wurde. Er sprach von gewaltigen Erdrevolutionen, die durch vulkanische Ausbrüche, vor allem durch allgemeine Überschwemmungen herbeigeführt seien, und durch die alles bis dahin Bestehende vernichtet sei. Erst nach der letzten Katastrophe, so behauptete er, entstand alles, was heute lebt, auch der Mensch.

Dagegen führt Prof. Dr. Joh. Ranke aus[2]:

„Zweifellos finden sich ja als örtliche Erscheinungen Beweise terrestrischer Revolutionen, großartig genug, um die Anschauungen der älteren Schule verständlich erscheinen zu lassen; aber im allgemeinen hat dadurch eine vollkommene Unterbrechung der bestehenden Verhältnisse doch nicht statt-

---

[1] Die heutige Wissenschaft versteht unter Diluvium die Eisperiode, wo weite Landstriche, besonders in unserem Mitteleuropa, von Eis- und Gletschermassen bedeckt waren.
[2] Vgl. Helmolt, Weltgeschichte I, S. 28.

gefunden. Alles spricht vielmehr dafür, daß die Umgestaltung der Erdoberfläche auch in den älteren Epochen im wesentlichen in derselben Weise vor sich gegangen ist, wie wir diese sich heute unter unseren Augen in nur scheinbar geringem Grade verändern sehen. Die Wirkungen des Vulkanismus, Senkungen und Hebungen der Kontinente und Inseln und die dadurch bewirkte Änderung in der Verteilung von Meer und Land, die Einbrüche des Meeres und sein Arbeiten an der Zerstörung der Küsten, die Deltabildungen und Überschwemmungen der Flüsse, die Wirkungen der Gletscher und Sturzbäche in den Gebirgen und anderes arbeiten beständig, bald rascher, bald langsamer an der Umgestaltung der Erdoberfläche. Wie wir diese jüngsten alluvialen Ablagerungen sich bilden sehen, so sind auch die Schichten der älteren Epochen entstanden, und ihre nach Meilen betragende Dicke und Mächtigkeit beweist nicht die Gewalt extremer, plötzlicher Katastrophen, sondern nur die L ä n g e d e r Z e i t, die erforderlich war, um so mächtige Massen hier abzutragen und dort aufzuschichten."

D i e L ä n g e d e r Z e i t ! Bis in die Gegenwart hinein hat man geglaubt, die Zeitdauer zwischen der Schöpfung bzw. zwischen dem ersten Menschen Adam und Christus berechnen zu können; meist nahm man an, daß es gegen 4000 Jahre gewesen seien. Dem widersprechen die gesicherten Ergebnisse der Ausgrabungen, die Wissenschaft des Spatens. Wir wissen heute, daß um 4000 v. Chr. in Babylonien und Ägypten bereits hochentwickelte Kulturstaaten bestanden, deren Dasein allein beweist, daß eine vieltausendjährige Geschichte vorausgegangen sein muß. Anderseits steht fest, daß es schon während der Diluvialzeit (vor Zehntausenden von Jahren) Menschen gegeben hat, und zwar nicht affenartige Menschen, sondern genau wie die heutigen.

L ä n g e d e r Z e i t ! Unsere Geologen und Biologen rechnen heute mit Millionen von Jahren; wir Menschen müssen uns bescheiden und mit dem Psalmisten sprechen: „Vor Gott gelten tausend Jahre wie ein Tag."

Die Alte Kulturwelt.

I.
Der Orient.
(ex oriente lux?)

Geschichtliche Übersicht.

Nachweisbar bestanden bereits im **vierten Jahrtausend v. Chr.** einerseits im fruchtbaren Niltal, anderseits am Unterlauf von Euphrat und Tigris zwei hochentwickelte **nationale** Kulturstaaten:

Ägypten und Babylon.

Die Träger und Begründer der uralten Kultur waren **nichtsemitischen** Stammes. Ägyptens Hauptstadt war Memphis, seit dem Ende des 3. Jahrtausends Theben.

Im 3. und 2. Jahrtausend brachen immer von neuem **semitische** Nomaden- und Wüstenvölker aus Arabien vor; langsam vollzog sich eine **Semitisierung** von ganz Vorderasien.

Seit 3000 v. Chr. wurde **Babylon** semitisch. Um 2000 war die berühmte Regierung des Chammurabi.	In der ersten Hälfte des 2. Jahrtausends haben die semitischen Hyksos lange Zeit Ägypten beherrscht, bis sie im 16. Jahrhundert vertrieben wurden.	Nördlich von Babylon bildete sich am Tigris das semitische Reich der **Assyrer**; es begegnet uns zuerst um 1500 v. Chr.; ihre Hauptstadt war Ninive.	An der Küste des mittelländischen Meeres entstanden die blühenden Handelsstädte der semitischen **Phöniker**, besonders Sidon und Tyros; sie hatten schon im 15. Jahrhundert eine hohe Bedeutung.	Im 12. Jahrhundert brachen die nomadisierenden semitischen **Hebräer** in Palästina ein. Um 1000 v. Chr. gründete Saul ein mächtiges Königreich.

Im 8. und 7. Jahrhundert entstand das **Weltreich der Assyrer**, welches fast ganz Vorderasien und Ägypten umfaßte. Aber um 606 wurde ihre Hauptstadt Ninive zerstört und das assyrische Reich von Grund aus vernichtet. Seitdem bestanden für kurze Zeit **vier mächtige Reiche** nebeneinander: das neubabylonische, neuägyptische, lydische Reich und das iranische Reich der Meder.

Mit den Medern und Persern traten die Indogermanen auf den Schauplatz der Geschichte. Sie wurden die Erben der Assyrer, und um 550 begann die Geschichte des **Persischen Weltreiches**.

A.
Die Hauptrassen der Weltgeschichte.

Zwei Wahnvorstellungen richten bis zur Gegenwart verhängnisvolles Unheil an:

Wie das Tageslicht vom Osten nach dem Westen komme, so sei der Orient auch der Ursprung aller Kultur.

Unseren germanischen Vorfahren habe erst Rom Kultur und Zivilisation gebracht.

Diese Vorstellungen haben für zahlreiche Volksgenossen heute noch die Bedeutung von Dogmen, d. h. Glaubenssätzen, von denen das Seelenheil abhänge.

1.

Für den Geschichtsforscher sind nur **drei** große Rassen- und Völkergruppen greifbar:

die mongolische,
die semitische,
die indogermanisch-arisch-nordische.

Als Heimat der Mongolen müssen wir die inneren und hochasiatischen Steppen, der Semiten Arabien ansehen. Und die Ursitze der Indogermanen, der Arier? Im vorigen Jahrhundert haben uns hervorragende deutsche Gelehrte über den Zusammenhang der indogermanischen Völker unterrichtet, der alten Inder, Perser, Griechen, Römer, der Germanen, der echten Kelten und echten Slawen; sie machten die Entdeckung, daß vom Ganges bis Westeuropa sprachverwandte Völker wohnen, daß Keltisch, Italisch, Griechisch, Illyrisch, Germanisch, Slawisch, Thrakisch, Armenisch, Persisch und Indisch in Sprachschatz und Sprachbau unter einander verwandt seien und allen anderen Sprachen fremd gegenüberständen. Nach dem bedeutendsten östlichen und westlichen Gliede nannte man diese Völkerkette „Indogermanen", auch „Arier". Mit Recht nahm man eine indogermanische Ursprache und ein indogermanisches Urvolk an. Unter dem Einfluß des oft wiederholten Glaubenssatzes, daß alle Kultur aus dem Osten stamme („ex oriente lux"), galt Asien als die Urheimat der Indogermanen. **Diese Annahme hat sich aus vielen wissenschaftlichen Gründen als unhaltbar erwiesen.** Vielmehr ist das nördliche Mitteleuropa, die Gegend zwischen Unterweser, Unterelbe, Unteroder und Weichsel, dann nordwärts Schleswig-Holstein, die dänischen Inseln, Südskandinavien umfassend, die Urheimat der arischen bzw. nordischen Rasse. Schon früh erfolgte eine Trennung in Ostarier und Westarier; der östliche Teil wanderte bis nach Iran und Indien, der westliche nach Südeuropa.

Der Norden (nicht der Osten) ist die Heimat der Lichtreligion. Für die nordischen Menschen war das Erlebnis der kommenden und scheidenden Sonne, der Wechsel von Sommer und Winter die Quelle aller religiösen Vorstellungen und Gebräuche, welche die alten Inder, Perser, Griechen

auf ihren Wanderungen mitnahmen. Ihre Mythen und die damit zusammen=
hängende Weltanschauung gingen auf die nordische Heimat zurück[1]).

2.

Die Semiten? Sie haben niemals und nirgends eine eigene Kul=
tur geschaffen, sondern anderen Völkern alles entlehnt. Was von dem
reichen Segen geredet wird, den wir der „semitischen Kulturarbeit" ver=
danken, widerspricht den geschichtlichen Tatsachen.

Welch reiches Licht brachte während der letzten Jahrzehnte die
Wissenschaft des Spatens! Unsere Kenntnisse über die uralte Geschichte
Vorderasiens und Ägyptens, die uralten Kulturländer am Euphrat=Tigris
und am Nil sind nicht nur berichtigt, sondern auch bedeutend erweitert
worden. Persönlichkeiten und Einrichtungen des 4. und 3. Jahrtausends
vor Chr. stehen greifbar vor unseren Augen, seitdem wir die Hieroglyphen
und Keilschriften zu entziffern vermögen. Wir staunen über die plan=
vollen Ent= und Bewässerungsanlagen, über die kunstreichen Göttertempel,
Königspaläste, Grabbauten, Standbilder, über die hohe Entwicklung von
Ackerbau und Industrie, Handel und Verkehr, über die trefflichen staat=
lichen Einrichtungen.

Nun wird mit einer fanatischen Zähigkeit behauptet, daß diese reiche,
uralte Kultur semitischen Ursprungs sei, von Semiten und semi=
tischen Babyloniern geschaffen und von dort nach Ägypten gebracht. Das
ist ein Irrtum, und wer heute daran festhält, der widerspricht den
sichersten Ergebnissen der Ausgrabungen und der Wissenschaft des Spa=
tens; der kommt mit Recht in den Verdacht, daß er die Geschichte fälsche,
um das Semitentum zu preisen. Die Semiten sind nicht die Schöpfer
der vorderasiatischen Kultur gewesen, weder in Ägypten[2]), dessen Be=
völkerung bis zum 2. Jahrtausend v. Chr. überhaupt nichts mit Semiten
zu tun hatte, noch in Babylonien. Eine der wichtigsten Erkenntnisse,
die wir den Forschungen der letzten Jahrzehnte verdanken, ist die, daß es
in der Euphrat=Tigris=Ebene eine uralte vor= und nicht semitische Kul=
tur gegeben hat: die der Sumerer. Sie war bereits hochentwickelt und
abgeschlossen, als die erste semitische Völkerwelle kam; jede neue Ein=
wanderung, die sich über das Land ergoß, trat schnell in die vorgefundene
Kultur ein und unterwarf sich ihr. Selbst ein so vorsichtig abwägender
Gelehrter wie Prof. Dr. Ed. Meyer (Berlin) schreibt: „Es ist zweifel=
los, daß diese hohe Kultur in allem Wesentlichen von den Sumerern
geschaffen ist, vor allem die Schrift, ein großer Teil der Götterwelt
und der religiösen Anschauungen, die älteste Kunstentwicklung und das
Zahlensystem", mit dem so viel Wichtiges zusammenhängt. Vor=
und nicht semitisch waren bereits die wichtigen Wasserbauten, die Regu=
lierung der Wasserverhältnisse, das Netz von Kanälen, welche das Wasser

---

[1]) Ich will nicht mit jenen Gelehrten streiten, welche die Ursitze mehr in Ost=
europa suchen.

[2]) Ägypten wurde stets zu Vorderasien gerechnet.

aus den mit Überschwemmung bedrohten Landesteilen in die wasser=
armen überleitete, und die Schöpfeimer. Zahlreiche Kleinstaaten, Stadt=
königreiche, bestanden in dem fruchtbaren Tieflande, und die Pflege der
Wasserbauten war eine der wichtigsten Aufgaben des Staates, der Regie=
rungen. Vor= und nicht semitisch war auch schon die Beobachtung des
Sternhimmels (Astronomie), die Zeitrechnung und das Zahlen=
system. Noch heute werden wir täglich an jene uralte Kultur erinnert:
Von dort haben wir die siebentägige Woche; von dort die Einteilung des
Tages in 2 × 12 Stunden, die noch auf dem Zifferblatt unserer Uhr fest=
gehalten ist; von dort die Einteilung der Stunde in 60 Minuten zu je
60 Sekunden, die Einteilung der Erdoberfläche in 360 Grad. In unseren
Wochennamen haben wir noch heute ein Erbe des vor semitischen Baby=
loniens. Die wichtigste Bestätigung für die hohe Bedeutung der nicht=
semitischen Sumerer müssen wir darin erblicken, daß ihre Schrift und ihre
Sprache von den späteren Eroberern als etwas Heiliges übernommen
und beibehalten wurde, sogar Jahrtausende später, als es keine Sumerer
mehr gab. Eine heilige Kultsprache! Diese interessante Erschei=
nung begegnet uns ja auch sonst. Die Sanskritsprache in Vorderindien
wurde von der Priesterschaft gepflegt, als sie längst aufgehört hatte, eine
lebendige Volkssprache zu sein; dasselbe gilt für die hebräische Sprache,
die schon zur Zeit Christi das jüdische Volk nicht verstand, das aramäisch
sprach; dasselbe gilt für die koptische Kirchensprache in Äthiopien; eine
ähnliche Rolle spielt heute noch das tote Latein in der römisch=katholischen
Kirche.

Die Kulturländer Vorderasiens waren nicht semitisch, sondern sind
erst allmählich semitisch geworden. Schon im 4. Jahrtausend v. Chr.
begannen die semitischen Einfälle aus Arabien. Sie haben niemals ganz
aufgehört; aber es lassen sich vor allem vier große semitische Völker=
bewegungen unterscheiden:

Um 3000 v. Chr. begegnen uns schon Semiten in Babylonien, die Akkadier.

1000 Jahre später war die kanaanäisch=hebräische Wanderung; sie dauerte
jahrhundertelang und erstreckte sich über ganz Vorderasien. Wahrscheinlich
hängt die Überschwemmung Ägyptens durch die Hyksos damit zusammen;
zwar wurde ihre Fremdherrschaft um 1585 v. Chr. abgeschüttelt; aber seitdem
blieb auch in Ägypten der semitische Einfluß groß.

Im 15., 14., 13. Jahrhundert v. Chr. traten in ganz Vorderasien die ara=
mäischen Horden auf.

Bekanntlich begann im 7. Jahrhundert nach Chr., unmittelbar nach dem
Tode Mohammeds (632), die große semitische Völkerbewegung, die wir von der
Schulbank her kurzweg die „Arabische Wanderung" zu nennen pflegen.

Die Semiten bemächtigten sich der bestehenden Staaten und über=
nahmen die Kultur, die sie vorfanden. Wir haben heute Kunde von
bedeutenden semitischen Herrschern; am bekanntesten ist Chammurabi,
der um 2000 v. Chr. König von Babylon war. Er schuf einen starken
Einheitsstaat und führte viele siegreiche Kriege; größer war er noch als
Organisator und Gesetzgeber. Als echtsemitisch erscheint es uns, daß mehr

als ein Viertel seines Gesetzbuches von Familienrecht, von **Ehe, Ehe bruch** und sittlichen Vergehungen handelt; wenn man das liest, so glaubt man schon etwas von dem Pesthauch der modernen **Großstadtkultur** zu spüren[1]).

Mit jeder neuen semitischen Völkerwelle, mit der zunehmenden Semitisierung der alten Kulturländer **wuchs der Verfall**. Die Ausbreitung des Assyrischen Weltreichs erscheint uns wie eine Art Bolschewismus. Noch einmal erfolgte eine Restauration durch Nebukadnezar. Dann begann das jahrhundertelange Ringen zwischen Semiten und Indogermanen in Vorderasien.

Bis in unsere Tage wurden und werden die semitischen **Phöniker** bzw. Phönizier als hervorragende Kulturschöpfer gepriesen. Auch mit dieser Vorstellung müssen wir brechen. Die Phöniker waren das semitische Volk, mit denen die **Griechen** bei ihrem Wettbewerb um den Handel im Mittelmeer in rege Berührung kamen; von den Phönikern müssen sie sich manche Errungenschaft der orientalischen Zivilisation angeeignet haben. Da ihnen **Besitzer und Erfinder einer Sache eins war**, so erschienen ihnen die Phöniker als ein Volk von höchster Bedeutung. Die Griechen haben geglaubt, und viele Jahrhunderte haben es ihnen nachgesprochen, daß die Erfindung der **Buchstabenschrift**, die durch das griechische Alphabet die Mutter aller europäischen Schrift geworden ist, daß ferner die Erfindung von **Purpur** und **Glas** den Phönikern zuzuschreiben sei. Wohl sind sie lange Zeit rührige Handelsleute auf dem Mittelmeer und darüber hinaus gewesen, aber nur als **Makler** der Zivilisation und Kultur, deren Schöpfer andere waren[2]).

3.

Die **tatarisch-mongolischen Nomadenvölker** der Hunnen, Avaren, Madjaren, Mongolen, Türken, die aus Hochasien hervorbrachen, Mittel- und Westasien überschwemmten und bis nach Mitteleuropa kamen, waren **Kulturzerstörer**.

Die herkömmliche Ansicht, daß Sammelwirtschaft, Viehzucht und Ackerbau als regelmäßige Entwicklungsstufen aufeinander folgten, ist falsch, vielmehr ist der **Ackerbau älter als der Nomadismus**[3]). Die ältesten ackerbauenden Völker, die mit dem Pfluge die Erde lockerten, waren auch die ersten

---

[1]) Wir sind ja auch erstaunt, einen wie breiten Raum unsaubere Dinge in den **Gesetzbüchern Mosis** einnehmen. Um so stolzer dürfen wir auf das Urteil sein, das um 100 n. Chr. ein Feind über unsere **germanischen Vorfahren** niederschreibt, der Römer Tazitus: „Die **Ehe** wird dort sehr heilig gehalten, und nichts von ihren Sitten muß man mehr loben ... Obgleich die Germanen so zahlreich sind, kommt Ehebruch selten vor ... Dort gilt gute Sitte mehr als **anderswo** gute Gesetze."

[2]) Nach Prof. Winkler in Helmolts Weltgeschichte II, S. 162 ff.

[3]) Pöhlmann schreibt: „Das alte, scheinbar absolut feststehende Schema von den aufeinander folgenden Kulturstufen der Jagd, des Nomadismus und des Ackerbaues hat sich als unhistorisch erwiesen."

Viehzüchter. Solange die Rinder- und die später aufkommende Pferdezucht noch an den Ackerbau geknüpft blieben und solange die Milch der Muttertiere nicht benutzt wurde, konnte von Nomadismus nicht die Rede sein. Erst der Milchgenuß ermöglichte es ganzen Völkern, ihr Dasein auf den Besitz von Herden zu gründen. Die neue Wirtschaftsform des Nomadismus kann nicht plötzlich entstanden sein; sie setzt die Züchtung von Tierrassen voraus, die reichlich und ständig Milch geben.

Bei den **arischen** Nomaden, die aus Europa nach Asien vordrangen, hat sich der Nomadismus durch allerlei Zwischenstufen aus dem Ackerbau entwickelt, und sie kehrten leicht zum Ackerbau zurück. **Verhängnisvoll wurde dagegen die Übernahme des Nomadismus von den kurzköpfigen, tatarisch-mongolischen Stämmen Hochasiens.** Sie sind von der Sammelwirtschaft unmittelbar zum Nomadismus übergegangen, ohne den Ackerbau zu kennen[1].

1. **Hoch- und Mittelasien** ist einst wasserreicher und fruchtbarer gewesen als heute; dort hatte sich eine hohe Kultur entwickelt. Aber der Nomadismus wandelte die weiten Gebiete in wasserarme Steppen und Wüsten um:

Schon lange vor Christus bildeten die raublustigen **Hunnen** eine stete Gefahr für die Kulturländer; der große Hunnenzug, der endlich im 4. und 5. Jahrhundert n. Chr. Europa in seinen Grundfesten erschütterte, war nur eine gewaltige Fortsetzung dieser älteren Kämpfe um Macht und Beute.

Wir hören von **großen nomadischen Weltreichen.** Darüber schreibt Dr. Schurtz in Helmolts Weltgeschichte I, S. 289 ff.:

„Im 12. Jahrhundert n. Chr. raffte sich der Nomadismus noch einmal zu einem Gegenstoß auf, der furchtbarer war als alle früheren und auf lange hinaus wieder jenen unbändigen Mächten der Kampfesfreude und Zerstörungslust offene Bahn schuf, deren echteste, wildeste Vertreter die Hirtenvölker Hochasiens waren. Wie in einem blutigen Schimmer erglüht die Welt zur Mongolenzeit. Zweimal, zuerst unter **Dschingis-Chan** und seinen Nachfolgern und dann nochmals unter **Timur**, brachen die Reiterhorden über die Kulturländer Asiens und Europas herein; zweimal brausten sie dahin, als ob sie alle Länder zertreten und in Weidegründe für die Herden verwandeln wollten, und so gründlich haben sie gewütet und gemordet, daß noch heute verödete Gebiete die Spuren ihres zerstörenden Grimmes bewahren."

Über den Mongolenführer **Dschingis-Chan** lesen wir: „Mit ihm schied der echteste Vertreter des wilden, unzähmbaren Nomadentums Hochasiens, der sich nach alter Hunnensitte aus Leichen und Trümmern einen Riesenthron errichtet hatte. Hunger nach Macht und grimmige Freude an der Zerstörung waren die Gründe seines Handelns; das Bedürfnis, auch nur als äußeren Vorwand einen höheren Gedanken seinen verwüstenden Kriegsfahrten zugrunde zu legen, war ihm völlig fremd."

„Des Welteroberers **Timur** Phantasie erschöpfte sich in Scheußlichkeiten, um weithin Schrecken zu säen; mit Vorliebe ließ er Türme von Schädeln aufhäufen oder aus Leichen und lebenden Gefangenen riesige Denkmäler aufbauen."

---

[1] Nach Dr. Schurtz in Helmolts Weltgeschichte I, S. 251 ff.

Welche Trümmer einer uralten Kultur liegen unter dem Sande Ostturkestans! Die nomadischen Mongolenhorden haben ein furchtbares Zerstörungswerk vollführt. H e u t e werden in Mittelasien Überreste einer hohen Kultur ans Tageslicht gebracht, die immer wieder unsere staunende Bewunderung erregen; für ein ganzes Jahrtausend war diese Kultur in Vergessenheit geraten. Sie wurde von den mongolisch-tatarischen Nomadenvölker vernichtet, und seit der Islam seine harte Faust auf Mittelasien legte, verschwand sie so gründlich, daß sie in unseren Tagen neu entdeckt werden mußte.

2. Und Westasien, einst die Wiege der Kultur? Auch hier spielte sich in unzähligen verwirrenden Wiederholungen der K a m p f z w i s c h e n N o m a d i s m u s u n d A c k e r b a u ab, zwischen roher Freiheit und am Boden haftender Kultur, zwischen den Kräften plötzlicher roher Zerstörung und denen mühsamen Aufbauens. Die größte Leidenszeit Westasiens beginnt erst mit der arabischen Eroberung (7. Jahrhundert n. Chr.), die auf lange Zeit die nationale Kraft des persischen Volkes brach und damit den t a t a r i s c h e n S t e p p e n v ö l k e r n H o c h a s i e n s den Eingang in die oft vergeblich umlagerten reichen Länder des Westens öffnete. Das alte mesopotamische Kulturland fiel allmählich dem Nomadismus zu. Unter türkischer Herrschaft blieb Westasien bis heute in dem trostlosen Zustand der Verödung¹).

Für die kulturzerstörende Tätigkeit der tatarisch-mongolischen Horden können wir den Ausdruck B o l s c h e w i s m u s gebrauchen.

B.

Theokratie,
der größte Betrug der Weltgeschichte²).

„Theokratie", d. h. Gottesherrschaft, k a n n, wie so viele andere Wörter, etwas Schönes bedeuten: wenn die Menschen sich bewußt bleiben, daß über allem Irdischen das Regiment Gottes steht und daß wir alle uns nach dem Willen Gottes richten sollen. A b e r im Orient entstand eine ganz andere „Theokratie", die bis zum heutigen Tage das größte Unheil gebracht hat und noch bringt; denn sie ist in Wirklichkeit d i e H e r r s c h a f t d e r L ü g e u n d d e s T e u f e l s , d e r d i e M a s k e G o t t e s t r ä g t.

1.

Schon im 3. Jahrtausend v. Chr. begegnet uns in Ägypten die V e r g o t t u n g d e s K ö n i g s, des lebenden, regierenden Königs. Er gilt

---

¹) Nach Helmolts Weltgeschichte II, S. 259 ff., 363 ff.
²) Der zweitgrößte Betrug ist die D e m o k r a t i e.

als ein großer Gott, als Gott Horus in Menschengestalt, von den Göttern gezeugt und aufgezogen; ihm haben sie das Niltal zu Füßen gelegt, und er verkehrt mit ihnen als mit seinesgleichen. Im 2. Jahrtausend vor Chr. nannte man den König den Sohn des Sonnengottes Ré bzw. den Gott Ré selbst.

In einem Hymnus heißt es: „Preist den König in eurer Brust! verherrlicht ihn in euren Herzen! denn er ist der Weisheitsgott, dessen Augen in jedes Herz dringen; er ist der strahlende Ré, der Ägypten erleuchtet mehr als die Sonne, der das Land gedeihen läßt mehr als der Nil."

Ähnlich war es in den **vorderasiatischen Reichen**. Später übernahmen die indogermanischen **Perser** die Vergottung des lebenden Königs. Weiter erbten es **Alexander der Große**, die Diadochen, dann die **römischen Kaiser**. In dem römischen Kaiserkult haben wir eine orientalische Einrichtung zu sehen[1].

2.

Damit verband sich die verhängnisvolle Entwicklung, die zur **Priesterherrschaft**, zur Scheidung der Menschen in **Klerus und Laien**, zur **Vergottung der Priester**, besonders des **Oberpriesters** führte. Typisch ist die Geschichte Ägyptens. Anfangs war die Stellung der Priesterschaft keineswegs eine überragende; aber allmählich wuchs ihre Macht, und die Priester wurden die höchsten Staatsbeamten. Alle politischen und juristischen Angelegenheiten mußten dem Gotte Ammon, d. h. seiner Priesterschaft, zur letzten Entscheidung vorgelegt werden. Die Herrschaft des Gottes war in Wirklichkeit die Herrschaft seiner Priester. Als um 1100 v. Chr. das Königshaus der Ramsemiden abgewirtschaftet hatte, da tat der Oberpriester des Gottes Ammon den letzten Schritt; er setzte sich selbst die Krone aufs Haupt, war **Oberpriester und König zugleich**. Die „Theokratie" war vollendet. Sie blieb auch, als später das Königtum wieder hergestellt wurde; der König mußte bei all seinem Tun und Lassen das Urteil des Gottes Ammon, d. h. die Genehmigung des Oberpriesters einholen; auch bei wichtigen Rechtsfragen entschied der Gott durch den Mund des Priesters. **Der Staat war eine Kirche.** Die Kluft zwischen Klerus und Laien wurde immer größer; dazwischen schob sich noch ein besonderer Kriegerstand, der hauptsächlich aus Fremden bestand. So bildete sich das Kastenwesen, das nicht am Anfang der ägyptischen Geschichte steht, sondern an ihrem Ausgang und Zusammenbruch.

Ähnlich war es in den anderen orientalischen Reichen. Der letzte König Babylons, Nabuneid, war ganz „ein Mann nach dem Herzen der Priester, der unermüdlich war im Tempelbauen und im Zusichern von Pfründen". Aber gerade diese Art von Frömmigkeit war die Ursache für den Zusammenbruch des Reichs.

---

[1] Vgl. meine „Angewandte Kirchengeschichte".

3.

Und nun die Geschichtsfälschung! Als die Arier im 3. Jahrtausend v. Chr. nach Indien einwanderten, da bestanden bei ihnen Zustände, ganz ähnlich wie sie Tazitus um 100 n. Chr. von unseren germanischen Vorfahren erzählt; es war ein Heldengeschlecht, in dem sich kriegerische Tätigkeit mit echter, schöpferischer, lebendiger Kulturkraft vereinte. Die Frau stand ebenbürtig neben dem Mann. Das wurde später anders; da gab es ein Kastenwesen, und an der Spitze stand ein **allmächtiger Priesterstand**. Wie sich der Umschwung im einzelnen vollzogen hat, darüber schweigt die Überlieferung. Denn es lag im Interesse der Priester, die wirklichen Vorgänge möglichst schnell und gründlich aus der Erinnerung des Volkes verschwinden zu lassen und dafür den Glauben einzupflanzen, als ob die hohe Stellung der Brahmanen (Priester) **von Anfang an** bestanden habe; nur gelegentlich fällt auf die absichtlich verdunkelte Vorzeit ein schwaches Licht. Der Priesterstand begründete seine Herrschaft unumstößlich fest durch Monopolisierung alles religiösen und philosophischen Denkens, durch planmäßige, strenge Regelung des ganzen öffentlichen und privaten Lebens, durch Einzwängung des Geistes, des Gefühls und Willens aller in ganz bestimmte, von ihnen vorgeschriebene Bahnen. Die **Gesetzbücher**, welche die hohe Stellung der Priester in schärfster Weise festlegten, sind in Wirklichkeit erst allmählich entstanden und erfuhren noch nach Christi Geburt Umarbeitungen; trotzdem schrieb man ihnen einen göttlichen Ursprung zu und führte sie auf den Urstammvater Manu zurück[1]). So wurde das **Neue**, das die **Priesterschaft einführte, als das Alte, Ursprüngliche** hingestellt und dadurch legitimiert. Interessant ist auch das Bestreben, durch strenge Strafen den Priesterstand der Brahmanen blutrein zu erhalten.

Dasselbe gilt für die heiligen Bücher der **Perser**, das **Avesta**. Gewöhnlich pflegt man das Avesta in eine uralte Zeit, zwischen 1100 und 600 vor Chr. zu versetzen. In Wirklichkeit ist es erst viel später entstanden und nach Christus in der Sassanidenzeit zum Abschluß gekommen. Die Entwicklung war ähnlich wie in Indien: hier und dort nahm der Priesterstand die erste Stelle in Anspruch und wurde zu einer erblichen Kaste, in die kein Fremder Aufnahme finden konnte; hier und dort monopolisierten die Priester den gesamten Kultus. Unter den Sassaniden, im 3. Jahrhundert nach Chr., bestand eine selbständig organisierte, vom Staate anerkannte und geschützte **Kirche**, deren Gesetzbuch eben das Avesta war[2]).

Die Geschichtschreibung der **Parther** und **Neuperser** ist typisch dafür, wie man die Gegenwart an die größte Zeit der Vergangenheit anknüpfte:

256 vor Chr. machte sich das Perserreich von der griechisch-mazedonischen Herrschaft frei; die **Arsakiden-Könige** gaben sich als Nachkommen der Achämeniden, des Kyros und Dareos aus, die das Persische Weltreich gegründet hatten.

---

[1]) Nach Prof. Dr. Schmidt in Helmolts Weltgeschichte I, S. 378 ff.
[2]) Nach Ed. Meyer in „Geschichte des Altertums" I, S. 504, 507, 531.

226 nach Chr. wurde der letzte Arsakide gestürzt. Es folgte das mächtige Königshaus der Sassaniden, die das Neuperserreich gründeten. Ihre Geschichtschreiber suchten das halbe Jahrtausend zwischen dem Sturz des letzten Achämeniden durch Alexander den Großen (um 330 vor Chr.) und den Beginn der Sassanidenherrschaft (226 nach Chr.) aus der Geschichte Irans herauszukorrigieren und als nicht vorhanden zu behandeln, so daß das Neuperserreich als unmittelbare Fortsetzung des Altperserreichs erschien.

C.
Die Korrektur der jüdischen Geschichte.

1.

Das Alte Testament macht den Eindruck, als wenn es aus einem Guß, in einem Geist geschrieben sei. Wir sollen glauben, daß die Religion der Juden von Anfang bzw. von uralter Zeit an fertig war: der Monotheismus, die Sabbathheiligung, die Schriftgebote, die Beschneidung, die Kultusvorschriften mit der scharfen Scheidung von Klerus und Laien, mit dem Hohepriester an der Spitze, mit dem alleingültigen Heiligtum in Jerusalem.

Das ist ein großer Irrtum. Wir sind stolz auf den Triumph deutscher Wissenschaft, welche die allmähliche Entstehung des Alten Testaments aufgehellt hat, vor allem die mehrfachen Über- und Umarbeitungen der Heiligen Bücher, die Geschichtskonstruktionen und Geschichtsfälschungen. Wie bei allen anderen Völkern, so war bei den Israeliten die Religion keineswegs von vornherein fertig, sondern sie ist langsam geworden; sie hat viele Wandlungen durchgemacht. Auch bei den Israeliten hat es anfangs

> weder einen einheitlichen Monotheismus,
> noch einen abgeschlossenen Priesterstand,
> noch einen einheitlichen Kultus,
> noch ein einziges rechtmäßiges Heiligtum gegeben [1]).

Die Entwicklung der israelitischen Religion hängt teils mit der völkischen Eigenart, teils mit der geographischen Lage des Landes und der politischen Geschichte Vorderasiens eng zusammen. Die Not war eine große Erzieherin; denn das Volk wurde immer von neuem in den Strudel der großen Weltereignisse hineingerissen: Philister und Aramäer, Assyrer, Ägypter und Babylonier, Perser, Griechen und Römer besetzten das Land. Bis zum heutigen Tage spüren wir die Wirkungen der beiden gewaltigen Katastrophen, des Untergangs der Königreiche Israel und Juda (722 und 586 v. Chr.). Im 8. bis 5. Jahrhundert traten einflußreiche Propheten und politische Agitatoren auf, die das Volk auf-

---

[1]) Unter den Königen David und Salomo und noch Jahrhunderte später waren die Priester lediglich Beamte, sei es des Königs oder eines Privatmannes.

rüttelten und zur bußfertigen Rückkehr zu Gott auffordern wollten; sie sahen in dem Unheil die Führung Gottes, das gerechte Strafgericht.

1. Die **fünf Bücher Mosis** sind nicht von **einer Person** verfaßt; ihre Hauptteile gehören mindestens fünf verschiedenen Jahrhunderten an. Am wichtigsten sind die Jahre 621 und 445 v. Chr.

Das Nordreich **Israel** (das Reich der 10 Stämme) bestand seit 722 nicht mehr, das Südreich **Juda** (das Reich der 2 Stämme) nur noch als Assyrischer Vasallenstaat. Als aber im folgenden Jahrhundert das Assyrische Weltreich dem Untergang entgegenging, da erwachte in Juda die Hoffnung auf eine Erneuerung des Reiches und der Religion; politische, nationale und religiöse Bestrebungen flossen zusammen. Von ungeheurer Bedeutung war das Jahr 621. Damals wurde, wie wir im II. Buch der Könige 22, 8 ff. und II. Chr. 34, 14 ff. lesen, das sogenannte Deuteronomium, das 5. Buch Mosis, „gefunden", und der jugendliche König Josias verpflichtete feierlich das ganze Volk auf dieses Gesetz. Das Wesentliche bestand darin, daß alle Kultusstätten, alle Heiligtümer im Land mit rücksichtsloser Strenge zerstört wurden, außer dem **einen** Tempel in Jerusalem.

Heute wissen wir, daß die angebliche „Auffindung" des Gesetzbuches zugleich seine „Entstehung" war. Es sollte der Anschein erweckt werden, als habe es in Israel-Juda **von Anbeginn an nur ein rechtmäßiges Heiligtum** gegeben: bis auf die Zeit Salomos die Stiftshütte, seit Salomo den Tempel in Jerusalem; aller Gottesdienst, der an anderen Orten stattfände, sei ein bewußter Abfall von der Jahve-Religion. Aber diese Auffassung bestand erst seit dem Jahre 621; vorher gab es viele Heiligtümer und Kultusstätten, die **neben** dem Tempel zu Jerusalem gleichberechtigt waren[1]). Die angebliche Reformation des Jahres 621 war in Wahrheit keine Rückkehr zu der ursprünglichen Reinheit der Mosesreligion, **sondern sie schuf etwas ganz Neues.**

Die folgenden Wirren und langen Kämpfe zwischen den Großmächten, in die das kleine Juda immer von neuem hineingerissen wurde, ließen die religiösen Reformpläne nicht zur Durchführung gelangen. Jerusalem wurde 586 v. Chr. zerstört und ein großer Teil des Volkes nach Babylonien verpflanzt. Man hat mit Recht behauptet, daß erst in der Zeit des Exils das „Judentum" entstanden sei. Zwar war die politische Selbständigkeit dauernd verloren; aber als **Kirche**, als eine Religions- und Kultusgemeinschaft, schloß sich das jüdische Volkstum zusammen und behauptete in allem Wechsel der Zeiten seine Eigenart. Die Perserkönige brachten Rettung: Unter Kyros kehrte ein Teil des Volkes nach Palästina zurück (um 538), und mit persischem Gelde wurde der Tempel zu Jerusalem wieder aufgebaut. Im Jahre 445 (oder 432?) haben, mit Unterstützung des Perserkönigs Artaxerxes, die Propheten Esra und Nehemia die kirchliche Organisation durchgeführt. Aus Babylonien brachten sie den sogenannten „Priesterkodex" mit, der die Hauptmasse der mittleren

---

[1]) Vgl. II. Sam. 24, 18 f., I. Könige 3, 4 ff.

3 Bücher „Mosis" bildet. Abermals lesen wir (in den Büchern Esra und Nehemia) von einer „Wiederherstellung der alten Religion", auf die das ganze jüdische Volk verpflichtet wurde; in Wirklichkeit handelte es sich um etwas Neues, um eine Fortsetzung dessen, was 621 begonnen war. Damals, 445, ist die Theokratie bzw. Hierarchie vollendet, der Priesterstaat, ein ausgebildetes Priesterbeamtentum, an dessen Spitze der Hohepriester steht. Grausam erscheint uns das rücksichtslose Vorgehen der Propheten Esra und Nehemia gegen die Ehen, welche mit „Halbjuden" und „Ketzern" geschlossen waren, die auf dem Lande und in Samaria wohnten. Erst seit jener Zeit wurde im jüdischen Volk das hochmütige Gefühl der Überlegenheit gegenüber allen anderen Menschen geflissentlich genährt und gepflegt; die Juden wurden zu scharfer Absonderung von den Stämmen verpflichtet, mit denen sie zusammenwohnten, und sollten keine Ehegemeinschaft mit ihnen haben.

2. Unter dem Einfluß dieser Neuerungen ist die ganze geschichtliche Überlieferung mehrmals überarbeitet und korrigiert. Nach Einführung des Deuteronomium, nach 621 v. Chr., wurde die israelitisch-jüdische Geschichte mit Rücksicht auf den angeblich göttlichen Ursprung des Gesetzes gemustert und geprüft; die Vergangenheit erschien teils als Gehorsam, teils als Verstoß gegen dieses „Gesetz Mosis". Es waren Tendenzschriftsteller, welche viele wertvolle historische Nachrichten beseitigten, die ihnen nicht paßten, anderseits aber Prophetenlegenden einfügten. Auf Grund sorgfältigster Forschungen wird heute angenommen, daß schließlich ein Priester während des Exils (6. Jahrhundert v. Chr.) das große Geschichtswerk zusammenstellte, das uns in der jetzigen Gestalt der Bücher vorliegt, die von „Josua" bis zu den „Königen" reichen.

Ein weiterer Schritt geschah, wie oben ausgeführt ist, im Jahre 445 v. Chr. durch die Einführung des „Priesterkodex", d. h. der priesterlichen Gesetze, die den Hauptteil der mittleren Bücher Mosis bilden. Und im Sinne dieses Priesterkodex wurden um 300 v. Chr. die 2 Bücher Chronika geschrieben, die mit Adam beginnen und mit der Erlaubnis zur Rückkehr aus der babylonischen Gefangenschaft enden. Wir müssen dankbar sein, daß sie als ein besonderes Werk überliefert sind und die Bücher Josua, Richter, Samuelis, Könige verschont haben. Der Verfasser der 2 Bücher Chronika übertrifft alle bisherigen Tendenzschriftsteller durch die Willkür, womit er die Geschichte umbildet, so daß sie wie eine Kultusgeschichte erscheint. Auf das Judentum und die jüdische Kirche ziele die Erschaffung der Menschheit ab; von dem nördlichen Königreich Israel wird nur Ungünstiges berichtet, damit Juda in hellerem Lichte erstrahle; allein Israel sei an den „heidnischen" Mißbräuchen schuld.

Besonders deutlich erkennbar ist die wachsende Geschichtsfälschung bei den Königen Saul und David[1]). Zwei Berichte stehen in der

---

[1]) Zwar ist es verkehrt, wie ein Staatsanwalt über die Verfasser des Alten Testaments zu Gericht zu sitzen und den Maßstab unserer Zeit anzulegen. Aber wir müssen

Bibel nebeneinander: einerseits in den Büchern Samuelis und der Könige, anderseits in den Büchern Chronika. Beide Berichte geben eine priesterliche Überarbeitung älterer Quellen, die erste im Sinne der Gesetzgebung von 621, die andere im Sinne des Priesterkodex von 445.

1. Die ersten Erzählungen (in den Büchern Samuelis und der Könige) ermöglichen es uns, einen sicheren historischen Kern herauszuschälen. S a u l und D a v i d sind die ersten greifbaren Persönlichkeiten; mit ihnen beginnt erst die „Geschichte", die freilich bald von der Sage überwuchert wurde. Unter dem Druck der Not, im Kampf gegen die Philister, hat Saul die getrennten Stämme Israels zu e i n e m Volk vereinigt und das Königreich gegründet. Neben dem Reiche Sauls gelangte im Süden D a v i d als Stammesführer zu wachsender Macht; zuerst war Hebron, später Jerusalem seine Residenz. Von hier aus drang er erobernd gegen Norden vor, und als Saul im Kampfe gegen die Philister gefallen war, gelang es ihm, dessen Reich zu unterwerfen und noch weiter auszudehnen.

Wie sehr hat die spätere Überlieferung die geschichtlichen Tatsachen entstellt! sie bezeichnete die Wahl eines menschlichen Königs als Abfall von Gott; sie machte aus Sauls tapferer Persönlichkeit ein Zerrbild und erzählte, daß Jahve ihn wegen seines Ungehorsams verworfen habe [1]. Anderseits wurde David immer höher gehoben und zum eigentlichen Volkshelden gemacht. Wir dürfen behaupten, daß von alledem, was über das Verhältnis Davids zu Saul mitgeteilt wird, nicht das geringste geschichtlich ist. Schon frühzeitig scheint bei der Sagenbildung eine politische Tendenz wirksam gewesen zu sein; wiederum sollte das Neue, das David brachte, für das Alte, Ursprüngliche, Rechtmäßige gelten. Von Haus aus sei Israel-Juda vereinigt gewesen, J u d a s Gott Jahve der Gott des Gesamtvolkes, J e r u s a l e m Hauptstadt und Mittelpunkt des Gesamtreiches. Wie David den Saul, so muß „Juda" „Israel" überragen.

2. Der V e r f a s s e r d e r C h r o n i k a geht schnell über Saul hinweg und verweilt ausführlich bei David und Salomo. Groß ist seine Kunst des Verschweigens, damit diese beiden Könige im hellsten Lichte erstrahlen. Der geschichtliche David mag „fromm" gewesen sein im Lichte seiner Zeit; aber sonst war er ein rauher Kriegsknecht, ein kluger Staatsmann, eine liebenswürdige Persönlichkeit, die sich jedoch von der Leidenschaft zu großer Ungerechtigkeit und Schandtat hinreißen ließ („Uriasbrief"). Aber der Chronist macht den König David zum Muster einer Frömmigkeit, wie man sie im 5. und 4. Jahrhundert v. Chr. auffaßte; mit größter Ausführlichkeit erzählt er die umfassenden Vorbereitungen zum Tempelbau und Tempelkult, während Salomo als Tempelvollender gefeiert wird.

Unter den Händen des Chronisten ist, wie Wellhausen sagt, David, „der Gründer des Reichs, zum Gründer des Tempels und des Gottesdienstes ge-

doch feststellen, daß das jüdische Volk immer mehr in die Netze der Lüge verstrickt wurde. Für die Männer, welche die sogenannten Reformen der Jahre 621 und 445 gebracht haben, können wir „mildernde Umstände" gelten lassen, vielleicht sogar einräumen, daß sie aus edlen Absichten gehandelt haben und daß ihnen der historische Sinn fehlte. Aber wie sich dann die Willkür zur schamlosen Geschichtsfälschung steigerte, sehen wir, wenn wir die Bücher Samuelis und der Könige mit den Büchern der Chronika vergleichen. Um so mehr müssen wir es ablehnen, in jenen Werken eine göttliche Offenbarung zu erblicken oder Rechtsansprüche darauf zu gründen.

[1] Wunderlich genug ist die Begründung, I. Sam. 15.

worden, der König und Held zum Kantor und Liturgen an der Spitze eines Schwarmes von Priestern und Leviten, seine so scharf gezeichnete Figur zu einem matten Heiligenbilde, umnebelt von einer Wolke von Weihrauch."

So stellte man alles, was im 7., 6., 5. Jahrhundert neu eingerichtet war, als das Alte und Ursprüngliche hin, das von vornherein im Weltenplane Gottes gelegen habe. Und diese willkürlich korrigierte und konstruierte Geschichte wurde seitdem das Rückgrat der jüdischen Religion. Die im 5. Jahrhundert vollendete Kirche sollte nicht als Menschenwerk erscheinen; Sabbath, Speisegesetze, Beschneidung, Priesterherrschaft machte man zu uralten Einrichtungen Gottes, zu Grundpfeilern seiner Weltordnung. Was in der Vergangenheit davon abwich, erschien als ein „Abfall von Gott".

3. Das Buch Esther erzählt keine historischen Tatsachen; es ist auch keine naive Volksdichtung, sondern, weil es in bewußter Weise geschichtlichen Stil nachahmt, eine Fälschung. Es war sehr beliebt bei den Juden; das am Schluß eingesetzte Fest „Purim" wird noch heute von den Juden gefeiert; das Buch enthält also eine Festlegende und spricht die Empfindung weitester Kreise des Judentums aus.

Außerordentlich wertvoll ist das Buch Esther als Selbstporträt des Judentums. Professor Gunkel schreibt:

„Die Verhältnisse, die das Buch voraussetzt, sind die der Juden der Diaspora in den Provinzen des Persischen Reichs. Sie leben unter dem Druck fremder Obrigkeit. Und überall unter den Völkern haben sie ihre Feinde. Ihre Besonderheit hebt sie scharf von allen anderen ab und bringt sie in die Gefahr, mit den Gesetzen des Königs in Konflikt zu kommen; weigern sie sich doch, selbst die Höflichkeitsform der Verbeugung, die allein Gott gelte, mitzumachen. Begreiflich genug (freilich nicht für den Verfasser), daß sie daher für störrisch gelten. Nun glückt es einzelnen Juden, in hohe Stellungen zu kommen; dann nehmen sie für ihre Volksgenossen Partei, was den Juden freilich als Tugend erscheint (Kap. 10, 3). — Hauptinhalt des Buches ist eine große Judenhetze, auch das sicherlich den Verhältnissen entnommen; da mordet und plündert der Pöbel nach Herzenslust, und die Obrigkeit drückt die Augen kräftig zu. Über den Grund solchen Judenhasses sagt das Buch kein Wort: er ist dem Verfasser völlig unbegreiflich; er merkt es nicht und will es nicht merken, daß das Judentum mit seinem Haß gegen alle Völker (man denke an die Unheilsweissagungen gegen die Heiden) und mit seinem religiösen Hochmut, wie seinem nationalen Dünkel die „Heiden" aufs schwerste gereizt hat. Auch den Neid des Pöbels mag der geschäftlich strebsame Jude erregt haben; Hamann will den Juden 75 Millionen Mark für den Staatsschatz auspressen und dabei gewiß noch selber profitieren. Von Religionsverfolgungen ist bei diesen „Pogroms" keine Rede.

„Aus diesem jüdischen Elend ist das Buch entsprungen. In ihm spricht sich der Geist einer unterdrückten Nation aus, die ihr Elend um so bitterer empfindet, als sie voller Eitelkeit steckt und alle Angriffe ihrer übermächtigen Feinde mit glühendem Haß erwidert. Aus eigener Kraft können sie sich nicht wehren; aber sie schielen nach der Hilfe des Staates. Sie wünschen sich, daß eine Jüdin Königin werde und ein Jude der oberste Minister! Dann aber würden die Juden den Spieß umdrehen; dann sollten alle Judenfeinde, 75 000, mit Hilfe der Obrigkeit auf einen Tag mit Weib und Kind von den Juden ausgerottet werden! In diesem Geist wurde und wird alljährlich ein Fest gefeiert, wo das Judentum seine Feinde, wenigstens in Gedanken, totschlüge.

„Bezeichnend ist für das Buch:
der Haß gegen die Judenfeinde (9, 13);
die einseitige Parteinahme für die Volksgenossen;
und die Nationaleitelkeit; auf den Juden liegt alles Licht, auf den Heiden aller Schatten.

„Von sittlichen und religiösen Ideen ist nicht die Rede, sondern ganz einfach von dem Egoismus einer Nation, die sich auch unter unwürdigen Verhältnissen um jeden Preis behaupten und durchsetzen will; weshalb die Schrift auf jeden Nichtjuden einen abstoßenden Eindruck machen muß. Charakteristisch ist das Schielen nach oben: gegen die Perser kein Wort; dem Könige rettet Mardochai das Leben."

4. Für diejenigen, die an einer übernatürlichen Entstehung des Alten Testaments festhalten wollen, sei noch an das Buch Daniel erinnert. Denn über diese Schrift herrscht fast völlige Einigkeit der Anschauungen bei den „liberalen" und den „konservativsten" Theologen. Der Verfasser, Daniel, stellt sich selbst als jüdischen Diener des babylonischen Königs Nebukadnezar vor und behauptet, das Buch zur Zeit der Babylonischen Gefangenschaft im 6. Jahrhundert v. Chr. geschrieben zu haben. Das ist eine Fälschung. Tatsächlich ist die Schrift erst im 2. Jahrhundert kurz vor 165 v. Chr. entstanden; was Daniel für die Zukunft zu prophezeien vorgab, gehörte schon der Vergangenheit an. In Kap. 8, 24 und 12, 4 heißt es, Daniel sollte die Visionen bis auf die Endzeit versiegeln und geheim halten. Damit deutete er selbst an, daß das Buch bis dahin unbekannt war und jetzt erst auftauchte [1]).

2.

Nunmehr können wir auch die Frage beantworten, wie wir über den Anspruch der Juden urteilen sollen, „das auserwählte Volk" zu sein.

Alle selbstbewußten Völker halten sich in gewissem Sinn für auserwählt und glauben, die Ersten zu sein; das gilt nicht nur für die Juden. Auch die alten Griechen waren von diesem stolzen Gefühl beseelt; sie teilten die ganze Menschheit in zwei Klassen ein, in Griechen und Barbaren; „von Natur" seien die ersten zur Freiheit, die anderen zur Knechtschaft bestimmt.

Ähnlich dachten die alten Römer.

Und ist es heute anders? Lebt nicht in den Franzosen die unausrottbare Wahnvorstellung, sie hätten bei Gott vor den anderen Völkern etwas voraus und seien berufen, alle „Barbarenvölker" sich zu unterwerfen?

Erst recht wird jedem Engländer von Kindesbeinen an beigebracht, sein Vaterland sei von Gottes Gnaden zur Weltherrschaft berufen, und daher sei auch jedes von England in anderen Ländern verübte Unrecht (jeder

---

[1]) Nach Realenzyklopädie für protest. Theologie und Kirche.

Raub, jeder Verrat, jeder Vertragsbruch) in Wirklichkeit die Ausübung eines „Rechts" (nach Chamberlain).

Ebenso denken die **Russen**.

Hätte doch das **deutsche Volk** etwas von diesem stolzen Selbstbewußtsein gehabt!

Auch blieb es nicht auf die Juden beschränkt, daß in Zeiten der Erniedrigung und der Not Propheten auftraten, die das Volk aufrütteln, auf die große Vergangenheit hinweisen, Buße und Umkehr zu Gott predigen, einen Retter und eine bessere Zukunft verheißen. Wir denken an unser eigenes Volk, an Fichte, Schleiermacher, E. M. Arndt und viele andere nach dem Zusammenbruch Preußens; wir denken auch an die Gegenwart, wo wir nicht müde werden, dem deutschen Volk eine bessere Zukunft in sichere Aussicht zu stellen, **wenn es Buße tut und zu Gott umkehrt**.

Aber als geradezu ungeheuerlich müssen wir den Gedanken ablehnen, daß die Juden auf Grund angeblich „göttlicher" Verheißungen, ohne **eigenes Verdienst, ja ohne sittliche Berechtigung**, eine Vorzugsstellung vor anderen Menschen und Völkern beanspruchen. Ihre Hoffnungen und Ansprüche stützen sie bis zum heutigen Tage **nur auf die Geschichte, und diese Geschichte ist gefälscht**.

Unsere Aufgabe ist es, den Gedanken der „Auserwähltheit" zu vertiefen. Es wird ein ewiges **Geheimnis** bleiben, weshalb die Menschen und Völker **ungleich** sind, ungleich nicht nur in Alter und Geschlecht, in körperlicher Gesundheit und Kraft, sondern auch in ihren geistigen und sittlichen Anlagen und Fähigkeiten. Aber gerade auf dieser Ungleichheit beruht die Kultur: Gesunde, überragende, „auserwählte" Völker, die von der Vorsehung bzw. von Gott besonders reich ausgestattet sind, das sind die Träger der Weltgeschichte, und bedeutende, von Gott „auserwählte" Persönlichkeiten, die sich über die Masse ihres Volkes erheben, sind die Schöpfer der Kultur. Ein ewiges **Geheimnis**! Diese Völker und Menschen werden keineswegs wie willenlose Puppen von Gott geschoben, **sondern sie handeln frei**; durch ihre freien geistigen und sittlichen Leistungen müssen sie sich als „auserwählt" **bewähren**; deshalb kann auch das „Auserwähltsein" erlöschen. Zur Erläuterung kann auch die berühmte Erzählung von den drei Ringen in Lessings „Nathan" dienen: Jedes Kulturvolk halte sich für „auserwählt" und entfalte die ihm verliehenen Anlagen! Dabei soll nicht etwa das eine Volkstum das andere unterdrücken, knechten oder ausrotten; vielmehr gilt es, in freiem Wettbewerb den höchsten Gütern der Kultur nachzujagen:

> „So glaube jeder seinen Ring
> Den echten ....
> Es strebe von euch jeder um die Wette,
> Die Kraft des Steins in seinem Ring an Tag
> Zu legen! Komme dieser Kraft mit Sanftmut,
> Mit herzlicher Verträglichkeit, mit Wohltun,
> Mit innigster Ergebenheit in Gott,
> Zu Hilf!"

Hätten doch wir Deutschen allezeit danach gehandelt und uns in **diesem** Sinne als „auserwähltes" Volk gefühlt, daß wir uns stolz **unserer** Eigenart bewußt gewesen und die uns von Gott verliehenen Anlagen aufs höchste entfaltet, nicht immer auf die anderen geschielt und fremdes Wesen angenommen hätten! Dann würde unserem Volkstum **von selbst**, ohne Gewalt eine ganz andere Stellung in der Welt zugefallen sein, als wir heute einnehmen.

Merkwürdig! Die **Juden** sind die Hauptvertreter und die lautesten Apostel des demokratischen Gleichheitsgedankens, beanspruchen aber für sich selbst eine besondere Stellung. Das ist derselbe Standpunkt, den in alter und in neuer Zeit die **Priesterkaste** einnimmt, indem sie die gesamte Menschheit als eine große Herde gleicher Schafe auffaßt, deren bevorzugte Hirten die Priester selbst sind.

3.

Damit kommen wir zu den Begriffen „**Offenbarung**" und „**Inspiration**".

Mit Recht ist auf den großen Unterschied hingewiesen, der in bezug auf göttliches Eingreifen zwischen Vergil und Homer besteht: In Homers Ilias und Odyssee kann man sich fast überall dieses göttliche Eingreifen wegdenken; die Handlung verläuft auch ohne die Mitwirkung der Götter natürlich. Wenn man aber aus Vergils Äneas das fortnimmt, was die Götter sagen und tun, so bleibt nichts als eine Reihe zusammenhangloser, unverständlicher Bruchstücke über. Äneas spielt eine klägliche Rolle, weil er so oft das Gegenteil von dem tun **muß**, was er **will**. Bei Odysseus dagegen und Telemachos, bei Nausikaa und Penelope besteht kein Widerspruch zwischen dem, was sie selbst wünschen, und dem, wozu die Gottheit sie treibt. Der fromme, menschliche Sinn führt die inneren Vorgänge der Menschenseele und alle äußeren Erlebnisse auf die Eingebung der Gottheit zurück.

Wir vernunftstolzen Menschen sollten immer wieder bedenken, daß die besten und wichtigsten Erkenntnisse **nicht** durch logisches, mechanisches, rechnerisches Denken gewonnen, sondern uns durch ein inneres Schauen („Intuition") mitgeteilt werden. Wie das geschieht, ist und bleibt eines der größten **Geheimnisse**, und wir dürfen mit Recht darin göttliche Offenbarungen sehen. Aber wir können uns auch täuschen, und allezeit treten falsche Propheten auf; deshalb müssen sich die Offenbarungen nachträglich vor dem logischen Denken und vor der Geschichte als echt, gesund, fruchtbar **bewähren**; auch muß unsere ganze Eigenart, unser Streben und Trachten damit in Einklang stehen.

Nur solche **inneren**, mit unserem eigenen Wesen übereinstimmenden Erlebnisse und Erfahrungen, die einen gesunden Fortschritt bringen, können wir als Offenbarungen gelten lassen. Dagegen müssen wir die mechanische Auffassung ablehnen, daß Gott einzelnen Menschen Sätze, Gebote, ganze Bücher gleichsam „diktiert" habe, die sie selber nicht verstanden. Mit den Worten „Offenbarung" und „Inspiration" ist unendlich viel Mißbrauch getrieben. Wie die Juden der Bibel, so schrieben die

Perser dem „Avesta", die Inder den „Veden", die Mohammedaner dem „Koran" göttlichen Ursprung zu. Vom „Koran" heißt es, daß eine Urschrift im Himmel aufbewahrt werde; der Engel Gabriel habe den heiligen Text stückweise dem Propheten Mohammed übermittelt. Juden und Christen gingen so weit, daß sie nicht nur die Gedanken auf göttliche Eingebung zurückführten, sondern auch die einzelnen Worte und Sätze, den sprachlichen Ausdruck, an dem nicht gerüttelt werden dürfe. Abälard sagt: „Die heiligen Propheten verstehen keineswegs erschöpfend die Bedeutung ihrer Rede, wenn der heilige Geist aus ihnen spricht; oft erfassen sie selbst nur einen Sinn, während der Geist einen mehrfachen hineinlegt, den er später nach und nach verschiedenen Auslegern eingibt." Sogar Luther und Calvin hielten an der Vorstellung einer wörtlichen Inspiration fest. — Von Pachomius, dem ersten Organisator des Mönchtums, wird behauptet, ein Engel des Himmels habe ihm eine metallene Tafel überbracht, auf der die Gesetze des gemeinsamen Lebens eingegraben waren. — Obgleich die lateinische Bibelübersetzung des Hieronymus (die „Vulgata") von Fehlern wimmelt, hält die römisch-katholische Kirche noch heute daran fest, daß sie ihm vom heiligen Geiste diktiert sei.

Eine solche „Verbal-Inspiration" müssen wir als eine der schlimmsten Wahnvorstellungen bezeichnen. Man ging sogar so weit, einzelnen Worten, Sätzen, Zahlen eine magische Zauberwirkung zuzuschreiben.

Sollen wir deshalb nach Art des Dr. Eisenbart eine Radikalkur vornehmen und mit dem Alten Testament „aufräumen, reinen Tisch machen"? Sicherlich muß endlich mit zahlreichen falschen Vorstellungen gebrochen werden; wir müssen wissen, daß das Alte Testament als **Geschichtsquelle** geringen Wert hat, daß vielmehr seine Geschichtsbücher teils Mythen und Sagen, teils tendenziös umgearbeitete, mit Sagen und Legenden geschmückte Geschichte und Fälschungen enthalten. Dennoch soll der hohe Wert einzelner prophetischer Bücher, Aussprüche und Psalmen nicht angetastet werden; auch in die Geschichtsbücher sind herrliche Worte und lyrische Dichtungen eingelegt. Wir wollen, sagt Generalsuperintendent D. Klingemann, nicht vergessen, was uns von der Kindheit her die biblischen Geschichten gewesen sind, was dem gereiften Alter die Herrlichkeit und Größe der Propheten zu sagen hat, welche Fülle der Kraft und des Trostes aus den Psalmen uns zugeflossen ist.

Vor allem scheint mir zu wenig beachtet zu werden, daß in den für die religiöse Entwicklung wichtigen Jahrhunderten, dem 8. bis 5., **zwei Strömungen** ständig miteinander rangen: auf der einen Seite die Männer, welche auf Grund innerer Offenbarungen gegen die äußeren Formen des Gottesdienstes eiferten, Reinheit der Gesinnung, Gerechtigkeit des Handelns und Verinnerlichung der Religion forderten; auf der anderen Seite die **Priesterschaft als die Hüterin des äußeren Kultus**. Die Entwicklung führte dahin, **daß allmählich die zweite Richtung siegte**, daß der äußere Kultusdienst das innere religiöse Leben überwucherte. Das ist das „Judentum", das sich erst seit der Babylonischen Gefangenschaft entwickelte, das „Judentum", das Jesus Christus verworfen hat. Jene Propheten und Psalmisten, jene kleine Schar von Getreuen, denen das geistlose Pharisäertum, der Buchstabenglaube und der Kultusdienst widerstrebte, waren keine „Juden" in diesem Sinne¹).

4.

Es ist ein Irrtum, daß die **Zerstreuung der Juden** erst mit der Zerstörung Jerusalems im Jahre 70 n. Chr. begonnen habe.

Wenn das jüdische Volkstum bzw. die jüdische Eigenart zur Zeit der Babylonischen Gefangenschaft (6. Jahrhundert v. Chr.) entstanden ist, so können wir behaupten: die Juden sind **allezeit** heimatlos und über die ganze Welt zerstreut gewesen. Als der Perserkönig Kyros 538 v. Chr. den Juden die Rückkehr in die Heimat gestattete, fiel es den meisten Juden gar nicht ein, das „Gefängnis" zu verlassen. Sie hatten glänzende Geschäfte gemacht, Reichtümer gesammelt, besaßen schöne Häuser und Gärten; da hatte die Rückkehr in die arme Heimat wenig Verlockendes. Die Mehrzahl blieb in Babylonien, und wir können feststellen, daß die **Euphratländer** bis weit in die nachchristliche Zeit der Schwerpunkt des Judentums waren. Daneben bildeten die Juden seit Alexander dem Großen (um 330) einen bedeutenden Teil der Bevölkerung Ägyptens; zur Zeit Christi wohnten dort 1 Million Juden; in der Großstadt Alexandria waren unter einer halben Million Einwohnern 200 000 Juden. Zur Zeit des Kaisers Augustus bestanden 7 Prozent der Gesamtbevölkerung des römischen Weltreichs aus Juden; Juden traf man in allen größeren Städten der alten Kulturwelt: wie heute waren sie überall Händler und Makler dessen, was **andere** geschaffen hatten.

Die „Zerstreuung" der Juden war der Hauptsache nach eine **freiwillige**; aber von Anbeginn an verstanden sie es, sich überall und immerfort als die „Gedrückten, Verfolgten, Zurückgesetzten" hinzustellen. In Wahrheit genossen sie bis zum Untergang der Alten Kulturwelt **Vorrechte** vor allen anderen Untertanenvölkern²). Die von Nebukadnezar 586 v. Chr. nach Babylonien überführten Juden lebten dort unter königlichem Schutz, konnten sich frei bewegen und ihren Berufen nachgehen. Nach dem Untergang des Babylonischen Reiches erfuhren sie von den Perserkönigen weitestgehende Förderung. Später stellten sich Alexander der Große und seine Nachfolger sehr freundlich zu ihnen. Erst im 2. Jahrhundert v. Chr. kann von einer Bedrückung der Juden durch den König Antiochus die Rede sein; unter den Makkabäern errangen sie für **kurze** Zeit die politische Selbständigkeit. Dann folgte die Römerherrschaft. Cäsar begünstigte die Juden; der Kaiser Augustus bestätigte ihre Vorrechte und kam ihren Wünschen aufs äußerste entgegen. Und selbst nach der Zerstörung Jerusalems und nach den späteren blutigen

---

¹) Über die heute viel erörterte Vermutung, daß **Jesus** dem Blute nach kein Jude gewesen sei, maße ich mir kein Urteil an. Jedenfalls war er kein „Jude" dem Geiste nach, weder im Sinne der orthodoxen, gesetzesstrengen Richtung, noch im Sinne der Reformjuden. Deshalb der abgrundtiefe Haß des Judentums gegen Christus, bis zum heutigen Tage.

²) Vgl. den 5. Band von Mommsens Römischer Geschichte.

Aufständen erfreuten sich die Juden im römischen Reich der größten Duldung.

Wilson, der Präsident von U. S. Amerika, hat 1918 die **Zerstörung Jerusalems** (70 n. Chr.) und „die **Vernichtung des jüdischen Volkstums durch die Römer eine der größten Ungerechtigkeiten der Weltgeschichte** genannt, die wieder gut gemacht werden müsse". **Dies Urteil ist falsch.** Jesus Christus sah das Unheil kommen und bezeichnete es als ein gerechtes, wohlverdientes Strafgericht Gottes über das halsstarrige und hartnäckige Volk. Und in unserer Zeit hat der bedeutende Geschichtsforscher Theodor Mommsen, der gewiß eher ein Philosemit als Antisemit war, im 5. Bande seiner römischen Geschichte festgestellt: daß die Juden in der römischen Kaiserzeit eine unglaubliche Duldung erfuhren und große Vorrechte vor allen anderen Völkern genossen; daß sie aber durch ihre maßlose Überhebung und ihren Fanatismus s e l b e r die blutigen Konflikte und die Zerstörung Jerusalems herbeiführten.

Auch ist es ein Irrtum, daß die Römer, wie Wilson sagt, im Jahr 70 das jüdische Volkstum vernichtet hätten. Sie haben nur den jüdischen Kirchenstaat beseitigt. Mommsen schreibt: „Es handelte sich um eine Machtfrage. Der jüdische Kirchenstaat als Haupt der Diaspora vertrug sich nicht mit der Unbedingtheit des weltlichen Großstaates. Von der allgemeinen Form der Toleranz hat die Regierung sich auch in diesem Falle nicht entfernt, sie hat nicht gegen das Judentum, sondern gegen den Hohepriester und das Synhedrion Krieg geführt."

D.

Weltreiche, Universalismus.

> „Die frühere Geschichtsauffassung war von der Ansicht beherrscht, der Orient sei von Ewigkeit her die Heimat großer Weltreiche und seine Geschichte bestehe nur in der monotonen, wenig interessanten Folge von Gründung, Verfall und Untergang erobernder Staaten. Das erobernde Weltreich ist **nicht der Anfang**, sondern das letzte Ende der Entwicklung, genau so wie am Schluß der Geschichte der alten abendländischen Welt das römische Weltreich steht."   Ed. Meyer.

Für die falsche Geschichtsauffassung, die bis in unsere Tage nachwirkt, waren die Visionen von ungeheurer Bedeutung, die angeblich der Prophet Daniel gehabt hat.

Wir lesen im 7. Kapitel des Buches Daniel: „Ich Daniel, hatte ein Gesicht in der Nacht, und siehe, die vier Winde unter dem Himmel stürmten widereinander auf dem großen Meer. Und 4 große Tiere stiegen herauf aus dem Meer, eins je anders als das andere . . . . Diese 4 großen Tiere sind 4 Reiche, die auf Erden kommen werden." Er sieht dann weiter, daß das vierte Reich zerstört wurde, und an seine Stelle trat ein Reich, „das dem heiligen Volke des Höchsten gegeben wird, des Reich ewig ist, und alle Gewalt wird ihm dienen und gehorchen."

Wir wissen, daß das Buch Daniel **nicht** zur Zeit Nebukadnezars entstanden ist, sondern erst kurz vor 165 v. Chr.; Daniel lebte **nicht**, wie er vorgibt, zur Zeit des ersten, sondern des vierten Weltreiches, dessen Ende er herbeisehnt. Die vier Weltreiche, die er meint, sind das babylonische, medische, persische, griechische. Die Gewaltherrschaft des griechischen Königs Antiochos von Syrien, zu dessen Zeit er lebte, erschien ihm als die letzte Periode vor der Messianischen Zeit. — **Später**, das ganze Mittelalter hindurch und noch sehr weit darüber hinaus, erklärte man die vier Weltreiche für das babylonische, persische, griechische und **römische**[1]).

Heute wissen wir, daß alle hohe Kultur des Altertums auf **nationaler** Grundlage erwachsen ist; daß auch die Staaten, die in langer Entwicklung zu hoher Bedeutung gelangten, Nationalstaaten waren. Es ging **aufwärts**, so lange das Volkstum gesund blieb; **abwärts**, als das nationale Leben erlosch, als die Völker sich mischten und auf den Trümmern des abgestorbenen nationalen Lebens sich die Weltreiche erhoben. In die entarteten Kulturländer drangen einerseits immer neue Scharen aus Arabien und später aus Hochasien, anderseits die Indogermanen. Es war verhängnisvoll, daß die Indogermanen, zuerst die Perser, später die Griechen und die Römer, dann die Germanen, die Franzosen, Engländer das Erbe **Asiens** antraten: den Universalismus, das unersättliche Streben nach einem alle Länder und Völker umspannenden Weltreich.

Rückblick.

Von Osten her legt sich die **Finsternis** über Europa, und der Orient wurde nicht nur die Heimat der Leibes=, sondern auch der Geistesepidemien. Wir denken an den Menschheitswahn und das Weltherrschaftsstreben, an die Völkermischung und die Gottesstaatsidee, an das rechnerische Denken und den Mammonismus, an Zauberei und Hexenwesen, vor allem an die Scheidung der Menschen in Priester und Laien, an Priesterherrschaft und Priesterkultur, an die internationale Kulturgemeinschaft, die in Wahrheit eine Orientalisierung bzw. Verjudung aller Kultur ist.

---

[1]) Das Reich Karls des Großen (800) und das Römische Reich deutscher Nation (seit 962) galten als Fortsetzung des alten Römischen Weltreiches des Augustus; Otto der Große (962) wurde als der 89. römische Kaiser gezählt. Im 12. Jahrhundert knüpfte der bedeutende Geschichtschreiber des Mittelalters, Bischof Otto von Freising, an den Propheten Daniel an.

II.

Die Griechen.

Die alten Griechen, die „**Deutschen des Altertums**", waren der edelste, begabteste, blühendste Zweig der nordischen Rasse: ihre Kultur stieg immer höher und höher, solange sie sich selber und ihrer nationalen Eigenart treu blieben. Ihre ritterlichen Spiele zeigen, welchen Wert sie auf die Ausbildung der körperlichen Kraft und Geschicklichkeit legten; aber viel wichtiger war doch, daß sie auf allen Gebieten des **geistigen Lebens**, der Künste und Wissenschaften, rast- und ruhelos arbeiteten, um Vollkommenes zu leisten. Dabei waren sie die eifrigsten **Wahrheitsucher**. Das tritt uns schon in den Homerischen Epen Ilias und Odyssee entgegen; zwar sind die Ereignisse, die uns erzählt werden, nicht „wirklich", nicht „historisch", aber wie „wahr"! Wir denken an den Zorn des Achilleus, an Hektors Abschied von Andromache, an Achills Klage über den Tod seines Freundes, an seine Rache, an die Lösung von Hektors Leiche; wir denken an die phäakische Königstochter Nausikaa, an den „göttlichen" Sauhirten Eumäos, an den heimkehrenden Odysseus, an Penelope.

Wie **wahr** sind die edelsten Erzeugnisse der **bildenden Kunst**! Je einfacher, desto schöner! Da wird nicht ein Wust von verwirrendem Beiwerk mitgeschleppt. — Der freie Menschengeist erhob und entfaltete sich zu den höchsten Regionen; die **Wissenschaft** wurde geboren. Was für **Wahrheitsucher** waren die Philosophen! Sie rangen mit den wichtigsten Problemen, die uns heute noch beschäftigen; sie wollten das „Seiende" erforschen, das Wesen der Dinge, den Urstoff, die Ursache des Werdens und Vergehens, das Bleibende; mit staunendem Blick erkannten sie den Reichtum unserer Innenwelt, entdeckten immer neue Fähigkeiten, sannen über das Rätsel von Freiheit und Gebundenheit nach. — Was für **Wahrheitsucher** waren die großen Geschichtschreiber, vor allem Herodot und Thukydides!

Was Richard Wagner an den besten Deutschen rühmt, das gilt auch für die echten alten Griechen; sie waren fähig, **eine Sache um ihrer selbst willen zu treiben**, ohne Gedanken an Gewinn und ohne tendenziöse Absichten. —

Aber je höher es aufwärts ging, um so stärker wurden die Kräfte, die abwärts ziehen. Die griechische Geschichte hat ein **Doppelgesicht**: auf der einen Seite Licht und Glanz, Schönheit und Wahrheit, auf der anderen Seite Finsternis und Lüge.

A.
Versuch einer Kirchenbildung.

Der Sieg über den Orient, äußerlich und innerlich, der Sieg der Laienkultur: das ist der Hauptinhalt der griechischen Geschichte. Die Bedeutung der Perserkriege liegt weniger in den äußeren Erfolgen, als in ihren großen Wirkungen für das ganze Kultur- und Geistesleben.

Um 500 v. Chr. stand das Griechentum am Scheidewege und vor demselben Wendepunkt, wie um die gleiche Zeit das Judentum: Wird auch in Griechenland die Kultur erstarren, wie in allen orientalischen Ländern, in Ägypten, Babylonien, Palästina? wird ein allmächtiger Priesterstand den Menschengeist in Fesseln legen? wird die innere Religiosität erstickt werden durch die Masse der kirchlichen Gesetze über Reinigungen und Sühnungen, Fasten und Speiseverbote, Weihen und Beschwörungen?

Die Gefahr war groß. Wir staunen über die Ähnlichkeit der Lage: hier wie dort das Verlangen nach einer Erneuerung und Vertiefung der Religion; hier wie dort das Streben nach Erlösung und innerer Reinheit; aber zugleich hier wie dort ein Übermaß der äußeren Mittel, die angepriesen wurden! Wie man bei den Juden das Neue als alte, ursprüngliche Offenbarung mitteilte, die Moses unmittelbar von Gott empfangen habe, so verfuhren in Griechenland die Orphiker. Die ganze Geschichte versuchten sie zu korrigieren:

Ed. Meyer schreibt in der Geschichte des Altertums II, S. 735 ff.:

„Es entsteht das Bedürfnis, die Überlieferung zu korrigieren; sie genügt dem Glauben so wenig wie dem Verstande. So weit wie möglich schließt sich die Umarbeitung äußerlich der Tradition an; aber innerlich wird sie von Grund aus umgestaltet; sie ist zur Trägerin des neuen religiösen Systems bestimmt ... Die neue Lehre, welche die alte Religion ersetzen soll, tritt in der Form einer Offenbarung auf ...

S. 749: „Mit der Entstehung der Orphischen Theologie hat die geistige Entwicklung Griechenlands dasselbe Stadium erreicht, auf dem die Kulturen der orientalischen Völker dauernd stehen geblieben sind. Die religiöse Fixierung der gewonnenen Resultate in der Form einer Offenbarung legt allen kommenden Generationen einen festen Zwang auf. Sie ist das Ergebnis kühnen und vorwärtsdringenden Denkens; aber mit dem Moment, wo sie zur Herrschaft gelangt, wendet sie das Antlitz der Nation nach rückwärts und setzt dem Denken eine Grenze, über die es, wenn es sie nicht zu sprengen vermag, nur durch Umdeutungen hinaus kann. Sie ist die Wahrheit; sie ist ewig und unwandelbar; daher fordert sie Unterwerfung. So bahnt sie demjenigen Stande den Weg zur Herrschaft, der ihre Gedanken praktisch verwirklicht und die Gläubigen leitet, zwischen ihnen und der Gottheit vermittelt ...

„Jede Offenbarungsreligion muß streben, die religiösen Interessen über die politischen zu erheben, die Nation in eine Gemeinde, eine Kirche umzuwandeln; ihr Ziel ist die Theokratie, das ist praktisch die Priesterherrschaft. Das gleiche gilt von Griechenland. Hätte die Orphische Religion die volle Herrschaft gewonnen, so wäre der Gewinn in erster Linie den bereits organisierten Priesterschaften zugefallen... In der zweiten Hälfte des 6. Jahrhunderts v. Chr. scheint es, als ob auch Griechenland in die Bahnen des Orients einlenken würde... Aber es ist nicht dazu gekommen; hier ist der **entscheidende Wendepunkt der griechischen Geschichte.**"

Der Sieg über die Perser war zugleich ein **Sieg der Laienkultur**. Auf dem Grunde freiester geistiger Bewegung konnte sich in Griechenland eine neue, ganz andersartige Kultur erheben, wie sie die Welt bisher noch nicht gesehen hatte. Die Orphiker wurden durchschaut; wir lesen bei Herodot II, 53: „Die Dichter, die älter sein sollen, als Homer und Hesiod, sind meiner Meinung nach jünger"; und VII, 6: „Der orphische Dichter Onomakritos wurde auf einer Fälschung ertappt."

Im 5. Jahrhundert wurden sich die Griechen mit Stolz der tiefen Kluft bewußt, des großen Unterschiedes zwischen Griechen und Asiaten; die Folge war ein stark ausgeprägtes **Nationalbewußtsein**.

B.
Freiheit und Gleichheit; die Demokratie.

Scylla und Charybdis: der Scylla der Theokratie entgingen im 5. Jahrhundert v. Chr. die Griechen, um in die Charybdis der extremen Demokratie zu geraten. Ägypten, das Jahrtausende hindurch die höchste Kultur besaß, ist an der Theokratie zugrunde gegangen. Griechenland, das eine viel höhere Stufe der Kultur erreichte, verblutete an der Demokratie.

Der Übergang von der **Natural-** zur **Geldwirtschaft** brachte die größten Umwälzungen. Wohl hatte man schon seit Jahrhunderten und Jahrtausenden Gold- und Silberbarren gekannt und auch als Austauschmittel gebraucht. Aber das **Geld**, d. h. die staatlich geprägten Münzen von verschiedenem Gewicht und Wert, kam erst im 8. Jahrhundert v. Chr. in Kleinasien auf.

An sich ist das Geld weder etwas Gutes noch etwas Schlechtes; **es wird erst gut oder schlecht durch den Gebrauch, den wir Menschen damit machen.** Für das Geld gilt dasselbe wie für das Feuer:

„Wohltätig ist des Feuers Macht,
Wenn sie der Mensch bezähmt, bewacht...
Doch furchtbar wird die Himmelskraft,
Wenn sie der Fessel sich entrafft."

Eine Himmelskraft, auch das Geld! Segenspendend! Niemand wird leugnen, daß die Geldwirtschaft bedeutende Kulturfortschritte gebracht hat. Aber das **Geld wurde zum Fluch**, weil die Menschen es nicht „bezähmten, bewachten"; weil sie, statt Herren des Geldes, seine **Sklaven wurden**[1]. Die Aristokratie („Herrschaft des Geburtsadels") wandelte sich in eine Plutokratie („Geldherrschaft"); die kapitalistische Ausgestaltung der Landwirtschaft weckte die Habgier; der Grundsatz noblesse oblige („der Adel hat Pflichten") wurde vergessen; an Stelle des patriarchalischen Schutz- und Vertrauens-

---

[1] ἔχω, οὐκ ἔχομαι hieß es bei den besten Griechen, d. h.: „Ich habe das Geld, nicht das Geld hat mich."

verhältnisses, das früher zwischen Adel und Volk bestanden hatte, trat ein herzloser Klassenegoismus, der die Macht des Geldes benutzte, um die rechtlosen Bauern ins Elend zu jagen, die Pächter auszubeuten und sich selbst maßloser Verschwendung hinzugeben. Ein vernichtendes Urteil fällte um 600 v. Chr. der Athenische Gesetzgeber S o l o n über seine Standesgenossen:

„Sie wissen ihren Durst nach Geld und Gut nicht im Zaum zu halten; es genügt ihnen nicht, sich in Ruhe eines wohltätigen Besitzes zu erfreuen. Durch Unrecht und Gewalttat mehren sie ihren Reichtum; ohne Scheu vor dem Gute der Tempel und des Staates stehlen und rauben sie, der eine hier, der andere dort. Sie achten nicht die heiligen Satzungen der Dike (Göttin der Gerechtigkeit), welche schweigend gewahrt, was geschehen ist und noch geschieht. Unheilbare Wunden sind der Stadt schon geschlagen ... Von den Armen werden viele verkauft, mit schmählichen Fesseln gebunden, in fremdes Land geschafft und müssen, der Gewalt gehorchend, der Knechtschaft kummervolles Elend tragen."

W e l c h e E n t a r t u n g! Mit welchem Hochmut sahen die meisten adeligen Herren auf die Bauern und Pächter hinab! welch ein Hohn liegt darin, daß sie das platte Land mit einem „Wildgehege" verglichen! Die Masse des Volkes erschien ihnen wie eine nützliche Herde, deren Daseinszweck im Grunde nur der ist, den Interessen der bevorzugten Klasse dienstbar zu sein[1]).

Dieser mammonistische und materialistische Geist war das Gift, das den herrlichen griechischen Volkskörper immer mehr verseuchte. Mit Naturnotwendigkeit folgte das E r w a c h e n d e r M a s s e n und die Revolutionierung der Gesellschaft. Zwar äußerte sich anfangs die Erbitterung in ohnmächtigen Klagen; wie ergreifend sind die Worte des bäuerlichen Sängers Hesiod (um 700 v. Chr.):

„So zur Nachtigall, der melodischen, sagte der Habicht,
Da er gar hoch in die Wolken sie trug mit den packenden Krallen,
Diese jedoch wehklagte, zerfleischt von den Krallen, den krummen,
Jämmerlich, — jener nun sprach zu ihr, bewußt seiner Stärke:
Törin, wozu das Geschrei? Ein Stärkerer hält dich gefangen.
Und so schön du auch singst, wie ich dich führe, so gehst du.
Je nach Belieben erwähl ich zum Schmaus dich oder entlaß dich."

Für kurze Zeit schien die gemeinsame Gefahr der Perserkriege (490, 480/79) die Kluft zwischen den Klassen zu überbrücken; auf die Siege folgte ein gewaltiger w i r t s c h a f t l i c h e r A u f s c h w u n g. Aber weil man es nicht verstand, das Geld zu fesseln und zu bändigen, so begann bald die z w e i t e, viel schlimmere Periode der Klassengegensätze. Das Anwachsen der Industrie schuf neue Formen der Geldherrschaft: das Geld verdrängte die Handwerker und Kleinhändler; immer größer wurde die Zahl der besitzlosen Proletarier. Wir staunen über die Höhe des Zinsfußes und über die Tiefe des Arbeitslohnes.

W e l c h e S c h a n d e! D i e s i e g r e i c h e n G r i e c h e n w u r d e n z u B e s i e g t e n. Während der Dichter Aschylos und der Geschichtschreiber Herodotos mit begeisterten Worten die Überlegenheit der Griechen priesen, streckten wenige Jahrzehnte später b e i d e führenden Mächte, Athen und Sparta, bettelnd die Hände aus nach persischem Geld. Mit persischem Geld wurden die Kriege geführt, in denen die Griechen sich gegenseitig zerfleischten; der Perserkönig wurde der Schiedsrichter unter den Streitenden.

---

[1]) Vgl. P ö h l m a n n, „Geschichte des Sozialismus in der Alten Welt", I, S. 173 ff.

Geschichtliche Übersicht
über die zunehmende Demokratisierung.

1. **Solon** (594 v. Chr.) führte einen gesunden Ausgleich zwischen den drei Ständen herbei, zwischen dem Adel, dem gewerbe- und handeltreibenden Bürgertum und dem Bauerntum. Alle Athener erhielten **gleiche persönliche Rechte**; aber die politischen Rechte wurden nach dem Besitz und nach den Leistungen abgestuft. Für die Klasseneinteilung waren nicht mehr Geburt und Blut, sondern Besitz maßgebend.

2. **Peisistratos** (um 560) benutzte neue innere Streitigkeiten, um sich, gestützt auf das niedere Volk, der Alleinherrschaft („Tyrannis") zu bemächtigen.

3. **Kleisthenes** (510) machte die Wiederkehr einer aristokratischen Klassenherrschaft unmöglich. Aber er hielt an dem verschiedenen Maß, d. h. an der Abstufung der politischen Rechte fest.

4. Nach dem Siege über die Perser (480/79) wurde die **Gleichheit der politischen Rechte** durchgeführt: allgemeines, gleiches, alljährlich sich wiederholendes aktives und passives Wahlrecht.

5. Alles, was ein **Gegengewicht** gegen die schrankenlose „Volksherrschaft" bildete, verlor seine Bedeutung: der Areopag, die Ratsversammlung, die obersten Beamten. Die wichtigsten Entscheidungen fielen in der Volksversammlung, und die Rechtsprechung geschah in den Volksgerichten; es gab keine höhere Instanz mehr. Die Beamten wurden erlost.

6. Der politischen Gleichheit folgte die **soziale Demokratie**, das Verlangen nach wirtschaftlicher Gleichheit. Früher galt der Grundsatz „jedem das Seine", jetzt „allen das Gleiche", besonders der gleiche Besitz.

1.
Irrtümer und Wahnideen.

1. Daß die **Freiheit in der Gleichheit zu suchen sei**, ist einer der verhängnisvollsten Irrtümer; dieser Wahn hat das herrliche, hochbegabte griechische Volkstum zugrunde gerichtet und drohte auch unser Deutschtum zu vernichten.

Nur eine kurze Strecke können Freiheit und Gleichheit zusammen gehen. Daß Athen ein Rechtsstaat wurde, in dem es für den Schutz der Person und des Eigentums gleiches Recht gab und gleiche Strafen für das Verbrechen und gleiche Möglichkeiten des Aufstiegs; daß alle Bürger am öffentlichen Leben beteiligt waren und ihr Schicksal selbst bestimmten: das war die Freiheit, welche Herodot mit so begeisterten Worten pries; das war der gewaltige Fortschritt des Griechentums, und ohne die Befreiung der Persönlichkeit, ohne diesen Individualismus, ohne dieses Recht der Selbstbestimmung würde die hohe Kultur des 5. Jahrhunderts nicht erreicht sein.

Aber darüber hinaus sind Freiheit und Gleichheit Gegensätze: Je mehr Freiheit, um so mehr Ungleichheit; und umgekehrt, je größer die Gleichheit, desto größer die Unfreiheit! Schon die politische „reine" Demokratie, d. h. Gleichheit der politischen Rechte, bei ungleichen Leistungen und Pflichten, ist Unvernunft. Denn dabei verliert die Qualität ihre Geltung; der Adel der Bildung und des Besitzes räumt das Feld; höhere und edlere Begabung, ererbter und erworbener Besitz verleihen keinen Vorrang.

Mit Recht sagt Aristoteles: „Wer nicht über ein gewisses Maß von Besitz verfügt, vermöge dessen er sich wirklich frei und als Gleicher unter Gleichen fühlen kann, wer insbesondere sich einem wirtschaftlichen Dienst= und Abhängigkeitsverhältnis unterwerfen muß, der ist nicht befähigt zur Ausübung der Pflichten und Rechte, welche der hellenische Staat seinen Vollbürgern übertrug. Denn wie kann man bald Herr, bald Diener sein?"

An einer anderen Stelle: „Wer sich nicht selbst zu genügen (zu ernähren) vermag, ist unfrei."

Die politische Demokratie führte mit einer Art von Naturnotwendigkeit zur **sozialen Demokratie**; man begnügte sich nicht mit der politischen Gleichheit, sondern forderte materielle, wirtschaftliche Gleichheit. **Entsetzlich waren die Folgen.** Wenn wir nach den Ursachen fragen, weshalb unmittelbar auf die höchste Kraftentfaltung der Griechen, auf die siegreiche Abwehr der Perser, Niedergang, Verfall und schließlich Zusammenbruch folgten, so denken wir zunächst an den verderblichen Geist des Materialismus, den der gewaltige wirtschaftliche Aufschwung brachte, wir denken an die „Souveränität oder Autonomie der Gesellschaft". Denn der Staat löste sich in zwei feindliche Staaten bzw. Gesellschaften auf: die kapitalistische Minderheit und die proletarische Mehrheit. Bei **beiden** schwand das Gefühl der Zusammengehörigkeit und der Verpflichtungen gegen die Gesamtheit; bei **beiden** herrschte eine mammonistische Lebens= und Staatsauffassung. **Die Politik wurde eine Magenfrage**; die Masse sah im Staate eine Versorgungsanstalt, deren Hauptaufgabe darin bestehe, der großen Menge ein müheloses Auskommen zu verschaffen. Die einzelnen Stadtstaaten wurden in zwei feindliche Gruppen der Reichen und der Armen zerrissen; wir hören von unaufhörlichen Klassenkämpfen, vom Mißbrauch der Staatsgewalt, im Interesse bald der einen, bald der anderen Gesellschaft, von unglaublicher Willkür. Derselbe Egoismus verhinderte eine politische Vereinigung der zahlreichen griechischen Stadtstaaten; auch der vielversprechende Athenische Bund hatte keinen Bestand, weil die demokratische Regierung Athens ihre Hauptaufgabe darin erblickte, die eigenen Taschen auf Kosten der anderen zu füllen; sie scheute sich nicht, die „Bundesgenossen" wie „Untertanen" zu behandeln und gewissenlos auszubeuten.

Der Kampf der Sozialdemokratie gegen alles Überragende, besonders gegen die Reichen, wurde schließlich zu einem Kampf gegen das Privateigentum.

Die Sophistik und die Hinrichtung des Sokrates: Je demokratischer die Griechen, besonders die Athener wurden, um so mehr breitete sich die **Herrschaft der Lüge** aus. Es ist bezeichnend, daß dasselbe Wort πείθειν „überzeugen" und „überreden" bedeutet, dasselbe Wort ῥήτωρ „Redner" und „Staatsmann". Die Kunst der Beredsamkeit wurde in den demokratischen

Staaten das höchste Ziel der Bildung (ebenso später in Rom). Statt Wahrheit suchte man die Kunst der Überredung; die Rabulistik, d. h. die Kunst der Wortspalterei und Wortverdreherei, wurde eine Macht. Einige Sophisten rühmten sich, daß sie ebenso durchschlagend **für** und **gegen** ein und dieselbe Sache sprechen könnten. Man begann, irgendwelche objektive Wahrheit zu leugnen.

Dem stemmte sich **Sokrates** entgegen; er hatte den Mut, gegen den Strom zu schwimmen. Weil er den Politikern und Sophisten seiner Zeit die Maske vom Gesicht riß, weil er den ganzen demokratischen Schwindel aufdeckte, **weil er ein Wahrheitsucher war**: deshalb wurde er hingerichtet. Was man ihm im Prozeß vorwarf, war Lüge und sollte die wahre Ursache des Hasses und der Verfolgung verhüllen.

2. **Welch ein Widerspruch zwischen Theorie und Praxis!** zwischen den Wahngebilden eines vernunftstolzen Doktrinarismus und der rauhen Wirklichkeit! Bei aller Bewunderung, die wir dem großen **Perikles** zollen, müssen wir doch das Bild, das er in seiner berühmten Leichenrede vom Athenischen Volksstaat entwirft, als ein unerreichbares Ideal oder vielmehr als eine **Illusion** bezeichnen. Er spricht von der „freien Bahn für die Tüchtigen"; „die Armut sei für niemanden eine Schande; weit eher erscheine es schimpflich, sich nicht aus der Armut herauszuarbeiten".

„**Vernunft**" und „**Natur**" bildeten seit der Mitte des 5. Jahrhunderts für lange Zeit beliebte Schlagworte, genau so wie im 18. Jahrhundert **nach** Christus zur Zeit der „Aufklärung". Man glaubte, sich über alles geschichtlich Gewordene hinwegsetzen zu können, über alle bestehenden Einrichtungen und Vorstellungen, die man als „willkürlich" bezeichnete; dagegen lebte man des naiven Glaubens, man brauche nur „das Vernunft- und Naturgemäße" zu beschließen, so wäre alles in bester Ordnung. Während für die Plutokraten „das Recht des Stärkeren" das Natur- und Vernunftgemäße war, traten auf der anderen Seite aus den Kreisen der Besitzenden ehrliche Ideologen auf, welche phantastische Vorschläge für die Bekämpfung der Armut machten und von ihrer Durchführung Friede, Gerechtigkeit, allgemeines Glück erwarteten. Im 4. und 3. Jahrhundert v. Chr. wurden Ideen verbreitet von einem neuen Reich der Gerechtigkeit und des allgemeinen Friedens. Das war, was man heute „wissenschaftlichen Sozialismus" nennen würde, der Sozialismus der Gebildeten, der die Menschen zum „Naturzustand" zurückführen wollte und eine Gleichheit oder Gemeinsamkeit des Besitzes forderte; er verlor den Boden des geschichtlich Möglichen unter den Füßen.

Wie ganz anders sah die **Wirklichkeit** aus? Mit Recht spricht Pöhlmann von dem „verlogenen Doppelgesicht der Demokratie". Welch ein grauenvolles Bild zeigt uns die Geschichte der sozialdemokratischen und kommunistischen Bewegung des 5. bis 2. Jahrhunderts v. Chr.! Wir sehen einen jahrhundertelangen blutigen, leidenschaftlichen Vernichtungs- und Ausrottungskrieg zwischen den Besitzenden und den Besitzlosen, zwischen den „Wenigen" und den „Vielen". Es war ein weltfremder Wahn, daß die Demokratie der stärkste Damm sei gegen den Kapitalis=

mus; ein Wahn, daß der Mensch von Natur gut und edel sei. Im Gegenteil! Was man „gerecht" nannte, war der Vorteil der jeweiligen Machthaber. Die Raubtiernatur der Menschen brach hervor; die niedrigsten Instinkte wurden geweckt.

Wie sehr schon im 5. Jahrhundert v. Chr. die sittliche Entartung zutage trat, das lesen wir bei Thukydides III, 82 ff.:

„Es gab keine Art von Schändlichkeit, die nicht durch den Parteikampf großgezogen wäre. Gutherzigkeit und Edelsinn wurden verlacht und schwanden dahin. Über dergleichen waren alle in ihrer Denkweise hinaus, so daß sie überhaupt an Treue und Zuverlässigkeit nicht mehr zu glauben wagten. Tobsüchtige Verwegenheit galt als aufopfernde Tapferkeit, in wohlüberlegter Bedächtigkeit sah man eine Beschönigung der Feigheit und in besonnenem Maßhalten einen Vorwand der Unmännlichkeit. Einen Namen machte man sich dadurch, daß man mit beschönigenden Phrasen hassenswerte Dinge durchsetzte . . ."[1]).

Pöhlmann schreibt I, S. 425: „In seiner schauerlich-monumentalen Schilderung des revolutionären Krankheitszustandes der hellenischen Gesellschaft in der zweiten Hälfte des 5. Jahrhunderts wird von Thukydides ausdrücklich hervorgehoben, daß man schon damals nicht mehr bloß um politische Ideen kämpfte, oder vielmehr, daß dieselben nur als **Aushängeschild** dienten, um die wirklichen Motive zu verschleiern. Diese wirklichen Motive sind vor allem: Rache für die Unbill, die man von einer übermütigen Klassenherrschaft erduldet, heiße Sehnsucht, langgetragener Armut sich zu entziehen, l e i d e n s c h a f t l i c h e   G i e r nach dem Gute anderer oder endlich jene über Recht und Gerechtigkeit sich hinwegsetzende Überhebung der menschlichen Natur, d i e ,   a l l e s   H e r v o r r a g e n d e   a n f e i n d e n d ,   i n   d e r   H e r u n t e r n i v e l l i e r u n g   d e s   H ö h e r e n   i h r e   B e f r i e d i g u n g   s u c h t."

Fürwahr! nicht das Untere wurde aufwärts gehoben, sondern alles Überragende nach Unten gezerrt. Wir erschrecken über den Niedergang der Kultur; je „reiner" die Demokratie wurde, desto „unreiner" die Kunst; das zeigt besonders die Entwicklung des Theaters. Und was man fürs tägliche Leben vor allem erstrebte, war ein K o m m u n i s m u s   d e s   G e n u s s e s, des tierischen Genusses, „die Saturnalien der Kanaille". Wie wenig die Massen an Gleichheit dachten, zeigt der Umstand, daß sie es ablehnten, ihre „Rechte" mit anderen zu teilen; vielmehr sollte gerade die Ausbeutung des Sklaventums ihnen das Genußleben ermöglichen, und den „freien" Athenern sollten die „Bundesgenossen" die Mittel geben für ihr sorgenloses Dasein. W e l c h   e i n e   L ü g e !

Während der „wissenschaftliche", theoretische Sozialismus die Arbeit verherrlichte, wollte der praktische Sozialismus gerade von der Arbeit am wenigsten wissen[2]). Wiederholt ist es in der griechischen Welt zu einer

---

[1]) Nach Pöhlmann, I, S. 519 f.
[2]) Genau wie nach dem Weltkrieg, wo wir 1919 monatelang mit Riesenbuchstaben überall die Worte lasen: „S o z i a l i s m u s   i s t   A r b e i t!" Welch ein Unfug wurde mit dem Worte „Sozialismus" getrieben! Bald bezeichnete es das Schönste, das man sich denken kann, das Gefühl der Zusammengehörigkeit, das Bewußtsein, daß der einzelne nicht nur Rechte, sondern auch Pflichten hat. Bald war es gleichbedeutend mit „Kommunismus" des Besitzes und des Genusses.

völligen Aufteilung des Besitzes gekommen; aber folgte dann ein Zeitalter der Gerechtigkeit, des Glücks, der Eintracht und des Friedens? Im Gegenteil! einerseits erstarkten die Mächte des Widerstandes, anderseits wirkte eine solche Lösung der sozialen Frage jedesmal, wie bei einem durchlöcherten Faß; in kurzer Frist war alles zerronnen, und abermals standen sich Besitzende und Besitzlose gegenüber. Welch ein Wahn, in der Demokratie ein Heilmittel gegen den Kapitalismus zu sehen! Das Ende war allgemeine Verarmung; obgleich im 3. und 2. Jahrhundert, im Gegensatz zu früher, bei der Abnahme der Bevölkerung eine Fülle von Land frei war, stieg das Elend. Eine entsetzliche Tragödie! Plutokratie und Demokratie wurden zu Totengräbern der herrlichen Kultur, ja des ganzen hochbegabten griechischen Volkstums.

Unzähligemale wiederholten sich die Ausrottungskämpfe zwischen den „Wenigen" und den „Vielen". Leider ist die Überlieferung dürftig, und einigermaßen übersichtlich liegt nur die Entwicklung des **syrakusanischen** und des **spartanischen** Staates vor uns:

Seitdem **Syrakus**, die mächtige, reiche Handelsstadt Siziliens, im 5. Jahrhundert die Demokratie aufgenommen hatte, ist sie nicht mehr zur Ruhe gekommen. In ewig wechselnder Gruppierung arbeitete die Gesellschaft an der Zerstörung des Staates; ein Umsturz folgte dem anderen. Wiederholt wurde eine völlige Neuordnung der Besitzverhältnisse, eine Aufteilung des gesamten Grund und Bodens vorgenommen. Kurze Blüteperioden waren unter den rücksichtslosen Militärdiktatoren, unter den „Thrannen" Dionys I. (um 400) und Agathokles (um 300). Dann kam es zu neuen wilden Kämpfen zwischen den Oligarchen und Demokraten. Zeitweise war die Stadt so verödet, daß „Pferde auf dem Marktplatz weideten", und daß nach Wiederherstellung der Ruhe tausende Kolonisten von auswärts angesiedelt wurden. Schließlich rangen die Karthager und die Römer um den Besitz der reichen Insel Sizilien; 212 v. Chr. wurde Syrakus von den Römern erobert und zerstört. Seitdem ist die ehemalige, glänzende Großmacht eine Trümmerstätte.

Und **Sparta**? Hier war die Ungleichheit besonders groß geworden. Berühmt sind die Reformversuche in der zweiten Hälfte des 3. Jahrhunderts v. Chr. Nacheinander unternahmen es, getrieben von edler Begeisterung, die Könige Agis und Kleomenes, im Sinne des „wissenschaftlichen" Sozialismus die Schäden zu heilen. Hatten sie Erfolg? Brachten sie Glück, Eintracht und Frieden? Nein! Ihre Bemühungen scheiterten an der Unzuverlässigkeit der proletarischen Masse, an dem Egoismus der eigenen Anhänger und an den Widerständen, die von außen kamen. Agis wurde 241 erdrosselt; Kleomenes erlag seinen Gegnern 222 in der Schlacht bei Sellasia. Es folgten neue Erschütterungen, bis ganz Griechenland eine Beute der Römer wurde.

Vergebens haben einsichtsvolle Männer, wie **Plato** und **Aristoteles** sich der Entwicklung entgegengestemmt. Sie bekämpften **beide Auswüchse des Individualismus: den Mammonismus** (Geldherrschaft, Plutokratie, Oligarchie) **und die Massenherrschaft** (Demokratie, Ochlokratie). Sie wollten den Staat, die Staatsidee retten vor dem Machthunger der Gesellschaft. Nicht in der Demokratie, nicht in dem gleichen, allgemeinen Stimmrecht sahen sie das Heilmittel gegen den Fieberzustand des griechischen Volkstums, sondern in einer starken Staatsgewalt und in einem Beamtentum, das **über** den Klassengegensätzen stehe. Nur eine starke Staatsgewalt sei imstande, die soziale Gerechtigkeit und einen gesunden wirtschaftlichen Ausgleich durchzuführen; Plato verwirft die politische Gleichstellung aller Bürger, fordert aber eine möglichst weitgehende wirtschaftliche Ausgleichung.

Der Ausgang? Das griechische Volk hat die Erkenntnis, daß die „reine" Demokratie der Tod der Freiheit und Gerechtigkeit, des Friedens und der Kultur, der Tod auch des sozialen Gedankens ist, mit völligem Untergang bezahlen müssen. Die Fremdherrschaft der Römer, welche der politischen Freiheit ein Ende machten, wurde wie eine Erlösung begrüßt. Ein so bedeutender Mann, wie der griechische Geschichtschreiber Polybios, ging dazu über, die Römer und ihre Geschichte zu preisen.

2.
Geschichtsfälschung.

1. Wiederum müssen wir mit den Sünden des Kapitalismus beginnen. Als für die Massen Armut und Not, Unrecht und Knechtschaft immer drückender wurden, da schufen die Phantasie und das in jeder Menschenbrust lebende Glücksverlangen **ein seliges Wunschland**, das in der guten alten Zeit bestanden habe und das in Zukunft einmal wiederkehren werde. Da hörte man vom „goldenen Zeitalter"; da malte man sich in jeder Landschaft ein besonderes Bild von der schönen Urzeit aus. Viele mögen für wirkliche Geschichte gehalten haben, was die heiße Sehnsucht nach Glück erdacht hatte.

Auf diesem Boden entstand die **soziale Tendenzliteratur** des 4. und 3. Jahrhunderts v. Chr., wobei Philosophie, Geschichtschreibung und Dichtung zusammenflossen. Man pries die paradiesische Urzeit, **da allen alles gemeinsam war**, da lauter Friede und Eintracht herrschten; man verherrlichte die einfachen Zustände bei den Naturvölkern und sah bei ihnen die höchste Weisheit verwirklicht; man bewunderte den Bienenstaat. Zahlreiche Fürstenspiegel, Staatsromane, Utopien wurden geschrieben, erdichtete Erzählungen von fernen Völkern, die es gar nicht gab[1]). Die Historiker hielten es nicht mehr für ihre Hauptaufgabe, die Wahrheit zu erforschen und Tatsachen mitzuteilen; vielmehr blühte die willkürliche **Geschichtskonstruktion**. Unter ihren Händen wurde die alte griechische Geschichte zu einer Periode höchsten Glücks; besonders feierte man die großen sozialpolitischen Gesetzgeber der Vergangenheit.

Vor allem bildete sich um **Altsparta** und seinen angeblichen Gesetzgeber **Lykurg** eine reiche Legende, vielmehr eine tendenziöse **Geschichtsfälschung.**

Es erscheint notwendig, auf Grund der sorgfältigsten Forschungen der heutigen Wissenschaft festzustellen, wie in Wirklichkeit die geschichtliche Entwicklung Spartas verlaufen ist. Als **Eroberer** waren die spartanischen

---

[1]) Vgl. meine „Kulturgeschichte", 4. Auflage, S. 112 ff.

Dorer nach Lakedämon gekommen, und jedem Krieger wurde ein „Landlos" zugewiesen[1]). Aber den errungenen Besitz hatten sie jahrhundertelang mit den Waffen zu verteidigen; als kleine Minderheit (es sollen gegen 4000 gewesen sein) befanden sie sich in einem fortwährenden Kriegszustand gegen die an Zahl weit überlegenen Achäer. Daraus entwickelte sich allmählich ein eigenartiges Kasernen- und Lagerleben mit gemeinsamen Mahlzeiten, mit gemeinsamer Erziehung der Jugend zum Waffenhandwerk, mit staatlicher Regulierung der Volkswirtschaft und mit Beschränkungen des Eigentumsrechts. Ein Hauptfaktor der Produktion, die Arbeitskraft der Heloten, war gemeinsames Eigentum.

Unter sich fühlte sich die kleine Kriegerschar gleich, und es entstand bei ihnen eine demokratische Kampfesweise, indem sie in geschlossener Phalanx als Masse wirkten. Aber im übrigen muß man ihre Verfassung eine Aristokratie nennen; es war ein aristokratischer Militärstaat, in welchem der waffentüchtige Krieger- und Herrenstand über eine Mehrheit von halbfreien und unfreien Bauern (Periöken und Heloten) gebot und sich alle politischen Rechte vorbehielt. Und wenn wir auch weitgehende Beschränkungen des Eigentumsrechts zugeben müssen, so bestand doch keineswegs eine Gütergemeinschaft oder ein Eigentumsrecht des Staats am Grund und Boden, den er nur als „Lehen" ausgebe. Im Gegenteil! Die zuverlässigsten Zeugnisse, die wir über die älteren Agrarverhältnisse haben, beweisen, daß das Land von jeher Privatbesitz war; schon im 7. Jahrhundert machte die natürliche Folge des Privateigentums, die wirtschaftliche Ungleichheit, sich so unangenehm fühlbar, daß es darüber zu Unruhen und zu einer schweren inneren Krisis kam.

Und die weitere Entwicklung? Wir sahen, daß seit dem 5. Jahrhundert die ganze Griechenwelt sich spaltete in Oligarchen und Demokraten. Während anderswo, besonders in Athen, der demokratische Gedanke siegreich vordrang und ins Extrem gesteigert wurde, ward Sparta immer mehr der Typus einer engherzigen Oligarchie. Die Zahl der „Wenigen", welche die Macht in Händen hatten, wurde immer kleiner und ihre Herrschaft drückender. Wie überaus traurig im 4. Jahrhundert v. Chr. die rechtlichen, politischen und wirtschaftlichen Verhältnisse im spartanischen Staat waren, kann man in Aristoteles' Politik II, 6 lesen. Nirgends war die Ungleichheit des Besitzes größer; die Geldgier war ins Unerträgliche gesteigert, der gesamte Grund und Boden in den Händen Weniger. Wir hören von dem zügellosen und üppigen Leben reicher Frauen, welche zwei Fünftel aller Güter besaßen. Wie wenig „demokratisch" die Herrenschicht dachte, geht besonders daraus hervor, daß zahlreiche echte Spartaner, Sprößlinge des Herrenstandes, nicht nur von der Tischgenossenschaft ausgeschlossen wurden, sondern sogar ihr Bürgerrecht verloren, weil sie aus Armut den geforderten Beitrag nicht leisten konnten.

Wie seltsam! Altsparta, in welchem seit Jahrhunderten die oligarchische Klassenherrschaft immer engherziger und rücksichtsloser geworden war, erschien im 4. und 3. Jahrhundert als der sozialdemokratische, kommunistische Musterstaat. Die Geschichte wurde in den Dienst der Zeitanschauung gestellt. Die Verhältnisse der Gegenwart waren

---

[1]) Man wird ohne weiteres annehmen dürfen, daß diese erste Verteilung im Sinne weitgehendster Gleichheit erfolgte.

so unerträglich, daß der Ruf nach einer sozialen und wirtschaftlichen Reform immer lauter wurde; wie diese Reform sein müsse, sollte die G e ‍ ‍s c h i c h t e zeigen, die man zu dem Zweck willkürlich erdichtete. Im 4. und 3. Jahrhundert v. Chr. traten Geschichtschreiber auf, welche die 500 Jahre zurückliegende v o r lykurgische Zeit als genau der traurigen Lage der eigenen Zeit entsprechend schilderten: große Ungleichheit des Besitzes, ausschweifender Luxus auf der einen und drückendste Armut auf der anderen Seite; sie ließen Gold- und Silbermünzen ihre unheimliche Macht ausüben, ohne sich darum zu kümmern, daß es damals noch gar kein Geld gab. Und dann sei der Gesetzgeber L y k u r g aufgetreten und habe mit einem Schlage eine völlige Gesundung des Staates herbeigeführt. Man schrieb ihm d i e Reformen zu, die für die eigene Zeit notwendig erschienen: Einziehung und Neuverteilung des gesamten Grundbesitzes, Konfiskation aller Gold- und Silbermünzen, Einführung des eisernen Geldes, Organisation eines kommunistischen Musterstaates. Delphische Orakelsprüche wurden erfunden, welche die Reform des Lykurgos legitimieren sollten; man erklärte die Neuordnung des Staates für eine göttliche Offenbarung und verlieh ihr eine für alle Zukunft bindende Geltung. — Die Literatur über das Lykurgische Sparta schwoll immer mehr an; die Philosophen behaupteten, daß der altspartanische Staat den Forderungen des Natur- und Vernunftsrechts entspräche.

Schwerlich hat man es mit der Geschichtsfälschung eines einzelnen Schriftstellers zu tun; bewußt und unbewußt haben viele Dichter, Philosophen und Historiker dazu beigetragen; es lag in der ganzen Zeitströmung. Das N e u e , das man einführen wollte, wurde als das A l t e , das Echte hingestellt; und weil dieses Alte auf göttlicher Offenbarung beruhe, habe man nicht nur das Recht, sondern auch die Pflicht, es wiederherzustellen[1]). Auf diese Weise konnte man jeden Umsturz legitimieren. Pöhlmann sagt: „D i e L y k u r g o s l e g e n d e p r o j i z i e r t e d a s P r o g r a m m d e r B o d e n r e f o r m e r i n d i e g r a u e V e r ‍ g a n g e n h e i t z u r ü c k . " Unter dem Einfluß dieser Lykurgoslegende standen die Könige Spartas Agis und Kleomenes. Wir beklagen das tragische Schicksal dieser jugendlichen Schwärmer und Romantiker; erfüllt von tiefem Schmerz über die Ohnmacht ihres Landes, von den sozialpolitischen Ideen der Philosophen, von dem festen Glauben an ihr göttliches Recht, von der Zuversicht, dem Natur- und Vernunftgemäßen zum Siege verhelfen zu können, unternahmen sie eine Neuordnung im Sinne der angeblichen altspartanischen Verfassung. Und doch müssen wir ihr Vorgehen aufs schärfste verurteilen: es war und blieb eine Politik der allgemeinen Beraubung; ihr Doktrinarismus scheiterte an der rauhen Wirklichkeit.

Welche Verirrung! Nicht nur die Könige Agis und Kleomenes hielten die Erzählungen über Lykurgos für historisch, sondern auch ein so gewissenhafter Geschichtschreiber, wie Polybios, der etwas später lebte (2. Jahr-

---

[1]) Es ist dieselbe Rolle, die Moses bei den Juden 621 und 445 spielte.

hundert v. Chr.). Plutarch (n. Chr.) hat sogar eine ausführliche Lebensbeschreibung von Lykurg verfaßt, der doch überhaupt nicht gelebt hat.

2. Bis **in unsere Gegenwart** richten die Erzählungen von der seligen Urzeit und die Lykurglegende sehr viel Unheil an. Wie rückständig zeigen sich doch gerade die Männer, die sich am lautesten ihrer Fortschritte und ihrer Wissenschaftlichkeit rühmen! Die sozialdemokratische „Geschichte des Sozialismus" begann Kautsky mit den Worten:

„Nichts ist irriger als die weitverbreitete Anschauung, der Kommunismus widerspreche dem Wesen des Menschen, der Menschennatur. Im Gegenteil! An der Wiege der Menschheit stand der Kommunismus, und er ist noch bis zu unserer Zeit die gesellschaftliche Grundlage der meisten Völker des Erdballs gewesen."

Und deshalb behauptet er an einer anderen Stelle: „Die Geschichte des klassischen Altertums ist schließlich nichts anderes, als die Verdrängung des Kommunismus durch das Privateigentum." Er charakterisiert diese Entwicklung als einen Prozeß sittlichen Verfalls.

Diese Lehre hat sich vor der nüchternen historischen Forschung als ein schlimmer Irrtum erwiesen; die Vorstellungen von einer „seligen" Urzeit und einem goldenen Zeitalter sind Dichtung. Es wäre wünschenswert, wenn sie endlich auch in unseren Geschichts- und Nachschlagebüchern als solche hingestellt würden.

Ebenso falsch ist die **naturwissenschaftliche Betrachtungsweise der Geschichte und die mechanische Weltanschauung**, welche meint, daß die Entwicklung der Menschheit in streng gesetzmäßiger Weise immer bestimmte Stufen durchlaufe: Vom Jäger- und Fischer- zum Hirten-, dann zum Ackerbau-, weiter zum Gewerbe- und Handelsvolk, und dem entspräche die Entwicklung von dem „an der Wiege der Menschheit stehenden" Kommunismus zum Privateigentum[1]). Diese Leute ignorieren die Verschiedenheit der Menschennatur; sie kennen keine irrationalen Kräfte in der Geschichte, sondern glauben, alles berechnen zu können. Sie erörtern das „an sich richtige" Wahlsystem und die „beste" Verfassung; sie sind empört, wenn die Regierung nicht das herstellt, was sie für „die einzig wahren" und „natürlichen, vernunftgemäßen" Zustände erklären.

Wir müssen es als eine **Geschichtsfälschung** bezeichnen, wenn manche Sozialpolitiker der neuesten Zeit, genau wie die Tendenzschriftsteller des 4. und 3. Jahrhunderts v. Chr., ihre eigenen Wünsche in das Leben Altspartas hineintragen. Alles andere war im altspartanischen Staate eher zu finden als Gleichheit, und gerade die Reformversuche des 4. und 3. Jahrhunderts sollten uns abschrecken; denn sie beweisen die Ohnmacht des Doktrinarismus, der an den harten Schranken der Wirklichkeit notwendig scheitern mußte. Ist es nicht äußerst lehrreich, daß der König

---

[1]) Vgl. die früheren Ausführungen über das Nomadentum, S. 19 f.

Kleomenes, „der **gegen** den Kapitalismus den Vernichtungskrieg führte, 222 v. Chr. als ein Opfer des Kapitalmangels unterging"?

Welch ein Mißbrauch ist mit dem Worte „Republik" getrieben und mit der Verherrlichung des „demokratischen" klassischen Altertums!

Bismarck beginnt seine „Gedanken und Erinnerungen" mit den Worten: „Als normales Produkt unseres staatlichen Unterrichts verließ ich Ostern 1832 das Gymnasium als Pantheist und, wenn nicht als Republikaner, doch mit der Überzeugung, **daß die Republik die vernünftigste Staatsform sei**, und mit Nachdenken über die Ursache, welche Millionen von Menschen bestimmen könnte, **Einem** dauernd zu gehorchen, während ich von Erwachsenen manche bittere oder geringschätzige Kritik über die Herrscher hören konnte."

Pöhlmann spricht („Aus Altertum und Gegenwart" I, S. 14 f.) von dem tiefen Eindruck, den er als Primaner von der Rede empfing, die Castelar in der denkwürdigen Sitzung der spanischen Cortes am 20. Mai 1869 gegen die Wiederherstellung der monarchischen Verfassung hielt: seit der Perikleischen Leichenrede vielleicht die rhetorisch glänzendste Verherrlichung der **Demokratie**, die mit ihren blendenden Syllogismen einen jugendlichen Geist wohl bestechen konnte. Castelar erklärte: „Die Monarchie ist für mich die soziale Ungerechtigkeit und für mein Vaterland die politische Reaktion; die **Republik** ist für mich die soziale Gerechtigkeit und für mein Vaterland die politische Freiheit."

Von des englischen Politikers **Grote** „Geschichte Griechenlands" (12 Bände, 1846—1856) sagte ein deutscher Bewunderer, daß sie „als politische Geschichte wahrscheinlich für immer einzig und unerreicht bleiben werde"; das Werk errang in raschem Fluge die Gunst der Zeitgenossen. **Heute urteilen wir anders.** Als Grote „Die Geschichte Griechenlands" schrieb, war er ganz abhängig von der Manchesterschule; er stand auf dem Standpunkt des laisser faire, verlangte vom Staate weiter nichts als Sicherheit von Person und Eigentum; er pries die demokratische Republik der Athener, weil sie die Kräfte der Individuen entfesselt und zu den höchsten Leistungen der Kultur befähigt habe; er sah in der demokratischen Republik die reinste Verkörperung von Freiheit und Gleichheit. — Müssen wir das nicht als eine **Wahnvorstellung** bezeichnen? und ist es nicht geradezu eine **Geschichtsfälschung**, wenn Grote über den Fluch des extremen Individualismus, der entarteten Freiheit, über den Untergang des Bauern- und Mittelstandes, über die Sünden der Demokratie, über die Klassenherrschaft, über die jahrhundertelangen sozialen Kämpfe leicht hinweggeht? Grote stellt Behauptungen auf, die den geschichtlichen Tatsachen widersprechen, z. B. wenn er von der „Stabilität der Demokratie", „Einigkeit in der Demokratie" redet; „die Volksversammlung habe immer dasselbe Interesse gehabt wie die Gesamtheit"[1]).

Pöhlmann weist auf die interessante Tatsache hin, daß Grote selbst in den letzten Lebensjahren seine Ansichten zum Teil geändert und im Hinblick auf die amerikanische Demokratie erklärt habe, daß er seinen Glauben an die Wirksamkeit einer republikanischen Regierung als einer Schranke gegen die gemeinen Leidenschaften einer Majorität in der Nation überlebt habe."

---

[1]) Vgl. Pöhlmann „Aus Altertum und Gegenwart", S. 246.

Wir müssen betonen, daß man mit dem Worte „Republik" etwas sehr Verschiedenes bezeichnet. Gewiß ist die Geschichte des griechisch-römischen Altertums ein Beweis, daß unter der republikanischen Staatsform die Kultur zur höchsten Stufe emporsteigen kann. Aber wir dürfen doch nicht vergessen,

> daß es sowohl in Griechenland als auch in Rom eine **aristokratische Republik** war, welche die Grundlagen für den gewaltigen Aufstieg legte;
>
> daß schon sehr früh die Macht der Gesellschaft zutage trat und zu blutigen Klassenkämpfen führte;
>
> daß aller Jammer und alles Elend der weiteren Entwicklung darauf zurückzuführen ist, daß es keine **über der Gesellschaft, über den Klassen stehende Staatsgewalt** gab;
>
> daß das Staatsgefühl in demselben Maße verloren ging, wie die Verfassung zur „reinen" Demokratie fortschritt!
>
> daß von dem Augenblicke an, wo die mechanische Gleichheit durchgeführt wurde, die Kultur tiefer und tiefer sank;
>
> daß aus der politischen Demokratie die soziale Demokratie entstehen mußte;
>
> daß die **demokratische Republik** sich keineswegs als Allheilmittel gegen die sozialen Schäden bewährt hat.

Mit Recht sagt Pöhlmann: „Die Geschichte jener großen, weit über ein halbes Jahrtausend umspannenden **republikanischen** Epoche der europäischen Kulturmenschheit ist wie kaum eine andere geeignet, die heranwachsenden Geschlechter zu der Einsicht zu erziehen, daß überall da, wo die **Staatsidee nicht in einer starken Staatsgewalt und in einem von Klasseninteressen, von Willkür und Parteileidenschaft unabhängigen Beamtentum** einen selbständigen Ausdruck gefunden hat, der Staat mehr oder minder in der **Gesellschaft aufgeht**[1]) und zuletzt unvermeidlich der Klassenherrschaft zum Opfer fällt, sei es der besitzenden oder der unteren Klassen. Diese Geschichte zeigt an einer Fülle von Beispielen, daß die **Idee, durch den Willen der jeweiligen Mehrheit auf die Dauer einen einheitlichen, der Freiheit und Gleichheit aller und der sozialen Gerechtigkeit dienenden Staatswillen schaffen zu können, ein Phantom ist.** Gerade die Entwicklung der glänzendsten aller Demokratien, der von Athen, läßt mit überzeugender Klarheit erkennen, daß die Freiheitsliebe der wirtschaftlich Stärkeren, der Besitzenden und Gebildeten, und der Gleichheitsdurst der niederen Klassen **niemals auf die Dauer Hand in Hand gehen** können, weil die **Freiheit** stets die Tendenz in sich trägt, zur Herrschaft der Starken über die Schwachen, die **Gleichheit** aber die, zur Freiheitsbeschränkung der Stärkeren zu entarten, **weil Freiheit und Gleichheit, extrem gefaßt, sich gegenseitig aufheben.**"

Wer die wahren Ursachen des Untergangs des herrlichen griechischen Volkes erkannt hat, wird die Prophezeiung des **Kommunistischen Manifestes** (1847) belächeln, daß der Sieg des Proletariats die all-

---

[1]) Auch unser Parlamentarismus war nichts anderes als die Verdrängung der Staatsidee durch die Gesellschaft.

gemeine Gleichheit verwirklichen werde. Wir erlebten es ja seit der Revolution vom 9. November 1918, daß die Kluft zwischen Reich und Arm immer **größer** wurde; freilich trat ein trauriger Rollentausch ein, weil der ehrlich erworbene Besitz die Beute von Drohnen und Gaunern wurde. — Auch des Sozialdemokraten **Bernstein** Behauptung wurde durch die Geschichte des Altertums und der Gegenwart widerlegt: „die Sicherung der staatsbürgerlichen Freiheit habe der Sozialdemokratie stets höher gestanden als die Erfüllung irgend eines wirtschaftlichen Postulats."

Auch dadurch wird die **Geschichte gefälscht**, daß man die Hauptsache verschweigt oder mit Hohn darüber hinweggeht. Das geschieht in dem Abschnitt der sozialdemokratischen „Geschichte des Sozialismus" über **Platos Idealstaat**. Was ist Platos wahre Ansicht? Weil er die Staatsidee retten will, bekämpft er die Auflösung des Staates durch die Gesellschaft, d. h. durch die Klassenherrschaft bald der Oligarchie, bald der Demokratie; er fordert eine **starke Staatsgewalt**, die das Machtstreben der Gesellschaft bändigt. Als Hauptsache erscheint ihm die Schaffung eines **über den Klassengegensätzen, über den gesellschaftlichen** Interessen stehenden Beamtentums, das nicht in das Getriebe des Erwerbslebens verflochten ist. Plato beschäftigt sich fast nur mit **dieser** herrschenden, regierenden Klasse. **Sie allein** soll politische Rechte, aber keinen Privatbesitz haben, um wahrhaft „frei" zu sein; sie soll auf Kosten der arbeitenden Klassen, der Bauern und Handwerker, der Krämer und Großhändler, unterhalten werden. Und um eine tüchtige und starke Nachkommenschaft zu erzielen, empfiehlt Plato eine Art von Zuchtwahl.

Ist es nun nicht eine **Geschichtsfälschung**, wenn Kautsky in der „Geschichte des Sozialismus" Platos Schrift vom Staat „die erste philosophische, systematische Verteidigung des Kommunismus" nennt? Was für Plato die Hauptsache war, ist ihm unbequem; noch unbequemer die Tatsache, daß Platos Sehnsucht **in dem Staate der Hohenzollern** erfüllt war; daß, wie Zeller und Pöhlmann mit Recht behaupten, „die Aristokratie des wissenschaftlich gebildeten Beamten- und Offizierstaates in gewissem Sinne das sei, was Plato für seinen ‚besten Staat' gewünscht habe". Über solche Wahrheiten geht Kautsky mit Hohn und Spott hinweg, wobei es ihm auf einige Verdrehungen nicht ankommt; er schreibt: „Die Auffassung, daß die ganze geschichtliche Entwicklung seit dem Mittelalter kein anderes Ziel gehabt habe, als die alles überstrahlende Herrlichkeit der Hohenzollernschen Dynastie und ihres Staates zu offenbaren, ist bei einem deutschen Geschichtsprofessor etwas Selbstverständliches. Aber zu diesem Zwecke bis ins graue Altertum zurückzugehen und Plato zum Vorkämpfer der Herrschaft des preußischen Junker- und Bürokratentums zu machen — das hat vor Herrn Pöhlmann doch niemand gewagt." Das nennt Kautsky „historische Objektivität"! Die Hohenzollern, das Preußentum und sein sozialgesinntes Beamtentum, das dem wirtschaftlichen Kampf entrückt war, dürfen um keinen Preis gerühmt werden, obgleich wir alle Ursache hatten, auf unser „soziales Königtum" stolz zu sein.

4*

C.
Der Sieg des Orients.
Der Fluch des Übermaßes.

„In der Beschränkung zeigt sich erst der Meister,
Und das Gesetz nur kann uns Freiheit geben."

1. Solon (594) war das Muster eines über den sozialen und wirtschaftlichen Gegensätzen stehenden Diktators. Er kämpfte „für beide gegen beide", d. h. für den Bürger- und Bauernstand gegen die Übermacht des Adels, aber anderseits für die Erhaltung des Adels gegen die übertriebenen Forderungen der Masse; für eine gewisse Freiheit und Gleichheit, zugleich gegen ein Übermaß von Freiheit und Gleichheit.

Aber später vergaßen die Griechen Solons Mahnung μηδεν ἄγαν, d. h. „Hüte dich vor dem Zuviel!" Sie vergaßen seine Warnung vor der πλεονεξία, dem „Übermaß", das er als das Hauptübel bezeichnete. Auch hörten sie nicht auf die Philosophen, welche die σωφροσύνη priesen, „das Maßhalten, die Selbstbeschränkung". Geschichte der Extreme! so kann man die Entwicklung des Griechentums von der Mitte des 5. Jahrhunderts v. Chr. an nennen. Die Freiheit wurde zur Zuchtlosigkeit; das Gleichheitsstreben führte zur Beraubung der Besitzenden. Immer mehr trat die Magenfrage in den Vordergrund des politischen Interesses; es begann ein förmlicher Wettlauf aller zersetzenden Elemente.

2. Geschichte der Extreme! so muß auch die Überschrift für das folgende monarchische Zeitalter sein.

Mit psychologischer Notwendigkeit führte der ewige unaufhörliche Widerstreit zwischen Demokratie und Oligarchie zur Monarchie, zur Herrschaft eines überragenden Mannes. Nach Hunderten zählen diese Monarchen bzw. „Tyrannen", die sich während des 4. und 3. Jahrhunderts in den verschiedensten Stadtstaaten Griechenlands mit Gewalt der Alleinherrschaft bemächtigten. Es waren zum größten Teil rohe, rücksichtslose Gewaltmenschen, Räuberhauptleute, die sich mit den verworfensten Elementen in den Besitz der Macht setzten, mit einer wilden Energie über Leichen und Trümmerfelder schritten, und denen der Despotismus als der Gipfel aller Glückseligkeit erschien. Und bei den friedliebenden Leuten war die Sehnsucht nach einer starken Staatsgewalt so groß und so verbreitet, daß sie sich, nach einer treffenden Bemerkung Roschers, „am Ende lieber noch von einem Löwen, als von hundert Schakalen (Oligarchen) oder gar von tausend Ratten (Demokraten) Person und Habe aufzehren lassen wollten."

Entscheidend war das Emporkommen des mazedonischen Königtums. Das Ruhebedürfnis der Besitzenden, welche endlich Sicherheit begehrten gegen die umstürzenden Neuerungen und gegen die entartete Demokratie, war einer der Hauptfaktoren, die dem König Philipp von Mazedonien den Weg ins Innere Griechenlands bahnten. Unter seinem Sohn Alexander dem Großen wandelte sich das beschränkte mazedonische Volkskönigtum in ein absolutes, unumschränktes Herrscherregiment.

Geschichte der Extreme! Zwar kennen wir die letzten Ziele und Absichten Philipps nicht, weil er im besten Mannesalter, im 46. Lebensjahr, 336 v. Chr. ermordet wurde. Aber bis dahin war die Entwicklung auf nationaler Grundlage geblieben; er hatte eine politische Einigung der Griechen unter der Hegemonie des mazedonischen Königtums herbeigeführt; der korinthische Landfriedensbund sicherte den einzelnen Stadtstaaten ein hohes Maß von autonomer Freiheit. Philipps Sohn dagegen, **Alexander der Große**, kannte keine Schranken seiner Herrschermacht; wie das Königtum aus einem beschränkten in ein unbeschränktes verwandelt wurde, so gab es auch für den **Umfang** des Reichs keine Grenzen mehr; es sollte die **ganze Welt** umspannen.

Übersicht.

359—336 **Philipp von Mazedonien**: sein Ziel war eine dauernde Vereinigung aller Griechen unter der Hegemonie Mazedoniens.

338 Sieg bei Chäronea; panhellenischer Landfriedensbund.

336—323 **Alexander der Große**: Er erneuert die Hegemonie über Griechenland und erobert dann das Persische Weltreich. Mitten in den Vorbereitungen zu weiteren Eroberungen stirbt er.

Das Griechentum nach Alexander dem Großen.

Das griechische Mutterland.	Der Westen.	Der Osten.
Im Inneren der Stadtstaaten hörten die blutigen Kämpfe zwischen Oligarchen und Demokraten nicht auf. Nach außen suchte man bald Anschluß an eine Großmacht, bald setzte man sich zur Wehr. Seit 200 wuchs der römische Einfluß. 146 wurde **Mazedonien** römische Provinz und **Griechenland** Rom untertan.	In den großen Griechenstädten des Westens war ein ewiger Kreislauf zwischen Oligarchie, Demokratie, Tyrannis, wobei Ströme Blutes flossen; besonders in **Tarent** und **Syrakus**. Die Römer eroberten: 272 Tarent, 212 Syrakus.	Nach langen Kämpfen bildeten sich aus dem Erbe Alexanders des Großen die Diadochenreiche: drei große (Mazedonien, Syrien, Ägypten) und viele kleine. Zwischen ihnen waren fortwährende Kriege, in die sich die Römer seit dem Anfang des 2. Jahrhunderts einmischten. Allmählich wurden alle Diadochenstaaten Teile des römischen Weltreichs.

Bedeutet das mit Alexander dem Großen beginnende Zeitalter des „Hellenismus" einen **Aufstieg oder Abstieg**? Wohl hat das Griechentum damals die größte Ausbreitung gefunden; in Ägypten, Syrien, Kleinasien und weit darüber hinaus herrschte für die nächsten 1000 Jahre die griechische Sprache. Ins Griechische wurden die heiligen Bücher der Juden, das Alte Testament, übersetzt; in griechischer Sprache verfaßten Manetho seine ägyptische und Berosos seine babylonische Geschichte; in griechischer Sprache redeten und schrieben die Apostel, als sie das Evangelium Christi verkündeten. Und wie herrlich entfalteten sich die Griechenstädte auf afrikanischem und asiatischem Boden, vor allem Alexandria, Antiochia, Pergamum! An den Höfen der Könige wurden Künste und Wissenschaften eifrig gepflegt; noch heute sind wir jenen Herrschern zu großem Dank verpflichtet. Der griechische Geist und die griechische Unternehmungslust fanden ein reiches Feld der Tätigkeit; Handel und Verkehr nahmen einen ungeahnten Aufschwung. Aber wir dürfen uns durch diesen Glanz nicht täuschen lassen; die Entwicklung führte geradeswegs zum „Alexandrinismus" und „Byzantinismus". Künste und Wissenschaften, ja sogar die Religionen wurden zu Dienerinnen der Fürsten erniedrigt. Mag man die Verdienste der Ptolemäer um wissenschaftliches Forschen und Lehren noch so hoch einschätzen, weil sie mit reichen Mitteln das „Musäon"[1]) in Alexandria einrichteten, so hatte der Spötter Timon doch nicht ganz Unrecht, wenn er die im Musäon vereinigten Gelehrten mit Hühnern verglich, die in einem Käfig gemästet werden. Freilich hat das griechische Denken noch Jahrhunderte lang eine schöpferische Kraft gezeigt; aber es waren doch hauptsächlich die Gebiete der Mathematik und Naturwissenschaften, der Medizin und Technik, worin Fortschritte gemacht wurden. Das führte zu einer Überschätzung des Technischen, des Verstandesmäßigen, zu einer Unterschätzung der historischen und irrationalen Kräfte. Wohl wurden die Griechen die Schulmeister, Ärzte, Techniker der ganzen Welt, aber in unfreier Stellung, später sogar als Haussklaven. Wie weit entfernte man sich von dem früheren Lebensideal, der harmonischen Ausbildung aller geistigen und körperlichen Kräfte, wobei die Tätigkeit für den Staat in erster Linie stand! In erschreckendem Maß nahm die Gleichgültigkeit gegen staatliche Gesinnung und gegen vaterländisches Empfinden zu. Für die meisten Gebildeten lautete die Losung: „Halt dich draus ($λάθε\ βιώσας$)! kümmere dich nicht um die Händel der Welt, damit sie nicht dein inneres Gleichgewicht stören! sei ein Lebenskünstler!" Andere, die Stoiker, machten aus der Not eine Tugend; sie priesen die Bedürfnislosigkeit und nannten den Mann wahrhaft „frei", der sich durch die Dinge dieser Welt nicht verwirren lasse, und für den es weder Freude noch Schmerz, weder Wünsche noch Befürchtungen gebe.

Aufstieg oder Abstieg? Alexander der Große wurde der Träger der **schlimmsten Wahnidee**, deren schädliche Wirkungen sich noch heute mit ungeschwächter Kraft fühlbar machen. Ich meine „die einheitliche Menschheit, Kulturgemeinschaft, Universalismus, Katholizismus"[2]). Und gerade weil für uns Deutsche, nach dem Ausspruche Arndts, „die Weltenliebe und Humanität und der Kosmopolitismus" so verhängnisvoll sind, deshalb ist der Ausgang der griechischen Geschichte überaus lehrreich. Wir haben aus dem Altertum eine kurze Nachricht, wonach der große Philosoph Aristoteles den König Alexander vor dem „Großkönigtum und der persischen Nachfolge" gewarnt habe. Die Überlieferung ist zu lückenhaft, als daß wir die Ansicht des Philosophen mit klarer Bestimmtheit erkennen könnten. Trotzdem dürfen wir sagen: **Hier lag der zweite Wendepunkt der griechischen Geschichte.** Durch die Siege bei Salamis und Plataä (480 und 479) hatten die Griechen das

---

[1]) „Museum"! wir würden heute „Universität" sagen, wissenschaftliches Forschungs- und Lehrinstitut für alle Zweige des Wissens.

[2]) „Katholizismus" ist das griechische Wort für das lateinische „Universalismus"; beide bedeuten „weltumfassende Allgemeinheit oder Einheit".

Eindringen der **orientalischen** Kultur mit ihrem Despotismus und Nivellierung, Unfreiheit und Priestermacht abgewehrt; die Folge war der höchste Aufschwung auf allen Gebieten des Lebens, Kunst und Wissenschaft, Gewerbe und Technik, Handel und Verkehr. 150 Jahre später, zur Zeit Philipps und Alexanders des Großen, **handelte es sich um genau dasselbe**, um die Abwehr des Orientalismus.

War denn **damals** (in der zweiten Hälfte des 4. Jahrhunderts) die politische Einigung der Hellenen zu einem **Nationalstaat**, mit großer Selbständigkeit der Teile, möglich? ähnlich wie Bismarck ein starkes deutsches Reich schuf, in dem die Einzelstaaten ein hohes Maß von politischer Selbständigkeit behielten? Diese Frage dürfen wir **bejahen**. Der Korinthische Landfriedensbund, den Philipp schuf, spricht dafür, daß es in seiner Absicht lag, den zahlreichen griechischen Stadtstaaten innerhalb der Grenzen, welche die Gesamtinteressen zogen, eine große politische Bewegungsfreiheit zu gewähren. Und wenn sich dann der gemeinsame Kampf gegen den persischen Erbfeind darauf beschränkte, jede Art von Oberhoheit des Perserkönigs (die seit 387 tatsächlich bestand) zu vernichten, die kleinasiatischen Griechen zu befreien und weite Siedlungsländer, vielleicht auch Stützpunkte für den Handel zu gewinnen, so hätte das nur dazu dienen können, das Gefühl der nationalen Zusammengehörigkeit bei allen Griechen zu stärken; man wäre sich dauernd des großen Unterschiedes bewußt geblieben, der tiefen Kluft, die zwischen dem Griechentum und Asiatentum bestand.

Leider ist es anders gekommen. Die große Schicksalsstunde brachte zwar äußerlich dem Griechentum Riesenerfolge, führte aber schließlich zu einem Siege der Asiatischen Kultur; in der Umklammerung des Orientalismus wurde langsam das Griechentum erstickt. Bei aller Bewunderung, die wir dem genialen, dämonischen Wesen Alexanders des Großen zollen, seinem Heldentum, seinem wissenschaftlichen Interesse und seinem scharfen Blick für die Förderung des Verkehrs und für die Anlage von Städten haben wir doch allen Anlaß, **ihm zu fluchen**. Denn er ist schuld, daß wir bis zum heutigen Tage unter dem Drucke des Orientalismus seufzen. Als er den Perserkönig besiegt hatte, beging er den folgenschweren Fehler, daß er sich selbst an dessen Stelle setzte und das Erbe antrat; **es war ein Rollentausch**. Alexander besaß nicht die Selbstbeschränkung, um auf der Siegeslaufbahn zur rechten Zeit Halt zu machen und alle seine Kraft auf die Stärkung des sozialen Volkskönigtums zu verwenden, das alle Griechen umfaßte und **über den widerstrebenden Gruppen der Gesellschaft, über den** wirtschaftlichen und Stammesgegensätzen stände. Statt dessen unternahm er das Unmögliche, „zugleich ein orientalischer Despot zu sein und ein König des Okzidents zu bleiben"; dabei nahm er gerade **die Herrscherstellung** für sich in Anspruch, gegen welche die Griechen seit Jahrhunderten gekämpft hatten. Und wohin führte die **unselige Verschmelzungs= und Vermischungspolitik**, die aus Griechen, Ägyptern, Persern, Semiten **ein Volk, eine einheitliche Menschheit mit einer Kultur** machen wollte? die Vereinigung von Morgenland und Abendland, die mit dem großen

Hochzeitsfeste zu Susa, mit der Verbindung zahlreicher Mazedonier mit jungen Perserinnen und Asiatinnen eingeleitet wurde? Wie in den letzten 1400 Jahren, seit Theoderich dem Großen, alle Versuche einer germanisch-romanischen Kulturgemeinschaft stets mit dem vollen Sieg des orientalisierten Welschtums endeten, so war es auch damals. Zwar brachten die massenhaft in Ägypten und Vorderasien einwandernden Griechen mit ihrem Geist und Blut, mit ihrer Tatkraft und Unternehmungslust eine Verjüngung; aber sie waren letzten Endes nur Völkerdünger. Vorderasien und Ägypten sind ein **Riesenmassengrab** geworden für das griechische Volkstum. **Es siegte auf der ganzen Linie der Orient:**

> Asiatisch war die Auffassung Alexanders und seiner Nachfolger vom Königtum, der Absolutismus und Sultanismus, der Allmachtsschwindel, die Zentralisation und vor allem die Vergottung des Herrschers, die tiefe Kluft zwischen ihm und den Untertanen.
>
> Asiatische Denkweise, asiatischer Glaube und Aberglaube überwucherten das Griechentum; es war doch ein gewaltiger Rückgang des religiösen Lebens, wenn Mysterienzauber, Sühnungen, Schutz- und Heilmittel, Astrologie und wundertätiges Bettelpriestertum überhand nahmen.
>
> Asiatisch waren Dogma und Kanon[1].

Das Griechentum hat den sogenannten „Fortschritt" von der National- zur Weltkultur mit dem Verlust seines Volkstums bezahlen müssen. Es war „der Weg, der zum Mittelalter führte". Das Leichentuch, das sich über Vorderasien und Ägypten schon früher gelegt hatte (Stillstand des geistigen Lebens, Erstarrung, Nivellierung, Entnationalisierung), ergriff allmählich auch die Griechen. Victor vincitur, d. h. „der siegreiche Held unterlag dem Besiegten"; er wurde orientalisiert. Das Ende war das, was man „Byzantinismus" nennt, geistige Knochenerweichung gegenüber dem herrschenden Gottmenschen und seinen Kreaturen.

Was für **Wahrheitssucher** waren die Griechen Jahrhunderte lang gewesen! aber im Zeitalter des Hellenismus wuchs **die Macht des Scheins und der Lüge**. Welch ein Widerspruch war zwischen Theorie und Praxis! Da entstanden zahlreiche Schriften „über das Königtum", in denen der Versuch gemacht wurde, die Herrscherstellung der Nachfolger Alexanders theoretisch zu begründen. Da heißt es: ihr Rechtstitel sei das Interesse des Staates und „das Gemeinwesen nicht Eigentum des Königs, sondern umgekehrt das Königtum ein gemeinsames Gut des Staates". Da wird die Monarchie aus den Zwecken des staatlichen Lebens selbst begründet. Da begegnet uns die Auffassung „von einem väterlichen Regiment, das mit fürsorglicher Weisheit dem Wohl der Untertanen diene", die Auffassung, daß das Königtum „ein ruhmvoller Dienst" sei und daß der König nicht nur Rechte, sondern auch Pflichten habe. Aber wie ganz anders sah die Wirklichkeit, die Praxis aus! Wie für Ludwig XIV., so gilt für die damaligen Könige das l'Etat c'est moi! alles mußte sich

---

[1] Vgl. darüber einige Seiten später.

dem brutalen Herrscher- und Machtwillen des Königs unterordnen. Ganz
Ägypten war weiter nichts als eine „Domäne" der Ptolemäer-Könige;
was lag an dem Glücke der einzelnen Untertanen!

F r e i h e i t! Mit diesem einen Wort durften früher die Griechen ihre
Überlegenheit über alle Völker bezeichnen. Die Geschichtsbücher Herodots
sind ein hohes Lied auf die griechische Freiheit; wir denken an die berühmte Unterredung Solons mit dem reichen Lyderkönig Krösos; an die
Antwort, die Demaratos dem siegesgewissen Perserkönig Xerxes gab; an
den Stolz, mit dem die Spartaner Sperthias und Bulis in Susa sich
weigerten, ihren Nacken vor dem Großkönig zu beugen. Wir denken an
die Worte, die Xenophon den persischen Prinzen Kyros vor den griechischen Hauptleuten sprechen läßt: „Wisset, daß ich eure Freiheit allen
Gütern vorziehe, die ich besitze¹)."

Aber welch ein Mißbrauch wurde später mit diesem Worte „Freiheit" getrieben! Die Griechen vergaßen, daß die Freiheit kein Gut ist,
das man sich von anderen schenken lassen kann, sondern daß sie täglich neu
erkämpft und errungen werden muß.

F r e i h e i t! Folgende Zusammenstellung entrollt ein geradezu widerwärtiges Bild aus dem Zeitalter des Hellenismus. In den
langwierigen Kriegen, die unmittelbar nach dem frühen Tode Alexanders
des Großen entbrannten, war das griechische Mutterland ein Spielball
zwischen den sich bekämpfenden Gewaltherrschern. Dreimal wurde kurz
hintereinander bald von diesem, bald von jenem Herrn „d i e h e l l e -
n i s c h e F r e i h e i t" proklamiert: 319, 315, 307. Was das in Wahrheit
bedeutete, wissen wir aus der athenischen Geschichte; dreimal durften
nämlich die verbannten Demokraten zurückkehren, und Athen erlebte eine
greuelvolle, in Massenhinrichtungen und Gütereinziehungen sich äußernde
Reaktion der Pöbelmassen; dreimal trat ein schneller Umschwung ein, bis
Athen bald nach der Schlacht bei Ipsos (301), bei aller Schonung der
„Freiheit", eine mazedonische Besatzung in Piräus und Munychia erhielt.

F r e i h e i t! Nach neuen Kämpfen und Demütigungen wurde Athen
255 vom König Antigonos mit der „Freiheit" beschenkt; aber die Stadt
sank allmählich zu gänzlicher Bedeutungslosigkeit herab.

F r e i h e i t! Wie eine Komödie mutet uns die Freiheitsproklamation
des Jahres 196 an, so aufrichtig sie der Vertreter des römischen Staates,
F l a m i n i n u s, gemeint haben mag, der ein begeisterter Freund griechischer Bildung war. Nachdem er den König Philipp V. von Mazedonien
besiegt hatte, machte er bei den Isthmischen Spielen die „Freiheit" der
Hellenen bekannt. Mit Recht schreibt O. Jäger S. 151: „Dieses eine Wort
der Freiheit, das hier längst ein bloßer Name, ja selbst ein Deckmantel
jeder Bosheit und jeder Intrigue geworden war, wurde von dem ge-
sunkenen und entarteten Geschlecht, das diesen durch so vieles Große und
Edle vergangener Tage geheiligten Boden bewohnte, mit tausendstim-
migem Jubel, mit rasch und hochauflodernder Begeisterung aufgenommen
und wiederholt; dem Retter, dem Vorkämpfer von Hellas, dem römischen
Prokonsul Flamininus, den sie bald an einzelnen Orten als Gott oder
Halbgott mit Altären und Opfern ehrten, drängte sich die ganze Volks-

---

¹) Vgl. meine „Angewandte Geschichte", 11. Auflage, S. 10 f.

masse jauchzend zu, ohne daß dieser berauschten Menge der Gedanke gekommen wäre, daß **die Freiheit wie die Tugend sich nicht verkaufen noch verschenken läßt,** daß sie wahrhaftig nur da vorhanden ist, wo sie in Kämpfen errungen und behauptet wird, wie sie die Ahnen bei Marathon und bei Salamis, wie sie soeben noch die Römer gegen Hannibal und Pyrrhos bestanden hatten."

Freiheit! Auch später noch behielt das Wort seine Zauberkraft, als Griechenland seit 146 unter Roms Herrschaft stand.

„Als Farce vollends erscheint es, wenn der Komödiant auf dem Kaiserthron, Nero, zum Dank für den Beifall, den seine künstlerischen Leistungen in Hellas fanden, zu Korinth bei den Isthmischen Spielen die „Freiheit" der Griechen proklamierte (66 n. Chr.). Die Hoffnungen, die sich daran knüpften, konnten unmöglich in Erfüllung gehen."

Noch ein verhängnisvoller Wahn jenes Zeitalters muß genannt werden, der bis zum heutigen Tage nachwirkt. Merkwürdig! Die Priesterkultur des Orients und die entartete Laienkultur des Okzidents flossen zuletzt zusammen und endeten mit einem Dogmatismus[1]).

Ägypten ist das klassische Land einer Erstarrung aller Kultur; hier war der Dogmatismus schon früher eingetreten. Wir lesen darüber in Meyers „Geschichte des Altertums" S. 178, 291, 565:

„Auf allen Gebieten werden die Resultate der jahrhunderte- oder jahrtausendelangen Erfahrungen zusammengestellt zu einem **festen Schema**, das fortan als maßgebend und bindend gilt und natürlich als göttlichen Ursprungs, als Offenbarung, betrachtet wird. Den folgenden Generationen ist höchstens noch eine weitere Ausspinnung des Details überlassen. Natürlich ist vor allem das religiöse Leben diesem Ritual völlig unterworfen... Ebenso gelten die Satzungen der Rechtsbücher als heilige, von den Göttern bestimmte Ordnung. Die wissenschaftlichen Ergebnisse werden in gleicher Weise behandelt; das Streben, die gewonnenen Resultate festzuhalten, und der Respekt vor der Weisheit der Ahnen führen zu völliger Erstarrung."

S. 291: „Wie das geistige Leben erstarrt, schwindet auch die physische Kraft. Seitdem alles, was die Nationalität ausmacht, in äußeres Formelwerk umgesetzt ist, verliert die Nation selbst die Lebensfähigkeit und die Kraft, sich selbst zu behaupten."

S. 563 f.: Bei der Restauration des 7. Jahrhunderts v. Chr. „sucht man die Zustände so wiederherzustellen, wie sie den herrschenden Anschauungen der Zeit gemäß vor Alters gewesen waren, d. h. das abstrakte Ideal durchzuführen... Das Ägypten, welches die Griechen kennen lernten, war eine wohlkonservierte und gepflegte **Mumie** aus uralter Zeit, und vermochte ihnen wohl durch seine Seltsamkeit und sein Alter zu imponieren und gelegentlich in Einzelheiten Anregungen zu geben, war aber nicht mehr imstande, selbst zu einem neuen Leben zu erwachen."

Und nun wurde in demselben Ägypten nach Alexander dem Großen **die griechische Kultur gleichfalls zu einer Mumie.**

---

[1]) Ebenso brachte die „Aufklärung" des 18. Jahrhunderts n. Chr. nur einen Rollentausch; aus der Zwangsjacke kirchlicher Dogmen in die Zwangsjacke philosophischer Dogmen.

Gerade dadurch war sie zu den höchsten Stufen emporgestiegen, daß sie sich durch die Siege bei Salamis und Platää (480, 479) der Umklammerung des Orients entzog; 150 Jahre später erlag sie, trotz aller Siege, der Orientalisierung. Die schöpferischen Kräfte in Kunst und Wissenschaft erloschen, und es begann in Alexandria eine eifrige Gelehrtentätigkeit, die überlieferten Schätze zu sammeln, zu ordnen, zu erklären und für **jede** Gattung einen **Kanon** der besten Werke aufzustellen, um aus ihnen **die ewig gültigen Regeln** abzuleiten; seitdem war alles, was man produzierte, an die gegebenen Muster **gebunden**. — Diese Entwicklung wurde unterstützt durch den **Rationalismus** des „hellenistischen" Zeitalters. Man vertrat den Standpunkt, daß „das Natur- und Vernunftgemäße, das dem geistigen Wesen des Menschen Entsprechende" von Anfang her gegeben sei und feststehe; und daß es sich für uns nur darum handle, es mit dem Verstand zu erkennen und zu behaupten bzw. es wiederherzustellen, wenn man davon abgewichen sei. „Die allgemeine Welt erschien als eine **fertige**, abgeschlossene, unfähig, neue Aufgaben und Kräfte aus sich herauszubilden und in der weiteren Entfaltung ihres Wesens neue Werke zu erschließen[1]." In den „kanonischen" Büchern, in den „mustergültigen" Vorbildern für epische, lyrische, dramatische Dichtkunst, für die einzelnen Zweige der Wissenschaft, in den rechtlichen und politischen Einrichtungen und Doktrinen glaubte man etwas für alle Zeiten, alle Völker und Länder Abgeschlossenes, Fertiges zu besitzen. So wurde das Griechentum selbst zu einer „wohlkonservierten und gepflegten Mumie".

Dieser **Dogmatismus** ist verhängnisvoll geworden; Jahrhunderte hindurch hat das griechische Altertum mit der Kraft des Dogmas jede Weiterentwicklung der Kultur niedergehalten. Noch schlimmer war, daß diese Anschauung in **die christliche Kirche** drang; sie beanspruchte für sich eine in sich abgeschlossene Wahrheit; jede Abweichung galt als Abfall und Ketzerei. Dabei war es unausbleiblich, daß immer mehr der Geist entwich, der Buchstabe siegte und die erstarrte Form zur Hauptsache wurde. Erst viel später, als es gelang, die Form zu zerschlagen und zum Geist, zum Wesen durchzudringen, war eine Befreiung und ein Fortschritt möglich. Da erkannte man, daß wir keine Sklaven, sondern Kinder, freigeborene Kinder der Vergangenheit sind; und daß „das Natur- und Vernunftgemäße" nicht von Anfang her gegeben ist, sondern uns als Zukunftsziel vorschwebt, dem wir zustreben.

Und heute? Wievielen Irrtümern begegnen wir in unseren Geschichtswerken über das wichtige Zeitalter des Hellenismus! Wie oberflächlich ist der Vergleich Philipps und Alexanders des Großen mit den Hohenzollern Friedrich Wilhelm I. und Friedrich II. dem Großen! Die Übereinstimmung besteht doch nur darin, daß der Vater dem Sohn und Nachfolger ein gewaltiges, schlagfertiges Heer hinterließ. Aber welch ein Unterschied! Friedrichs des Großen äußere Politik verließ die Bahnen

---

[1] Vgl. Kaerst II, S. 164.

seines Vaters, war sein eigenstes Werk, während Alexander fortsetzte, was der Vater begonnen hatte. Aber wichtiger ist, daß Friedrich der Große als das unerreichte Muster des sozialen Königtums dasteht und daß er die höchste Tugend des Herrschers, die **weise Selbstbeschränkung**, besaß bzw. in seiner Person verkörperte, während Alexander keine Schranken kannte. Friedrichs des Großen Tätigkeit lief darauf hinaus, im wahrsten Sinne ein Volksbeglücker zu sein; zugleich hat er, wie Goethe bekennt, der **nationalen** deutschen Kultur die Tore der Freiheit geöffnet, während mit Alexander dem Großen die Entnationalisierung der griechischen Kultur begann, ihre Umklammerung und langsame Erdrosselung durch den Orient. — Richtiger ist ein Vergleich Philipps und Alexanders mit den **Bourbonen** bzw. mit Richelieu und Ludwig XIV. von Frankreich; auch Ludwig setzte fort, was Richelieu begonnen; aber durch seine Überspannung des monarchischen Gedankens und durch seine Schrankenlosigkeit wandelte sich der Aufstieg in einen Niedergang. Dasselbe gilt für Napoleon I., dem Alexander in vielen Stücken gleicht. —

Sogar Historiker, wie **Droysen, Mommsen** und **v. Wilamowitz**, leiden an einer Überschätzung des hellenistischen Zeitalters; sie stehen unter dem Eindruck des äußeren Glanzes, der hohen Leistungen an den „Universitäten" zu Alexandria und Pergamum, der trefflichen politischen Organisation. v. Wilamowitz spricht von einem „völkerbeglückenden Szepter" der Ptolemäer; Mommsen stellt die Ptolemäerherrschaft mit der Friederizianischen Monarchie zusammen und schildert sie als ein System, welches „einen in täglicher Arbeit verwaltenden König" forderte und auf „das gleiche Wohlergehen aller Untertanen" gerichtet war. Mit Recht sagt **Pöhlmann**: „Die Existenz dieser Könige war einzig und allein auf die äußere Macht gestellt, ihr ganzes Leben und Streben erfüllt von dem, was man mit einem extremen Vertreter der rein individualistischen Staats- und Gesellschaftstheorie als „Willen zur Macht" bezeichnen könnte. Denn nur so weit die Macht reicht, reicht hier das Recht. Daher das ununterbrochene Ringen um die Verstärkung und Erweiterung der äußeren Machtstellung, das dann wiederum jene beständige Befehdung der Machthaber zur Folge hatte — **auf Kosten der Völker**."

III.
Römische Geschichte
(die Römer waren „die Engländer des Altertums").

753—510 Königszeit.
510—31 v. Chr. Republik.
31 vor—476 n. Chr. Kaiserzeit.

A.
Die ältere römische Geschichte bis 264 vor Chr.
Dichtung und Wahrheit.

Erst spät erwachte bei den Römern das historische Interesse. Wohl wurden schon früh die Namen der jährlichen Konsuln aufgezeichnet; auch fehlte es nicht an einzelnen Urkunden. Aber die Geschichtschreibung begann erst am Ende des 3. Jahrhunderts v. Chr.; und auch dann noch war sie lange Zeit vorwiegend in griechischen Händen oder von Griechen beeinflußt.

Was uns über die ältere Zeit (bis 264) überliefert ist, müssen wir Dichtung und Wahrheit nennen. Mancherlei wirkte bei dieser „Tradition" zusammen: gelehrte Studien, die zuerst von Griechen und im Anfang der Kaiserzeit von Römern, wie Terentius Varro, getrieben wurden; das patriotische Bedürfnis, die Vergangenheit möglichst zu verherrlichen; dazu die Gewohnheit der Menschen, Anschauungen und Zustände der eigenen Zeit auf die früheren zu übertragen. Für diese Überlieferung ist „Sage" nicht die richtige Bezeichnung; denn das Volk war wenig daran beteiligt. Vielmehr sind es vorwiegend Erzeugnisse der Studierstube, „Geschichtskonstruktion" der Gelehrten oder sogar „Geschichtsfälschungen".

Über die Gründungs- und Königsgeschichte ist schon in der Einführung gesprochen; hier handelt es sich jetzt um die erste Hälfte des republikanischen Zeitalters 510—264.

Übersicht.

Äußere Kämpfe:	Innere Kämpfe zwischen den Patriziern und Plebejern:
gegen die latinischen Nachbarn, besonders die Äquer und Volsker;	Um 450 Aufzeichnung der Gesetze durch die Dezemvirn.
gegen die Etrusker vom 6. bis 4. Jahrh.,	366 der erste plebejische Konsul.
396 Eroberung Vejis;	Bis 300 Zutritt der Plebejer zu den übrigen Ämtern,
gegen die Gallier im 4. Jahrh.,	287 Ende der Ständekämpfe.
390 oder 387 Eroberung Roms;	
gegen die Samniter um 300;	
321 Einschließung in den Caudinischen Engpässen,	
295 Schlacht bei Sentinum;	
gegen Pyrrhos um 280.	

1.

Was die **äußere Geschichte** angeht, so hat die Dichtung nicht mit Unrecht die Gründer der Stadt Rom, Romulus und Remus, zu **Söhnen des Kriegsgottes Mars** gemacht; denn in unaufhörlichem kriegerischen Ringen ist Rom zur weltbeherrschenden Macht geworden.

Wenn wir auch die geschichtliche Überlieferung „Dichtung und Wahrheit" nennen müssen, so bleibt doch recht viel Tatsächliches übrig, das unsere Bewunderung erregt. Wiederholt standen die Römer vor völligem Untergang: im Kampf mit den Etruskern, Galliern, Samniten, Pyrrhos und später mit Hannibal. Aber jedesmal gingen sie gestärkt aus den schweren Kämpfen hervor; sie lernten von ihren Gegnern, und das **Heerwesen** wurde die Hauptsache in ihrem Staate. Schon frühzeitig umgab sich Rom mit einem Kranz von befestigten Städten; seine „Kolonien" machten sich nicht, wie die griechischen, politisch selbständig, sondern waren Militärstationen, und seit dem Ende des 4. Jahrhunderts wurden sie durch kunstvolle Militärstraßen mit der Hauptstadt verbunden. Im schroffen Gegensatz zu der zentrifugalen Bewegung der Griechen steht die **zentripetale Kraft Roms**. Was in Griechenland nicht erreicht wurde, vollzog sich in Italien: die Entwicklung **eines einheitlichen italischen Nationalstaates**, eines Bundesstaates, dessen politischer und militärischer Vorort Rom war; dabei behielten die zahlreichen Einzel=Stadtstaaten ein hohes Maß von kommunaler Selbständigkeit, „Autonomie".

Mit Recht waren die Römer des 2. und 1. Jahrhunderts stolz auf ihre Vergangenheit; aber sie kannten selbst von ihr nur die allgemeinsten Umrisse. **Da sind dann die Einzelheiten hinzugedichtet worden.** „Dichtung und Wahrheit" müssen wir all die schönen Geschichten nennen, die uns von Jugend auf geläufig sind von der Keuschheit der Lukretia und Verginia an bis zu der Unbestechlichkeit des Fabricius und dem Einfluß des erblindeten Appius (Cäcus)[1]. Ferner ist manches griechischen Geschichten nachgedichtet: die Vertreibung der Könige (510) erinnert an die gleichzeitige Vertreibung der Peisistratiden aus Athen und die 10jährige Belagerung von Veji an den 10jährigen Trojanischen Krieg. Mit der Zeit wurden die schweren Niederlagen, welche die Römer von den Etruskern, Galliern, Samniten und von Pyrrhos erlitten hatten, abgeschwächt und zahlreiche Ruhmestaten eingeflochten. Die **Gallische Katastrophe** (390 bzw. 387), wo Rom eingenommen und zerstört wurde, verwandelte sich unter den Händen der patriotischen Schriftsteller in ein Ruhmesblatt der vaterländischen Geschichte. **Der ganze erste Samniterkrieg ist erdichtet.** Noch für den Krieg gegen Pyrrhos (um 280) müssen wir feststellen, daß zwar die Niederlagen der Römer bei Heraklea und Ausculum 280/79 geschichtlich sind, viele Einzelheiten aber „Wahrheit und Dichtung".

---

[1] Selbstporträts! Die spätere Zeit sah in diesen Männern und Frauen die wahren Vorbilder für echtrömisches Wesen. Vgl. S. 9.

2.

In noch viel höherem Grade ist **die innere Geschichte** verfälscht. Als Tatsache bleibt nur die zunehmende Demokratisierung.

Zunächst müssen wir alles als Dichtung bezeichnen, was über die tyrannische Gewaltherrschaft des Tarquinius Superbus, über den Übermut seiner Söhne, die ehebrecherische Tat des Sextus Tarquinius und den Selbstmord der beleidigten Lukretia, über den Heldenmut des Brutus und die Verbannung der Königsfamilie überliefert ist. Es scheint, daß die Abschaffung des Königtums überhaupt nicht durch eine gewaltsame Katastrophe erfolgte; daß es vielmehr, wie in Griechenland, allmählich seiner Macht entkleidet wurde, indem an seine Stelle die Adelsherrschaft trat. Schon früher war der König weiter nichts gewesen, als der erste unter den regierenden Adelsgeschlechtern.

Für die folgende Zeit, für das ganze 5. und 4. Jahrhundert v. Chr., bildet das **Ringen zwischen den Patriziern und Plebejern** den Hauptinhalt der inneren Geschichte Roms. Dabei kann die **Verschiedenheit** dieser früheren sozialen Kämpfe von den späteren des 2. und 1. Jahrhunderts v. Chr. nicht stark genug betont werden. Im 5. und 4. Jahrhundert handelte es sich um das Verhältnis zwischen dem Geburtsadel und dem nichtadeligen Teil der Bürgerschaft; Stufe um Stufe wurde die Befreiung von der Herrschaft der Adelsgeschlechter, die rechtliche und politische Gleichstellung der Plebejer mit den Patriziern errungen; damals gab es noch keine Geldherrschaft in Rom. Dagegen waren die sozialen Kämpfe des 2. und 1. Jahrhunderts vor allem wirtschaftlicher Natur und richteten sich gegen **die Auswüchse des Kapitalismus, der Geldwirtschaft**; es waren Kämpfe zwischen den wenigen Besitzenden und den zahlreichen Besitzlosen, den Proletariern; Kämpfe, wie sie in Griechenland schon zwei Jahrhunderte früher begonnen hatten.

Über die sozialen Gegensätze des 5. und 4. Jahrhunderts zwischen den Patriziern und Plebejern besitzen wir eingehende Erzählungen in den Geschichtswerken des Livius und des Dionysius von Halikarnaß, der Zeitgenossen des Kaisers Augustus. Aber sie haben die Verhältnisse und Zustände, die Gedanken und Schlagworte, die man im 2. und 1. Jahrhundert immerfort hören konnte, auf die früheren Kämpfe übertragen. So liegt uns denn eine ausführliche Überlieferung für die innere römische Geschichte des 5. und 4. Jahrhunderts vor, die durchaus nicht den Tatsachen entspricht. Ja, weil wir über die lange Revolutionszeit (133—31 v. Chr.) dürftig unterrichtet sind, erleben wir den merkwürdigen Fall, daß, was uns von Livius und Dionysius über das 5. und 4. Jahrhundert erzählt wird, in Wahrheit das beste Stimmungsbild für die sozialen Gegensätze des 2. und 1. Jahrhunderts ist.

Aus der Fülle des Stoffes mögen einige besonders charakteristische **Beispiele** hervorgehoben werden:

1. Sicherlich ist einer der ersten Erfolge der Plebejer die „Timokratie" gewesen, d. h. die Einteilung der gesamten **adeligen und nichtadeligen**

Bürgerschaft nach dem Besitz in **fünf Klassen**; danach richteten sich nicht nur die militärischen und sonstigen Leistungen, sondern auch die Stimmordnung bei den Wahlen. Aber mit Unrecht wurde die Einrichtung dem vorletzten König Servius Tullius zugeschrieben; auch spielt das Geld dabei eine Rolle, die für das 6. Jahrhundert unmöglich ist. Wahrscheinlich ist der „Census", d. h. die Klasseneinteilung nach der Größe des Grundbesitzes, erst in derselben Zeit eingeführt, wie das damit zusammenhängende Amt der „Censoren" um 435 v. Chr. Als Vorbilder für die dichterische Ausschmückung der Persönlichkeit des Servius Tullius dienten die griechischen „Gesetzgeber" Theseus, Lykurg und Solon. Und wie der griechische Tragödiendichter Euripides es fertig brachte, den sagenhaften König Theseus demokratische Grundsätze aussprechen zu lassen, so legte der Geschichtschreiber Dionysius von Halikarnaß dem Könige Servius Tullius eine Rede in den Mund, wie sie zur Zeit der Gracchen und des Katilina oft genug gehalten sein mögen. Da hören wir die Schlagworte: „Freiheit, Gleichheit, Brüderlichkeit."

2. Eine große Rolle spielen dann in der Überlieferung die **Jahre 495/4 vor Chr.** Tatsache ist die Entstehung eines besonderen Amtes zum Schutze der Plebejer, das Volkstribunat. Aber alles andere ist Dichtung. Es wird uns von einer großen Bedrängnis Roms durch die benachbarten Stämme erzählt. Wiederholt weigerten sich die Plebejer, in den Krieg zu ziehen; wiederholt ließen sie sich durch Versprechungen umstimmen; wenn aber die Feinde besiegt waren, kümmerten sich die Patrizier nicht um ihre Zusagen. Da seien die erbitterten Plebejer auf den Heiligen Berg ausgezogen, um eine eigene Stadt zu gründen. Mit Mühe habe Menenius Agrippa sie durch die Fabel vom Streit zwischen dem Magen und den Gliedern des Menschen zur Rückkehr bewogen; nunmehr sei das Amt der Volkstribunen eingeführt.

Wir staunen über die naive Art, wie die späteren Schriftsteller Unmögliches in jene Zeit übertragen; gerade so, wie wenn man Karl den Großen seine Sachsenkriege mit Kanonen und Handgranaten führen ließe. Da werden von Männern, die 495/4 lebten, die wirtschaftlich-sozialen Probleme des 2. und 1. Jahrhunderts nach den verschiedenen Seiten hin erörtert. Der Vertreter der Kapitalisten will von einer Einmischung des Staates nichts wissen; er steht auf dem Manchesterstandpunkt des laisser aller und weist auf Privathilfe hin. Anderseits tritt vor den erregten Massen, wie es im 2. Jahrhundert wiederholt geschehen sein mag, ein älterer Mann auf, in Lumpen gekleidet, mit langem Bart und verwildertem Haar; er hatte infolge der langen Kriegszeit nicht nur seine Gesundheit, sondern auch Hab und Gut eingebüßt, war in Schulden und Schuldknechtschaft geraten; das Volk wurde zur äußersten Wut aufgepeitscht. Dazwischen suchten volksfreundliche Patrizier zu vermitteln; sie erklärten die **Lösung der sozialen Frage für eine Aufgabe des Staates**, der einen Ausgleich der widerstreitenden Interessen herbeiführen müsse.

3. Ähnlich werden von Livius die Verhältnisse nach der Gallischen Katastrophe, nach 390, geschildert. Damals sei **Manlius Capitolinus** für die Not der Plebejer eingetreten, die durch die langen Kriege in Armut, Schulden und Schuldknechtschaft geraten wären. Was uns da erzählt wird, stimmt genau für die Zeit, wo die beiden Gracchen die Lage des verarmten, besitzlosen Volkes verbessern, den „durch Wucher ausgebeuteten Teil der Bürgerschaft aus der Knechtschaft zur Freiheit, aus Nacht zum Licht führen" wollten. Auch hören wir, daß gegen Manlius dieselbe Anklage erhoben sei,

wie 133 und 121 gegen die beiden Gracchen: er wolle mit Hilfe der Massen die Alleinherrschaft erringen; deshalb habe er sein Unternehmen mit dem Tode büßen müssen.

4. Wir lesen, daß die Not der Plebejer immer größer geworden sei. Endlich wären zwei unerschrockene Volkstribunen, Sextius und Lizinius, aufgetreten und hätten zehn Jahre lang für ihre berühmten drei Anträge gekämpft, bis sie den Widerstand der Optimaten überwanden. Dann hätten ihre Anträge Gesetzeskraft erlangt:

Um die Schulden zu erleichtern, sollten die bereits gezahlten Zinsen vom Kapital abgezogen und der Rest in einer angemessenen Frist abgetragen werden;

vom Staatsland (ager publicus) sollte niemand mehr als 500 Morgen haben, damit Aecker für die Verteilung unter die ärmeren Bürger frei würden;

von den beiden Konsuln sollte immer einer ein Plebejer sein.

Als historische Tatsache bleibt nur bestehen, daß im Jahre 366 zum erstenmal ein Plebejer Konsul war, und daß dies allmählich üblich wurde. Dagegen sind die beiden anderen Anträge über Schuldentilgung und Verwendung des Staatslandes (ager publicus) wahrscheinlich erst im 2. Jahrhundert v. Chr. gestellt worden und hängen unmittelbar mit dem Auftreten der beiden Gracchen zusammen. Jedenfalls kann das Ackergesetz nicht älter sein als der zweite Punische Krieg.

5. Bei den wirtschaftlich-politisch-sozialen Kämpfen des 2. und 1. Jahrhundert v. Chr. spielte auch die Lage der italischen Bundesgenossen eine große Rolle, welche die Kriege des Reiches mitkämpfen mußten, aber an den Früchten keinen Anteil hatten. Wir wissen, daß um 90 v. Chr., nachdem alle Versuche eines friedlichen Ausgleichs gescheitert waren, der blutige Bundesgenossenkrieg ausbrach. Auch hier hat der Geschichtschreiber Livius die Zustände des 1. Jahrhunderts auf die **frühere** Zeit übertragen. Zwar ist die völlige Unterwerfung der Latiner um 340 v. Chr. Tatsache; aber die Forderung des Anteils am Konsulat gehört nicht in diese Zeit, und die Schlacht am Vesuv ist erdichtet [1].

B.

264—31 vor Christus.

Theokratie, Demokratie, Plutokratie sind die drei Totengräber der herrlichen Alten Kulturwelt:

Theokratie vor allem in Ägypten und Vorderasien,

Demokratie in Griechenland,

Plutokratie in Rom.

Die Geldwirtschaft gab, wie in Griechenland, so auch in Rom den Anstoß zu den verhängnisvollsten Wandlungen. Nachdem die Kämpfe zwischen den Patriziern und Plebejern beendet waren, machte sich schon im 3. Jahrhundert der mammonistische, materialistische Geist bemerkbar; aber die Not der beiden

---

[1] Soll nun die ganze ältere Römische Geschichte aus unseren Büchern und aus unserem Schulunterricht gestrichen werden? Ebenso wenig wie Homer und das Alte Testament. Auf dem Gymnasium ist gerade die Lektüre des Livius geeignet, die Augen für die Entstehung solcher Tradition zu öffnen und den geschichtlichen Kern herauszuschälen.

ersten Punischen Kriege, besonders die gewaltigen Niederlagen, welche die Römer durch Hannibal erlitten, scheuchten noch einmal alle Schädlinge hinweg, die am Mark des Volkstums zu nagen begannen, und am Ende des 3. Jahrhunderts stand das römische Staatswesen auf der Höhe seiner gesunden Kraft.

264—241: **Erster Punischer Krieg.**

Zwischen dem ersten und zweiten Punischen Krieg liegt die Eroberung Sardiniens (238) und Oberitaliens (222).

218—201: **Zweiter Punischer Krieg:**

218, 217, 216 Siege Hannibals an der Trebia, am Trasimenischen See und bei Kannä.

207 und 202 Siege der Römer am Metaurus und bei Zama.

Wenn ich gefragt werde, für welche Kriege des Altertums ich mich begeistern kann, so nenne ich aus der griechischen Geschichte die Abwehr der Perser in den Jahren 490 und 480/79, aus der ganzen römischen Geschichte den **zweiten Punischen Krieg**. Wie damals die Griechen, so haben im 3. Jahrhundert die Römer Europa vor Asien gerettet. Freilich hatten sie die Karthager nach dem ersten Punischen Krieg sehr gereizt: durch die Erpresserpolitik, womit sie Sardinien raubten, und durch die unberechtigte Einmischung in den Streit zwischen Hannibal und der Stadt Sagunt. Aber nach den entsetzlichen Niederlagen der Jahre 218, 217, 216 entfalteten die Römer ein tapferes, unbeugsames Heldentum und eine opferbereite Vaterlandsliebe, welche die Bewunderung aller Zeiten verdient.

Der zweite Punische Krieg hat eine große Ausdehnung genommen; es wurde nicht nur in Italien und Sizilien gekämpft, sondern auch in Spanien und Afrika; ja, Mazedonien und Griechenland waren in den Krieg verwickelt. Haben nun die Römer nach Besiegung Hannibals die höchste Kunst verstanden, das Maßhalten ($\sigma\omega\varphi\rho o\sigma\acute{\upsilon}\nu\eta$, $\mu\eta\delta\grave{\epsilon}\nu$ $\check{a}\gamma a\nu$)? haben sie sich mit der Schaffung eines Nationalstaates begnügt, der Italien mit dem cisalpinischen Gallien, Sardinien, Corsika, Sizilien umfaßte? Im Gegenteil! Sie traten das Erbe der Karthager an und wurden selbst Mammonsknechte; es begann die Zeit der schrankenlosen Habgier, der $\pi\lambda\epsilon o\nu\epsilon\xi\acute{\iota}a$. Das Ende war weiter nichts als ein **Rollentausch**, ein Kleiderwechsel: Wie die Griechen seit Alexander dem Großen an die Stelle der Perser traten, so die Römer an die Stelle der Karthager und der orientalisierten Griechen.

Der Gott Mammon und die Lüge waren fortan die wahren Regenten im Römerreich.

1.
Die elastischen Mittel und diplomatischen Künste in der äußeren Politik.

Darf eine Regierung sich in die inneren Angelegenheiten fremder Staaten einmischen? Auf diese Frage kann man nicht mit einem einfachen „Ja" oder „Nein" antworten. Wir halten es für gerechtfertigt, daß einzelne Hohenzollern für ihre bedrängten Glaubensgenossen im Ausland eintraten; umgekehrt bedauern wir es, daß unsere deutsche Reichsregierung ganz untätig blieb bei der unerhörten Vergewaltigung des Deutschtums in der verbündeten Österreich-Ungarischen Doppelmonarchie. Aber für die Römer, „die Engländer des Altertums", wurde die dreiste Einmischung in Dinge, die sie gar nichts angingen, das A und O der ganzen äußeren Politik; ihre Interventionspolitik lief auf die Erpressung und Ausbeutung fremder Staaten hinaus. Seit dem Jahre 200 v. Chr. galt für die Römer genau dasselbe, was ein 1805 in London erschienenes Flugblatt sagte: „Der ewige Krieg ist das beste Mittel für die Sicherheit und Wohlfahrt Großbritanniens."

Geschichtstafel.

200—197 der II. Mazedonische Krieg;
192—189 der Syrische Krieg;
171—168 der III. Mazedonische Krieg;
    168 der Sieg bei Pydna;
    146 Unterwerfung Mazedoniens;
    146 Zerstörung Korinths und Karthagos;
    133 Eroberung von Numantia in Spanien;
    133 Rom erbt das Königreich Pergamum (Asien);
113—101 Kriege gegen die Cimbern und Teutonen;
112—106 Jugurthinischer Krieg;
  88—64 drei Mithridatische Kriege;
  58—51 Eroberung Galliens durch Cäsar.

1. **Die „klugen" Römer!** Kaum hatten sie die Karthager besiegt, beraubt und für immer geknebelt, da wandten sie ihre begehrlichen Blicke auf die reichen Griechenstaaten des Ostens, auf die großen Königreiche Mazedonien, Syrien, Ägypten, neben denen es in Griechenland und Kleinasien eine Reihe kleiner selbständiger Staaten gab, vor allem Pergamum und Rhodos, den ätolischen und achäischen Bund. Mit vollendeter Heuchelei spielten die Römer die eine Macht gegen die andere aus und zeigten sich entrüstet, wenn irgend ein Volk vom Pfade der Tugend abwich; „uneigennützig" schützten sie die Schwachen gegen die Bedrückung der Starken; sie schürten den Streit zwischen den Königen und mischten sich in die inneren Parteikämpfe ein (divide et impera).

Wenn man sich mit der äußeren Geschichte des 2. und 1. Jahrhunderts v. Chr. beschäftigt, dann möge man sich nicht bei den einzelnen kriegerischen Ereignissen aufhalten; sie sind überaus eintönig und langweilig. Um so interessanter sind die **diplomatischen Künste und elastischen Mittel der Römer; die Großmacht der Lüge**, womit sie allmählich die ganze Welt erobert haben.

Divide et impera! d. h. „Entzweie deine Gegner, wirf die Fackel der Zwietracht zwischen sie, damit sie sich zerfleischen und du ernten kannst!" Wie trefflich haben das die Römer verstanden!

200—197 war der II. Mazedonische Krieg. Die Römer hatten durchaus keinen gerechten Anlaß zum Krieg; was zu ihrer Rechtfertigung in den Geschichtsbüchern steht, ist späte Erfindung. Weder waren irgendwelche römischen Interessen im Osten verletzt, noch hatten sie dort Bundesgenossen, die geschützt werden mußten. Einzig die Habgier trieb sie in den Krieg. Sie spielten sich als „Kämpfer für die Freiheit der Hellenen" auf; angeblich schützten sie die kleinen Mächte Pergamum und

Rhodos gegen die Großen, obgleich der König von Pergamum der Angreifer war; sie gewannen den Ätolischen Bund; vor allem aber gelang es ihnen, die unter einander verbündeten Könige Mazedoniens und Syriens zu entzweien.

Welche Lüge! Eben hatten die Römer, nach glücklicher Beendigung des Mazedonischen Kriegs, im Jahre 196 „die Freiheit der Hellenen" proklamiert, da sahen sich die Hellenen genötigt, zum Schutz ihrer Freiheit den König Antiochos von Syrien gegen die Römer herbeizurufen.

Es folgte 192—189 der Syrische Krieg gegen Antiochos. Der beste Bundesgenosse Roms war die Zwietracht der anderen. Vor 200 waren die Könige von Mazedonien und Syrien mit einander verbündet gewesen; aber die Römer erreichten es, daß im II. Mazedonischen Krieg der König von Syrien und umgekehrt im Syrischen Krieg der König von Mazedonien untätig blieb; ja Philipp von Mazedonien leistete den Römern unschätzbare Dienste bei der Besiegung des Antiochos.

Und dann 171—168 der III. Mazedonische Krieg! Der äußere Anlaß war nur ein Vorwand. Philipps Sohn und Nachfolger, der König Perseus von Mazedonien, suchte den Krieg zu vermeiden und tat alles, um den Frieden zu erhalten. Und die schlauen Römer ließen sich auf Verhandlungen ein, aber nur um Zeit für große Rüstungen zu gewinnen. Wiederum zeigte sich der König von Syrien als dienstwilliger Freund der Römer. Im Jahre 168 wurde Perseus bei Pydna besiegt; seitdem war Mazedonien indirekt von Rom abhängig.

Die Jahre 149—146 brachten neue Erhebungen Mazedoniens und Griechenlands, die damit endeten, daß Mazedonien römische Provinz wurde.

Und nun die Friedensschlüsse! die Erwerbungen! das Wachstum des Römischen Reichs! Wie in der Neuzeit die Engländer[1]), so wußten damals die Römer den Schein einer gewissen Uneigennützigkeit zu wahren. Sie machten zunächst keine „Annexionen", sondern kämpften scheinbar nur für die „Freiheit" der Griechen und des Königs von Pergamum. Aber ihre Friedensbedingungen waren so, daß sie für alle Zukunft „gerechte" Handhaben für neue Einmischungen boten. Unermüdlich verfolgten sie die Politik, das Schiedsrichteramt der Welt zu üben, alles unter ihrer Aufsicht zu halten, die Bildung einer kräftigen Gewalt zu verhindern und die Schwächung und Zersplitterung der vorhandenen Mächte zu fördern. Lehnte sich jemand gegen ihre „Wohltaten" auf, so hatten die Römer natürlich das „Recht", strenge einzuschreiten. So entstanden immer neue Kriege, bis ihnen der ganze Osten, die großen und die kleinen Staaten, als Beute zufielen. Freilich

---

[1]) Mit dem ernstesten Gesicht vermochten die Engländer zu behaupten, daß sie allein beim Weltkrieg an keinen Gewinn gedacht haben. Sie sind nur „Befreier" gewesen; sie schützen weiterhin die „Freiheit". Ägypten und Persien sind Schutzstaaten; in Vorderasien wollen sie die Araber, Syrer, Armenier befreien; sie haben ein „Mandat" über den größten Teil unserer Kolonien.

wußten es die späteren Historiker so darzustellen, als sei Rom nur notgedrungen an die Unternehmungen im Osten gegangen. — Der römische Staat hat auch ganze Königreiche „geerbt", wie Pergamum[1]) 133 v. Chr., Bithynien 75 v. Chr.; dann waren die Römer natürlich verpflichtet, ihr „Recht" gegen die Ansprüche anderer mit blutiger Gewalt durchzusetzen. Auch bei der Eroberung Ägyptens spielten angebliche Testamente eine große Rolle; doch waren die Römer so „großmütig", daß sie zunächst die Cyrenaika in Verwaltung nahmen, im Jahre 60 Cypern besetzten, bis im Jahre 30 v. Chr. Augustus an Stelle der Ptolemäer Herrscher von Ägypten wurde.

Wie schmählich haben die Römer **ihre eigenen Bundesgenossen** übers Ohr gehauen! Welch wirksame Hilfe und Unterstützung hatten sie im Kriege gegen Philipp an dem Ätolischen Bund, an dem König von Pergamum und an Rhodos! im Krieg gegen Antiochos am Achäischen Bund, an Rhodos und am König Eumenes von Pergamum! Und wiederum waren die Rhodier und der König Eumenes ihre eifrigen Bundesgenossen im III. Mazedonischen Krieg. Und der Lohn? Der Reihe nach wurden sie vergewaltigt:

der Ätolische Bund,
der Achäische Bund,
der König Eumenes;

Rhodos mußte für eine versuchte Friedensvermittlung, die vom römischen Konsul veranlaßt war, schwer büßen und wurde dauernd geschädigt.

2. **Die klugen Römer!** Wie sollen wir über ihre Politik gegenüber Karthago urteilen, die nicht ruhte, bis die Karthagische Macht restlos zerstört und von Grund aus vernichtet war! Nach dem II. Punischen Krieg zeigten sich die Karthager 201—167 als ergebene und dienstwillige Bundesgenossen und Freunde der Römer; sie leisteten bei allen Kriegen wirksame Hilfe. Aber nach 167, nach der Niederwerfung Mazedoniens und Illyriens, brauchten die Römer keine Rücksicht mehr zu üben. Eine erwünschte Handhabe, den verhaßten Staat zu erdrosseln, bot die schlaue Bedingung des Friedens von 201, daß die Karthager außerhalb Afrikas überhaupt keinen Krieg führen durften, in Afrika selbst nur mit Roms Zustimmung. Nun ermunterten die Römer den Numiderkönig Massinissa zu immer neuen Grenzstreitigkeiten gegen Karthago; sie traten als Schiedsrichter auf und entschieden stets zugunsten Massinissas. Dieser wurde von Jahr zu Jahr dreister, und schließlich waren die Karthager so gereizt, daß sie, von den Römern im Stich gelassen, gegen den Peiniger Massinissa zu den Waffen griffen. Nun hatten die Römer den lange gesuchten, „gerechten" Anlaß einzuschreiten. Aber die Karthager waren

---

[1]) Daraus wurde die „Provinz Asien" gebildet. Die Wohltaten der Römischen Regierung bestanden darin, daß sich alsbald Scharen von römischen Wucherern über das „ererbte" Land ergossen. Durch die schamlose Ausbeutung römischer Statthalter, Steuerpächter und Wucherer wurde die Bevölkerung so erbittert, daß sie im Jahre 88 an einem einzigen Tage Tausende Italiker infolge des Blutbefehls von Ephesos hinmordete.

so friedliebend, daß sie den Krieg um jeden Preis vermeiden wollten und sich den Römern bedingungslos unterwarfen, worauf der Senat ihnen Freiheit, Besitz, Land und Verfassung zusicherte. Ja, sie erfüllten die unerhörte Forderung und lieferten alle Waffen und alles Kriegsgerät aus. Aber dadurch wurde erst recht die teuflische Rach- und Habgier der Römer geweckt; sie glaubten jetzt, ohne Mühe den lästigen Handelskonkurrenten vernichten zu können. Entgegen all ihren Zusagen, stellten sie das schamlose Ansinnen, die Karthager sollten ihre Stadt verlassen und sich 15 Kilometer von der Küste entfernt neu ansiedeln; denn Karthago solle zerstört werden[1]). Da erst erwachte in den Karthagern der Entschluß des Widerstandes; es war der Mut der Verzweiflung, der ihnen die Kraft gab, sich noch drei Jahre tapfer zu verteidigen. Aber endlich erreichten die Römer ihr Ziel, wobei der Hunger ihr bester Bundesgenosse war. Die Karthager kamen in den blutigen Kämpfen um, und ihre Stadt wurde von Grund aus zerstört.

3. **Die klugen Römer!** Mit Recht nimmt auf unseren Gymnasien die Lektüre von **Cäsars Schrift „über den gallischen Krieg"** einen breiten Raum ein. Aber sie darf nicht dazu dienen, grammatische Übungen damit zu verbinden; sondern sie ist in hervorragendem Maße geeignet, bei unseren Schülern schon im jugendlichen Alter den historischen Sinn zu wecken und zu schärfen. Hier lesen sie die ersten wichtigen literarischen Zeugnisse über unsere Vorfahren, über die grundverschiedene Eigenart der Germanen und der Kelten. Vor allem aber lernen sie das **Römertum** kennen; es ist nicht schwer, schon mit Tertianern Kritik zu üben an den Berichten Cäsars und zu zeigen, daß er bei der Niederschrift einen doppelten Zweck verfolgte: seinen eigenen Ruhm zu verkünden und seine Kriege als notwendig erscheinen zu lassen.

Wir haben hier ein klassisches Beispiel für die römische **Interventionspolitik**, für die Kunst, eine Art Schiedsrichterrolle in der ganzen Welt zu spielen, den einen Volksstamm und die eine Partei gegen die andere auszuspielen. Cäsar ist im Jahr 58 v. Chr. mit der festen Absicht in seine „Provinz" gegangen, um die noch unabhängigen, weiten, reichen gallischen Länder zu erobern; alles, was er zu seiner moralischen Rechtfertigung anführt, ist verdächtig. Der germanische Suebenkönig **Ariovist** war schon im Jahre 72 v. Chr. von den Sequanern gegen die Äduer zu Hilfe gerufen und hatte sich auf dem linken Rheinufer festgesetzt. Unter Cäsars Konsulat (59 v. Chr.) wurde er von Rom als befreundeter und verbündeter König anerkannt. Aber schon im folgenden Jahr ließ Cäsar, der als Statthalter in das südliche, römische Gallien kam, sich gegen Ariovist zu Hilfe rufen. **Wer hatte „Recht"?** Nach Cäsars Darstellung haben natürlich alle „Unrecht", die gegen ihn gekämpft haben: die Helvetier, der Suebenkönig Ariovist, der „neuerungssüchtige" Äduer Dum-

---

[1]) Das ist gerade so, als wenn die Einwohner **Hamburgs** ausnahmslos ihre Stadt, ihre Magazine, Schiffe und Hafenanlagen der Zerstörung preisgeben und sich einige Meilen landeinwärts ansiedeln sollten.

norix, die Usipeter und Tenchterer, Ambiorix und Verzingetorix; es erscheint geradezu als sündhaft, die „Wohltaten und Segnungen" der römischen Herrschaft abzulehnen. Wir hören von zwei einflußreichen Brüdern unter den Aduern, Divitiakus und Dumnorix; der erste wird von Cäsar hochgelobt, der andere als nichtswürdig hingestellt. Sollen wir auch so urteilen? Denken wir nicht vielmehr an das ähnliche Bruderpaar bei den germanischen Cheruskern, von denen Flavus auf Seiten der Römer kämpfte, während Armin (Hermann) die Freiheit verteidigte? verachten wir nicht den Divitiakus ebenso wie den Flavus? — Und wie niederträchtig hat Cäsar an den germanischen Usipetern und Tenchterern gehandelt, deren Gesandte er gegen das Völkerrecht im Lager festhielt, um die Germanen, die nichts Böses erwarteten, zu überrumpeln und niederzumetzeln? Es ist leicht, den Schülern klar zu machen, wie unwahrscheinlich alles ist, was Cäsar zu seiner Rechtfertigung mitteilt. Aber wie bei den Engländern, so waren damals bei den Römern Völkerrecht und Verträge nur dafür da, a n d e r e zu binden, während sie selbst sich darüber hinwegsetzen durften. — Und zuletzt? Im siebenten Kriegsjahr wußten b e i d e, Freunde und Feinde, daß Cäsar kein anderes Ziel verfolge, als ganz Gallien zu unterwerfen. Da kam es zu einem allgemeinen Aufstand, bei dem sogar die „Treuesten der Treuen", die Aduer, „untreu" wurden und von den Römern abfielen. Unsere Sympathien stehen auf Seiten des tapferen Freiheitshelden Verzingetorix; wir sind erschüttert bei seinem tragischen Untergang.

Wie ein Stück unseres eigenen 2000jährigen Kampfes gegen das Welschtum (und Angelsachsentum) kommt uns vor, was wir bei Cäsar lesen. Wie oft sind wir Deutschen ähnlichen diplomatischen Künsten erlegen!

2.

Plutokratie und Scheindemokratie[1]).

Man kann behaupten, daß in der Entwicklung A t h e n s und R o m s bis zu den Perser= bzw. den Punischen Kriegen eine gewisse Übereinstimmung herrschte, nach außen und nach innen. A b e r dann waren die Wege verschieden: Athens Hegemonie brach zusammen, während Roms Stellung an der Spitze des italienischen Nationalstaates unerschütterlich war. Noch wichtiger ist folgendes: dort und hier erweiterte die Geldwirtschaft die Kluft zwischen den „Wenigen" und den „Vielen", wobei der gesunde Mittelstand dahinschmolz; die wirtschaftlich=sozialen Gegensätze wurden größer und erbitterter; a b e r sie führten in Athen zur extremen, „reinen" Demokratie, in Rom zur extremen Plutokratie und Oligarchie. Dabei zeigten sich die Römer schlauer als die Griechen; sie setzten sich die M a s k e d e r D e m o k r a t i e a u f.

---

[1]) Man kann von einer K a p i t a l d e m o k r a t i e sprechen, die der „bürgerlichen" Fortschrittsdemokratie des 19. und 20. Jahrhunderts entspricht.

Plutokratie und Scheindemokratie! Mehrere Jahrhunderte hindurch war durch die römische Geschichte ein **gesunder demokratischer Zug** gegangen. Die langen Kriege gegen die Volsker und Äquer, Etrusker und Gallier, Samniten und Pyrrhos mit ihren vielen Wechselfällen schlangen ein starkes Band um Patrizier und Plebejer (Geburts- und Nichtadel), ließen die Standesunterschiede zurücktreten und die Sonderinteressen vergessen. Einzelne plebejische Feldherren und Konsuln taten sich hervor, und ihr Name war in aller Munde. Allmählich wurden sämtliche hohen Ämter den Nichtadeligen (Plebejern) zugänglich; alle Vorrechte des Geburtsadels schwanden. Nachdem die Plebejer schon im 5. Jahrhundert die persönlichen Freiheiten und Rechte (iura privata) erlangt hatten, kamen nach und nach alle öffentlichen (iura publica) hinzu. Auch war man bis in die zweite Hälfte des 3. Jahrhunderts freigebig mit der Erteilung des Bürgerrechts an die Bundesgenossen. **Theoretisch** war die Verfassung des römischen Staats ganz demokratisch und das Volk souverän:

Für die **Volksversammlung** trat nach dem I. Punischen Krieg (241) eine neue Stimmordnung ein, wonach das alte Übergewicht der ersten Wählerklasse über die vier anderen beseitigt wurde. Seitdem galt es als ziemlich gleichgültig, ob man Patrizier oder Plebejer war.

Dieses **souveräne Volk** hatte die wichtigsten Befugnisse in Händen: die Wahl der höchsten Beamten und damit die Zusammensetzung des Senates, die höchste Gerichtsbarkeit, die Entscheidung über Krieg und Frieden.

Aber tatsächlich sah die Sache ganz anders aus. An sich muß man es ja als ein großes Glück bezeichnen, daß während der Not des II. Punischen Krieges gegen Hannibal die demokratische Bewegung zum Stillstand kam. Denn gerade dadurch wurde Rom vor dem entsetzlichen Schicksal Athens bewahrt. Während in Athen, neben der von Demagogen geleiteten Volksversammlung, die Beamten und der „Rat" alle Bedeutung verloren, wuchs umgekehrt in Rom die Macht des **Senats**, aus dem die Beamten hervorgingen und in den sie zurückkehrten. So schien sich ein gesundes Gleichgewicht und ein harmonisches Verhältnis zu entwickeln; nach der entsetzlichen Niederlage bei Kannä war es der **Senat**, der den Staat rettete und den langen Krieg zu einem glücklichen Ende führte, ohne sich durch die schwersten Unglücksschläge erschüttern zu lassen: **eine Aristokratie der Tüchtigkeit!**

Aber wie schnell folgte die Entartung! Es begann das **Zeitalter der Lüge**, wie für die äußere, so auch für die innere Geschichte der Römer. In der Form blieben die demokratischen Einrichtungen bestehen, und „das souveräne Volk" bildete die höchste Instanz; aber Wesen und Inhalt der Verfassung wurden von Grund aus geändert. **Die Demokratie wurde Schein**; in Wahrheit entwickelte sich die Herrschaft des Geldes, die **Plutokratie, welche die Maske der Demokratie trug.**

Der neue Adel, die Nobilität.
(Die „Lords" des Altertums.)

Zwar waren die Vorrechte des Geburtsadels beseitigt; statt dessen entstand ein neuer Adel, der freilich nicht auf dem Standesamt eingetragen war, der **Amts- und Geldadel**; sein Geld verschaffte ihm Macht und die Macht wiederum Geld.

Freiheit? Ja, der sogenannte „Manchesterliberalismus" des laisser faire und laisser aller blühte, der dem Mißbrauch des Geldes, dem **Drohnenkapitalismus** keine Schranken setzte. Die Machthaber dachten nicht daran, nach dem II. Punischen Krieg, nach 201, die freigewordenen Kräfte dazu zu verwenden, um die dem Lande geschlagenen Wunden zu heilen, die zerstörten Bauernhöfe wieder aufzubauen, die Landwirtschaft zu heben, der Masse der Bevölkerung zu helfen, sondern nur möglichst schnell die Kriegsanleihen zurückzuzahlen und dann Raubtierkriege nach den reichen Ländern des Ostens zu unternehmen. Wer Geld hatte, hielt es für sein gutes „Recht", damit zu machen, was er wollte, wenn er nur kein geschriebenes Gesetz übertrat. **Man hatte gar kein Gefühl für das große soziale Unrecht**, daß man nach dem Kriege die Notlage der verarmten Bauern ausnutzte, um für einen Spottpreis ihre Äcker aufzukaufen, oder daß man ihnen Geld zu Wucherzinsen lieh und dadurch ihren Ruin herbeiführte; ferner daß man den selbständig bleibenden Bauern den Kampf ums Dasein äußerst erschwerte durch Masseneinfuhr billigen ausländischen Getreides und durch die Konkurrenz der Sklavenarbeit. **Das Geld bot die Mittel zu jeglicher Ausbeutung; die „Freiheit" wurde zum „Recht des Stärkeren".** Die Jagd nach Reichtum beherrschte das ganze private und öffentliche Leben:

Die äußere Politik und die zahlreichen Kriege, die man im 2. und 1. Jahrhundert führte, verfolgten den Hauptzweck, ein Land nach dem anderen der Habgier der herrschenden Geldleute auszuliefern;

die Verwaltung der außeritalischen Provinzen war eine fortwährende Ausplünderung und Aussaugung;

in Italien selbst war die Behandlung der „Bundesgenossen" unerhört, die immer mehr entrechtet wurden;

in der Hauptstadt Rom wuchs der Wohnungswucher und das Wohnungselend von Jahr zu Jahr.

Welch ein Unterschied war zwischen dem **alten Geburtsadel und dem neuen Geldadel**! Damals Einfachheit, Selbstlosigkeit und Sittenstrenge; jetzt Selbstsucht, Habgier, unersättliche Jagd nach Genuß, Mangel an Pflichtgefühl. Damals ein kriegerischer Herrenstand, der immer in den vordersten Reihen der Kämpfer war; der neue Adel gewöhnte sich daran, seine vielen blutigen Kriege mit Geld zu führen, mit bezahlten Söldnern, „vom Klubsessel aus". Damals Rasse- und Blutstolz, während der neue Adel Kulis aus allen Ländern der Welt nach Italien schleppte und dadurch die völkische Entartung herbeiführte.

Eine merkwürdige „**Gleichheit**" der Bürger! Was nutzte die rechtliche und politische Gleichheit, wenn die wirtschaftliche Ungleichheit wuchs, wenn die **Kluft** zwischen den „Wenigen" und den „Vielen" größer wurde als je zuvor? Wie gering war früher die wirtschaftliche Ungleichheit zwischen den Patriziern und Plebejern gewesen! Aber im 2. Jahrhundert v. Chr.? die mittleren und kleinen Vermögen verschwanden, der ganze Mittelstand; die Entwicklung führte zum **Großgrundbesitz, Großindustrie, Großhandel**,

Großbanken. Hier ein kleiner Klub von Bürgern mit Riesenvermögen; dort die wachsende Zahl der besitzlosen Proletarier, des vierten Standes. Auch ruhte der extreme Individualismus dieses Geldadels nicht, bis aller Gemeinbesitz (ager publicus) Italiens in Privatbesitz umgewandelt war, natürlich in Privatbesitz dieser reichen Familien.

Im 19. Jahrhundert ließen sich die Massen einreden, nur in der **Republik** könne es wahre Freiheit und Gleichheit geben. Aber tatsächlich kennt die Geschichte keine größere Ungleichheit, als wie sie in der römischen „demokratischen Republik" des 2. und 1. Jahrhunderts v. Chr. war.

Plutokratie und Scheindemokratie! Wie viel schlauer waren doch die Römer als die Griechen! Scheinbar war das Volk „souverän"; aber tatsächlich herrschte das Geld. Gewissenhaft hielt man an den äußeren demokratischen **Staatsformen** fest, wie sie sich bis in die zweite Hälfte des 3. Jahrhunderts entwickelt hatten; aber mit den Mitteln des Geldes setzte der neue Adel seinen Willen durch. Wie war das möglich? ganz einfach! Die Zahl der Proletarier, die weiter nichts besaßen als ihre Wahlstimme, wuchs zu Rom in die Hunderttausende; sie verkauften diese Stimme dem, der am meisten bot; Bestechung und Stimmenkauf waren bei den jährlichen Wahlen, trotz aller Verbote, an der Tagesordnung. Zahlreiche Proletarier traten in ein dauerndes Klientelverhältnis zu den reichen Lords und ließen sich von ihnen füttern. Durch großartige Spiele und Belustigungen, durch reiche Schenkungen suchte man die Masse bei guter Laune zu erhalten. Mitglieder des Geldadels, deren Verbrechen offenkundig waren, wurden infolge von Bestechung freigesprochen. Ein beliebtes Mittel war, mit Geld einen Volkstribunen zu gewinnen, der durch sein „Veto" gefährliche Abstimmungen verhinderte; auch wurde die Religion in den Dienst der Raubtierpolitik gestellt. **Die Lüge ward eine Großmacht**; die öffentliche Meinung verstand man künstlich zu lenken.

Aber es ist der Fluch und das Verhängnis der Plutokratie, **daß sie sich selbst das Grab gräbt**. Die römische Nobilität, die Geldoligarchie trieb **Raubbau** am römischen Staat; als wenn sie dem Grundsatz gehuldigt hätten „après nous le déluge", so verstopften sie selbst die Quellen des Reichtums. Die außeritalischen Provinzen wurden durch fortgesetzte Plünderungen immer ärmer. In Italien wurde die Landwirtschaft vernachlässigt, der Ackerbau durch Vieh- und Plantagenwirtschaft verdrängt; allmählich schien jede körperliche Arbeit eines freien Mannes unwürdig; der tüchtige Bauernstand schwand dahin. So wurde der schlimmste **Raubbau** getrieben: an dem völkischen Blut, an dem italischen Volkstum. Es war geradezu ein **Rassenselbstmord**; in größter Verblendung gab man alle die Kräfte preis, welche Rom groß gemacht hatten; man verließ die starken Grundlagen der Macht. Die Kriegstüchtigkeit nahm ab; die sittlich-religiösen Tugenden wurden verachtet; das Familienleben, die stärkste Säule des römisch-italischen Volkstums, entartete; das Gefühl der nationalen Zusammengehörigkeit schwand.

Viele Jahrzehnte hindurch merkte man die innere Fäulnis nicht, merkte nicht, daß es abwärts ging. Im Gegenteil! man glaubte, immer höher und höher zu steigen[1]). Denn die römische Hauptstadt wuchs, das römische Reich wuchs; der Handel nahm zu; immer größere Reichtümer strömten nach Rom; nach dem Siege bei Pydna (168 v. Chr.) brauchten keine Steuern mehr gezahlt werden; die Kunst hielt ihren Einzug. — Dann aber folgte **ein entsetzliches Erwachen**; die sozial=wirtschaftlichen Gegensätze führten zu endlosen Bürgerkriegen, zu einem hundertjährigen Rauben und Morden.

Geschichtliche Übersicht.

I.

133—91: **Die Gracchen und ihre Nachfolger.**
    133 Bodenreform des **Tib. Sempronius Gracchus.**
    123/2 Reformgesetze des **Gajus Sempronius Gracchus.**
    121—111 Reaktion, Herrschaft der Senatspartei.
    111—100: Aufschwung der Volkspartei:
        Der Volkstribun **Memmius**;
        Sechsmaliges Konsulat des **Marius.**
99—91 Neue Senatsherrschaft.
91 Anträge des **M. Livius Drusus.**

II.

    Gewaltsame Lösung der Gegensätze:
1. **Sulla und die Marianer:**
    91—88 Bundesgenossenkrieg;
    87—83 die Marianer Herren in Rom;
    82—79 **Sullas** Diktatur; Proskriptionen; Veteranenversorgung.
2. **Pompejus, Crassus, Cäsar:**
    73—71 Sklavenkrieg;
    70 Konsulat des Pompejus und des Crassus;
    67 Seeräuberkrieg;
    67—62 Außerordentliche Vollmachten des Pompejus gegen die Seeräuber und gegen Mithridates;
    60 Triumvirat des Pompejus, Crassus, Cäsar;
        Ende der Senatsherrschaft.
    59 Cäsar Konsul.
    49—45 Bürgerkrieg; **Cäsar Alleinherrscher.**
    44 Ermordung Cäsars.
3. **Oktavian (Augustus), Antonius, Lepidus:**
    43 Triumvirat des Oktavian, Antonius und Lepidus.
    43—31 Bürgerkriege.
    31 **Oktavian Alleinherrscher.**

Welche Verlogenheit grinst uns in der Geschichte der hundert=jährigen, überaus blutigen sozialen Gegensätze entgegen! Schuld an all den Greueln war der **krasse Egoismus der herrschenden Geld=leute.** Dabei brachten sie es fertig, moralische Entrüstung zu heucheln über das „gesetzwidrige Vorgehen" der edlen Gracchen und ihrer wackeren Nach=folger, die den Mut hatten, die ungesunden, unhaltbaren Zustände auf=zudecken; sie brachten es fertig, ihnen selbstsüchtige Zwecke, vor allem das

---

[1]) Genau so, wie in der nachbismarckschen Zeit, nach 1890.

Streben nach Alleinherrschaft vorzuwerfen. Der Drohnen-Kapitalismus der Nobilität hat all die folgenden Greuel heraufbeschworen; er drängte die Sozialreformer auf die Bahn der „Gesetzwidrigkeit" und entfesselte schließlich den Kampf aller gegen alle. **Wie maßvoll trat 133 Tiberius Sempronius Gracchus auf!** er trieb mit seinen Vorschlägen einer **Bodenreform** eine ausgesprochen konservative Mittelstandspolitik. Es begann eine ruhige Reformarbeit; aber die Nobilität war schuld, daß an ihre Stelle allmählich die Revolution und die Demagogie trat. Die wenigen Männer, die eine **wahrhaft soziale Gesinnung hatten,** wurden in den Tod getrieben: die beiden Gracchen, Memmius, Livius Drusus.

Welche Verlogenheit zeigte das Parteiwesen! Anfangs hatte die Nobilität vermöge des Geldes eine bessere Organisation. Es gelang ihr, einen Keil zwischen ihre Gegner zu treiben; sie weckte die niederen Instinkte des Pöbels, indem sie ihm klar machte, daß seine materiellen Vorteile verkleinert würden, wenn die Bundesgenossen das Bürgerrecht erhielten; sie stellten die Religion in den Dienst ihres Geldsackes; ja, sie maßten sich das Recht an, „zur Rettung des Vaterlandes" einem Parteigänger diktatorische Gewalt zu übertragen, um mit Waffen die Reformpartei niederzuwerfen. Und wie kläglich scheiterte der Versuch, die Senatsherrschaft durch eine „Bourgeoisherrschaft" zu ersetzen, indem man aus den nicht zur Nobilität gehörenden Besitzenden die Ritterpartei schuf! auch da fehlte die soziale Gesinnung. Allmählich wurden die Parteinamen selbst zur Phrase; Cicero, der jahrelang die Nobilität leidenschaftlich bekämpft hatte, führte eine Einigung der Senats- und Ritterpartei herbei. Einzelne machthungrige Männer, wie Pompejus, sehen wir bald auf dieser, bald auf jener Seite. Das Ende war dasselbe, was schon Plato im 4. Jahrhundert vorausgesagt hatte: auf die äußerste Freiheit folgte die äußerste Knechtschaft, die Tyrannis; Marius, Sulla, Pompejus, Cäsar, Augustus waren die Stufen zur **Militärdiktatur, zum Cäsarismus.**

Welche Verlogenheit und Selbsttäuschung! Scheinbar machten während der 100jährigen Revolution „Freiheit und Gleichheit" noch weitere Fortschritte: durch Marius trat 107 v. Chr. eine Gleichheit im Heere ein; im Jahre 90 wurde den italischen Bundesgenossen das Bürgerrecht verliehen; im Jahre 70 brachten Pompejus und Crassus demokratische Einrichtungen. **Vor allem aber war der Sieg Cäsars ein Sieg der Demokratie,** und das Kaisertum ruhte auf demokratischer Grundlage.

Plutokratie und Demokratie hatten ihre völlige Unfähigkeit erwiesen, das Vaterland zu retten! Vielmehr waren durch die endlosen Bürgerkriege, durch die Bundesgenossen-, Seeräuber- und Sklavenkriege Ströme von Blut geflossen und eine Zerrüttung ohnegleichen eingetreten. **Mommsen** nennt das Rom am Ende der Republik eine „Räuberhöhle" und schildert es „als ein London von heute mit der Sklavenbevölkerung von New Orleans, der Polizei von Konstantinopel, der Industrielosigkeit des heutigen Rom und bewegt von einer Politik nach dem Muster der Pariser von 1848".

War das Kaisertum imstande, den Verfall der Alten Kulturwelt aufzuhalten?

C.
Der Sieg des Orients.
(31 vor bis 476 nach Chr.)

Es soll nicht geleugnet werden, daß die Kaiserzeit große Segnungen gebracht hat. Die ganze Welt sehnte sich nach Ruhe, und Augustus wurde in überschwenglicher Weise als der „gottgesandte Friedefürst", „Heiland" und „Retter" der Welt gefeiert, mit dem eine neue Zeitrechnung beginnen müsse; die Dichter sangen begeistert von der Wiederkehr des „goldenen Zeitalters". Eine entsetzliche, mehr als hundertjährige Leidenszeit hatte der ganze Erdkreis durchgemacht; allenthalben herrschten Verarmung und Elend, Verkommenheit und Entvölkerung. Da atmete man auf, als endlich der Völkermord ein Ende nahm, als Friede und Sicherheit wiederkehrten. Ein starkes, wohlgeschultes, stehendes Heer hielt nach innen und außen die Ruhe aufrecht; die Willkür der Beamten hörte auf. Alle Werke des Friedens nahmen einen neuen Aufschwung: Landwirtschaft, Industrie und Gewerbe, Kunst und Wissenschaft. Ein ausgezeichnetes Netz von trefflichen Straßen erleichterte den Verkehr durch das weite Reich; feste Brücken führten über die Ströme; die Schiffahrt wurde gegen Seeräuberei geschützt. Großartige Grenzbefestigungen sicherten die Länder gegen feindliche Einfälle. Besonders begann für die bisher stets ausgebeuteten Provinzen eine Periode der Blüte.

Trotzdem müssen wir die fünfhundertjährige Römische Kaiserzeit als eine große Periode zunehmenden Verfalls bezeichnen; langsam ging das Reich an innerem Siechtum zugrunde, und alle Versuche einer Heilung mußten scheitern, weil sie sich auf Wahnideen, Selbsttäuschungen und Lügen aufbauten.

1.
Die Verfassung war eine Lüge.

Welch ein Widerspruch zwischen Schein und Wirklichkeit, zwischen Form und Wesen! Augustus trat als der Wiederhersteller der republikanischen Staatsordnung auf; nachdem er Friede und Ordnung gebracht hatte, gab er im Jahre 27 v. Chr. die außerordentliche Gewalt an Senat und Volk zurück, und die verfassungswidrigen Einrichtungen der Diktatur und des Triumvirats wurden auf immer beseitigt. Senat und Volk (senatus populusque Romanus) sollten in alter Weise die Träger der Staatsgewalt sein. Aber in Wirklichkeit entstand etwas ganz Neues: Augustus ließ sich dauernd das imperium, d. h. die unbeschränkte Verfügung über die Militärmacht zu Wasser und zu Lande übertragen, ferner die Verwaltung der wichtigsten Provinzen; als erster Vertreter des Volkes, als Beauftragter der Demokratie hatte er auf Lebenszeit die tribunizische Gewalt, die ihm die Unverletzlichkeit seiner Person verbürgte und das Einspruchsrecht gegen alle Beschlüsse verlieh. Scheinbar teilte er, als Demokrat, die Gewalt mit der Senats-Aristokratie; Mommsen hat dafür das Wort „Dyarchie" geprägt, d. h.

Zweiteilung der obersten Regierungsmacht, und wir müssen zugeben, daß Augustus dem Senat wieder ein hohes Ansehen verliehen hat. Doch bildete diese hohe Körperschaft nur eine Dekoration; die alten, aufrechten Senatorenfamilien waren während der Bürgerkriege zum größten Teil ausgerottet, und was noch vom echten Adel vorhanden war, wurde unter den Nachfolgern des Augustus vernichtet. Auf die Ernennung der Beamten hatte der Kaiser den größten Einfluß, und wenn auch nach wie vor die alten republikanischen Ämter beibehalten wurden, so verloren sie doch allmählich ihre Bedeutung neben den neuen kaiserlichen Beamten. War Augustus deshalb kein Diktator, weil er nicht so genannt sein wollte? waren die Imperatoren und Cäsaren deshalb keine Monarchen, weil sie nicht den monarchischen Königstitel trugen?

Zwar war das Kaisertum nicht erblich; aber Augustus hat alles darauf angelegt, es in seiner Familie zu erhalten. Und dieses Streben nach Erblichkeit kehrte immer wieder.

Eine „Republik" mit monarchischer Spitze! Eine Verkörperung des demokratischen Gedankens im Kaisertum! Hat sich das bewährt? Im Gegenteil! Gerade der demokratische Ursprung des Kaisertums trug den Keim all der unendlichen Wirren und entsetzlichen späteren Greuel in sich; denn es stützte sich auf zwei unzuverlässige Elemente, auf den Stadtpöbel und das Heer. Der Fürsorge für den Unterhalt und die Belustigungen des Stadtpöbels (panem et circenses) galt ein großer Teil der kaiserlichen Regierungstätigkeit. Und das Heer wurde immer mehr ein Söldnerheer; wie oft hat es nach Willkür Kaiser ernannt und wieder beseitigt!

Das Ende war ein Sieg Asiens. Als nach endlosen blutigen Wirren Diokletian das zerrüttete Reich wieder aufrichtete, ließ er die Maske fallen und gründete eine absolute Monarchie nach asiatischem Vorbild.

2.
Die sozialen Verhältnisse.

War Augustus wirklich ein „Wiederhersteller"? Wir hören, daß er sich große Mühe gegeben hat mit der Regeneration, d. h. der Erneuerung des römischen Volkes. Er ermunterte Geschichtschreiber und Dichter, die gute alte Zeit zu verherrlichen und den Römern der Gegenwart die trefflichen Bürgertugenden der Vergangenheit als Muster vor Augen zu halten. Die Geschichtschreiber Livius und Dionysus von Halikarnaß wetteiferten in dem Bestreben, die Heldentaten der Vorfahren zu erzählen; Vergil dichtete das Nationalepos, die Aeneis, und ließ schon in grauer Vorzeit durch Prophetenmund die einzigartige Entwicklung des römischen Volkes bis auf Augustus verheißen; Horaz dichtete die Römeroden und sang von der Unbeugsamkeit, Tapferkeit, Vaterlandsliebe, Unbestechlichkeit, Frömmigkeit und Sittenreinheit der Vorfahren. Augustus suchte der Ehe- und Kinderlosigkeit entgegenzutreten. Aber in welchem Kontrast stand dazu das ehebrecherische Treiben in der kaiserlichen Familie selbst!

Vor allem hätte eine wirkliche Erneuerung des Volkes mit dem Kampf gegen den Drohnenkapitalismus beginnen müssen, mit einer **Bodenreform in Stadt und Land**. Ist es da zu wirksamen Maßnahmen gekommen? oder müssen wir nicht vielmehr feststellen, daß die verhängnisvolle Entwicklung weiter ging, die um 200 v. Chr. begonnen hatte? Wir hören, daß das Latifundien-Unwesen zunahm; z. B. war zur Zeit des Kaisers Nero die halbe Provinz „Afrika" Eigentum von sechs Personen. Das Wohnungselend in den Großstädten, besonders in Rom, wuchs von Jahr zu Jahr und spottete jeder Beschreibung. Gerade durch die Bautätigkeit und die Verschönerungspolitik der Kaiser wurde die Wohnungsnot gesteigert.

Immer bedenklicher wurde die **Verstädterung** des weiten Reichs. Während Rom zu einer Riesenstadt von mehreren Millionen heranwuchs und in den Teilen des Weltreichs einige wenige Großstädte entstanden mit 2—7 Hunderttausenden Einwohnern (die aus dem Schutt neu aufgebauten Städte Karthago und Korinth, ferner Alexandria und Antiochia, Cäsarea und Laodicea, Smyrna und Ephesus, Lyon und Trier), nahmen auf dem platten Land die Entvölkerung und Verarmung zu. Es gab noch einen Zudrang in die Großstädte, als das Land schon verödet und um das Jahr 400 n. Chr. in dem fruchtbarsten Teil Italiens, Campanien, über eine halbe Million Morgen Ackerland mangels jeglicher Bebauung versumpft und verlassen war.

Leider lassen sich heute viele Geschichtschreiber durch den Glanz der großstädtischen Kultur, durch die herrlichen Bauten und Denkmäler, durch den blühenden Verkehr täuschen. Sie sehen nicht das entsetzliche Elend, das sich hinter dieser schimmernden Außenseite barg. Auch das **römische Recht**, das während der Kaiserzeit zum Abschluß kam, wurde zu einem Organ der Kapitalisten und vertrat ganz einseitig den Standpunkt der Besitzenden; der Boden und die Häuser wurden wie bewegliche Ware behandelt.

Überaus lehrreich ist **Pöhlmanns** Preisschrift „**Die Übervölkerung der antiken Großstädte**"; dort lesen wir von dem ungesunden Wachstum Roms. Vergiftend wirkte besonders die **Almosenwirtschaft**: „das Streben, vermehrte Armut mit vermehrtem Wohltun zu heilen, führt zum entgegengesetzten Ziel; weshalb die Armut gerade da, wo am meisten für sie getan wird, sich am rapidesten vermehrt." „Wo Hunderttausende in ihrem Bürgerrecht eine Versicherung gegen das Verhungern besaßen, mußte notwendig die Pflicht der Fürsorge und Voraussicht, der Gedanke an Selbsthilfe durch eigene Kraft dem Volksbewußtsein entfremdet, wenn nicht im Keime erstickt werden." Unheimlich war das Wachsen der gefährlichen Elemente in Rom: des Bettler- und Vagabundentums, des lungernden, arbeitscheuen Gesindels aller Art, der Prostitution, des Gauner- und Verbrechertums. Mit Recht bezeichnet es Pöhlmann (gegen Mommsen) als verhängnisvoll, daß das hauptstädtische Armenwesen nicht Gemeinde-, sondern **Staats**sache war; das weite Reich mußte die Kosten für das Drohnentum Roms tragen, ja sogar zu den hauptstädtischen Lustbarkeiten beisteuern.

Entsetzliche Einzelheiten lesen wir über den Baustellenwucher, die Ver-

engerung der Straßen, die Verkleinerung des Wohnraums, anderseits über
den Bauluxus der Reichen und über die Wirkungen der kaiserlichen Verschönerungspolitik. Trotz der engen Straßen wuchsen die Miethäuser immer
mehr in die Höhe, bis über sieben Stockwerke, viel höher, als in unseren
modernen Großstädten an den breitesten Straßen erlaubt ist. Die Mehrzahl
der Bevölkerung, auch der besseren Stände, war aufs äußerste zusammen-
gepfercht. Welche Gefahren erwuchsen daraus für die Gesittung und Lebens-
haltung, namentlich für das, was einst den Ruhm der Römer gebildet hatte,
für das Familienleben!

Wohl hören wir von zahlreichen vortrefflichen Einrichtungen: Straßen-
reinigung, Straßenpflasterung, Kanalisation; großartig war die Wasserver-
sorgung Roms; die Kaiser wetteiferten in der Anlage riesiger Bäder, deren
Überreste wir noch heute anstaunen; auch wurden für die ärmere Bevölkerung
bedeutende Kolonien angelegt. Aber alles das blieb doch dadurch sehr beein-
trächtigt, daß man sich nicht entschließen konnte, in die „Freiheit" der Privaten, der Besitzenden einzugreifen. Das „laisser faire" führte zu den größten
Übelständen.

3.
Internationale Kulturgemeinschaft.

Welch ein Wahn, die Vereinigung der ganzen alten Kulturwelt,
die Entstehung eines die „Menschheit" umfassenden Weltreichs, die „internationale Kulturgemeinschaft" als etwas Großes, als das höchste Glück
und das letzte Ziel aller Entwicklung hinzustellen! Damals und heute gibt
es Schwärmer, die sich für die „einheitliche Menschheitsorganisation" begeistern: ein Wahn! eine Selbsttäuschung!

Die schlauen Römer verstanden es, die stoische Lehre ihrer Politik
dienstbar zu machen.

Als mit Alexander dem Großen der Vereinigungsprozeß der Alten Kul-
turwelt begann, die Vermischung der Völker und die Verschmelzung von
Orient und Okzident: da verkündete um 300 v. Chr. der Gründer der stoischen
Schule, Zeno, seinen Idealstaat. Die Grundprinzipien waren ähnlich
wie bei Plato und Aristoteles; auch Zeno hält die Tugend für das höchste
Gut, setzt Tugend und Glückseligkeit gleich, betrachtet die Sittlichkeit als den
Endzweck sowohl für den Einzelnen als für den Staat. Aber verschieden
ist die Ausdehnung des Staates. Bei Zeno fallen alle Schranken; Stände,
Stämme, Nationen vereinigen sich sämtlich zu einem alle umfassenden
Weltstaat. Der Weltstaat ist das höchste Ziel; in ihm soll es keine Unterschiede mehr geben, sondern alle Brüder sein. So erhebt sich Zeno zu dem
kosmopolitischen Gedanken einer einigen Menschheit.

Die Stoiker preisen die soziale Gesinnung. Seneka sagt: „nun-
quam privatum esse sapientem", d. h. „der Weise darf sich niemals als
Privatmann betrachten." Bei Cicero lesen wir de finibus III § 64:

„Nach Ansicht der Stoiker wird die Welt von den Göttern regiert
und ist ein gemeinsamer Staat für Götter und Menschen. Ein jeder von
uns ist nur ein Teil der Welt, und daraus folgt naturgemäß, daß wir
das Gemeinwohl dem eigenen Interesse vorziehen. Denn wie die Gesetze
das Interesse aller dem der einzelnen vorziehen, so sorgt der tugendhafte
und weise Mann, der den Gesetzen gehorcht und seine Staatspflichten

kennt, mehr für den Vorteil aller als für den eines einzelnen und für seinen eigenen; wer um des eigenen Vorteils und des eigenen Wohls willen den gemeinsamen Vorteil und das Gesamtwohl im Stich läßt, ist ebenso zu tadeln wie ein Vaterlandsverräter. Deshalb muß man den preisen, der für den Staat in den Tod geht, weil das Vaterland uns teurer sein soll als wir selbst. Für unmenschlich und verbrecherisch wird der Ausspruch der Leute gehalten, welche sagen, es sei ihnen gleichgültig, wenn nach ihrem Tode die ganze Welt in Flammen aufginge; vielmehr müssen wir um unserer selbst willen auch an die denken, die nach uns leben..."

Die Stoiker rühmten sich, daß sie überall das **Naturgemäße** suchten, das zugleich **vernunftgemäß** sei; der Mensch müsse naturgemäß leben (ὁμολογουμένως φύσει ζῆν). Ihr **Staatsideal** war die Vereinigung aller Menschen zu **einer** großen Herde.

Mit naiver Anmaßung wandten nun die Römer ohne weiteres die hohen stoischen Worte auf **ihre** Gesetze und **ihren** Staat an; sie erklärten, ihr positives Recht sei das Natur- und Vernunftrecht, ihr Weltstaat sei der von den Stoikern gesuchte Idealstaat. — Auch daß im 3. Jahrhundert n. Chr. von einem der größten Schurken auf dem Kaiserthron, Karakalla, allen freien Untertanen des Reichs das gleiche Bürgerrecht verliehen wurde, wird heute noch als ein gewaltiger Fortschritt gepriesen. Der Jude Leo Bloch sagt am Schlusse seines Buches über „die ständischen und sozialen Kämpfe der römischen Republik":

„Die Summe der Kultur steht in der oft geschmähten Römischen Kaiserzeit viel höher, als sie im Zeitalter des Perikles, der italienischen Renaissance usw. gestanden hat. Und wer nichts anderes anerkennen will von dem, was jene Zeit hervorgebracht hat, wird doch zugestehen, daß in ihr der Gedanke der menschlichen Brüderlichkeit zuerst seinen Ausdruck gefunden hat in dem schließlich **den ganzen Erdkreis umspannenden Bürgerrechte.**"

Im Gegenteil! Die Kultur sank in demselben Maße, wie sie international wurde. Gerade der langsame Untergang der herrlichen Kulturwelt, der nicht durch äußere Feinde herbeigeführt wurde, sondern durch inneres Siechtum, sollte uns von dem Wahn der internationalen Kulturgemeinschaft gründlich heilen. Je mehr die echten, nordischen Griechen und Römer sich selbst, d. h. ihrem Volkstum untreu wurden und je mehr sie sich von dem mammonistischen und materialistischen Geiste des semitischen Orients, von der Unersättlichkeit (πλεονεξία) und von dem Weltreichsgedanken versuchen ließen, desto mehr ging es abwärts. Wie sah denn die vielgepriesene internationale Kulturgemeinschaft, die Weltkultur des Kaiserreichs aus? Der „Internationalismus" bestand in Wahrheit in einer **Orientalisierung, Semitisierung** aller alten Völker. Wir denken an die äußeren Staatsformen des Kaisertums, an die Lebensführung, die Weltanschauung, die Religion; an das Vordringen asiatischer Gottheiten. Charakteristisch für die internationale Weltkultur war ein raffiniertes Naschen an den überlieferten Kulturschätzen verschiedener Zeiten, Völker und Länder, kein neues kräftiges Schaffen; eine Kunst, die ihre Motive überall zusammenlieh; eine Literatur, die Jahrhunderte lang immer von neuem in den überkommenen Schriften herumwühlte; eine rührige Sammeltätigkeit; eine Überschätzung der äußeren vor den inneren Gütern, der Form vor dem Wesen; ein Genießen roherer und feinerer Art; Unglaube und Aberglaube, Verachtung der hergebrachten Moral, des ehrbaren Ehe- und Familienlebens; das Geld der wichtigste Wertmesser für die Menschen; zunehmende Verweichlichung und Entkräftung; Söldnerheere statt Volksheere; riesiges Wachstum der Großstädte, Verödung des Landes, entsetzlicher Geburtenrückgang.

Das Ende war die **Rückkehr zur Barbarei**; auch die Güter der Zivilisation gingen verloren. Wenn wir uns vorstellen, daß in **unserer Neuen Kulturwelt** nach einigen Jahrhunderten einzelne Denkmäler und Bauten als stumme Zeugen an eine frühere Kulturblüte erinnern; daß hier und da in verfallenen Museen Gemälde und Kunstwerke sind, für die niemand Verständnis und Interesse hat; in den Bibliotheken verstaubte Werke unserer Klassiker, die niemand liest; daß verrostete Schienen von den früheren Eisenbahnen zeugen; daß es noch einzelne elektrische Apparate gibt, mit denen niemand etwas anzufangen weiß; daß Dampf- und Wasserkräfte unbenutzt sind; daß Brücken, Schleusen, Häfen, Ent- und Bewässerungsanlagen, Talsperren verkommen; daß Industrie und Landwirtschaft, Handel und Verkehr darniederliegen; daß sich nur noch kümmerliche Reste der Verwaltung, Rechtsprechung, des Schulwesens behaupten: so ungefähr war damals die Rückkehr zur Barbarei. **Schuld** daran war der Sieg Asiens, die **Orientalisierung** und internationale Kulturgemeinschaft. Der Weltreichsgedanke wurde der Tod alles gesunden, kräftigen, schöpferischen Volkstums. **Nur die Juden** retteten ihr Volkstum und schlossen sich scharf gegen alles Fremde ab.

4.
Theokratie.

Demokratie und Plutokratie bereiteten der Asiatischen **Theokratie** den Weg für das ganze Römische Weltreich.

Augustus legte besonders großen Wert auf seine Stellung als pontifex maximus (Oberpriester), auf seine „göttliche Mission" als Wiederhersteller der Religion. In der Tat hat er eine eifrige Tätigkeit entfaltet, um die verfallenen Tempel wieder aufzurichten und neue zu bauen, um die alten Priesterschaften und alten Gottesdienste wieder einzuführen; gelehrte Männer waren ihm dabei behilflich. Aber wie viel **Selbsttäuschung und Lüge** war bei dieser Wiederherstellung der Religion! Unter dem **Schein** einer Erneuerung des **Alten** wurde etwas ganz **Neues** geschaffen, nämlich eine Hofreligion der kaiserlichen Familie. Ein willkürlich konstruierter Stammbaum machte den Augustus zu einem Sprößling von Venus und Mars, und daneben stand als besonderer Schutzpatron Apollo. So trat eine neue Götter-Dreiheit (Apollo, Mars, Venus) neben die alte kapitolinische Dreiheit (Jupiter, Juno, Minerva). Zwar versuchte man wiederholt das Eindringen orientalischer Gottheiten zu verhindern; aber das Schlimmste übernahm man doch aus dem Orient: **die Vergottung des Herrschers**, den Kaiserkult. Mag man anfangs auch in Rom und Italien mit der göttlichen Verehrung des Kaisers zurückhaltend gewesen sein, so betrat man doch dieselbe Bahn, wie Alexander der Große. Mit der Familie des Septimius Severus, besonders mit Elagabal und Karakalla (3. Jahrhundert n. Chr.) machte die Vergottung die größten Fortschritte. Allmählich wurde der Kaiserkult eine Art von Weltreligion, welche die verschiedenen Teile des Reiches einte, mit einer mächtigen Priesterschaft.

Das ganze römische Weltreich bildete **eine Kirche** zur Verehrung des kaiserlichen Gottmenschen. An der Spitze stand der Kaiser selbst als pontifex maximus, in den Provinzen ein Oberpriester, in den Städten ein Priester des Kaiserkultus. Die Überlieferung gestattet uns einen besonders klaren Einblick in die Verhältnisse Kleinasiens. Wir lesen in Mommsens Römischer Geschichte V, S. 321 ff., „daß den Oberpriestern der Provinzen und den ihnen unterstellten städtischen Priestern genau die Rolle zugewiesen war, welche unter den späteren christlichen römischen Kaisern die Metropolitan-Bischöfe (Erzbischöfe) und die städtischen Bischöfe einnahmen." „Wahrscheinlich hat hier **nicht** die heidnische Ordnung die christlichen Institutionen kopiert, sondern umgekehrt die siegende christliche Kirche ihr hierarchisches Rüstzeug dem feindlichen Arsenal entnommen. Alles dies galt für das **ganze Reich**; aber die sehr praktischen Konsequenzen der provinzialen Regulierung des Kaiserkultus, die religiöse Aufsichtsführung und die Verfolgung der Andersgläubigen, sind vorzugsweise in Kleinasien gezogen worden."

Demokratie und Plutokratie hatten ihre Rolle ausgespielt; sie waren nur Wegbereiter für **die römische Theokratie**. Der Kaiser nahm als Herr des Staates und der Kirche dieselbe Doppelstellung ein, wie später die Kalifen bzw. Sultane bei den Mohammedanern, die christlichen Papstkaiser des 13. Jahrhunderts und die Zaren in Rußland. Was sich dieser römischen Kaiser-Weltkirche ein- und unterordnete, blieb bestehen: z. B.: der Kultus des Mithras, des sol invictus, auch die Sekten der Neupythagoräer, Neuplatoniker, Neustoiker. Aber zwischen der kaiserlichen und der **christlichen** Weltreligion kam es zum Kampf.

IV.
Die Verfälschung der Religion Jesu Christi,
am Ende der Alten Kulturwelt[1]).

Die Religion Jesu Christi ist das Evangelium unserer Gotteskindschaft. Sie legt keinen Wert auf äußere Gebote und Formen, sondern allein auf unsere Gesinnung, auf **Wahrheit**; sie ist eine Kraft, die uns treibt, immer das Wahre und Rechte zu tun.

Weshalb wurde Jesus ans Kreuz geschlagen? Weil er die Lüge, die Heuchelei und den Schein bekämpfte, die Buchstaben- und Gesetzesreligion der Pharisäer und Schriftgelehrten, die Mechanisierung des Gebets, des Fastens und der Opfergaben; weil er den Juden ihre Selbstgerechtigkeit zerbrochen vor die Füße warf und ihre Messiashoffnungen ablehnte. Als ein Zeuge der **Wahrheit** wurde er hingerichtet.

Mit Recht hat man gesagt, die Reformation des 16. Jahrhunderts sei in der stillen Klosterzelle zu Erfurt geboren. Die inneren Erfahrungen, die Luther hier machte, und die religiösen Erkenntnisse, die ihm seit dem Auftreten im Jahre 1517 zuflossen, schienen ihn emporzuheben über alle irdischen Dinge. **Aber** bald machten sich mit Naturnotwendigkeit die geschichtlichen Kräfte geltend; ganz verschiedenartig waren die Wirkungen seines Auftretens auf die kirchlichen und sozialen, politischen und nationalen, wissenschaftlichen und wirtschaftlichen Gegensätze seiner Zeit. Was Luther gesagt und getan hatte, das wurde in den Strudel der Weltbegebenheiten hineingerissen und mußte sich damit auseinandersetzen.

Wenn das für Luther gilt, der weiter nichts wollte als die Religion Jesu in ihrer Reinheit und Wahrheit wiederherstellen, in wie viel höherem Maße für das Auftreten **Jesu Christi** selber! Seine Religion war nicht beschwert mit irgendwelchem überlieferten Ballast; sie beschäftigte sich nicht mit wissenschaftlichen und sozialen, politischen und wirtschaftlichen Problemen der Gegenwart. Sie war nichts als reine Religion, die einfachste und zugleich höchste Religion, die uns Gott als unseren **Vater**, als einen Gott des Lichts, der Liebe und der **Wahrheit** offenbart. Und weil diese Religion sich beschränkt auf die innere Gesinnung und auf die Kraft, die uns das Bewußtsein der Gottesgemeinschaft gibt, deshalb besitzt sie eine Allgemeingültigkeit und eine große **Anpassungsfähigkeit**[2]). Jesus ist kein Umstürzler: „Ich bin nicht gekommen auf-

---

[1]) Vgl. meine „Angewandte Kirchengeschichte", 3. Auflage, S. 82 ff.

[2]) Es gibt nicht nur einen unheilvollen, sondern auch einen berechtigten und notwendigen Synkretismus, der darin besteht, daß die Religion Jesu lebendig bleibt und sich den wechselnden und verschiedenen Aufgaben, Zuständen und Anschauungen der Zeiten, Länder und Völker anpaßt, sie mit seinem Geiste der Liebe, Zucht und Kraft erfüllt.

zulösen, sondern zu erfüllen." Alles, was wahr und echt ist, alles was vom Geiste der Liebe getrieben wird, alles was Gottes Vaterauge nicht zu scheuen braucht, kann sich mit dem Christentum verbinden und erhält von ihm große Kraft. Es verlangt von keinem Volk, daß es seine nationale Eigenart aufgebe; es schreibt uns keine bestimmte Staatsform, keine bestimmten sozialen Einrichtungen vor; es gibt den Wissenschaften und Künsten keine Gesetze, läßt den technischen und naturwissenschaftlichen Erfindungen ihren Lauf; es entscheidet sich weder für Freihandel noch für Schutzzoll, ergreift nicht einseitig für Landwirtschaft oder Industrie oder Handel Partei; es beengt in keiner Weise unsere Freiheit. Nur eins fordert die Religion Jesu von uns: Liebe, Vertrauen zu Gott, an den wir uns gebunden fühlen, und Wahrheit.

Zwei Irrtümer:

1. Jesus steht nicht am Ende, sondern am Anfang einer großen Entwicklung. Mit dem Christentum ist nichts Fertiges, nichts Abgeschlossenes in die Welt gekommen. Im Gegenteil! es will der stärkste Ansporn zu großen Kulturfortschritten sein. Jesus scheint uns zuzurufen: „Die Welt steht niemals still; alles Irdische ist in unaufhörlichem Fluß. Erfüllt euch mit dem Geist der Liebe, der Zucht und der Kraft! gestaltet die ewig wechselnden Aufgaben, welche Staat und Kirche, Volk und Gesellschaft, Volkswirtschaft und Gesetzgebung, Wissenschaft und Schule euch stellen! durchdringt die ganze Welt immer mehr mit der Gesinnung, die ich euch gezeigt habe."

2. Es wird behauptet, Jesus sei ein Kommunist gewesen; man beruft sich auf die Apostelgeschichte und spricht von einem „Kommunismus der Urgemeinde". Demgegenüber müssen wir feststellen, daß weder Jesus noch die Apostel sich in die Rechts- und Wirtschaftsordnung eingemischt oder sie angetastet haben. Wir hören nur, daß bei den ersten Christen der Geist der Liebe und die Erwartung der baldigen Wiederkunft des Messias so stark wirkten, daß der irdische Besitz für sie keinen Wert hatte und daß sie ihn freiwillig an die Bedürftigen verschenkten. Von einer grundsätzlichen Aufhebung des Privateigentums und von einer grundsätzlichen Gütergemeinschaft ist nirgends die Rede, sondern nur von einer großzügigen sozialen Liebestätigkeit.

Es ist sehr bezeichnend, daß unsere heutigen Sozialisten und Kommunisten sich gern auf Jesus berufen und ihn für ihre Wahnideen in Anspruch nehmen, dabei aber ihren von den Juden geschürten Haß gegen das Christentum nicht verleugnen können. Ich denke an die empörende Geschichtsfälschung des jüdischen Sozialdemokraten Kautsky:

In seiner „Geschichte des Sozialismus" I, 1 S. 22 heißt es:

„Eine große Rolle spielen in dem kommenden christlichen Reich (im christlichen Zukunftsstaat, im 1000jährigen Reich) der Wein und die Liebe. Irenäus lehrte: ‚Es wird die Zeit kommen, da die Weinstöcke wachsen, jeder mit 10 000 Reben, jede Rebe mit 10 000 Zweigen, jeder große Zweig mit 10 000 kleinen Zweigen, jeder kleine Zweig mit 10 000 Trauben, jede Traube mit 10 000 Beeren, und jede Beere mit Saft für 20 Maß Wein.' Hoffentlich wächst der Durst in dem 1000jährigen Reich in demselben Verhältnis. Irenäus stellte aber auch zartere Freuden in Aussicht: ‚Die jungen Mädchen werden sich da in Gesellschaft der Jünglinge ergötzen; die Greise werden dieselben Vorrechte genießen, und ihr Kummer wird sich in Vergnügen auflösen.' Namentlich die letztere Aussicht muß für die jüngeren und älteren Greise der römischen fin de siècle=Gesellschaft sehr verlockend gewesen sein."

Abgesehen davon, daß irgendwelche Worte eines Kirchenschriftstellers für die Religion Jesu nichts beweisen: wie steht es denn mit der wissenschaftlichen Entdeckung Kautskys, daß Irenäus ein Zeitalter der freien Liebe angekündigt habe, in welchem die Greise „dieselben Vorrechte" genießen wie die Jungen? Jene Äußerung stammt gar nicht von Irenäus; auch hat sie nicht entfernt den Sinn, den Kautsky in seiner Unwissenheit und Lüsternheit hineinlegt. Irenäus gibt ausdrücklich selbst an, daß jene Prophezeiung von dem alttestamentlichen Jeremias stamme und den Juden in der Zeit der babylonischen Gefangenschaft zuteil wurde. Die Worten lauten: „Die Jungfrau wird sich am Tanze erfreuen; jung und alt nehmen teil daran. Ich wandle ihr Leid in Lust. Ich tröste sie und schenke ihnen Freude nach der Trauer [1]."

Man hat die **historische Persönlichkeit Jesu** leugnen wollen[2]. Abgesehen davon, daß sie so gut bezeugt ist, wie irgend etwas in der Geschichte: wie könnten wir uns wohl die gewaltigen Wirkungen erklären, wenn Jesus nicht gelebt hätte! Die ganze große alte Kulturwelt wurde ja gezwungen, sich mit ihm auseinanderzusetzen:

> Die verschiedenen Religionen und Kirchen,
> die Wissenschaften und Philosophenschulen,
> Staat und Gesellschaft.

Kennzeichen des ausgehenden Altertums sind theokratischer Universalismus und Völker=, Kultur=, Religionsmischung; das Christentum wurde in den Strudel der geschichtlichen Entwicklung hineingerissen und dabei **verfälscht**. Diese historischen Vorgänge müssen wir zu verstehen suchen. Es handelt sich um Durchgangsstufen, die vielleicht unvermeidlich waren, und es liegt mir fern, den Männern jener Zeit wegen ihrer Verirrungen Vorwürfe zu machen. Aber wenn uns heute zugemutet wird, für die Religion Christi zu halten, was wir als eine durch die geschichtlichen Verhältnisse herbeigeführte Verfälschung erkannt haben, so müssen wir das ablehnen.

---

[1] Natürlich kann Kautsky es auch nicht unterlassen, wo er von der Enthaltsamkeit und Askese der ersten Christen spricht, die hämische Bemerkung zu machen (S. 27): „Es hat aber auch christliche Sekten gegeben, z. B. die Adamiten, welche die lebenslustigere Form der Aufhebung von Familie und Ehe lehrten und praktizierten." Kautsky hätte sich leicht unterrichten können, daß es sich hier um Fabeleien handelt. Der heidnische Fanatismus bezichtigte die von ihm angefeindeten ersten christlichen Gemeinden der Weibergemeinschaft, des rituellen Kindermordes und der Abhaltung nächtlicher, mit geschlechtlichen Ausschweifungen verbundener Orgien. Ähnliche falsche Anklagen wurden später gegen die Ketzer erhoben, gegen die Waldenser, die Hussiten, die Protestanten.

[2] In seinem Buch „Mensch und Gott" spricht Chamberlain S. 75 ff. von den zahlreichen hierher gehörigen Narreteien des 19. Jahrhunderts und fährt fort: „Derartiger Unsinn findet aber den wirksamen Beistand unserer jüdischen Weltpresse, die mit sicherem Instinkt alles aufgreift, was ihr geeignet erscheint, dem verhaßten Christentum zu schaden; infolgedessen erfährt der Laie von den wahren Ergebnissen der Wissenschaft so gut wie nichts."

A.
Christentum und Judentum.

Jesus hat weder das jüdische Volkstum noch die jüdische Religion als solche bekämpft, sondern nur die **Lüge und Heuchelei, den Schein und Hochmut** seiner Volksgenossen. Es waren Juden, aus denen seine Gefolgschaft bestand; es waren Juden, die sich nach Jesu Kreuzestod zu einer Gemeinschaft zusammenschlossen und die baldige Wiederkehr ihres „Messias" erwarteten; es war die jüdische Diaspora, d. h. die in der Welt zerstreut wohnenden Juden, bei denen sich das Christentum zunächst ausbreitete.

Weil das jüdische Volkstum in der falschen Richtung verharrte, die Jesus so heftig bekämpfte, stimme ich den Worten Chamberlains bei: „Was hat das für einen Sinn, wenn man von Jesus als von einem getreuen, gläubigen Juden redet, von ihm, der in allem und jedem **das genaue Gegenteil** lehrt, dem die Herzensgesinnung alles ist, der Gott nicht als Gesetzgeber fürchtet, sondern als Vater liebt, der das Gottesreich nicht als künftige Allherrschaft des jüdischen Volkes auf Erden erwartet, vielmehr es drinnen im Herzen guter Menschen findet?"

Bekanntlich hat der Apostel Paulus das Evangelium auch den **Nichtjuden** verkündet. Seitdem unterschied man „Judenchristen" und „Heidenchristen". Vielen galt Jesus als ein Prophet und Erneuerer des Judentums, anderen als der Stifter einer neuen Religion. Allmählich wurde die Kluft zwischen Juden und Christen immer größer. Die geschichtliche Entwicklung führte dahin, daß das Christentum bei den Juden und Semiten nicht nur Ablehnung, sondern erbitterten Haß erfuhr; und daß es vorwiegend die **Religion der Völker nordischer Rasse** wurde.

Harnack[1]) schreibt in „Mission und Ausbreitung des Christentums in den ersten drei Jahrhunderten", S. 50 ff.: „Die Feindschaft der Juden zeigt jedes Blatt der Apostelgeschichte vom 12. Kapitel an ... Die Juden versuchten die palästinensische Gemeinde auszurotten und die christlichen Missionare zum Schweigen zu bringen. Sie haben das Werk des Paulus unter den Heiden auf Schritt und Tritt zu hemmen gesucht. Sie haben die Christgläubigen und Christus in ihren Synagogen verflucht; sie haben die Massen und die Obrigkeit in allen Ländern aufgehetzt; sie haben die furchtbaren Vorwürfe gegen die Christen systematisch und offiziell in die Welt gesetzt und die Verleumdungen über Jesum aufgebracht; sie haben den heidnischen Christenfeinden das Material geliefert; sie haben — wenn nicht alles täuscht — die Neronische Christenverfolgung inspiriert und fast überall bei den späteren blutigen Verfolgungen im Hintergrunde oder im Vordergrunde in Aktion gestanden; sie haben das Heidenchristentum instinktiv als ihren eigentlichen Feind empfunden. Sie beschleunigten dadurch den Prozeß, der die volle Befreiung der neuen Religion von der alten bedeutete ..."[2])

---

[1]) Bei Harnack finden sich die näheren Quellenangaben.
[2]) Schon um das Jahr 100 ist die Verfluchung der Christen in das Gebet der Juden aufgenommen: „Und die Nazaräer und die Ketzer sollen plötzlich umkommen;
    Sie sollen ausgelöscht werden aus dem Buch des Lebens,
    Und nicht mit den Gerechten eingeschrieben werden."

S. 56: „Kaum gibt es eine Tatsache, die des Nachdenkens so würdig ist, wie die, daß die **Religion Jesu auf jüdischem und auch auf semitischem Boden keine Wurzeln fassen können.** Es muß doch etwas in dieser Religion gelegen haben und liegen, was dem freien **griechischen** Geist verwandt ist. In gewisser Weise ist ja das Christentum bis auf den heutigen Tag **griechisch** geblieben."

Es muß festgestellt werden, daß diese Feindschaft von der jüdischen Seite ausging und erst dann von den Christen erwidert wurde. Trotzdem hielten die Christen am Alten Testament fest; es war ihnen, wie den Juden, das geoffenbarte Gotteswort; sie nahmen es für ihre christliche Religion in Anspruch. Wie war das möglich?

Die Stellung zum Alten Testament[1]).

Die Frage hat für unsere Gegenwart so große Bedeutung, daß wir darauf eingehen müssen. Es gilt, die damalige geschichtliche Entwicklung zu verstehen, damit wir heute darüber hinauswachsen können. Dazu ist vor allem erforderlich, die seit Jahrhunderten beliebte **allegorische Auslegung** zu kennen, die uns als eine große Verirrung bzw. Lüge erscheint.

1.

Selbst die hochgebildeten alten **Griechen** haben es nicht vermocht, ihre „klassischen" Schriften als wertvolle Urkunden der Vergangenheit, als frühere Stufen der Entwicklung zu würdigen, **ohne sich selbst an den Inhalt gebunden zu fühlen.** Für sie waren **Homers** Ilias und Odyssee eine Art Bibel. Als nun die bedeutendsten Dichter und Denker des 5. und 4. Jahrhunderts v. Chr., besonders in Athen, sich zu immer neueren und höheren Gottesanschauungen erhoben, da mußten sie sich mit den Erzählungen Homers über die Götter auseinandersetzen. Männer wie Plato lehnten sie direkt als anstößig und unwürdig ab. **Anders die Anhänger der Stoischen Philosophie**[2]). Mit ihnen begann eine sonderbare „Wissenschaft", nämlich die zwar gutgemeinte, aber unheilvolle **Umdeutung** alles Anstößigen; vermittelst der **allegorischen Auslegung** paßten sie das alte Schrifttum den Anschauungen der Gegenwart an, indem sie dem Wortlaut einen Sinn abzugewinnen suchten, der ihrem eigenen Denken, Fühlen und Empfinden entsprach.

Diese allegorische Auslegung ist eine der schlimmsten **Verirrungen** geworden, die bis zum heutigen Tage verderblich fortwirkt. Die Stoiker glaubten bei den Dichtungen Homers nachweisen zu können, daß sich hinter ihrem Wortlaute der tiefste philosophische Sinn, die höchsten naturwissenschaftlichen Erkenntnisse und die erhabensten sittlichen Lehren bergen. Sie gaben zu, daß, was Homer und andere Dichter von den Göttern erzählten, dem Wortlaut nach höchst anstößig sei; aber sie trugen durch die allegorische Auslegung ihre eigenen Theorien über die Entstehung der Götter, über den Ursprung der Welt und die Natur der menschlichen Seele hinein. So konnten die homerischen Gedichte zu Urkunden von unerschöpflichem Reichtum an philosophischen, ethischen und naturwissenschaftlichen Erkenntnissen gestempelt werden. Dabei betrieben die stoischen Philosophen mit großem Eifer die „Wissenschaft" der Etymologie, d. h. der Wort- und Namenerklärung; sie

---

[1]) Vgl. die früheren Ausführungen über das Alte Testament S. 24 ff.
[2]) Ihr Gründer **Zeno** (um 300 v. Chr.) war ein „Grieche" semitischer Abstammung.

„bewiesen", was die Götternamen bedeuteten: ‚Zeus' das Leben und den glühenden Äther, ‚Hera' die Luft, ‚Poseidon' das feuchte Element, ‚Athene' die Erde. Die anstößigen Götterkämpfe, so erklärten sie, bedeuteten weiter nichts als das Wüten der Elemente.

Diese „Wissenschaft" ermöglichte es den Stoikern, den ganzen Ballast niedriger Religions-Vorstellungen und -Anschauungen mitzuschleppen; sie leistete dem Synkretismus (der Religionsmischung) Vorschub.

2.

Wie die Stoiker mit Homer, so verfuhren in den letzten Jahrhunderten v. Chr. die hellenisierten Juden, namentlich in Alexandria, mit dem Alten Testament. Wie heute die unter uns wohnenden Juden Deutsche sein wollen, so glaubten damals zahlreiche Juden, Griechentum und Judentum miteinander vereinen zu können; aber damals wie heute blieben die Juden Juden. Wohl nahmen sie die griechische Bildung an und drangen tief ein in die griechischen Wissenschaften, in die ganze hohe griechische Gedankenwelt; aber dann „bewiesen" sie durch die allegorische Auslegung, daß alles schon im Alten Testament enthalten sei. Ja, bereits um 150 v. Chr. wagte Aristobulos die Behauptung, daß die gesamte griechische Philosophie aus dem Alten Testament stamme. Dasselbe erklärte der bedeutendste unter den hellenistischen Juden, Philo, der zugleich ein begeisterter Jude und ein feingebildeter Grieche war; weil nach seiner Überzeugung die griechische Wissenschaft und Philosophie ein Ausfluß der alttestamentlichen Offenbarung sei, deshalb suchte er die Übereinstimmung beider zu beweisen. Das Mittel war die allegorische Auslegung. Philo unterschied einen Wortsinn und einen allegorischen Sinn; letzterer sei in den ersteren eingekleidet, wie die Seele in den Leib; der Wortsinn habe keine Geltung, wenn er etwas Gottes Unwürdiges sage[1]).

3.

Wie stellten sich nun die Christen zum Alten Testament? Wir sagten schon, daß sie trotz ihrer Feindschaft mit den Juden das ganze Alte Testament als göttliche, die Christen verpflichtende Offenbarung ansahen. Alles was dem Wortsinn nach zu ihren Vorstellungen nicht paßte,

---

[1]) Auf welche Irrwege führte diese „Wissenschaft"! für welche Torheiten wurden die hohen Geisteskräfte angespannt! Ein paar Beispiele mögen angeführt werden! In dem Aristeasbrief (1. Jahrhundert v. Chr) heißt es: Das Fleisch der Raubvögel sei deshalb unrein, weil Gewalt und Unrecht die Seele verunreinige; dagegen sei das Fleisch der Wiederkäuer und der Tiere mit gespaltenen Klauen gestattet. Denn das Fleisch der Wiederkäuer bezeichne die Pflicht, sich oft an Gott zu erinnern, und die gespaltenen Klauen deuten auf die Unterscheidung zwischen Recht und Unrecht, zwischen jüdischer Sitte und der unreinen Sitte heidnischer Völker. Philo behauptet, die biblischen Personen stellten bestimmte Gesinnungen und Entwicklungsstufen des Geistes dar: Noah sei das Urbild des Gerechten; die drei Patriarchen bedeuten die drei Wege zur Vollkommenheit, Abraham die Lehre, Isaak die natürliche Anlage, Jakob die Askese. Abrahams Auswanderung aus dem Lande Ur in das Heilige Land und der Auszug der Israeliten aus Ägypten sei die Flucht aus der Sinnlichkeit in das Bereich Gottes. Den Tieren und Pflanzen, den Zahlen und Dingen wird symbolische Bedeutung beigelegt. Die Behauptungen werden durch unglaubliche Wort- und Namenerklärungen gestützt. (Nach Realenzyklopädie ...)

wurde mit Hilfe der allegorischen Auslegung umgedeutet. Beispiele dafür finden sich schon beim Apostel Paulus. Besonders lehrreich ist aber der Barnabasbrief, „eine Abhandlung über das richtige, von den durch Satan betörten Juden völlig verfehlte Verständnis des Alten Testaments. Es wird erschlossen durch allegorische Deutung auf Christus und seine Kirche. Im Lichte dieser Auffassung wird alles tiefsinnig und wertvoll, was im Buchstabensinn anstößig oder bedeutungslos ist. So beziehen sich die beiden Böcke des Versöhnungsfestes (3. Mos. 16) auf den leidenden und wiederkommenden Christus. Abraham hat 318 Knechte (1. Mos. 14,14), weil die Zahl 318, mit den Ziffernwerten griechischer Buchstaben ausgedrückt (TIH), das Kreuz (T) Jesu (IH sind die Anfangsbuchstaben des Namens Jesu) bezeichnet; daß diese Deutung nur auf dem griechischen Übersetzungstext der Septuaginta aufzubauen ist, kümmert den Theologen des Barnabasbriefes nicht. Wenn Moses gebietet: ‚Du sollst nicht den Adler, Habicht, Geier, Raben essen‘, so ist das geistlich dahin zu verstehen: ‚du sollst nicht anhangen oder ähnlich werden solchen Leuten, die sich nicht durch Arbeit und Schweiß ihren Unterhalt zu erwerben verstehen, sondern in ihrer Gesetzlosigkeit fremdes Gut rauben und mit der Miene der Harmlosigkeit umschauen, wen sie in ihrer Habsucht ausziehen könnten, wie auch gerade diese Vögel nicht selbst ihre Nahrung beschaffen, sondern faul dasitzen und suchen, wie sie fremdes Fleisch verzehren können.‘ Im Anschluß an ausgedehnte Belehrungen dieser Art werden die Gebote des wahren Gottesvolkes zusammengestellt [1]).

Wer diese allegorische Umdeutung, die uns heute als große Verirrung und Selbsttäuschung erscheint, nicht mitmachte, sondern das Alte Testament ganz oder teilweise ablehnte, der wurde als Ketzer aus der kirchlichen Gemeinschaft ausgeschlossen. Wir lesen bei v. Soden II, S. 35 f.:

„Der älteste und wohl unbestritten bedeutendste Häretiker (Ketzer) im strengen Sinne bewußten Widerstands gegen den werdenden Katholizismus war Marcion, der kurz vor 150 mit der kirchlichen Tradition brach ... Er fühlte sich zum Reformator der trügerisch judaisierten Kirche berufen und stellte ein Neues Testament zusammen, bestehend aus den echten Paulusbriefen und dem Evangelium des Paulusjüngers Lukas, beides in einem von den judaistischen Entstellungen gereinigten Texte ... Mit diesem Neuen Testament, das Marcion vielleicht als erster gebildet und so genannt haben mag, habe das Alte Testament nichts zu tun, das sich vielmehr als sein Gegenteil erweise ... Das Alte Testament, das man nicht durch Allegorisieren weiß brennen darf, sondern wie das Neue wörtlich zu nehmen hat, beweist vielmehr den Geist des Schöpfers, der vom Vater Jesu Christi als der unvollkommene und für die Juden voreingenommene Demiurg zu unterscheiden ist. Uns aus seiner Tyrannei befreit zu haben, ist das Werk Christi, der mit dem jüdischen Messias nichts zu tun habe ... Auf dieser Grundlage bildete Marcion, der von den Seinen für einen zweiten Paulus gehalten wurde und nach ihrem Glauben mit diesem im Himmel an Christi Seite saß, eigene Gemeinden durch das ganze Reich hin und stiftete so eine zentralistisch organisierte Weltkirche, deren Anhänger erst ausgerottet wurden, nachdem das katholische Christentum als Reichskirche zur Alleinherrschaft gelangt war ... Bestimmend ist bei Marcion eine Art religiöser Antisemitismus ...

---

[1]) Nach v. Soden I, S. 88 f. Der Barnabasbrief stammt aus dem Jahre 130 n. Chr.

Wie bei Marcion, bilden auch bei den Gnostikern die offenbaren Widersprüche zwischen dem Evangelium Christi und dem Alten Testament den Hebel, mit dem sie die ganze Last seiner geschichtlichen Verbindung mit dem Christentum abstemmen."

Auch von den Männern, welche die katholische Kirche als ihre bedeutendsten Kirchenväter verehrt, Ambrosius und Augustinus, hören wir, daß sie an vielen Stellen des Alten Testaments großen Anstoß nahmen; daß aber die allegorisch-alexandrinische Auslegung, die jederzeit eine der jeweiligen theologischen Gesamtanschauung entsprechende Deutung der Bibel gestattete, ihre Bedenken beseitigt habe.

So drang denn in der christlichen Kirche die Ansicht durch, daß das Alte Testament als göttliche Offenbarung für die Christen bindend und verpflichtend sei. Weil aber gleichzeitig die Spannung zwischen den Juden und Christen wuchs, gelangte man zu den wunderlichsten Wahnvorstellungen; man behauptete

einerseits, daß das Alte Testament die Juden überhaupt gar nichts angehe;

anderseits, daß die christliche Religion uranfänglich sei und vom Anbeginn der Welt an bestanden habe.

Harnack gibt in seiner „Mission und Ausbreitung des Christentums" I, S. 57 ff., den Standpunkt jener altchristlichen Theologen mit folgenden Worten wieder: „Wenn die geistige (allegorische) Deutung des Alten Testaments die richtige ist und die buchstäbliche die falsche, so ist jene von Anfang an die richtige gewesen. Nun aber hat das jüdische Volk von Anfang an und stets die buchstäbliche Deutung befolgt — es hat sich beschneiden lassen, es hat blutige Opfer gebracht, es hat die Speisegesetze beobachtet —, also ist es stets im Irrtum gewesen und hat durch solchen Irrtum bewiesen, daß es niemals das erwählte Volk war. Das erwählte Volk war stets das christliche; es war gleichsam latent immer vorhanden, wenn es auch erst mit Christus in die Erscheinung getreten ist ... Das Alte Testament, dieses ganze Buch, geht die Juden überhaupt nichts an. Widerrechtlich und frech haben sie es an sich gerissen ... Das Buch gehört von Anfang an, jetzt und immerdar den Christen allein; die Juden aber sind das schlimmste, gottloseste und gottverlassenste Volk unter allen Völkern, das eigentliche Teufelsvolk, die Synagoge des Satans ... Die Patriarchen, Propheten und Gottesmänner, die der Mitteilung von Gottes Worten gewürdigt sind, haben mit dem Volk der Juden innerlich nichts gemein." S. 238: „Mit Hilfe des Alten Testaments datierten die christlichen Lehrer ihre Religion bis zum Anfang der Dinge hinauf und verbanden sie mit der Schöpfung ... Das Alte Testament ist ihnen die vollständige Offenbarung, die irgend welcher Zusätze nicht bedarf und nachträgliche Änderungen ausschließt. So stellte man denn auch aus dem Alten Testament das ganze Evangelium zusammen."

Welch bedenkliche Folgen hatte diese Verirrung! Zwar besaß man seit dem 2. Jahrhundert auch ein Neues Testament; trotzdem erlangte das Alte Testament immer höhere Bedeutung. Zwar bekämpfte man leidenschaftlich das Judentum; aber weil man das Alte Testament als eine göttliche Offenbarung der christlichen Religion ansah, drang durch die Hintertür das Judentum in die christliche Kirche, und sie wurde **judaisiert**. Victor vincitur, d. h. „Der Sieger unterlag dem Besiegten"; alles was Christus heftig bekämpft hatte, kehrte wieder. Wohl schalt man auf die Juden; aber bei den christlichen Einrichtungen in Verfassung und Kultus, bei dem Priester-, Opfer- und Sakramentsbegriff berief man sich auf das Alte Testament; die Kirche wurde wieder eine **Gesetzes- und Kultuskirche**, in welcher **Klerus und Laien** scharf geschieden waren[1]. Der äußere Gottesdienst überwucherte die Religion der Innerlichkeit, und die Mechanisierung unseres Verhältnisses zu Gott nahm überhand. So gelangte man zu einem Synkretismus, wodurch der ganze Ballast der jüdischen Überlieferung mitgeschleppt wurde.

B.
Christentum und Griechentum.

1.

Von den Juden ausgestoßen, fand das Christentum Aufnahme bei den Griechen. Man kann die christliche Kirche der ersten vier Jahrhunderte griechisch nennen; griechisch war die Sprache und Denkweise; griechisch war sogar in Rom bis ins 4. Jahrhundert die christliche Kirche.

Ihre Einfachheit und Innerlichkeit verleihen der Religion Jesu die Fähigkeit, sich allem Gesunden und Natürlichen anzupassen; weil sie nur Wert auf die innere Gesinnung legt und auf das Vertrauen zu Gott, dessen Vaterliebe uns schützt und Kraft gibt, deshalb verträgt sie sich mit allem, was wahr und echt ist. Wo aber hat es eifrigere Wahrheitssucher gegeben, als unter den echten, alten Griechen? Schon früh erkannte man die enge **Verwandtschaft zwischen Christentum und Griechentum**. Vor allem waren es **Sokrates und Plato**, die man verehrte, ja geradezu als Christen bezeichnete. Ihre Begriffsbildung und Ideenlehre, ihre Ansichten über die wahren Tugenden sind zu einem Bestandteil der christlichen Kirche geworden.

Aber sofort zeigte sich die Gefahr der Verfälschung; die Religion drohte eine **Philosophie** zu werden, bei der es in erster Linie auf das Wissen und Erkennen ankommt. Man begann einen Unterschied zu machen zwischen den Gebildeten und Ungebildeten, zwischen den „Wenigen" und den „Vielen". Seit dem 3. und besonders 4. Jahrhundert tobten in den großen Gemeinden des Ostens die Lehrstreitigkeiten, die erbitterten Kämpfe um die „Rechtgläubigkeit"; darüber vergaß man leider zu oft die Hauptsache, nämlich die Liebe. Die unheilvolle Zersplitterung und Selbstzerfleischung der Griechen hat im 7. und 8. Jahrhundert den Arabern ihren Siegeslauf sehr erleichtert.

---

[1] Haſe ſagt in ſeiner „Polemik" S. 424: „Was iſt das katholiſche Prieſtertum anders geworden, als unter chriſtlicher Maske, soweit dies möglich war, die Wiederholung des alttestamentlichen Priestertums."

2.

Noch verhängnisvoller war folgendes:

Das echte Griechentum schwand dahin. Die geistige Strömung, die zur Zeit Jesu in der Welt herrschte und womit sich das Christentum auseinandersetzen mußte, war der sogenannte „**Hellenismus**", d. h. die Verbindung von griechischen und orientalischen Vorstellungen. Besonders war die schöne Weltanschauung der uns stammverwandten Perser im Orient entstellt worden. Mit dem Grundgedanken hätte sich auch das Christentum recht gut verschmelzen können, insofern der „Dualismus" (Zweiheit) den ewigen Kampf zwischen dem guten und dem bösen Prinzip bezeichnete. Aber zu welchen Verirrungen und Ausartungen hatte er geführt! Weil man ohne weiteres die Materie und den Leib dem Bösen, Seele und Geist dem Guten gleichsetzte, gelangte man zu den törichtsten Wahnideen. Auf diesem Boden sind die **Mysterien** entstanden, die in den orientalischen Religionen eine so hohe Bedeutung gewannen und die in immer neuen Wellen vom Osten in die griechisch-römische Welt eindrangen. Das griechische Wort „Mysterium" hat man später mit dem lateinischen „Sakrament" übersetzt, das uns allen geläufig ist. Man verstand darunter heilige, geheimnisvolle Handlungen, Reinigungen, Heiligungen, Entsühnungen und Weihen, durch welche die göttliche Gnade sich in die Menschenseele senkt; Wasser, Brot, Wein, Blut und Speisevorschriften spielten dabei eine große Rolle, Waschungen und Besprengungen.

Schon früh drangen die Mysterien in die christliche Kirche ein, und mit ihnen die niederen Formen von **Zauber und Magie**, Beschwörungen und Verfluchungen, Dämonenglauben und Dämonenkult. Man wollte den Geist von allem Stofflichen erlösen; auf diesem Boden erwuchs die **Askese und das Mönchtum**. Besonders bedenklich aber war, daß durch eine Hintertür der **Polytheismus** wieder einkehrte, den man so heftig bekämpfte.

Harnack I, S. 250: „Schon um 200 erscheinen die Apostel wie Halbgötter. Gegen das Ende des 3. Jahrhunderts gab es bereits zahlreiche Kapellen, die den Aposteln, Märtyrern und Patriarchen geweiht waren; man schlief mit Vorliebe bei den Gräbern der Heiligen und hatte einen Heiligenkultus ausgebildet, der lokal sehr verschieden gestaltet war und das bequeme Mittel bot, alte Kulte, die in der Bevölkerung beliebt waren, zu konservieren. Theoretisch wurde die Grenze zwischen der Anbetung Gottes und jenem Nothelfer- und Fürbitter-Kultus wohl noch scharf gezogen; aber praktisch verwischen sich erfahrungsgemäß die Grenzen unter solchen Umständen leicht."

S. 264: „Lokalkulte und lokale heilige Stätten werden gegründet; die Gebiete des Lebens werden an Schutzgeister aufs neue verteilt; die alten Götter ziehen ein, nur mit neuen Masken (die heidnischen Riten mit veränderten Etiketten); rauschende Jahresfeste werden gefeiert; Amulette und Sakramentalien, Reliquien und heilige Knochen werden begehrenswerte Gegenstände. Die Religion, einst streng geistig, jede Materialisierung verbietend und bekämpfend, materialisiert sich in jeder Beziehung."

Die christliche Kirche wurde eine **complexio oppositorum**, eine Vereinigung von Widersprüchen. Der Synkretismus drang ein; der ganze Ballast aller heidnischen Religionsvorstellungen und Gebräuche wurde mitgeschleppt, und die Religion Jesu selbst drohte darunter zu ersticken. Auch hierbei bediente man sich der allegorischen Auslegung, um alles Widersprechende und Anstößige als christlich zu erklären. Geistig so hochstehende Männer, wie Origenes, brachten es fertig, zugleich die abschreckendsten Sakraments-, Blut- und Entsühnungstheologen zu sein. Es war eine grobe Verfälschung der Religion Jesu, wenn man verschiedene Stockwerke und Stufen der Gläubigen unterschied:

Für die „Vielen" war der Glaube ein Gehorchen; nur die „Wenigen" gelangten zu höherem Wissen.

„Auf der untersten Stufe steht die Religion in mythologischer Form und mit den Sakramenten, deren geistiger Wert noch gar nicht erkannt ist. Aber auch sie ist ihnen nicht Lüge, sondern Wahrheit; sie entspricht einer bestimmten seelischen Verfassung und genügt für diese; denn sie beseligt sie. Die christliche Religion ist also bereits auf dieser Stufe Wahrheit. Später fällt das alles weg und fällt nicht weg. Es fällt weg, weil es überholt ist; es fällt nicht weg, weil es die Brüder noch brauchen und weil die unterste Stufe einer Leiter überhaupt nicht entfernt werden kann, ohne die ganze Leiter zu gefährden" (Harnack I, S. 199 ff.).

Für die „Vielen" nahm man es mit den sittlichen Forderungen immer weniger genau; für die „Wenigen" bestand die Sittlichkeit in völliger Weltflucht, und das Mönchtum wurde das sittliche Lebensideal.

Zugleich standen die Priester, als die Mittler des Heils, hoch über den Laien.

Harnack sagt: „Bereits im 3. Jahrhundert konnte der christliche Gottesdienst mit seinem feierlichen und strengen Ritual, seinen Priestern, Opfern und heiligen Ceremonien mit dem pompösesten heidnischen Kultus rivalisieren."

3.

Geradezu ungeheuerlich erscheint uns heute die Verstiegenheit, mit der die Christen die Aufnahme von so zahlreichen fremdartigen Vorstellungen und Gebräuchen rechtfertigten. Aber das lag ganz in der Linie der historischen Entwicklung; sie folgten dem Vorbild der hellenisierten Juden. Erst hatten Juden wie Philo (vgl. S. 89) mit Hilfe der allegorischen Auslegung nachgewiesen, daß die ganze griechische Philosophie und Kultur ein Ausfluß der alttestamentlichen Offenbarung sei; dann sprachen die Christen das Alte Testament den Juden, die Philosophie den Griechen, die Mysterien den Orientalen ab.

Wiederum wollen wir hierüber **Harnack** hören, den besten Kenner der ersten christlichen Jahrhunderte. Er schreibt I, S. 217 ff.:

„Indem die christliche Kirche diese Überzeugung (daß sie in Wahrheit ‚**das älteste Volk**' sei) mit Hilfe der Bücher Mosis, die sie für sich mit Beschlag belegt hat, zu erweisen unternimmt, vindiziert sie sich selbst, das jüdische Volk entthronend, die Uroffenbarung, die Urweisheit und die genuine Gottesverehrung. Hieraus gewinnt sie die Erkenntnis und den Mut, alles, was an Offenbarung, Weisheit und Gottesverehrung bei den anderen Völkern in ihren Gesichtskreis tritt, nicht nur inhaltlich an dem eigenen Besitz zu messen, sondern auch so zu messen und zu werten, wie **Kopien an dem Originale**. Es ist bekannt, welchen Umfang in den altchristlichen Apologien die Abschnitte einnehmen, in denen nachgewiesen wird, daß die **griechische Philosophie**, soweit sie beifallswert und richtig ist, aus der den Christen zugehörigen, uralten Literatur **zusammengestohlen** sei. Die Bemühungen, dies zu zeigen, gipfeln in dem Nachweis: ‚Was irgendwo gut gesagt worden ist, das ist von uns genommen...' Schon Justin hat jede richtige geistige Erkenntnis als ‚christlich' in Anspruch genommen, mag sie sich bei Homer, bei den Tragikern oder den Komikern oder bei den Philosophen finden...

„Nicht nur die Philosophie, soweit sie probehaltig war, beurteilte man als **Plagiat** (Nachäffung), sondern auch solche Riten und Kultushandlungen, die man als vermeintliche oder wirkliche Parallelen zu christlichen darstellte. In den offiziellen griechisch-römischen Kulten war nicht viel dergleichen zu finden, aber in den **Mysterien und orientalischen Kulten** um so mehr. Namentlich der **Mithrasdienst** hat in dieser Hinsicht schon früh die Aufmerksamkeit christlicher Apologeten auf sich gezogen. Hier galt einfach das Urteil, daß die Dämonen christliche Riten in den heidnischen Kulten **nachgeäfft** hätten."

C.
Christentum und Römisches Reich.

Auch mit dem **echten** Römertum, seiner realistischen Denkweise und praktischen Lebensauffassung, mit seinem Sinn für alle staatlichen und rechtlichen Aufgaben, konnte sich die Religion Christi sehr wohl verbinden. Aber leider starben die echten Römer aus. Das Römische Kaiser-Weltreich war eine gewaltsame und zugleich künstliche Zusammenfassung von Widersprüchen (complexio oppositorum), etwas innerlich Unwahres und Ungesundes. Die Verschmelzung führte auf allen Gebieten zu einem **Bastardismus**. Als die Hauptsache erschien die **Einheit**, die **Einerleiheit**, und die wurde erreicht durch den widernatürlichsten **Synkretismus**.

Und die Religion Christi? Wir müssen das **Verhältnis zwischen Religion und Kirche** klar erkennen. Es ist ein Irrtum, wenn behauptet wird, es habe ein Urchristentum ohne Kirche gegeben; aber Jesus war nicht der Stifter der Kirche, sondern sie ist nach seinem Tode entstanden, am Pfingsttage. Wohl bedarf jede Religion einer Art von Kirchentum; aber die Kirche soll nur der Leib sein, die Religion die

Seele. Wohl hat die Religion Jesu Ewigkeitswert, insofern sie eine Triebkraft ist, die sich stützt auf das Bewußtsein der Gotteskindschaft und der Gebundenheit an Gott; dagegen ist die Kirche etwas Wechselndes, das sich den Bedürfnissen der Zeiten, Völker und Länder anpassen muß. Es war selbstverständlich, daß die kirchliche Organisation sich den politischen Einrichtungen anschmiegte. Dabei ist leider die Religion Christi am meisten verfälscht worden. Die Entwicklung führte dahin, daß die christliche Weltkirche die Erbin und Nachfolgerin des Römischen Weltreichs wurde.

Heiler spricht in seinem Buche „Das Wesen des Katholizismus" S. 39 ff. von dem Romanismus. Er ist „die Auffassung der Religion als einer Rechtssache und die Umwandlung der Religion in die Religionspolitik. Wie der Geist des pharisäisch-talmudischen Judentums, so wirkt im abendländischen Katholizismus der Geist des alten Roms fort ... Die Religion hat einen streng juridischen Charakter. Sie ist nicht ein unmittelbarer, freier und lebendiger Umgang der Seele mit Gott, sondern Vollzug der lex sacra, peinlich sorgsame Ausführung aller sakralen Bestimmungen, nicht ‚Klang in der Seele', sondern ‚formale Korrektheit'. Auf dieser Art von Religion konnte sich keine Theologie aufbauen, sondern nur eine priesterliche Jurisprudenz. Der abendländische Katholizismus übernahm das Erbe dieser altrömischen Rechtsauffassung von der Religion samt ihrer juristischen Bearbeitung. Es war kein geringerer als Tertullian, seinem früheren Berufe nach Jurist, der dem ganzen christlichen Leben ein rechtliches Gepräge aufdrückte und die juristische Terminologie in die abendländische Kirchensprache einführte."

1.

Zunächst waren alle Christen gleichberechtigt. Aber allmählich entwickelte sich eine Art Aristokratie, später Monarchie. Schon früh legte man Wert auf die Einheit der Ortsgemeinde, duldete keine Mehrheit von Gemeinden in derselben Stadt, und das war bei der Einheit der Gesinnung, bei dem gewaltigen Enthusiasmus, der lange Zeit vorhielt, nicht schwer. Wichtig wurde die langsame Scheidung von Klerus und Laien; noch wichtiger die Schöpfung des monarchischen Episkopats, wodurch alle Kleriker einer Stadt in eine Abhängigkeit von dem einen Bischof gerieten. Eine über die einzelnen Städte hinausgreifende Organisation waren die Synoden für größere Bezirke, oft für ganze Provinzen; sie traten zusammen, um eine Verständigung über gemeinkirchliche Fragen herbeizuführen. Schon während des 2. Jahrhunderts stieg das Ansehen der römischen Bischöfe, nicht als ob sie die anderen geistig überragt hätten, sondern weil Rom die Reichshauptstadt war; bereits um 190 wurde der Anspruch auf ein Oberbischofsrecht erhoben („Primat"); der römische Bischof wollte „Bischof der Bischöfe" sein. Wie anfangs für die einzelne Stadt, so verlangte man später für das ganze Reich eine Einheit der Lehre und der Organisation. Dadurch entwickelte sich die chirstliche Kirche immer mehr zu einer gefährlichen Konkurrentin des Staates.

Wohl wurden Stimmen laut, welche die **gemeinsamen Interessen von Weltreich und Weltkirche** betonten; aber häufiger begegnet uns der Haß gegen den weltlichen Staat. **Hippolytus bezeichnete das Römische Weltreich als eine satanische Nachäffung der christlichen Weltkirche:** „Wie die Dämonen die christliche Philosophie gestohlen, wie sie den christlichen Kultus und die christlichen Sakramente nachgeäfft haben, so haben sie auch durch Stiftung des großen römischen Kaiserreichs ein **Plagiat an der Kirche** begangen!" Dies ist wohl der kräftigste, aber auch dreisteste Ausdruck des christlichen Selbstbewußtseins, der sich denken läßt [1]).

2.

Die Form wurde wichtiger als der Inhalt, der Körper wichtiger als die Seele, die Kirche wichtiger als die Religion; aus dem **Religionsstifter Jesu** machte man den Stifter der römischen Weltkirche. Man vergaß den Ausspruch des Paulus: „vielerlei Gaben, aber **ein Geist**" und legte auf die **äußere Einheit** größeren Wert als auf die Einheit der Gesinnung und der Liebe. Seitdem wurde nicht nur gegen „Irrlehren" mit großer Schärfe gekämpft, sondern auch gegen alle Christen, die sich nicht dem Bischof der Stadt unterordneten. Die Kirche mußte „katholisch", d. h. einheitlich sein, zunächst innerhalb der einzelnen Stadt, dann innerhalb des ganzen Reiches; sie wurde Selbstzweck, oberster Zweck. Damals entstand das unheilvolle Wort „extra ecclesiam nulla salus", d. h. „die Kirche ist die einzige Heils- und Kultusanstalt; außerhalb der Kirche gibt es kein Heil."

Ein trauriges Kapitel ist die **Geschichte der Ketzerei** während der ersten Jahrhunderte. Wie sehr vergaß man über dem Streit um die „Rechtgläubigkeit" die Hauptsache, nämlich die Liebe! Noch viel schlimmer war, daß sich die Leidenschaft der Ketzermacherei gegen solche richtete, die sich aus irgend einem Grunde der Gemeinde nicht unterordnen wollten. Welche Verirrung! Man begann im 3. Jahrhundert, viele „unheilige" Christen innerhalb der „heiligen" Kirche zu dulden, **aber diejenigen zu verdammen, welche gerade auf die persönliche „Reinheit" den größten Nachdruck legten und eben deshalb sich außerhalb der offiziellen Kirche stellten** [2]). Auf die äußerliche Zugehörigkeit zur Kirche kam es mehr an als auf den Lebenswandel und die innere Gesinnung; die Trennung von der Kirche wurde zur Ketzerei, der Ungehorsam zum Unglauben gestempelt. Man konnte jenen „Ketzern" weder Mangel an Rechtgläubigkeit, noch den Gebrauch apokrypher Schriften, noch den Vollzug unchristlicher Riten vorwerfen. Welch eine **Rabulistik**, wenn Cyprian ausführt [3]): Christus, der selbst die Liebe ist, ist nur da, wo eine grenzenlose, allumfassende und allvergebende Liebe ist, **also nur in der bußgewährenden Kirche**; sie allein kann die katholische heißen. Niemand ist ein Christ, der

---

[1]) Vgl. Harnack.
[2]) Sie nannten sich selbst „die Reinen", „Katharer". Daraus ist das Wort „Ketzer" entstanden.
[3]) Nach v. Soden II, S. 102.

nicht in der Kirche Christi ist, sei er auch sonst von engelhafter Reinheit und untadeliger Rechtgläubigkeit und vollziehe er die Sakramente genau nach ihrer Einsetzung. Denn es kommt auf die Legitimität an. Und alle Legitimität ist kraft der Stiftung Christi an Petrus und kraft ihrer Vererbung durch Sukzession **bei den katholischen Bischöfen und nur bei diesen.** Daher gibt es außerhalb der Kirche kein Heil. Man kann nicht Gott zum Vater haben, wenn man nicht die Kirche zur Mutter hat.

Das Neue wurde als das Alte bezeichnet. Man legte Wert auf die Legitimität und erklärte das monarchische Bischofsamt für die ursprüngliche, auf unmittelbar göttlicher Einsetzung beruhende Einrichtung. Die legitime, ununterbrochene Nachfolge erschien als die Hauptsache. Jesus habe die zwölf Apostel auserwählt; diese hätten alle Nationen des Erdkreises als zwölf Missionsgebiete unter sich verteilt, hätten die ersten Bischöfe eingesetzt oder wären selbst die ersten Bischöfe gewesen. **Man konstruierte Bischofslisten, welche auf je einen der zwölf Apostel zurückgingen.**

3.
Der Sieg der Kirche.

Wir müssen feststellen, daß das heidnische Römische Kaiserreich, wie den anderen Religionen, so auch dem Christentum gegenüber lange Zeit große Toleranz übte; bis in die Mitte des 3. Jahrhunderts ist die Zahl der Märtyrer sehr klein gewesen.

Wenn man gegen die Christen vorging, so geschah es aus **politischen Gründen.** In demselben Maße, wie seit Kaiser Mark Aurel (161—180) der Staat sich aufzulösen drohte, **erstarkte die christliche Weltkirche;** sie stand mit ihrer organisierten Priesterschaft schon um 200 n. Chr. fertig da. Können wir uns da wundern, daß gerade **diejenigen Kaiser,** welche den Staat aus den äußeren und inneren Gefahren befreien wollten, in der christlichen Kirche den gefährlichsten Gegner zu sehen glaubten? Um 250 ordnete der leutselige, tüchtige Kaiser **Dezius** eine allgemeine Christenverfolgung an; aber da er bald darauf starb, ging der Sturm schnell vorüber. Fünfzig Jahre später beschloß der Kaiser **Diokletian,** nachdem er das Reich neu aufgerichtet hatte, die christliche Religion zu vernichten; damals begann für die Christen die schlimmste Zeit, 303 bis 311.

Für beide, **Diokletian und Konstantin den Großen,** den gefährlichsten Gegner und den größten Wohltäter der christlichen Kirche, waren politische Erwägungen maßgebend. Es galt, den römischen Staat zu retten; als das wichtigste Problem erschien die Stellung zur christlichen Kirche. Diokletians Versuch, sie zu vernichten, scheiterte; da stellte sich Konstantin an ihre Spitze und machte sie seinen politischen Zwecken dienstbar. **Das Jahr 313, das Toleranzedikt von Mailand,** wird mit Recht als der Sieg der Kirche gefeiert; sie wurde zunächst neben den heidnischen Religionen **anerkannt, dann bevorzugt.** Die Nachfolger Konstantins machten sie zur alleinberechtigten Staatsreligion und begannen mit der gewaltsamen Unterdrückung des Heidentums.

Weltreich und Weltkirche fielen zusammen. Aber es ist nicht richtig, daß erst durch Konstantin die Kirche „katholisch", d. h. eine Einheit geworden sei; sondern weil sie bereits in allen wesentlichen Zügen eine Einheit war, deshalb machte sie Konstantin, um der Einheit des Reiches willen, zur Staatskirche. Deshalb berief er, um die durch den Streit zwischen Arius und Athanasius gefährdete Einheit zu retten, das erste Reichskonzil nach Nicäa (325); die theologische Frage, um die es sich handelte, war ihm selbst gleichgültig, und er gab 325 dem Athanasius, einige Jahre später dem Arius Recht. Nur auf die Einheit kam es ihm an.

Weltreich und Weltkirche fielen zusammen. Der Organisation des Staats, die von Konstantin vollendet wurde, entsprach die Organisation der Kirche: Bischöfe in den Städten, darüber die Metropoliten in den Provinzen, darüber die drei bzw. fünf Patriarchen; an der Spitze aber, sowohl des Staates als auch der Kirche, stand der Kaiser.

Rollentausch.

Es ist kein erfreuliches Bild, das uns die christliche Kirche im 4. Jahrhundert bei ihrem „Siege" zeigt. Durch Hintertüren war alles das wieder eingedrungen, was Jesus Christus bekämpft hatte:

die Buchstaben= und Gesetzesreligion;

die Mechanisierung des Gebetes und des Gottesdienstes;

die Entmündigung der Einzelmenschen durch eine Priesterschaft, die sich zwischen Gott und Laien eindrängt.

Jesus war der größte Vereinfacher gewesen. Aber im 4. Jahrhundert schleppte die christliche Kirche den ganzen Ballast der jüdischen und heidnischen Vergangenheit mit sich; äußere Formen überwucherten die Innerlichkeit; die Schale war wichtiger als der Kern.

Als das Gesamtergebnis erscheint uns im 4. Jahrhundert bei dem „Sieg" der Kirche eine große Lüge. Es kommt uns alles wie ein Rollentausch vor, wie eine Wiederkehr des Alten unter neuer Maske, unter neuer Etikette.

Die christliche Kirche wurde eine Erneuerung des Judentums auf weitester, universaler Grundlage; die Hierarchie des Alten Testaments fand ihre Fortsetzung[1]).

Der Synkretismus der christlichen Kirche trat an die Stelle der anderen Religionsmischungen. Unter veränderten Namen lebten die heidnischen Götter und Dämonen fort.

---

[1]) Glaube, Hoffnung, Liebe! „Der Glaube hat sich in Wissen, Fürwahrhalten und Gehorsam verwandelt, die Hoffnung in Furcht vor einem jenseitigen Gericht, die Liebe in Recht" (v. Soden II, S. 185).

„Der Stuhl Mosis ward zum Stuhle Petri und nach Rom gerückt, nämlich jüdische Gesetzlichkeit. Und was Jesus (Math. 23, 2 ff.) zu denen gesprochen, die zu seiner Zeit auf Mosis Stuhle saßen, hat noch vielen nachmaligen Inhabern dieses heiligen Stuhles gegolten" (Hase, Polemik S. 123).

Von Osten her hatte sich das Leichentuch des Universalismus, der Katholizität, des Strebens nach einer einheitlichen Menschheitsorganisation über die Welt gelegt. Aufeinander waren das Assyrische, Persische, Griechisch-Mazedonische und Römische Weltreich gefolgt. Nun trat die **christliche Weltkirche** an die Stelle, und auf die Einheit, die Einerleiheit wurde der größte Nachdruck gelegt.

Damit verband sich die **Theokratie**. Der römische Kaiser erschien als der Gottmensch, der an Stelle der Gottheit auf Erden herrschte. Diokletian war Vertreter des Sol invictus, Konstantin der Vertreter des Christengottes: **Ein Rollentausch!**

Leider war die Folge davon, daß die Religion Jesu, die als eine Triebkraft und als ein Prinzip des Fortschritts in die Welt kam, in die Erstarrung der alten Kulturwelt hineingezogen wurde. Welch ein Wahn, daß alles „fertig" sei, daß man nicht daran denken dürfe, über die „klassischen" Vorbilder der Vorfahren hinauszuwachsen! So hatten die alten Ägypter fleißig die Ergebnisse der früheren Kultur zusammengestellt; so sammelten die Griechen in ihren Bibliotheken und Museen das Beste, was auf den verschiedenen Gebieten von Kunst und Wissenschaft geschaffen war, und erklärten es für ewig gültig; so kodifizierten die Römer das Recht, und es wurde, wie Chamberlain sagt, „eine einbalsamierte Leiche"[1]. **Alles ward zur Mumie, auch die Religion Jesu.** Wohl sprach man von der „neuen" Religion; aber zugleich war sie doch die „alte", ursprüngliche, und die Erlösung durch Jesus erschien als die Wiederherstellung der ursprünglichen, durch den Sündenfall verlorengegangenen Vollkommenheit der Menschen und Tiere. **Man glaubte nicht an eine Entwicklung der Kirche, weil sie sich nicht verändern könne.** Daher reden schon urchristliche Schriften von einer „Norm der Überlieferung", dem „ein für allemal überlieferten Glauben" und stehen jeder Neuerung als solcher mit mißtrauischer Ablehnung gegenüber. Später sah man in der Kirche die Trägerin der ein für allemal fertigen biblischen Überlieferung, die zugleich mit jeder wahren Philosophie übereinstimme. Die Kirchengeschichte kennt dementsprechend nur eine äußere Entwicklung: den Sieg über die Widersacher und die Ausbreitung der Kirche.

Welch eine innere Kraft muß der Religion Jesu innewohnen, daß sie nicht völlig erstickt wurde und zugrunde ging! Zu ihrer Rettung hat ganz wesentlich der Eintritt der Germanen in die Geschichte beigetragen.

Kann „die Rückkehr zum Urchristentum" ein Ideal sein? Die Reformatoren des 16. Jahrhunderts glaubten es, hatten aber falsche Vorstellungen von den kirchlichen Zuständen der ersten Jahrhunderte.

Vergangenheit und Gegenwart.

Der wirtschaftliche Aufschwung in der zweiten Hälfte des vorigen Jahrhunderts (im „zweiten Reich") und die Verstrickung der „Gebildeten" in naturwissenschaftliches Denken führte zu heftigen Angriffen gegen das humanistische Gymnasium. Man behauptete, die Beschäftigung mit dem griechisch-

---

[1] Kuhlenbeck schreibt: „Es bleibt eine nationale Schmach für alle Zeiten, daß das sogenannte Römische Recht oder vielmehr seine Byzantinische Mumie jahrhundertelang die papierene Richtschnur der deutschen Rechtspflege gebildet hat."

römischen Altertum und die humanistische Bildung seien für unsere Gegenwart eine wertlose Zeitvergeudung. Man berief sich auf die Vorwürfe, die unser Kaiser Wilhelm II. auf der Schulkonferenz 1890 gegen das humanistische Gymnasium erhoben hatte.

Freilich schienen viele Schulmänner vergessen zu haben, daß die Erlernung der griechischen und der lateinischen Sprache niemals Selbstzweck werden darf, sondern nur Mittel, um in den Geist des Altertums einzudringen und die griechisch-römische Lektüre zu einer **Vorschule politischen Denkens** zu machen. Erst die Rassenforschung hat uns die Erklärung für die Ursachen des Nieder- und Untergangs der herrlichen Alten Kulturwelt gegeben; ihr heutiger Bildungswert besteht darin, daß wir **alle Stufen der Entwicklung** bis zum völligen Zusammenbruch überschauen können.

Wir müssen **zweierlei Alte Kulturwelt** unterscheiden: Im Kampfe gegen den Orient schufen die Völker nordischer Rasse, vor allem die Griechen, eine unvergleichlich hohe Kultur. Seitdem sie sich aber in den Orient verstricken ließen, ging es abwärts. Ebenso gibt es **zweierlei Mittelalter und zweierlei Neuzeit**. Wenn wir als Hauptinhalt unserer eigenen 2000jährigen Geschichte das Ringen zwischen Germanismus und Romanismus bezeichnen, so ist „Romanismus" nichts anderes als die Fortsetzung des verjudeten Römertums.

Es gilt, die unheimliche Ähnlichkeit der Neuesten Geschichte mit der untergehenden Alten Kulturwelt recht klar vor Augen zu stellen. Seit der französischen „Aufklärung" des 18. Jahrhunderts handelt es sich um **dieselben Probleme** wie im Altertum. Ich selbst habe es seit Jahrzehnten als meine Aufgabe betrachtet, darauf hinzuweisen, daß genau dieselben Gefahren unsere heutige Kulturwelt bedrohen, wie vor 2000 Jahren die alte; das Altertum lehrt, wohin der extreme Individualismus führt, der keinen „Gemeinnutz vor Eigennutz" kennt.

Mehr als je gilt heute Jesu Warnung: „Hütet euch vor dem Sauerteig der Pharisäer und Sadduzäer!" Sie bedeutet: „Laßt euch nicht verrömeln und verjuden!"

Mittelalter.

Die übliche Einteilung in Altertum (bis 476 n. Chr.), Mittelalter (476—1517) und Neuzeit (seit 1517) verführt uns leicht zu falschen Vorstellungen. Man hat mit Recht erklärt, daß einerseits das Mittelalter noch in die Gegenwart reicht, anderseits die Neuzeit schon lange vor 1517 beginne. Deshalb sei es in mancher Beziehung zweckmäßig, den Begriff Mittelalter überhaupt fallen zu lassen und die ganze Weltgeschichte bis ins 13. Jahrhundert n. Chr. als Altertum, vom 13. Jahrhundert an als Neuzeit zu bezeichnen.

Man kann auch den Ausdruck „Mittelalter" so gebrauchen, daß damit nicht ein bestimmter Zeitabschnitt, nicht etwas zeitlich Begrenztes bezeichnet wird, sondern etwas anderes. Die Alte Kulturwelt brach im 4. und 5. Jahrhundert n. Chr. zusammen; sie starb an der Völkermischung, an Entnationalisierung und Orientalisierung, am theokratischen Universalismus, am siegreichen Eindringen des Asiatischen Geistes. Nun waren zwei Kräfte auf den Schauplatz der Geschichte getreten, die eine Neue Kulturwelt bringen sollten: das Christentum und das germanisch-deutsche Ariertum. Seit Christi Geburt und seit dem Auftreten der Germanen besteht die Weltgeschichte in der Auseinandersetzung zwischen dem Alten und dem Neuen. Sowohl das Christentum als auch das Germanentum gerieten in den Bann des Alten, d. h. der römischen Weltreichsidee mit ihrem Universalismus, ihrer internationalen Kulturgemeinschaft, ihrer einheitlichen Menschheit; sie formten sich selbst um, so daß das römische Kaisertum teils im Kaisertum Karls des Großen und Ottos des Großen, teils im Papsttum eine Wiedergeburt erfuhr. Überall, wo die neuen Kräfte der Weltreichs- und Menschheits- und Einheitsidee erlagen und auch heute noch erliegen, wo der asiatische und halbasiatische, der welsch-jüdisch-angelsächsische Geist sich durchsetzt, da ist Mittelalter; das gilt bis zur Gegenwart. Überall, wo das Christentum und das germanische Deutschtum sich von Asien und Halbasien losmacht, da ist Neuzeit.

Eintritt der Germanen in die Welt.

Solange es eine germanisch-deutsche Geschichte gibt, werden **drei Lügen** immer von neuem verbreitet:

wir seien ein unruhiges „Eroberervolk" und ständiger Störenfried,

wir seien kulturlose „Barbaren",

wir seien „Ketzer" bzw. „Halbketzer".

Gleich die ersten Jahrhunderte unserer germanisch-deutschen Geschichte sind ein Spiegelbild der Gegenwart.

Übersicht.

113—101: Kriege der Römer gegen die Cimbern und Teutonen.

58 und 55: Kämpfe Cäsars gegen Ariovist und gegen die Usipeter und Tenchterer.

12—9: Züge des Drusus über den Rhein.

9 n. Chr.: Armins Sieg im Teutoburger Wald.

166—180 n. Chr. waren die Markomannenkriege.

375 begann die große germanische Völkerwanderung, die dahin führte, daß germanische Königreiche auf dem Boden des Weströmischen Kaiserreichs entstanden:

419—711 das Westgotenreich, zuerst in Südfrankreich, später in Spanien;

429—534 das Vandalenreich in Nordafrika;

493—553 das Ostgotenreich in Italien;

568—774 das Langobardenreich in Italien;

seit 449 die Angeln und Sachsen in Britannien;

seit 481 das Reich der Franken in Gallien.

I.
Waren die Germanen ein „Eroberervolk", „freche Eindringlinge ins Römische Reich"?

1.
Cimbern und Teutonen; Ariovist.

Seit 2000 Jahren haben die Welschen in ihrer maßlosen Selbstüberhebung den „minderwertigen" Germanen gegenüber Wortbruch und Hinterlist, Rücksichtslosigkeit und Ausbeutung für erlaubt gehalten; aber das hinderte sie nicht, immer wieder von „germanischer Treulosigkeit und Verstellung" zu sprechen.

1. Die römisch-germanische Kriegsgeschichte beginnt im Jahre 113 vor Christus
>mit einer germanisch-deutschen Vertrauensseligkeit
>und mit einer römischen Gemeinheit.

Die Cimbern dachten gar nicht daran, Römische Länder zu erobern, und in Rom wußte man sehr gut, daß sie sich, durch Übervölkerung und Not aus der Heimat getrieben, auf keltischem bzw. gallischem Boden ansiedeln wollten, der die Römer nichts anging. Bei ihrem ersten Zusammentreffen mit dem römischen Konsul Papirius Carbo im Jahre 113 gingen sie sofort auf dessen Forderungen ein, wurden aber in einen Hinterhalt gelockt und überfallen. Als sie sich der verräterischen Feinde erwehrt hatten, nutzten sie den Sieg nicht aus, sondern knüpften immer wieder neue Verhandlungen an, um die Möglichkeit zu erhalten, sich als Bauern seßhaft zu machen. Wie leicht hätten sie damals das Römische Weltreich über den Haufen werfen können! wie wenig verstanden sie es, den augenblicklichen Vorteil wahrzunehmen! wie sehr schadete ihnen ihre Geradheit und Offenheit gegenüber den ränkevollen Welschen!

2. **Cäsars Kämpfe mit den Germanen** (seit 58 v. Chr.) waren ein Ringen um den Besitz Galliens. Unzweifelhaft hatte der Suebenfürst Ariovist ältere Ansprüche und konnte sich auf sein „Recht" berufen. Aber Cäsar fiel ihm in den Arm als „Beschützer der Schwachen", „Hüter des Rechts", „Schiedsrichter", um Gallien für sich zu erobern. Wir freuen uns über das Selbstbewußtsein, das Ariovist dem Römer gegenüber zeigt, können aber darin nichts von Anmaßung entdecken, die Cäsar ihm vorwirft.

Drei Jahre nach der Besiegung des Ariovist kamen abermals germanische Stämme, die Usipeter und Tenchterer, über den Rhein. Da hat Cäsar, „der Hüter des Völkerrechts", gegen alles Völkerrecht ihre Führer, die als Gesandte in seinem Lager mit ihm verhandelten, festgehalten und die ahnungslosen germanischen Volksmassen überfallen und grausam niedergemetzelt.

Der „dumme" Michel! Ein halbes Jahrhundert später konnte Tiberius, der Stiefsohn des Kaisers Augustus, nach demselben Muster den germanischen Sugambern gegenüber handeln[1]).

---

[1]) Und die Erben der alten Römer, die romanischen und angelsächsischen Vertreter „des Rechts", verschmähten solche „elastischen Mittel" bis zum heutigen Tage nicht. Durch Vorspiegelung günstiger Friedensbedingungen und Freundschaftsbereitschaft bewog im Jahre 1502 Cesare Borgia, der Sohn des Papstes Alexander VI., die überlegenen feindlichen Feldhauptleute zu einem Besuch in seinem Zelt; dort ließ er sie festnehmen und erdrosseln. In ganz Italien wurde diese Überlistung als eine meisterhaft politische Tat gerühmt, als „Meisterstück politischen Scharfsinns", als „höchstwundervoller Betrug". Dieser Gauner Cesare Borgia erhielt die Tugendrose.

Und 1918 hat der mit dem Friedensnobelpreis geehrte Präsident Wilson das deutsche Volk durch trügerische Vorspiegelung ins Garn gelockt, um es zu vernichten.

Dagegen hat es sich als eine gehässige Geschichtsfälschung herausgestellt, wenn man von dem wackern deutschen Markgraf Gero berichtete, er habe im 10. Jahrhundert gleichfalls die Fürsten der feindlichen Wenden zu einem Gelage eingeladen und niedergemacht.

2.
Römische Eroberungszüge zur Zeit des Kaisers Augustus.

Wie unersättlich waren die Römer in ihrer Eroberungsgier! Nachdem Gallien, für dessen Freiheit Cäsar so „uneigennützig" die Waffen ergriffen hatte, ihre Beute geworden war, lenkten sie ihre Blicke über den Rhein. Es war die Absicht des Kaisers Augustus, auch die rechtsrheinischen Gebiete zu erobern. Er selbst ist am Rhein gewesen; wir hören von den Kriegszügen seiner Stiefsöhne, Drusus und Tiberius. Das Ergebnis war, daß um Christi Geburt alles Land bis zur Elbe wie eine neue Provinz angesehen wurde.

Und die Germanen? Von irgendwelchem Widerstand gegen die vordringenden Römer hören wir nichts; fast ungestört konnten die Feinde Festungen anlegen, Straßen und Brücken bauen, mit ihren Schiffen vom Rhein durch einen neuen Kanal in die Nordsee fahren und die Küste bis zur Elbe besetzen. Jahre vergingen, bis endlich der deutsche Michel durch die frechen Fußtritte des rücksichtslosen Statthalters Quintilius Varus aus seiner Tatenlosigkeit aufgescheucht wurde; der furor teutonicus erwachte, und unter Führung des heldenhaften Armin erschlugen die Germanen ihre Peiniger im Teutoburger Wald (9 n. Chr.).

Und nach dem Sieg? Wohl rief die Nachricht in Rom die größte Bestürzung hervor; der greise Kaiser war in Verzweiflung; man fürchtete einen Angriff der Germanen, und die Erinnerung an die starken Cimbern und Teutonen erfüllte die Gemüter mit Entsetzen. **Aber die Germanen waren kein Eroberungsvolk;** sie feierten ihren Sieg und freuten sich, von den römischen Peinigern befreit zu sein. Niemand dachte an weitere Vergeltung, an ein Vorrücken über den Rhein; vielmehr lagen sie sich bald wieder gegenseitig in den Haaren und waren von kleinlichen Eifersüchteleien ganz in Anspruch genommen.

3.
Die Germanen als Stützen des Römischen Weltreichs.

1. Das ganze Verbrechen der Germanen und ihre „Schuld" bestand darin, daß die Römer mit ihnen nicht ebenso leicht fertig wurden, wie mit allen übrigen Völkern. Deshalb sahen sie in ihnen die größten Feinde; mit einer Art von Chinesischer Mauer (dem limes) sperrten sie die Grenzen von der Rhein- bis zur Donaumündung ab; an Rhein und Donau lagen ständig zwei Drittel ihres gewaltigen stehenden Heeres.

Und woraus bestand das stehende Heer? größtenteils aus **Germanen**, die als kaiserliche Söldner das Römerreich gegen ihre eigenen Stammesgenossen tapfer verteidigten.

2. Bei der Übervölkerung Germaniens und dem Geburtenrückgang des Römischen Kaiserreichs schien sich ein friedlicher Ausgleich anzubahnen. Der Markomannenkrieg (166—180) endete damit, daß zahlreiche Germanen teils in das Römische Heer eintraten, teils als Bauern im Reichs-

gebiet angesiedelt wurden. Diese friedliche Aufnahme von Germanen nahm so sehr zu, daß man von einer **Germanisierung des Römischen Reiches** sprechen kann, die mehrere Jahrhunderte andauerte. Im 4. und 5. Jahrhundert sehen wir Germanen als höchste Truppenbefehlshaber und oberste Beamte. Der Franke Arbogast nahm am Rhein eine hohe Stellung ein; Stilicho hatte um 400 alle Macht in Händen; Ricimer nennt man „den Kaisermacher"; Aspar war hochangesehen im Oströmischen Kaiserreich[1]).

Schon für diese Zeit drängt sich ein **Vergleich mit den Juden** auf, die schon viel länger über die weite Alte Kulturwelt zerstreut waren. **Aber welch ein Unterschied!** Die Juden waren Makler und Geldleute, die zäh an ihrem Volkstum festhielten; die Germanen Krieger, Bauern, Beamte, die ihr Volkstum aufgaben und Römer sein wollten. Arbogast, Stichilo, Ricimer waren Römer, „so gut, wie die deutschen Generale russischer Siege Russen und wie die deutschgeborenen Staatsmänner, Gelehrten und Geldmenschen des heutigen Großbritannien Engländer sind" (Heyck). Wir müssen es bedauern, daß unser Volk so wenig von dem jüdischen Zusammengehörigkeitsgefühl besitzt.

4.
Die germanische Völkerwanderung.

Der Druck, der von den mongolischen **Hunnen** ausging, die im Jahre 375 n. Chr. die Ostgoten besiegten, war der Anlaß, daß zahlreiche Westgoten um Aufnahme ins Römische Reich baten; wir sind gewohnt, darin den Beginn der germanischen Völkerwanderung zu sehen. Und doch war sie nicht viel anderes, als die **Fortsetzung** der schon seit Jahrhunderten sich vollziehenden **Germanisierung** des Römischen Weltreichs. Übervölkerung und Landnot waren immer die Haupttriebfeder; all die Germanen und ihre bekannten Führer, Alarich, Athaulf, Wallia, Geiserich, Odoakar, Theoderich der Große, dachten gar nicht daran, die alte Ordnung zu zerstören. Diese „Könige" traten in eine ähnliche Stellung ein, wie die der germanischen Römer Stilicho, Ricimer, Arbogast gewesen war.

Die **Westgoten** wurden als „Föderaten" aufgenommen. Sie bildeten unter dem Kaiser Theodosius dem Großen (378—395) den Kern des Heeres und der Beamtenschaft. Später hat ihr König Alarich immer einen friedlichen Ausgleich gesucht; er wünschte zu gleicher Zeit Stammeskönig seiner Westgoten und Höchstkommandierender des römischen Heeres zu sein.

Die **Vandalen** wurden von einem römischen Statthalter nach Afrika gerufen.

Als **Odoakar**, der Führer der germanischen Söldner, 476 den Weströmischen Kaiser absetzte und von der Ernennung eines neuen absah, bewegte er sich genau in der Linie dessen, was schon vorher der

---

[1]) Jahrhundertelang konnte das Römische Reich ohne die Germanen nicht bestehen. Trotzdem sahen die Welschen in ihnen „freche Eindringlinge", sobald sie ihrer nicht zu bedürfen glaubten, und suchten sich ihrer zu entledigen.

„Kaisermacher" Ricimer getan hatte. Er schickte die Reichskleinodien nach Konstantinopel und ließ dem oströmischen Kaiser sagen: Ein einziger Kaiser reiche für das Morgen= und Abendland aus; er (Odoakar) erbäte sich für die Verwaltung Italiens die Würde eines „Patricius" [1]).

Den Ostgoten war Pannonien zur Ansiedelung überlassen, wofür sie Söldner stellen mußten. Später zog der Ostgotenkönig Theoderich der Große im Auftrag des Kaisers nach Italien; er handelte als Vertreter des legitimen Kaisers.

Wohl ist es zu blutigen Kämpfen gekommen, aber da standen Germanen gegen Germanen, und meistens waren die Treulosigkeit und das Ränkespiel der Welschen schuld. Wohl stand das ganze Weströmische Kaiserreich um 500 n. Chr. unter der Herrschaft von germanischen Königen; aber nicht, weil die Germanen Eroberer waren, sondern weil das Römische Kaisertum schon seit drei Jahrhunderten ein Soldatenkaisertum war, ein Spielball zwischen denen, die über die Heeresmacht verfügten.

II.
Die Germanen als „Barbaren".

Für die verrömelten Flavusdeutschen und ihre „katholische Geschichtswissenschaft" scheint es bis zum heutigen Tage wie ein unerschütterliches Dogma, von dem ihr Seelenheil abhängig ist, festzustehen, daß unsere „barbarischen" Vorfahren die herrliche Alte Kulturwelt zerstört haben. Noch vor wenigen Jahren (1927) schrieb Professor Adam in seinem weitverbreiteten Buch „Das Wesen des Katholizismus" von der „Zeit, wo die alte Kultur unter den Fußtritten germanischer Stämme zusammenbrach". Auch der Münchner Kardinal Faulhaber beschäftigte sich 1933 und 1934 in seinen Fastenpredigten, die im Druck erschienen, mit unseren Vorfahren und kam zu dem Schluß, daß „von einer eigentlichen Kultur der vorchristlichen Germanen nicht die Rede sein könne".

---

[1]) Wir sind gewöhnt, das Jahr 476 als einen der wichtigsten Einschnitte der Weltgeschichte anzusehen; davon haben die Zeitgenossen nichts gemerkt. Was war es denn für ein „Kaiser", dem Odoakar im Jahre 476 Diadem und Purpur abnahm? Seit 455 war der weströmische Kaiserthron Spielball der „barbarischen" Heerführer; bekanntlich wird der Sueve Ricimer der Kaisermacher genannt. Nach seinem Tod (472) gab der Burgunde Gundobald dem Glyzerius die Kaiserwürde; diesen stürzte Julius Nepos, der dem Orestes weichen mußte. Orestes, ein Römer aus Pannonien, war ehemals Geheimschreiber des Attila gewesen und hatte nach dem Tode des Hunnenkönigs als Abenteurer und Führer von Barbarentruppen den Kaisern Roms gedient. Er tritt fast schon in dem Charakter der Condottieri des italienischen Mittelalters auf. Seine Truppen, ein zusammengerraffter Haufe von Sarmaten und Germanen ohne Vaterland, boten ihrem Führer die Krone von Italien an. Aber Orestes hielt es für besser, seinen jungen Sohn mit dem kaiserlichen Purpur zu bekleiden, und er ließ am 31. Oktober 475 den Romulus Augustulus zum Kaiser ausrufen. Doch nur kurze Zeit trug der den Purpur; er wurde im folgenden Jahre von dem germanischen Heerführer Odoakar gestürzt, der den Titel „König" annahm, aber Diadem und Purpur nach Konstantinopel schickte. (Nach Gregorovius I, S. 235 ff.)

Johann von Leers hat in einer besonderen Schrift des Kardinals „haarsträubende Unkenntnis einfachster Dinge der deutschen Vorgeschichte" nachgewiesen.

Leider ist unsere Michelei selbst schuld daran, daß wir seit zwei Jahrtausenden in der ganzen Welt „Barbaren" genannt werden. Denn bei unserm Mangel an Nationalstolz und Selbstgefühl, bei unserer Ausländerei und angeborenen Bewunderung alles Fremden sprachen wir gedankenlos nach, was uns die anderen vorwarfen.

1. Was hat man nicht alles aufgeboten, um die herrlichen Funde, welche die Ausgrabungen der letzten Jahrzehnte auf altgermanischem Boden gebracht haben, als fremdes Kulturgut hinzustellen, weil unsere „barbarischen" Vorfahren ja zu solchen Schöpfungen unfähig gewesen seien[1])!

2. Besonders verbreitet ist der Vorwurf, die „barbarischen" Germanen der Völkerwanderung seien schuld daran, daß von all den zahlreichen Bauten und Kunstdenkmälern Griechenlands und Italiens nur noch kümmerliche Reste und Ruinen übrig geblieben wären. Demgegenüber muß festgestellt werden, daß die herrliche Alte Kulturwelt nicht von den Germanen, sondern von den Welschen selbst zerstört ist. Je mehr die Bevölkerung des Römischen Weltreichs entartete, um so mehr schwand nicht nur die Fähigkeit für künstlerische Schöpfung, sondern auch das Verständnis für das von den Vorfahren Geschaffene. Es ist bekannt, daß für die Ausschmückung des Konstantinbogens (4. Jahrhundert n. Chr.) ältere Kunstwerke anderswoher weggenommen wurden; und um das „Neue Rom", Byzanz bzw. Konstantinopel, auszustatten, ließ der Kaiser Konstantin aus dem „Alten Rom" viele Bildsäulen dorthin schleppen. Später gewöhnten sich die Italiener daran, für den Bau ihrer elenden Hütten das Material von den alten Riesenbauten wegzubrechen; schöne Marmorbekleidungen und Marmorstufen wurden zu Kalk gebrannt; Säulen, Sessel, Bildwerke nahm man noch in der Renaissancezeit an der einen Stelle weg, um sie an einer anderen zu verwerten.

Freilich sind Plünderungen oft vorgekommen, und darüber können wir uns nicht wundern. Aber wann und wo haben die Germanen eine „Zerstörungswut" gezeigt? wann haben sie ganze Kulturstädte vernichtet wie die Römer Karthago, Korinth und Jerusalem, oder wie in der Neuzeit die Mordbrenner Ludwigs XIV. Worms und Heidelberg?

1. Als Hauptzerstörer wird der Westgotenkönig Alarich genannt. Als er im Jahre 395 n. Chr. mit seinen Scharen plündernd die Balkanhalbinsel durchzog, da habe er die schimmernden Heiligtümer gebrochen und die Nationalgötter Griechenlands zerstört. Das ist schändliche Verleumdung. Alarich hat alle Tempel, Heiligtümer und Denkmäler Athens, die noch in alter Schönheit dastanden, unberührt gelassen; ja, die Zeitgenossen konnten sich seine Zurückhaltung nur durch ein Wunder erklären: Pallas Athene, so erzählt Zosimus, sei dem „Barbaren" auf den Mauern erschienen, und da sei er ehrfurchtsvoll davongegangen. — Ebensowenig hat derselbe Alarich 15 Jahr

---

[1]) Vgl. mein Buch „2000 Jahre römische Geschichte deutscher Nation" S. 9.

später Rom zerstört, als er, empört über die Unversöhnlichkeit des Kaisers Honorius, vor die Hauptstadt zog und sie einnahm. Zwar haben seine Krieger geplündert; aber der Zeitgenosse Orosius rühmt aufrichtig die Mäßigung des Königs, die Schonung der Kirchen, den Respekt vor den Monumenten.

2. Leider gebrauchen wir selbst noch immer gedankenlos das Wort „Vandalismus", wenn wir von sinnloser Zerstörungswut sprechen, die keine Ehrfurcht kennt vor altehrwürdigen Bauten und Kunstdenkmälern[1]). Freilich haben die germanischen Vandalen, als sie im Jahre 455 n. Chr. unter ihrem König Geiserich in das unverteidigte Rom einrückten, 14 Tage lang geplündert und viele Schätze zusammengerafft; aber kein einziges Gebäude ist von ihnen vernichtet. Dagegen haben wir aus dem Jahre 457 ein interessantes Edikt des Kaisers Majorian, durch welches dem „Vandalismus" der Römer Einhalt getan werden sollte. Gregorovius bemerkt dazu I, S. 281 f.:

„Aus dem Edikt wird leicht erkannt, welche Barbaren es waren, die ihre Hände an die schönen Monumente Roms legten ... Der Bau christlicher Kirchen seit Konstantin hatte das erste lockende Beispiel zur Beraubung alter Monumente gegeben, und so war die Zeit gekommen, wo Rom als eine große Kalkgrube und ein Steinbruch ausgebeutet wurde, als welche die Stadt den Römern selbst 1000 Jahre lang gedient hat, sich selbst zerstörend und aus dem Wust der Trümmer immer neu aus sich heraus gebaut."

3. Und nun gar der „barbarische" Ostgotenkönig Theoderich der Große! Er war ein solcher Freund der Kunst, daß er besondere Beamte anstellte, um die herrlichen Bauten vor dem Verfall zu schützen und zu erneuern; durch strenge Edikte suchte er die Habgier der plündernden Römer zu zügeln. In seinem Auftrag wurden in Ravenna und Verona neue Prachtbauten errichtet, und nach langen Jahrhunderten des Verfalls folgte unter diesem „Barbaren" für Wissenschaft und Kunst eine schöne Nachblüte. Trotzdem erhielt sich das ganze Mittelalter hindurch und bis in die neuesten Zeiten hinein in Rom der abgeschmackte Glaube, daß die Goten die Stadt zerstört hätten.

4. Nach dem Untergang des Ostgotenreichs (553) stand Rom zwei Jahrhunderte lang unter den oströmischen Kaisern. Die schlimmste und schändlichste Beraubung hat die Weltstadt im Jahre 657 von seinem eigenen Kaiser, dem verbrecherischen Constans II. erlitten. Wir lesen bei Gregorovius II, S. 175:

„Der Papst zeigte ihm das Pantheon als ein kaiserliches Geschenk an die Kirche. Constans sah die Dächer von vergoldeter Bronze strahlen, und er gab ohne Rücksicht auf die Jungfrau oder alle Märtyrer den Befehl, diese Dächer abzudecken und die kostbaren Ziegel auf seine Schiffe zu verladen ... Zwölf Tage blieb Constans in Rom; diese Zeit reichte hin, die Stadt ihrer antiken Kostbarkeiten von Bronze bis auf einen kleinen Teil völlig zu berauben."

5. Über die Zustände im 10. Jahrhundert schreibt Gregorovius III, S. 564 ff.: „Die Plünderung Roms wurde den Römern freigegeben, die Priester schleppten Säulen und Marmor fort und fort in ihre Kirchen; die Adeligen, selbst die Äbte führten Türme aus antiken Prachtmonumenten auf; die Bürger rich-

---

[1]) Die Franzosen sind es gewesen, die in ihrem Lügenfeldzug gegen uns, wie 1914 von den deutschen „Hunnen", so im 18. Jahrhundert zuerst von germanisch=deutschem „Vandalismus" sprachen.

teten in Thermen und Zirkus ihre Arbeitsbuden, Schmieden, Hanfstrickereien und Spinnereien ein. Wenn ein Tiberfischer an den Brücken oder der Fleischer am Theater des Marcellus oder der Bäcker seine Ware feilbot, lag sie auf den feinsten Marmorplatten, die einst den Herren der Welt, dem Cäsar, Mark Anton, Augustus und so vielen Senatoren im Theater oder Zirkus zum Sitz gedient hatten. Die schönen Sarkophage von Helden standen nun als Wasserbehälter, Waschkufen und Schweinetröge umher... Seit Jahrhunderten plünderten und zerstörten die Römer das alte Rom, zerlegten, zerbrachen, verbrannten, verwandelten es und wurden niemals fertig."

6. Für die folgenden Jahrhunderte ist uns dasselbe bezeugt. So schreibt Chrysoloras im 14. Jahrhundert: „Die Statuen liegen zerschlagen im Staub oder werden zu Kalk verbrannt oder als Mauersteine verbraucht; glücklicher sind noch solche Bildwerke, die als Fußschemel für das Aufsteigen zu Pferd, als Mauersockel und Stallkrippen verwendet werden."

III.
Die Germanen als „Ketzer".

1.
Der Gegensatz.

Durch das ganze 4. und 5. Jahrhundert gehen die erbitterten Lehrstreitigkeiten zwischen den Arianern und Athanasianern über die Natur Christi, ob er Gott wesens ähnlich oder wesens gleich sei. Darüber wurde auf den ersten großen Reichskonzilien verhandelt; welche Partei für „rechtgläubig" gelten müsse, entschied mehrere Jahrzehnte hindurch die wechselnde Stellungnahme der Kaiser: bis im Jahre 381 durch den Kaiser Theodosius den Großen endgültig die Athanasianer als „Rechtgläubige", die Arianer als „Ketzer" bezeichnet wurden.

Nun war im 4. Jahrhundert unter den germanischen Westgoten das Christentum durch den Bischof Ulfilas in der arianischen Auffassung verbreitet, als diese „rechtgläubig" war; von ihnen gelangte es zu den Ostgoten, Vandalen, Burgundern, Rugiern, Langobarden. Diese arianischen Germanen wurden im Laufe des 5. Jahrhunderts Herren des weströmischen Kaiserreichs:

      die Westgoten in Südfrankreich und Spanien,
      die Vandalen in Nordafrika,
      die Ostgoten in Italien, bis in Deutschland hinein.

So entstand von Anfang an in den germanischen Mittelmeerreichen ein unerträgliches Verhältnis: die Herren wurden von der Masse der welschen Bevölkerung als „Ketzer" angesehen. Aber der Gegensatz lag doch tiefer: Für die Germanen hatten die Lehrstreitigkeiten mit ihren spitzfindigen Sophistereien keine entscheidende Bedeutung, und ihr Arianismus hätte als besondere Lehrauffassung kaum standgehalten, wenn sich nicht seine Wurzeln aufs engste mit denen des germanischen Volkslebens verschlungen hätten. „Arianismus" wurde gleichbedeutend mit „germanischer Glaubensweise"; das Christentum des welschen Völkermisch=

masch und das Christentum des germanischen Volkstums standen sich gegenüber. Damals begegnet uns zum erstenmal die Spannung zwischen dem universalen („katholischen", welschen) und dem nationalen Gedanken. Den Germanen war das Streben nach bischöflicher Allgewalt und nach Unabhängigkeit der Kirche von Staat und Volk fremd; bei ihnen wuchsen vielmehr Staat, Volkstum und Kirche zu einer Einheit zusammen. Ihre in die Volkssprache übersetzte Bibel, in der sie eifrig forschten, war die einzige Quelle ihrer Religion; in der Volkssprache fand der Gottesdienst statt; ihre Kirche war eine Landes-, Staats- und Volkskirche, die Gotteshäuser blieben Eigentum der Erbauer, während nach welscher Auffassung die bischöfliche Weihe das Eigentumsrecht aufhob.

Wir würden aber die Geschichte des 5. und 6. Jahrhunderts nicht verstehen, wenn wir nicht auch eines anderen Gegensatzes gedächten, zwischen der West- und der Osthälfte des Römischen Reichs. Allmählich löste sich der griechische Osten und ging seine eigenen Wege; damals schon begann die Scheidung in eine römisch-katholische und griechisch-katholische Kirche. Der Grad der Spannung zwischen den „rechtgläubigen" Welschen und den germanischen „Ketzern" richtete sich meist nach der Größe des Gegensatzes zu der Kirche des Ostens.

2.
Die sogenannten „Katholikenverfolgungen" der germanischen Ketzer.

Alle Erzählungen von barbarischen „Katholikenverfolgungen" des 5. und 6. Jahrhunderts sind grobe **Geschichtsfälschungen**.

Die germanischen Könige der damaligen Mittelmeerstaaten sahen sich einer schweren Aufgabe gegenüber, die sie ebensowenig zu lösen vermochten, wie die Preußenkönige des 19. und 20. Jahrhunderts. Neben ihrer **nationalen** Landeskirche stand die **universale**, die römisch-katholische Menschheitskirche. **Welch ein Unterschied!** Wohl hielten sich die germanischen Arianer treu zu ihrer Volkskirche; aber sie machten keinen Versuch, die Welschen zu sich zu „bekehren" oder gar ihre Kirche mit Gewalt zu vernichten. Umgekehrt galt bei den Welschen der Grundsatz extra ecclesiam nulla salus; sie verdammten jede Kirche außer der ihrigen, die sie für „unfehlbar" und „alleinseligmachend" hielten; die äußere Kirche war ihnen gleichbedeutend mit der christlichen Religion, und sie verstanden es nicht, daß ein gotischer Gesandter am Osterfest in Tours die katholische Kirche besuchte, weil er an keinem arianischen Gottesdienst teilnehmen konnte. Was im Jahre 1870 der Katholik Pichler bedauernd sagte: „Nichts, gar nichts trennt uns prinzipiell von unseren deutschen protestantischen Brüdern, als unsere Prätension, zur unfehlbaren Kirche zu gehören", das gilt schon für das 5. und 6. Jahrhundert.

Wenn wir den germanischen Königen jener Zeit etwas vorzuwerfen haben, so ist es **nicht** der Mangel, sondern das Übermaß von Duldsamkeit. Sie sollten es am eigenen Leibe erfahren, daß **Toleranz gegenüber grundsätzlicher Intoleranz Selbstmord ist**.

1. Kann man sich einen toleranteren Herrscher denken als den Ostgotenkönig Theoderich den Großen (493—526)? Ungestraft durfte der stolze Papst Gelasius I. († 496) die Toleranz gegen die Ketzer für verderblicher erklären als die schrecklichste Verheerung des Landes durch die Barbaren; ungestraft das Verhältnis zwischen geistlicher und weltlicher Gewalt mit dem zwischen Sonne und Mond vergleichen. Freilich zeigten sich die katholischen Welschen nach 496 mehrere Jahrzehnte hindurch als treue, zufriedene, glückliche Untertanen des ketzerischen Königs; denn sie fanden an ihm eine willkommene Stütze gegen die oströmischen Kaiser; ja, sie baten ihn bei der zwiespaltigen Papstwahl des Jahres 496 um seinen Schiedsspruch, und nachher haben die gotischen Ketzer den römischen Papst gegen die Dolche der „Rechtgläubigen" geschützt. Aber die Welschen fühlten sich doch nur als **treue Untertanen auf Kündigung**; als sich im Jahre 518 die Beziehungen zwischen Rom und Konstantinopel besserten, da vergaßen sie alle bisherigen Wohltaten Theoderichs, und er war ihnen nur der verabscheuungswürdige Ketzer. Die immer offener zutage tretende Sehnsucht der Römer, durch den oströmischen Kaiser von der „Tyrannei der Ketzer" befreit zu werden, mußte den toleranten Ostgotenkönig Theoderich zu Gegenmaßregeln drängen. Und nach dem Tode Theoderichs hat der **Verrat der katholischen Bischöfe und der römischen Senatoren wesentlich zum Untergang des Ostgotenreichs bei-getragen.**

> Freilich haben sich die Römer in ihrer Verblendung selbst den allergrößten Schaden zugefügt, indem sie sich durch die oströmischen Kaiser von der „Tyrannei der Ketzer" befreien ließen; denn sie schmiedeten sich viel schlimmere Ketten. Der italienische Geschichtschreiber Muratori sagt: „die Römer sehnten sich nach einer Änderung ihres Herrn; sie änderten ihn wirklich, aber bezahlten die Erfüllung ihrer Wünsche allzuteuer durch unermeßliche Verluste, welche ein so langer Krieg mit sich brachte; und was schlimmer ist, diese Veränderung zog den gänzlichen Ruin Italiens in wenigen Jahren nach sich, indem sie dasselbe in einen Abgrund von Elend stürzte."

2. Und die „Katholikenverfolgungen" in dem nordafrikanischen **Vandalenreich**? Wohl sind dort schwere, grausame Bedrückungen der Katholiken vorgekommen; aber wie milde erscheinen Schließung von Kirchen, Konfiskation des Vermögens, Geldstrafen, Verbrennung von Büchern und Verbannung gegenüber den Ketzerverbrennungen und Massenhinrichtungen des 13.—17. Jahrhunderts! Dabei müssen wir feststellen, daß die **Katholiken immer der angreifende Teil waren**; der eifrige Verkehr ihrer Bischöfe mit Rom und Konstantinopel mußte Mißtrauen erwecken. Die Vandalen übten, als ihre arianischen Glaubensgenossen im oströmischen Reich verfolgt wurden, nur „Repressalien", indem sie die byzantinischen Gesetze, die gegen die Arianer gerichtet waren, in ihrem Lande gegen die Katholiken anwandten. Der schnelle Zusammenbruch des Vandalenreichs (533/34) ist wesentlich darauf zurückzuführen, daß die katholischen Untertanen massenhaft zum Feinde übertraten.

3. Besonders lehrreich ist die Geschichte des spanischen **Westgotenreichs**. Wie ein starker Staat im Staat, so stand die festgefügte katholische Kirche da. Gerade die bedeutendsten Westgotenkönige, Eurich (466 bis 484) und Leovigild (568—586), sahen sich überall durch die katholischen Bischöfe gehemmt. Wie berechtigt ihr Mißtrauen war, das zeigte der verräterische Abfall der Welschen, als Alarich II. 507 von dem „rechtgläubigen" Frankenkönig Chlodwig angegriffen wurde; das zeigten auch die vielen Verschwörungen der Bischöfe, die sich mit inneren und äußeren Feinden gegen Leovigild verbanden. Können wir uns wundern, daß es zu Bestrafungen kam?

Die größte Torheit aber beging der König **Rekkared**, als er den welschen Sirenenklängen folgte: „Werde katholisch! dann hört aller Streit auf!" In seiner maßlosen Verblendung glaubte er, durch seinen Übertritt zur katholischen Kirche (586) und durch die Beseitigung des konfessionellen Gegensatzes sein Königtum zu stärken und in dem mächtigen, reichen Klerus einen hilfsbereiten Bundesgenossen gegen alle inneren und äußeren Feinde zu finden. Wie sehr täuschte er sich! Tatsächlich dankte im Jahre 586 das Königtum ab; seitdem hatten die Bischöfe die Macht in Händen, besonders der Erzbischof von Toledo, und ihre Konzilien waren Reichstage, auf denen über die weltlichen Angelegenheiten Beschluß gefaßt wurde. Der Staat mußte sich „der überlegenen Weisheit" der Kirche unterordnen, und das war die Hauptursache dafür, daß er bei dem ersten Ansturm der Araber im Jahre 711 wie ein Kartenhaus zusammenbrach.

Fürwahr, an ihrer **übergroßen Toleranz** sind die germanischen Königreiche zugrunde gegangen. Die sogenannten „Katholikenverfolgungen" waren weiter nichts als berechtigte Gegenmaßregeln gegenüber der undankbaren, angriffslustigen, anmaßenden, verräterischen römischen Geistlichkeit. Und wie handelten denn die „Rechtgläubigen" nach ihrem Sieg, besonders nach dem Untergang des Vandalen- und des Ostgotenreichs (533 und 553)? Da war für die Leute, die sich selbst der größten Duldung erfreut hatten, Unduldsamkeit ein „göttliches Recht" und eine Pflicht; da haben sie die arianischen Kirchen geschlossen bzw. in katholische umgewandelt, die arianischen Bücher verbrannt; da ruhten sie nicht, bis die Rivalin vernichtet war.

3.

Die Nachwirkungen.

Sowohl für die weitere Entwicklung der römischen Kirche als auch des Germanentums war es von höchster Bedeutung, daß im Jahre 496 der Frankenkönig **Chlodwig**, der bisher Heide gewesen war, nicht zur arianischen, sondern zur „rechtgläubigen" römisch-katholischen Kirche übertrat. Aber das bedeutete für die römische Papstkirche doch **nur einen halben** Sieg, zumal bei ihr der Machtgedanke schon früh im Vordergrund stand. Denn wir müssen unterscheiden:

Chlodwig wurde Katholik im Dogma;

dagegen übernahm er mit Entschlossenheit von den Arianern die Kirchenverfassung.

Die arianische Kirche war von Anfang an eine Landes- und Staatskirche; die Gotteshäuser blieben Eigentum der Gründer („Eigenkirchenrecht"), und die Bischöfe wurden vom König ernannt. Diesem Beispiel folgend haben Chlodwig und seine Nachfolger sich nicht um das sogenannte „kanonische" Recht, nicht um die „Freiheit" der Bischofswahl gekümmert. Zwar hat es nicht an Versuchen gefehlt, die Kirche bzw. die Bischofswahl von der Staats- und Königsgewalt zu befreien, aber sie scheiterten.

Ein abschließendes Urteil über die fränkische Landeskirche Chlodwigs und seiner Nachfolger verdanken wir der Schrift des Prof. v. Schubert „Staat und Kirche in den arianischen Königreichen und im Reiche Chlodwigs". Da lesen wir:

S. 133: „Die fränkische Kirche reicht so weit als der Arm des fränkischen Königs reicht, gründet und führt innerhalb dieser Grenzen ihr Leben nach eigener Regelung, unbeeinflußt durch auswärtige Instanzen, auch die des Papstes. Als ihr Organ erscheint die Nationalsynode... Chlodwig hat die Synode von Orleans berufen und die Tagesordnung punktweise aufgestellt; die Synode hat ihm ihre Beschlüsse übersendet, seinem Urteil unterstellt und um Bestätigung nachgesucht."

S. 166: Die Bischöfe und Geistlichen waren wie Beamte. Welch ein Unterschied! Im römischen Kaiserreich hat im 4. und 5. Jahrhundert „die Tendenz obgewaltet, einerseits selbst bis in die Glaubensinterna der Kirche hineinzuregieren, dafür aber dem Verfassungsorganismus der Kirche tunlichst seine Selbständigkeit zu belassen, ja sie zum Teil mit neuen, selbst mit konkurrierenden Rechten auszustatten. Im fränkischen Königtum dagegen hat von Chlodwig an die Überzeugung geherrscht, daß man der Kirche ihr inneres Leben lassen, ihre Verfassung aber dem Staate völlig unterwerfen müsse. Und dazu gehörte, daß der Untertan selbst schon den ersten Schritt in diesem Organismus nicht tun durfte, ohne daß der Staat sein entscheidendes Wort dazu sprach".

S. 188: „Die Periode des ‚germanischen Kirchenrechts' beginnt nicht erst mit den Karolingern, sondern mit dem Frankenkönig Chlodwig, ja mit den arianischen Königreichen des Mittelalters."

Chlodwig gründete eine Einheitskirche für seine germanischen und romanischen Untertanen, die im Dogma mit Rom übereinstimmte, aber sonst von Rom ganz unabhängig war. Die Kirche wurde germanisiert; das germanische Kirchenrecht setzte sich durch, das einerseits jedem das Eigentum an den Gotteshäusern wahrte, die er gründete, anderseits dem König volle Gewalt gab über den Klerus, vor allem maßgebenden Einfluß auf die Bischofsernennung.

Dieses germanische Kirchenrecht hat Chlodwig von den arianischen Goten übernommen, und es geht auf Rechtsanschauungen zurück, die in die germanische Heidenzeit reichen. Bei den späteren Kämpfen des Mittelalters zwischen der geistlichen und weltlichen Gewalt handelt es sich nicht um Dogmen und Lehrmeinungen, sondern um die Verfassung, um die Macht und das Recht. Rom hat nicht geruht, bis es den deutschen Königen Stück um Stück das altererbte germanische Recht entwunden, d. h. die völlige Unabhängigkeit der Kirche von der Staatsgewalt durchgesetzt, ja schließlich die Überordnung der geistlichen über die weltliche Gewalt erreicht hatte.

Das Papsttum

und die Wahnidee einer erzwungenen einheitlichen christlichen Menschheitsorganisation.

Im Mittelalter stieg das Papsttum zur ersten politischen Großmacht empor, und nach tiefem Fall ist es in der Neuesten Zeit abermals zu einer bedeutenden Großmacht geworden. Unter dem Eindruck des außerordentlichen Machtzuwachses, den das Papsttum seit 1814 erhalten hatte, schrieb der englische Historiker Macaulay schon im Jahre 1840:

„Nie hat es auf Erden ein Werk menschlicher Staatsklugheit gegeben, das so sehr studiert zu werden verdiente, wie die römisch-katholische Kirche. Die Geschichte dieser Kirche ist das Bindeglied zwischen den beiden großen Zeitaltern menschlicher Kultur. Keine andere Einrichtung hat standgehalten, die unsere Blicke zurücklenkt in die Zeiten, da Opfergeruch aufstieg vom Pantheon, da Giraffen und Tiger im flavischen Amphitheater vorgeführt wurden. Die stolzesten Königshäuser sind von gestern, wenn man sie mit den Päpsten vergleicht. Deren Liste reicht in ununterbrochener Reihenfolge zurück von dem Papst, der Napoleon krönte, bis zu dem, der Pippin die Krone aufsetzte, und weit in die Zeiten vor Pippin reicht die erhabene Dynastie, bis sie sich im Zwielicht der Legende verliert. Die Republik Venedig kommt ihr im Alter am nächsten; aber die Republik war jung, verglichen mit dem Papsttum, und Venedig ist vergangen, während das Papsttum besteht, nicht als Ruine, nicht als bloße Antike, sondern lebendig, und in der Fülle seiner Kraft."

Die Großmacht der Lüge! Das Papsttum verdankt seine hohe politische Bedeutung einer langen Kette von Wahnideen und Lügen, besonders umfangreichen Geschichts- und Urkundenfälschungen. Mit diesen Mitteln erreichte es, was den römischen Kaisern nicht gelungen war: die Unterwerfung unseres Volkes.

Freilich war die Entwicklung nicht gradlinig. Es ging auf und ab, doch so, daß jeder neue Aufschwung über die frühere Stufe hinausführte.

Geschichtlicher Überblick.

Zeiten des Aufschwungs.	Zeiten des Niedergangs.
I.	
Leo I. der Große um 450, Gregor I. der Große um 600.	Nach Gregor I. unwürdige Abhängigkeit von Konstantinopel.
II.	
750—850 Zeit der Karolinger und der Päpste Zacharias, Stephan III., Leo III., Nikolaus I.	Entsetzliche Zustände im ganzen 10. und in der ersten Hälfte des 11. Jahrhunderts.

III.

1046—1300: Die Päpste Nikolaus II., Gregor VII., Innozenz III., Bonifaz VIII.

Zusammenbruch im 14., 15., 16. Jahrhundert: Schisma, Renaissancepäpste, Reformation.

IV.

Zeit der Gegenreformation: Tridentinisches Konzil (1545—1563), Philipp II.; dreißigjähriger Krieg (1618 bis 1648), Ludwig XIV.

Tiefstand im 18. Jahrhundert.

V.

Neuer Aufstieg seit 1814.

I.
Die ersten Jahrhunderte.

I.
Petrus.

1. Es ist bereits darauf hingewiesen[1]), daß die katholische Auffassung des Priestertums, das sich zwischen Gott und die „Laien" schob, eine Verfälschung der Religion Jesu war. Anfangs bedeuteten die Worte „Bischof" und „Presbyter" dasselbe, und es gab in jeder Gemeinde mehrere Bischöfe und Presbyter. Wohl kann man es verstehen, daß allmählich Einer den Vorsitz und die erste Stelle in der Stadtgemeinde einnahm; aber daß das monarchische Bischofsamt unmittelbar auf göttlicher Einsetzung beruhe, ist ein Irrtum.

In der geschichtlichen Überlieferung erlangten die Apostel Petrus und Paulus eine überragende Bedeutung. Was man über ihre Tätigkeit in Rom zu erzählen wußte, steigerte sich von Jahrhundert zu Jahrhundert:

Zuerst wurden sie die „Stifter" der römischen Gemeinde genannt[2]); später stand Petrus an der Spitze der römischen Bischofsliste; im vierten Jahrhundert sprach man von einem fünfundzwanzigjährigen Bischofs- und Regierungsamt des Petrus.

Demgegenüber müssen wir feststellen, daß Petrus weder Stifter noch Bischof der römischen Gemeinde gewesen ist, noch in den ersten Jahrhunderten dafür gegolten hat (auch Paulus war nicht ihr Stifter). Ob Petrus überhaupt in Rom gewesen ist, kann man für möglich halten, aber

---

[1]) Über die Verfälschung der Religion Jesu durch das Eindringen jüdischer, griechischer, römischer Vorstellungen und Einrichtungen vgl. S. 84 ff.

[2]) Wir wissen, daß sich in Korinth eine juden- und eine heidenchristliche Kirche gegenüberstanden, die sich nach Petrus bzw. Paulus nannten; später sollten beide die „Gründer" gewesen sein, obwohl Petrus nie in Korinth geweilt hat. Der Gedanke liegt nahe, daß es auch in Rom anfangs eine heiden- und eine judenchristliche Gemeinde gegeben hat, die sich nach Petrus und Paulus nannten, und daß daraus die Legende entstanden ist, sie seien die „Gründer" gewesen.

nicht beweisen; doch hat man in Rom selbst gegen Ende des 2. Jahrhunderts an ein römisches Martyrium Petri allgemein geglaubt.

Den einzigen Anhalt für den Aufenthalt Petri in Rom hat man am Schluß des 1. Briefes Petri entdeckt: „Es grüßen euch, die samt euch auserwählt sind zu Babylon", indem man unter Babylon einfach Rom versteht. Aber so verständlich in zürnender Rede die Bezeichnung des lasterhaften Rom als „Babylon" ist, so unerhört muß uns eine solche Allegorie in einem einfachen Briefe vorkommen, in welchem sich nicht die fernste Anspielung auf Rom findet. Dazu kommt, daß wir in der Apostelgeschichte, wo die Reise des Paulus nach Rom erzählt wird, und in den Briefen des Paulus aus der römischen Gefangenschaft, vor allem aber in seinem Brief an die Römer, wo im letzten Kapitel Grüße an zahlreiche Mitglieder der römischen Gemeinde gesandt werden: daß wir überall vergeblich nach einer Erwähnung des Petrus suchen. (Vgl. Hases Polemik, S. 125.)

2. Allmählich bildeten sich Rangstufen zwischen den Bischöfen, und nur aus dem Grund, daß Rom die Hauptstadt der Welt war, wohin alle Straßen und aller Verkehr mündeten, erlangte der römische Bischof auch außerhalb der Hauptstadt eine hohe Autorität; das wird uns schon für das Ende des 2. Jahrhunderts bezeugt. Es steht aber fest, daß die Ansprüche eines „Primats", d. h. „Bischof der Bischöfe" und das regierende Haupt der ganzen Kirche zu sein, Jahrhunderte lang entschieden zurückgewiesen wurden und sich erst langsam durchsetzten.

Das kann uns als eine natürliche Entwicklung erscheinen. Aber in Rom begnügte man sich nicht damit, den „Primat" des Papstes als etwas geschichtlich Gewordenes aufzufassen, das den Gesetzen des Werdens und Vergehens unterliegt; vielmehr sollte er etwas Ewiges, unmittelbar von Gott bzw. Jesu Eingesetztes sein. Um die Kuppel der Peterskirche in Rom ziehen sich in goldenen Lettern riesengroß, aus der Tiefe unten deutlich zu lesen, die Worte: „Du bist Petrus, und auf diesen Felsen will ich meine Kirche bauen, und dir werde ich den Schlüssel des Himmelreichs geben" (Matth. 16, 17—19). Welche Auslegungskünste gehören dazu, mit diesen Worten alle päpstlichen Ansprüche zu rechtfertigen! Wir wollen davon absehen, daß bedeutende Männer der Wissenschaft mit triftigen Gründen jene Verse des Ev. Matthäi für gefälscht erklären; selbst wenn wir sie für echt halten, so können sie doch nur dem einen Petrus gelten, und nicht ohne weiteres allen römischen Bischöfen, die sich „Nachfolger Petri" nennen, obgleich Petrus niemals römischer Bischof gewesen ist. Kallistus (217—222) war der erste römische Bischof, der sich auf Matth. 16, 17—19 berief und Herrenrechte für sich in Anspruch nahm.

Bekanntlich hat der Bischof Cyprian von Karthago, der im Jahre 258 den Märtyrertod fand, mit großem Nachdruck die Einheit der Kirche, aber die Gleichheit der Bischöfe betont; von einem römischen „Oberbischof" wollte er nichts wissen. Beliebt war sein Ausspruch: „Wer die Einheit der Kirche nicht festhält, wie mag der meinen, am Glauben festzuhalten? Wer der Kirche widerstrebt, wie mag der vertrauen, in der Kirche zu sein?" Im 6. Jahrhundert hat man hinter „widerstrebt" die

Worte hineingefälscht, die in den älteren Handschriften fehlen: „wer den Lehrstuhl Petri, auf den die Kirche gegründet ist, verläßt".

Wie **früh** wird die **bewußte Lüge** zur angeblichen Beförderung der Wahrheit eingeführt! So bedeutende Kirchenväter wie Hieronymus und Chrysostomus ermutigen die „pia fraus", d. h. den frommen Betrug; bald darauf kommt die Begründung von Macht und Recht des römischen Stuhls, anstatt durch Mannesmut und Sieg, durch großartig betriebene Dokumentenfälschung; ein so ehrwürdiger Historiker wie Eusebius hat die einer besseren Sache würdige Naivität, einzugestehen, er modele Geschichte um, überall, wo dadurch der „guten Sache" Vorschub geleistet werde. (Chamberlain, S. 308.)

2.
Die Geschichtskonstruktion des Kirchenvaters Augustinus.
(Sein „Gottesstaat".)

Worte Jesu über „das Reich Gottes", „das Himmelreich":
Matth. 4, 17: „Tut Buße (d. h. ändert euern Sinn)! denn das Himmelreich ist nahe herbeigekommen."
Luk. 17, 20 ff.: „Da Jesus aber gefragt ward von den Pharisäern: ‚Wann kommt das Reich Gottes?' antwortete er ihnen: **Das Reich Gottes kommt nicht mit äußerlichen Geberden**; man wird auch nicht sagen: ‚Siehe hier' oder ‚da ist es'. Denn sehet, **das Reich Gottes ist inwendig in euch**."
Matth. 18, 1: Die Jünger traten zu Jesu und sprachen: „Wer ist doch der größte im Himmelreich?" Jesus rief ein Kind zu sich und stellte das mitten unter sie und sprach: „Wahrlich, ich sage euch: Es sei denn, daß ihr euch **umkehrt und werdet wie die Kinder**, so werdet ihr nicht in das Himmelreich kommen."
Matth. 20, 20 ff. und Mark. 9, 35 ff. (Der Jünger Ehrgeiz.) Jesus sagt: „Ihr wisset, daß die weltlichen Fürsten herrschen und die Oberherren Gewalt haben. **So soll es nicht sein unter euch.**"
Joh. 18, 36: „**Mein Reich ist nicht von dieser Welt.**"

Zu den unheilvollsten Büchern der Weltgeschichte gehört Augustins (354—430) umfangreiche Schrift „über den Gottesstaat oder das Gottesreich" (de civitate Dei).

Man kann von einer **Tragödie des Christentums** sprechen; überall drang das alte Falsche ein, so daß unvereinbare Widersprüche miteinander verbunden wurden. Auch Augustin ist die Verkörperung einer complexio oppositorum; zwei Seelen stritten in seiner Brust. Sein ganzes Leben hat er nach **Wahrheit** gerungen, aber zugleich der **größten Lüge Vorschub geleistet, daß das von Jesus verkündete Gottesreich gleichbedeutend sei mit der römischen Welt-Priesterkirche** und daß diese auf göttlicher Einsetzung beruhende Kirche von Anbeginn der Zeiten an bestanden habe. Religion und Kirche, Gott und Kirche wurden identifiziert; Augustin vergaß, daß das Kirchentum zwar notwendig ist, aber nur als die nach Zeit, Ort und Volkstum verschiedene und ewig wechselnde Außenseite. Welche Widersprüche! Einerseits hatte Augustin Verständnis für die echte Religion Jesu und fand treffende, herrliche Worte über den Erlösungsgedanken, über Glaube und Gnade; anderseits machte er die Kirche zu einer Heils- und Kultusanstalt und schrieb den Sakramenten eine magische Wirkung zu; Gehorsam gegen Gott wurde Gehorsam gegen die Kirche. Natürlich gründete Augustin seine Geschichtsphilosophie, die den Kampf zwischen Gottes- und Teufelsstaat von Anbeginn der Welt datiert, auf die falsche, dogmatisch korrigierte Geschichte des Alten Testaments.

Zwar dürfen wir dem Augustin keine Vorwürfe machen, noch ihn zum Lügner stempeln wollen; denn die Widersprüche, d. h. die zwei entgegengesetzten Weltanschauungen (Idealismus und Materialismus bzw. Mechanismus), finden ihre Erklärung in den traurigen Zeitverhältnissen. Augustin war ein echtes Kind der verrotteten, untergehenden Alten Kulturwelt; er erlebte die entsetzlichen Stürme der Völkerwanderung; er sah rings um sich ein verkommenes, haltloses Menschengeschlecht und den Zusammenbruch des Kaiserreichs; der endlose Streit der christlichen Sekten untereinander, anderseits mit den Manichäern und Neuplatonikern widerte ihn an. Da glaubte er schließlich nur darin eine Rettung zu finden, daß der Mensch alles eigene Denken zu Boden schlägt und sich willenlos der Autorität der Kirche unterwirft.

Wohl finden wir in Augustins Schriften überall echte Religion; aber sie wurde erstickt durch das äußere Kirchentum, und erst 1100 Jahre später hat Luther das Echte wieder aufgedeckt, das völlig verschüttet war. Auf Augustin konnte sich im Mittelalter die Kirche bei ihrer erbarmungslosen **Unduldsamkeit** berufen, bei der blutigen „Bekehrung" der Sachsen und Preußen und bei der Verbrennung der Ketzer; denn er hatte verlangt, daß die Menschen gezwungen würden, in die rechtgläubige Kirche einzutreten, und daß mit Todesstrafe gegen Ketzer und Ungläubige vorgegangen werde. Auf Augustin konnte sich die Kirche berufen, als sie die **Weltherrschaft** beanspruchte, d. h. die Unterordnung aller weltlichen Gewalten unter die geistliche; als sie die Erbschaft des römischen Weltreichs antrat; als sie die gesamte Menschheit in ihrer Universalkirche zusammenfaßte. Denn der weltliche Staat sei Teufelswerk, solange er sich nicht der Kirche beuge. Wohl kannte Augustin noch keinen Primat des römischen Bischofs, des Papstes; aber seine Oberherrschaft mußte sich von selbst entwickeln.

Das war die **schlimmste Verfälschung der Religion Jesu**, daß seine Lehre von der göttlichen Gnade mit dem römischen Weltherrschaftsgedanken verbunden wurde. Zweierlei koppelte man zusammen, das sich gegenseitig ausschließt. Das **Streben nach Weltherrschaft** drängte alles andere zurück[1]). So kam es, daß Rom im Mittelalter religiösen Fragen und Lehrmeinungen gegenüber duldsam bzw. gleichgültig war, aber unerbittlich wurde, sobald jemand ihre Welt-

---

[1]) Umgekehrt mußte, als **Luther** die Religion wieder aufdeckte, der Imperialismusgedanke weichen.

herrschaftsansprüche antastete. Was als „Ketzerei" blutig verfolgt wurde, waren fast nur Angriffe auf die Verweltlichung der Kirche.

Augustins Buch „über den Gottesstaat" hat die verhängnisvollsten Wirkungen ausgeübt. Männer, welche für viele Jahrhunderte der geschichtlichen Entwicklung die Richtung gewiesen haben, wie der Kaiser Karl der Große und der Papst Gregor VII., standen ganz im Banne dieses Buches.

Der **Geschichtschreibung** hat Augustins „Gottesstaat" für das ganze Mittelalter und darüber hinaus Weg, Inhalt und Ziel vorgeschrieben. Ihm ist das Alte Testament die erste wichtigste, von Gott selbst offenbarte Quelle und das hebräisch-israelitisch-jüdische Volk der Hauptträger der Geschichte. Überall sieht er das unmittelbare Eingreifen Gottes, und die göttliche Weltregierung darzustellen, erscheint ihm als die Aufgabe des Geschichtschreibers.

In Anschluß an Augustin entstanden die mittelalterlichen Weltchroniken; Entstehung, Wachsen, Blühen und Untergang der **Weltreiche** betrachtete man als den Hauptinhalt der irdischen Geschichte, und dabei knüpfte man an die Visionen des Propheten Daniel an[1].

3.
Leo I. der Große (440—461).

Leo der Große war der erste eigentliche Papst des Mittelalters. Seine Bedeutung liegt nicht so sehr in der Bekämpfung von Ketzereien, als in der Betonung der **päpstlichen Herrschergewalt** über die ganze Kirche.

Während in den Stürmen des 3., 4., 5. Jahrhunderts das weltliche Rom immer tiefer sank, die bürgerlichen Institutionen verkamen und eine Provinz nach der anderen dem ungestümen Andrang der Germanen erlag, gab es in Rom eine Institution, die nimmer wankte: **die Kirche, das Papsttum.** Wenn der Historiker die kraftvolle und zielbewußte Herrschernatur Leos I. mit dem gleichzeitigen Kaiser **Valentinian III.** vergleicht, so versteht er die geschichtliche Entwicklung, die dahin führte, daß für den Westen das Papsttum an die Stelle des Kaisertums trat.

Seit Theodosius des Großen Tod (395) zerfiel das römische Weltreich dauernd in die Ost- und Westhälfte. Sein feiger Sohn Honorius wurde Kaiser des weströmischen Reichs; er überließ bei den Barbareneinfällen die Hauptstadt ihrem Schicksal, machte Ravenna zu seiner Residenz und ließ 408 seinen heldenhaften Retter Stilicho ermorden. Nach Honorius' Tod (423) bestieg sein 7jähriger Neffe den Thron, Valentinian III., für den die Mutter die Regentschaft führte, Plazidia, des Honorius Schwester. Als des Kaisers Schwester Honoria ihre Unkeuschheit im Gefängnis büßen mußte, rief sie zu ihrer Rettung den Hunnenkönig Attila herbei, dem sie ihre Hand anbot; so veranlaßte sie die schrecklichen Hunneneinfälle der Jahre 451 und 452. Im Jahre 454 stach Valentinian III. mit eigener Hand heimtückisch seinen Retter nieder, den tapferen Aëtius, der den Hunnenkönig in der großen Völker-

---

[1] S. 34 f.

schlacht auf den katalaunischen Gefilden 451 besiegt hatte. Ein Jahr später (455) fand der Kaiser selbst den Tod, weil er die tugendhafte Gattin eines angesehenen Römers durch Vorspiegelungen in den Palast gelockt und entehrt hatte. Als die Witwe des Kaisers Valentinian III. gezwungen wurde, den Mörder ihres Gatten zu heiraten, rief sie den Vandalenkönig Geiserich mit seinen Scharen nach Rom, 455.

Gleichzeitig hören wir von der Schauspielwut der Römer, von ihrer rasenden Lust an Zirkus und Pantomimen; Rom zeigt sich „wie in einer Wahnsinnsgrimasse des Todes", und ein gallischer Bischof, der 453 dort weilte, rief aus: „Man möchte glauben, das ganze römische Volk habe sich mit dem sardonischen Kraut gesättigt; es stirbt und es lacht." (Nach Gregorovius I, S. 198.)

Dieser unwürdige und verbrecherische Kaiser Valentinian III. war völlig vom Papste Leo I. abhängig. Als der Metropolit von Südgallien seine Selbständigkeit gegen die päpstlichen Ansprüche zu wahren suchte, da hat Leo der Große den Kaiser überredet, um die wankende Treue der Provinzen jenseits der Alpen zu befestigen, das berühmte Edikt vom Jahre 445 zu erlassen:

„Nachdem durch das Verdienst des hl. Petrus, der der erste ist in dem Kranz der Bischöfe, durch die Würde der Stadt Rom und durch den Beschluß der hl. Synode der **Vorrang des apostolischen Stuhles** festgestellt ist, wage niemand fürderhin, das Ansehen dieses Stuhles mit dreisten Ansprüchen anzutasten; denn erst dann wird überall in der Kirche der Friede Bestand haben, wenn die Gesamtheit ihn als Herrn und Meister anerkennt..."

Was beweist dieser kaiserliche Erlaß, **bei dem der Papst Leo I. die Feder geführt hat**? Er beweist **nicht**, daß der päpstliche Primat von Gott bzw. Christus eingesetzt sei, sondern höchstens, daß damals Kaiser und Papst daran geglaubt haben.

4.

Die Eifersucht zwischen der morgen= und abendländischen Kirche.

Die Einheit der katholischen Kirche ist **nie** zustande gekommen, sondern nur ein zu erstrebendes Ziel geblieben. Denn unmittelbar nachdem die christliche Religion anerkannt war, im 4. Jahrhundert, begann die **Spaltung** in eine abend= und morgenländische Kirche; die Ursachen für diese Spaltung liegen teils in politisch=nationalen, teils in religiös=dogmatischen Gegensätzen. Als das politische Schwergewicht des römischen Reichs von Italien nach dem Osten verlegt und Konstantinopel die Hauptstadt geworden war, begann die Eifersucht des Patriarchen von Konstantinopel auf die wachsende Macht des römischen Bischofs. Aber als Herr der **gesamten Kirche** galt im 4. Jahrhundert der **Kaiser**.

Die Entwicklung führte nun dahin, daß im **Osten** der Kaiser das Oberhaupt der Kirche blieb, während im **Westen** der Papst an seine

Stelle trat[1]). Alle Versuche, die morgenländische Kirche dem römischen Bischofe, dem Papste, unterzuordnen, scheiterten. Mancherlei **Fäl = schungen** dienten diesem Zweck; sie knüpften an die Glaubensbeschlüsse des ersten Reichskonzils zu Nizäa (325) an, die als besonders heilig erschienen. **Dreierlei Fälschungen** wurden versucht, um den höheren Rang des römischen Bischofs zu beweisen:

In die Beschlüsse des ersten Reichskonzils von Nizäa (325) fügte man 100 Jahre später den Zusatz: ecclesia romana semper habuit primatum (d. h. „die römische Kirche hat immer den Primat gehabt"). Diese Fälschung wurde auf dem Konzil zu Chalzedon (451) aufgedeckt, als der Papst Leo I. für sich die Ansprüche eines Oberbischofs machte.

Als später zwischen dem Osten und Westen ein Lehrstreit darüber entbrannte, ob der heilige Geist nur vom Vater ausgehe, da scheute man sich nicht, nachträglich das Wort filioque („und vom Sohn") in den Text hineinzusetzen. Damit sollte die abendländische, römische Auffassung als die alte, ursprüngliche, echte hingestellt werden, die schon auf dem ersten Reichskonzil anerkannt sei.

In der Neuzeit hat man sich die größte Mühe gegeben, die geschichtliche Tatsache auszulöschen, daß die großen Reichskonzilien des 4.—7. Jahrhunderts vom Papst weder berufen noch geleitet wurden, ja von seinem Einfluß fast unberührt waren. So entstand denn die Behauptung, der Bischof Hosius habe 325 im Auftrag des Papstes das Konzil geleitet: mit Berufung auf eine Stelle des Eusebius, die sich nirgends findet. Bei dem zweiten Reichskonzil, das gleichfalls vom Kaiser allein berufen, abgehalten und bestätigt ist, hilft man sich mit der Ausrede: es habe erst nachher durch die Anerkennung des römischen Bischofs, des Papstes, das Ansehen einer ökumenischen Synode erhalten.

II.
Das 8. und 9. Jahrhundert.
(Die Karolingerzeit.)

Nach einer langen Zeit der Erniedrigung begann für das Papsttum im 8. Jahrhundert ein neuer Aufschwung; Hauptsache war seine Lösung vom oströmischen Kaiserreich und enge Verbindung mit der germanischen Welt. Dabei gab für alle Handlungen der Päpste **einzig der Machtgedanke** den Ausschlag.

1.
Bonifatius.

Die Bezeichnung „Apostel der Deutschen" ist irreführend und falsch; denn Bonifatius hat fast ausschließlich in Ländern gewirkt, die unter frän-

---

[1]) Der Unterschied war nicht so groß, wie es scheint. „Theokratie" war hier und dort, ein Cäsaropapismus, ein Chalifat. Nur riß im Osten das weltliche Oberhaupt auch die geistliche Gewalt an sich; umgekehrt bildete im Westen das Streben des geistlichen Oberhauptes, die weltliche Gewalt zu erringen, den Hauptinhalt der mittelalterlichen Geschichte. Später betrachtete sich im Osten der russische Zar als Rechtsnachfolger des römischen Kaisers.

kischer Oberhoheit standen und in denen das Christentum schon vor ihm verbreitet war. Zwar blieb von Anfang bis zu Ende die **Heidenmission** sein lebhafter Wunsch; aber er wurde von den machthungrigen Päpsten Gregor II. und III. **auf eine andere Bahn gedrängt**. Seine Tätigkeit bestand weniger in der Bekehrung der Heiden, als in der Zertrümmerung der **romfreien** christlichen Kirche, welche die frommen iroschottischen Mönche im 7. Jahrhundert am Rhein und in den rechtsrheinischen Gegenden bis nach Thüringen hin verbreitet hatten. Es galt, die fränkisch=deutsche Kirche **dem Papsttum unterzuordnen**. Rücksichtslos und mit unbeugsamer Tatkraft hat dieser Fremdling nördlich der Alpen dem welschen Geist zum Siege verholfen, die Kirche nach den Wünschen Roms organisiert und die **moralische** Autorität der Päpste auf den Thron erhoben; er ist der Hauptbahnbrecher für den **Primat** geworden, wenn auch unter Karl Martell, Pippin und Karl dem Großen das heiße Bemühen der Päpste, auch die **rechtliche** Autorität zu erlangen, zurückgewiesen wurde.

Gregorovius nennt in seiner „Geschichte Roms" II, S. 246 Bonifatius „den unterwürfigsten Vasall des Papsttums, der die alte Niederlage des Varus an den späten Nachkommen und in denselben Gegenden rächte, indem er Deutschland Rom und der lateinischen Sprache unterwarf".

2.
Die Konstantinische Schenkung.

Wie verhängnisvoll war die enge Verbindung zwischen dem römischen Papsttum und dem fränkischen Hause der Karolinger! Sie unterstützten sich gegenseitig bei ihren umstürzlerischen Plänen: der fränkische Hausmeier Pippin bediente sich im Jahre 751 der moralischen Autorität des Papstes, um dem gesetzwidrigen Thronraub den Stempel des Rechtmäßigkeit aufzudrücken; umgekehrt bedurfte der Papst der Hilfe des neuen Frankenkönigs, um sich aus der Abhängigkeit vom oströmischen Kaiser zu befreien.

Seit jenem Jahr wuchs das Machtstreben der Päpste ins Ungeheuerliche. Durch eine Reihe von **Urkundenfälschungen** suchten sie ihre Ansprüche zu rechtfertigen; dabei wurde mit größtem Erfolg das bewährte, schon von den jüdischen Priestern im Alten Testament erprobte Verfahren angewandt, **das Neue, das man wünschte, als alte, längst zugestandene Rechte hinzustellen, die erneuert werden müßten**[1].

Was wußte man nicht alles vom **Kaiser Konstantin dem Großen** zu berichten, dem die Kirche den Sieg über das Heidentum verdanke! Schon um 500 war die Legende verbreitet, der römische Bischof, Papst Silvester, habe den Kaiser Konstantin 312 n. Chr. getauft und vom Aussatz befreit. Um 750 entstand die ungeheuerliche **Fälschung**

---

[1] Die Zahl der von Geistlichen gefälschten Urkunden, durch welche kirchliche Besitz- und Herrschaftsansprüche gerechtfertigt werden sollen, ist riesengroß.

von der Konstantinischen Schenkung: Aus Dank für die Taufe und für die Heilung vom Aussatz habe der Kaiser dem Papst Silvester nicht nur die geistliche Obergewalt bestätigt, sondern **auch die weltliche Herrschaft über Rom, Italien und das Abendland abgetreten** („Romanam urbem et omnes Italiae seu occidentalium regionum provincias, loca et civitates"), während er, der Kaiser, selbst sich auf Konstantinopel und das Morgenland zurückzog. Im Zusammenhang damit entstand auch die Fabel, der Kaiser Konstantin sei wie ein Knecht neben dem Pferde des Papstes hergegangen.

Mit der gefälschten Schenkungs-Urkunde wurde nun auf Pippin und seine Nachfolger von den nimmersatten Päpsten unausgesetzt der größte Druck ausgeübt, wobei „Himmelshoffnung und Höllenfurcht" eine große Rolle spielten. Pippin scheint 754, außer der Hilfe gegen die Langobarden, die Wiederherstellung des dem Papste entrissenen Besitzes versprochen zu haben. Schon wenige Jahrzehnte später war daraus das angebliche Versprechen ungeheurer Länderstrecken, des halben Italiens, geworden; aus dem erhaltenen Briefwechsel sehen wir, daß die Päpste nie zufrieden waren.

Gregorovius schreibt in der „Geschichte Roms" VII, S. 545: „Lorenzo Valla veröffentlichte 1440 seine Schrift ‚über die fälschlich für wahr geglaubte und erlogene Schenkung Konstantins'. Dieses Meisterstück vernichtender Kritik und ciceronischer Deklamation zerstörte unwiderleglich jene dreiste und unheilvolle Fabel des 8. Jahrhunderts ... Valla bewies, daß die Schenkung nie gemacht war noch gemacht werden konnte, daß sie nirgends urkundlich zu finden sei und daß nie ein Papst das Reich regiert habe. Er zeigte ihre Unechtheit in ihren eigenen Phrasen und zog, was für ihn die Hauptsache war, den Schluß, daß der Papst weder auf Rom noch auf den weltlichen Staat überhaupt ein Recht besitzt. Mit unerhörter Kühnheit, welche wie die Schrift selbst nur durch den Basler Reformkampf möglich war, wendete er sich gegen den Papst Eugen IV. und reizte sogar die Römer zum Abfall."

Der größte Geschichtschreiber der Renaissance, Macchiavelli (1469 bis 1527), hat auf die Ereignisse der Jahre 751—756 alles spätere Unglück Italiens zurückgeführt. „Alle Kriege, welche von den Barbaren in Italien geführt wurden, waren zum größten Teil von den Päpsten verursacht, und alle Barbaren, welche Italien überschwemmten, waren von den Päpsten gerufen. Das hat Italien in Uneinigkeit und Schwäche erhalten."

3.

Noch wichtiger war hundert Jahre später die Urkundenfälschung der **„Pseudoisidorischen Dekretalen"**.

Die Fälschung ist um 850 in Reims entstanden; schon wenige Jahre nachher hat sich Papst Nikolaus I. auf sie berufen. Es war eine Zeit reicher Ernte für päpstliche Ansprüche; denn Karls des Großen Nachfolger waren schwach, und sein Reich löste sich auf. Da sollte wiederum das **Neue als das Alte**, die Erfüllung der kirchlichen Forderungen als die Wiederherstellung urchristlicher Zustände erscheinen. Die Dekretalen-

Sammlung enthält, außer der sogenannten Konstantinischen Schenkung, gegen hundert gefälschte Papstschreiben. Der Zweck war ein doppelter:

einerseits sollten die Kirche und ihre Diener vom weltlichen Staate gelöst werden;

anderseits suchte man innerhalb der Kirche, im Gegensatz zu dem herrschenden Metropolitansystem, den absoluten Universalismus des Papstes zu begründen. Damit begann der Kampf gegen jede nationale Eigenart in der Kirche.

„Mit einem Wort: Die Dekretalen schrieben Rom die Diktatur in der kirchlichen und geistlichen Welt zu. Papst Nikolaus I. (um 860) ergriff diese falschen Dekretalen mit Begier; er erkannte in ihnen die brauchbarsten Waffen für den Kampf gegen die Könige und gegen die Landessynoden" (Gregorovius III, S. 172).

„Und auf diesem Wege, d. h. der Erdichtung von Gesetzen oder rechtlich bedeutsamen Vorgängen, die alle auf die Verwirklichung eines Verfassungsideals abspielten, war dem Pseudoisidor schon vorgearbeitet und wurde ihm von anderen nachgearbeitet: Von den an den Papst Silvester anknüpfenden Fälschungen aus dem Anfang des 6. Jahrhunderts bis zu der in der zweiten Hälfte des 13. Jahrhunderts geschmiedeten Schrift, aus welcher Thomas von Aquino die gefälschten Zeugnisse griechischer Väter und Konzilien zum Erweis der päpstlichen Gewaltfülle entnahm. Wehrlos war diesem Treiben gegenüber die kritiklose Geschichtsbehandlung; die wichtigeren Fälschungen gingen als glaubwürdige Zeugnisse der Vergangenheit in die kirchlichen Rechtssammlungen, in die Schriften der Juristen, Theologen und Geschichtschreiber über" (M. Ritter: Entwicklung der Geschichtswissenschaft, S. 120).

Erst im 15. Jahrhundert wurde die Echtheit der pseudoisidorischen Dekretalen von Nikolaus von Cusa[1]) in Zweifel gezogen, und heute muß selbst die ultramontane Geschichtschreibung die Fälschung zugeben. Da ist sie denn auf das Mittel verfallen, zu erklären: die pseudoisidorischen Dekretalen seien eine harmlose Dichtung und hätten gar keinen Einfluß geübt. Das ist eine neue Geschichtslüge. Tatsächlich haben sich die Päpste in den nächsten Jahrhunderten immer wieder darauf berufen, um ihr absolutes Monarchenrecht in der Kirche zu beweisen, und Hase nennt die pseudoisidorischen Dekretalen eine Säule, die am Eingang des mittelalterlichen Papsttums wie ein Programm steht.

In der neuesten Zeit haben sich die Ultramontanen zu der Behauptung verstiegen: Selbst unechten Dokumenten, wie den pseudoisidorischen Dekretalen, komme „übernatürliche Authentie" zu, sobald sie einmal von der Kirche rezipiert seien (Hase, Polemik, S. 75).

---

[1]) Vgl. v. Schubert, „Geschichte des deutschen Glaubens", S. 128: Nikolaus von Cusa sagte: Neben dem Wort Matth. 16, 18 stehen die an alle Jünger gerichteten Worte Matth. 18, 18 und Joh. 20, 22 f. Er hat nicht nur die Fiktion der Übertragung der Kaiserkrone durch den Papst an Karl den Großen entwurzelt, sondern auch die noch weit gefährlichere Fiktion von der früheren Übertragung der Herrschaftsrechte über das Abendland an Papst Sylvester durch Konstantin den Großen glänzend widerlegt.

4.

Der Gottesstaat Augustins schien sich im 8. und 9. Jahrhundert zu verwirklichen.

Zwar sind seine Schöpfer und wahren Herren Pippin der Jüngere und Karl der Große gewesen; das geht aus allen gleichzeitigen Schriften und Briefen unzweifelhaft hervor. Aber **wie schnell hat die Geschichtsfälschung** die Tatsachen einfach **umgekehrt**, so daß die Päpste als die Schöpfer und Gebenden, Pippin und Karl dagegen als die Empfangenden und als dienende Werkzeuge der Päpste erschienen, in deren Auftrag sie handelten. Die selbständige Stellung, welche Karl der Große dem Papsttum gegenüber eingenommen hatte, mußte verschwinden. Seine Briefe an den Papst erklärte man für unecht, weil der weltliche Herrscher nicht eine solche Sprache dem Papste gegenüber habe führen können[1]. Schon im 9. Jahrhundert hat der Biograph Leos III. die unbequeme Tatsache, daß der Papst vor dem weltlichen Herrscher das Knie gebeugt, einfach **verschwiegen** und unterdrückt.

Später behauptete man, der Papst habe im Jahre 800 das Kaisertum von den Griechen auf die Deutschen „übertragen". Diese translatio spielte im 12., 13., 14. Jahrhundert eine ungeheure Rolle; daraus leitete Innocenz III. 1202 die Abhängigkeit des Kaisertums vom Papste her (quo facto satis ostenditur, qualiter potestas Imperii ex iudicio Papae dependet).

„**Die zauberische Macht der Tradition vom alten Römerreich** ist ein seltsames Phänomen des Mittelalters. Eine einzige große Erinnerung wurde zur politischen Gewalt; die römischen Kaiser auf dem Thron Deutschlands, die römischen Päpste auf dem Stuhle Petri, die römischen Senatoren auf dem Schutt des Kapitols träumten alle von ihrem legitimen Recht auf die Beherrschung der Welt." „Darf man sich wundern, daß noch Friedrich II. (1215—1250) an das Ideal des römischen Kaisertums glaubte, wenn dasselbe noch ein Jahrhundert nach ihm den edelsten Geistern Italiens als das fortdauernde, legitime Reich der Römer, als die nicht unterbrochene Weltordnung und als der Begriff aller menschlichen Kultur erschien? Denn das war noch **der geniale Irrtum Dantes** und Petrarkas. Eine erhabene Tradition, durch die Jahrhunderte fortgepflanzt, mit theokratischer Anschauung von der Weltverfassung und der Einheit des Menschengeschlechtes, ein großes Kulturideal und ein kosmopolitischer Begriff, der nie zur vollen Wirklichkeit ward, beherrscht mit der **Festigkeit eines religiösen Dogmas** das ganze Mittelalter" (Gregorovius IV, S. 480, V, S. 263).

---

[1] Diese Logik gilt bis heute solchen Leuten, die sich nicht in die anderen Verhältnisse früherer Zeiten hineindenken können und überall den Maßstab der Gegenwart anlegen, als ausreichender „Beweis". So erklärte um 1600 der Kardinal Baronius die Akten des 6. ökumenischen Konzils für unecht, weil er sich nicht denken konnte, daß jemals ein Papst abgeurteilt und verflucht sei. So erklärte mir, als ich ausführte, daß im 16. Jahrhundert manche Domkapitel protestantische Mitglieder gehabt haben, ein biederer junger Mann: „Das glaube ich nicht, das kann ich mir nicht denken." Ein Beweis!

III.
Das Ringen zwischen den „beiden Gewalten".
Geschichtliche Übersicht.
919—1254 das sächsisch-salisch-staufische Kaiserhaus: Aus eigener Kraft richtete sich das deutsche Volkstum auf; aber dann ließen sich die deutschen Kaiserkönige nach Italien locken, um dem Papsttum zu helfen. Der folgende Streit zwischen den „beiden Gewalten" verlief in zwei Akten:

1.
1075—1122 der Investiturstreit.

2.
Friedrichs I. (1152—1190) und Friedrichs II. (1215—1250) Kämpfe mit den Päpsten um die Weltherrschaft.

Die Namen Gregor VII. (1073—1085), Innocenz III. (1198—1216), Gregor XI. (um 1230), Innocenz IV. (um 1245), Bonifaz VIII. (um 1300) bezeichnen den Aufstieg zur päpstlichen Weltherrschaft. Bald nach 1300 begann der Zusammenbruch des Papsttums.

1.
Simonie und Investitur.

Chlodwig hielt bei seinem Übertritt zur katholischen Kirche (496) am germanischen Recht, an dem Eigenkirchenwesen fest; d. h. jeder behielt das Eigentum an dem Gotteshaus, das er auf seinem Besitz gründete. Vor allem war der König Herr über die Kirche; Geistliche und Bischöfe waren von ihm abhängig, und er hatte den größten Einfluß auf ihre Ernennung. Die Kirche galt als ein Glied des Staates, eine Landeskirche, für welche der römische Bischof, der Papst nur eine moralische Autorität besaß.

So blieb es unter den Merowingern und Karolingern. Zwar wurden mehrmals von den Päpsten Versuche gemacht, ihre „Rechte" zu erweitern; aber erst, als das Karolingerreich zusammenbrach, gelang es um 860 dem tatkräftigen Papst Nikolaus I., mit Hilfe der pseudoisidorischen Dekretalen größere Machtansprüche durchzusetzen. Doch bald nach seinem Tode versank das Papsttum in Sumpf und Schande. Erst durch die deutschen Kaiserkönige wurde es im 10. und 11. Jahrhundert mit Gewalt wieder aufgerichtet, und dann folgte der weltberühmte Kampf zwischen den „beiden Gewalten", zwischen Kaisertum und Papsttum. Es war ein Kompetenzstreit; für beide, Kaiser und Papst, war der weltumspannende „Gottesstaat" das Ziel; die Kaiser hatten die unwürdigen Päpste zu sich emporgezogen; aber dann begnügten sich die Päpste nicht mit dem gleichen Rang, sie wollten übergeordnet, die Höherstehenden sein. Schließlich wurde zwischen Kaiser und Papst um die oberste weltliche Macht gestritten.

Unter „Simonie" versteht man den Mißbrauch, daß geistliche Ämter nicht nach Fähigkeit und Würdigkeit der Bewerber, sondern um Geld oder sonstige weltliche Vorteile von den zu ihrer Vergebung Berechtigten übertragen bzw. verkauft werden. Nun haben sich aber die Päpste seit dem 11. Jahrhundert **der großen Lüge** schuldig gemacht, daß sie die **Investitur**, d. h. die Verleihung der kirchlichen Ämter durch Könige und Fürsten, ohne weiteres als „Simonie" bezeichneten.

Um ein richtiges Urteil zu gewinnen, müssen wir Zweierlei beachten: Die deutschen Kaiserkönige, welche eine Erneuerung und Gesundung der Kirche herbeigeführt hatten, konnten sich bei der „Investitur" auf ihr historisches, ererbtes Recht berufen. Die Päpste dagegen gründeten ihre Ansprüche auf das „kanonische" Recht, auf Geschichts- und Urkundenfälschungen; um ihre Weltherrschaftsbestrebungen durchzusetzen, arbeiteten sie mit Bann und Interdikt, mit der Lösung der Untertanen vom Eid, mit Verführung der nächsten Angehörigen des Königs zum Treubruch, mit Revolutionierung der Massen.

An sich ist ein Mißbrauch bei jeder Verleihung kirchlicher Ämter möglich, mag sie nun von den Königen oder von den Päpsten bzw. Bischöfen ausgehen. **Aber wo ist tatsächlich größerer Mißbrauch getrieben?** Ein Vergleich fällt sehr zuungunsten der Päpste aus. Wie viele deutsche Kaiserkönige haben im 10., 11., 12. Jahrhundert bei der Ernennung der Bischöfe den größten Wert auf die Fähigkeit und Würdigkeit der Personen gelegt! Als aber die Päpste das „kanonische" Recht durchgesetzt und den entscheidenden Einfluß auf die Besetzung der Bistümer erlangt hatten, da wurde sie im 14. und 15. Jahrhundert zu einer so schmutzigen Quelle schnöden Gelderwerbs, daß die ganze Christenheit darüber empört war.

2.

Lüge und Fälschung sind bei den Kämpfen zwischen den „beiden Gewalten" die Hauptwaffen der Päpste gewesen; sie wirken bis zum heutigen Tage nach. Aus dem vorzüglichen Werke von **Hampe** „Deutsche Kaisergeschichte im Zeitalter der Salier und Staufer" mögen einige Stellen angeführt werden:

I.

Von **Heinrich IV.** haben zeitgenössische Gegner ein widerliches Zerrbild überliefert: „ein abscheuerregendes Gemisch von Wollust und Grausamkeit; eine Art Ritter Blaubart oder gar verloren in widernatürliche Laster, über solchen Gelüsten und Launen seine Herrscherpflichten vernachlässigend, jedes Recht brechend, ein andrer Nebukadnezar! So lebte sein Andenken Jahrhunderte lang fort... Erst die Quellenkritik des 19. Jahrhunderts schuf den Boden für eine wirklich historische Auffassung" (S. 39).

„Die hastige Gier, mit der **Gregor VII.** nach Rechtstiteln für die Herrschaftsansprüche der Kirche griff, verrückte absichtlich oder unabsichtlich die natürlichen Zusammenhänge und führte zu erstaunlichen Entstellungen der Wahrheit; nur wird man die Gemütsverfassung mittelalterlicher Geistlicher, die so oft zur Erhöhung ihrer Kirche selbst zu Fälschungen griffen, stets auch zum Verständnis Gregors berücksichtigen müssen." Zwei besonders lehrreiche Fälle sind: „Das behauptete Eigentumsrecht der römischen Kirche an Sachsen, weil dort unter Karl dem Großen zwei Kirchen dem heiligen Petrus geweiht waren, und die Inanspruchnahme eines Zinses von ganz Frankreich wegen einer angeblichen Stiftung Karls für eine fränkische Schule in Rom" (S. 46).

Über die weltberühmte Kanossaszene sagt Hampe S. 54: „Ein zeitweiliges Bußestehen wird sich kaum in Abrede stellen lassen; aber daß der König drei Tage und drei Nächte ohne Unterbrechung auf Eis und Schnee gestanden habe, ist eine von den Zeitgenossen vorgenommene Übertreibung, die bis in unsere Tage fortwirkt."

II.

Seit Gregor VII. ruhten die Päpste nicht, um den Kaiser zu ihrem „Lehnsmann" zu degradieren. Als nun Kaiser Lothar (1125—1137) den Streit um das Mathildische Gut in der Weise endigte, daß er dasselbe gegen einen Zins vom Papste zu Lehen nahm, doch ohne Treueid oder Mannschaft zu schwören, wurde unmittelbar nach seinem Tode der Rechtsstandpunkt so verdunkelt und verschoben, als sei das Kaisertum überhaupt von der Kurie abhängig und Lothar als Kaiser „Lehnsmann" geworden. „Tatsächlich hat diese Verschiebung bald nach Lothars Tod Gestalt gewonnen in einem Gemälde des Laterans, auf dem der Kaiser kniend aus den Händen Innocenz' II. die Krone entgegennahm, während ihn die Umschrift geradezu als ‚Mann' des Papstes bezeichnete. Das Bild, das später die Entrüstung Barbarossas erregte, zeigte nur zu deutlich, wie gefährlich Lothars kurzsichtiges Entgegenkommen in den Formen äußerer Ergebenheit für die Zukunft des Kaisertums war" (S. 104).

III.

Von dem Papst Innozenz III. (1198—1216) sagt Hampe S. 199:

„Er hat stets rücksichtslos und unbekümmert um ängstliche Moralbedenken seinen Vorteil, den Vorteil von Kirche und Welt, wie er ihn verstand, wahrzunehmen gewußt, nach echter Diplomatenart die Dinge stets unter dem Gesichtswinkel seiner augenblicklichen Absichten gesehen, beleuchtet und zurechtgerückt. Alles was man ihm da vom Standpunkt der Moral aus vorwerfen kann, geht schwerlich hinaus über das Durchschnittsmaß jedes Realpolitikers und fällt hier eben nur bei dem Papste besonders auf. **Daß aber die höchste religiöse und moralische Autorität auf Erden jetzt ganz zum Realpolitiker herabsank,** der heute guthieß, was er gestern verworfen, der die kirchlichen Strafmittel zu rein weltlichen Zwecken verwandte und abnutzte, der es mit der Wahrheit nicht eben genau nahm und auf seine politische Tätigkeit selbst das Sprichwort ‚wer Pech angreift, besudelt sich' bezogen haben soll, das bedeutete allerdings in der zunehmenden Verweltlichung der Papstkirche einen großen Schritt über Alexander III. hinaus und wurde vorbildlich für die folgenden Jahrhunderte."

Als Innocenz III. „in dem Herzogtum Spoleto und der Mark Ankona an Stelle der Reichsgewalt das päpstliche Regiment aufrichtete", da bezeichnete man diese Eroberungen „geflissentlich als Rekuperationen", als ob der Papst etwas wieder in Besitz nehme, was ihm gehöre (S. 202).

IV.
Das Ringen zwischen Kaiser Friedrich II. und den Päpsten Gregor IX. und Innocenz IV.

Über den leidenschaftlichen Federkrieg, der 1239 begann, schreibt Hampe S. 262 f.:

„Die gehässigeren Anschuldigungen, die unverantwortlicheren, bis zur Mordanklage gegen den Kaiser sich steigernden Verdächtigungen waren auch hier **auf päpstlicher Seite** zu finden, worauf Friedrich II. natürlich schroffe und feindselige Antworten nicht schuldig blieb. Die alten kirchlichen Disziplinarmittel (Bann, Lösung vom Untertaneneid, Interdikt) übten jetzt nicht mehr die einstige Wirkung, wenn auch dem Papsttum in den neuen Bettelorden eine furchtbare Agitationsarmee erstanden war. **Man bedurfte noch schärferer Abschreckungsmittel.** Da haben die Päpste und kurialen Publizisten miteinander gewetteifert, das Grauen der abergläubischen Massen vor dem Kaiser wachzurufen, indem sie ihn als die Bestie der Apokalypse, den leibhaften Antichrist schilderten, der, vom Glauben abgefallen, an der Zerstörung der Christenheit arbeite. Denn seine **Ketzerei**, behauptete Gregor IX., werde erwiesen durch seine Äußerung: ‚die Welt sei durch drei Schwindler (Moses, Christus und Mohammed) betrogen, und es sei einfältig zu glauben, daß von einer Jungfrau der Gott hätte geboren werden können, der die Natur und alles geschaffen habe.' Friedrich II. hat diese berühmt gewordene Anklage sofort zurückgewiesen, und er hat die Äußerung auch schwerlich getan."

Wie schlau verstand es Gregor IX., den politischen Charakter des Konflikts zu verschleiern und ihn vor den Augen der Welt mit kirchlichen Beschwerden zu begründen!

Über den Papst Innocenz IV. (1243—1254) heißt es S. 266 f.:

„Er war vom ersten Augenblick an auf das klarste und sicherste entschlossen, den gesamten Umfang der Herrschaftsansprüche seiner großen Vorgänger, den er in seinem Kommentar zu den Büchern der Dekretalen auch theoretisch umschrieb, begründete und **erweiterte**[1]), mit dem Einsatz aller Kraft zu behaupten."

„Dieser klare und nüchterne Staatsmann setzte sich nun **zum einzigen Lebensziel die Vernichtung des staufischen Kaisertums!** Unter bewußter Vernachlässigung aller anderen kirchlichen Aufgaben, unter Preisgabe von Rechtsgefühl und feinerem sittlichen Empfinden wurden alle Werte, über die die Papstkirche nur irgend verfügte (Besitztümer und Rechte, Steuern und Zehnten, Ämter und Anwartschaften, Disziplinarmittel und Indulgenzen, Kreuzzugsgelübde und Schlüsselgewalt, irdische und himmlische Verheißungen) umgemünzt in politische, militärische, finanzielle Machtmittel."

Anderseits sind in der mittelalterlichen Geschichtschreibung **die Herrscher ganz einseitig verherrlicht, die den päpstlichen Ansprüchen dienstbar waren,** z. B. die englischen Könige Eduard der Bekenner und Wilhelm der Eroberer, sowie der Kaiser Heinrich II.

---

[1]) Damals setzte die kuriale Theorie ein, die den Kaiser nicht mehr nur als Lehnsträger, sondern als **Beamten des Papstes** auffaßte.

2.
Kulturfremdherrschaft.

Zu den Wahnvorstellungen, falschen Idealen und Irrtümern, in denen die Menschheit, besonders das deutsche Volk befangen ist, gehört die **lateinische Kirchen- und Kultussprache**. Weder Jesus Christus noch seine Apostel haben die lateinische Sprache gekannt und gesprochen; die Evangelien und die Briefe der Apostel sind in griechischer Sprache geschrieben, und sogar in den Christengemeinden der Hauptstadt Rom herrschte jahrhundertelang die griechische Sprache vor. Im Abendland drang dann die lateinische Sprache durch, und seit dem 5. Jahrhundert n. Chr. äußerte sich der **zähe Kampf des Welschtums gegen das germanisch-deutsche Volkstum** in dem Bestreben, uns die lateinische Sprache aufzuzwingen. Im Kampf mit Rom ist die **herrliche gotische Sprache** zugrunde gegangen; immerfort wurden und werden die germanisch-deutschen Sprachen als „ketzerisch" betrachtet[1]). Wie groß sind im Laufe der Jahrhunderte die **Verluste unseres Volkstums** gewesen, da immer wieder Tausende und Abertausende sich verwelschen ließen.

Die Blütezeiten unserer Literatur fallen in die Perioden, wo wir romfrei waren oder uns gegen Rom bzw. gegen das Welschtum auflehnten; umgekehrt war der Aufschwung der römischen Papstkirche jedesmal gleichbedeutend mit einer Schwächung unseres Volkstums. Daß römisches Papsttum und deutsches Volkstum gleichzeitig blühen, ist völlig ausgeschlossen; das lehrt uns die Geschichte.

1. Das 5. und besonders 6. Jahrhundert ist die **erste Blütezeit** unserer Literatur, erfindungsreich, wie keine andere[2]). Damals haben alle die Gestalten ihr charakteristisches Gepräge erhalten, die uns aus den um 1200 gedichteten Heldengesängen bekannt sind. Das „rechtgläubige" Frankenreich der Merovinger hatte eine **Volks- und Landeskirche**, die zwar die moralische Autorität des Papstes anerkannte, aber sonst von Rom unabhängig war.

Auch **Karl der Große** (um 800) bewahrte sich, trotz der engen Verbindung mit dem römischen Papsttum, seine Selbständigkeit und hatte ein

---

[1]) Wie gewalttätig und ungerecht war die Unterdrückung des **angelsächsischen Volkstums** in Britannien! Normannische Eroberungssucht und kirchliche Herrschaft verbanden sich zur Niederwerfung des angelsächsischen Volksstaates. Unter dem Schutz der normannischen Schwerter wurde im 11. Jahrhundert die Verwelschung der angelsächsischen Kirche durchgeführt. Prutz schreibt: „Die nach Weltherrschaft strebende Hierarchie wollte die Staaten, die in einer selbständigen Nationalität lebten, nicht bloß kirchlich, sondern auch politisch und geistig romanisieren und in die von der Kirche gewollte Form pressen."
Zugleich hielt, wie Hase in seiner Polemik S. 498 ausführt, die Papstkirche die lateinische Sprache für das ganze Abendland fest, um italienische Priester zum Genusse reicher Pfründen überall hinsenden zu können. So hat der Papst Gregor IX. 1280 einem englischen Bischof zugemutet, 300 römische Kandidaten mit den ersten in England offen werdenden Pfründen zu versorgen. Gegen die römischen „Curtisanen" wandte sich in steigendem Maße der Unwille des deutschen Volkes.

[2]) Vgl. meine „Kulturgeschichte", 4. Auflage, S. 167 f.

starkes deutsches Nationalbewußtsein. Neben der lateinischen Sprache der Kirche sollte **die deutsche die Schriftsprache** seines Volkes werden; er begann eine Grammatik seiner Muttersprache abzufassen, gab den Monaten und Winden deutsche Namen, und er ließ die uralten deutschen Lieder aufschreiben, in denen die Taten und Kriege der alten Könige besungen wurden, damit sie nicht vergessen würden. Aber im 9. Jahrhundert war Rom siegreich; die deutsche Liedersammlung ist verschollen, und die Pflege der deutschen Sprache hörte auf. Seitdem war Jahrhunderte lang, auch mitten in Deutschland, **Latein** die Sprache der Kirche und Schule, der Geschichtsbücher und Urkunden.

2. Die Entstehung des deutschen Reiches (seit 919), die Zentralisation und die Vereinigung der verschiedenen Stämme zu einem Volkstum, die überlegene Stellung gegenüber dem Papsttum, die Ausbreitung nach dem Osten schufen ein **starkes Nationalbewußtsein**, und daraus erwuchs die Blütezeit der **mittelalterlichen Literatur**, um 1200; auch wurde deutsch mehr und mehr Geschäfts- und Kanzleisprache. **Aber das Latein** behauptete sich in Kirche und Schule; daneben drang der französische Einfluß seit dem 12. Jahrhundert ein. Die Kaiser waren erfüllt von ihrer universalen Stellung; Mönchtum und Rittertum waren international.

Der Sieg des Papsttums zerstörte seit dem 13. Jahrhundert unsere Einheit. In der zweiten Hälfte des 15. Jahrhunderts begann die unselige Zeit der **Aufteilung** Deutschlands an die mächtigen benachbarten Nationalstaaten. Allenthalben drang fremdes Volkstum siegreich vor; es schien, als sollten das deutsche Volkstum und der deutsche Staat erdrückt werden.

3. **Luthers** Auftreten war zugleich eine nationale Tat. Der Kampf gegen Rom brachte einen Aufschwung des deutschen Volkstums, das damals erst eine **gemeinsame Schriftsprache erhielt.** Es begann die glänzende Entwicklung unseres Volksschulwesens. Niemals war das Gefühl nationaler Zusammengehörigkeit größer. Aber durch eigene Schuld gerieten wir in eine neue Kulturfremdherrschaft; jeder Fortschritt der Gegenreformation bedeutete einen Verlust des Deutschtums. Nach den Stürmen des 30jährigen Kriegs war **französisch** Trumpf, und die deutsche Sprache wäre allmählich abgestorben, wenn nicht die deutsche Bibel, die deutsche Predigt, das deutsche Kirchenlied, der deutsche Katechismus gewesen wären.

Man muß Goethes „Dichtung und Wahrheit" lesen, um zu erkennen, wie eng die Entwicklung unserer herrlichen Literatur des 18. Jahrhunderts einerseits mit der Reformation, anderseits mit dem **Aufstieg des unabhängigen, romfreien Preußenstaates** zusammenhängt.

IV.
Das Papsttum auf der Höhe seiner Macht.

Nach katholischer Auffassung war im 13. Jahrhundert das Ideal vom „Reiche Gottes" erfüllt. Die Päpste besaßen die plenitudo potestatis, aus welcher jede andere irdische Gewalt nur ein Ausfluß oder Lehen sei; sie setzten rechtskräftig Könige ein und ab, waren Stifter des Reichs und vergaben die Kaiserkrone; sie waren Oberherren im Geistlichen und Weltlichen. Welche Wirkungen übten die Gewalt des Lösens und Bindens, die Möglichkeit der seelischen Aushungerung, Höllenfurcht und Himmelshoffnung auf die Gemüter! welchen Eindruck machte es, als der Papst Gregor VII. den Bannstrahl gegen Heinrich IV. schleuderte (1076)! als Papst Hadrian IV. 1155 das Interdikt auf Rom legte! wie gewaltig wurden die Gemüter der Menschen von der Kreuzzugsidee ergriffen, von dem Wunsch, das gelobte Land zu befreien!

Gregorovius schreibt IV, S. 246: „Das Reich von Priestern, die keine anderen Waffen in der Hand führten, als ein Kreuz, ein Evangelium, einen Segen und einen Fluch, ist bewundernswürdiger als sämtliche Reiche römischer oder asiatischer Eroberer. Dieses geistliche Imperium mag man verdammen oder hassen, doch wird es, solange die Erde steht, ein einziges unwiederholtes Phänomen moralischer Macht sein."

Das römische Papsttum hat mehr erreicht, als das römische Kaiserreich; denn es hat das germanisch-deutsche Mitteleuropa dem welschen Geiste unterworfen. Dieser Gottesstaat, an dessen Spitze der Papst als Stellvertreter Christi steht, mit dem Imperium über Himmel und Erde ausgerüstet, wird bis heute mit überschwänglichen Worten als das **Reich des Friedens** gepriesen: Pax et iustitia „Friede und Gerechtigkeit", seien sein innerstes Wesen, seine Signatur. Wenn man einen modernen Ausdruck gebrauchen wollte, so müßte man die Päpste die eifrigsten **Pazifisten** nennen.

Aber welch ein Unheil hat damals und heute der **Wahn der Pazifisten** über die Welt gebracht, **die Menschheit mit Gewalt und Krieg zu diesem Frieden und zu dieser Gerechtigkeit zwingen zu müssen!** Um dieses Friedens willen wurden und werden nach außen die grausamsten Kriege entfesselt; um dieses Friedens willen flossen im Innern Ströme von Blut.

1.
Der Kampf gegen die Ungläubigen.

In dem Ringen zwischen Europa und Asien, zwischen Christentum und Islam, trat seit dem 10. Jahrhundert eine entschiedene Wendung ein. Die Araber wurden aus Sizilien und aus ihren letzten Plätzen in Südfrankreich verdrängt; auch in Spanien mußten sie Schritt für Schritt zurückweichen. Als nun das Papsttum im 11. Jahrhundert den Weg zur Weltherrschaft betrat, da steckte sich der hochstrebende Papst Gregor VII. ein doppeltes Ziel:

Wiedervereinigung der morgenländischen Kirche, d. h. Unterwerfung des schismatischen oströmischen Reichs unter das Papsttum;

Befreiung Jerusalems vom Islam.

Die Ausführung dieser Pläne hat zwei Jahrhunderte lang das Abendland in Atem gehalten; von 1096—1291 ist die Kreuzzugszeit. Viele Hunderttausende von Menschenleben sind nutzlos geopfert worden, und es folgten dann neue siegreiche Vorstöße des Islam.

Die Kreuzzüge waren zugleich Wallfahrten, und man spricht von einer „Kreuzzugsepidemie". Der Gedanke der Erlösung des Heiligen Grabes gehört zu den Wahnideen, die entsetzliches Unheil gebracht haben. Die Unternehmungen waren eine Kraftprobe des weltbeherrschenden Papsttums; aber es hat sich unfähig erwiesen, und die Kreuzzüge, die den Glanz seiner Stellung erhöhen sollten, trugen wesentlich dazu bei, seine Autorität zu erschüttern. Später hat der Philosoph Hegel die treffende Äußerung getan, daß die europäische Menschheit in diesen kriegerischen Wallfahrten dieselbe Antwort empfangen habe, wie einst die Jünger: „Was suchet ihr den Lebenden bei den Toten? er ist nicht hier, er ist auferstanden."

2.
Der Kampf gegen die Ketzer.

Im Evangelium des Lukas 9, 53 ff. heißt es: „Die Samariter nahmen Jesum nicht auf. Da aber das seine Jünger Jakobus und Johannes sahen, sprachen sie: Herr, willst du, so wollen wir sagen, daß **Feuer vom Himmel falle und sie verzehre**, wie Elia tat? Jesus aber wandte sich und bedräuete sie: **Wisset ihr nicht, wessen Geistes Kinder ihr seid**? des Menschen Sohn ist nicht gekommen, der Menschen Seelen zu verderben, sondern zu erhalten."

Jesus weist es entrüstet von sich, Menschen, die ihm nicht freiwillig folgen, durch Feuer und Schwert zu vernichten.

Als das Papsttum auf der Höhe seiner Macht stand, erschien die **Einheit der Kirche** als die Hauptsache der christlichen Religion. Jeder Ungehorsam gegen die eine Kirche, deren Oberhaupt der Papst ist, wurde als Ketzerei verfolgt. Welch ein Wahn!

1. Auf die Frage „**Worin bestand im 12.—15. Jahrhundert die Ketzerei?** müssen wir antworten: „Ketzer" war jeder, der gegen die Verweltlichung der Kirche und Veräußerlichung der Religion, gegen das unwürdige Leben der Geistlichen und ihren weltlichen Besitz, vor allem aber gegen die politische Weltherrschaft der Päpste auftrat; als „Ketzer" galten die **Kaiser**, die sich dem Papste nicht unterordneten; als „Ketzer" wurde **Arnold von Brescia** 1155 verbrannt, weil er dafür kämpfte, daß die Kirche auf äußere Macht und weltlichen Besitz verzichte.

„Ketzer" war jeder, der sich auf die **Bibel** berief, um die Religion Jesu aus der Umklammerung aller Fremdkörper zu befreien. „Ketzerei" war das **Bibellesen der Laien**, besonders in der Mutter- und Volkssprache.

Der **Kampf gegen die Bibel** ist ein wichtiges Kapitel der Kirchengeschichte. Während in den ersten Jahrhunderten n. Chr. den Laien das Lesen der Bibel dringend empfohlen wurde und Chrysostomus die Unbekanntschaft mit der heiligen Schrift für die Ursache der Ketzereien erklärte, erschien umgekehrt seit dem 12. Jahrhundert die Bekanntschaft mit der Bibel, besonders mit dem Neuen Testament, als die gefährlichste Ursache der Ketzerei. In den Jahren

1228, 1233, 1234, 1246 wurde den Laien aufs strengste verboten, die biblischen Schriften, besonders in der Volkssprache, zu besitzen. Im Jahre 1486 untersagte der Erzbischof Berthold von Mainz bei Strafe der Exkommunikation den Druck deutscher Übersetzungen biblischer Bücher.

Aber man kämpfte nicht nur gegen die lebendige Volkssprache, sondern auch gegen den hebräischen Urtext des Alten und den griechischen des Neuen Testaments. Freilich war es um 400 n. Chr. ein großes Verdienst des Hieronymus gewesen, daß er in jahrelanger Arbeit an Stelle der bisherigen mangelhaften lateinischen Bibelübersetzungen dem Abendland eine neue, bessere schenkte. Aber es gehört zu den Ungeheuerlichkeiten der römischen Papstkirche, daß sie diese sogenannte „Vulgata" für authentisch und inspiriert erklärt, und daß die Übersetzung den vollen Wert des Originals haben soll. Obgleich das Tridentiner Konzil (1545—1563) diese Geltung der Vulgata zum Beschluß erhob, erkannte sie doch die Notwendigkeit an, sie zu revidieren und zahlreiche Übersetzungsfehler zu beseitigen. Darauf veröffentlichte der „unfehlbare" Papst Sixtus V. 1590 die amtliche Ausgabe aus der Fülle apostolischer Gewalt als fortan unabänderlich bei Strafe der großen Exkommunikation, mit der Zusicherung, daß er mit eigner Hand die Druckfehler korrigiert habe. Doch hat er selbst noch Anlaß gehabt, vor dem Werke seiner Hände zu erschrecken, und er ließ durch aufgeklebte Zettel die bedenklichsten Irrtümer verbessern. Nach dem Tode dieses selbstherrschenden Papstes war in Rom sogar vom Verbote seines Druckwerkes die Rede; doch half man sich nach Bellarmins Rat durch eine neue Ausgabe, die an 2000 Verbesserungen enthielt und 1592 wiederum unter dem Namen des Sixtus erschien, während die wirkliche Ausgabe desselben im Stillen möglichst beseitigt wurde[1]).

Durch das Tridentiner Konzil und durch zahlreiche Bestimmungen von Päpsten und Bischöfen der neueren Zeit ist das Bibellesen zwar nicht ausdrücklich verboten, aber so sehr erschwert, daß es einem Verbote gleichkommt.

Auch die Bibelgesellschaften, nicht nur evangelische, sondern auch katholische, sind verdammt worden. Mehrere Päpste haben sie ‚listige Erfindungen‘, ‚verderbliche Fallstricke‘, ‚die gefährlichste von allen Ansteckungen‘ genannt.

Der Papst Leo XIII. hat 1897 die Bibel von neuem auf den Index gesetzt und die Übersetzungen der heiligen Schriften in die Volkssprachen ebenso verboten, wie die unzüchtigen Schriften.

Als Ketzer wurden auch die Hexen verfolgt. Der Hexenwahn, der besonders seit dem gefeierten 13. Jahrhundert einen ungeheuren Umfang annahm, gehört zu den schmutzigsten Kapiteln der Kulturgeschichte. Die offizielle Papstkirche hat den wüsten Aberglauben an Dämonen und Teufel, an Bündnisse mit dem Teufel und an Teufelsbuhlschaft eifrig gefördert. Besonders das weibliche Geschlecht wurde so schlecht gemacht, wie es nur nach römisch-katholischer Auffassung infolge von Klosterdisziplin und Zölibat möglich ist. Dieser Wahn hat vom 13.—18. Jahrhundert gegen neun Millionen Menschenleben gefordert[2]).

---

[1]) Nach Hases Polemik S. 84 f.
[2]) Mit Recht nennt Alfred Rosenberg es eine „dreiste Behauptung" und „Höhe der Verdrehung geschichtlicher Tatsachen", wenn im Jahre 1934 Vertreter der katholischen Wissenschaft in ihren „Studien zum Mythus des 20. Jahrhunderts" das

2. **Wie grausam und unmenschlich war das Verfahren gegen die „Ketzer"?** Die Inquisition und die Hexenprozesse erzählen uns viel entsetzlichere Greuel als die Kriegsgeschichte.

Der Papst Innozenz III. (1198—1216) organisierte die Inquisition, das „Glaubensgericht", und später wurde alles in feste Regeln gebracht. Bei der Verfolgung gegen Ketzer, Zauberer, Hexen und ihre Gönner bzw. Beschützer wurden unbedenklich Verbrecher, Ehrlose, Meineidige als Kläger und Zeugen zugelassen; man überredete Ehegatten gegen Ehegatten, Kinder gegen ihre Eltern aufzutreten. Die Richter bzw. die Geistlichen oder Mönche machten sich kein Gewissen daraus, durch Lügen, falsche Versprechungen und Lockungen ihr Ziel zu erreichen; den Ketzern gegenüber fühlten sie sich an kein Versprechen, keinen Vertrag und keinen Eid gebunden. Entsetzlich waren die Gefängnisse, entsetzlich die Folterungen, entsetzlich die qualvollen Hinrichtungen.

Zahllos waren die Opfer der Inquisition. Ist es nicht merkwürdig, daß am ersten und schwersten gerade das Land heimgesucht wurde, in dem das Papsttum am ungehindertsten seine Macht hatte entfalten können, Frankreich? Die Verfolgungswut der Kirche gegen die ketzerischen Albigenser und Waldenser kannte keine Grenzen. Es liegen uns genaue Berichte der päpstlichen Bevollmächtigten vor. Mit Schaudern lesen wir, wie bald hier, bald dort in Südfrankreich Hunderte, Tausende „zur höheren Ehre Gottes und der seligsten Jungfrau, seiner Mutter, und des heiligen Dominikus, seines Dieners" verbrannt sind. Leichen von Ketzern wurden ausgegraben, durch die Straßen geschleift und dann verbrannt, ihre Häuser zerstört. Als man 1209 nach Eroberung der Stadt Béziers nicht wußte, welche Bewohner ketzerisch und welche rechtgläubig wären, ließ der päpstliche Legat sie alle hinrichten, indem er erklärte: „Tötet sie alle! Gott wird die seinen zu erkennen wissen." Und so wütete man von Ort zu Ort, von Jahr zu Jahr.

In Spanien hat die Inquisition auch im 13. und 14. Jahrhundert viele Opfer gefordert; aber im großen Maßstabe begann das Verbrennen der Ketzer erst im 15. Jahrhundert, nach der amtlichen Begründung der spanischen Inquisition durch den Papst Sixtus IV. Der erste Großinquisitor, der Dominikaner Torquemada, ein getaufter Jude[1]), ließ von 1483 bis 1498 allein in Sevilla 2000 Ketzer verbrennen. Und so wütete das Glaubensgericht 300 Jahre lang; von 1483 bis 1788 wurden in Spanien 34 728 Personen lebendig verbrannt, 13 714 erwürgt und verbrannt, 17 529 gehängt, 65 164 im Kerker umgebracht, 23 138 zur Galeere und 167 669 zu Gefängnis verurteilt.

Hexenwesen als „im germanischen Charakter begründet" bezeichnen; es sei „leider altgermanisches Volksgut". Rosenberg weist nach, daß der Hexenwahn im römischen Völkerchaos seinen Ursprung habe und von der römischen Kirche nicht bekämpft, sondern gefördert sei.

Außerdem hat sich besonders eingehend Alfred Miller in seiner Schrift „Wissenschaft im Dienste der Dunkelmänner" mit dem Ursprung des Hexenwahns beschäftigt (S. 28—53). Er kommt zu dem Ergebnis: „In der Hauptsache hat er seine Heimat im Orient."

[1]) Daß sowohl der Kardinal de Torquemada als auch der Großinquisitor gleichen Namens Juden waren, bezeugt uns ein alter spanischer Gewährsmann. Näheres darüber bei Schirrmacher, „Geschichte Spaniens", 6. Band, S. 610 und 622.

Wohl mußte der Statthalter Christi, Papst Sixtus IV., schon 1483 das Vorgehen seiner Bevollmächtigten tadeln: „Ohne Innehaltung irgendwelchen Rechtsverfahrens haben sie viele ungerecht eingekerkert, schrecklichen Folterqualen unterworfen, ungerecht als Ketzer ausgegeben und ihres Vermögens beraubt, die dann die Todesstrafe erlitten haben", aber er setzte die Blutmenschen nicht ab, sondern ließ sie weiter wüten.

In Deutschland war der Unwille gegen den ersten päpstlichen Inquisitor, Konrad von Marburg, so groß, daß er 1233 erschlagen wurde. Wie dieser fanatische Eiferer sein Amt auffaßte, geht aus den Worten seiner Helfershelfer hervor: „Wir würden 100 Unschuldige verbrennen, wenn nur ein Schuldiger darunter ist." Wegen „Ketzerei" wurde 1234 das tapfere Bauernvolk der Stedinger vernichtet, wobei der unbeugsame Papst Gregor IX. wiederholt durch Bullen zum allgemeinen Kreuzzug gegen sie aufforderte; und doch scheint ihre ganze „Ketzerei" in weiter nichts bestanden zu haben, als in einem berechtigten Widerstand gegen kirchliche Ausbeutung.

Dasselbe „große" 13. Jahrhundert, das die Vernichtung des kaiserlichen Hohenstaufen-Hauses und die blutigen Ketzerkreuzzüge sah, brachte auch die erste päpstliche Hexenbulle Gregors IX; zweieinhalb Jahrhunderte später erschien die berüchtigte Hexenbulle des Papstes Innozenz VIII., „im Jahre 1484 der Menschwerdung des Herrn". Den „Hexenhammer", der bald darauf geschrieben wurde, nennt Hoensbroech „das furchtbarste Buch der Weltgeschichte"[1]). Man ist versucht, an dem gesunden Menschenverstand der Verfasser von dieser und von ähnlichen Schriften zu zweifeln; so widerwärtig ist der Inhalt, so abstoßend der Aberglaube, so unflätig sind alle Dinge, in denen die wüste Phantasie der Geistlichen herumwühlt. Aber die Schriften ernteten allerhöchstes Lob, und bis zum heutigen Tage hat noch kein Papst ein einziges Wort des Tadels gegen die abscheulichen Bücher gefunden.

Der Historiker Riezler schreibt: „Wer Hexenprozesse studiert, glaubt sich unter ein Geschlecht versetzt, das alle edlen menschlichen Anlagen, Vernunft und Gerechtigkeit, Scham, Wohlwollen und Mitgefühl erstickt hat, um dafür alle teuflischen in sich großzuziehen. Aus der Sphäre, die den Menschen die teuerste und erhabenste des Lebens bedeutet, aus dem Heiligtum der Religion, grinst dem Beschauer ein Medusenhaupt entgegen und hemmt ihm das Blut in den Adern. Unter christlichen Völkern, im Schoße einer 1000 Jahre alten Kultur ist der Justizmord zur stehenden Einrichtung geworden; Hunderttausende von Unschuldigen wurden nach ausgesuchten Martern des Leibes und nach unnennbaren Seelenqualen auf die grausamste Weise hingerichtet. Diese Tatsache ist so ungeheuerlich, daß alle anderen Verirrungen des Menschengeschlechts daneben zurücktreten."

3.
Die römische Papstkirche als „Kulturträgerin".

Wir müssen die Tatsache feststellen, daß das Papsttum, als es die volle, weltbeherrschende Macht erreicht hatte, sich als stärkstes Hemmnis jeder echten Kultur bewies.

---

[1]) Hoensbroech, „Das Papsttum".

1. **Alle Kultur erwächst auf dem Boden des Volkstums.** Aus dem Chaos des untergehenden römischen Weltreichs und der folgenden Völkerwanderungen erhoben sich allmählich im 2. Jahrtausend n. Chr. **neue Nationen.** Ihrer gesunden Entwicklung trat überall die universale Kirche entgegen. Besonders wir **Deutschen** haben unter diesem Ringen zwischen Nationalismus und Universalismus stark gelitten[1].

Als das Papsttum auf der Höhe seiner Macht stand, sank es zugleich am tiefsten in das Chaos des untergehenden, römischen Weltreichs zurück. Nach einem Jahrtausend fast ununterbrochener Kämpfe siegte auf dem Laterankonzil des Jahres 1215 die materialistische Auffassung des Abendmahls über die idealistische und wurde der dogmatische Mittelpunkt der katholischen Kirche; hier wurzelt die schrankenlose Macht des Priestertums. „Die **Magie** und mit ihr der **Zauberer** hatten gesiegt" (Chamberlain, S. 65).

2. Wie sah es mit der **wissenschaftlichen Tätigkeit** der Kirche aus, die ja das volle Unterrichts-, Schul- und Wissens-Monopol hatte?

Die **Religion Christi** wurde **teils** eine genaue Buchführung über unsere Verdienste und Sünden und eine Art von mechanischen Rechenaufgaben, wo mit den Mitteln der logischen Schlußfolgerung das Dasein Gottes, Unsterblichkeit, Himmel und Hölle, die Wirksamkeit von Heiligen und Teufeln „bewiesen" wurde. **Teils** war sie eine Rechtswissenschaft, und die Geistlichen, die zu höheren Stufen in der Hierarchie aufsteigen wollten, mußten vor allem **Juristen** sein.

Auf dem Stuhle Petri saßen keine geistesgewaltigen Theologen noch warmherzige prophetische Persönlichkeiten, sondern verständige und energische **Rechtsgelehrte,** die es als ihre Aufgabe ansahen, alle Funktionen der Kirche der juristischen Dialektik zu unterwerfen[2].

Im 12. Jahrhundert lebte in Italien der Eifer für die Rechtskunde, die **Jurisprudenz**, wieder auf, und die Universität zu Bologna wurde für Jahrhunderte die berühmteste und gefeiertste Rechtshochschule, wohin viele Tausende Studenten aus allen Ländern strömten. Wichtig ist, daß der **Dualismus,** den uns das Mittelalter in den beiden Gewalten zeigt, auch im Rechtsleben immer schärfer hervortrat. Man spricht von dem Studium „beider Rechte" und unterschied zwei Rechtskörper: außer dem corpus iuris civilis (des Justinian), das corpus iuris canonici, das Rechtsbuch der Kirche. Die erste große Sammlung der päpstlichen Dekretalen veranstaltete um 1140 der Mönch Gratian; darin stand unter anderem Pseudoisidor. Sie wurde mehrmals erweitert, und Gregor IX. (1227—1241) vereinigte alles zu einem großen Gesetzbuch. Diesem „kanonischen" Recht wurden auch all die entsetzlichen Ketzergesetze eingefügt, von Urban II. und Innocenz III., vor allem die vom Papst Gregor IX. veranlaßten grausamen Ketzeredikte des Kaisers Friedrich II. Die Kenntnis des „kanonischen" Rechts war das eifrige Bestreben der Geistlichen, weil der sicherste Weg zur Kardinalswürde und zum Papsttum selbst. Die Kämpfe zwischen „den beiden Gewalten", zwischen Kaisertum und Papsttum,

---

[1] Vgl. den früheren Abschnitt „Kulturfremdherrschaft" S. 134 f.
[2] Nach Harnack „Lehrbuch der Dogmengeschichte" III.

waren zugleich Kämpfe von Recht gegen Recht¹). Aus dem „kanonischen" Rechtsbuch bewiesen die Päpste ihre Universalgewalt, und die Kirche dehnte Zuständigkeit, Gerichtsbarkeit und Gesetzgebungsrecht immer weiter aus. Dagegen appellierte der Kaiser Friedrich I. Barbarossa an das bürgerliche Rechtsbuch Justinians, und er wurde unterstützt von den berühmtesten Juristen Bolognas; im folgenden (13.) Jahrhundert waren die besten Streiter des Kaisers Friedrich II. seine gelehrten Hofrichter. Als dann das römisch-deutsche Kaisertum unterlag, brachte die Nationalmonarchie Frankreichs durch das Zivilrecht das Papsttum zu Fall.

Als Hauptscholastiker wird Thomas von Aquin (1225—1274) gefeiert. Wie unfruchtbar war doch die angestrengte, scharfsinnige Geistesarbeit, die von der Scholastik aufgewandt wurde! Denn sie war von vornherein eine Verirrung, eine falsche, Pseudo-Philosophie, eine „Magd der Theologie". Für sie standen die Glaubenssätze von vornherein fest, die keineswegs von unserem Religionsstifter Jesus Christus, sondern durch den Machtspruch der Kirche aufgestellt waren; sie sollten, jeder Kritik entrückt, mit den Mitteln der logischen, rechnerischen Schlußfolgerungen vor dem Verstand als richtig „bewiesen" werden. So wurden denn das Dasein und Wesen Gottes, das Geheimnis der Trinität, die Natur der Engel, Sünde und Gnade, Erlösung und Versöhnung, die Siebenzahl der Sakramente, die Verwandlung des Brotes und Weines in den Leib und das Blut Christi „wissenschaftlich" erörtert²). Wie sehr diese Pseudowissenschaft den kirchlichen Ansprüchen dienstbar war, zeigt sich darin, daß Thomas mit allem Nachdruck behauptet: der Kaiser sei dem Papste untergeordnet, und die königliche Gewalt werde, als eine durchaus materielle Kraft, nur durch die geistliche rationell, wie der irdische Leib nur durch den Geist seine Impulse empfange; auf den Papst, den Stellvertreter Christi und das sichtbare Haupt des gesamten christlichen Weltorganismus, sei alle königliche Jurisdiktion zurückzuführen³).

Mag man auch die Dialektik und logische Verstandesschärfe des Thomas von Aquin bewundern, so zeigt sich doch überall seine Gebundenheit. Dieser „Fürst der Theologen", dieser „englische Lehrer" rechtfertigt die Ketzerverbrennung; er steht so sehr im Banne des römischen Aberglaubens, daß er in seinem gefeierten Hauptwerk, der Summa theologiae, schreibt: „Derselbe Teufel, der sich als Weib mit einem Manne geschlechtlich vergeht, kann sich auch als Mann mit einem Weibe geschlechtlich vergehen." Eingehend werden die Fragen behandelt, ob Jesus auch nach seiner menschlichen Natur Gottes wahrer Sohn sei; ob die Jungfrau Maria schon von ihrer Empfängnis an vom Makel der

---

¹) Anfangs zwischen römischer und germanischer Rechtsauffassung, später zwischen den beiden Körpern des römischen Rechts, dem bürgerlichen und dem kanonischen.

²) Sie stellten sogar die dornige Frage, was denn, falls ein Teil der schon geweihten Hostie einer in der Nähe des Altars sich herumtreibenden Maus zwischen die Zähne falle, diese Maus verzehre.

³) Thomas von Aquin entwickelt die Ansichten Innozenz' III.: „Der Endzweck des Menschen ist die ewige Seligkeit, Mittel dazu die Kirche, König dieses Reiches Christus, sein Vikar der Papst; vom Papst hängt alle, auch die temporelle Gewalt ab: an die Stelle des alten Imperium ist die Monarchie Christi getreten. Die päpstliche Jurisdiktion folgt aus der Schenkung Konstantins und der Translation des Reiches von den Griechen auf die Franken durch den Papst."

Erbsünde befreit gewesen oder ob diese Befreiung erst einer nachfolgenden Gnadenwirkung Gottes zuzuschreiben sei [1]).

Später erschöpften die Scholastiker immer mehr ihren Scharfsinn in den abgeschmacktesten Subtilitäten, bis um 1500 der Spott der Humanisten sie der Lächerlichkeit preisgab.

3. Was hat die römische Papstkirche, als sie auf der Höhe ihrer Macht stand, getan, um **die Menschheit sittlich emporzuheben?** Gelten für sie die Worte Jesu: „Ein Beispiel hab ich euch gegeben"? Leider muß die Antwort lauten: **Die kirchlichen Zustände waren am Ende des Mittelalters** eine einzige Lüge; es war eine Kirche ohne Moral, ohne Wahrheit, ohne Religion [2]).

Die römische Papstkirche und die Alte Kulturwelt.

Nach dem Weltkrieg erlebten wir eine eifrige Propaganda für die Wiederkehr des heiligen römischen Reichs deutscher Nation. Dabei tat sich in Wort und Schrift der Jesuitenpater Muckermann hervor; er behauptete: „Rom habe uns die Elemente der antiken Kulturwelt vermittelt, ohne die ein Goethe und Schiller und überhaupt deutsche Kultur und deutsches Wesen nicht denkbar seien." **Das ist eine grobe Irreführung.** Wir müssen zweierlei Alte Kulturwelt unterscheiden; wir stellen fest, daß die Religion Jesu sich mit dem ursprünglichen, nordischen Griechen- und Römertum wohl hätte verbinden können, ebenso wie mit dem altisraelitischen, auf Verinnerlichung der Religion dringenden Prophetismus und mit dem altgermanischen „Heidentum". Statt dessen wurde sie in die **Entartung der Alten Kulturwelt** hineingerissen, und gerade die römische Papstkirche, mit ihrem Weltherrschaftsstreben und Menschheitswahn, mit der Scheidung in Klerus und Laien, mit der Geringschätzung des Weibes, mit dem Gesetzes- und Buchstabenwesen entwickelte sich zur Trägerin und Förderin des jüdisch-römischen Völkerchaos.

Was die römische Papstkirche unserem Volke brachte, war weder die Religion Jesu noch die antike Kultur, sondern eine Afterkultur mit allen Krankheiten der **ungesunden**, sterbenden Alten Welt. Dadurch hat sie unser Volk für viele Jahrhunderte in der Entfaltung seiner Erbanlagen gehemmt. Was das Judentum seit dem 4. Jahrhundert v. Chr. für die Griechen und Römer war, das bedeutete im Mittelalter die römische Papstkirche für uns Deutsche: **einen zersetzenden Fremdkörper.** Vor allem denken wir an das, was dem Römer Tazitus an unseren heidnischen Vorfahren besonders aufgefallen war: **Die Reinheit des Ehe- und Familienlebens.** Hier hat Rom verheerend gewirkt.

Erst mit Luther begann die Befreiung aus den römischen Fesseln. Er führte uns zur reinen Religion Jesu und zum unverwelschten Deutschtum zurück; es folgte im 18. Jahrhundert die Anknüpfung an das reine Griechentum.

---

[1]) Der Papst Leo XIII. hat 1892 Thomas von Aquin zum Normalphilosophen für die katholische Welt erhoben. Damit sollte der große Einfluß unseres deutschen Philosophen Kant gebrochen werden. In der Tat gibt es keine größeren Unterschiede als Thomas und Kant. Denn Kant läßt unsere Verstandestätigkeit, d. h. unser rechnerisches, logisches, mechanisches Denken nur auf dem Boden der Erfahrung gelten; dagegen sind ihm die Ideen „Gott, Welt und Sünde" oder „Gott, Freiheit und Unsterblichkeit" unbeweisbar. Er entdeckt im menschlichen Inneren eine eigene, jenem mechanischen Denken nicht unterworfene Welt.

[2]) Vgl. meine „Angewandte Kirchengeschichte", 3. Auflage, S. 197 ff.

4.
Karikatur der mittelalterlichen Ideen.

1. Wiederholt war von dem Kampf zwischen „den beiden Gewalten" die Rede. Wir müssen aber noch von einer **dritten Gewalt** sprechen, die sich als Erbin des alten römischen Weltreichs betrachtete; das war **die Stadt Rom** mit dem Kapitol und mit seinen Senatoren.

Gregorovius nennt die mittelalterliche Stadt Rom „**die schreckliche Karikatur einer erhabenen Idee**". Dabei haben gerade die bedeutendsten Päpste von Gregor VII. (um 1080) bis Innozenz IV. (um 1250), die doch das mächtige Kaisertum ihrem Willen beugten, es nicht fertig gebracht, den Widerstand der Römer zu brechen. „Hat die Geschichte einen gleichen Verein von Ohnmacht und Allmacht irgendwo unter den Herrschern wiederholt, wie er sich in den Päpsten des Mittelalters darstellte?" In Rom gab es Jahrhunderte lang eine kaiserliche und eine päpstliche Partei; die Römer richteten ihre Wut bald gegen den Kaiser, bald gegen den Papst; bald riefen sie den einen, bald den anderen herbei und empfingen ihn jubelnd. Die bettelhaften Römer, deren Feilheit und Käuflichkeit berüchtigt war, berauschten sich im 12. Jahrhundert an den hohen Worten Arnolds von Brescia, im 14. an den hohen Ideen Colas von Rienzi; die römische Republik sollte in ihrem alten Glanze wiederhergestellt werden.

Für das **Verhältnis zwischen den Päpsten und der Stadt Rom** in der Zeit, wo das Papsttum auf der Höhe seiner weltbeherrschenden Macht stand, ist folgende **Zusammenstellung** aus Gregorovius ‚Geschichte der Stadt Rom' lehrreich:

IV, S. 184. „Ein widerspruchsvolles Schicksal erfuhr **Gregor VII.**, der größte aller Päpste; die Welt zitterte vor ihm, Könige knieten zu seinen Füßen, aber die rebellischen Römer schleppten ihn Weihnachten 1075 bei den Haaren mit sich fort. Er demütigte seine gekrönten Feinde, doch er konnte die verächtlichsten seiner Gegner nicht züchtigen; in der Stille seines Herzens mußte er über die Winzigkeit aller irdischen Majestät salomonische Betrachtungen anstellen."

S. 259. „Viele Nachfolger Gregors VII. finden wir fast immer auf der Flucht und in der Verbannung aus Rom."

Von dem tatkräftigen Papst **Hadrian IV.** (1154—1159) heißt es zum Schluß, S. 525: „Nur die Republik Rom zu stürzen hatte er nicht vermocht."

S. 556 ff. Den mächtigen Papst **Alexander III.** (1159—1181), vor dem Friedrich Barbarossa sich demütigen mußte, ließen die Römer nicht in die Stadt. Erst nach einem langen Exil von zehn Jahren konnte er in Rom einziehen, von Prozessionen eingeholt, vom Senat und den Magistraten, von der Ritterschaft und der Miliz mit Posaunenklang, vom ganzen Volk mit Ölzweigen und Lobliedern begrüßt ... Aber die Päpste mochten allem eher trauen als dem Jubel der Stadt Rom; die Römer streuten heute Blumen auf ihre Pfade, breiteten Decken vor dem Schritt ihres Zelters aus, und morgen verschlossen sie sich wieder hohnlachend in die finsteren Türme des Altertums oder griffen in Furie nach dem Schwert ... Nach langem Kampf war Alexander III. überall als das alleinige Oberhaupt der Kirche anerkannt;

nur in Rom und im Kirchenstaat blieb er machtlos. Drei Nachfolger Alexanders III. mußten im Exil leben.

V, S. 7. Auch im 13. Jahrhundert war das Papsttum, auf dem Gipfel seiner Weltherrlichkeit, durchaus machtlos in Rom. Der Thron des Papstkaisers Innocenz III. (1198—1216) drohte umgestürzt zu werden, ehe er ihn wirklich bestieg. Später hat dieser große Papst zweimal aus der Stadt fliehen müssen.

V, S. 151 ff.: Auch der greise Papst Gregor IX. (1227—1241), dessen erbittertes Ringen mit dem Kaiser Friedrich II. wir kennen, mußte wiederholt in die Verbannung gehen, zuerst 1228. Als er zwei Jahre später „vom Jubelruf der Römer empfangen und nach dem Lateran geführt wurde, mochte der würdige Greis einen Blick der Verachtung auf ein Volk werfen, das seit mehr als einem Jahrhundert gewöhnt war, seine Päpste zu mißhandeln und zu verjagen, um sie dann nach kurzer Zeit unter Lobgesängen wieder aufzunehmen". Schon im nächsten Jahr zwangen ihn die Römer wiederum, die Stadt zu verlassen; sie wollten einen mächtigen Freistaat aufrichten, wie es Mailand, Florenz oder Pisa waren, deren Beispiel sie ermunterte und beschämte.

S. 343. In den folgenden Jahrzehnten achteten die Römer auf die Rechte ihrer fortwährend im Exil lebenden Päpste recht wenig.

Das 14. Jahrhundert brachte die sogenannte „Babylonische Gefangenschaft", d. h. den Aufenthalt der Päpste in Frankreich (1305—1377), dann das Schisma (1378—1417); das 15. Jahrhundert die Reformkonzilien zu Pisa (1409), Konstanz (1414—1418) und Basel (1431—1448). Erst in der zweiten Hälfte des 15. Jahrhunderts ging die politische Selbständigkeit der Stadt Rom zugrunde[1]).

2. Kaisertum und Papsttum brachen zusammen: Das erstere um 1250 mit dem Untergang der Hohenstaufen, das letztere mit der Demütigung des Papstes Bonifaz VIII. durch den französischen König um 1300. Seitdem waren Kaisertum und Papsttum nur noch Karikaturen einer großen Idee. Alles war abgebraucht: die Weltanschauung der vorigen Jahrhunderte, das kanonische Recht und die politischen Grundsätze; Interdikt und Bannstrahl übten keine Wirkung mehr. Die Hauptursache war der steigende Mißbrauch, den die Päpste des 13. und der folgenden Jahrhunderte mit ihren moralischen Machtmitteln trieben: Bann, Interdikt und Kreuzzüge dienten teils dem französischen Königtum, dessen Vasallen die Päpste geworden waren, teils der Habgier der Päpste.

Schließlich trieben beide, Kaiser und Päpste, eine engherzige Hausmachtpolitik und benutzten das Ansehen, das sie noch aus der früheren Stellung gerettet hatten, um hinter der Maske hoher Ideen die nackte Selbstsucht zu verstecken.

---

[1]) „Nichts gibt ein deutlicheres Zeugnis von der Macht, die noch immer der ehrwürdige Name und die Idee von Rom ausübte, als die Anerkennung, welche Rienzi bei fast allen Herren und Städten Italiens fand, deren Gemeinden nicht Schwärmer, sondern ernste Staatsmänner lenkten. Man glaubte weit und breit an die Möglichkeit, daß die römische Rupublik in ihrem alten Glanze erstehen könne. Die Menschheit lag noch, und sie liegt zum Teil noch heute unter dem magischen Banne der Vorstellung von der Erhabenheit dieser Mutter der Zivilisation." (Gregorovius.)

Wolf, Weltgeschichte der Lüge.

Wir lesen bei Gregorovius:

V, S. 246 ff. Schon Papst Innozenz IV. (1241 ff.) führte seinen Krieg mit allen verwerflichen Mitteln, zu denen nur immer die Selbstsucht weltlicher Herrscher greifen mag: Aufreizung zum Abfall, Erkaufung gemeinen Verrats, ränkevolle Künste von Legaten und Agenten, Aufstachelung der Völker durch die Bettelmönche ... Die Päpste scheuten sich nicht, die Kriege ihrer weltlichen Hauspolitik für Kreuzzüge zu erklären ... Und dann der Nepotismus! Der Papst Nikolaus III. (1277—1280) baute Zion in seiner Blutsverwandtschaft auf.

S. 537 f. Bannstrahl und Kreuzzugsbullen wurden Karikaturen. Der große Papst Bonifaz VIII. (um 1300) griff zu den einst gegen mächtige Kaiser angewendeten Mitteln, um römische Optimaten zu bekämpfen, die auf der Campagna einige Burgen besaßen. Der Krieg des Papstes gegen zwei Kardinäle, ein Bürgerkrieg der Kirche, zeigte der Welt den Verfall des Papsttums und minderte die Ehrfurcht von Königen und Völkern vor dem Oberhaupt der Kirche.

S. 587. „Das Papsttum, welches die Kaisergewalt zu zerstören vermochte, hatte sich Italien entfremdet und stand wie in der Luft."

VI, S. 132 f. Papst Johann XXII. (1316—1334) hat seine lange Regierung ohne eine andere Liebe, als die zum Gold, in unchristlichem Streit und Haß hingebracht und aus Herrschbegier die Welt mit Krieg erfüllt. „Bonifaz VIII. und Johann XXII. haben durch ihre Maßlosigkeit die katholische Hierarchie tiefer erschüttert, als es irgendein Kaiser bis zu ihrer Zeit getan hat[1])."

3. Eine Karikatur der mittelalterlichen Ideen war nicht nur der päpstliche „Kirchenstaat", sondern auch die zahlreichen Kirchenstaaten der Erzbischöfe, Bischöfe, Hochmeister und Äbte in Deutschland, die sogenannten „geistlichen Fürstentümer". Sie sind bis ins 19. Jahrhundert hinein das größte Hemmnis gewesen für eine gesunde Entwicklung unseres deutschen Volkstums[2]).

5.
Moderne Geschichtslügen über das ausgehende Mittelalter.

1. Über die Inquisition erklärte der Zentrumsabgeordnete Freiherr Felix von Loe am 2. März 1896 im Preußischen Abgeordnetenhause:

„Meine Herren! Die eine, die spanische Inquisition, war gerichtet gegen die verkappten Mauren und Juden, die als Christen sich gerierten, aber im Herzen teils noch Mauren, namentlich teils Juden waren. Das war eine staatliche Institution, welche staatlich handelte und staatliche, materielle Strafen an Leib und Gut verhängte. Diese Inquisition ist von der katholischen Kirche nie gebilligt, sondern mißbilligt worden. Eine andere Inquisition ist diejenige, welche die Päpste ins Leben gerufen haben in Rom. Der Kirche und vornehmlich dem Papste als Oberhaupt der Kirche liegt die Aufgabe ob, den ihr von Christus anvertrauten Glaubensschatz, den Schatz der Wahr-

---

[1]) Über die Renaissance-Päpste des 15. und 16. Jahrhunderts vgl. S. 168 ff.
[2]) Vgl. mein Buch „2000 Jahre römische Geschichte deutscher Nation" S. 195.

heiten, treu zu hüten, und deshalb haben Papst und Kirche die Aufgabe, die Erscheinungen im Leben nach allen Richtungen hin zu beobachten, und damit das geschehe, haben die Päpste eine Inquisition ins Leben gerufen, welche aber nicht mit leiblichen Strafen, mit Strafen an Geld und Gut verfährt, sondern höchstens kirchliche, geistliche Zensuren verhängt[1]."

Der Freiherr von Loë hat sich dazu mißbrauchen lassen, eine der **gröbsten ultramontanen Geschichtsfälschungen** auszusprechen. Dem gegenüber müssen wir folgendes feststellen: Es gibt nur **eine**, nämlich die päpstliche Inquisition; dieses Glaubensgericht ist von den Päpsten eingerichtet und immer sorgfältiger organisiert; die Glaubensrichter, die Inquisitoren, waren von den Päpsten abhängig. Wir besitzen eine solche Fülle von päpstlichen Erlassen, Berichten und eingehenden Anweisungen, daß der Satz nicht bestritten werden kann: „Die Inquisition ist keine staatliche, sondern eine päpstliche Einrichtung."

Trotzdem werden immer neue Versuche gemacht, das Papsttum und die Kirche rein zu waschen; sie sollen nicht verantwortlich gemacht werden für das vergossene Blut. Mit dreister Stirn erklärte der klerikale Abgeordnete Dümortier am 20. Dezember 1876 in der belgischen Kammer: „Niemals hat die Inquisition in Belgien existiert." Man kann das nicht anders als Lüge bezeichnen, angesichts der feststehenden Tatsache, daß von 1164 an über vierhundert Jahre hindurch zahlreiche Ketzerverbrennungen in den Niederlanden stattgefunden haben. Oder treibt Dümortier rabulistische Wortklauberei? Freilich gab es damals noch keinen Staat „Belgien"; also konnte die Inquisition auch nicht in „Belgien" existieren.

Kaplan Majunke behauptete, in Rom sei niemals ein Ketzer hingerichtet worden; später „verbesserte" er sich, es seien dort vom 12. bis 16. Jahrhundert nur sieben Ketzer getötet worden. In der „Germania" stand am 15. Mai 1897:

„Innerhalb achtzehn Jahrhunderten, von Petrus bis Leo XIII., hatten nur vier Ketzer in Rom die Todesstrafe erduldet, und gar nicht nach kirchlichem, sondern nach staatlichem Recht. Das sei durch Spezialstudien von katholischer, altkatholischer und protestantischer Seite festgestellt."

Vergebens wurde die Redaktion der Germania aufgefordert, die Unwahrheit richtig zu stellen; die ultramontane Presse will ihre Leser in der Unwissenheit halten.

Mit heuchlerischer Pharisäermiene wird immer wieder das Wort ausgesprochen: „ecclesia non sitit sanguinem", d. h. die Kirche dürstet nicht nach Blut, sie vergießt kein Blut. „Mit bischöflicher Approbation" hat Professor Hollwerk 1899 in Mainz die Schrift „die kirchliche Strafgewalt" herausgegeben; dort wagt er zu behaupten, die römische Kirche habe die Gesetze, welche über Ketzer Todesstrafe verhängen, weder gefordert noch veranlaßt, sondern die Staatsgewalt sei aus eigener Initiative vorgegangen. Diese Behauptung widerspricht den geschichtlichen Tatsachen.

---

[1] Nach Hoensbroech, „Das Papsttum" I, S. 7.

Die **Päpste** waren die Urheber der Ketzergesetze und der Inquisition; als Bevollmächtigte des Papstes traten die Inquisitoren auf und lehnten jede Einmischung der weltlichen Obrigkeit schroff ab. Wenn sie den Verurteilten dem weltlichen Arm zur Vollstreckung der Strafe übergaben, war es der reine Hohn, daß sie Milde empfahlen; wehe dem weltlichen Arm, der die Bitte um Schonung des Lebens ernst genommen hätte! Wir kennen mehrere Fälle, wo die weltliche Obrigkeit sich weigerte, das Henkeramt auszuüben; aber da ergoß sich der ganze Zorn des Papstes über sie, der mit den schärfsten Strafen drohte.

2. Ebenso wird versucht, die entsetzliche Schmach der **Hexenverfolgungen** von der römischen Kirche bzw. vom Papsttum abzuschütteln, und mit kecker Stirn behauptet man, in Rom sei niemals eine Hexe verbrannt worden. Die moderne ultramontane Geschichtschreibung erdreistete sich sogar, die **Protestanten** für die Hexenverfolgungen verantwortlich zu machen, z. B. Diefenbach in seinem Buch „Der Hexenwahn", Mainz 1886. Nein! der Hexenwahn blühte im 13., 14., 15. Jahrhundert, und die bedeutendsten Hexenbullen stammen aus der Zeit **vor** der Reformation, ebenso das unflätige Buch „Der Hexenhammer". Und nach der Reformation waren es die katholischen Länder, in denen der Hexenwahn und der Teufelsglaube weiter gepflegt wurden. Freilich glaubten auch die Männer der Reformation noch an Teufel und Hexen, und in protestantischen Ländern sind viele Hexenprozesse vorgekommen; **aber** man machte sich doch langsam von solchem Aberglauben frei. Dagegen hat bis heute noch kein Papst irgendeine Schandtat der Inquisition oder der Hexenprozesse verurteilt. **Im Gegenteil**[1])!

> Im Jahre 1895 stand in den analecta ecclesiastica: „O seid gesegnet, ihr flammenden Scheiterhaufen! ... O wie herrlich ist das Andenken Thomas Torquemadas!" und schon 25 Jahre früher schrieb der milde Bischof Hefele: „Es fehlt wahrlich nicht am Willen der Hierarchie, wenn nicht im 19. Jahrhundert Scheiterhaufen errichtet werden."
>
> In den letzten 100 Jahren hat die römische Papstkirche die Wiederbelebung des Hexen= und Teufelsglaubens geradezu gefördert und begünstigt. Wiederum haben wir von „Exorzismen", d. h. Teufelsaustreibungen gehört.

3. **Janssens** übermäßig gepriesenes und weitverbreitetes Werk „Geschichte des deutschen Volkes" nennt Chamberlain mit Recht ein sechsbändiges Tendenzpamphlet. Janssen läßt die Verbreitung der Bibel in Deutschland am Ende des 15. Jahrhunderts (**vor** Luther) Verdienst der römischen Kirche sein und stellt sie als einen Beweis ihres freiheitlichen Sinnes hin, während er doch sehr gut weiß:

> **erstens**, daß das Lesen der Bibel damals seit zwei Jahrhunderten von der römischen Kurie streng verboten war, und daß nur die großen Wirrnisse in der Kirche jener Zeit eine Laxheit der Disziplin verschuldeten;

---

[1]) Vgl. die Anmerkung auf S. 130.

zweitens, daß gerade damals Bürgertum und Kleinadel von ganz Europa bis ins innerste Mark antirömisch waren und sich deswegen mit Leidenschaft auf das Studium der Bibel warfen. Wie gering trotzdem die angebliche „Verbreitung" war, geht aus der einen Tatsache hervor, daß Luther mit zwanzig Jahren noch nie eine Bibel gesehen hatte und mit Mühe ein Exemplar in der Universitätsbibliothek zu Erfurt auftrieb.

Janssen geht noch weiter und behauptet, die Buchdruckerkunst, diese „den Geist beflügelnde Erfindung", sowie überhaupt die „Entfaltung des geistigen Lebens" vom 14. Jahrhundert ab, sei einzig und allein der römisch-katholischen Lehre von der Verdienstlichkeit guter Werke zuzuschreiben. In Wahrheit hat nicht der Buchdruck, wie Janssen sagt, „den Geist beflügelt", sondern umgekehrt der beflügelte Geist war es, der die Erfindung des Buchdrucks geradezu erzwang. Janssen verschweigt, „daß schon vom 13. Jahrhundert an das Papier die Bibel, namentlich das Neue Testament, durch viele Teile von Europa, übersetzt in die Volkssprachen, verbreitet hatte, so daß die Sendlinge der Inquisition, die selber nur zugestutzte Brocken aus der heiligen Schrift kannten, erstaunt waren, Bauern zu begegnen, welche die vier Evangelien von Anfang bis zu Ende auswendig hersagten[1]).

Auch die frommen Mystiker des ausgehenden Mittelalters haben mit der römischen Papstkirche nichts mehr zu tun, obgleich sie sich selbst des Gegensatzes nicht bewußt wurden[2]).

V.
Die Unfehlbarkeit
(der heilige Geist und die Tradition).

> „Die Unfehlbarkeit der Kirche, d. h. die Beschaffenheit derselben, daß sie, vom Heiligen Geiste regiert, die volle göttliche Wahrheit mindestens in Glaubenssachen allezeit besitzt und ohne Beimischung menschlichen Irrtums so weit nötig verkündet, nur eine Folgerung des Prinzips, daß in dieser bestimmten römischen Genossenschaft Idee und Wirklichkeit der Kirche sich vollständig decken, ist der Grundstein des Katholizismus, auf dem das ganze Gebäude ruht." Hase.

Über das Organ dieser Unfehlbarkeit der Kirche hat bis 1870 keine Einstimmigkeit geherrscht. Wohl erschienen die berühmten „ökumenischen" Konzilien des 4.—7. Jahrhunderts der Nachwelt in der Beleuchtung der Unfehlbarkeit, und man sagte, der Geist Gottes habe dort gesprochen. Als aber das Papsttum im 11., 12., 13. Jahrhundert auf der Höhe seiner

---
[1]) Vgl. Chamberlain S. 818.
[2]) Vgl. Schellenberg, „Die deutsche Mystik".

Macht stand, da waren die Konzilien weiter nichts als Ratsversammlungen, berufen um den päpstlichen Willen zu vernehmen und auszuführen. Dagegen erhoben die Reformkonzilien des 15. Jahrhunderts (zu Pisa 1409, Konstanz 1414—1418, Basel 1431—1449) den Anspruch, über dem Papste zu stehen und das Organ der Unfehlbarkeit zu sein. Aber bald darauf wurde diese Ansicht für ketzerisch erklärt, und auf dem Tridentiner Konzil (1545—1563) erschien der Papst tatsächlich als der Befehlende, wenngleich man sich damals scheute, die päpstliche Unfehlbarkeit zum Dogma zu erheben. Das ist erst auf dem Vatikanischen Konzil 1870 geschehen.

1. Wie eine Gotteslästerung kommt es uns vor, wenn bei den Konzilien von dem **Walten des Heiligen Geistes** gesprochen wird. Wir wissen, welch einen Druck der Kaiser Konstantin 325 zu Nizäa auf die widerstrebenden Bischöfe des Konzils ausübte, um seinen kaiserlichen Willen durchzusetzen; wir wissen auch, daß von 325 bis 381 bald die eine, bald die andere Ansicht von der Natur Christi für „rechtgläubig" galt, ganz nach der Willkür der Kaiser. Und doch hieß es 451 auf dem Konzil zu Chalzedon: „Nicht jene Männer selber waren es, die 325 zu Nizäa sprachen, sondern der **Geist Gottes**." Und um 600 äußerte der Papst Gregor der Große über die vier vorausgegangenen „ökumenischen" Konzilien, daß sie „ihm gleich den vier Evangelien seien". Aber wiederholt hat das eine Konzil etwas beschlossen, was ein späteres umstieß; welches war denn unfehlbar?

Schon im 15. Jahrhundert (vor Luther) haben hohe Kirchenfürsten ausgesprochen, daß Konzilien irren können. Eine geradezu unwürdige Behandlung haben die beiden letzten großen Kirchenversammlungen von den Päpsten erfahren, die **Tridentinische** (1545—1563) und die **Vatikanische** (1869/70). Es galt, den Episkopalismus niederzuringen, d. h. die Auffassung, daß der Papst nur „Erster unter Gleichen" und daß die Versammlung der Bischöfe, das Konzil, oberste Instanz sei. Mit rein menschlichen Mitteln wurden die Beratungen und Beschlüsse des Tridentiner Konzils vom Papst und seinen jesuitischen Ratgebern gelenkt[1]), obgleich man „das Walten des Heiligen Geistes" im Munde führte! Der französische Gesandte spottete, daß der Heilige Geist jeden Freitag im Postsack von Rom ankomme. Das Konzil war so einseitig zusammengesetzt, und die Zahl der Stimmberechtigten wurde so schamlos nach den päpstlichen Wünschen ergänzt, daß die letzten, entscheidenden Beschlüsse gefaßt wurden von 187 Italienern, 31 Spaniern, 29 Franzosen, 2 Deutschen und 1 Engländer. Die Einladung, die sowohl 1545 als auch 1869 an die Protestanten erging, war von vornherein eine **Lüge**; denn die Einladung

---

[1]) Der Jesuitenpater Lainez sprach es unumwunden aus, daß alle Macht dem Konzil vom Heiligen Vater verliehen sei und daß, wenn es hieße, die Synode sei vom Heiligen Geiste versammelt, dieses nichts anderes bedeute, als daß sie nach Verordnung des Papstes versammelt sei, um darüber zu verhandeln, was unter Billigung des Heiligen Geistes vom Heiligen Vater beschlossen sei. (Hase, Polemik S. 23.)

bedeutete weiter nichts als die Aufforderung, es sollten die verirrten Kinder in die offenen Arme des Heiligen Vaters zurückkehren.

Welche Wandlungen! Die Entwicklung führte dahin, daß im Anfang des 19. Jahrhunderts in der katholischen Kirche der Glaube an die Unfehlbarkeit des Papstes geschwunden war; ja, in zahlreichen Schriften wurde die Unfehlbarkeit geradezu als „protestantische Verleumdung" oder „protestantische Erfindung" bezeichnet. In den deutschen Katechismen mußte 1870/71 das Blatt, welches die Frage nach der päpstlichen Unfehlbarkeit als Glaubensartikel verneinte, umgedruckt werden, und im Mai 1871 hatten die Buchbinder in Münster mit dem Einheften des neuen Blattes viel zu schaffen. Denn das Vatikanische Konzil erhob im Sommer 1870 die Unfehlbarkeit des Papstes zum Dogma, zum Glaubensartikel. Welche Verirrung, daß diese Frage geradezu als der Angelpunkt der christlichen Religion bezeichnet wurde! mit wie menschlichen Mitteln kam das Dogma zustande! Die Bischöfe der Opposition unterwarfen sich einem Dogma, dessen Unwahrheit und dessen Unheil für die Kirche und für das Vaterland ihnen genau bekannt war; sie unterwarfen sich einer Majorität, welche, um einen festen jesuitischen Kern geschart, als eine abhängige, gutenteils unwissende, träge Masse ihnen nicht minder bekannt war; sie selbst haben durch ihr Davonlaufen dieser Masse zu dem Anschein imponierender Einmütigkeit des Beschlusses verholfen, und das soll nun der Heilige Geist sein, dem sie sich unterwerfen[1])! Der katholische englische Lord Akton, der unbefangene Beobachter und Geschichtschreiber des Konzils, nennt „das Vatikanische Konzil eine lange, mit List und Gewalt ausgeführte Intrigue" (Hase, S. 192).

2. Die „Tradition":

Die Kirche ist nicht durch Schriften gegründet worden, sondern durch das lebendige, gesprochene Wort. Aber was von den Taten und Aussprüchen Jesu in der Erinnerung fortlebte, das wurde in den Evangelien gesammelt, und im 2. Jahrhundert entstand aus den Evangelien, den Briefen der Apostel und der Offenbarung Johannis das Neue Testament, das fortan als „kanonisch" angesehen wurde. Außerdem erlangte im Kampfe mit den Gnostikern das Apostolikum, d. h. das einfache Glaubensbekenntnis, die gleiche Bedeutung.

Man sollte meinen, daß in demselben Maße, wie man sich von der Zeit Jesu entfernte, die Schriften der ersten Zeugen, der Apostel und der Evangelisten, d. h. das Neue Testament, an Bedeutung gewonnen hätten und, was außerdem noch an mündlicher Tradition umlief,

---

[1]) Der Bischof Hefele von Rottenburg hat noch am 11. November 1870 erklärt: „Ich kann mir nicht verhehlen, daß das neue Dogma einer wahrhaftigen, biblischen und traditionellen Begründung entbehrt und die Kirche in unberechenbarer Weise beschädigt, so daß letztere nie einen herberen und tödlicheren Schlag erlitten hat als am 18. Juli 1870 ..." Dennoch hat er sich am 11. April 1871 unterworfen. Hase bemerkt mit Recht: „Diejenige Kirche, die eine so edel angelegte und so reich ausgebildete Natur in solchen inneren Kampf gebracht hat, kann darum die von Christus gewollte nicht sein."

d. h. als Überlieferung aus der ersten großen Christenheit, zurückgetreten wäre. Aber das Gegenteil war der Fall; schon im 3. Jahrhundert eiferten bedeutende Kirchenväter gegen den Mißbrauch, der mit der sogenannten Tradition getrieben werde. Umsonst! allmählich geriet die Heilige Schrift in Vergessenheit und wurde von der Tradition verdrängt. Als die Reformatoren im Gegensatz dazu die Heilige Schrift für unsere einzige Quelle der christlichen Religion erklärten, betonte das Tridentiner Konzil (1545—1563) ausdrücklich die Gleichwertigkeit der Tradition; in Wahrheit wurde die Tradition über die Bibel gestellt, weil die Bibel nach der Tradition zu erklären sei. Der Mißbrauch, den man mit dem Wort trieb, wuchs; man erfand die Vorstellung von dem Schatz der Wahrheit, den Christus seiner Kirche mit dem Auftrag übergeben habe, je nach Umständen etwas davon herauszugeben. Dadurch wurde der Weg geöffnet zu der uralten Methode, das Neue, das man brauchte, als das Alte, Ursprüngliche erscheinen zu lassen. Angeblich werden niemals neue Dogmen geschaffen, sondern nur alte Überlieferungen „authentisch interpretiert" und alte Kirchenlehren „definiert". Das unfehlbare Lehramt des Papstes kann aus diesem Schatz der Wahrheit alles beweisen, was er wünscht und was ihm für die Gegenwart notwendig erscheint. Im Zusammenhang mit dem Unfehlbarkeitsdogma kam im 19. Jahrhundert die ungeheuerliche jesuitische Erklärung: Tradition ist, was in der römischen Kirche als Tradition gelehrt wird. Und wer ist die römische Kirche? der Papst, der die Tradition im Schreine seiner Brust besitzt. Dadurch wird in der Tat alles, was der Papst ex cathedra lehrt, über die Bibel gestellt.

Wir Protestanten sind der Meinung, daß die Gebräuche und Einrichtungen der Kirche immer den Zeitverhältnissen entsprechend umzuwandeln seien; wir sehen darin eine historische Entwickelung und erklären unsere Anordnungen nicht für die ursprünglichen, „göttlichen".

Das meiste, was die Reformatoren bekämpften, geht auf die Tradition zurück, nicht auf die heilige Schrift: die Siebenzahl der Sakramente, Fegfeuer, Brotverwandlung, Totenmesse, Marien- und Heiligenverehrung, Kelchentziehung für die Laien, Zölibat, Ablaß, Ohrenbeichte; auch im 19. Jahrhundert die unbefleckte Empfängnis Mariä, die Unfehlbarkeit des Papstes. Daß die Tradition, die Autorität und das unfehlbare Lehramt des Papstes über die heilige Schrift gestellt werden, und zwar bis in unsere Gegenwart, das mögen folgende Aussprüche beweisen:

> Der päpstliche Legat Sylvester Prierias behauptete im 16. Jahrhundert gegen Luther, daß „die Autorität der römischen Kirche und der römischen Päpste größer sei als die der heiligen Schrift".

> Bischof Ketteler schrieb um 1850: „Die Bibel bietet zunächst lediglich die äußere Form, in welche die Gesandten Gottes ihre Gedanken gekleidet haben. Wenn wir, wie die Protestantismus behauptet, nichts als die Bibel hätten, so folgte mit innerer Notwendigkeit, daß wir zwar äußere Formen besäßen, in denen göttliche Wahrheiten ausgesprochen sind, daß wir aber diesen äußeren Formen, insoweit sie einen vielfachen Sinn zulassen, durch eine subjektive Deutung einen geistigen Inhalt unter-

Die Unfehlbarkeit. 153

stellen müßten, bei dem wir gar keine Gewißheit hätten, ob diese Deutung lediglich Menschengedanken enthalte. Die Bibel ist zunächst nur ein göttliches **Gefäß**. Die katholische Kirche glaubt, eine **höhere Autorität in dem lebendigen Worte Gottes, in dem von Christus gestifteten Lehramt**, zu besitzen."

Lacordaire († 1861) erklärte: „Was ist das für eine Religion, die sich der Mensch mit Hilfe eines Buches zurecht macht? Gott hat das Buch eingegeben, aber keineswegs eure Auslegungen desselben. Wer steht euch dafür, daß ihr eure Gedanken nicht den göttlichen unterschiebt! **Der Heide schnitzt sich einen Gott aus Holz oder Marmor, der Protestant tut dasselbe aus der Bibel.** Wenn es eine wahre Religion auf Erden gibt, so muß es die höchste **sichtbare Autorität** sein, etwas, das redet, handelt, gebietet, erhebt, etwas, das so hoch über uns steht, wie Gott über den Menschen."

Mit Recht bemerkt Hase: „Das Phantasiebild jenes göttlichen Lehramtes fällt zusammen, sobald man einen Blick auf die unerbittliche geschichtliche Wirklichkeit wirft."

Als im Jahre 1806 Franz II. die **römische Kaiserkrone** niederlegte, glaubte alle Welt, daß auch der Zwillingsbruder, das **römische Papsttum**, verschwinden werde. Aber es hat seit 1814 eine Wiederauferstehung und eine Kräftigung erfahren, die niemand für möglich gehalten hatte. In dieser bewußten Rückkehr zum Mittelalter, zum 13. Jahrhundert, haben wir eine der bedeutendsten Erscheinungen der neuesten Geschichte zu sehen.

Der Wahn einer Kulturgemeinschaft.

Zweierlei Dualismus.

„Dualismus" heißt Zweiheit, und das Mittelalter brachte zweierlei ungesunden Dualismus, indem es

einerseits, was zusammengehörte (unser Volk), in zwei Teile zerriß;

anderseits, was nicht zusammengehörte, vereinigte (Germanismus und Romanismus bzw. unser Volk und die jüdisch-römische „Menschheit").

1. Die vielbeklagte Spaltung unseres Volkes ist nicht, wie immer wieder behauptet wird, die Folge der Reformation des 16. Jahrhunderts; vielmehr begann sie in der Zeit, als unsere heidnischen Vorfahren mit dem römischen Weltreich in Berührung kamen. Seitdem erwarten (bis heute) die einen alles Heil von einem engen Anschluß an Rom, den die anderen ablehnen. Nach den zwei feindlichen Brüdern, den Cheruskerfürsten Armin und Flavus, nenne ich die zweierlei Deutschen Armindeutsche und Flavusdeutsche.

2. Unsere eigenen Könige bzw. Kaiser haben im Mittelalter das Armindeutschtum zurückgedrängt und sich in den römischen Menschheitswahn verstricken lassen. Daraus entstand der andere Dualismus, die deutschrömische Kulturgemeinschaft und die von Karl dem Großen im Jahre 800 begründete duplex potestas, d. h. Zweiteilung der obersten Gewalt in die weltliche und geistliche, in Kaisertum und Papsttum. Aus der Unnatur dieser Vereinigung erwuchsen fortwährende Spannungen: Es entsprach den realen Machtverhältnissen, daß jahrhundertelang die weltliche Gewalt der Kaiser eine überragende Stellung hatte. Aber das Papsttum ruhte nicht, bis es die Alleinherrschaft errungen und zugleich den Romanismus zum Sieg geführt hatte. In drei Stufen erreichte es sein Ziel, es erlangte:

zuerst den Glaubensprimat (potestas magisterii),
dann den kirchenrechtlichen Primat (potestas iurisdictionis),
schließlich den politischen Primat.

Geschichtlicher Überblick.

1.
Die Verteilung der Welt.

Wie in ein verdunstendes, austrocknendes Seebecken von allen Seiten die Gewässer eindringen, so ergossen sich in die absterbende, an innerem Siechtum zusammenbrechende Alte Kulturwelt aus den drei **Menschheitswiegen** immer neue Völkermassen:

Die **Germanen** hatten um 500 n. Chr. alle Teile des weströmischen Kaiserreichs besetzt;

aus **Hochasien** kamen nacheinander die tatarisch-mongolischen Hunnen, Madjaren, Mongolen, Türken;

aus Arabien die semitischen Araber.

Ganz Vorderasien, ganz Nordafrika und zuletzt die Balkanhalbinsel und Osteuropa wurden für lange Zeit, zum großen Teil bis heute, eine Beute der Asiaten. Es war das **Verdienst der Germanen bzw. der Deutschen**, daß Mittel- und Westeuropa vor Asien, zugleich das Christentum vor dem Islam gerettet wurde:

451: In der Völkerschlacht auf den **Katalaunischen Gefilden** wurde der Hunnenkönig Attila besiegt; nach seinem Tode (453) zerfiel das Hunnenreich.

732: der Sieg Karl Martells bei **Tours** und **Poitiers** gebot den Arabern Halt.

955: Otto I. der Große besiegte auf dem **Lechfelde** die Magyaren.

1241: Bei **Liegnitz auf der Walstatt** kam es zum Kampf mit den Mongolen, welche trotz ihres Sieges fortan Deutschland in Ruhe ließen.

Auch den **Türken** wurde an den Grenzen Deutschlands Halt geboten; um 1700 erlitten sie schwere Niederlagen und mußten Ungarn räumen.

Die neuen Nationen.

Nach den jahrhundertelangen Völkerbewegungen entstanden in Europa allmählich **neue Nationen**, mit eigener Sprache, eigener Geschichte und dem Gefühl enger Zusammengehörigkeit. Zuerst schlossen sich im 10. Jahrhundert die germanischen Stämme zwischen Maas und Elbe zur **deutschen Nation** zusammen.

Aus der Mischung der alten Bevölkerung mit den eingewanderten Germanen entstanden die **romanischen bzw. welschen** Nationen der Franzosen, Italiener, Spanier, Portugiesen; auch die Engländer gehören in gewisser Beziehung dazu[1].

Die Entstehung der **slawischen** Nationen, der Polen, Russen, Tschechen hängt aufs engste mit der deutschen Siedlungstätigkeit im Osten zusammen.

Der dumme deutsche Michel! Ihm fehlte der nationalpolitische Egoismus und der Wille zur Macht. Mit seinem Blut, seinem Geist und seiner Arbeit stärkte er die Völker ringsum, die sich dann seit dem 15. Jahrhundert beutehungrig auf sein Vaterland stürzten.

---

[1] Es ist irreführend, die heutigen Engländer ohne weiteres zu den Germanen zu rechnen.

2.
Zeiten des Aufstiegs und Niedergangs des germanisch-deutschen Volkstums.

Aufstieg aus eigener Kraft.	Niedergang.
I.	
Um 500 n. Chr. bestanden germanische Königreiche der Westgoten in Spanien, der Vandalen in Nordafrika, der Ostgoten in Gallien, der Angelsachsen in Britannien.	534 Untergang des Vandalenreichs, 711 Untergang des Westgotenreichs. Verfall des Frankenreichs.
II.	
687—814 Aufstieg des Frankenreichs unter dem Heldengeschlecht der Pippiniden: unter Pippin dem Mittleren, Karl Martell, Pippin dem Jüngeren, Karl dem Großen.	Nach 814 Auflösung des Karolingerreichs. Um 900 Tiefstand auf allen Gebieten.
III.	
919 erhob sich aus dem Chaos das **deutsche Reich**. 919—1250: das sächsisch-salisch-staufische Kaiserhaus.	Nach 1250 gab es nur noch ein **Schattenkaisertum**. Die Zentralgewalt schwand dahin, und Deutschland zersplitterte sich in zahlreiche Fürstentümer und Stadtrepubliken.
IV.	
Die **Großtat des deutschen Volkes** im Mittelalter war die von den Territorialgewalten im 13. und 14. Jahrhundert herbeigeführte Ausbreitung des Deutschtums im Osten und die gewaltige Siedlungsarbeit.	Im 15. Jahrhundert begann die **Aufteilung des deutschen Volksbodens** ringsum an die Nachbarstaaten.
V.	
1517 begann das Zeitalter der **Reformation**; sie war die herrlichste Großtat des deutschen Volkes und schien eine wunderbare Einigung herbeizuführen.	Die **Gegenreformation** führte zum entsetzlichen Dreißigjährigen Krieg (1618—1648) und zu völligem Zusammenbruch.
VI.	
1648—1870 Aufstieg des **brandenburgisch-preußischen Staates** bis zur Gründung des neuen deutschen Reichs.	1918 **Zusammenbruch**.

Unsere germanisch-deutsche Geschichte ist ein großes Heldenbuch. Es erzählt uns von Armin dem Befreier, dem Sieger im Teutoburger Wald; von den heldenhaften Recken der Völkerwanderung, Alarich, Geiserich, Theoderich dem Großen; von dem siegreichen Ringen mit den aus Asien hereinbrechenden Völkermassen der Hunnen, Araber, Avaren, Magyaren, Mongolen, Türken. Das Heldentum bewährte sich auch in kulturschöpferischer Arbeit; wie oft haben germanisch-deutsche Männer, als die ganze Welt in größter Schande und im Chaos zu versinken drohte, neue staatliche Ordnung geschaffen! wie oft sind vom deutschen Mitteleuropa aus reiche Ströme des Lebens nach allen Seiten in die absterbende Umwelt geflossen, in den letzten Jahrhunderten sogar bis in die entlegensten Länder fremder Erdteile! Wir hören ferner von zahlreichen religiösen Helden, welche die Religion Jesu retteten und erneuerten. Mit freudigem Stolz preisen wir den Freiheits- und Wahrheitssinn des germanisch-deutschen Volkstums, seine Treue und seine Toleranz.

Aber die Stärke war zugleich unsere Schwäche. Der Freiheitsdrang führte zu Zersplitterung und Selbstzerfleischung, die Treue zur Untreue am eigenen Volkstum, die Toleranz zur selbstmörderischen Vertrauensseligkeit. Vor allem beklagen wir den Mangel an Gemeingefühl, an nationalem Selbstbewußtsein und Egoismus; wir beklagen die Ausländerei, Bewunderung des Fremden und die Weltenliebe, daraus ist der **doppelte Dualismus** entstanden, d. h. das Auseinanderfallen in zwei feindliche Lager **und** die germanisch-romanische bzw. deutsch-römische Kulturgemeinschaft.

Den zweierlei Deutschen entsprechen **zweierlei Mittelalter**. Was den einen als „herrliches" Mittelalter erscheint, ist den anderen ein „finsteres", und sie erklären mit Recht die Reden von den großen Segnungen, die unsere Vorfahren von Rom erhalten hätten, für den geschichtlichen Tatsachen widersprechend. Dagegen sehen wir überall da ein „herrliches" Mittelalter, wo unsere Vorfahren aus eigener Kraft Großes geleistet haben.

I.
Die drei „Großen" des Mittelalters und ihre falsche Renaissance.

1.
Theoderich der Große (489—526)[1].

Wie oft wird heute noch der Dualismus Theoderichs des Großen verherrlicht!

Wir lesen in **Gebhardts** „Handbuch der deutschen Geschichte" S. 105: „Das Ostgotenreich Theoderichs war ein Versuch der **Aussöhnung** römischer und germanischer Interessen; das großartige Ziel seiner inneren Politik war die **Verschmelzung** des Römer- und Germanentums.

---
[1] Vgl. S. 111, 114.

Sein Verdienst liegt darin, daß er bewußt die Aufgabe erkannt und die Lösung versucht hat."

Der katholische Geschichtsforscher Professor Pfeilschifter schreibt: „Theoderich war nicht gekommen, das alte, hehre, heilige Römische Reich zu zerstören, sondern es wieder aufleben zu lassen ... **Seine Lebensaufgabe erblickte er (neben der Versorgung seines Volkes) in der Beschützung und Konservierung gerade des kaiserlichen Römertums ... Das Hauptverdienst Theoderichs für die katholische Kirche besteht darin,** daß er ihr ein mächtiger Halt und eine kräftige Stütze gewesen ist."

Ich sehe im Gegenteil in dieser inneren Politik Theoderichs die Quelle jahrhundertelangen Elends. Wohl war er ein „Großer", der alle seine Zeitgenossen weit überragte. Als echter Germane besaß er eine hohe kulturschöpferische Kraft; nachdem er mit starker Hand die äußeren und inneren Feinde gebändigt, dem zerrütteten Italien Friede und Sicherheit geschenkt hatte, brachte er Kosmos, d. h. Ordnung statt Chaos; allenthalben blühte neues Leben auf den Ruinen, und den Nachlebenden erschien seine Herrschaft wie ein goldenes Zeitalter. **Aber wir müssen es lebhaft bedauern, daß er von vornherein auf den Versuch einer staatlichen Neubildung verzichtete;** daß er es unterließ, seinem italischen Reiche den germanisch-nationalen Stempel aufzudrücken. All seine Kraft, all seine Regentenfähigkeiten verwandte er auf ein Ziel, das verfehlt war, auf ein **Trugideal**, eine **Wahnidee**. Denn er wollte gleichzeitig germanischer Volkskönig sein und Vertreter des römischen Weltkaisertums. Und das letztere war ihm offenbar das Höhere; denn er stand ganz im Banne der römischen Weltreichsidee, und das römische Kaisertum erschien ihm wie die göttliche Weltordnung, wie etwas Heiliges, Unantastbares. So begann mit Theoderich dem Großen die Reihe der **falschen Renaissancen**, die kein höheres Ideal auf Erden kannten und kennen, als die Erneuerung des römischen Weltreichs.

Theoderich ist der Vater des unseligen Versöhnungsgedankens, der germanisch-römischen Kulturgemeinschaft. Er hat selbst die Schlange genährt, die den heldenhaften Germanen Verderben bringen sollte.

2.

Karl der Große (um 800)[1].

Nach langer Zeit allgemeiner Zerrüttung brachte das 8. Jahrhundert abermals eine „Renaissance", eine Erneuerung; sie war das Werk des Heldengeschlechts der Pippiniden; sie rissen das Frankenreich aus der Zerrüttung empor und brachten einen gewaltigen **Aufstieg**. Die äußeren Feinde wurden zurückgeschlagen: die Araber im Westen, die Slaven und Avaren im Osten. Karl der Große faßte alle germanischen Stämme des Festlandes zu einem mächtigen Reiche zusammen, das vom Ebro bis zur Elbe, von Rom bis zur Eider reichte; er schuf eine starke Zentralgewalt, hatte Verständnis für die Aufgaben des Staates, richtete die entartete

---

[1] Vgl. die früheren Ausführungen auf S. 125 ff.

Kirche auf und weckte ein tiefgehendes Bildungsbedürfnis, so daß er ein Erneuerer der Kultur genannt werden kann. So führten die Pippiniden (bzw. Karolinger) während des 8. Jahrhunderts aus **eigener Kraft** einen starken Bau auf. **Hätten sie sich doch ausschließlich auf ihre eigene Kraft verlassen!** Aber das Endergebnis war der **unseligste Dualismus**, den die Weltgeschichte kennt: Die **duplex potestas**.

"**Renaissance!**" Die Wahnidee der germanisch-römischen Kulturgemeinschaft führte den „rechtgläubigen" Frankenkönig Karl noch weiter als den „ketzerischen" Theoderich den Großen. Indem er das weströmische Kaisertum erneuerte, wollte er zugleich den **Gottesstaat Augustins** verwirklichen. Seine nationalen Kräfte setzte er für dieses internationale Ziel ein, für die Aufrichtung des **theokratischen Weltreichs** und der **einheitlichen christlichen Menschheit**, mit einer **Zweiteilung** der obersten irdischen Gewalt in eine weltliche und eine geistliche (duplex potestas); im Jahre 800 wurde er römischer Kaiser. **Einheit und Zweiheit!** Staat und Kirche bildeten eine Einheit mit **doppelter Spitze**: der Staat sollte zum Reiche Gottes umgeformt werden, und den Papst zog der Kaiser zu sich empor[1]).

Seit Theoderich und Karl dem Großen endeten bis zu unserer eigenen Gegenwart alle Versuche einer germanisch-romanischen Verschmelzung und Kulturgemeinschaft stets mit dem vollen Sieg des Welschtums, und immer von neuem folgte eine Umkehrung aller Werte. Nach dem Tode Karls des Großen stieg das **Papsttum** in demselben Maße, wie die kaiserliche Macht abnahm; aus der **gleich**geordneten Stellung erhoben sich die Päpste zu einer **über**geordneten, um bald darauf, der Stütze beraubt, in den Sumpf zurückzusinken.

3.
Otto I. der Große (um 960).

Um 900 war in Europa der Tiefstand der Kultur; alle staatliche und kirchliche Ordnung hatte sich aufgelöst. Rettung brachten die tapferen Sachsenherzöge Heinrich I. und sein Sohn **Otto I. der Große**. Aus **eigener Kraft** schlugen sie die äußeren Feinde zurück, errichteten den stolzen Bau des deutschen Reiches, trafen im Innern vortreffliche Einrichtungen und verbesserten die kirchlichen Zustände. Mit berechtigtem Stolz verweilen wir bei dem Zusammenschluß der fünf Stämme (Bayern, Sachsen, Schwaben, Franken, Lothringen) zu einem **Nationalstaat**, bei der Entwicklung einer deutschnationalen Kunst und bei der ersten Blüte der deutschen Dichtung.

---

[1]) Erst **Luther** hat uns von der Wahnidee der Einheit von Staat und Kirche befreit; ihm verdanken wir die reinliche Scheidung zwischen der Rechtsordnung des Staates einerseits, der Liebesordnung des Reiches Gottes anderseits. (Vgl. Hirsch, „Deutschlands Schicksal", S. 71.)

Aber leider erschien wichtiger als alles dies die Erneuerung, die „Renaissance" des römischen Kaisertums und des theokratischen Weltreichs, des Gottesstaates. Otto der Große und seine Nachfolger sahen in Karl dem Großen ihr Vorbild, obwohl die Verhältnisse viel ungünstiger geworden waren; mit Gewalt richteten sie das Papsttum immer wieder aus selbstverschuldeter Erniedrigung empor und erneuerten die **duplex potestas**. Die Folge war der lange Konkurrenzkampf zwischen Kaisertum und Papsttum, der mit dem vollen Siege des welschen Papsttums endete[1]).

Ein verhängnisvoller Dualismus! Von 962 bis 1806 waren die **deutschen Könige** zugleich **römische Kaiser**. Das Kaisertum erschien als das Höhere; über den Weltherrschaftsplänen, über den endlosen Reisen und Kriegszügen nach Italien wurden die **deutschen** Aufgaben vernachlässigt. Jahrhunderte lang stellten die deutschen Kaiserkönige ihre nationalen Kräfte in den Dienst internationaler, d. h. welscher Ziele; wir beklagen es, daß die Nachkommen der größten Helden unserem deutschen Volkstum untreu wurden:

Ottos I. des Großen Sohn, Otto II., war Halbitaliener; der Enkel, Otto III., schämte sich seiner deutschbarbarischen Abstammung;

Konrads II. Sohn, Heinrich III., jagte den welschkirchlichen Ideen nach und führte dadurch für Heinrich IV. den Gang nach Kanossa herbei;

Friedrichs I. Barbarossa Sohn, Heinrich VI., war Halbitaliener; sein Enkel, Friedrich II., Ganzitaliener.

Wie eine Trilogie, d. h. wie drei zusammenhängende Tragödien, erscheint uns die Geschichte des 10. bis 13. Jahrhunderts, unter den sächsischen, salischen, staufischen Kaisern. Dreimal wiederholt sich dieselbe Entwicklung: dreimal wird mit großem Erfolg die schwere Sisyphusarbeit des Aufstiegs begonnen; dreimal folgt ein schrecklicher Niedergang. Schuld war der unselige Dualismus; aller Jammer, alles Elend, unter dem wir so viele Jahrhunderte lang haben seufzen müssen, ist letzten Endes auf die Wahnidee einer deutsch-römischen Kulturgemeinschaft zurückzuführen.

Während die Kaiserkönige dem Phantom einer einheitlichen Menschheit und eines Gottes-Weltreichs nachjagten, entglitt ihnen die Führung des deutschen Volkes, dessen Zersplitterung zunahm. Es begann der jahrhundertlange Kampf zwischen „kaiserlicher Majestät" und „fürstlicher Libertät". Die Teile siegten über das Ganze; das Reich löste sich in hunderte von Kleinstaaten auf, und unter diesen hemmten vor allem die zahlreichen deutschen Kirchenstaaten, die sogenannten „geistlichen Fürstentümer", jede gesunde Entwicklung.

II.
Die „Großtat" des deutschen Volkes im Mittelalter.

Wie ganz anders würde die deutsche Geschichte **ohne** den unseligen Dualismus, **ohne** die germanisch-römische Kulturgemeinschaft, **ohne** die duplex potestas, **ohne** die Verbindung des deutschen Königtums mit

---

[1]) Vgl. die früheren Ausführungen S. 130 ff.

dem römischen Kaisertum verlaufen sein! Während im Westen die Grenzen Jahrhunderte lang im wesentlichen so blieben, wie sie durch die Verträge von Verdun (843) und Mersen (870) und später unter Heinrich I. festgelegt wurden, war **der weite Osten unbegrenztes Kolonialland für das deutsche Volkstum**, und zweimal schien es im Mittelalter, als sollte das wiedergewonnen werden, was die Ostgermanen vor der Völkerwanderung inne hatten.

1.

Die Zeit der sächsisch-salisch-staufischen Kaiserkönige.

1. Als 919 das alte deutsche Reich gegründet wurde, bildeten Unterelbe, Saale, Böhmerwald und Enns seine Ostgrenze. Alsbald haben Heinrich I. (919—936) und Otto I. (936—973) mit starker Hand das Deutschtum weit vorgeschoben, und von Schleswig zogen sich deutsche Markgrafschaften südwärts, zwischen Elbe und Oder und weiter bis nach Österreich, Steiermark, Kärnten. Böhmen wurde um 950 ein Teil des deutschen Reichs; das deutsche Bistum Prag befestigte den Zusammenhang. Polen stand seit 963 unter deutscher Oberherrschaft, und von dem neugegründeten Erzbistum Magdeburg aus wurde mit dem Christentum zugleich das Deutschtum weit im Osten verbreitet.

Aber welch ungeheuren Schaden hat die Regierungszeit des jugendlichen, schwärmerischen Romantikers, des Kaiserkönigs Otto III. (983—1002) gebracht! Er fühlte sich nicht als deutscher König, sondern nur als römischer weltbeherrschender Kaiser; das deutsche Volkstum ging ihn nicht näher an als die anderen Nationen. Er vernichtete, was sein Großvater durch die Stiftung des Erzbistums Magdeburg erstrebt hatte. Indem er das polnische Erzbistum Gnesen (1000) gründete und ihm sechs polnische Bistümer unterordnete, gab er der zersplitterten Slavenwelt einen geistigen Mittel- und Sammelpunkt und stärkte mit deutschen Kräften fremdes Volkstum. Er gab den nördlichen Westslaven die kirchliche Unabhängigkeit vom Reich und bereitete damit die politische Selbständigkeit vor. Dasselbe geschah mit Unterstützung Ottos III. in Ungarn; dort entstand unter dem neugegründeten Erzbistum Gran eine selbständige ungarische Landeskirche.

2. Später begann zwar für den Osten unter Lothar I. (1125—1137) und Friedrich I. Barbarossa (1152—1190) eine neue Periode der Ausbreitung des Deutschtums. Aber wiederum drohte das Werk zum Stillstand zu kommen, weil die staufischen Kaiserkönige bei den fortwährenden Romzügen keine Zeit hatten, sich um den Norden und Osten zu bekümmern. Da haben die Territorialgewalten die Aufgabe in die Hand genommen, und was sie leisteten, ist die **Großtat unseres Volkes im Mittelalter**.

2.
Das 12., 13., 14. Jahrhundert.

Wir staunen über die große Völkerbewegung aus dem Westen nach dem Osten, dem gelobten Land, wo man mit seiner fleißigen Hände Arbeit es zum Wohlstand bringen konnte; das 13. und 14. Jahrhundert wurden eine Blütezeit für die Entwicklung des Ostens. Die Fürstenhäuser der Askanier, Wettiner, Welfen, Holsteiner, Piasten wetteiferten in der deutschen Siedelungstätigkeit. Bedeutende deutsche Hansestädte entstanden inmitten einer fremdsprachigen Bevölkerung: Lübeck, Danzig, Riga, Reval. Der deutsche Orden besiedelte Ost- und Westpreußen; andere Ritterorden waren in Kurland, Livland, Estland tätig. Der Mönchsorden der Zisterzienser schuf landwirtschaftliche Musteranstalten. Deutsche Bauern wurden bis nach Ungarn und Siebenbürgen gerufen. Warschau, Krakau, Kronstadt, Klausenburg, Hermannstadt waren deutsche Städte. — Welche Kraftentfaltung! welche Aussichten für das Deutschtum! Wenn wir eine Linie bezeichnen wollen, bis zu welcher am Ende des 14. Jahrhunderts unser Volk seine starken Ausläufer vorgeschoben hatte, so geht sie von Nowgorod über Kiew bis zum eisernen Tore der Donau. Dieses ganze Gebiet war von der deutschen Kultur beherrscht, und für deutschen Fleiß, deutsche Siedelung gab es dort noch unendlich viel freien Raum. Es schien, als sollten alle diese Länder deutsch werden. Dazu kam, daß Karl IV., der Kaiserkönig aus luxemburgischem Hause, sich im Osten eine gewaltige Hausmacht gründete; vor allem schien die Verbindung von Brandenburg und Böhmen bedeutungsvoll zu werden. Böhmen trug ein völlig deutsches Gepräge; in Prag gründete Karl IV. die erste deutsche Universität, und es war zu erwarten, daß dieses Land, das heute ein Pfahl in unserem Volkskörper ist, ebenso eingedeutscht würde, wie Brandenburg und Preußen, Schlesien und Österreich. Dasselbe gilt für Ungarn, dessen Erbin der Sohn Karls IV., Sigmund, heiratete.

Aber mit dem Tode Karls IV. begann das lange, jahrhundertelange Elend für unser Volk. Sein ältester Sohn Wenzel (1378—1400) ließ das Tschechentum in Böhmen erstarken, und die Universität Prag verlor ihren deutschen Charakter. Und Karls IV. zweiter Sohn, Sigmund (1411—1437), hatte, weil er ganz in der europäischen Politik aufging, für die nächstliegenden Aufgaben keine Zeit. Er trieb europäische, keine deutsche Politik; seinem Eifer für die Berufung des Konstanzer Konzils (1414 bis 1418) und für die Beseitigung des Schismas verdankte das welsche Papsttum eine neue Stärkung; das wurde zugleich die Ursache für die entsetzlichen Hussitenkriege (1419—1434). Hätte er doch das Papsttum seinem Schicksal überlassen!

Auf Kosten des Deutschtums und mit deutschen Kräften waren am Ausgang des Mittelalters ringsum starke Nationalstaaten entstanden, die von Deutschenhaß erfüllt waren. Das 15. Jahrhundert sah unter Friedrich III. (1440—1493) die erste Aufteilung deutschen Volksbodens an die Nachbarn; es begann der Abbröckelungsprozeß und die zunehmende Einschnürung:

Im Norden wurde Holstein mit Dänemark verbunden (1460).

Im Nordosten erlitt der deutsche Orden 1466 starke Verluste; im Südosten machten sich Böhmen und Ungarn unabhängig.

Im Westen errichtete Karl der Kühne von Burgund auf deutschem und französischem Boden ein mächtiges Zwischenreich. Es lockerte sich die Verbindung der Schweiz und der Niederlande mit dem Reich.

Geschichtslügen.

1.

Wie die angelsächsischen Staatsmänner hüben und drüben behaupten, haben die heutigen Juden ein „historisches Recht" auf Palästina. Und da sollen die Deutschen als „Eindringlinge" in den Osten gekommen sein? Nein! Das deutsche Siedlungswerk des Mittelalters war „die rückläufige Massenbewegung vom Westen nach dem Osten", die Wiedereroberung der weiten Gebiete, die infolge der ostgermanischen Völkerwanderung an die Slaven und Madjaren verloren gegangen waren. Mehr als die Hälfte des heutigen Deutschland ist damals für unser Volkstum dauernd gewonnen.

Aber noch in anderem Sinne müssen wir die Bezeichnung „Eindringlinge" ablehnen. Denn es ist eine irrige Vorstellung, die Eindeutschung des Ostens sei nur auf dem Wege der Gewalt und der Eroberung vor sich gegangen. Wohl hat es nicht an blutigen Kriegen gefehlt, die den Charakter von „Kreuzzügen" gegen heidnische Völker trugen; aber die meisten Deutschen sind zur Ansiedlung „berufen" (eingeladen) worden, und man spricht deshalb von einer Berufungskolonisation. Dabei müssen wir feststellen, daß nicht nur die deutschen Fürstenhäuser der Askanier, Wettiner, Babenberger, sondern auch die slawischen und madjarischen Fürsten um die Wette zahlreiche deutsche Bauernscharen nach Polen, Schlesien, Böhmen, Mähren, Ungarn „beriefen"; der Strom der Einwanderer hörte mehrere Jahrhunderte nicht auf. Viele slawische Fürsten waren mit Töchtern des hohen deutschen Adels vermählt; so wurden z. B. die schlesischen Piasten allmählich in Sprache, Sitte und Gesinnung völlig deutsch. Dazu kam, daß die schrecklichen Mongolenzüge des 13. Jahrhunderts weite Gebiete entvölkert hatten. Vor allem aber waren die deutschen Bauern deshalb gern gesehen, weil durch ihre fleißige Arbeit das Land bedeutend im Werte stieg und größere Einnahmen brachte. Sie entwässerten das Bruch- und Moorland, bauten Deiche, rodeten die Wälder, verwandelten die öde Heide in fruchtbares Ackerland und durchfurchten mit dem eisernen Pflug das wilde Erdreich. Gleichzeitig mit den Bauern kamen die deutschen Bürger, und in unglaublich kurzer Zeit entstanden im Osten viele deutsche Städte[1].

---

[1] „Eindringlinge"? Wie oft haben die Italiener und Römer die mächtigen deutschen Kaiserkönige zu Hilfe gerufen, bald gegen innere, bald gegen äußere Feinde! Zum Dank schalt man sie später „Eindringlinge".

Im 18. und 19. Jahrhundert wurden zahlreiche deutsche Bauern und Handwerker nach Rußland gerufen, um als Kulturträger vorbildlich zu wirken. Später hießen sie „freche Eindringlinge".

2.

Was die **Polen** von ihrer „ruhmreichen Vergangenheit" erzählen, ist zum größten Teil Geschichtsfälschung; vor allem wird **ihr Sieg bei Tannenberg** (1410) über den deutschen Orden als große polnische Heldentat gefeiert. Wohl hat der Orden bei Tannenberg eine schwere Niederlage erlitten, und alles schien verloren zu sein; aber bald stand er wieder auf den Füßen und eroberte die verlorenen Städte und Burgen wieder. Der Feind mußte in fluchtartiger Eile das Land verlassen und schloß 1411 den ersten Frieden zu Thorn, durch den der Orden fast alles zurückerhielt. Freilich folgte 55 Jahre später der zweite Friede zu Thorn (1466); Westpreußen mit Danzig und Thorn wurde direkt dem Königreich Polen einverleibt, und Ostpreußen wurde polnisches Lehen. Aber diese Entwicklung war für die Polen alles andere als ruhmvoll; denn der deutsche Ordensstaat ist **nicht** von den Polen niedergerungen (das haben sie in 13jährigem Kampfe nicht vermocht), sondern nur infolge deutschen Verrats und deutscher Zersplitterung wurde er eine Beute der Polen[1].

Nichts beweist klarer den deutschfeindlichen Charakter der römischen Papstkirche, als daß heute von ihrer Geistlichkeit der Sieg bei Tannenberg wie ein Sieg der Christen über die Heiden gefeiert wird. Eigentlich müßte der 15. Juli 1410 ein Trauertag für die römische Kirche sein; denn es siegten die Polen im Verein mit den heidnischen Litauern und den schismatischen Russen über den angesehenen, vom Papste geschätzten Ritterorden, über den mächtigen Kirchenstaat an der Ostsee.

III.
Die Renaissance des 14., 15., 16. Jahrhunderts in Italien und Deutschland.
(Zwischen Mittelalter und Neuzeit.)

A.
In Italien.

Die größten Fortschritte der Weltgeschichte beginnen mit einer **Reaktion**, die uns aus dem falschen Gleis **zurückführt**. So war es im 14., 15., 16. Jahrhundert, und die Folge war eine große Befreiung; zahlreiche Kräfte wurden entfesselt und zu herrlichen Leistungen befähigt.

Es wäre töricht, die hohe Bedeutung jener gewaltigen Geistesbewegung schmälern und verkleinern zu wollen, die wir mit den Namen „Renaissance" und „Humanismus" bezeichnen. Die Welt erlebte damals nicht nur eine „Wiedergeburt des griechisch-römischen Altertums", sondern eine „Wiedergeburt des freien Menschen", der allmählich aus den Ketten gelöst wurde, worin eine 1000jährige Geschichte ihn gefesselt hatte. Aber leider führte die Entwicklung in Italien aus dem einen falschen Gleis in ein **anderes falsches Gleis**, und so wurden das 14., 15. 16. Jahrhundert ein **Zeitalter des Wahns und der Lüge**, wie kaum ein

---

[1] Genau wie beim Zusammenbruch 1918.

anderes. Alles Herrliche und Große, das Renaissance und Humanismus gebracht haben, erscheint wie ein glänzendes Meteor, das leuchtend am Himmel erscheint, aber bald verschwindet.

Wenn wir von der Renaissance des 14., 15., 16. Jahrhunderts sprechen, so denken wir hauptsächlich an **Italien**: an seine großen Dichter **Dante, Petrarca, Boccaccio**, an die **Humanisten**, die sich eifrig dem Studium der Vergangenheit zuwandten, zahlreiche Geschichts= irrtümer aufdeckten, mit Leidenschaft die verschollenen Werke der alten römischen und griechischen Literatur aufsuchten, sich mit dem Geiste der alten klassischen Kulturwelt erfüllten, an Stelle des entarteten Mönchs= lateins die klassische Sprache Ciceros pflegten. Vor allem aber denken wir an die **bildenden Künstler**, welche die Städte Italiens, be= sonders Rom, mit ihren prächtigen Gemälden, Statuen und Bauten schmückten.

Es vollzog sich ein gewaltiger Umschwung sondergleichen; der ganze Bau der mittelalterlichen Papstkirche schien zusammenzustürzen.

1.

Dante.

Der größte italienische Dichter, der am Eingang der gewaltigen Geistesbewegung steht, **Dante**, ist das treffendste Beispiel für den Hauptirrtum, an dem die lateinische Renaissance krankte. Er erlebte den tiefen Verfall des Papsttums, die sogenannte „Babylonische Gefangen= schaft", und mit scharfen Worten geißelte er seine Verweltlichung. Aber was er dann leidenschaftlich erstrebte, war weiter nichts als ein **Rollen= tausch**! Die Quelle des Unheils, den Weltreichs= und Menschheits= gedanken, womit die entartete Alte Kulturwelt endete, hat er nicht ver= stopft. Im Gegenteil! Die ununterbrochene Fortdauer des römischen Weltreichs galt ihm wie ein Dogma; daran wurde nicht gerüttelt. Ein **Rollentausch**! Während man vorher die Vereinigung der weltlichen und geistlichen Gewalt im Kaisertum gehindert hatte, so wurde jetzt die Ver= einigung beider Gewalten im Papsttum leidenschaftlich bekämpft. Wohl sollten beide, Kaiser= und Papsttum, bestehen bleiben (duplex potestas); aber den Kaiser wollte Dante wieder erhöhen. Der Kaiser habe, so sagt er, seine Gewalt unmittelbar von Gott, nicht vom Papst. Die Uni= versalmonarchie sei zum Wohle der Menschheit notwendig; der Kaiser solle als das friedliche und parteilose Oberhaupt der Erde seinen Thron wieder besteigen und das goldene Zeitalter der Weltrepublik herbeiführen. Der Papst und seine Kirche müßten sich auf das rein geistliche Gebiet beschränken und der weltlichen Macht des Kaisers untergeordnet sein.

Wohl hat Dantes Schrift „über die Monarchie" eine gewaltige Be= deutung gehabt für die Befreiung der weltlichen und staatlichen Gewalt aus den Fesseln der Kirche; aber es war verhängnisvoll, daß das römische Weltideal fortbestand. Welcher Täuschung gab sich Dante über das Kaisertum hin, das doch nur noch ein Schattenbild früherer Macht war! Und wie seltsam kommt uns heute die germanisch=romanische, welsch=

deutsche Kulturgemeinschaft vor, wenn der edelste Patriot der Italiener in den deutschen Kaiserkönigen die von Gott berufenen Retter Italiens sieht, deren heilige Pflicht es sei, das zertrümmerte Römische Reich wiederherzustellen!

Mit Dante beginnt die lange Reihe bemitleidenswerter Toren, **welche den Teufel mit Beelzebub austreiben wollen**. Wir beklagen ihr tragisches Schicksal. Die wackersten und treuesten Söhne der Kirche lehnen sich **gegen den politischen Katholizismus auf**; aber sie können vom Katholizismus selbst, d. h. von der Idee der Einheit und einheitlichen Menschheit nicht loskommen. Gerade von dem religiösen Katholizismus erwarten sie alles Heil. Die Geschichte sowohl des späteren Mittelalters als auch des 19. Jahrhunderts beweist, daß all das Ringen umsonst ist. Der Syllabus des Jahres 1864 hat die Ansicht von dem rein geistlichen, der weltlichen Macht untergeordneten Amt der Kirche verflucht.

2.

Die Humanisten.

Die „Humanisten", die Gelehrten des 14., 15., 16. Jahrhunderts, traten als Gegner der Scholastiker auf; sie befreiten die Wissenschaft aus den dogmatischen Fesseln. Wir verdanken ihnen die Anfänge einer strengen nichtgebundenen, historischen und philologischen Forschung. Sie stellten die Fälschung der Konstantinischen Schenkung und der pseudoisidorischen Dekretalen fest; sie entdeckten zahlreiche Fehler in der lateinischen Bibelübersetzung der Vulgata. Vor allem zogen sie die herrliche alte griechisch-römische Kulturwelt wieder ans Licht.

Aber auch die Wissenschaft der Humanisten führte letzten Endes auf ein falsches Gleis; als Ideal schwebte ihnen die Afterkultur des Römischen Kaiser-Weltreichs vor. Ihr höchstes Ziel war die „klassische" lateinische Sprache eines Cicero und Quintilian. So können wir wiederum von einem **Rollentausch** sprechen; an Stelle des leeren Formalismus der mönchischen Schule trat der schönheitstrunkene Formalismus der Neulateiner, der Humanisten; bei beiden **Form ohne Seele. Und dann die innere Unwahrhaftigkeit!** Dieselben Leute, die das Heidentum erneuerten und innerlich dem Christentum ganz entfremdet waren, machten in schlauer Berechnung den bestehenden Kultus mit. Auch dies erinnert an die Zeit des Kaisers Augustus, wo die „Gebildeten" und „Maßgebenden" zwar für die eigene Person die gesamte äußere Religionsübung verwarfen, aber aus Eigennutz oder aus Gründen der Staatsklugheit öffentlich daran festhielten.

Gerade bei den berühmtesten Vertretern des Humanismus vermissen wir **Charakterstärke, Wahrhaftigkeit und sittlichen Ernst**. Wir lesen in **Gregorovius'** „Geschichte der Stadt Rom"[1]):

VII, S. 540 ff. „**Poggio** ist ein Hauptrepräsentant des Humanismus, ein Mann von großer Vielseitigkeit, doch ohne Tiefe. Die elegante Latinität war

---

[1]) Die folgenden Ausführungen des Gregorovius sind gekürzt.

ihm die Hauptsache. Eitelkeit und feuriges Temperament verwickelten ihn in endlose Streitigkeiten mit anderen Humanisten. Die ‚Invektiven', welche er schrieb, überbieten an Gemeinheit alles, was auf diesem Felde geleistet worden ist."

„Gleich berühmt war sein Nebenbuhler Filelfo, dessen Leben das wahre Spiegelbild jener Periode der humanistischen Baganten ist: ein echter Sophistencharakter, Egoist und Prahler, tückischer Verleumder, ein Genußmensch von unverwüstlicher Kraft und doch für das Studium begeistert und rastlos tätig als Kathedervirtuos."

„Viel mächtiger, weil wissenschaftlicher, war das Wirken des Lorenzo Valla. Er begann seine literarische Laufbahn mit den Dialogen ‚über die Wollust und das wahre Gut'. Er verhöhnte darin die mönchischen Tugenden der Entsagung und erklärte, daß Hetären der Menschheit nützlicher seien als heilige Nonnen. Nichts zeigt so grell die grenzenlose Verderbtheit der Sitten jener Zeit, als der Beifall, welchen die frechsten Obszönitäten damals in der ganzen Welt, selbst bei Geistlichen und hochgestellten Bischöfen fanden. — Am bekanntesten ist Lorenzo Valla durch seine Schrift ‚über die fälschlich für wahr geglaubte und erlogene Schenkung Constantins'[1]); dieses Meisterstück vernichtender Kritik zerstörte unwiderleglich die unheilvolle Priesterfabel des 8. Jahrhunderts. Es war der kühnste Angriff gegen die päpstliche Allgewalt; aber wie wenig besaß L. Valla von dem Bekennermut eines Luther! Es war kein tiefer Ernst in jenen italienischen Rhetoren. Sie liebten wohl die Wahrheit, aber noch mehr den Ruhm; sie bewunderten Märtyrer des Gedankens, wie Poggio den zu Konstanz verbrannten Hieronymus von Prag verherrlicht hatte; aber sie hüteten sich wohl, selbst zu Märtyrern zu werden. Lorenzo Valla hatte um 1440, als die Feinde des Papstes, das Baseler Konzil und der König Alfons von Neapel, mächtig waren, den Mut zur Veröffentlichung seiner Schrift. Aber wenige Jahre später bat er um Aufnahme in den päpstlichen Dienst und um Verzeihung dessen, was er durch fremde Eingebung, aus Ruhmsucht und Streitliebe getan habe, und versprach, sich fortan den Interessen des Papstes ganz zu widmen. Eine textkritische Arbeit über die lateinische Bibelübersetzung, die Vulgata, wagte er nicht zu veröffentlichen; Erasmus hat sie später herausgegeben."

VII, S. 577: „Seit der Mitte des 15. Jahrhunderts durchdrang das literarische Heidentum die ganze Anschauung der Zeit. In vielen Städten, auch in Rom, entstanden ‚Akademien', d. h. zwanglose Humanisten-Vereine, nach dem Muster des Altertums. Vom Christentum war unter den Akademikern kaum eine Spur; sie verachteten die Dogmen und die hierarchischen Einrichtungen der Kirche. Von 1483—1527 blühte die römische Akademie unter den Augen, ja unter dem Schutze der Päpste."

VIII, S. 343: „Schamlose Obszönität brandmarkt einen großen Teil der Literatur Italiens in jener Zeit; sie ist Hetärenliteratur der Renaissance, eine moralische Syphilis am geistigen Organismus der Nation. Diese Unzuchtschwelger waren oft Geistliche und lasen Messe am Altar. Giovanni della Casa, der Verfasser einer schmutzigen Schrift, starb als Erzbischof von Benevent und war Inquisitor in Venedig; ein anderer war Benediktiner. Der rohe Bandello, dessen Novellen noch heute jedes Freudenmädchen entzücken können, war Dominikanermönch und starb als Bischof. Vor allem stellt sich der Geist der Korruption Italiens in dem Abenteurer Pietro Aretino (1492—1556)

---

[1]) Vgl. S. 127 f.

dar, dem Cesare Borgia der Literatur des 16. Jahrhunderts. Er ist ein Phänomen der Unsittlichkeit, wie er in keinem Volke zu irgend einer Zeit gesehen ward. Man weiß kaum, was man hier mehr bestaunen muß, die zynische Frechheit oder die Macht dieses Journalisten und die Vergötterung, die er seinem Jahrhundert abzwang. Und mit derselben Feder schrieb Aretino das Leben der Jungfrau Maria und andere Schriften religiösen Inhalts, und ein Papst, Julius III. (1550—1555), umarmte und küßte ihn und machte ihn zum Ritter von St. Peter.

3.
Die bildende Kunst.

Die bildende Kunst jener Zeit steht viel höher, als die Literatur der Humanisten; da begegnen uns mehrere hochedle Menschen mit eigenartiger, bedeutender Schöpferkraft. Wir bewundern ihre reiche Phantasie, ihren geläuterten Schönheitssinn, ihre vollendete Technik. Aber bei den meisten Vertretern der bildenden Kunst beklagen wir dieselbe innere Unwahrhaftigkeit, wie bei den Humanisten; durch die Kraft ihrer Phantasie vermochten sie, wie Schauspieler, sich in ganz entgegengesetzte Rollen zu versetzen; der innere Mensch brauchte dabei nicht beteiligt zu sein.

Über das Verhältnis der damaligen Künstler zu den religiösen Gegenständen ihrer Kunst lesen wir bei Gregorovius: VII, S. 658 f.: „Eines der ältesten Monumente der Frührenaissance sind die bronzenen Türen von St. Peter, dort am 14. August 1445 eingestellt. Ruhmsucht verleitete den Papst Eugen IV., seine eigenen Taten auf dem Eingang des St. Peter zu verewigen. Noch auffallender ist bei diesem Werk die Vermischung des Heidnischen mit dem Christlichen. Sie war damals vollkommen naiv. Denn der Anblick der Roma, eine Bildsäule des Mars in der Hand, der kindersäugenden Wölfin, des Ganymedes mit dem Adler des Zeus und der sich dem Schwan hingebenden Leda auf diesen Türen des heiligsten Domes der Christenheit konnte einem Zeitgenossen des Poggio und Valla nicht anstößig sein ... Das ganze Werk zeigt vollkommenen Mangel religiöser Empfindung."

VII, S. 681: „Der Maler Perugino, dessen religiöse Gestalten einen bis zur Ekstase schwärmerischen Ausdruck haben, soll nach dem Urteil Vasaris ein vollkommener Heide gewesen sein. Fra Filippo Lippi malte die seelenvollsten Heiligenbilder; aber er verführte die Novize, welche ihm im Kloster als Modell saß. Pinturicchio gab der heiligen Jungfrau die Züge der ehebrecherischen Madonna Giulia und malte auf demselben Bild den Kopf des Papstes Alexander VI., der sie anbetet."

4.
Das Papsttum[1]).

Als die größte und unwürdigste Lüge muß uns das Verhalten der meisten Päpste von 1450—1550 erscheinen; wir denken an Sixtus IV., Innozenz VIII., Alexander VI., Julius II., Leo X., Clemens VII. Diese

---
[1]) Vgl. S. 118 ff.

Oberhäupter der christlichen Kirche verdienten nicht den Namen „Christen"; ihre „Religion" war ohne Moral und ohne Wahrheit. Deshalb wundern wir uns nicht, daß Luther in dem römischen Papst allen Ernstes den **Antichrist** sah.

1. Eine Hauptursache der sittlichen Entartung waren die Ansprüche auf weltliche Herrschaft, besonders der **Kirchenstaat**.

Im 14. Jahrhundert klagt der Chronist von Piacenza: „Es wäre in Wahrheit vor Gott und der Welt besser, wenn die Päpste das dominium temporale (d. h. die weltliche Herrschaft) gänzlich niederlegten; denn seit der Schenkung Konstantins sind die Folgen des weltlichen Besitzes zahllose Kriege und Untergang von Volk und Städten gewesen. Diese Kriege haben mehr Menschen verschlungen, als heute in ganz Italien leben, und sie werden niemals aufhören, so lange die Priester weltliche Rechte behalten."

Gerade die Renaissancepäpste fühlten sich in erster Linie als weltliche Fürsten; der Kirchenstaat und die territoriale Stellung in Italien waren der Angelpunkt ihrer Politik. „Dieser Fetzen Land blieb die ewige Quelle von Kriegen und Erschütterungen", und dabei wandten die Päpste die verwerflichsten Mittel an; sie scheuten nicht Hinterlist und Heuchelei, Verrat und Dolch.

2. Jeder Aufstieg der Kultur hängt mit einer national-politischen Befreiung zusammen; so war es auch in Italien. Florenz, Mailand, Venedig, Genua, Pisa und viele andere Städte entwickelten sich zu freien, unabhängigen Stadtstaaten; mit der Freiheit wuchsen nicht nur Macht und Wohlstand, sondern auch der Sinn für Kunst und Wissenschaft. Im 14. und 15. Jahrhundert erwachte das **stolze Nationalbewußtsein** und zugleich die Sehnsucht nach einer nationalen Einigung.

Aber die Päpste haben diese Hoffnung zerstört; sie waren **schuld** an dem neuen tiefen Verfall Italiens, vor allem Alexander VI. und Julius II. Dem armseligen Zweck, seine Bastarde groß zu machen, opferte Alexander VI. sein eigenes Gewissen, das Glück der Völker, das Dasein Italiens und das Wohl der Kirche. Ein Krieg von mehr als einem halben Jahrhundert und schrecklicher als alle früheren im Mittelalter, zertrümmerte Italien, zerstörte die Blüte seiner Städte, vernichtete den Sinn für Nationalität und Freiheit und versenkte die Nation unter entehrender **Fremdherrschaft** in einen Schlaf von Jahrhunderten. Julius II. kann als der Neuschöpfer der päpstlichen Monarchie bezeichnet werden, und er hat dadurch den Fortbestand der Papstmacht gesichert; aber um welchen Preis? „Die kühne Schöpfung Julius' II. zu erhalten, mußten die Päpste stets zu diplomatischen Künsten und dem schwankenden System der Bündnisse ihre Zuflucht nehmen und sich in immer neue Kriege stürzen, wodurch die Kirche moralisch zugrunde ging. Die politischen Bedürfnisse des Papsttums förderten mächtig die deutsche Reformation; sie verhinderten den italienischen Staat und verlängerten die Fremdherrschaft in Italien[1]."

---

[1] Nach Gregorovius.

3. Schamlos war der **Nepotismus** der meisten Renaissancepäpste; sie trieben Familienpolitik und brachten ihre nächsten Verwandten in einträgliche geistliche und weltliche Stellungen. Der Spanier Calixt III. (um 1455) erhob die Söhne seiner vier Schwestern zu Kardinälen oder zu den höchsten weltlichen Ehren; darunter war der spätere berüchtigte Papst Alexander VI. Nachher handelte es sich meist um wirkliche Bastarde, d. h. uneheliche Kinder der Päpste; mit jedem Papstwechsel erschienen solche Vatikanische Prinzen auf der römischen Szene, wuchsen mit Plötzlichkeit zu Macht, tyrannisierten Rom und den Papst selbst, kämpften mit Dynasten und Städten um Grafenkronen und gründeten neue Familien des päpstlichen Fürstenadels. Besonders schamlos war der Nepotismus unter Sixtus IV. und Alexander VI.

Und mit dem Nepotismus verband sich die gottloseste **Simonie**. Unter Innozenz VIII. († 1492) nahm der Mißbrauch des Ämterverkaufs unglaubliche Dimensionen an; neue Ämter wurden für Geld geschaffen; Rom ward eine Werkstatt schamloser Korruption, ein Wechsel- und Bankhaus, ein Markt für Ämter und Gnaden in aller Welt. Ein habgieriges Nepotenwesen ohne jede Spur von Geist, ohne jeden politischen Gedanken, nur auf gemeinen Gewinn gerichtet, erniedrigte die Regierung von Innozenz VIII. — Bei den **Papstwahlen** jener Zeit war nicht der Heilige Geist wirksam, sondern das Geld. Für Geld waren auch die **Gerichte** in Rom feil; Verbrecher wurden gehängt, wenn sie nicht zahlen konnten, aber man ließ sie frei, sobald sie der richterlichen Kurie eine Summe erlegten.

4. Mit tiefster Entrüstung lesen wir, daß solche Päpste, die selbst keine Spur der Religion Jesu in sich trugen, mit Bannbullen und Scheiterhaufen gegen die sogenannten „Ketzer" vorgingen. Papst Sixtus IV. hat 1483 den berüchtigten Dominikaner Thomas Torquemada zum Großinquisitor für Spanien ernannt, über dessen grausame Henkerarbeit wir schon gesprochen haben. Ein Kardinallegat Innozenz' VIII. hat als Vertreter des „Statthalters Christi" 1500 Waldenser umgebracht, die sich in eine große Höhle geflüchtet hatten; demselben Papste Innozenz VIII. verdanken wir die greuliche „Hexenbulle", die Hauptursache der grausamen Hexenverfolgungen.

Die Weigerung der weltlichen Obrigkeit, das Inquisitionsurteil zu vollstrecken, wurde für ein schweres und unmenschliches Verbrechen erklärt, das zu bestrafen sei wie die Begünstigung der Ketzerei. Als die Regierung von Venedig im Jahre 1521 die Ausführung eines Inquisitionsurteils verbot und die Prozeßakten einforderte, da erhob sich mit Entrüstung der „Statthalter Christi", Leo X., gegen diesen „frevelhaften Ungehorsam". Es war dasselbe Jahr, in welchem Leo X. am 3. Januar den Bannfluch gegen Luther geschleudert hatte.

Welch ein **Unterschied zwischen Leo X. und Luther!**
Bei einem Prozeß gegen einige Kardinäle, die sich verschworen hatten, zeigte sich der Papst Leo X. als großer Heuchler; man sprach von einem „mediceischen Bubenstück" und behauptete, „der ganze Prozeß sei Geldspeku-

lation gewesen". Auf dem Laterankonzil (1517) geschah nichts gegen den empörenden Mißbrauch der Pfründen- und Ämterhäufung, worüber die ganze Christenheit laute Klage führte. Dieses Unwesen, wie den Verkauf von geistlichen Stellen, betrieb Leo X. ärger als seine Vorgänger.

Das Rom Julius' II. und Leos X. glich in kleinen Verhältnissen der Stadt der altrömischen Kaiser. In dieser heidnisch gefärbten Gesellschaft geistreicher Genußmenschen fehlte die edle Frauenwelt. Ihre Stelle nahmen Konkubinen und Kurtisanen ein. Schon vor Luther und Hutten hat Savonarola Rom als einen Sündenpfuhl bezeichnet. Erasmus staunte über die grell und dreist aufgetragene Farbe des Heidentums in der römischen Religion, an der nichts mehr unverfälscht geblieben war, aus deren einst ehrwürdigem Tempel die herrschsüchtige Gier der Priester ein europäisches Wechselhaus und einen Krammarkt von Gnadenbullen, Indulgenzen und Objekten des Aberglaubens gemacht hatte.

Wenn wir keine anderen Monumente des geistigen Lebens der Italiener im 16. Jahrhundert besäßen als ihre **Komödien**, so müßten wir urteilen, daß der sittliche Verfall der Nation vollkommen dem der Zeiten des altrömischen und byzantinischen Theaters gleich war. Der Verfasser einer der unzüchtigsten Komödien, **Bibiena**, trug den Kardinalspurpur und war der Freund des Papstes Leo X.; er war am päpstlichen Hofe der eigentliche Freudenmeister und Direktor aller Lustbarkeiten. Der Vatikan selbst wurde durch die Aufführung frivoler Komödien entweiht.

B.
In Deutschland.

1.
Die deutsche Renaissance.

Wohl zeigte sich im Zeitalter von Renaissance und Humanismus die **germanisch-romanische, deutsch-welsche Kulturgemein**besonders stark; der Bildungstrieb führte zahlreiche Deutsche nach Italien, und sie brachten von dort viele wertvolle Anregungen mit. **Aber zweierlei** erscheint vor allem bemerkenswert:

1. Es ist eine **Geschichtsfälschung**, wenn die Italiener und vor allem die Römer bzw. die römische Papstkirche alles Große und Herrliche, was jene Zeit in Kunst und Wissenschaft hervorgebracht hat, für sich und ihr Volkstum in Anspruch nehmen und dabei mit Geringschätzung auf die nordischen „Barbaren" hinabblicken. Die Tatsachen der Geschichte reden eine andere Sprache:

Rom selbst war durchaus unproduktiv; für das 14. Jahrhundert hören wir laute Klagen über die Unkultur. Freilich wurde Rom im 15. Jahrhundert durch die Fürsorge des verweltlichten, heidnischen Papsttums der Hauptsitz der Renaissance; aber es erwies sich nach jeder Richtung hin als **Drohnenstadt**. Wie es das Gold aus allen Ländern an sich zog, so holte es sich auch die Männer der Kunst und Wissenschaft von auswärts, aus Oberitalien, vor allem aus Florenz.

Gregorovius VII, S. 623: „Von Florenz aus hielten Kunst und Wissenschaft ihren Einzug in Rom, im Gefolge oder auf den Ruf der Päpste. Denn Rom selbst blieb unproduktiv. Der Genius des Altertums begeisterte die Römer wohl zu Träumen der politischen Renaissance, aber nicht zu künstlerischen Schöpfungen. Als sie ihre Fraktionskämpfe ausgekämpft hatten, saßen sie träg auf dem Schutthaufen des Altertums, wie des Mittelalters, und sie ließen ihre Päpste für sie sorgen. Fremde kamen, ihnen die Wissenschaften, die Bücher und den Buchdruck zu bringen, für sie zu bauen, zu malen und zu meißeln, während sich ihr unerschöpfter Boden auftat, um die alten Götter und Heroen, die Weisen und Bürger in Marmor und Erz der Welt zurückzugeben: ein langer Nachtrab des Altertums, der noch nicht sein Ende erreicht hat."

Die Ursitze der geistigen Erneuerung waren **Oberitaliens und des nördlichen Mittelitaliens** aufblühende Stadtstaaten. Und was wohnten dort für Menschen? Die Ergebnisse der Rassenforschung zeigen uns, daß das Aufflammen bürgerlicher Unabhängigkeit, industriellen Fleißes, wissenschaftlicher Forschung und künstlicher Schöpferkraft in dem nördlichen Drittel Italiens eine durch und durch **germanische** Tat war. Jahrhunderte hindurch waren aus dem Norden immer neue germanisch-deutsche Scharen gekommen; wir wissen, daß sich viele Familien bis zum Ende des 15. Jahrhunderts rein hielten. Was dann am Ausgang des Mittelalters in Oberitalien entstand, war keine welsche, sondern **germanische Kultur; germanischer Abstammung waren Dante und die bedeutendsten Vertreter der italienischen Renaissance.**

Aber auch Deutschland selbst war im 15. Jahrhundert nicht nur Empfänger, sondern auch Geber höherer Kultur. Darüber klagt im Anfang des 16. Jahrhunderts der Italiener Paul Jovius: „Die Deutschen begnügen sich nicht mehr mit dem alten Kriegsruhm, der festen Disziplin und der trotzigen Kraft, durch welche sie die Ehren des Mars den Römern entrissen haben; sondern auch die Zierden des Friedens, die Wissenschaften und die Blüte der Kunst haben sie dem ausgebrannten Griechenland und dem entschlafenen Italien geraubt. Denn noch in unserer Väter Zeiten wurden zuerst Baumeister, dann Maler, Bildhauer, Mathematiker, geschickte Handwerker, Brunnenmeister und Feldmesser aus Deutschland geholt. Kein Wunder, da sie uns die wunderbare Erfindung des Buchdrucks gebracht haben."

2. Viel wichtiger ist folgendes: Bisher hatte die germanisch-romanische Kulturgemeinschaft stets zu einem vollen Siege des Welschtums geführt; **diesmal war es anders!** Die Deutschen machten sich frei vom Welschtum und gingen ihre eigenen Wege; sie brachten aus Italien nicht nur die Saat humanistischer Wissenschaft mit, sondern auch den tiefsten Abscheu vor der moralischen Versunkenheit Roms. Die **wachsende Scheidung** zwischen Deutschtum und Welschtum ist vielleicht die bedeutsamste Tatsache der Weltgeschichte. Wohl entdeckten die Lateiner die „neue Welt", d. h. neue Erdteile; aber die Deutschen gingen weit darüber hinaus, indem sie in doppelter Weise die bisherige Weltanschauung stürzten:

das geozentrische System des Ptolemäus und
das Weltsystem des alleinherrschenden Papsttums.

Wohl brachten die Lateiner eine Wiedergeburt der verschollenen alten griechisch-römischen Kulturwelt; aber die Deutschen taten mehr, indem sie eine Renaissance des Christentums und zugleich des Deutschtums herbeiführten. Die Kluft zwischen Deutschtum und Welschtum wuchs, und der größte Unterschied kann nicht scharf genug betont werden. Denn das Erwachen des neuen Geisteslebens führte die Italiener immer mehr vom Christentum weg, aber die Deutschen zum wahren Christentum hin. In Deutschland wandte sich das Hauptinteresse der Bibel zu; durch die hebräischen Studien Reuchlins und die griechischen des Erasmus wurden das Alte hebräische und das Neue griechische Testament geradezu neu entdeckt. Epochemachend war des Erasmus Ausgabe des Neuen Testaments. — Zugleich waren zahlreiche deutsche Humanisten Erwecker unseres Volkstums.

Ihre Krönung fand in Deutschland die große Geistesbewegung durch Luther[1]). In ihm verehren wir einen der unerschrockensten Wahrheitssucher; der starke Christusglaube und der heilige Zorn über die Lüge, welche die Religion Jesu verfälscht hatte, waren die Quellen seiner Kraft. Welch ein Unterschied! Luther hatte, als er 1510/11 in Rom war, für die gewaltigen Denkmäler des Altertums und für die neuen Erzeugnisse der bildenden Kunst nur einen flüchtigen Blick; er sah nur die Lüge. Umgekehrt fehlte den Italienern jedes Verständnis für das sittliche Prinzip der deutschen Bewegung und für das Verhältnis der Sünde zur Erlösung.

Die deutsche Nation zerriß die starken Ketten, welche sie seit Karl dem Großen an Rom und an sein entartetes Papsttum gebunden hatten.

Gregorovius schreibt VII, S. 245 ff.: „Wenn man die Gestaltung der christlichen Kirche vom Apostolischen Symbolum bis auf Leo X. überblickt, so hat man das zusammenhängendste und größte Werk menschlicher Geistesarbeit vor sich: die Ablagerung des Gedankenprozesses der Jahrhunderte ohne jede Unterbrechung; das riesige Produkt des Verstandes, Wissens und Gefühls, des Genies und des Wahns von Nationen und Zeitaltern; ein nicht auszudenkendes System von Gebräuchen, Formeln, Geheimnissen und Symbolen, von hellen Ideen und finsteren Träumen, von Rechten und Usurpationen, von Wahrheiten und Erdichtungen, von tausend Gesetzen, Ordnungen und Sozietäten; was alles ein moralisches, um einen mystischen Mittelpunkt gravitierendes Ganzes von solcher Großartigkeit bildet, daß dieser kirchliche Kosmos selbst an der Sphäre jenseitiger Himmel keine Grenze findet. Nach anderthalb Jahrtausenden des Wachsens und Bestehens dieser staunenswürdigen Schöpfung machte der deutsche Geist die Entdeckung, daß der Mensch dieses ungeheuren formalen Apparates zur Glückseligkeit entbehren könne, ohne aufzuhören, tief religiös und ein Christ zu sein. Dies war die größte Entdeckung

---

[1]) In diesem Buch „Die Weltgeschichte der Lüge" kann auf die Reformation selbst nicht näher eingegangen werden; ich verweise auf meine „Angewandte Kirchengeschichte", 3. Aufl., S. 207 ff., und auf mein Buch „2000 Jahre römische Geschichte deutscher Nation".

seit der Entstehung der Kirche überhaupt; die Reformation **vereinfachte** die religiösen Verhältnisse, indem sie dieselben im Gewissen vertiefte; sie befreite den christlichen Gedanken von seiner Materialisierung im Mittelalter . . .

„Der 17. und 18. April 1521, wo Luther im Dom zu Worms vor Kaiser, Fürsten und Ständen die **Unbesiegbarkeit eines sittlich freien Menschen** aussprach, sind Tage des hellsten Glanzes in der Geschichte des deutschen Geistes, unverlöschbare Triumphe in der Geschichte der Menschen überhaupt."

Und nun noch eine verbreitete, oft wiederholte **Geschichtslüge**! Wie man den Zusammenbruch der herrlichen Alten Kulturwelt den „barbarischen" Germanen zuschreibt, so auch das Ende der italienischen Kulturblüte des 14., 15., 16. Jahrhunderts dem zerstörungslustigen deutschen „Vandalismus"; man weist dabei besonders auf die gräßliche Plünderung Roms im Jahre 1527 hin. Freilich kann die Tatsache der unheilvollen Plünderung Roms und der starken Beteiligung der deutschen Landsknechte daran nicht geleugnet werden. Aber wer hat denn den schrecklichen Kriegszug verschuldet? Der wortbrüchige Papst Clemens VII. und der welsche Kaiser Karl V. Schon im Jahre vorher (1526) war der Papst von italienischen Banden unter Führung der Colonna überfallen und ausgeplündert worden. Und 1527? Wir haben Zeugnisse aus jener Zeit, wonach die schlimmsten Greuel nicht von den deutschen Landsknechten, sondern von den spanischen Truppen verübt wurden; die Deutschen seien menschlich und gutmütig gewesen, hätten sich mit mäßigem Lösegeld begnügt, das sie schnell mit Trinken und Spielen vergeudeten. Ein bekanntes Wort eines Italieners aus jener Zeit lautet: „Bei der Plünderung Roms haben die Deutschen schlimm, die Italiener schlimmer, am schlimmsten die Spanier gehaust."

Die Hauptschuld am Untergang der italienischen Kulturblüte trug das Papsttum selbst; als man im Laufe des 16. Jahrhunderts in Renaissance und Humanismus eine Art von Eltern der Reformation erkannte, wurde jeder freiheitliche Geist erstickt.

2.
Neue Formen des Dualismus.

Seit 200 Jahren hatte man laut eine doppelte Reform gefordert: der Kirche und des Reichs, die beide in der Umstrickung der universalen Menschheitsidee todkrank waren. Wohl hat Luther die Kirche aus welschen Fesseln befreit und eine zweifache Renaissance gebracht, des Christentums und des Deutschtums; die reine Religion, das innerste Verhältnis des Einzelmenschen zu Gott, zwischen Sünde und Erlösung war Anfang, Mitte und Ende all seines Denkens, und begeistert jubelte ihm das ganze deutsche Volk zu. Aber die politische Einigung, die Reform des Reiches, kam nicht zustande. Die Hauptschuld trugen die Protestanten selbst, welche nach Luthers Tod (1546) vergaßen, daß der Geist lebendig macht, der Buchstabe tötet. So kam es, daß die Zerrissenheit unseres Volkes wuchs, statt abzunehmen:

1. Unter den Protestanten selbst entstand eine verhängnisvolle Spaltung (Dualismus). Die „Freiheit des Christenmenschen" entartete und führte zu gehässigen Lehrstreitigkeiten: „hie Jena, hie Wittenberg! hier Kursachsen, hier Kurpfalz! hier Lutheraner, hier Calvinisten!" Vergebens waren die Bemühungen der pfälzischen Kurfürsten um einen evangelischen Bund. Der Haß zwischen Lutheranern und Calvinisten wurde so groß, daß die lutherischen Kurfürsten von Sachsen immer wieder die katholischen Habsburger unterstützten. Ohne unsere unglaubliche Michelei wären die großen Erfolge der Jesuiten und das entsetzliche Elend des Dreißigjährigen Krieges gar nicht möglich gewesen.

2. Seit 1648 ist das deutsche Volk (einschließlich Deutsch-Österreich) zu fast gleichen Teilen in eine protestantische und eine katholische Hälfte zerrissen; seitdem war unser Vaterland fast zwei Jahrhunderte der Tummelplatz und das Beuteobjekt der Nachbarstaaten. Auf dem großen Trümmerfeld erhoben sich im Nordosten und Südosten die beiden Staaten der Zukunft, der **Hohenzollern und der Habsburger.** In diesem Dualismus fand die uralte Spaltung in Armin- und Flavusdeutsche ihre Fortsetzung.

Ein Vergleich.

Luther und Bismarck gehören zusammen. Vor 400 Jahren konnte nur die eine Hälfte der notwendigen Erneuerung erreicht werden: die Reform der Kirche, die Befreiung der Religion Jesu aus den welschen Fesseln. Die andere Hälfte wurde erst von Bismarck 1866 und 1870/71 durchgeführt: die Reform des Reiches, die politische Einigung der Nation. Leider konnte diese Einigung nicht mehr das gesamte Deutschtum umfassen; wichtige deutsche Grenzländer waren uns entfremdet.

Wenn wir heute fragen: Weshalb ist das Werk Bismarcks so schnell zusammengebrochen? so dürfen wir Bismarck ebensowenig für den Weltkrieg 1914 ff. und seinen Ausgang verantwortlich machen, wie Luther für den 30jährigen Krieg. Nicht die äußeren Feinde, sondern die eigene Michelei hat uns zugrunde gerichtet. Genau wie im 16. Jahrhundert war zweierlei schuld: teils unsere selbstmörderische Duldsamkeit und Weltenliebe, teils die Neigung zu innerer Zersplitterung. Wir selbst haben in unserem törichten Versöhnungsdrang den Einflüsterungen der Welschen Gehör geschenkt; wir haben nicht nur Rom, sondern auch Juda erstarken lassen; die schwarze, rote und goldene Internationale durften zu mächtigen Staaten im Staate auswachsen, unter deren schwerem Druck das zweite Reich zusammenbrach.

Noch schlimmer aber war das andere: Wie im 16. Jahrhundert die Uneinigkeit unter den Protestanten, der Mangel an innerer Geschlossenheit die Ursache wurde für den folgenden Niedergang, so in unserer Zeit **die Zersplitterung unter den nationalen Parteien.** Mochten immerhin Konservative, Freikonservative und Nationalliberale in einzelnen Fragen des Wirtschaftslebens, des Steuer- und Finanzwesens, der Zölle, der Sozialpolitik verschiedener Meinung sein: so erforderte doch die Pflicht der Selbsterhaltung ein geschlossenes Zusammengehen in allen nationalen Fragen, eine Einheitsfront der Armindeutschen gegen die Flavusdeutschen bzw. gegen die drei international-demokratischen Parteien, schwarz-rot-gold. Das hat Bismarck 1887 erreicht; aber nach seiner Entlassung (1890) löste sich langsam das Band zwischen den nationalen Parteien, und eine Hauptursache unseres Zusammenbruches haben wir darin zu sehen, daß ein großer Teil der Nationalliberalen den Anschluß nach links suchte.

Sogar nach dem entsetzlichen Zusammenbruch im November 1918 kam keine Einheitsfront der Armindeutschen zustande; vielmehr begann eine wachsende Spaltung in zahlreiche „nationale" Parteien, die sich untereinander so heftig bekämpften, daß sie den immer engeren Zusammenschluß der Flavusdeutschen nicht sahen, denen ihre internationalen Menschheitsziele höher stehen als unser Volkstum. Genau wie in der Zeit der Gegenreformation des 16. und 17. Jahrhunderts!

IV.
Die Habsburger.

Der Sieg Rudolfs I. auf dem Marchfelde (1278) entschied über das Schicksal Österreichs, das dem Hause Habsburg zufiel. Die jahrhundertelange Verbindung der Habsburger mit Deutschland (1438—1806 hatten sie fast ununterbrochen den Kaiserthron inne) entwickelte sich zu einer verschleierten **Fremdherrschaft** und zu einer großen Lüge; sie hat unserm Volkstum unermeßliche Verluste gebracht.

1.
Die langsame Lösung Österreichs von Deutschland.

1. Um 1850 erregte die Entdeckung einer alten **habsburgischen Urkundenfälschung** großes Aufsehen. Bekanntlich war der Kaiser Friedrich I. Barbarossa (1152—1190) in seinen ersten Regierungsjahren eifrig bemüht, den verderblichen Zwist zwischen den Staufen und Welfen beizulegen; deshalb gab er dem Welfen Heinrich dem Löwen im Jahre 1156, außer Sachsen, auch das Herzogtum Bayern zurück. Um den dadurch geschädigten Babenberger Heinrich zufrieden zu stellen, erhob er in demselben Jahre Österreich zum Herzogtum und verlieh ihm in einem **Freiheitsbrief** große Vorrechte vor allen anderen Fürsten. Seitdem nahm Österreich eine **Sonderstellung** ein; es hatte nur geringe Verpflichtungen gegen das Reich und konnte seine ganze kriegerische Kraft nach dem Südosten hin entfalten.

Als genau zweihundert Jahre später (1356) unter Kaiser Karl IV. die „goldene Bulle" die großen Privilegien der sieben Kurfürsten festlegte (Unteilbarkeit des Landes, Vererbung nach dem Rechte der Erstgeburt, wichtige Hoheitsrechte, besonders die Gerichtshoheit, von der nicht weiter appelliert werden dürfte), da fühlte sich der jugendliche Herzog Rudolf IV. von Österreich benachteiligt, und das veranlaßte ihn 1358 zu einer kühnen **Fälschung**. Er vernichtete den echten Freiheitsbrief des Jahres 1156 und setzte einen anderen an die Stelle; er ließ, was er für die Gegenwart wünschte, bereits vor zwei Jahrhunderten bewilligt sein. Danach sei den Herzögen von Österreich bereits 1156 eine viel größere Selbständigkeit

Die Renaissance.

verliehen, als 1356 den sieben Kurfürsten; dem Herzog von Österreich komme der Titel „Erzherzog" zu, womit ausgedrückt wurde, daß er so hoch über den Herzögen stände, wie der Erzbischof über den Bischöfen. Diese gefälschte Urkunde hat Kaiser Friedrich III. im Jahre 1482 bestätigt, und sie ist seitdem über vierhundert Jahre für echt gehalten, sogar in die „Monumenta historiae Germ." aufgenommen. Heute wissen wir, daß dieses sogenannte privilegium maius eine Fälschung ist, daß dagegen das privilegium minus, das Rudolf IV. vernichtete, von dem sich aber einige Kopien erhalten haben, der echte Freiheitsbrief des Jahres 1156 ist.

2. Die Bemühungen, für Österreich Sonderrechte und eine Sonderstellung zu erlangen, haben nicht aufgehört. Im Jahre 1448 erreichte Kaiser Friedrich III. in dem Wiener Konkordat wichtige kirchliche Zugeständnisse, die nur für seine Erblande galten. — Um 1500 hat der Kaiser Maximilian I. die Versuche, eine starke Reichsgewalt zu gründen, keineswegs unterstützt. Im Gegenteil! gerade die Anarchie und Ohnmacht des Reiches boten ihm bessere Aussichten für seine außerdeutschen Familieninteressen. In einer Zeit, wo im Nordosten die Polen deutsche Länder an sich rissen, wo im Südosten Böhmen und Ungarn sich dem deutschen Einfluß entzogen, wo im Südwesten die Schweizer Eidgenossenschaft sich immer unabhängiger vom Reiche machte, hatte der Kaiser keinen anderen Gedanken, als in Italien seine Herrschaft wieder aufzurichten, und stürzte sich mit lebhaftem Eifer in die spanisch-französisch-italienischen Händel. — Und was eineinhalb Jahrhunderte später (1648) im Westfälischen Frieden geschah, muß uns als eine der größten Lügen der Geschichte erscheinen. Welche unwahre Doppelstellung hat der Kaiser Ferdinand III. bei den Friedensverhandlungen eingenommen! er erschien mehr als ein auswärtiger Herrscher, denn als das Oberhaupt des Deutschen Reiches. Als Kaiser bestätigte er die religiös-kirchlichen Bestimmungen des Friedensvertrages und erklärte (was besonders wichtig war) von vornherein jeden Widerspruch für wirkungslos, der vom Papst erwartet wurde; aber in seinen habsburgischen Erbländern, die doch auch zum deutschen Reiche gehörten, besonders in den Hauptstädten Wien, Prag, Graz, Innsbruck ließ er die päpstliche Verbannungsbulle an die Kirchtüren schlagen und gab ihr dadurch die Bestätigung. Fortan wurde Österreich ängstlich von jeder Berührung mit dem ketzerischen Deutschland ferngehalten; der Zusammenhang lockerte sich von Jahr zu Jahr.

Erdmannsdörffer schreibt in Onckens Weltgeschichte III, 7:

„Rudolf IV. hat der Politik seines Hauses für alle folgenden Zeiten die Richtung gegeben:

Völlige Unabhängigkeit vom Reich, soweit dasselbe Pflichten auferlegt; strikte Verbindung mit dem Reich, soweit aus derselben Rechte erwachsen.

Ein allmählicher Scheidungsprozeß zwischen Deutschland und Österreich, dessen leise Anfänge man bis in die vorhabsburgischen Zeiten zurückverfolgen kann, hat seinen unwiderstehlichen Lauf genommen. Der Staat Österreich hatte seine eigenen Wege und Ziele; das Geistesleben seiner

Bevölkerung hat, nach langem Widerstreben, doch dem Zug der Absonderung und Entfremdung nachgeben müssen. Noch einmal ließ der große Anstoß der **Reformation** die gesamten österreichischen Lande in den lebendigen Fluß der **nationalen** Gesamtbestrebungen eintreten; aber dem Bündnis der habsburgischen Staatsidee mit den Interessen der katholischen **Gegenreformation** vermochte der österreichische Protestantismus nicht auf die Dauer zu widerstehen. Er wurde unterdrückt und damit auch **dieses geistige Band zerrissen**, welches Österreich mit dem wichtigsten Lebensinteresse des größten Teils der Nation verknüpft hatte. Eben jetzt aber war durch den Westfälischen Frieden (1648) feierlich ausgesprochen worden, daß das teuer erkaufte Kleinod der kirchlichen **Duldung von dem Boden Österreichs ausgeschlossen blieb**, daß die Gleichberechtigung des katholischen, des lutherischen und reformierten Bekenntnisses überall im Reiche Rechtens sein sollte, nur nicht in den Landen des Kaisers. Die systematische Loslösung dieser Landschaften aus der Gemeinschaft des nationalen Lebens und seiner Wechselwirkungen erhält damit ihren Abschluß. Was noch übrig blieb, fiel der geübten **Bekehrungstechnik** der Jesuiten und Kapuziner anheim, und bald zogen die eingesetzten **Reformationskommissäre** von Ort zu Ort, von Haus zu Haus, um in den österreichischen Landen auch die letzten Spuren des einst fast allgemeinen Abfalls zu tilgen ... Welch außerordentliche historische **Paradoxie** lag in der Tatsache, daß gerade mit diesem Reiche des Ostens, das seit Jahrhunderten von dem lebendigen Zusammenhang mit der deutschen Nation sich mehr und mehr löste, ebenfalls seit Jahrhunderten die Würde des **deutschen Königtums** verbunden war und noch weiter verbunden blieb!"

2.

Die „Wacht am Rhein?"

Seit der Entstehung des alten („ersten") Deutschen Reiches (843, 870, 919) haben **Holland, Belgien, Lothringen, Elsaß, die Freigrafschaft Burgund, die Schweiz** Jahrhunderte lang unbestritten dazu gehört. Durch die Schuld der Habsburger sind sie verloren gegangen.

Mit Unrecht wird es als ein Verdienst der Habsburger hingestellt, daß sie mehr als drei Jahrhunderte hindurch die „Wacht am Rhein" gebildet hätten. Freilich waren seit dem Ende des 15. Jahrhunderts fast die gesamten westlichen Grenzgebiete des Deutschen Reiches im Besitz der Habsburger: schon von altersher waren sie begütert in Elsaß, Breisgau, Schweiz; vor allem aber fiel ihnen nach dem Tode Karls des Kühnen (1477) dessen großes Erbe zu, Burgund und die Niederlande. Weil das aufsteigende französische Königtum auf Teile dieser Erbschaft Anspruch erhob, begann der lange Kampf zwischen den Habsburgern und den französischen Herrschern, von Maximilian I. bis zu Napoleon I. (bis 1814/15) [1]).

---

[1]) **Heinrich von Sybel** hat 1862 in seiner berühmten Streitschrift gegen Professor Ficker „Die deutsche Nation und das Kaiserreich" darauf hingewiesen, wie **undeutsch** die Habsburger sich in den zahlreichen Kriegen des 17., 18., 19. Jahrhunderts mit Frankreich gezeigt haben.

Wie in Wahrheit die „Verdienste" der Habsburger um das westliche Deutschland aussehen, möge folgende Zusammenstellung zeigen:

1. Durch ihren jahrhundertelangen Gegensatz zum Hause Habsburg wurden die Schweizer dem deutschen Reiche immer mehr entfremdet und traten 1648 ganz aus dem Reichsverband aus[1]).

2. Die Herrschaft der Habsburger in der **Freigrafschaft** Burgund und in den **Niederlanden** war eine **Fremdherrschaft**. Als Karl V., der Erbe der spanisch-burgundischen Besitzungen der Habsburger und zugleich Oberhaupt des deutschen Reichs, nach dem Sieg bei Mühlberg (1547) auf der Höhe seiner Macht stand, gelang es ihm, durch den Burgundischen Vertrag des Jahres 1548 den Niederlanden eine ähnliche **Sonderstellung** zu verschaffen, wie sie Österreich einnahm. Die Niederlande sollten zwar unter dem Schutze des Reiches stehen, aber keine Pflichten dem Reiche gegenüber haben; der Erbherr der Niederlande sollte zwar Sitz und Stimme auf dem Reichstag haben, aber des Reiches Satzungen sollten für die Niederlande nicht bindend sein. Als nun gar bei Karls V. Abdankung die Niederlande und die Freigrafschaft **mit dem spanischen Erbe Phillips II.** vereinigt wurden, war ihre Verbindung mit dem deutschen Reiche nur noch eine formale. So kam es, daß der Freiheitskampf der Niederländer gegen Philipp II. (1567 ff.) als etwas angesehen wurde (leider auch heute noch vielfach angesehen wird), das nicht mehr zur deutschen Geschichte gehöre. Bekanntlich endete der lange Krieg 1648 damit, daß **Holland** sich nicht nur von Spanien losriß, sondern leider auch vom Deutschen Reich, während die südlichen Niederlande und die Freigrafschaft mit Spanien verbunden blieben.

3. Und was haben die Habsburger getan, um **Elsaß-Lothringen, die Freigrafschaft, die südlichen Niederlande** dem deutschen Reiche zu erhalten? Der schwache König Karl II. von Spanien mußte 1678 die Kosten des französischen Krieges gegen Holland mit dem Verluste der Freigrafschaft bezahlen. Fast ganz Elsaß wurde 1648, 1681, 1697 eine Beute Ludwigs XIV. In Wien regte man sich nicht sonderlich darüber auf; man hatte den Blick auf das spanische Erbe gerichtet und verschmerzte über den großen Aussichten die kleinen Verluste. Der Ausgang des spanischen Erbfolgekrieges (1701—1714) brachte die Vereinigung der **südlichen Niederlande** mit Österreich; sie bildeten ein lästiges Außenland, das man gern als Austauschobjekt benutzt hätte. Die französische Revolution und die Siege Napoleons rissen nicht nur die

---

[1]) Freilich haben auch die Schweizer frühzeitig die Geschichte gefälscht und die Habsburger ins Unrecht gesetzt. „Man wußte von den Greueltaten der habsburgischen Vögte zu berichten, welche sich an dem Leben, der Ehre und dem Besitz der Bauern vergriffen. Man vergaß die langwierige rechtsgeschichtliche Entwicklung, welche, gehindert und gefördert durch die Angelegenheiten des Reichs, zuletzt zur Unabhängigkeit der Waldstätte geführt hatte, und setzte an ihre Stelle eine bewegte dramatische Handlung, die rasch vorwärts schreitet und in jäher Katastrophe die schwere Schuld des Tyrannen gerechte Strafe finden läßt." (Gebhardt, Handbuch der Deutschen Geschichte I, Seite 541.)

Niederlande, sondern das ganze linke Rheinufer vom Reiche los (1797, 1801).

4. Wie leicht wäre es nach den Freiheitskriegen (1813—1815) auf dem **Wiener Kongreß** gewesen, alle verlorenen Grenzgebiete Westdeutschlands wiederzugewinnen! Aber in Wien widerstrebte man den „Phantasten", die solche Hoffnungen aussprachen; dort war man sogar bereit, dem besiegten Frankreich die Rheingrenze zu gewähren. Weil der Kaiser Franz I. von Österreich und sein Kanzler Fürst Metternich auf das Elsaß und auf die Niederlande verzichteten, kam Elsaß wieder an Frankreich, die südlichen Niederlande schieden aus ihrem früheren Verhältnis zu Deutschland aus (daraus wurde später das Königreich Belgien), und auch die Schweiz blieb außerhalb des deutschen Bundes.

Wie oft haben nach dem Dreißigjährigen Krieg die **Habsburger und die Hohenzollern gemeinsam** gegen Frankreich gekämpft, besonders

zur Zeit Ludwigs XIV.,
zur Zeit Napoleons I.,
und im Weltkriege 1914—1918!

Aber jedesmal war es für die treulosen Habsburger zugleich ein heimlicher Kampf gegen die verbündeten Hohenzollern und gegen den Protestantismus. 1678 ließ Leopold I. den Großen Kurfürsten im Stich; 1697 einigte er sich mit dem Feinde, um katholische Interessen durchzudrücken; 1814/15 arbeitete Metternich gemeinsam mit dem Vertreter des besiegten Frankreich, Talleyrand, an der Demütigung Preußens. Und 1918?

3.
Das Haus Habsburg als Vollzugsorgan der römischen Papstkirche.

Mit dem Untergang der Hohenstaufen (1250, 1254, 1268) war der Kampf zwischen Staufen und Welfen keineswegs beendet; er wurde als Gegensatz der **Ghibellinen und Guelfen** noch sehr lange fortgesetzt, zum Teil bis zur Gegenwart. Die Guelfen traten für die Vereinigung der höchsten weltlichen und geistlichen Gewalt im Papsttum ein; die Ghibellinen für die „superioritas", d. h. die höhere Stellung des Kaisers, der seine Macht unmittelbar von Gott habe und als Oberhaupt der Weltrepublik eingesetzt sei. Der Papst sollte die geistliche Autorität beibehalten, aber die weltliche verlieren.

Während Frankreich, England, Spanien und Portugal sich bei diesem Kampf um die „superioritas" oder „Souveränität" der weltlichen Gewalt zu starken Nationalstaaten entwickelten, hielt man in **Deutschland und Italien** an dem übernationalen Ideal, an der Wahnidee der Universalmonarchie der einheitlichen Menschheit fest. **Hier lebte das Mittelalter weiter.**

1. Die ersten Kaiserkönige aus dem Hause Habsburg, **Rudolf I.** (1273—1291) und **Albrecht I.** (1298—1308), entsagten den staufischen

Grundsätzen und bekannten sich zu dem guelfischen Standpunkt. Nach seiner Wahl schrieb Rudolf I. 1273 an den Papst Gregor X.:

> „Ich ankere meine Hoffnung fest in Euch, und ich stürze zu den Füßen Eurer Heiligkeit nieder, flehentlich bittend, Ihr möget mir in meiner übernommenen Pflicht mit wohlwollender Gunst beistehen und das kaiserliche Diadem mir huldvoll zuerteilen."

Und in demselben Jahre 1303, wo der König von Frankreich den päpstlichen Ansprüchen rücksichtslos entgegentrat, bekannte sich Rudolfs Sohn, Albrecht I., demütig als Lehnsmann des Papstes und erklärte, daß alles, was Kaiser und Reich besitzen, aus der päpstlichen Gnade geflossen sei.

2. Der geistlose, habgierige habsburgische Kaiser Friedrich III. (1440 bis 1493) hat zugunsten der römischen Kurie Verrat geübt am deutschen Volke. Als er die Regierung antrat, bestand allenthalben eine leidenschaftliche Opposition gegen die päpstliche Allgewalt und ihren absoluten Universalismus, zugleich gegen die entsetzlichen Mißbräuche der Kirche und die finanzielle Ausbeutung der Völker. Es war die Zeit des Baseler Konzils, welches die Rückkehr zum Episkopalismus verlangte und die Rechte des Papsttums wesentlich beschränkte; es war die Zeit, wo in Frankreich, England, Spanien die weltlich=staatliche, d. h. die königliche Gewalt selbständig die Reform der Kirche vornahm, so daß dort eine Art Landeskirchen entstanden. Auch in Deutschland suchten die Reichsstände unserem Volke die Früchte der Konzilstätigkeit zu sichern; 1439 erhoben sie die Baseler Reformartikel zu Gesetzen. Aber die nächsten Jahre gehören zu den häßlichsten Abschnitten unserer Geschichte. Friedrich III. hatte für die wichtigsten Bedürfnisse des deutschen Volkes, dessen Oberhaupt er war, gar keinen Sinn; er fühlte sich als Habsburger, nicht als Deutscher. Für seine Österreichische Hausmacht gelang es ihm, in geheimen Verhandlungen mit dem Papst Eugen IV. kirchliche Sonder=Zugeständnisse zu erlangen; dafür **verriet** er die deutsche Kirche und brach durch Intrigen die Opposition der Reichsstände gegen den Papst. Die damals begonnene Reformation erlag dem **Bunde von Kaisertum und Papsttum**; durch das Wiener Konkordat des Jahres 1448 trat für Deutschland wieder das alte päpstliche Erpressungssystem in Kraft.

So wurde Österreich von Deutschland geschieden. Die folgende Krönungsreise Friedrichs III. nach Italien und Rom war, neben der Befriedigung seiner Eitelkeit, nicht viel mehr als ein einträgliches Finanzgeschäft:

> „Nachdem dieser geistlose Fürst die Freiheit der deutschen Kirche schmachvoll verkauft und die Hoffnung der Nation auf die Reform verraten hatte, besiegelte er **das habsburgische Bündnis mit dem Papsttum**, um diese katholische, so verhängnisvolle Politik seinen Nachfolgern zu vererben. Die Italiener verachteten ihn; der Bischof von Florenz fand nicht eine Spur kaiserlicher Majestät an Friedrich, nur **Gier nach Geld**."

3. Und welches Unheil hat die **Verbindung Deutschlands mit Spanien** gebracht, diese wunderbarste deutsch=welsche Kulturgemeinschaft! Durch die Kaiserwahl des Jahres 1519 vereinigte Friedrichs III. Urenkel, Karl V., die römische Kaiserkrone deutscher Nation mit

dem erstarkten spanischen Königreich; er war ferner Herr der Niederlande und der neu entdeckten Länder in den fremden Erdteilen.

Wohl erwarteten wackere deutsche Patrioten von ihm die Erlösung aus unerträglichen Verhältnissen; **aber er war dem deutschen Wesen völlig fremd.**

Wohl schien es, als sollte das staufische Reichsideal, das ghibellinische Ideal Dantes verwirklicht werden, als sollte eine **Renaissance des Kaisertums** eintreten, welches dem Weltreich und der Weltkirche Friede, Ordnung und Gerechtigkeit brächte. Aber es war nur ein **Rollentausch**; denn die Quelle alles Unheils, die mittelalterliche Menschheitsidee, wirkte weiter.

Wohl hat Karl V. wider Willen die von Luther begonnene deutsche Reformation gefördert; seine Truppen haben Rom erstürmt und geplündert, haben den Papst gefangen gehalten. Aber letzten Endes drang immer das habsburgische Bündnis mit dem Papsttum durch, das gemeinsame Interesse an der Verwelschung des deutschen Volks und an der Unterdrückung der Reformation.

Wohl haben Karl V. und Ferdinand I. unermüdlich die Berufung eines Reformkonzils gefordert. Aber schließlich endeten alle Reformbestrebungen mit einem Sieg des päpstlichen Absolutismus.

4. Die großen Erfolge der **Gegenreformation** nicht nur in **Österreich-Ungarn**, sondern auch in großen Teilen Süd- und Westdeutschlands waren in erster Linie das Werk der Habsburger. Vor allem wurde **Ferdinand II.** (1619—1637) „Vollzugsorgan" der römischen Kurie.

Ein Rollentausch.

An die Stelle des **deutsch-römischen** Kaisertums trat schließlich ein **französisch-römisches** Kaisertum. Schon im Jahre 1519 strebte Franz I. von Frankreich nach der Kaiserwürde; die Franzosen machten die Internationalität des Reichsoberhauptes geltend oder wiesen auf die uralte Frankendynastie hin, als ob Karl der Große „Franzose" gewesen wäre. Im folgenden Jahrhundert faßte 1657 der Kardinal Mazarin die Wahl des jungen Königs **Ludwig XIV.** zum römischen Kaiser ins Auge. Endlich hat **Napoleon I.** 1804 das Ziel erreicht; er wurde römischer Kaiser, und das deutsch-römische Kaisertum verschwand! **Ein Rollentausch!**

Aber **welch ein Unterschied!** Von Karl dem Großen und Otto dem Großen an stellten die deutschen Kaiser ihre nationalen Kräfte in den Dienst der internationalen Weltreichs-, Gottesstaats- oder Menschheitsideen; immer mehr wurde das deutsche Volkstum von ihnen vernachlässigt, und die habsburgischen Kaiser erniedrigten sich zu Werkzeugen des Papstes. **Und die französischen Herrscher?** Zwar haben auch sie immer wieder die römische Papstkirche gestärkt; wir denken an die Religionskriege des 16. Jahrhunderts, an Ludwigs XIV. Eroberungen, die zugleich Eroberungen für die katholische Kirche waren, und an Napoleon I., der dem Papsttum den Weg bereitete zu einem neuen Aufstieg. Aber von denselben Herrschern und von demselben französischen Volke hat das Papsttum Demütigungen erfahren, wie von keiner anderen Seite. Denn **sie dulden keinen Dualismus, keine duplex potestas**; vielmehr muß sich alles, staatliche, kirchliche und Menschheitsinteressen, dem nationalen Gedanken **unter**ordnen.

Neuzeit.

Dreierlei ist das Größte, Herrlichste, Erhabenste, das uns die ganze deutsche Geschichte zu erzählen weiß: die Entstehung

einer romfreien Kirche,

einer romfreien, vom Welschtum gelösten deutschen Literatur,

eines romfreien, wahrhaft unabhängigen, selbstherrlichen Nationalstaates.

Die Reformation, die Arbeit der großen Hohenzollern und die fruchtbare Geistesarbeit des 18. Jahrhunderts sind die drei „Großtaten der Neuzeit". Wittenberg, Potsdam, Weimar! Christentum, Preußentum, Deutschtum! Luther, Goethe, Bismarck! Welch ein Dreiklang!

Aber je höher wir stiegen, desto größer wurden die Gefahren, desto erbitterter der Ansturm der äußeren und inneren Feinde des Deutschtums, desto schamloser die Lügen, Verleumdungen und Geschichtsfälschungen, desto ränkevoller die diplomatischen Künste, mit denen man uns umgarnte. Wir beklagten die wachsende Orientalisierung der gesamten Neuen Kulturwelt, den Siegeslauf des demokratischen Gedankens, seine Verbindung mit Mammonismus, Kommunismus und Ultramontanismus, mit Juda und Rom. Im Weltkrieg unterlagen wir der Lüge, dem Mammonismus, der Orientalisierung, dem demokratischen Gedanken, weil unser Volk, oben und unten, sich schon zu sehr von dem undeutschen Geiste hatte verseuchen lassen.

Reformation, Preußentum, Deutschtum.

I.
Der 400jährige Lügenfeldzug gegen Luther und die Reformation[1]).

A.
Luthers Persönlichkeit.

Luthers Leben.
(1483—1546)

1.

1505 Luther wird Augustiner-Mönch. In der engen Klosterzelle zu Erfurt ist die Reformation geboren.
1508 Luther wird an die Universität Wittenberg berufen.
1510/11 Reise nach Rom. Seitdem nimmt Luther mehr und mehr eine leitende Stelle im Augustinerorden ein.

2.

1517—1521.

1517 31. Oktober: Luther schlägt die 95 Thesen an die Schloßkirche zu Wittenberg.
1518 Reichstag zu Augsburg; Luther verweigert den Widerruf.
1519 Disputation zu Leipzig: weder Papst noch Konzilien seien unfehlbar, sondern allein die heilige Schrift.
1520 10. Dezember: Luther verbrennt die Bannbulle.
1520/21 die drei wichtigen Schriften Luthers, die gewissermaßen ein Programm bedeuten: „An den christlichen Adel deutscher Nation",
„Von der Babylonischen Gefangenschaft",
„Von der Freiheit eines Christenmenschen".
1521 Reichstag zu Worms.

3.

1521—1546.

1522 Übersetzung des Neuen Testaments; 1534 ist auch die des Alten Testaments vollendet.
1525 Luther heiratet die Katharina von Bora.
1529 Luthers Katechismus.
1546 Luthers Tod in Eisleben.

---

[1]) Außer größeren Geschichtswerken habe ich die vortreffliche Schrift von Böhmer benutzt: „Luther im Lichte der neueren Forschung."

Luther ist einer der größten Wahrheitsucher und Wahrheitskünder der Weltgeschichte gewesen. Sein Leben liegt wie ein aufgeschlagenes Buch der Wahrheit vor uns; nichts ist verdeckt, verschleiert oder beschönigt. Seine außerordentlich zahlreichen Schriften, Predigten, Tischreden sind „Bruchstücke einer großen Konfession".

Kein Deutscher ist mehr geliebt und gehaßt worden, über seinen Tod hinaus bis heute. Der 400jährige Lügen= und Verleumdungsfeldzug bildet ein sehr lehrreiches Kapitel der Geschichte. Von Anfang an waren es zwei Parteien, die den frommen und mutigen Reformator bekämpften:
  der revolutionäre Radikalismus u n d vor allem
  die römische Papstkirche.

1.
Luthers Lebensanfang und Lebensende.

1. Schon 1527 wurde Luthers Mutter von einem Dominikaner als meretrix („Hure") bezeichnet, und wenige Jahre später wußte man, daß der Teufel selbst ihren Sohn Martin erzeugt habe. Das blieb durch die Jahrhunderte eine Lieblingsvorstellung der Feinde; auf diesen Ton ist die erste Lutherbiographie gestimmt, die der alte Widersacher, der Breslauer Domherr Cochläus, 1549 veröffentlichte: Luther sei ein Kind des Teufels; die eigene Mutter habe später bedauert, den Wechselbalg nicht gleich in der Wiege ermordet zu haben; im Kloster hätten einsichtige Brüder erkannt, wes Geistes Kind er sei, und bei seinem Tode sei der Leibhaftige in eigener Person erschienen, um seinen Sohn in die Hölle zu holen[1].

2. Zwar besitzen wir über „Luthers christlichen Abschied" zahlreiche einwandfreie Berichte von Augenzeugen, darunter auch den des katholischen Apothekers zu Eisleben, der herbeigerufen wurde, um Wiederbelebungsversuche zu machen. Trotzdem sind die Feinde nicht müde geworden, vom 16. Jahrhundert bis in unsere Gegenwart die unglaublichsten Lügen über seinen Tod zu verbreiten. Luther selbst konnte schon ein Jahr vor seinem Tode einen „welschen Lügenbericht" in Druck geben, der in Italien verfaßt und veröffentlicht war:

> „Er habe vor seinem Tode kommunizieren wollen; aber die Hostie, die er genommen, sei durch ein Wunder nicht bei ihm geblieben, sondern habe sich in der Luft deutlich gezeigt. Er sei dann nach seinem Abscheiden seinem Verlangen gemäß am Altar der Kirche zu göttlicher Verehrung beigesetzt worden; aber an seinem Grabe sei ein schreckliches Rumoren entstanden, so daß die Leute erschreckt den Sarg wieder geöffnet hätten. Da hätten sie gefunden, daß seine Gebeine daraus verschwunden und ein großer Gestank darin übriggeblieben sei."

Einige Jahrzehnte später ging in katholischen Kreisen das Gerede um, Luther habe in höchster Verzweiflung sich an seinem Bettpfosten erhängt. Diese „Lügende" wagte Ende des 16. Jahrhunderts ein Italiener zu ver=

---

[1] Wir müssen bedenken, daß der grobsinnliche Teufelsglaube damals allgemein verbreitet war.

öffentlichen, und bald darauf wurde sie mit allen möglichen Einzelheiten ausgeschmückt. Und in unserer Zeit hatte der Kaplan Majunke 1890 den traurigen Mut, sie wieder aufzuwärmen. Zwar schüttelten die größeren katholischen Zeitungen und die bedeutenderen Schriftsteller den Hetzkaplan von ihren Rockschößen ab; aber in den katholischen Massen wirkt das Thema von „Luthers Selbstmord" weiter.

2.

Mit großem Behagen werden dem Reformator immer von neuem **Unzucht** und „**geschlechtliche Zügellosigkeit**" vorgeworfen.

Man redet von den „ungezähmten Trieben seiner sinnlichen Natur". Aus der frommen Frau Cotta zu Eisenach, in deren Hause der heimatlose fünfzehnjährige Knabe zum erstenmal ein gemütliches, trautes Familienleben kennen lernte, wird eine „junge Dame", aus ihrer mütterlichen Zuneigung zu dem Jungen ein unsauberer Liebeshandel.

Dem jungen Erfurter Studenten Luther dichtet man eine Liebschaft mit einer Erfurter Bürgerstochter an und beruft sich auf das Zeugnis Spalatins. Dabei vergessen die frommen Ketzerrichter zu sagen, daß das keineswegs Luthers Freund Spalatin ist, sondern daß im Jahre 1580 ein katholischer Geistlicher, der sich gleichfalls „Spalatin" nannte, diese Lüge aufgebracht hat.

Auch mit der Liebschaft, die Luther 1521 bei seinem Aufenthalt auf der Wartburg gehabt haben soll, ist es nichts.

Vor allem wird es natürlich Luther als unverzeihliche Sünde vorgeworfen, daß er sein Mönchsgelübde gebrochen und im Jahre 1525 „die entlaufene Nonne" Katharina von Bora geheiratet hat. Noch in unserer Zeit erblickt der Pater Denifle in dem Konkubinate zölibatärer Priester keine „so schwerwiegende Versündigung", wie in jenem „stabilen Verhältnis", das die Protestanten Luthers „Ehe" nennen.

Bereits in demselben Jahre 1525, wo Luther die Katharina von Bora heiratete, wurde erzählt, daß die junge Frau schon vierzehn Tage nach der Hochzeit niedergekommen sei. Selbst der „große" Erasmus scheute sich nicht, mit Behagen den Klatsch zu verbreiten, war aber einige Monate später ehrlich genug, die falsche Nachricht zu widerrufen.

Als Hauptzeugnis für die geschlechtlichen Ausschreitungen Luthers dient ein Brief an seinen Freund Spalatin vom 16. April 1525. Wer erinnert sich nicht der köstlichen Szene in Fritz Reuters „Ut mine Stromtid", wo der brave Onkel Bräsig von seinen „drei Bräuten" spricht, von denen er keine zur Frau bekommen hat. Ähnlich ist der humoristische Brief Luthers für jeden zu verstehen, der nicht von blindem Haß erfüllt ist. Luther trug sich mit Heiratsgedanken, um einen Wunsch seines alten Vaters zu erfüllen; um den heiligen Ehestand auch seinerseits durch die Tat zu ehren; um die Papisten zu ärgern. Auch „die Sehnsucht nach einer geordneten Häuslichkeit" wird mitgesprochen haben; denn sein Junggesellenleben im Schwarzen Kloster war nicht beneidenswert. Als zweiundvierzigjähriger Mann war er über den jugendlichen Drang hinaus[1]). Für die Heirat eröffneten sich ihm mehrere „Partien"; aber keine stand ihm recht an, und da schreibt er in seiner humoristischen Art dem Freunde: „Drei Frauen habe ich schon zu gleicher Zeit gehabt." Aber für Pater Denifle ist dies der Beweis, daß Luther schon vor seiner Heirat mit drei Nonnen im Konkubinat gelebt habe.

Man weiß auch von einem **unehelichen Sohn** Luthers zu erzählen, der in seinem Hause mit aufgewachsen sei. Damit ist es wiederum nichts. Es handelt sich um den Sohn einer Schwester Luthers aus dem Mansfeldischen, Andreas, der seit 1537 zusammen mit Luthers Kindern in Wittenberg erzogen wurde. Da lesen wir denn in den Tischreden, daß Luther einmal von „meinem Andreas" spricht; ein späterer Herausgeber hat daraus „mein Sohn Andreas" gemacht. Und nun ist für die schmutzige Phantasie der ehelosen Ketzerrichter der uneheliche Sohn „bewiesen".

Obgleich Luther seit 400 Jahren immer von neuem vor das hochnotpeinliche Inquisitionsgericht geschleppt wird; **obgleich** er den Richtern die Untersuchung durch die beispiellose Offenheit erleichtert, womit er sein ganzes Leben aller Welt aufgedeckt hat; **obgleich** zahlreiche Gelehrte mit Bienenfleiß alle Bibliotheken und Archive durchstöbert haben: so hat sich doch nichts, rein gar nichts gefunden, was den Vorwurf irgendwelcher geschlechtlichen Verfehlung rechtfertigen könnte.

Da scheint denn nach dieser Richtung nur **ein** Makel hängen zu bleiben: **seine Stellung zu der Doppelehe des Landgrafen Philipp von Hessen**[2]). Luthers Verhalten war die Nachwirkung der **alten, mittelalterlich-katholischen Grundsätze** und ist ein Beweis dafür, wie stark noch manche alte Gewohnheiten in ihm fortlebten. Des Landgrafen Philipps Ehe war eine sehr unglückliche; er lebte schon seit vielen Jahren getrennt von seiner rechtmäßigen Frau und ging am 4. März 1540 eine zweite Ehe mit Margarete von der Saale ein. Heute würde er zuvor die erste Ehe gelöst haben; **damals** erschien die Scheidung einer vor Gott zu Recht bestehenden Ehe als völlig unzulässig, wohl aber unter besonderen Verhältnissen die Doppelehe. Man berief sich auf Erzählungen der Bibel, wonach Männer des Alten Bundes mehr als ein Weib gehabt haben[3]). Als neun Jahre vorher (1531) der englische König Heinrich VIII. sich von seiner Gattin scheiden lassen wollte, ist auch von der Möglichkeit einer Doppelehe gesprochen; der bekannte Kardinal Kajetan äußerte, die Polygamie sei nicht gegen das Naturgesetz und nicht in der Heiligen Schrift verboten. Aber weder Papst und Kardinal noch Luther dachten daran, daß die Doppelehe gesetzlich freigegeben werden sollte. — Der Schlüssel zu Luthers Verhalten liegt darin, daß er die Frage des

---

[1]) Vor einigen Jahren gab ein Kollege von mir dem Kaplan, der sich über Luthers „Ehe" nicht beruhigen konnte, die grobe, aber richtige Antwort: „Was **Sie** sich dabei denken, das hätte Luther viel früher und bequemer haben können. Dann brauchte er nur dem Vorbild der Päpste und zahlreicher hoher und niedriger Priester zu folgen."

[2]) Seit 1549 hat der Federkrieg darüber nicht geruht, und auch heute ist es eine Frage von „aktuellem Interesse".

[3]) Leider war für Luther und ist heute noch für viele Christen das Alte Testament ebenso „Wort Gottes", wie das Neue Testament.

Landgrafen als eine Beichtfrage, den Wittenberger Ratschlag als einen Beichtrat auffaßte, und dementsprechend sollte die Angelegenheit als ein **Beichtgeheimnis** behandelt werden. Luther dachte hierüber noch ganz „mittelalterlich". — Ich gestehe offen, daß ich seine Stellung zu der Doppelehe Philipps bedaure, und große Lutherverehrer, wie Köstlin und Kawerau, sprechen von einem „Flecken im Leben Luthers".

3.

Seit 1517 saß Luther in einem Glashause; alles was er tat, wurde mit Späherblicken beobachtet, über jeden Becher Bier oder Wein genau Buch geführt, jedes Wort aufgezeichnet, und er war sehr offenherzig. Da hat man denn herausgefunden, daß er ein „Alkoholiker" gewesen sei, ein „**Fresser und Säufer**", ein Gewohnheitstrinker bedenklichster Sorte. Ganze Geschlechter von Menschen sind eifrig tätig gewesen, ein „erdrückendes Beweismaterial" für diese Behauptung zusammenzutragen. Sie führen zahlreiche Aussprüche aus den Tischreden, humoristische Bemerkungen in den Briefen und Berichte von Zeitgenossen an. Dabei muß dann allerdings den Worten bisweilen Gewalt angetan werden; wenn es heißt, daß Luther beim Abendtrunk in seiner Wohnung „heiter" gewesen sei, so macht man daraus ein „angeheitert", d. h. betrunken.

Tatsache ist, daß Luther zwar kein Verächter eines guten Trunkes war, aber das Laster der Trunksucht, das in seiner Zeit sehr verbreitet war, aufs schärfste bekämpfte, selbst seinen Kurfürsten und dessen trinkfesten Hofleuten gegenüber; daß es den Ketzerrichtern und Spürnasen von vier Jahrhunderten nicht gelungen ist, irgendwelche Beweise für ihre Verleumdung zu bringen; daß auch der bekannte Spruch

„Wer nicht liebt Wein, Weib und Gesang,
 Der bleibt ein Narr sein Leben lang"

nicht von Luther stammt (was an sich gar nicht einmal so schlimm wäre), sondern im Jahre 1777 zum erstenmal auftritt, vielleicht von Heinrich Voß.

Beiläufig möge an dieser Stelle bemerkt werden, daß auch die Äußerungen der radikal-revolutionären Zeitgenossen nichts beweisen, die mit Luther nicht zufrieden waren. Wegen seines Verhaltens gegenüber den Wittenberger Bilderstürmern erhielt er den Ehrennamen „das geistlose, sanft lebende Fleisch von Wittenberg", und weil er die Fürsten zur Niederwerfung der aufrührerischen Bauern aufforderte, wurde er „blutiger Scharfmacher, feiler Fürstenknecht, volksfeindlicher Ordnungspfaffe" genannt.

4.

Am Ende des 18. und Anfang des 19. Jahrhunderts verstummten die Angriffe gegen Luther; ja selbst in katholischen Kreisen fand er Verständnis und Anerkennung. Aber seit 1814 erwachten die mittelalterlichen Ideen und Ansprüche des Papsttums zu neuer Stärke, und in dem**selben Maße wuchs der Kampf gegen Luther**. Dabei wurden teils die alten Verleumdungen wieder hervorgeholt; teils gab man sich den Anschein einer objektiven wissenschaftlichen Geschichtsforschung; sie bestand darin, daß man „die Quellen selber reden ließ"¹). Es ist erstaunlich, welcher Bienenfleiß, welches Riesenmaß von Arbeitskraft immer von neuem aufgewandt wird, um den verhaßten Ketzer noch nachträglich auf den Scheiterhaufen zu bringen und endlich ein für allemal zu erledigen; aber es ist nicht gelungen.

1. Wie geriebene Advokaten, lassen diese Geschichtsforscher (Janssen, Denifle, Grisar) **die Quellen reden** und stellen **solche** Aussprüche zusammen, die ein schlechtes Licht auf den Angeklagten zu werfen scheinen; was ihnen aber nicht paßt, verschweigen sie; auch verschmähen sie es nicht, einzelne Stellen aus dem Zusammenhang herauszureißen und ihnen dadurch einen anderen Sinn zu geben. Die Sprache der damaligen Zeit war außerordentlich derb; wer da geschickt eine Blütenlese von kräftigen Ausdrücken aus Luthers Briefen, Schriften und Tischreden zusammenstellt, der kann allerdings bei dem heutigen Leser den Eindruck hervorrufen, daß Luther „ein unflätiger Mensch" gewesen sei. **Aber das ist eine bewußte Irreführung.** Luther hat zu einem rohen und urderben Geschlecht gesprochen, hat sich sein ganzes Leben lang mit rohen und urderben Menschen im Kampfe gemessen; er selbst ist derb bis zur Grobheit gewesen, aber niemals, wie so viele seiner Zeitgenossen und Gegner, schlüpfrig und frivol. Bei Lutherzitaten hat ein ehrlicher Geschichtschreiber die Pflicht, seinen Lesern mitzuteilen, daß manche Ausdrücke vor vierhundert Jahren einen ganz anderen Sinn hatten, als heute. Es ist z. B. richtig, daß Luther 1534 in einem Brief das Wort „Zötlein" gebraucht; aber das bedeutete damals nur so viel, wie Anekdote, Schwank, faule Ausrede. Auch konnte man ein anständiges Mädchen „Metze" nennen und eine reine, ehrliche Liebe als „Buhlen" bezeichnen. So sehr wechselt der Sinn mancher Wörter im Laufe der Zeiten.

2. Die Forscher haben zahlreiche „Widersprüche" in Luthers Schriften entdeckt und drehen Stricke daraus, um ihr Wild zu fesseln. Aber bei näherem Zusehen entdeckt man, daß es sich um nebensächliche Dinge handelt, um Irrtümer ohne Belang. Ebenso hat man ja auch Bismarck nachweisen können, daß er sich an einigen Stellen seiner „Gedanken und Erinnerungen" geirrt habe; deshalb ist er doch kein „Lügner und Fälscher". Auf angebliche „Widersprüche" Luthers sich stützend, redet Denifle von dem Erfurter „Klosterroman"; erst seit 1530 habe Luther von den Ängsten, Nöten, Kämpfen seiner ersten Klosterjahre gesprochen, und mit den Jahren sei daraus ein ganzer Roman geworden, als habe er keine gute Stunde im Kloster gehabt. Denifle weist darauf hin, daß Luther 1507 bei seiner Primiz seinem Vater gegenüber das Klosterleben als „ein fein geruhsam und göttlich Wesen" gerühmt habe. Aber ist das ein Widerspruch, wenn Luther 1507 an seinem Ehrentag vorwiegend an die guten Stunden denkt, die ihm das Klosterleben gebracht hat, während später die entsetzlichen Qualen viel mehr in der Erinnerung haften? Außer-

---

¹) Auch hierfür hatten schon einzelne Lutherfeinde des 17. und 18. Jahrhunderts mit größtem Fleiß vorgearbeitet.

dem hat Luther nicht erst 1530, sondern nachweislich schon 1515, also lange vor dem Bruch mit Rom, seinen Zuhörern von den Kämpfen, Zweifeln, Gewissensnöten erzählt, deren er nun Herr geworden sei, seitdem er die „Gerechtigkeit" Gottes recht verstehe. Auch die nicht heizbare Zelle, sowie das älteste Porträt Luthers bezeugen, was das „Frieren und Fasten" angeht, die Richtigkeit seiner Aussage.

3. Mit Recht hat man Luthers **Bibelübersetzung** eines seiner größten Verdienste um das deutsche Volk genannt und rühmend hervorgehoben, daß er nicht die von Fehlern wimmelnde Vulgata, sondern den griechischen Urtext des Neuen, den hebräischen des Alten Testaments zugrunde legte; man hat die Schönheit und Klarheit der Sprache gepriesen, die durch ihn zur allgemeinen Schriftsprache des deutschen Volkes wurde, so daß seitdem um alle Stämme ein starkes Band geschlungen und Freunde wie Feinde gezwungen waren, Luthers Sprache zu gebrauchen, wenn sie vom deutschen Volke verstanden werden wollten. Aber auch dieses Verdienst haben die Gegner zu schmälern versucht. Freilich steht fest, daß es schon **vor** Luther deutsche Bibelübersetzungen gab; aber wie wenig waren sie verbreitet! wie schwerfällig war ihre Sprache! wie viele Fehler enthielten sie. Wir wissen, daß Luther vor seinem zwanzigsten Jahr überhaupt keine Bibel gesehen hat, weder die lateinische noch eine deutsche Übersetzung noch den Urtext.

Man wagt es, den Bibelübersetzer Luther einen **Fälscher** zu nennen. Schon seine Zeitgenossen wußten 1000 und mehr „Fälschungen" anzugeben. Darauf hat Luther selbst im Jahre 1530 geantwortet; die sogenannten „Fälschungen" sind nämlich „Berichtigungen" und finden sich an den Stellen, wo Luther sich nicht an die fehlerhafte Vulgata, sondern an den echten griechischen und hebräischen Urtext gehalten hat. — Der Hauptsache nach bleibt für die modernen Ketzerrichter nur die **eine** Stelle Römerbrief 3, 28 übrig, auf der sie immer wieder herumreiten: „allein durch den Glauben". Es ist richtig, daß Luther das Wort „allein" hinzugefügt hat; aber dadurch ist der Sinn keineswegs verfälscht, sondern nur deutlicher zum Ausdruck gekommen. Jeder, der auf dem Gymnasium gewesen ist, weiß, daß wir bei der Übersetzung lateinischer und griechischer Schriftsteller oft das Wörtchen „nur" oder „allein" hinzusetzen, **gerade um der Wahrheit willen**. Der Unterschied in der Auffassung vom „Glauben" und von den „Werken" liegt darin, daß wir Protestanten, wie Jesus und Paulus verlangen, allen Nachdruck auf die **innere Gesinnung** legen; ist die innere Gesinnung echtchristlich, so folgen die guten Werke von selbst, wie der gute Baum gute Früchte trägt.

4. Vor dem Richterstuhl der sogenannten „Wissenschaft" entpuppt sich Luther, wie seine Feinde behaupten, nicht nur als „Säufer und Fresser", als „tierischer Wüstling", als „Zoten- und Possenreißer" niedrigster Art, sondern auch als „krasser Ignorant". Kein Vorwurf kann ungerechter und geschmackloser sein. Gewissenhafte Forscher haben festgestellt, daß Luther ein erstaunlich vielseitiger Gelehrter gewesen sei: in der altgriechischen und altlateinischen Literatur war er sehr gut bewandert; er

hat sich eingehend mit Welt- und Kirchengeschichte beschäftigt; er kannte genau die Kirchenschriftsteller, die Scholastiker und die Mystiker; er war im kanonischen Recht und im Aristoteles wohl zu Hause, hat mit Eifer Griechisch und Hebräisch gelernt. Schon als junger Professor wagte er es, fünf Schriften, die unter dem Namen des Augustin überliefert sind, aus sprachlichen und inhaltlichen Gründen für unecht zu erklären, und die späteren Forscher haben ihm Recht gegeben. Bahnbrechend war die Art seiner **Bibelauslegung**, wobei er die übliche allegorische Erklärung verwarf und dem natürlichen, grammatischen Sinn folgte. Nein! Luther war kein „krasser Ignorant", sondern das Gegenteil. — Aber, so wird erwidert, Luther bleibt doch ein Barbar, ein „ungeschlachtes Stück Urnatur, das mit zerstörender Wucht über die Blütengefilde der Kultur hereingebrochen sei"; oder man nennt ihn „eine einfache Seele, einen kulturarmen Nordländer, der in Schnee, Nebel, Unbildlichkeit der Natur ohne ein stärkeres Bedürfnis nach Wissenschaft und ohne einen Schimmer von Kunst" dahingelebt habe. Wie töricht! Wenn je einer, so hat Luther sich eifrig in der Wissenschaft und ernsten Forschung betätigt, als ein Wahrheitssucher in weitestem Sinn. Freilich, er ist nicht dazu gekommen, alle seine Gedanken in ein abgeschlossenes System zu bringen, und das kann man vielleicht als ein Glück bezeichnen. Er war ein Mann der Gedankenblitze, dem sich bei der Forschung völlig neue Ideen erschlossen, eine schöpferische Natur. **Und die Kunst?** Wir bewundern seine feine Beobachtungsgabe, seine Freude an Gottes Natur, an Wald und Feld, an dem Gesang der Vögel. Die Musik liebte und übte er als die feinste Gabe, womit Gott dieses elende Leben geziert habe. Und kann sich ein Dichter jener Zeit mit ihm messen? wie viele herrliche, unvergeßliche Lieder hat er geschaffen!

5.

Die Mittel, um Luthers Persönlichkeit zu verleumden bzw. zu verkleinern, sind noch immer nicht alle aufgezählt. Zwar erscheint es heute Vertretern der Wissenschaft unmodern, den Teufel selbst zur Lösung des Problems zu zitieren; aber man erklärt die „verbrecherischen" Handlungen Luthers damit, daß er **krank** gewesen sei. Die einen nennen es geradezu eine Geisteskrankheit; die anderen sprechen von zeitweiligem Verfolgungs- und Größenwahn, Halluzinationen, Illusionen, übermäßiger geschlechtlicher Erregung und transitorischer Geistesverwirrung; wieder andere, er sei mit „endogener Nervosität" belastet und neige zu überwertigen Ideen; auch die hartnäckigen Verdauungsbeschwerden werden als Ursache für sein eigenartiges Wesen bezeichnet.

Richtig ist, daß Luther seit seinem vierzigsten Lebensjahr ein kranker Mann war. Wir hören von schweren Verdauungsstörungen, nervösem Kopfübel, Nierensteinkolik, fieberhaftem Rheumatismus, ischiatischen Zuständen, Hämorrhoidalbeschwerden, eiternder Ohrenentzündung, furchtbaren Brustbeklemmungen; er war vor der Zeit gealtert. Wohl ist manche Reizbarkeit und Heftigkeit damit zu erklären, aber **muß nicht unsere** bewundernde Verehrung wachsen, wenn wir sehen, wie der Geist alle Schmerzen besiegt, wie heldenhaft dieser Gottesstreiter allen körperlichen Leiden trotzt, wie „der Pfahl im Fleisch" ihm nicht seine Schaffensfreude raubt. Von Luther gilt dasselbe, wie von Schiller, der fünfzehn Jahre lang gegen einen siechen Körper kämpfte; seit dem Jahre 1790 kränkelte Schiller, und man kann behaupten, daß ein sterbender Dichter mit wunderbarer Heiterkeit der Seele dem Tode die unsterblichen Werke abgerungen habe.

Leider haben die Geschichtsphilosophie und die Geschichtsauffassungen[1]) der letzten hundert Jahre gleichfalls viel Verwirrung angerichtet, das Bild des Reformators getrübt und seine Bedeutung geschmälert. Das Zeitalter der Aufklärung (um 1800) wollte nur das Vernunft- und Naturgemäße gelten lassen; sie sah die Geschichte als einen Rationalisierungsprozeß an. Weiter redete man von einer Entwicklung in der Geschichte und betrachtete alle Ereignisse als „Durchgangsstufen" auf ein letztes Ziel hin. Oder man erklärte alles Geschehen und alles Tun der Menschen als Erzeugnis wirtschaftlicher Verhältnisse. Diese Auffassungen haben das Gemeinsame, daß sie die Menschengeschichte als eine rein menschliche Angelegenheit betrachten; daß sie glauben, alles berechnen und mit dem Verstand erklären zu können; daß sie Gott ausschließen. Wie im chemischen Laboratorium aus den genau abgewogenen, verschiedenen Materien das Erzeugnis von selbst hervorgeht, so sei auch in der Geschichte alles eine Folge der gegebenen Faktoren.

Wie viel einfacher wird doch alles, wenn wir in Demut bekennen, daß das Auftreten und Wirken großer Persönlichkeiten für uns ein Geheimnis ist! daß in der Geschichte hin und wieder etwas ganz Neues geschieht! daß es ein individuelles Leben und irrationelle Kräfte gibt, die wir logisch nicht nachzurechnen vermögen! Freilich ist auch Luther „ein Kind seiner Zeit"; freilich ist die ungeheure Wirkung seiner Taten und Worte nur so zu begreifen, daß der Boden schon seit 200 Jahren vorbereitet und „die Zeit erfüllet" war; auch war Luther an Einrichtungen, Zustände und Vorstellungen seiner Zeit gebunden[2]). Aber wir müssen alle Versuche ablehnen, als sei eine Reformation ohne Luther möglich gewesen, ebenso wie der Gedanke töricht ist, das Deutsche Kaiserreich wäre auch ohne Bismarck entstanden. Selbstverständlich haben die Reformideen des 15. Jahrhunderts, haben gelehrte Männer, wie Occam, haben die Humanisten und Mystiker großen Einfluß auf Luther geübt. Aber wenn das Haupt der Humanisten, Erasmus, klagt, „der Wittenberger Mönch habe ihm durch seine groben Eingriffe die ganze Reformation verdorben", und wenn das heute nachgesprochen wird, so ist das eine große Täuschung bzw. Selbsttäuschung. Weder hat Erasmus das Wesen des Christentums richtig erfaßt, noch besaß er den heroischen Willen und unerschrockenen Mut Luthers; vor allem ist Luthers Kirchenbegriff, Luthers religiöses und sittliches Ideal seine eigene Entdeckung.

Bekanntlich hat Luther nicht nur das Christentum, sondern auch das Deutschtum aus den welschen Banden befreit. Wie töricht sind doch die

---

1) Vgl. den Anhang.
2) Z. B. hat er den starken Teufels-, Hexen- und Engelsglauben, den er gleichsam mit der Muttermilch eingesogen hatte, Zeit seines Lebens festgehalten.

Versuche, dieses Verdienst zu verkleinern! man redet von dem „weltunkundigen Mönch", der erst durch Huttens Einfluß der große Patriot geworden sei. Wohl war Luther selbst vor 1517 ein unbekannter Mann; wer aber einen Blick in seine Vorlesungen und Predigten tut, der erkennt, daß er keineswegs „weltunkundig" war. Wohl haben Luther und Hutten zweifellos sich gegenseitig vieles zu verdanken; aber nicht Luther ist von Hutten, sondern umgekehrt Hutten von Luther abhängig. Der „Patriot" Luther war längst auf dem Kampfplatz, bevor Hutten in die Kriegstrompete stieß; erst Luthers Beispiel veranlaßte Hutten, in deutscher Sprache zum deutschen Volk zu reden.

B.
Die „Begehrlichkeit der Fürsten".
Ausbreitung der Reformation.

Ungünstige Zeiten.	Günstige Zeiten.
I. Periode.	
1521 das strenge Wormser Edikt.	1521—1529 bleibt die kirchliche Bewegung fast ungestört: das Kurfürstentum Sachsen, Hessen, viele Reichsstädte führen die Reformation ein.
	1525 wird das Ordensland Preußen säkularisiert.
	1526 erster Reichstag zu Speier.
II. Periode.	
1529 zweiter Reichstag zu Speier.	1532 Nürnberger Religionsfriede.
1530 Reichstag zu Augsburg.	Die Reformation breitet sich über Württemberg (1534), Pommern (1536), Herzogtum Sachsen (1539), Kurfürstentum Brandenburg (1539), Kurpfalz aus.
1531 Schmalkaldischer Bund.	
III. Periode.	
1546/47 Schmalkaldischer Krieg.	1552 Passauer Vertrag.
1547 Schlacht bei Mühlberg.	1555 Augsburger Religionsfriede.
1548 Augsburger Interim.	

Die Tatsache der ungeheuren Wirkungen von Luthers Auftreten und der gewaltigen Ausbreitung der Reformation können die Gegner nicht leugnen. Aber sie suchen sie mit der „Begehrlichkeit der Menschen, vor allem der Fürsten" zu erklären und wollen darüber hinwegtäuschen, daß das gesamte deutsche Volk von dem tiefsten Haß gegen die römische Papstkirche erfüllt und daß es eine Volksbewegung war, von der schließlich die Fürsten mitgerissen wurden[1].

---

[1] Ich schlage irgendein beliebiges Buch auf, das mir gerade zur Hand ist. In der „Österreichischen Geschichte" von Dr. v. Kralik heißt es S. 83: „Der Protestantismus kam den deutschen Fürsten, dem Könige von England, den nordischen Herrschern bei ihren politischen Bestrebungen zugute und wurde dort von Staats wegen gegen

Solcher Irreführung gegenüber müssen wir folgendes feststellen:

1.

Es entspricht der Natur der Menschen, daß die meisten nur die **äußeren** Mißstände in der Kirche sahen: den finanziellen Druck und die Ausbeutung der Völker, die Vereinigung mehrerer Bistümer in einer Hand, die Verleihung von Pfründen an Fremde, das weltliche Leben des Klerus, besonders der hohen und höchsten Geistlichkeit. Eine **äußere** Reform hatte man seit 200 Jahren für notwendig gehalten und gefordert; eine **äußere** Reform wünschten Kaiser und Reichsstände, sogar der Papst Hadrian VI., der kurze Zeit auf dem Stuhl Petri saß, 1522/23.

An Luther trat 1521 die Versuchung heran: Er solle seine Angriffe gegen die Lehre fallen lassen und sich darauf beschränken, **äußere** Reformen zu verlangen und gegen die Tyrannei des Papsttums aufzutreten; dann würde er den Kaiser, alle Fürsten und Städte hinter sich haben; er solle erst diesen Schritt tun, dann würde der zweite Schritt, die **innere Reform**, die Reinigung und Erneuerung der Lehre, von selber kommen. Wir danken Gott, daß Luther dieser lockenden Stimme widerstanden hat; gerade deshalb waren ja zwei Jahrhunderte hindurch alle Versuche, die allenthalben geforderte „Reform der Kirche an Haupt und Gliedern" durchzuführen, gescheitert, weil es zu keiner inneren Umkehr kam. Wie Luther niemals die übliche Umschmeichelung des „kleinen Mannes" mitgemacht, vielmehr den „Herrn Omnes" gründlich verachtet hat, **so war er auch nicht um den Beistand der Fürsten.**

2.

Es steht fest, daß sich die **Fürsten** jahrelang den Neuerungen gegenüber **sehr zurückhaltend** zeigten; das gilt sogar für den Beschützer Luthers, den Kurfürsten Friedrich den Weisen von Sachsen. Die Reformation war im besten Sinn des Wortes eine gewaltige **deutsche Volksbewegung**. Innerlich waren ja bereits alle längst vom Welschtum gelöst; um so bereitwilliger öffneten sich die Herzen den Worten Luthers, der sich nicht auf negative Kritik beschränkte, sondern mit seinen Predigten, Flugschriften, Liedern, vor allem mit der Bibelübersetzung etwas Positives schuf. Die Begeisterung der ersten Christenheit schien wiederzukehren; eine tiefinnerliche religiöse Bewegung ging durch alle Schichten des Volkes, wie Deutschland noch nie erlebt hatte. Nein! nicht die Fürsten drängten zum Abfall von Rom; **sie waren vielmehr die Gedrängten.** Dafür sind das Kurfürstentum Brandenburg und das Herzogtum Sachsen deutliche Beispiele; als nach dem Tode der erbitterten Lutherfeinde, Joachims I. von Brandenburg und Georgs von Sachsen, ihre Nachfolger 1539 die Reformation einführten, so geschah es

---

jeden Widerspruch unbedingt durchgeführt." Damit soll doch der Eindruck erweckt werden, als ob es sich **nicht** um eine Volksbewegung handelte; wo war der „Widerspruch"?

hauptsächlich, weil die gesamte Bevölkerung dies wünschte, und ein Jubel ging durch das ganze Land. Ähnlich war es in Württemberg, wo der vertriebene Herzog Ulrich bei seiner Rückkehr 1534 die Reformation einführte.

Elisabeth, die erste evangelische Kurfürstin auf dem Hohenzollernthron, ist 1528 von Berlin nach Sachsen geflohen, weil ihr Gemahl Joachim I. von ihr unbedingte Rückkehr zur päpstlichen Kirche forderte. Sie hat um ihres Glaubens willen jahrelang bitterste Not erlitten, abgesehen von den schweren Seelenkämpfen, denen sie seit ihrer Flucht ausgesetzt war. Erst zehn Jahre nach dem Tode ihres Gatten konnte sie, von schwerer Krankheit genesen, 1545 heimkehren. Ihr wurde das Spandauer Schloß als Witwensitz zugewiesen, wo sie 1555 gestorben ist.

3.

Die Säkularisation, die Umwandlung des kirchlichen in weltlichen Besitz, war keineswegs etwas Neues; nur war das Deutsche Reich in dieser Beziehung sehr rückständig. Seit dem 13., besonders 14. Jahrhundert rangen ringsum die aufstrebenden Nationalstaaten, vor allem Frankreich und England, mit der absterbenden Universalkirche. Dort lehnte man sich auf gegen die päpstlichen Übergriffe; **dort gab es keine geistlichen Fürstentümer;** dort wurden der finanziellen Ausbeutung Schranken gesetzt. Es ist bezeichnend, daß die Habsburger für ihre Hausmachtländer ähnliches erstrebten und durchsetzten, für Spanien und Österreich. Im Deutschen Reich, das als Ganzes ohnmächtig war, wurden die **Fürsten** die Träger der modernen Staatsidee. Sie sahen sich bei den großen politisch-sozialen Wirren der Jahre 1522—1525 von Kaiser und Reich im Stich gelassen und auf Selbsthilfe angewiesen. Was sollten sie tun? Ihre Untertanen hatten sich von Rom losgemacht; die Klöster waren verlassen; die Kirchengüter hatten keinen Herrn. Es **mußte** etwas geschehen, um eine kirchliche Ordnung zu schaffen. Dürfen wir die Fürsten schmähen, weil sie die kirchlichen Güter einzogen? müssen wir nicht vielmehr rühmend anerkennen, daß dabei nur in seltenen Fällen der persönliche Vorteil mitspielte? Sie folgten dem Rate Luthers, das Kirchengut für die Besoldung der Geistlichen, für die Unterhaltung der Schulen und für die Armenpflege zu verwenden.

Und die „**geistlichen Fürstentümer**", die zahlreichen Kirchenstaaten? Sie **waren** bereits ganz verweltlicht, wozu die Päpste in Italien das Beispiel gaben, indem sie ihren Söhnen bzw. „Nepoten" Fürstentümer daraus verschafften. Auch in Deutschland fühlten sich die geistlichen Fürsten mehr als weltliche Herren denn als Priester. Der Reformation ist es zu verdanken, daß sich an vielen Stellen eine gesündere Entwicklung anbahnte; ich denke an die Umwandlung des Ordenslandes Preußen in ein weltliches Herzogtum und die Einziehung der innerhalb Brandenburgs und Sachsens liegenden Bistümer. Die katholischen Habsburger und Wittelsbacher machten es ähnlich.

4.

Nun beruft man sich auf die Reichstagsbeschlüsse von 1526 und 1555, um zu „beweisen", daß von den Fürsten die **widerstrebenden** Untertanen gezwungen seien, protestantisch oder katholisch zu sein. Freilich wurde 1526 auf dem Reichstag zu Speier die Entscheidung über Einführung oder Nichteinführung der Reformation in die Hände der Fürsten gelegt; und was damals nur als vorläufige Maßregel gedacht war, wurde durch den Augsburger Religionsfrieden 1555 Gesetz: der Landesherr bestimmt die Religion bzw. Konfession der Untertanen („cuius regio eius religio"). **Aber in der Ausführung und in den Wirkungen bestand doch ein großer Unterschied.** Wo die Fürsten die Reformation einführten, da gab es keine „Widerstrebenden", keine „Märtyrer des katholischen Glaubens"; vielmehr jubelte fast das ganze Volk, und die wenigen Katholiken, die im Lande waren, blieben unangefochten. Aber **umgekehrt**, wo katholische Fürsten die Gegenreformation unterstützten und, sich auf den Grundsatz cuius regio eius religio berufend, die protestantischen Kirchen schlossen, den evangelischen Gottesdienst verboten, die evangelischen Geistlichen absetzten, die evangelischen Bücher konfiszierten: da gab es Hunderttausende „Märtyrer" des evangelischen Glaubens und Millionen „Widerstrebende". Das zeigt uns die überaus traurige Geschichte der habsburgischen Länder, die Geschichte der Pfalz und der westdeutschen geistlichen Fürstentümer; das zeigen die Scharen von Auswanderern aus Böhmen, aus Salzburg, aus der Pfalz.

5.

Freilich kann niemand das Zeitalter der Reformation und Gegenreformation verstehen, der nicht die große Wechselwirkung zwischen den politisch-weltlichen und den kirchlich-religiösen Vorgängen kennt. **Aber wir müssen feststellen, daß sowohl die protestantischen Stände im deutschen Reich und in Österreich-Ungarn, als auch die protestantischen Geistlichen und das protestantische Volk sich nicht zu viel, sondern zu wenig durch weltlich-politische Erwägungen bestimmen ließen.** Wären sie mehr Politiker gewesen, so hätten sie ihre Glaubensbrüder in den Niederlanden und in Frankreich unterstützt; so hätten die Kurfürsten nicht immer wieder einen Habsburger zum Kaiser gewählt. Wäre der Kölner Kurfürst-Erzbischof Hermann von Wied mehr Politiker gewesen, so würde wohl die ganze „Pfaffengasse" am Rhein protestantisch geworden sein. Wären die Protestanten überhaupt mehr Politiker gewesen, dann würden sie sich nicht durch die unseligen Lehrstreitigkeiten zersplittert haben; dann hätten weder die Habsburger noch die Wittelsbacher eine Gegenreformation durchführen können, und es wäre nicht zu dem entsetzlichen Dreißigjährigen Krieg gekommen.

6.

Es ist eine Geschichtslüge, wenn man von der „deutschen Gesinnung" der Habsburger des 16. Jahrhunderts spricht. Im Gegenteil! sie standen dem deutschen Wesen völlig fremd gegenüber. Das gilt nicht nur für Karl V. (1519—1556), sondern auch für seine „deutschen" Nachfolger. Um persönlicher Vorteile willen ließ der Kaiser Ferdinand I. (1556—1564) alle Forderungen fallen, die er für eine Kirchenverbesserung gestellt hatte. Sein Sohn Maximilian II. (1564—1576) neigte dem Protestantismus zu; aber die Rücksicht auf seinen Vetter, den König Philipp II. von Spanien, war größer als die auf das Deutsche Reich, dessen Oberhaupt er war. Die Österreichischen Habsburger waren die Handlanger spanisch-römischer Interessen; die Gegenreformation brachte eine Art von spanischer Fremdherrschaft in Österreich-Ungarn, Süd- und Westdeutschland.

Zusammenfassend stelle ich die Tatsache fest, daß **nicht bei der Reformation, sondern bei der Gegenreformation** die „Begehrlichkeit" einzelner Fürstenhäuser, besonders der Habsburger und Wittelsbacher, eine große Rolle gespielt hat.

C.
Die Schuldlügen.

Janssens vielbändige „Geschichte des deutschen Volks seit dem Ausgang des Mittelalters" ist auf den doppelten Ton gestimmt:

vor Luther war alles schön oder wenigstens auf dem besten Wege, in schönste Ordnung zu kommen;

nach und durch Luther ist alles Unheil eingebrochen.

Zwar verschweigt Janssen nicht, daß auf sämtlichen Gebieten große Mißstände vorhanden waren; aber diese dunklen Seiten treten doch völlig zurück gegen die Lichtseiten. Wer sein Geschichtswerk liest, dem erscheint das 15. Jahrhundert im wesentlichen als ein Zeitalter höchster Kulturblüte, und niemand anders als Luther sei schuld an dem späteren Niedergang. Dem gegenüber müssen wir mit allem Nachdruck darauf hinweisen, daß **im Gegenteil** die nationalen, sozialen, kirchlichen, wirtschaftlichen, politischen Verhältnisse während des 15. Jahrhunderts so überaus traurig geworden waren, daß alles zu einer gewaltsamen Lösung drängte.

Während im 12.—14. Jahrhundert das deutsche Volkstum sich mächtig nach allen Seiten ausgebreitet hatte, begann im 15. Jahrhundert die wachsende Einschnürung. Fremdes Volkstum drang im Osten, Westen und Norden siegreich vor: die Polen, Tschechen und Madjaren, die Welschen und Dänen. Das Kaisertum Friedrichs III. (1440—1493) nennen wir mit Recht die Periode der ersten Aufteilung des deutschen Volksbodens.

Nirgends war die schamlose Ausbeutung des Volkes durch die römische Papstkirche größer als in Deutschland, und wenn sich trotzdem in manchen deutschen Kreisen echtes, tiefinnerliches Christentum fand, so hatte damit die offizielle Kirche nichts zu tun.

Im wirtschaftlichen Leben zeigten sich die schädlichen Wirkungen des Mammonismus und des römischen Rechts.

1.

Wie ein Todesurteil soll der Vorwurf wirken, die „sogenannte" Reformation sei eine Revolution gewesen und schuld an all den blutigen, greuelvollen Revolutionen, die im 16. und in den folgenden Jahrhunderten ausgebrochen seien[1]. Wenn man unter Revolution, der sprachlichen Bedeutung entsprechend, weiter nichts als „Umschwung" oder „Umwälzung" versteht, so brachte allerdings Luthers Auftreten die größte Wende in unserer 2000jährigen Geschichte; auch Rosenberg nennt S. 183 Luthers Tat „die größte Umwälzung in der Geschichte Europas" nach dem Eindringen des römischen Christentums. In diesem Sinne nennen wir Hitlers Radikalismus seit dem 30. Januar 1933 „die deutsche Revolution". Aber wenn „Revolution" ein gewaltsames Niederreißen und Umstürzen bedeuten soll, so muß festgestellt werden, daß gerade Luther sich mit aller Kraft jeder gewaltsamen Lösung der sozialen, wirtschaftlichen und kirchlichen Schwierigkeiten widersetzt hat.

Revolutionäre Bestrebungen jener Zeit.
1521/22 die Bilderstürmer und Schwarmgeister in Wittenberg.
1522/23 die Erhebung Sickingens.
1524/25 der große Bauernkrieg.
1534/35 die Wiedertäufer in Münster.
Luther ist dem revolutionären Radikalismus mit aller Entschiedenheit entgegengetreten.

1. Das angebliche Bündnis Luthers mit der Hutten-Sickingenschen Revolutionspartei, die eine gewaltsame Säkularisation plante, ist eine alte Legende bzw. „Lügende", die schon 1521 von Feinden Luthers verbreitet wurde. Vielmehr sind alle Bemühungen Huttens um Luthers Bundesgenossenschaft erfolglos geblieben.

2. Als Luther 1522 von der wachsenden Ausdehnung der Wittenberger Unruhen hörte, da konnte ihn keine Macht der Erde mehr zurückhalten; umsonst war die Warnung des Kurfürsten, daß er ihn außerhalb der Wartburg nicht schützen könne. Luther reiste nach Wittenberg und predigte täglich, eine Woche lang; mit allem Nachdruck verwarf er jeden Zwang:

„Summa Summarum! Predigen will ich's, sagen will ich's, schreiben will ich's. Aber zwingen, drängen mit Gewalt will ich niemand; denn der Glaube will willig und ohne Zwang angenommen werden. Nehmet ein Beispiel an mir! Ich bin dem Ablaß und allen Papisten entgegengewesen, aber mit keiner Gewalt ... Wenn ich hätte wollen mit Gewalt fahren, ich wollte Deutschland in ein groß Blutvergießen gebracht haben ... Aber was wäre es? Narrenspiel wäre es gewesen. Ich habe nichts gemacht, ich habe das Wort lassen handeln. Das ist allmächtig, das nimmt gefangen die Herzen, und wenn die gefangen sind, so muß das Werk hernach von ihm selbst zufallen."

Es gelang Luther, die Unruhen in Wittenberg zu überwinden.

---

[1] Der „Friedenspapst" Leo XIII. leitet in seiner Enzyklika vom 29. 6. 1881 die sozialistische, kommunistische und nihilistische Bewegung von „jenen giftbringenden Lehren" des 16. Jahrhunderts her.

3. Geradezu empörend ist es, Luther für die entsetzlichen Greuel des großen Bauernkriegs (1524/25) verantwortlich zu machen; wir stehen hier vor einem Berg von Geschichtslügen und Geschichtsverdrehungen.

Schon seit zwei Jahrhunderten gärte es in den unteren Volksschichten. Es ist richtig, daß der von dem Engländer Wicliff abhängige Hussitismus, „das böhmische Gift", großen Einfluß auf die deutsche Bauernschaft gewann; denn ihre Lage war so traurig, daß sie begierig auf die Worte eines Mannes lauschten, der Wandel schaffen wollte. Aber die hussitische Bewegung ist **nicht die Wurzel des Kommunismus**. Vielmehr kann man hier, wie so oft, den Spieß umdrehen und behaupten: die mittelalterliche Kirche, die alles Weltliche und Geistliche vermischte, war schuld an den kommunistischen Ideen. Immer wieder hatte sie, mit Hinweis auf Apostelgeschichte 4, 34, das Privateigentum als eine Schöpfung des Eigennutzes bezeichnet und erklärt, „durch die Einführung der Gütergemeinschaft würde der Himmel auf die Erde kommen"; die Gütergemeinschaft sei „Naturrecht". Seit dem Anfang des 14. Jahrhunderts (lange **vor** Wicliff und Huß) schossen Sekten aller Art wie Pilze aus dem Boden, die das Privateigentum verdammten und zugleich von einem leidenschaftlichen Haß gegen die höhere Geistlichkeit erfüllt waren.

Das idyllische Bild, das Janssen im I. Band seiner „Geschichte des deutschen Volkes" von der Lage der bäuerlichen Bevölkerung gibt, ist falsch[1]). Die im Jahre 1502 zu Gelnhausen versammelten Kurfürsten bekannten, die Lage des gemeinen Mannes sei so unerträglich geworden, daß, falls keine Abhilfe geschehe, eine Empörung desselben befürchtet werden müsse; denn er „mit Frondiensten, Abzug, Steuern, geistlichen Gerichten und anderem also merklich beschwert ist, daß es in die Harre nicht zu leiden sein wird". Alle steigerten ihre Ansprüche an die verachteten Bauern: der Landesherr, die geistliche Gutsherrschaft, der Edelmann. — Nun kann freilich Janssen nicht verschweigen, daß es schon während des ganzen 15. Jahrhunderts Bauernkriege gegeben habe und daß es auch ohne Luthers Auftreten zu neuen Empörungen gekommen wäre; aber er bleibt dabei: „Ihren Charakter der Allgemeinheit und unmenschlichen Furchtbarkeit erhielt die soziale Revolution erst aus den durch die religiösen Wirren geschaffenen und entwickelten Zuständen des Volkes." Und alle Feinde Luthers sind sich darin einig, daß die Reformation wenigstens die Bauernbewegung sehr verschärfte und durch ihre Predigt von der evangelischen Freiheit die Unzufriedenheit des kleinen Mannes geflissentlich erregt habe. **Das ist eine Unwahrheit.** Die sozialen Gegensätze **hatten sich bereits** so zugespitzt, daß eine Verschärfung durch Luthers Auftreten nicht mehr möglich war. Und wie hat sich denn Luther zu der Bewegung verhalten? Es ist bereits als eines der größten Verdienste Luthers bezeichnet, daß er eine reinliche Scheidung vornahm zwischen der Rechtsordnung des sichtbaren weltlichen Staates und der Liebesordnung des unsichtbaren Reiches Gottes. Dem entsprach es, daß er **nicht** dem Beispiel der Wicliffiten und Hussiten folgte, sondern bei der rechtlichen Lösung der sozialen Frage die Berufung auf die Bibel und auf „die evangelische Freiheit" scharf verurteilte. Wohl hat er den „Herren" mit harten Worten ihre Sünden vorgehalten; **wohl hat er**, als man ihn um

---

[1]) Das ist ausführlich von Wilhelm Vogt nachgewiesen in seinem Buch „Die Vorgeschichte des Bauernkriegs", Halle 1887 (Verein für Reformationsgeschichte Nr. 20). Vgl. meine „Weltgeschichte der Revolutionen".

ein Gutachten über „die zwölf Artikel" bat, die Fürsten ermahnt, nach Möglichkeit den Wünschen der Bauern nachzugeben. Aber als sie zur Gewalt übergingen, in der einen Hand die Bibel und in der anderen die Mordwaffe, da fuhr er im höchsten Zorn auf, und wir sind heute noch entsetzt über die harten Worte, womit er die zaudernden Fürsten aufforderte, „die mörderischen und räuberischen Rotten der Bauern totzuschlagen". **So scharf hat Luther sein Werk von allen gewaltsamen revolutionären Bestrebungen geschieden.**

Und nun ein **Beispiel für die Verlogenheit der Lutherfeinde!**

Evers sagt in seinem Buche „Katholisch oder Protestantisch": „Zur Durchführung seiner Lehren war Luther jedes Mittel recht: heute die Reichsritter, morgen die Bauern, übermorgen die Fürsten ... Er erkannte: eine Reformation ist nur durchführbar durch politische Umwälzungen. Er war also zunächst **ein kirchlicher Revolutionär** par excellence[1]." An einer anderen Stelle heißt es, Luther sei „einer der leidenschaftlichsten Revolutonsmänner aller Zeiten gewesen".

Als Beweis dient besonders ein Brief, den Luther am 18. August 1520 an seinen Freund Lange richtete; darin heißt es:

„Nos hic persuasi sumus, papatum esse veri et germani illius Antichristi sedem. in cuius deceptionem et nequitiam ob salutem animarum nobis omnia licere arbitramur."

Janssen übersetzt (II, S. 105) diese Worte so: „Wir sind hier überzeugt, daß das Papsttum der Sitz des wahren und wirklichen Antichrists ist, und halten dafür, daß **uns zur Hintergehung und zum Verderben desselben, um des Heils der Seelen willen, alles erlaubt ist.**" Das wird von Freunden Janssens noch weiter erläutert und ausgeschmückt: Um das Papsttum zu hintergehen und zu vernichten, sei „alles" erlaubt, nämlich Hinterlist und Verstellung, Aufruhr, Brennen und Plündern der Klöster und Kirchen, Ermorden und Ertränken der Bischöfe, Pfaffen und Mönche: „alles" sei erlaubt, wenn es dem Zwecke des Evangeliums diene, und Luther habe sich und seine Freunde damit beruhigt, daß er ja das Allerhöchste, das Heil der Seelen, im Auge habe.

Wenn das wahr wäre, dann müßten wir uns in der Tat mit Abscheu von Luther abwenden. **Aber Janssen und seine Nachfolger haben Luthers Worte falsch übersetzt;** was der kühne Mönch 1520 schrieb, bedeutet: „wir halten dafür, daß uns **gegen** des Papstes Betrügerei und Schlechtigkeit alles erlaubt sei", dem Papste wirft er „Betrug und Schlechtigkeit" vor; und was ist denn seiner Meinung „alles" dem gegenüber erlaubt? Was ist denn der Inhalt jenes Briefes? sein Freund Lange hatte ihm vorgeworfen, daß sein Buch „An den christlichen Adel" zu scharf sei. Luther antwortete: Freilich sei das Buch „voll von Freimut und von Angriffen gegen das Papsttum"; aber darin könne er keine Sünde sehen; denn „alles" sei erlaubt, was die Betrügerei und Schlechtigkeit des Papsttums aufdecken könne, — „alles", sogar eine so scharfe Schrift, wie sein Buch an den christlichen Adel.

---

[1] Es kann nicht oft genug darauf hingewiesen werden, daß **Luther selbst** von dem Gedanken erfüllt war, daß geistliche Ziele nicht anders als durch geistliche Mittel erstrebt werden dürfen. Dagegen hat das Oberhaupt der römischen Kirche, Papst Pius IX., im Syllabus des Jahres 1864 gerade die Anschauung verdammt, die Kirche sei nicht berechtigt, äußeren Zwang anzuwenden.

Nun hat Evers später zugegeben, daß die von Janssen und ihm verbreitete Übersetzung falsch sei, und auch Janssen selbst hat sie in den neuesten Auflagen stillschweigend geändert. Aber beide fahren fort, das Wort „alles" so zu erklären, als predige Luther Aufruhr und Mord, Brennen und Plündern.

Und die späteren Gewalt=Revolutionen? Ist wirklich Luther daran schuld oder können wir nicht vielmehr den Spieß umdrehen? Seit 1789 waren gerade die welsch=katholischen Länder, Frankreich, Spanien, Portugal, Italien, Mittel= und Südamerika, der Schauplatz blutiger Revolutionen, die Länder, in denen über zwei Jahrhunderte die Jesuiten das Schul= und Erziehungswesen geleitet hatten. Die Ursache dafür ist zum großen Teil darin zu sehen, daß man dort den Geist der Reformation unterdrückt hatte. Luthers „Freiheit" war eine Gebundenheit an Gott; aber die „Freiheit", die seit dem Ende des 18. Jahrhunderts in den welsch=katholischen Ländern verkündet wurde, war eine gottlose Freiheit, die jede Gebundenheit an Gott ablehnte. Deshalb kam es dort zu den zahlreichen Revolutionen, und wir dürfen hinzufügen, daß die **November=Revolution 1918** nur möglich war, weil wir uns von dem Geiste Luthers, vom evangelischen Christentum, entfernt hatten und uns von den welschen, „importierten" Freiheitsphrasen betören ließen.

Es ist ein großer **Wahn**, der heute wieder viel Unheil anrichtet, in der römisch=katholischen Kirche den festesten Hort **gegen** blutige Revolutionen und den stärksten Damm **gegen** die rote Flut zu sehen[1]).

2.

Ebenso unwahr ist der Vorwurf, die **Reformation sei schuld an der Zerrissenheit des deutschen Volkes**[2]). Diese Zerrissenheit bestand schon zur Zeit des Kaisers Augustus; sie war im Mittelalter der beste Bundesgenosse der römischen Päpste in ihrem Vernichtungskampfe gegen das deutsche Kaiserhaus der Salier und der Hohenstaufen; sie brachte unendliches Elend, und das Kaisertum war seit dem 13. Jahrhundert nur noch ein Titel ohne Macht. Dagegen hat niemals ein stärkeres Gefühl der nationalen Zusammengehörigkeit, eine größere Einheit bestanden, als zu der Zeit, da Luther das gesamte Volk begeisterte und der große Geisteskampf alle zwang, zu welchem Stand und zu welchem Stamm sie auch gehören mochten, Luthers Sprache zu lesen, zu schreiben und zu reden.

Nicht die Reformation, sondern die aus dem welschen Spanien impor-

---

[1]) Natürlich fehlt in dem Lügenfeldzug der Vorwurf nicht, die moderne Unsittlichkeit sei eine Frucht der Reformation.

[2]) Ist es nicht tiefbedauerlich, daß auch Protestanten an das Märchen glauben, die Reformation habe die kirchliche Einheit zerstört und die politische Zerrissenheit Deutschlands herbeigeführt? Der große Lutherfeind Janssen ist von einem protestantischen Historiker veranlaßt, seine berüchtigte Geschichte des ausgehenden Mittelalters und der Reformation zu schreiben.

tierte **Gegenreformation** war schuld an der neuen Spaltung¹), die leider durch die törichten Lehrstreitigkeiten der Protestanten erleichtert wurde. Spanisch waren der Jesuitenorden und die Inquisition; die spanische Kirche gewann den größten Einfluß auf die Beschlüsse des Tridentiner Konzils; der spanische König Philipp II. (1556—1598) griff von den Niederlanden aus entscheidend in die Geschicke des Deutschen Reiches ein. Selbst der Historiker **von Kralik**, der von der deutschen Gesinnung der österreichischen Habsburger" fabelt, schreibt S. 181:

> Österreich und Spanien wurden als ein gemeinsames, nur von verschiedenen Linien verwaltetes Dominium des Hauses Habsburg angesehen ... Spanien betrachtete im Dreißigjährigen Krieg die Sache Österreichs als die seine.

Auch muß festgestellt werden, daß nicht die Reformation, wie immer wieder behauptet wird, sondern die **Gegenreformation**, „mit zerstörender Wucht über die Blütengefilde der Kultur hereingebrochen" ist. Seit der Mitte des 16. Jahrhunderts verfluchten die führenden Männer der Gegenreformation die Renaissance und den Humanismus, weil sie in ihnen nicht mit Unrecht gewissermaßen die Eltern der „verdammungswürdigen" Reformation erblickten. Immer lauter wurde der Ruf nach einer Rückkehr zum 13. Jahrhundert, zur Priesterkultur, zum Mönchsideal, und die Gegenreformation hat Deutschland in eine Wüste verwandelt.

Und wo haben nach den entsetzlichen Religionskriegen Renaissance und Humanismus, Künste und Wissenschaften ihre Auferstehung und neue Blüte erlebt? In den protestantischen Ländern Holland, England, Norddeutschland.

Es ist unmöglich, **alle** Lügen, die über das Reformationszeitalter verbreitet werden, anzuführen. Nur folgende zwei charakteristischen Geschichtsfälschungen sollen noch erwähnt werden:

1. **Leopold von Ranke** beklagt sich im Jahre 1838 über eine französische Übersetzung seines Werkes „Die Päpste". Er schreibt: „Der Übersetzer läßt mich sagen, Luther habe die Bibel falsch erklärt und **dreht meine Worte geradezu um**. Anmerkungen, die ihm nicht gefallen, läßt er weg; andere fügt er zu. An unzähligen Stellen **wird der Sinn durch eine kleine Wendung nach der katholischen Seite hin verunstaltet** ... Die Gedanken, welche die Grundwahrnehmung des ganzen Werkes sind, sind geradezu weggelassen ... Es ist doch empörend, meine Arbeit der Unparteilichkeit zu einem Werke der Faktion zu verunstalten."

2. In **Erich Marcks** „Männer und Zeiten" steht ein Aufsatz: „Zur Auffassung des Zeitalters der Religionskriege." Hier wird ein sechsbändiges Werk Kervyn de Lattenhoves besprochen, dem die Pariser Akademie einen Preis zuerkannt hat: „Les Huguenots et lex Gueux", worin die Geschichte der Jahre 1560—1585 behandelt wird. Marcks schreibt: „Kervyn de Lattenhove will nachweisen, daß die Zeit bisher durchaus falsch dargestellt ist. Nicht daß

---

¹) Auch sollte man endlich das Märlein von der „Glaubenseinheit der Christenheit in den gesegneten Zeiten des Mittelalters" begraben. Wann hat sie denn bestanden, diese Glaubenseinheit? Erzählt uns nicht die Geschichte des Mittelalters immer von neuem von tiefen Gegensätzen?

er klarlegen wollte, wie auch damals nach menschlicher Art das Ideale mit vielem Niederen aufs nächste verbunden und das Recht auf beiden Seiten gewesen sei; seine Anschauung ist, daß das ideale Moment überhaupt erlogen war: nicht ein Motiv neben und über den anderen, sondern ein bloßer Vorwand zur Verbrämung der gemeinsten Interessen. Auf die hellen Jahrhunderte des Mittelalters folgt eine Zeit voll Blut und Kot ... dem Beweis dieses bedingungslos schroffen Urteils dient das ganze Werk." — Marcks zeigt an zahlreichen Beispielen, wie leichtfertig Kervyn die Geschichte korrigiert habe, um sein schroffes Urteil zu „beweisen".

II.
Kampf gegen das Preußentum und das romfreie Deutschtum.

A.
Das Preußentum.

Welche Dreistigkeit gehört zu der Behauptung, die ganze Geschichte der Hohenzollern sei gefälscht! Nirgends in der Welt gab es eine gewissenhaftere, freiere Geschichtsforschung, Geschichtschreibung und Geschichtsunterricht, als im Lande der Hohenzollern. Und wenn die wissenschaftliche Untersuchung Irrtümer feststellte und irgend eine Überlieferung als unhistorisch erwies, so warf man sie über Bord. Über die Schwächen der Könige Friedrich Wilhelm II., III., IV. durfte man unangefochten schreiben, freier als über die Päpste des 10., 15. und 16. Jahrhunderts oder über die Geschichte des Hauses Rothschild.

1.
Habsburger und Hohenzollern.

Dem Großen Kurfürsten Friedrich Wilhelm wurde schon 1673/74 spöttisch nachgesagt, er „leide am Wechselfieber". Freilich war seine äußere Politik reich an jähen Wandlungen, und wir wissen, daß er es in einem politischen Testament des Jahres 1667 geradezu als die Aufgabe der brandenburgischen Politik bezeichnete, „die Balance" zu halten zwischen dem Kaiser und Spanien auf der einen, Frankreich und Schweden auf der anderen Seite. Aber darf man ihn deshalb tadeln, seine Wandlungen als „verbrecherisch und unmoralisch" bezeichnen? Keineswegs! denn er strebte mit Recht nach Selbständigkeit, und er wußte, daß beide Parteien der europäischen Mächtegruppierung ihn zu hintergehen suchten; sie spiegelten ihm Hoffnungen vor, die sie nicht zu erfüllen gedachten[1]).

Mit großem Behagen berichtet Dr. von Kralik in seiner „Österreichischen Geschichte" (S. 205), wie der „sogenannte große" Kurfürst bald

---
[1]) Vgl. mein Buch „2000 Jahre römische Geschichte deutscher Nation".

für, bald gegen die Schweden kämpfte; wie er bald mit dem Kaiser gegen Ludwig XIV. von Frankreich verbündet war, bald umgekehrt. Aber von Kralik vergißt hinzuzufügen, welch falsches, frevelhaftes Spiel der Kaiser Leopold I. (1658—1705) mit dem Kurfürsten getrieben hat. Es ist nicht wahr, daß die Hohenzollern seit dem Großen Kurfürsten mit großer Schlauheit und Hinterlist die harmlosen Habsburger aus Deutschland hinausgedrängt hätten. Im Gegenteil! Wir können es heute kaum fassen, wie entgegenkommend und hilfsbereit, ja unterwürfig sie, trotz aller schlimmen Erfahrungen, drei Jahrhunderte hindurch gegenüber den Wünschen der Habsburger gewesen sind (mit Ausnahme Friedrichs II. des Großen und Wilhelms I.). Die Habsburger führten jedesmal, wenn sie in ihren zahlreichen Kriegen von den Hohenzollern unterstützt wurden, einen doppelten Krieg:

gegen den äußeren gemeinsamen Feind und

gegen das Wachstum des verbündeten Hohenzollernstaates.

Wohl ließen sie sich die tapfere Hilfe der todesmutigen brandenburgisch-preußischen Truppen gerne gefallen; aber ihre Hauptsorge war dabei, den verbündeten Hohenzollern den Siegespreis zu entreißen. Das hat der Große Kurfürst 1678 erfahren, als er sich nach den glänzenden Siegen über die Schweden vom Kaiser Leopold I. verraten sah und auf allen Gewinn verzichten mußte[1]). Ebenso war es nach den Freiheitskriegen (1813—1815), in denen militärisch Preußen das Meiste, Österreich sehr wenig geleistet hatte; aber der ränkevolle Österreichische Staatskanzler Fürst Metternich verstand es, die politische Führung an sich zu reißen und die preußisch-deutschen Hoffnungen zu vereiteln. Dieselbe Treulosigkeit wiederholte sich im Lügen-Weltkrieg 1914—1918: der Hohenzollernkaiser Wilhelm II. sandte immer neue Heeresmassen nach dem Osten, um Österreich zu retten; zum Dank dafür wurde er von dem verbündeten Habsburgerkaiser Karl verraten.

Wie oft sind der Große Kurfürst, sein Sohn und Enkel, ferner die Könige Friedrich Wilhelm II., III., IV. von den Habsburgern hintergangen und überlistet worden; es ist eine lange Kette von Lug und Trug. Mit Recht schreibt Bismarck 1853:

„Ich fürchte, daß wir in der orientalischen Frage wiederum Österreich unseren vollständigen ehrlichen Beistand leisten werden, ohne uns den mindesten Dank auszubedingen."

Ein Jahr später spricht er von der „Bedientenpolitik", „daß wir unsere Kraft wie ein gutmütiger Narr dem Egoismus Österreichs hingeben, um uns schließlich von ihm bemogeln zu lassen".

---

[1]) Erbittert über die ränkevolle Politik Leopolds I., näherte sich der Große Kurfürst nach 1679 dem französischen König Ludwig XIV. Leider war die Folge, daß er gerade in jenen Jahren mit Frankreich verbündet war, als Ludwig XIV. die schmachvollen Reunionen durchsetzte und Straßburg raubte. Aber hat deshalb der sozialdemokratische Abgeordnete Heilmann recht, der am 14. 1. 1921 behauptete: „Der Große Kurfürst ist schuld daran, daß Straßburg und Metz an Frankreich ausgeliefert wurde"? Ist das nicht eine freche Geschichtsfälschung?

Durch eigene Schuld sind die Habsburger immer mehr aus Deutschland hinausgewachsen und dem deutschen Volkstum entfremdet; um sich im Südosten ausdehnen zu können, gaben sie Stück um Stück wichtige deutsche Grenzländer preis. Umgekehrt gewannen die Hohenzollern von 1618 bis 1871 verloren gegangenen oder gefährdeten deutschen Volksboden im Osten, Norden und Westen zurück[1]). Dazu verwuchs der brandenburgisch-preußische Staat immer mehr mit der deutschen Kultur; Österreich dagegen wurde „Ausland". Auch dürfen wir nicht vergessen, daß Preußen die Fortschritte der Zeit mitmachte, während in Österreich alles Leben stockte; dort war der status quo Anfang und Ende aller Staatsweisheit.

Wie unehrlich war die Habsburgische Politik des Fürsten Metternich nach den Freiheitskriegen, nach 1815! Mit größter Verschlagenheit erregte er bei den deutschen Mittel- und Kleinstaaten Angst vor Preußens „Machtgelüsten"; anderseits überlistete er den Preußenkönig Friedrich Wilhelm III. mit dem „roten Gespenst", d. h. mit der Furcht vor der Revolution. Ja, er hatte die freche Stirn, die lügenhafte Behauptung auszusprechen: „Die revolutionäre Partei habe ihre Hochburg in Preußen; sie verzweige sich in die höchsten Kreise des preußischen Heeres und Beamtentums; in der Hand des Königs Friedrich Wilhelm III. liege das Schicksal der Welt."

2.
Preußen und die römisch-katholische Kirche.

Freilich ist durch die Tatkraft des Großen Kurfürsten und durch den Übertritt des sächsischen Kurfürsten August des Starken zur katholischen Kirche (1697) der brandenburgisch-preußische Staat eine Art von Vormacht des Protestantismus geworden; auch drohten die Hohenzollern wiederholt mit „Repressalien", wenn in katholischen Ländern ihre evangelischen Glaubensgenossen bedrängt würden. Aber es ist eine Unwahrheit, wenn man behauptet: Das kennzeichnende Merkmal des preußischen Staates sei in Vergangenheit und Gegenwart die Feindschaft gegen den Katholizismus. Mit Recht hat demgegenüber der katholische Rechtslehrer an der Universität zu Münster, Dr. von Savigny, betont, daß

„die Befreiung aus den Banden des Konfessionsstaates und der Aufstieg zur interkonfessionellen Parität in Preußen eine ununterbrochen aufwärtsstrebende gewesen sei, wobei der Kölner Kirchenstreit und der Kulturkampf nur störende Episoden seien". Auch die Regierung Wilhelms II. habe stets den Ausbau der interkonfessionellen Parität gefördert.

Ja, wir können behaupten, daß der Aufschwung des Papsttums und des Katholizismus im 19. Jahrhundert vor allem der preußischen Kirchen-

---

[1]) Den Verherrlichern des Hauses Habsburg, die mich wegen dieses Buches angegriffen haben, will ich gerne zugeben, daß die Hohenzollern selten bewußt „völkisch" gehandelt haben; vielmehr betonten sie einseitig den Staatsgedanken.

politik zu verdanken ist (vgl. Prof. Kolde „Der Katholizismus und das 20. Jahrhundert"). Auch war der Vorwurf einer „Protestantisierung der preußischen Ostmarken" ungerecht; vielmehr konnten wir der katholischen Geistlichkeit eine Polonisierung der dortigen Deutschen vorwerfen.

Aber der politische Katholizismus sieht in dem Preußischen Staat das Widerspiel zu seinem katholischen Staatsideal und die Verkörperung des verhaßten „modernen Staates", der „Staatsomnipotenz". Mit Verachtung spricht er von der „preußischen Staatsidee", die vom Fürsten Bismarck vertreten sei, und nennt sie die Folge der Reformation. Dem modernen Staate, so wurde auf den Katholikentagen behauptet, verdanken wir alle Übel im Volksleben. Auf dem Katholikentag 1876 sagte Dr. Ratzinger: „Der moderne Staat mit seinem Militarismus und seinem Schulzwang ist der Vater des Kommunismus und Sozialismus."

Wie verlogen war das oft wiederholte Verlangen der Parität! Man klagte den preußischen Staat an, daß er geflissentlich die Katholiken zurücksetze, und forderte namentlich für die höheren Beamtenstellen einen Anteil der Katholiken nach dem Prozentsatz der Bevölkerung. Dabei wurde übersehen, daß die Zahl der für die höheren Berufe vorgebildeten Katholiken geringer war, auch daß die Katholiken an Steuerkraft hinter den Protestanten zurückstanden. Und wie soll man es bezeichnen, daß dieselben Leute, die nicht genug über Imparität, Zurücksetzung und über „Ausnahmegesetze" zu jammern wußten, zugleich in zahlreichen Fällen eine Sonder- und Ausnahmestellung für sich beanspruchten:

eine Sonderstellung der gesamten Geistlichkeit in ihrem Verhältnis zur Staatsgewalt;
eine Sonderstellung der im Schuldienst tätigen Geistlichen;
eine Sonderstellung in der Heerespflicht?

Sie verlangten Freiheit für ihre Unfreiheit, Toleranz für ihre Intoleranz. Sie nannten es ein „Unrecht", daß der Staat im Besitz von zahlreichen Kirchengütern sei, die im Jahre 1803 säkularisiert sind, namentlich am Rhein. Dem gegenüber ist festzustellen, daß Napoleon I., nicht Preußen schuld an jener Säkularisation war und daß der preußische Staat nachher durch reichliche Dotierung der katholischen Kirche ihren Verlust vollauf ersetzte, während er der evangelischen Kirche noch hunderte von Millionen schuldet. Also keine Zurücksetzung der Katholiken, sondern der Protestanten!

3.

Kindisch war der Vorwurf des Militarismus und des Ostelbiertums. Wir hatten alle Ursache, auf beides stolz zu sein; denn beides war eine Schule der Selbstzucht und Pflichterfüllung. Soll das Wort „Militarismus" einen bösen Klang haben, so muß man ihn den Franzosen vorwerfen; denn die Franzosen gaben um 1700, um 1800, um 1850, um 1900 den Anstoß zu dem „Wettrüsten" und waren die ewigen Unruhestifter.

Und wie töricht war die bis in unsere Tage verbreitete Mär von dem **reaktionären Preußen**! Preußen ist während der letzten Jahrhunderte immer von neuem allen anderen Staaten und Völkern **weit vorangeschritten**. Ich erinnere an

>die Geschichte der Toleranz,
>die Entwicklung des gesamten Schulwesens,
>die Durchführung der allgemeinen Wehrpflicht,
>die Umwandlung des Polizeistaats in einen Rechtsstaat,
>die Bauernbefreiung,
>die Handelspolitik seit 1818,
>das Verkehrswesen,
>die Sozialgesetzgebung,
>die weitgehende Durchführung der Selbstverwaltung.

B.
Kampf gegen das romfreie Deutschtum.

1.

Ohne Luther kein Lessing, Goethe, Schiller, Kant! Die gewaltige Geistesbewegung in der zweiten Hälfte des 18. Jahrhunderts, die „klassische" Zeit unserer deutschen Literatur, wäre ohne die Reformation nicht möglich gewesen; sie war eine gesunde Fortsetzung der deutschen Geistesbewegung des 15. und 16. Jahrhunderts.

Seitdem im 19. Jahrhundert der Jesuitenorden wiederhergestellt und durch ihn der Geist des Mittelalters zu immer größerer Stärke erwacht ist, wird mit wachsender Heftigkeit die ganze deutsche Literatur, soweit sie nicht katholisch abgestempelt ist, in Grund und Boden verdammt und ohne weiteres „protestantisch" genannt, auch wenn sie keine Spur von konfessionellem Charakter trägt; verächtlich spricht man von „Neuheidentum". „Gut" ist gleichbedeutend mit „römisch=katholisch"; alles Nichtkatholische gehört mehr oder weniger zur „schlechten" Literatur, auch Goethe und Schiller, Dahn und Ebner=Eschenbach, Rosegger und Ferdinand Meyer.

Seit 1869 forderte man auf den Katholikentagen zum Konkurrenzkampf gegen die auf protestantischem Boden erwachsene Nationalliteratur auf. 1895 sagte Dr. Huppert: „Die Paritätsfrage in der Literatur ist ebenso wichtig wie andere Paritätsfragen. Da muß alles mobil gemacht werden, meine Herren, zu einem **heiligen Kreuzzug gegen die nichtkatholische, gegen die gefährliche Literatur, für die gute, für die katholische Literatur!**"

1883 warnt Dr. Haffner vor Goethe und Schiller, vor ihren „verführerischen Liedern", vor „all jenen glaubenslosen Dichtern, welche sich um das Doppelgestirn von Weimar sammeln".

Dr. Silben spricht von der „krankhaften Verherrlichung unserer Literatur".

Weil man aber Lessing und Goethe, Schiller und Uhland nicht ganz vom Jugendunterricht entfernen konnte, wurden „**gereinigte Ausgaben**" veranstaltet. **Anderseits** haben jesuitische Literarhistoriker, vor allem

Baumgartner, umfangreiche Schriften über unsere Klassiker verfaßt, um sie uns zu verekeln[1]).

Wie wenig Verständnis findet sich bei jenen Leuten, die sich einbilden, längst im Besitz der vollen Wahrheit zu sein, für unsere großen deutschen **Wahrheitsucher** des 18. Jahrhunderts! für die Geisteshelden, die ihr ganzes äußeres und inneres Leben mit allen Wandlungen selbst vor uns aufdecken und nichts verhüllen! Müßte es nicht unsere größte Aufgabe sein, gerade hier den **großen Unterschied** zwischen Welschtum und Deutschtum zu zeigen? Das 18. Jahrhundert nennen wir das Zeitalter der „Aufklärung", die von dem **katholischen**, jesuitisch erzogenen Frankreich aus ihren Siegeslauf durch ganz Europa und Amerika begann. Wohl haben unsere deutschen „Klassiker" von der französischen Aufklärung manche befreiende Anregung und Förderung empfangen, **aber sie zugleich überwunden**:

Lessing und Goethe, Schiller und Kant befreiten sich von dem französischen Einfluß.

Während in **Frankreich** eine neue Scholastik sich breit machte, welche glaubte, alles beweisen, berechnen und in mathematische Schlußfolgerungen auflösen zu können und welche einen Kultus der Vernunft trieb, entdeckte man in **Deutschland** Kräfte des Geistes, die nicht mit dem bloßen Verstand erfaßt werden können, Offenbarungen und göttliche Eingebungen: ein unbewußtes, vorvernünftiges Seelenleben, dem wir unser Bestes und Eigenstes verdanken. Man erkannte, daß das voraussetzungslose Denken seine Grenzen habe, daß Gott und Seele nicht Gegenstand eines Beweises seien; daß unser religiöses und intuitives Denken höher zu schätzen sei als das logische, mechanische, rechnerische, scholastische, vernunftstolze Denken.

Und damit kommen wir zur Hauptsache: die Aufklärung führte die **katholischen Welschen** immer mehr von der Religion weg, riß sie zu grausamer, unduldsamer Verfolgung der Geistlichen, zur Abschaffung des Christentums und des christlichen Kalenders, zur Anbetung der Göttin Vernunft, „zur Raserei des Unglaubens" fort; dagegen gelangte man in **Deutschland** zu einer Vertiefung und Vereinfachung der Religion. Wie eingehend haben Lessing, Herder, Goethe, Schiller, Kant in der Bibel geforscht und sich mit den wichtigsten religiösen Problemen beschäftigt[2])!

Wie klein und erbärmlich erscheint da die katholische Kritik eines Baumgartner und Brunner, Hammerstein und Willmann!

---

[1]) Vgl. den späteren Abschnitt „Katholische Wissenschaft".

[2]) Dieser **Unterschied** kann nicht scharf genug betont werden; er hängt damit zusammen, daß den Welschen die äußere Kirche ihre Religion geworden ist. Ebenso hatten ja auch im 15. und 16. Jahrhundert Renaissance und Humanismus in den welschen Ländern die christliche Religion untergraben, während sie in Deutschland zur Reformation führte. Vgl. meine „Angewandte Kirchengeschichte", 3. Auflage, S. 304 ff.

Und was bieten die katholischen Heißsporne als Gegengift? Zunächst für Kant den von Papst Leo XIII. zum Normalphilosophen erhobenen **Thomas von Aquin** des 13. Jahrhunderts; also z u r ü c k zur "herrlichsten Periode" des Mittelalters! An Stelle unserer Klassiker müssen Heiligenlegenden treten oder Dichtungen, wie Webers "Dreizehnlinden" und Redwitz' "Amaranth". Auch hat man den fast vergessenen spanischen Priester **Calderon** hervorgeholt, dessen Dramen die ganze Einseitigkeit des spanischen Katholizismus zur Schau tragen. Im Jahre 1908 wurde zur Pflege höherer Bühnenkunst die deutsche **Calderon-Gesellschaft** gegründet[1]). Daneben blieb es den katholischen Schriftstellern unbenommen, in der pikanten Darstellung der Nachtseiten der menschlichen Gesellschaft und der Korruption in Wettbewerb mit den "Modernsten" zu treten, wenn sie nur an ihrer kirchlich korrekten Stellung keinen Zweifel ließen. So ist ein recht bedenklicher Roman des Jesuiten Koloma sehr gepriesen worden. Immer üppiger schoß **die tendenziöse Romanliteratur** ins Kraut; wovon manches selbst auf katholischer Seite Anstoß erregte. Ich denke an die bedenklichen und plumpen, aber viel gelesenen historischen Romane und Novellen von **Conrad von Bolanden**.

2.
Kampf gegen das romfreie deutsche Kaiserreich.

In demselben Jahre 1848, wo die nationale Begeisterung wie ein befreiender Frühlingssturm durch die deutschen Lande ging, wo in Frankfurt am Main die deutsche Nationalversammlung zusammentrat, fand in dem benachbarten Mainz **der erste deutsche Katholikentag** statt; für diesen und die folgenden Katholikentage war die nationale Frage eine konfessionelle. Wohl wurden immerfort kräftige nationale Töne angeschlagen, aber für ein großdeutsches Reich, für ein katholisches, habsburgisches Kaiserreich, für eine Wiederherstellung des alten römischen Reichs deutscher Nation, für eine Rückkehr zum Mittelalter. Man ersehnte einen Kaiser der Art, wie man sich Karl den Großen vorstellte, als einen "allezeit ergebenen Diener und treuen Sohn des Papstes". Dabei schwebte als letztes Ziel die Rekatholisierung von ganz Deutschland vor:

> Prof. **Michelis** sagte auf dem Katholikentag 1850: "So viel ist gewiß, wenn je Deutschland wieder zur wahren Einheit kommen soll, so kann es nur dadurch geschehen, daß wir wahrhaft zur Einheit in der heiligen katholischen Kirche wieder zurückkehren."

Bis 1866 kämpfte man auf den Katholikentagen immerfort für Österreichs Vorherrschaft in Deutschland; man wehrte sich mit Händen und Füßen gegen Preußens Aufkommen, bekämpfte leidenschaftlich den "verwerflichen und lügenhaften" Nationalverein, der eine Lösung der nationalen Frage in kleindeutschem Sinne erstrebte.

---
[1]) Leider erleichterte die jüdische Mißwirtschaft unseres Theaterwesens sehr solche jesuitische Bestrebungen.

Und nach den Jahren 1866 und 1870/71 verbarg man nicht seine starke Unzufriedenheit mit dem unerwarteten Ausgang der deutschen Frage:

Bischoff Haffner sagte 1871: „Wir verhehlen nicht, daß wir mit der Art und Weise n i c h t einverstanden sind, wie das Deutsche Reich zustande gekommen ist."

M o u f a n g 1876: „Das war es nicht, was wir gehofft hatten." Ein anderer sprach von der Hoffnung, „die in unserem Herzen schlummert, daß einstens a l l e Deutschen, geeint in E i n e m katholischen Glauben, in E i n e m Reiche sich wiederfinden werden."

Erbittert war und ist die Feindschaft gegen den Reichsgründer B i s = m a r c k; er wurde „der große Widersacher" genannt, „der gewalttätige und rücksichtslose Staatsmann mit seinem Anhang von Kulturpaukern". Professor Daller weissagte ihm 1876, daß er in der Hölle braten werde.

Nach Bismarcks Entlassung spottete Graf B a l l e s t r e m 1892: „Wer hätte vor wenigen Jahren geglaubt, daß der Vater des Sozialistengesetzes als commis voyageur aller Unzufriedenen durch Deutschland ziehen werde."

Der Jesuit P a c h t l e r sprach 1883 in seinem Buch „Reform unserer Gymnasien" von der „ungeahnten Verrohung infolge des brutalen Siegesjubels von 1871" und „von dem nationalen Geiste, der in Deutschland nach 1870 zu einem Mords= und Indianerpatriotismus verzerrt worden ist".

Zwar hat man später den Ton geändert; man erging sich nicht mehr in Klagen über die 1866 und 1870/71 erfolgte Lösung der deutschen Frage. Aber der Unterschied zwischen den zwei grundverschiedenen Staatsideen blieb bestehen; nach wie vor erwartete der politische Katholizismus alles Heil der Welt von einer Rückkehr zum mittelalterlichen Kaisertum. Mit Recht schrieb H e s s e n kurz vor dem Weltkrieg, 1913: „Das Zentrum lauert auf den Augenblick, dem Reich irgendeine furchtbare Wunde zu schlagen."

Jahrelang verstand man es, Kaiser Wilhelm II. und seine Regierung zu täuschen. U n t e r d e r M a s k e d e s P a z i f i s m u s bekämpfte man den sogenannten preußisch=deutschen Militarismus, und Leute wie Erzberger gelangten zu einem Demagogentum, das den Sozialdemokraten nichts nachgab; ich denke an den „Fall Zabern" im Winter 1913/14. Als im Weltkrieg 1914 ff. das Deutsche Reich und Österreich=Ungarn Schulter an Schulter gegen das Welsch=Angelsachsentum kämpften, da erwachte der G r o ß d e u t s c h e G e d a n k e zu neuem Leben. Aber wie v e r s c h i e d e n ! Die einen dachten an die Krönung des Werkes, das der Große Kurfürst und der Große König, das die Helden der Freiheitskriege, das Wilhelm I. und Bismarck gebaut hatten; die andern an die Rückkehr zum mittelalterlichen römischen Reich deutscher Nation. Der Münchener Professor W i l = h e l m F ö r s t e r durfte es wagen, das n e u e d e u t s c h e R e i c h z u v e r = d a m m e n, weil es „ganz dem heidnischen Geiste entsprungen sei, nämlich dem nationalegoistischen Individualismus, der mit der Renaissance von dem politischen Denken Besitz ergriffen und in Bismarck seinen konsequentesten Praktiker gefunden hat".

14*

III.
Der Kampforden der Jesuiten[1].

Der Jesuitenorden übernahm seit der Mitte des 16. Jahrhunderts die Führung in dem erneuten Kampf gegen das romfreie Deutschtum, und seine Geschichte ist zugleich die Geschichte der Gegenreformation, sowohl des 16. und 17. Jahrhunderts, als auch seit 1814.

Schon der Name „Jesuiten" ist eine Unwahrheit, und Jesus würde ihnen, wie einst den Pharisäern, Saduzäern und Schriftgelehrten, in heiligem Zorn die Worte „Ihr Otterngezüchte" entgegenschleudern. Denn es handelt sich bei ihnen keineswegs um die Nachfolge Jesu, sondern um die Erneuerung des „Romanismus", d. h. des im Mittelalter fortlebenden hellenistisch-jüdisch-römischen Gemenges des untergehenden Altertums:

um die Logik und Moralkasuistik des Aristoteles,
um das katholische Weltbild der Stoiker,
um die Hoffnungen auf ein irdisches Weltgottesreich,
um die jüdisch-römische Priesterhierarchie,
um das Papstkaisertum des Augustus,
um Rationalisierung, Materialisierung und Mechanisierung des Gottesdienstes.

A.
16. und 17. Jahrhundert.

Wir unterscheiden drei blutige Hauptakte der Gegenreformation:
  im Zeitalter Philipps II. von Spanien (1556—1598),
  im Dreißigjährigen Krieg (1618—1648),
  im Zeitalter Ludwigs XIV. (um 1685).

Immer von neuem wurde versucht, durch blutige Kriege, grausame Ketzerverfolgungen, Lockungen und Drohungen den Protestantismus auszurotten. Wiederholt schied sich ganz Europa in zwei Gruppen, und nicht nur zwischen den Staaten wurde gerungen, sondern auch innerhalb der einzelnen Länder standen sich die Konfessionen mit erbittertem Haß gegenüber: in Frankreich, Großbritannien, Schweden, Polen, vor allem aber im römischen Reiche deutscher Nation. Überall waren es die Jesuiten, welche die Leidenschaften gegen die „Ketzer" aufstachelten.

Daß die Haupttätigkeit der Jesuiten gegen den Protestantismus gerichtet war, hat man seit einigen Jahrzehnten zu bestreiten versucht. So schrieb der Jesuitenpater Duhr sein Buch „Jesuitenfabeln", und Professor Mausbach sagte 1896 auf dem Katholikentage: „Wie sollten die Jesuiten Zeit und Lust haben, das Schwert konfessionellen Haders auszugraben?" Solcher Geschichtsklitterung gegenüber möge auf folgende Tatsachen hingewiesen werden:

---

[1] Die Tätigkeit der Jesuiten ist an verschiedenen Stellen des Buches behandelt.

1.

Als das **Tridentiner Konzil 1545** zusammentrat, wurde auch von katholischer Seite die Reformbedürftigkeit der römischen Kirche aufs schärfste betont. Damals hoffte man noch, die Protestanten durch Zugeständnisse zufriedenzustellen und die kirchlichen Spannungen beseitigen zu können. In direktem Gegensatz zu den allgemeinen Wünschen hat siebzehn Jahre später, bei den letzten Tagungen, der **jüdische Jesuitengeneral Lainez** alles aufgeboten, um die Kluft zwischen den Katholiken und Protestanten zu erweitern.

Die **Folgen?** Charakteristisch ist die Entwicklung in Deutschland. Zuerst traten die Jesuiten als harmloser Professorenorden auf; unter Führung des „zweiten Apostels der Deutschen", Canisius, gründeten sie Schulen in Österreich und Bayern. Nach dem Augsburger Religionsfrieden (1555) waren sie zugleich ein Juristenorden: einerseits erklärten sie die Bestimmungen zugunsten der Protestanten in den geistlichen Fürstentümern für gefälscht; anderseits beriefen sie sich auf die Worte cuius regio eius religio (d. h. die Religion richtet sich nach dem Bekenntnis des Landesfürsten) und drängten als „Hüter des Rechts" ihre fürstlichen Gönner in Österreich und Bayern, die ihren Ständen gemachten Zugeständnisse zurückzunehmen. Später erklärten diese „Hüter des Rechts" den **Augsburger Religionsfrieden selbst für unverbindlich**; denn der Papst habe ihn nicht bestätigt, und seine Bestimmungen seien durch die Bestimmungen des Tridentiner Konzils (1563) aufgehoben. **Der letzte Schritt?** Den Ketzern gegenüber kennen die „unveräußerlichen Rechte" der Kirche keine Verpflichtung, irgendeinen Vertrag zu halten.

Im Jahre 1566 sagte der bekannte Jesuitenpater Canisius in einem Gutachten: „Der Augsburger Religionsfriede bestimme nicht, was sein soll, sondern nur, was kraft der unüberwindlichen äußeren Kraftverhältnisse sei und solange sein werde, als diese schlimme Lage dauern werde. **Richtig verstanden gelte er nur bis dahin, wo die Katholiken größere Macht gewonnen und sich zur vollständigen Rückforderung ihrer Rechte erhoben hätten.**" Die juristischen Künste sind also nur Schein; es handelt sich in Wahrheit **um eine Macht-, nicht um eine Rechtsfrage**.

Nach jesuitischer Auffassung kann sich **der Papst selbst** von jedem Gesetz, von jeder Verpflichtung dispensieren; der Zweck heiligt die Mittel. Stand es nicht im Widerspruch mit den eben gefaßten Beschlüssen des Tridentiner Konzils, daß der Papst Gregor XIII. die Vereinigung von fünf Bistümern in der Hand des jugendlichen, ausschweifenden Ernst von Bayern begünstigte?

In **Frankreich** kam es schon vor dem Ende des Tridentiner Konzils 1562 zu einem Blutbad zu Vassy, wo eine zum Gottesdienst versammelte Hugenottengemeinde von dem katholischen Herzog von Guise überfallen und niedergemetzelt wurde. Es folgten acht blutige Religionskriege (1562 bis 1593; 1572 Pariser Bluthochzeit); der angreifende Teil waren immer die Katholiken. Dabei zeigten die Jesuiten ihre Kunst, **Entgegengesetztes zu rechtfertigen**: Während sie in Österreich und Bayern den Fürsten ihr „Recht" nachwiesen, dem Volke den katholischen Glauben aufzuzwingen, verkündeten sie umgekehrt in Frankreich, wo die überwiegende Mehrzahl des Volkes katholisch war, die Lehre von der „Volkssouveränität" und stachelten das Volk zum Kampf gegen das angestammte Fürstenhaus auf. — Damit hängt auch die jesuitische Auffassung vom Tyrannenmord zusammen:

> Die Päpste Pius IV. und Gregor XIII. haben mit dem König Philipp II. von Spanien und mit Alba über den Plan der Ermordung der Königin Elisabeth von England verhandelt.
>
> An den Anschlägen auf das Leben Wilhelms von Oranien waren Jesuiten beteiligt.
>
> Der spanische Jesuit Mariana ist der Hauptvertreter der Lehre vom Tyrannenmord. Er erzählt, der Mörder des französischen Königs Heinrich III. (1589) sei belehrt worden, daß der Tyrann mit Recht umgebracht werden könne; auch hat der Papst Sixtus V. den Mord als eine bewundernswerte Tat gefeiert. Ein anderer Jesuit behauptete, wenn der Papst einen König oder Fürsten für abgesetzt erkläre, so könne und dürfe er von jedem ermordet werden.
>
> An der Pulververschwörung in England (1605) waren Jesuiten beteiligt.

2.

Und der Dreißigjährige Krieg (1618—1648)? Die Jesuiten suchten den Streit; ihre Werkzeuge waren die Jesuitenzöglinge Ferdinand von Steiermark (seit 1619 Kaiser) und der Herzog Maximilian von Bayern. Schon 1608 wurde aus Regensburg, wo sich der Reichstag auflöste, geschrieben: „Alles treibt zum Kriege hin. Gott erbarm sich unser und des gemeinen Wohles." Die 1618 in Prag beginnenden Zwistigkeiten hätten auf Böhmen beschränkt werden können; statt dessen erwuchs daraus der entsetzlichste Krieg, der immer weitere Ausdehnung nahm, bis ganz Deutschland der Tummelplatz für die europäischen Heere wurde und seine Bevölkerung von zwanzig auf acht Millionen sank. Ein Glück, daß auch unter den katholischen Mächten Spaltungen eintraten!

Zahlreiche Versuche sind unternommen, um die Jesuiten als unschuldige Lämmlein hinzustellen, und der Jesuit Duhr hat bewiesen, daß der Orden nicht zur Ausrottung des Protestantismus gegründet sei. Das wußten wir schon lange; denn Ignatius hatte, als er ihn „gründete", wahrscheinlich von Luther und der Reformation in Deutschland noch nichts vernommen[1]. Trotzdem ist es Tatsache, und jede Seite der Geschichte

---

[1] Echt „jesuitisch" war auch das Preisausschreiben des Jesuiten Roh im Jahre 1882: Wer nachweise, daß in irgendeiner jesuitischen Schrift der Satz vorkomme „der Zweck heiligt die Mittel", der solle 1000 Gulden erhalten. Und in der Tat war der Satz in diesem Wortlaut nirgends zu finden. Aber hat deshalb der Pater Roh gewonnen? Nein! der Exjesuit Hoensbroech hat zahlreiche Aussprüche angeführt, die dem Sinne nach genau dasselbe bedeuten. Vor allem aber beweist eine mehrhundertjährige Geschichte, daß „der Zweck heiligt die Mittel" zu den obersten Grundsätzen des Jesuitenordens gehört.

bestätigt es, daß der Kampf und Haß gegen den Protestantismus zum eigentlichen Wesen des Jesuitenordens gehören. Dafür besitzen wir gerade aus der Zeit des Dreißigjährigen Krieges z w e i w i c h t i g e U r k u n d e n :
1. In der H e i l i g s p r e c h u n g s b u l l e des Ignatius vom Jahre 1623 heißt es:

> „Die unaussprechliche Güte und Barmherzigkeit Gottes, die mit wunderbarem Rat für jede Zeit passend sorgt, hat in der letzten Zeit..., da L u t h e r , d a s s c h e u ß l i c h e U n g e h e u e r , und die übrigen verabscheuungswürdigen P e s t s e u c h e n mit ihren gotteslästerlichen Zungen die alte Religion ... in den nördlichen Gegenden zu verderben und zu verwüsten suchten, den G e i s t d e s I g n a t i u s v o n L o y o l a e r w e c k t , der ... sich der göttlichen Herrschaft so zur Leitung und Formung übergab ... daß er nach Gründung des neuen Ordens der Gesellschaft Jesu, die sich unter anderen Werken der Frömmigkeit und Liebe der Bekehrung der Heiden, der Z u r ü c k f ü h r u n g d e r K e t z e r zur Wahrheit des Glaubens und der Erhaltung der Macht des römischen Pontifex nach seinen Satzungen ganz widmet... sein Leben heilig beschloß."

2. In der J u b i l ä u m s s c h r i f t zum hundertjährigen Bestehen des Jesuitenordens heißt es: „Vergebens erwartet die Ketzerei, durch bloßes Stillschweigen Frieden mit der Gesellschaft Jesu zu erlangen. Solange noch ein Hauch des Lebens in uns ist, werden wir gegen die Wölfe zur Verteidigung der katholischen Herde bellen. K e i n F r i e d e i s t z u h o f f e n , d e r S a m e d e s H a s s e s i s t u n s e i n g e b o r e n . Was Hamilkar dem Hannibal war, das war uns Ignatius. Auf sein Anstiften haben wir ewigen Krieg an den Altären geschworen."

3.

Im dritten Akt der Gegenreformation ist König L u d w i g XIV. von Frankreich die Hauptperson. Er wurde der vorbildliche, vielbewunderte und nachgeahmte Vertreter des fürstlichen Absolutismus. Für ihn stand der S t a a t an erster Stelle, und im Interesse der Staatsgewalt forderte er für Frankreich die Einheit der Kirche; sie suchte er nicht nur gegen die Hugenotten, sondern auch dem Papste gegenüber durchzusetzen; der sogenannte „Gallikanismus" wandte sich gegen päpstliche Übergriffe. Im Jahre 1663 begannen die Hugenottenverfolgungen. Eidbruch folgte auf Eidbruch, bis Ludwig XIV. im Jahre 1685, um den Protestantismus der Hugenotten auszurotten, das Edikt von Nantes aufhob. Dabei legte er, wie bei seinen Raubkriegen, so auch bei den Hugenottenverfolgungen großen Wert auf die juristische Feststellung seines „Rechts". Man sagte ihm: Sein Großvater Heinrich IV. hätte das Edikt von Nantes nur gegeben, um den Bürgerkrieg zu beenden und für die Zukunft Bürgerkriege zu vermeiden; jetzt seien keine Bürgerkriege zu befürchten; d e s h a l b habe er als absoluter König das „Recht", das Edikt abzuschaffen.

> Vergebens suchen heute katholische Geschichtschreiber die Jesuiten und den französischen Klerus reinzuwaschen, indem sie behaupten, allein der verblendete Hochmut und die falsche Politik Ludwigs XIV. und seiner Minister seien für die grausamen Hugenottenverfolgungen verantwortlich

zu machen. Aber das ist eine große Entstellung des Tatbestandes: wir besitzen zahlreiche Beweise dafür, daß der französische Klerus unermüdlich den König zu jenem Vorgehen anstachelte.

Und die Jesuiten? „Sie ließen Ludwig XIV. ruhig bei dem Glauben, er sei der Staat. Der Göttlichkeitsdünkel eines Monarchen war für sie nichts Neues, und so sahen sie von Anfang an im voraus, daß auch ‚der Sonnenkönig' früher oder später ebenso zu einem Werkzeug der Gesellschaft Jesu werden würde, wie so mancher andere Autokrat vor ihm." Der Einfluß der jesuitischen Beichtväter wuchs. Schwierigkeiten machte das Haremsleben bzw. Mätressenwesen des Königs. Aber der jesuitische Beichtvater La Chaise „harrte mit dem ihm eigenen Gottvertrauen verbindlich lächelnd aus, bis die sinnliche Leidenschaft des Königs einer Beruhigung Platz gemacht haben würde; er wußte, daß Ludwig, älter geworden, sich auch geistlichem Zuspruch fügiger erweisen würde. Ohne auf übermäßig strenge Maßregeln zu drängen, ließ La Chaise daher einstweilen jene Nachsicht und Milde walten, die ihm späterhin die Vorwürfe vieler Geschichtschreiber zuziehen sollte". Nach seinem Tode wuchs der Einfluß des finsteren jesuitischen Beichtvaters Le Tellier[1]).

B.
Aufhebung des Jesuitenordens.

Welch vernichtendes Verdammungsurteil haben im 18. Jahrhundert nicht nur die Regierungen der katholischen Länder, das Pariser Parlament, treffliche Männer wie Pombal und van Swieten, sondern auch Päpste, vor allem der Papst Clemens XIV., über die Tätigkeit des Jesuitenordens gefällt!

Kampf gegen den Jesuitenorden.	Aufhebung des Jesuitenordens.

Seit der Mitte des 18. Jahrhunderts wurde in den katholischen Ländern das Unterrichtsmonopol der Jesuiten beseitigt, besonders in
Österreich-Ungarn,
Bayern,
Portugal,
Frankreich.
	1. Die Jesuiten wurden von der Staatsgewalt ausgewiesen:
	    1759 aus Portugal,
	    1764 aus Frankreich,
	    1767 aus Spanien, Neapel, Parma.
	2. 1773 wurde der Orden vom Papste Clemens XIV. für die ganze Kirche aufgehoben.

Wie stellen sich heute die katholischen Geschichtschreiber dazu? In der Regel üben sie die Kunst des Verschweigens; die meisten Katholiken, auch unter den Gebildeten, erfahren niemals Näheres über die Vorgänge. Selbst in seinem großen Buche „Jesuitenfabeln" gibt der Jesuit Duhr nur in neunundzwanzig Zeilen eine oberflächliche, das Wichtigste auslassende Inhaltsangabe des Aufhebungsbreves des Papstes

---

[1]) Vgl. Fülöp-Miller, „Macht und Geheimnis der Jesuiten".

Clemens XIV. Die immer wiederholte Behauptung, der Papst habe nur dem häufigen Drängen der bourbonischen Könige nachgegeben, als er den Orden aufhob, **verschleiert die Wahrheit**. Die katholischen Regierungen von Portugal, Spanien, Neapel, Frankreich hatten schon vorher aus eigener Machtvollkommenheit die Jesuiten verjagt.

Mit Recht bemerkt Hoensbroech: „Waren denn nicht die Jesuiten seit zwei Jahrhunderten allmächtig an den bourbonischen Höfen? Waren nicht seit Generationen Glieder des Jesuitenordens in fast ununterbrochener Reihenfolge Beichtväter der bourbonischen (und ebenso der portugiesischen) Könige und Königinnen? Und doch erhob sich gerade aus den Reichen und Höfen, in denen der Orden fast alleinbestimmenden Einfluß besaß, immer lauter und stürmischer der Ruf nach seiner Aufhebung."

Von **Portugal**, dem Lande, das mit der Austreibung der Jesuiten allen anderen voranging, schreibt der Abbé Georgel: „Es gab in Europa, ja selbst in den beiden Welten kein Land, in welchem die Gesellschaft Jesu so sehr verehrt, mächtiger und fester gegründet war, als in den der portugiesischen Herrschaft unterworfenen Ländern und Königreichen."

Auch ist es unrichtig, daß nur die Könige und ihre Regierungen in dem Streben nach absoluter Herrschaft gegen die Jesuiten vorgegangen seien. Schon seit dem Ende des 17. Jahrhunderts traten immer mehr Männer hervor, welche schwere Anklagen gegen die verderbliche Tätigkeit der Jesuiten erhoben. In Frankreich ging der Kampf gegen den Orden **nicht** vom König, sondern vom **Volke** aus.

Die Erbitterung stieg seit dem Jahre 1755, wo der Jesuitenpater Lavalette, der trotz der päpstlichen Verbote ein großes Handelsgeschäft betrieben hatte, Bankerott machte und der reiche Orden sich weigerte, für die Schulden (2 Millionen Livres) einzustehen. Der Bürgerstand geriet in eine wachsende antiklerikale Stimmung; man kann von einem flammenden Volkshaß gegen die Jesuiten sprechen; auch der alte Gegensatz zwischen Jansenisten und Jesuiten lebte wieder auf. Es begann ein langer Prozeß. Interessant ist die Äußerung des Generaladvokaten: „Gegen diese Gesellschaft gibt es keine Autorität, keine geistliche, keine weltliche; weder Konzil noch Päpste, weder Könige noch Bischöfe vermögen etwas gegen ihn." Dem Drängen des Volkes und des Pariser Parlaments folgend, hob der Minister Choiseul 1764 den Orden für Frankreich auf.

Ferner muß festgestellt werden: daß schon 1741 der Papst Benedikt XIV. gegen den Orden einschritt; daß der Papst 1758 auf Veranlassung des Ministers Pombal gegen die portugiesischen Jesuiten eine Untersuchung einleitete und ihre Tätigkeit verurteilte; daß endlich der Papst Clemens XIV. nach gewissenhafter Prüfung den Orden 1773 aufhob; daß sein Nachfolger Pius VI. sich damit einverstanden erklärte.

C.
Der 1814 wiederhergestellte Orden.

Die Geschichte der katholischen Kirche seit 1814 ist zugleich die Geschichte des Jesuitenordens. Es ist ihm gelungen, die ganze Kirche zu verjesuitieren; sein Einfluß wurde größer als je zuvor.

Alle anderen Orden haben sich ihm unterworfen[1]); die Ausbildung der Geistlichen liegt direkt oder indirekt in seinen Händen. Was auf dem Tridentiner Konzil 1562/63 nicht erreicht wurde, ist im 19. Jahrhundert durchgesetzt. Die Unterdrückung des Episkopalismus, der Sieg des Kurialismus und des päpstlichen Absolutismus, das Dogma von der unbefleckten Empfängnis Mariä und von der Unfehlbarkeit des Papstes, der Syllabus des Jahres 1864 und die Erneuerung des Index, die Berufung des Vatikanischen Konzils und seine Beschlüsse: das alles sind Erfolge der Jesuiten.

Kein wahreres Wort ist in zahlreichen Versammlungen, vor allem auf den großen alljährlichen Katholikentagen gesprochen worden, als

"Wir sind alle Jesuiten".

Nicht nur was die Jesuiten selbst seit 1814 geredet, geschrieben und getan haben, sondern auch was wir von Windthorst und Lieber, Graf Ballestrem und Spahn, Fehrenbach und Erzberger hörten, was Janssen und von Kralik, Onno Klopp und von Hertling, Ruville und viele andere schrieben, war und ist jesuitisch.

Mix sagt in seiner Schrift "aus dem Schuldbuch des Jesuitenordens", S. 108: "Wer die Zeit unmittelbar vor dem Dreißigjährigen Kriege genauer kennt, mag wohl erschrecken vor der **furchtbaren Ähnlichkeit**, die sie in vielfacher Beziehung mit unserer Zeit hat. Konfessionelle Absonderung und Verhetzung bis zum äußersten, daß sich kaum noch irgendwelche Berührungspunkte zwischen den beiden Konfessionen finden — das ist die Signatur unserer Zeit ebenso, wie der vor dreihundert Jahren. Auch die Mittel, durch die man das zu erreichen sucht, sind heute noch dieselben wie damals: **Fanatisierung der Massen durch eine verleumderische, durch und durch verlogene Presse** ‚für Wahrheit, Freiheit und Recht‘, Geschichtslügen, Hetzschriften ...[2])."

Dieselben Irrtümer und Wahnvorstellungen, aus denen im Mittelalter so viel Unheil gekommen ist, sind seit 1814 zu neuer Stärke erwacht und bilden heute die Quelle größten Elends[3]):

Der Glaube, daß die römische sichtbare Papstkirche von Jesus Christus selbst gestiftet und deshalb **alleinseligmachend** sei;

der Glaube, daß sie die Verwirklichung des von Jesus verkündeten **"Reiches Gottes"** sei;

die **Vergottung des Papstes**, dem man Aufgaben zuschreibt, denen nur Gott selbst gerecht zu werden vermag.

---

[1]) Deshalb konnte der Zentrumsführer Dr. Lieber 1897 auf dem Katholikentage unter lebhaftem Beifall sagen: „Wenn es jesuitenverwandte Orden gibt, so sind es alle Orden oder keine."

[2]) Vgl. das Spiegelbild in meiner „Angewandten Kirchengeschichte", 3. Auflage, Seite 258 ff.

[3]) Für die folgenden Ausführungen verweise ich auf das unentbehrliche Werk von P. Bräunlich, „Die deutschen Katholikentage", 2 Bände, Halle 1910.

1.

Welch ein Widerspruch besteht zwischen der Selbstverherrlichung der katholischen Kirche und den wirklichen Leistungen!

Windthorst nahm auf dem Katholikentag 1883 für die Katholiken den Ruhm in Anspruch, „daß sie es gewesen sind, welche das Banner der sozialen Reform z u e r s t entfaltet und mit mutiger Hand weitergetragen haben".

Das ist eine Unwahrheit! Auf fast allen Gebieten der sozialen Fürsorge sind die Protestanten vorausgegangen und haben die Wege gebahnt; erst später folgten die Katholiken, aus Furcht, sie möchten zurückstehen, und oft suchten sie zu ernten, wo jene gesät hatten. Mit prahlerischen Worten wies der Zentrumsführer Porsch 1903 darauf hin, daß „Ketteler schon 1848 in Mainz die Aufmerksamkeit auf die soziale Frage gelenkt habe", und das wurde als etwas einzig dastehendes gepriesen. Aber er verschwieg, daß der Vater der inneren Mission in der evangelischen Kirche, Wichern, unmittelbar vorher in demselben Jahre 1848 auf dem ersten evangelischen Kirchentag sein großartiges soziales Programm entrollt hatte, und daß Ketteler einige Wochen später zunächst weiter nichts getan hat, als daß er die Katholiken aufforderte: „Lassen Sie uns zeigen die Kraft u n s e r e r (d. h. der römischen) Kirche!" So war es auch später. Erst als Kaiser Wilhelm I. und Bismarck 1881 den Anfang mit ihrer sozialen Gesetzgebung machten, da erkannten die katholischen Kreise, „wie hier Brücken geschlagen werden könnten zu den Volksmassen, wie der kirchliche Einfluß gewissermaßen indirekt und auf Umwegen an sie herangebracht werden könnte".

Was ferner die kirchlich-soziale Fürsorge für die Auswanderer, für Arbeiterkolonien, Waisen- und Rettungshäuser, für entlassene Gefangene, Mäßigkeit, für Frauenfrage angeht, so liegen zahlreiche Äußerungen vor, worin Katholiken es beklagen, wie sehr sie selbst diese Gebiete vernachlässigt hätten. Erst der Trieb zu zeigen, was die katholische Kirche vermöge, wurde der Ansporn zu eigenen Leistungen; wo der belebende Gegensatz zum Protestantismus fehlt, geschieht von katholischer Seite in sozialer Beziehung herzlich wenig. Auch drängen sich bei den Katholiken immer die Nebenmotive vor: die Papstkirche als die einzige Quelle alles Heils darzustellen und zugleich aus der sozialen Tätigkeit die Berechtigung zu allerlei kirchenpolitischen Forderungen an den Staat abzuleiten, vor allem zu der stets wiederholten Forderung der sogenannten „Freiheit der Kirche".

Ähnlich war der Widerspruch zwischen der Selbstverherrlichung und den wirklichen Leistungen auf allen Kulturgebieten;

Graf Matuschka sagte 1886: „Die wahre Kultur hat ihren Grund in der wahren katholischen Kirche" und Dr. Bitter fügte hinzu: „Echter und wahrer Kulturfortschritt ist ohne das Christentum, wie es voll und ganz die katholische Kirche vertritt, nicht möglich."

Dr. v. Kralik 1906: „Die Kirche ist und war von Anfang an und durch alle Jahrhunderte die entschiedenste und hochsinnigste Förderin der Bildung."

Kardinal Fischer 1908: „Hat denn die Kirche jemals die Wissenschaft gefürchtet? Nein! Die Kirche fürchtet nicht die Wissenschaft, sie hegt und fördert sie."

Die Kunst wird als das Monopol der römisch-katholischen Kirche hingestellt, deren Verdienste so riesengroß seien, daß sich niemand mit ihr messen könne. Stolz sagte 1850: „Der katholischen Kirche ist die Erziehung der Menschheit übertragen. Deshalb gibt es außer dem Katholizismus keine Kunst, und was sich außerhalb derselben davon vorfindet, ist entlehntes Gut."

Welche Selbstverherrlichung! Aber die wirklichen Tatsachen standen im schärfsten Widerspruch damit. Auf denselben Katholikentagen ertönten laute Klagen über die Rückständigkeit; wurde doch 1869 zugestanden, daß „katholisch und ungebildet im Geiste mancher Leute Begriffe sind, die sich decken". Und fürwahr, die katholische Kirche war nicht eine Förderin der Wissenschaft, sondern ein großes Hemmnis. Denn sie kennt kein selbständiges Suchen nach Wahrheit, wobei der Mensch an keine priesterliche Autorität gebunden ist; vielmehr behauptet sie, schon im Besitz der vollen Wahrheit zu sein, und ihre sogenannte Wissenschaft ist nichts anderes als eine rabulistische, mit logischen Mitteln betriebene Verteidigungskunst. Die römische Papstkirche hat Galilei und Giordano Bruno vor das Inquisitionsgericht gezogen, hat bis zum Jahre 1822 die Lehre des Kopernikus verworfen, hat in der neuesten Zeit die Schriften der hervorragendsten Wahrheitsucher auf den Index der verbotenen Bücher gesetzt. Unsere deutschen Universitäten, auf denen die wahre Freiheit der Wissenschaft herrscht, nennt sie „Häuser der Lüge, Teufelsanstalten, Vorhof der Hölle, Brutstätten der Sozialdemokratie". Heinrich sagt: „Wenn Rom gesprochen hat, gibt es für mich keinen Standpunkt mehr", und Fehrenbach 1907: „Ist die Forschung Sache der Wissenschaft, so ist die Entscheidung Sache des christlichen Lehramts. Und die Entscheidung mag fallen wie sie will, ihr gegenüber gibt es nur die Unterwerfung."

Und wenn die Katholiken trotzdem immer wieder das Wort „Freiheit" in den Mund nehmen und „Unterrichtsfreiheit", „freie katholische Universitäten" fordern, so denken sie dabei keineswegs an die Freiheit des Forschens und Lehrens. Im Gegenteil! gerade die Forschens- und die Lehrfreiheit soll erwürgt werden. Ihre „Freiheit" besteht darin, daß die römische Kirche ungehemmt ihr Schul- und Bildungsideal des geistigen Drills durchführt; daß das gesamte Schulwesen von unten bis oben der Kirche unterstellt wird; daß der römische Papst Kultusminister für Deutschland sei und die Bischöfe die ausführenden Unterstaatssekretäre für die Drillanstalten.

Diese Wissenschaft kennt keine Kulturfortschritte, sondern nur Rückkehr zum Mittelalter, der „herrlichsten Epoche, die wir überhaupt in der Geschichte antreffen". Dr. Bachem richtete 1897 „einen warmen

Appell an die Studenten, die katholische Wissenschaft wieder zu demjenigen Ansehen zu bringen, das sie im Mittelalter gehabt habe. Vor die Front! Auf allen Gebieten des Wissens leistet das Hervorragendste! erfüllt euch mit dem Geiste der Gelehrten des Mittelalters!"

Und nun die rabulistischen Kunststücke, womit die katholischen Ansprüche „bewiesen" werden! welch ein Mißbrauch wird mit schönen Worten Jesu getrieben! „Ihr sollt Gott mehr gehorchen als den Menschen!" „Gebt Gott, was Gottes, und dem Kaiser, was des Kaisers ist!" Da wird einfach statt „Gott" „Papst" gesagt, und es ist glänzend bewiesen, was man wünscht. Ebenso sollen die Worte Jesu „Gehet hin und lehret alle Völker" dreierlei beweisen: daß Gott selber der römischen Kirche das Lehramt übertragen habe; daß „der weltliche Staat weder Beruf noch Recht noch Befähigung" besitze, zu erziehen und zu unterrichten; daß der katholischen Kirche das Schulmonopol und die Herrschaft im Schulwesen zukomme. Das preußische Schulmonopol wird als ein Angriff gegen die übernatürliche, göttliche Lebensordnung hingestellt.

Dabei wird vergessen, daß es katholische Länder waren, wo man im 18. Jahrhundert wegen der großen Rückständigkeit eine Entkirchlichung der Schulen forderte, zunächst der Universitäten und Gymnasien. Für die allgemeine Volksbildung hatte die katholische Kirche in den langen Jahrhunderten ihrer Herrschaft so gut wie nichts getan; es mußte erst die Reformation Luthers kommen, um die großartige Entfaltung des Volksschulwesens herbeizuführen, die den Stolz der protestantischen Völker ausmacht. Nicht einmal auf die Dom- und Klosterschulen des Mittelalters, die in erster Linie für die Heranbildung von Geistlichen bestimmt waren, kann die Kirche sich viel einbilden; denn das Hauptverdienst für ihre Entwicklung kommt germanisch-deutschen Kaiserkönigen zu, besonders Karl dem Großen.

2.

Welch ein Widerspruch zwischen den Friedensbeteuerungen und den tatsächlichen Friedensstörungen!

Auf allen Katholikentagen wird versichert, daß man „den konfessionellen Frieden" wünsche, und § 15 der Satzungen lautet: „**Konfessionelle Polemik ist in den Versammlungen der Generalversammlung untersagt.**" Ja, man sucht angeblich ein Bündnis mit dem „gläubigen" Protestantismus gegen den Unglauben und Umsturz, gegen die rote Flut der Sozialdemokratie.

Rechtsanwalt Müller behauptete 1888, auf den Katholikentagen sei „nie ein Wort gefallen, wodurch wir auch nur einen Andersgläubigen verletzt hätten. Ich meine, es wäre gut, wenn andere sich daran ein Beispiel nähmen". „Wir machen es nicht, wie andere; wir schicken keine Missionare in protestantische Gebiete, um dort ‚los von Wittenberg' zu predigen."

Graf Gahlen 1906: „Der Bonifatiusverein ist kein Kämpferverein. Nicht zieht er aus, um die anderen Bekenntnisse zu bekriegen oder Proselyten zu machen; nicht schicken wir unsere Missionare nach Brandenburg, Pommern, Sachsen mit dem Feldgeschrei ‚los von Wittenberg'. Wir wollen nur unseren eigenen Besitzstand wahren."

Das **Zentrum** hat wiederholt erklärt, daß es **keine konfessionelle Partei** sei. Es nannte sich das „nationale" Zentrum, das „staatserhaltende" Zentrum, „die Partei für Freiheit, Wahrheit, Recht"; es leugnete, daß es politisch von Rom abhängig sei, und rechnete sich zu „bürgerlichen" Parteien[1]).

Alle diese Behauptungen und Versicherungen sind grobe Irreführungen und Unwahrheiten. Wie oft dienen Satzungen und Statuten weniger dazu, die Wahrheit zu sagen als sie zu verhüllen! Der § 15 der Satzungen der Katholikentage beweist nicht mehr als die Statuten der katholischen Studentenverbindungen, welche die Politik verbieten. In Wahrheit ist auf allen Katholikentagen, trotz der Friedensversicherungen und trotz des § 15, **konfessionelle Polemik** getrieben; war ja doch von Anfang (1848) an die Rekatholisierung Deutschlands ein Hauptziel der jährlichen Katholikentage. Da wurden immer wieder Worte gesprochen wie: „Gott will es, daß Deutschland einig sei im katholischen Glauben"; „lassen Sie sich nicht irre machen, wenn man dieses edle Streben mit dem Namen Proselytenmacherei bezeichnen will"! Dabei fehlte es keineswegs an Ausfällen und Ausdrücken, welche die Protestanten verletzen müssen. Schon die immer wiederkehrende Selbstverherrlichung der „alleinseligmachenden" Kirche, die „allein imstande sei, die idealen Interessen des Menschengeschlechts zu hüten und zu pflegen", ist kränkend. Aber auch direkte Beleidigungen und Verunglimpfungen sind an der Tagesordnung. Man spricht von der „Schwindsucht, der Irrlehre des Protestantismus"; man ruft „katholisch ist Trumpf", redet von der „sogenannten" Reformation, von der „Glaubenstrennung, die die Frechheit habe, sich Reformation zu nennen", von dem „verlorenen Sohn", von der „Reformationslegende"; man bezeichnet die Reformation als „die Mutter aller Übel", als „Ursache unserer Zerrissenheit". Der ganze Canisius-Kultus und der ganze Bonifatiusverein haben, trotz aller Ableugnungen, als Endzweck die Protestantenbekehrung; ein „Gebetskreuzzug" ist unternommen; es gibt sogar „eine Gebetsvereinigung der katholischen Kinder Deutschlands zur Erlangung der Wiedervereinigung im katholischen Glauben". Den Ableugnungen widersprechen **die eigenen stolzen Siegesberichte** über die Tätigkeit und die Fortschritte in Hannover, Mecklenburg, Schleswig-Holstein, Schlesien, Ost- und Westpreußen, Sachsen, Brandenburg, in Schweden, Norwegen, Dänemark, Holland, England; also in Ländern mit überwiegend protestantischer Bevölkerung. Und wie entrüsten sich dieselben Leute über die Los-von-Rom-Bewegung in Österreich, nennen sie „Hochverrat", „Unkraut", „Unflat"!

---

[1]) Für Leute, die nach dem Grundsatz handeln si fecisti nega („leugne, wenn du es getan hast"), gilt auch das Umgekehrte: „Wenn du leugnest, so hast du es getan." So hat nach dem Weltkrieg der Zentrums-Reichskanzler Dr. Wirth beteuert, daß seine Partei niemals Sabotage getrieben habe, und mit keinem anderen Wort kann treffender die Tätigkeit des Zentrums gekennzeichnet werden.

Der Jesuit Lippert schrieb kurz vor dem Weltkrieg in den „Stimmen von Maria Laach": „In jedem katholischen Priester, in jedem katholischen Beamten, in jeder katholischen Frau soll der Propagandageist leben; wir dürfen nicht wünschen, daß unsere andersgläubigen Mitglieder im Irrglauben verharren; sie sollen katholisch werden."

3.

Das Zentrum nennt sich „Die Partei für Wahrheit, Freiheit und Recht." Das ist eine Irreführung.

Für Wahrheit? In feierlichen Erklärungen bezeichnete sich das Zentrum als eine nichtkonfessionelle Partei. Dem widersprachen Aussprüche bedeutender Parteiführer, daß das Zentrum „die Angelegenheiten des deutschen Volkes im Einklang mit den Grundsätzen der katholischen Weltanschauung vertrete"; auch zählten offizielle Schriften der katholischen Kirche das Zentrum zu den katholischen Vereinen. Und ist das Wahrheitsliebe, wenn die angesehene Kölnische Volkszeitung in ihren Berichten über wichtige Ansprachen solche Stellen unterschlug, in denen das Zentrum als katholische Partei bezeichnet wurde? — Das Zentrum nannte sich „staatserhaltend" und „national". Aber bei jedem Konflikt zwischen Staat und Kirche stand es auf Seiten der Kirche, und alle Feinde des Deutschtums, besonders die Polen, Dänen, elsässischen Französlinge fanden bei ihm wirksame Unterstützung; selbst die Hilferufe der deutschen Katholiken aus der Ostmark verhallten ungehört beim Zentrum. Und welche Lügen wurden in den letzten Jahrzehnten bei der Wahlagitation über einen drohenden „neuen Kulturkampf", und über die gefährdete Religion verbreitet, obgleich die Päpste selbst bestätigten, daß im Deutschen Reich jeder Katholik ungestört seinem Glauben leben könne!

Für Freiheit? Diese sogenannte „Freiheit" bedeutet Herrschaft der römischen Papstkirche im Deutschen Reich und Ohnmacht der Staatsgewalt; sie bedeutet Auslieferung des gesamten Schulwesens an die Kirche; sie bedeutet eine rechtliche Sonderstellung der katholischen Priester; sie bedeutet die ungehemmte Entfaltung des katholischen Ordens- und Klosterwesens, der Propaganda; sie bedeutet staatliche Bütteldienste gegen alles, was die katholische Kirche als antikatholisch bezeichnet. Freiheit? Als ein Zentrumsabgeordneter behauptete, das Zentrum sei unabhängig von Rom, da wurde er belehrt, daß das keineswegs der Fall sei. Und wurde nicht den katholischen Wählern die politische Freiheit abgesprochen?

Für Recht?" Für welches Recht? nicht für die Rechte des Staates, für die Rechte des Volkes, für die staatlichen Grundrechte jedes einzelnen, sondern für die sogenannten „unveräußerlichen Rechte" der Kirche.

Und nun noch zwei Beispiele für die angebliche Wahrheitsliebe!

Daß am 4. 1. 1904 die Einrichtung von Marianischen Kongregationen an Preußischen Gymnasien wieder gestattet wurde, hatte mit Recht eine außerordentliche Erregung der Protestanten zur Folge. Der Kultusminister Dr. Studt verteidigte sich damit, daß „keinerlei Beziehungen zwischen der Marianischen Kongregation und den Jesuiten" bestände. Leider hatte sich der Minister täuschen lassen; es war eine Behaup=

tung, die der Wahrheit direkt widersprach. Bald darauf verlas der Fürstbischof Kopp im Preußischen Herrenhaus „zur Steuer der Wahrheit und Beruhigung der Gemüter" einen Brief des Jesuitengenerals, der von „unwahren und aufregenden Behauptungen" spricht, wenn die Marianische Kongregation „als eine Gründung der Gesellschaft Jesu und als den Jesuiten angegliedert bezeichnet werde"; sie „ständen gar nicht in irgend einer Weise unter der Leitung der Gesellschaft Jesu". Aber wenn man hiermit die Gründungsbulle aus dem Jahre 1584 vergleicht, ferner die Satzungen der Marianischen Kongregation, von denen bis heute nichts zurückgenommen ist, die Erklärung des Jesuiten Löffler im 8. Heft des Jahrganges 1884 der „Stimmen aus Maria Laach", die Tatsache, daß 1887 der Jesuitengeneral Anderledy dagegen protestierte, daß einzelne Bischöfe den neugegründeten Kongregationen die Privilegien und Ablässe erteilten, die ihnen nur durch die Angliederung an die jesuitische Ur-Kongregation in Rom zukommen dürften: so müssen wir den Mut bewundern, womit 1904 der Jesuitengeneral Martin der Wahrheit ins Gesicht schlug. Oder sollte er deshalb Recht haben, weil vielleicht statt „gegründet" das Wort „errichtet" hätte gebraucht werden müssen, statt „angegliedert" „verbunden", statt „Leitung" „Aufsicht"? Das wäre doch eine echt „jesuitische" Silbenstecherei.

Weiter! Um die „Grundlosigkeit" der Anschuldigung zu beweisen, die Kirche beanspruche noch heute Oberhoheitsrechte über den Staat, verlas der Zentrumsführer Gröber in der Reichstagssitzung vom 14. 12. 1910 einige Sätze aus einer Enzyklika des Papstes Leo XIII., verschwieg aber, daß unmittelbar darauf in derselben Enzyklika der Papst gerade die Lehre von der Oberhoheit der Kirche über den Staat klar und deutlich ausspricht; auch eine andere Enzyklika unterschlug er, in welcher Leo XIII. die Unterordnung des Staates unter die Kirche betont. — In ähnlicher Weise hat der Zentrumsführer Dr. Porsch, der erste Vizepräsident des Preußischen Abgeordnetenhauses, in der Sitzung vom 8. 3. 1911 den Sinn einer Enzyklika Leos XIII. durch Auslassung der entscheidenden Stellen in sein Gegenteil verkehrt.

Grundsätze nach dem Görreslexikon.

Als „Monumentalwerk des deutschen Katholizismus im 20. Jahrhundert" wird das Staatslexikon der Görresgesellschaft gepriesen; hier begegnet uns auf Schritt und Tritt die Forderung der Rückkehr zum „gesegneten" Mittelalter, zur katholischen Staatsidee.

Glaubens- und Bekenntnisfreiheit wird als „geradezu unsittlich" bezeichnet, „unvereinbar mit dem natürlichen und göttlichen Gesetze"; von der Kirche, vom Staate dürfe sie nicht gewährt werden[1]). Auch die Andersgläubigen unterstehen den Gesetzen der katholischen Kirche, „insbesondere in der Eheschließung"; „dem Staate steht in allen Beziehungen, die das

---

[1]) Es ist deshalb eine bewußte Irreführung und Täuschung, wenn behauptet wird, „das Staatslexikon der Görresgesellschaft mache mit dem Prinzip voller Religionsfreiheit Ernst".

Band der kirchlichen Ehe bilden, keinerlei Recht zu". Zu dem Eherecht unseres Bürgerlichen Gesetzbuches konnten, trotz alles Entgegenkommens, „die katholischen Reichstagsabgeordneten nur unter bestimmten grundsätzlichen Verwahrungen ihre Zustimmung geben".

„Ein offener, häufig beklagter und bekämpfter Mangel (so heißt es in dem Staatslexikon) und Schaden der Universitäten ist die grenzenlose L e h r f r e i h e i t, die geradezu als Lebensprinzip der höchsten Bildungsanstalten hingestellt und gefordert wird."

Die Kirche ist nach dem Staatslexikon nicht nur vollkommen unabhängig vom Staate, sondern ihm übergeordnet; alle staatlichen Maßnahmen „unterstehen der Direktive der höchsten kirchlichen Autorität", dem Papste. Die anderen Konfessionen haben nicht dieselben Rechte auf Anerkennung und Schutz von seiten des Staates, wie die katholische Kirche. Der Papst kann die Untertanen eines Staates vom Eid der Treue entbinden. Die Kirche hat das Recht, Staatsgesetze als verpflichtend oder nicht verpflichtend zu erklären.

„Wie die niederen, so können auch die höheren S c h u l e n von der Leitung und Aufsicht der Kirche nicht emanzipiert sein."

Nach dem Staatslexikon ist jeder Katholik an den S y l l a b u s von 1864 gebunden; er muß glauben, daß „die Kirche eine zeitliche, direkte oder indirekte Gewalt habe und die Macht, äußeren Zwang anzuwenden"[1]).

---

[1]) Es war eine Irreführung, wenn Zentrumsabgeordnete hin und wieder erklärten, daß der Syllabus sie nicht verpflichte, oder daß „es einen kirchlich approbierten Kodex der Politik nicht gebe".

Masken und Tarnkappen[1].

I.
Die christliche Religion als Maske.

Seit der zweiten Hälfte des 15. Jahrhunderts erhielt die europäische Christenheit immer neue, aufregende Berichte über die Entdeckung bisher unbekannter Länder und Völker in Afrika, Amerika und Asien. Die Frage, wem diese Länder gehörten, wurde mit einer verblüffend einfachen Logik gelöst: Der Christengott beherrscht die ganze Welt, und sein irdischer Stellvertreter ist der Papst. So hatten denn in der zweiten Hälfte des 15. Jahrhunderts die Päpste (und was waren das für Stellvertreter Gottes!) das „Recht", in besonderen Bullen alle neuentdeckten Länder der Sarazenen und Heiden den Portugiesen zu schenken. Und als seit 1492 die Spanier in Wettbewerb traten, entschied einer der unwürdigsten Päpste, Alexander VI., über die Verteilung; er zog eine Linie vom Nordpol zum Südpol und übertrug dem spanischen Königspaar alle Länder, die westlich davon lagen:

„Wir schenken kraft Gegenwärtigem für immer, verleihen und weisen an euch aus freiem Antriebe, nicht auf irgend eine Bitte, sondern aus reiner Freigiebigkeit und sicherer Wissenschaft, kraft Apostolischer Machtvollkommenheit, alle Inseln und Festlande, entdeckte und unentdeckte gegen Westen und Mittag, indem wir eine Linie ziehen vom Nordpol bis zum Südpol, so daß alle Inseln und Festlande, welche entdeckt sind oder entdeckt werden, von dieser Linie gegen Westen und Süden, und nicht bis zum nächsten Weihnachtstage 1493 von einem anderen christlichen König oder Fürsten in wirklichen Besitz genommen sein werden, kraft der Autorität des allmächtigen Gottes, die uns im hl. Petrus verliehen ist, und als Stellvertreter Jesu Christi, als welcher wir auf Erden walten, mit allen ihren Herrschaften, Städten, Orten, Burgen, Dörfern, Rechten, Gerichten, euch und euren Nachfolgern und machen euch, eure Erben und Nachfolger zu den Herren mit der vollen, freien und jeglichen Gewalt[2]."

Die berüchtigten Konquistadoren („Eroberer") konnten bei ihren teuflischen Schändlichkeiten in Mittel- und Südamerika als fromme Christen auftreten. Denn der Papst hatte für die Ausrottung der „Heiden" Generalvollmacht gegeben, obwohl es sich bei diesen „Heiden" um fried-

---

[1] Wir kennen die Tarnkappe (d. h. den unsichtbar machenden Mantel mit Kapuze) aus der Siegfriedsage. Sie ist die starke Waffe, die Siegfried dem Feinde entreißt. Aber er macht sich schuldig, als er sie selbst gebraucht; ein nordischer Held darf sich nicht solcher Waffen bedienen.

[2] Alfred Miller, „Völkerentartung unter dem Kreuz", S. 66.

liche, harmlose, duldsame Leute handelte. Zur höheren Ehre Gottes und im Namen Jesu Christi wurden so entsetzliche Grausamkeiten und Verbrechen verübt, wie sie von den wildesten „Heiden" niemals ersonnen sind. Und die christlichen Priester, die seit 1524 den heidnischen Indianern das Evangelium brachten, verdienten zum größten Teil wegen ihrer Schandtaten nicht den Namen „Christen".

In diese Zeit fiel die Gründung des Jesuitenordens. Ignatius und seine Freunde hatten von der Bedeutung der kirchlichen Vorgänge in Deutschland noch keine Ahnung. Ihre eifrige Missionstätigkeit wandte sich anfangs den „Heiden", erst später den „Ketzern" zu. Ihr Ziel war die absolute Papstherrschaft über alle Kreaturen.

1.

Die Missionstätigkeit bei den Heiden.

Auch die jesuitischen Missionare des 16. Jahrhunderts waren Abenteurer, freilich anderer Art als die Konquistadores. In dem Buch von Fülöp-Miller „Macht und Geheimnis der Jesuiten" trägt ein langer Abschnitt (S. 249—371) die Überschrift „Hinter 1000 Masken". Darin werden mit einem gewissen Behagen (jedenfalls nicht mit strenger Verurteilung) die zahlreichen listigen Streiche erzählt, mit denen die Jesuiten die päpstliche Universalherrschaft auch in den neuentdeckten Ländern zu erreichen suchten. Es war die gepriesene Blütezeit der katholischen Mission, wo „mit heiliger List" das Christentum ausgebreitet wurde. Dabei taten sich in Indien, China, Japan die Jesuiten Xavier und Ricci hervor. Wir lesen: „Xavier hatte gelernt, wie oft man, um ein frommes Ziel zu erreichen, mit heiliger List vorgehen müsse"; er war „ein fröhlicher Zechkumpan" in den verrufenen Matrosenschenken. In dem Buche von Fülöp-Miller tragen einzelne Kapitel folgende Überschriften: „Kaufmann mit dem Kaufmann", „Soldat mit dem Soldaten"; „Jesuiten als Brahmanen und Yogis"; „die Patres als Strategen"; „Bekehrung mit Uhr und Kalender"; „der Orden der Gärtner und Schnellmaler"; „Triumph der Springbrunnen und mechanischen Löwen"; „das Apostolat der Fischangeln." Wir erfahren, mit welcher Vorsicht und Verstellungskunst die Jesuiten in China auftraten, „damit die Tür, die der Herrgott nach China geöffnet hat, nicht wieder zugeschlagen werde". — Über S. 340 steht: „Jesuiten als Indianerhäuptlinge."

Ihre Geschmeidigkeit zeigte sich auch in dem geschickten Spiel mit verteilten Rollen: In Indien „vermied der eine Pater als Brahmane streng jeden Umgang mit den unteren Klassen, während der andere als Yogi gerade die Parias bekehrte".

Äußerlich Riesenerfolge der Jesuitenmission! aber keine innere Aneignung der Religion Jesu! Alles, was in Ostasien erreicht war, brach wie ein Kartenhaus zusammen, zum Teil schon im 16. Jahrhundert; besonders weil man im Christentum den Vorboten fremder Herrschaft erkannte.

2.
Die Missionstätigkeit der Jesuiten bei den Ketzern.

Die gleichen Bekehrungsmethoden sehen wir den „Ketzern", wie den „Heiden" gegenüber: teils blutige Gewalt, teils „heilige List". Wir lesen von der „Komödie der Verkleidungen". In Schweden wirkte der Jesuit Nikolai als protestantischer Theologieprofessor. Nach England kamen sie auf allen möglichen Schleichwegen: Der Jesuit Prescott „wußte trotz aller strengen Verbote und Überwachungsmaßregeln die Söhne englischer Katholiken nach dem Kontinent zu schmuggeln, wo sie dann in den eigens für diesen Zweck gegründeten Kollegien von Rom, Mailand, Sevilla, Lissabon, Douay, Reims und St. Omer zu Priestern ausgebildet wurden. Auf solche Art sorgten die Jesuiten für einen ständigen Nachwuchs englischer Kleriker, die dann in ihre Heimat zurückkehrten und dort den Widerstand der katholischen Bevölkerung gegen das anglikanische Regime weiter schürten". Auch Polen schien im 16. Jahrhundert für Rom verloren zu sein. Nach dem Aussterben der Jagellonen (1572) folgte eine lange Zeit der Thronwirren. Damals kam als päpstlicher Abgesandter der Jesuit Possevino. Er verstand es meisterhaft, sich der äußeren Lebensweise des Königs Stefan Bathory anzupassen: „Niemand bei Hofe war so einfach gekleidet wie Possevino; niemand wußte so wie er die Vorzüge von Ochsenfleisch und Knoblauch zu würdigen; niemand konnte auch mit so ungezwungener Natürlichkeit den König beim Arm nehmen und mit sich fortziehen, wie der päpstliche Unterhändler. Bald verstand sich der König aufs trefflichste mit Possevino." — Demselben Jesuiten gelang es, am russischen Hofe Einfluß zu gewinnen. Mit polnischer Hilfe bemächtigte sich 1605 der falsche Demetrius des russischen Thrones; er schwor feierlich den orthodoxen Glauben ab, und die Jesuiten hielten ihren Einzug in Moskau. Demetrius wurde gestürzt und die Hoffnungen der Jesuiten vereitelt.

Daneben setzten sie ihre Tätigkeit als Professorenorden eifrig fort. Dabei hielten sie einerseits starr an den mittelalterlichen Forderungen der Katholizität der Politik und der Katholizität des Denkens fest, an der Verwirklichung der päpstlichen Universalmonarchie, anderseits öffneten sie den weltlichen Freuden weit die Tore. Ihre Theatervorstellungen fanden großen Zulauf; die Jesuiten haben zur Entwicklung der Opern- und Regiekunst wesentlich beigetragen.

Unsere Zentrumsleute des 19. und 20. Jahrhunderts waren gelehrige Schüler der Jesuiten: einerseits starrstes Festhalten an dem einen Ziel, an der vom Papst geleiteten einheitlichen Menschheit, anderseits größte Wandelbarkeit und Anpassungsfähigkeit! Nach Bismarcks Sturz (1890) wurden plötzlich aus den Reichsfeinden die kaisertreuesten Reichsfreunde, und denselben Kaiser Wilhelm II., den sie umschmeichelt hatten, verleumdeten sie später als Katholikenfeind. — Größten Gewinn brachte jahrzehntelang dem Zentrum seine Schlüsselstellung; es rechnete sich stolz zu den „bürgerlichen" Parteien, ging aber in den wichtigsten Lebensfragen unseres Volkes Arm in Arm mit den „Roten"; das hinderte die frommen Leute nicht, sich „als den stärksten Damm gegen die rote Flut" zu preisen. Als größter Verwandlungskünstler zeigte sich Erzberger.

II.
Die Lügen-Demokratie[1].
(Hinter 1000 Masken.)
Der größte Rollentausch der Weltgeschichte.

Wohl hat die laut gepriesene „Aufklärung" des 18. Jahrhunderts viel Segen gebracht, aber noch mehr Fluch[2]).

Im 17. und besonders 18. Jahrhundert vollzog sich eine große **Macht- und Kulturverschiebung**: wirtschaftlich und politisch traten die welschkatholischen Länder hinter Holland, England, Brandenburg-Preußen zurück; zugleich mit der Macht ging auch die Hegemonie der Kultur auf diese germanisch-protestantischen Länder über. In ihnen entwickelte sich eine von Kirche und Konfession unabhängige Wissenschaft, welche die theologischen Fesseln abstreifte. Allein mit der Macht des Menschenverstandes, des logischen Denkens wollte man alle Dinge ergründen und bestimmen, was „natürlich" und „vernünftig" sei. Gewaltig waren die Fortschritte der auf Erfahrung und Experiment sich gründenden Naturwissenschaften.

Dieser Geist drang nun erobernd in die romanisch-katholischen Länder ein, in denen das quälende Gefühl der Rückständigkeit immer mehr wuchs. **Die Wirkungen waren ungeheuer.** Für den deutschen Geschichtschreiber besteht die Hauptaufgabe darin, auf den **Unterschied der weiteren Entwicklung** hinzuweisen, d. h. auf die große **Scheidung der Geister** zwischen Potsdam und Weimar einerseits, Paris anderseits. Während unsere deutschen Dichter und Denker die **Religion** retteten aus kirchlicher Gebundenheit und während Friedrich II. der Große den **monarchischen Gedanken** rettete aus der Entartung, führte in Frankreich der Kampf gegen die Kirche zur Abkehr von der christlichen Religion und der Kampf gegen die Fehler der absoluten Monarchie zur Abschaffung des alten Adels. Man pries laut die neuen Errungenschaften und großen „Fortschritte"; aber, bei Licht besehen, war das Endergebnis der größte Rollentausch der Weltgeschichte:

statt Gottesstaat (Theokratie) der **Volksstaat** (Demokratie),
statt Gott **Natur und Vernunft**,
statt des Geburtsadels der **Geldadel**,
statt erblicher Monarchie das **demokratische Kaisertum**,
statt Rom **Juda**,
statt des Jesuitenordens der **Freimaurerorden**.

Die Hauptsache blieb: nämlich der Menschheitswahn und die alleinseligmachende Rechtgläubigkeit; was die „Aufklärung" lehrte, beanspruchte ebenso die Geltung eines unumstößlichen Dogmas, wie das, was früher die Kirche gelehrt hatte. Für die neuen politischen Glaubensgrundsätze wurde mit derselben Unduldsamkeit gekämpft und Eroberungskriege unternommen, wie

---

[1]) Als die zwei größten Lügen der Weltgeschichte erscheinen mir:
    die **Priesterherrschaft**, welche die Maske Gottes trägt, und
    die **Geldherrschaft** mit der Maske der Demokratie.
Gemeinsam ist beiden der Menschheitswahn.
[2]) Vgl. meine „Angewandte Kirchengeschichte", 3. Aufl., S. 285 ff.

ehemals für die Ausbreitung des Christentums bzw. der „rechtgläubigen" Kirche. Vor allem aber verband sich mit dieser „Aufklärung" eine neue Herrschaft der Lüge.

Geschichtliche Übersicht.

1.

In England siegte im 17. Jahrhundert die Parlamentsherrschaft:

1642—1649 die erste Revolution,
1649 die Hinrichtung Karls I.
1649—1660 Republik.
1688/89 Absetzung Jakobs II.

Gleichzeitig entwickelte sich in Frankreich und in Brandenburg-Preußen der monarchische Absolutismus.

2.

1775—1783 der Unabhängigkeitskrieg der Vereinigten Staaten von Nordamerika.

3.

Frankreich.

Entartung des absoluten Königtums der Bourbonen im 18. Jahrhundert.

1789 Beginn der französischen Revolution:

1799 (1804)—1815 Scheindemokratie unter Napoleon I.

Preußen.

Aufstieg der Hohenzollern im 18. Jahrhundert:

Friedrich Wilhelm I. 1713—1740.
Friedrich II. der Große 1740—1786.
Erneuerung Preußens nach 1807.

Anteil Preußens an dem Freiheitskrieg 1813—1815.

4.

Der Siegeslauf des demokratischen Gedankens.

1810—1825 Entstehung von 16 demokratischen Republiken in Süd- und Mittelamerika.

Um 1820 Revolutionen in Spanien, Portugal und Italien.

In Frankreich 1830 und 1848 Revolutionen, seit 1870 Republik.

Seit 1830 erhielten die neuen Balkanstaaten überdemokratische Verfassungen.

Japan, Rußland, Türkei, Persien konnten sich dem demokratischen Zuge der Zeit nicht entziehen.

1917 Revolution in Rußland.

Preußen — Deutsches Reich.

Wir unterscheiden seit 1815 vier Perioden:

1. 1815—1858/62 Preußen wurde sich selber untreu.
2. 1858/62—1890 Zeitalter Wilhelms I. und Bismarcks, siegreicher Kampf gegen die Demokratie.
3. Seit 1890 Nachgiebigkeit gegen den demokratischen Gedanken bis zum Zusammenbruch und den 14 Jahren der Schmach.
4. Hitler befreite uns 1933 von der Parlamentsherrschaft.

A
Geschichte der neuzeitlichen Demokratie.
1. Bis 1815.

1.

Mit Unrecht rühmen sich die **Engländer** ihrer politischen Freiheit, als deren Beginn sie die Magna Charta des Jahres 1215 preisen. In Wirklichkeit waren die Verfassungsverhältnisse Englands bis ins 17. Jahrhundert nicht wesentlich anders als die in den Festlandsstaaten: hier und dort eine ständisch beschränkte Monarchie. Erst im 17. Jahrhundert führten die langen Kämpfe zwischen Monarchie und Ständen zu verschiedenen Ergebnissen:

Im Deutschen Reich und Polen ging die Zentralgewalt verloren;

in Frankreich und in Brandenburg-Preußen entwickelte sich der fürstliche Absolutismus;

in England endete das Ringen mit dem Sieg der Stände.

In England hat sich während des 17. Jahrhunderts das ausgebildet, was später mit Unrecht als das höchste gefeiert und auch bei uns von den Demokraten heiß erstrebt wurde: die Parlamentsherrschaft. Die ganze Zeit, wo die Stuarts auf dem Thron saßen, 1603—1688, war erfüllt von Kämpfen zwischen Königtum und Parlament: beide strebten nach möglichster Selbständigkeit und Unabhängigkeit; beide beriefen sich auf ihr „Recht". Es ist keine leichte Aufgabe, festzustellen, wo Wahrheit und Frömmigkeit, wo Heuchelei und Pharisäertum vorwiegen[1]). Jedenfalls dürfen wir behaupten, daß die beiden Revolutionen des 17. Jahrhunderts keineswegs „Freiheit und Gleichheit und demokratische Zustände" gebracht haben.

1642—1649 war die erste Revolution. Als die Führer des siegreichen Revolutionsheeres die Macht an sich rissen, sprachen sie, vom Alten Testament stark beeinflußt, den Grundsatz aus, daß alle Souveränität im Volke ruhe und vom Volke ausgehe; dem „göttlichen Rechte des Königtums" stellten sie „die Volkssouveränität" gegenüber. Am 30. 1. 1649

---

[1]) Besonders lebhaft ist bis heute noch der Streit um den bedeutendsten Mann des 17. Jahrhunderts, Olliver Cromwell. Die einen sprechen von der „religiösen Kraft und Sicherheit" dieses glaubensstarken, tapferen Mannes, von seinem „in sich geschlossenen Charakter"; den anderen erscheint seine Frömmigkeit als Maske für einen unbezähmbaren Ehrgeiz; sie sprechen von „Verstellung, List, Verschlagenheit", „demutloser Selbstgewißheit", „geistlichem Hochmut", „religiösem Größenwahn".

Cromwell spielt in der Geschichte der Toleranz eine wichtige Rolle, weil er, seiner Zeit weit vorauseilend, eine allgemeine Glaubens- und Gewissensfreiheit durchsetzte. Aber die katholische Kirche nahm er aus; denn in ihr sah er mit Recht eine konkurrierende politische Macht, die unter einem auswärtigen Oberhaupte steht. Übrigens erfuhren die einzelnen Katholiken trotzdem eine viel größere Duldung, als umgekehrt den Protestanten in irgend einem katholischen Lande gewährt wurde.

wurde, nach einem eigentümlichen Rechtsverfahren, der König Karl I. als Tyrann, Verräter, öffentlicher Feind des Gemeinwesens hingerichtet. 1649—1660 bildeten die Vereinigten Reiche England, Schottland, Irland eine Republik. Als 1660 die Stuarts wieder auf den Thron gekommen waren, begannen nach kurzer Zeit die Kämpfe zwischen Königtum und Parlament von neuem. Das Ringen führte zur zweiten Revolution (1688/89) und endete mit der Absetzung der Stuarts; Jakobs II. Schwiegersohn, Wilhelm III. von Oranien, wurde auf den englischen Thron berufen. Seitdem besteht in England die Parlamentsherrschaft mit dem König als erblichem Präsidenten.

Bedeutete dies einen Sieg des demokratischen Gedankens? Keineswegs. Es wird zu wenig beachtet, wie verschieden der Ausgang der ersten und zweiten Revolution war. Im Jahre 1649 hatten die unteren Klassen des Mittelstandes und Kleinbürgertums den Vorteil auf Kosten des Parlaments; dagegen 1688/89 nahm das Parlament nicht nur dem Königtum die Herrschaft aus der Hand, sondern brach auch den Einfluß der niederen Volksschichten. Dieses Parlament war bis ins 19. Jahrhundert (ja bis heute) keineswegs eine „Volksherrschaft", sondern die Herrschaft von zwei streitenden Adelsparteien. Wohl kann man es für eine gesunde Entwicklung halten, daß die jüngeren Söhne der Adelsfamilien im Bürgertum aufgingen und sich den bürgerlichen Erwerbstätigkeiten zuwandten; dadurch wurden die Klassenunterschiede gemildert, weil oft der hohe Lord mit dem Großindustriellen oder Kaufmann aufs engste verwandt war. Aber zugleich wurde dadurch eine Entwicklung erleichtert, die der altrömischen Geschichte, wie sie seit 200 v. Chr. verlief, verblüffend ähnlich ist. Damals trat in Rom an die Stelle des alten arischen Geburtsadels die „Nobilität", d. h. der regierende Geld- und Advokatenadel. Ebenso wurde der englische Adel, stark beeinflußt und vermischt mit jüdischem Blute, immer mehr zu einem gerissenen Geld-, Geschäfts- und Handelsadel, der seine Handels- und Geschäftskriege vom Klubsessel aus führte.

Bei der „großen Revolution" (1688/89) feierten pharisäisches Advokatentum und Rabulistik wahre Orgien. Es wurde „wissenschaftlich bewiesen", daß man durchaus auf dem Boden des „Rechts" stehe. Die verschiedensten Staatstheorien wurden erörtert, Reden gehalten, Bücher geschrieben, und schließlich wußte man es: Die Stuarts hatten den zwischen König und Volk geschlossenen „Urvertrag" gebrochen und dadurch den Anspruch auf die Krone verwirkt. Der „Vertragstheorie" verdankten 1689 der Oranier Wilhelm III., seit 1714 das Haus Hannover und jetzt das Haus Koburg den englischen Thron.

Und seit 1689 flog von England aus die sogenannte „Aufklärung" über die Länder: die Lehre von einem irgendwo in den Sternen geschriebenen Naturrecht, von dem Urvertrag und der Volkssouveränität.

Als den vollendetsten Ausdruck des englischen Freiheitsideals bezeichnete im 18. Jahrhundert ein Engländer die Worte Corneilles: „Freiheit bedeutet gar nichts, wenn alle Menschen frei sind; herrlich aber ist es, selber frei zu sein und zuzusehen, wie die ganze Menschheit unter dem Joche seufzt und in Ketten stöhnt."

2.

Auf die **Vertragstheorie** und den **Urvertrag** beriefen sich die englischen Kolonien in **Nordamerika**, als sie am 4. 7. 1776 sich von ihrem Mutterlande lösten. Von 1775—1783 war der als Kanonenschlag der Weltgeschichte gepriesene Unabhängigkeitskrieg, wo die Amerikaner sich als Helden wenig, um so mehr aber als schlaue Händler und smarte Geschäftsleute bewährten. Sie verstanden es, durch „**die Erklärung der Menschenrechte**" einen gewaltigen Jubel in Europa zu entfesseln; berauscht jauchzten die Menschen dem Biedermann Franklin zu und ergriffen freudig die Waffen, um für die Menschheitsgedanken zu kämpfen. Schmunzelnd ließen die Amerikaner andere ihr Blut und ihr Geld opfern; sie selbst machten gute Geschäfte; aber die Schuldenlast, die Frankreich für seine selbstlose Befreierrolle zu tragen hatte, war eine Hauptursache mit für den bald folgenden Umsturz. Zu den „Menschenrechten" zählten die Amerikaner, außer Freiheit und Gleichheit, das „Recht", eine unzuverlässige Regierung abzuändern.

Welche Lüge! Man erklärte, daß alle Menschen gleich geschaffen und von ihrem Schöpfer mit unveräußerlichen Rechten ausgestattet seien; aber man hütete sich, die Folgerungen für die Negersklaven zu ziehen!

3.

Wichtiger als alles andere war das Eindringen der sogenannten „**Aufklärung**" in die welschen Länder, namentlich in **Frankreich**. Hier entwickelte sich in den gebildeten Kreisen eine **Anglomanie**, d. h. eine übertriebene Bewunderung der englischen Einrichtungen, die man als vorbildlich pries. Dabei begegnete es den phrasenliebenden Franzosen, daß sie ein **Trugbild** verehrten, nämlich nicht das wirkliche England, sondern eine idealisierte englische Verfassung, die es gar nicht gab. Noch schlimmer war, daß sie in der Hauptsache von den Engländern abwichen; denn ganz unenglisch war ihr **geschichtsloses Denken**, das sich vermaß, abstrakte Theorien verwirklichen zu können, ohne Rücksicht auf die geschichtlich gewordenen Verhältnisse. Frankreich wurde das Musterland des **Doktrinarismus**, d. h. des verhängnisvollen Wahns, der Menschenverstand könne mit seinem logischen, mechanischen Denken den „besten" Staat, die „beste" Kirche, die „besten" wirtschaftlichen und sozialen Einrichtungen aufbauen, die für alle Zeiten, Länder und Völker gelten müßten.

Welche Verwirrung der Geister haben Voltaire und Montesquieu, d'Argenson, Quesnay und Gournay mit ihren Schriften hervorgerufen, weit über die Grenzen Frankreichs hinaus[1]! Sie wollten auf allen Ge-

---

[1] **Wahl** weist in seiner vortrefflichen „Vorgeschichte der französischen Revolution" mit Recht darauf hin, daß der Historiker feststellen müsse, welche Bestandteile der Auf-

bieten die Natur und Vernunft zur Herrschaft bringen, wollten in Staat und Kirche, im Wirtschafts- und sozialen Leben, in Wissenschaft, Schule und Kunst Zustände herbeiführen, die **natur- und vernunftgemäß** seien. Und **Rousseau** lief mit seinen Schriften über die Erziehung und über die Vertragstheorie Sturm gegen alle Kultur; „Rückkehr zur Natur" war sein Schlachtruf.

Als dann 1789 die französische Nationalversammlung anfing, jene Theorien in die Wirklichkeit zu übertragen; als man „die Freiheit, Gleichheit, Brüderlichkeit" verkündete, die „allgemeinen Menschenrechte" festsetzte, die Vorrechte des Adels aufhob, die **Volkssouveränität** ausrief und nach den gleißnerischen Traumbildern der Aufklärung eine **Staatsverfassung auf demokratischer Grundlage** zu schaffen sich anschickte: da jubelten auch in unserem deutschen Vaterlande die edelsten Denker und Dichter. Aber schon bald wandten sie sich mit Entsetzen ab, weil sich **unter der Fahne der Demokratie eine Lügen- und Gewaltherrschaft** in Frankreich entwickelte, die grausamer, tyrannischer und despotischer war als alles, was jemals absolute Könige verbrochen haben.

Trotz aller Greuel und Schande werden die Franzosen bis heute nicht müde, ihre Revolution von 1789 ff. zu feiern. Besonders stolz sind sie auf die **Erstürmung der Bastille**, und der 14. Juli ist noch immer ihr höchster **Volksfesttag. Sie sollten sich schämen.** Denn am 14. Juli 1789 fand man in der Bastille keineswegs die Opfer der **königlichen Willkür**, wovon man so laut dem Volke vorgelogen hatte; dagegen begannen gerade an jenem Tage die Ausschreitungen des **demokratischen Despotismus**. Der „souveräne" Pöbel hatte der geringen Besatzung, die mit äußerster Schonung und Langmut die Bastille verteidigte, versprochen, daß niemandem ein Leid zugefügt werden sollte. Das Versprechen wurde nicht gehalten, sondern die Wehrlosen niedergemacht und die Köpfe der Erschlagenen wie Beutestücke auf Piken umhergetragen. Die Menschenschlächterei des „souveränen" Pöbels steigerte sich bis zum Jahre 1794.

Wie willkürlich ist die **Geschichte gefälscht**, um das „alte System" für die gewaltsame und greuelvolle Explosion verantwortlich zu machen! Von damals bis heute geben, unter dem Einfluß der liberalen und demokratischen Wahnvorstellungen, die landläufigen Geschichtsbücher **Zerrbilder** über die Zustände **vor** der französischen Revolution, **Zerrbilder**

über den Absolutismus und die Persönlichkeit Ludwigs XV. und XVI.,
über die Besteuerungsverhältnisse und „die ungeheure Schuldenlast",
über die Feudallasten und das sogenannte Adelsregiment,
über die angebliche Entrechtung des Bürgerstandes.

Wahl[1]) stellt in seiner „Vorgeschichte der französischen Revolution" fest, daß seit 1750 ein **allgemeiner Aufschwung** in Landwirtschaft, Industrie,

---

klärungsliteratur wirkten und der „öffentlichen Meinung" einverleibt wurden. Er kommt zu dem Ergebnis, daß das Beste, das Positive wirkungslos blieb, daß aber die Kritik und das Negative gierig aufgenommen wurden.

[1]) Das Werk von Wahl, dem ich in meinen Ausführungen folge, ist nicht etwa unter dem Eindruck der Ereignisse von 1918 geschrieben, sondern bereits 1905 veröffentlicht.

Handel, Bevölkerungszahl einsetzte; daß die königliche Regierung sich fortwährend bemühte, was in ihren Kräften stand, an **Verbesserungen** durchzuführen; daß die Revolution keineswegs „unvermeidlich" war; daß dagegen das **Parlament** alle Reformen, die segensreich waren, vereitelte, weil es damit ein Kampfmittel gegen die Monarchie aus der Hand gegeben hätte (S. 150, 183). Der **Bürgerstand** der Städte, der am lautesten über „Entrechtung" klagte, hatte die größte Macht, und die Industriellen, die Kaufleute, besonders die allmächtigen Geldleute, waren keineswegs schwer belastet; ihre Steuerprivilegien waren denen der beiden ersten Stände mindestens gleich. Adel und Klerus verzichteten auf ihre Privilegien und waren 1789 bereit, die „ungeheuere Schuldenlast" auf sich zu nehmen.

Ludwigs XVI. **Schuld** bestand darin, daß er sein eigenes Recht und Interesse nicht genügend wahrte; daß er dem Machtstreben der Parlamente nicht entgegentrat; daß er auf die „öffentliche Meinung" hörte, die von pflichtvergessenen Volksverführern geschürt wurde; daß er leichtgläubig seinen „aufgeklärten" Ratgebern folgte, die ihm immer wieder vorredeten: „das Vertrauen zum Volk, die Erfüllung aller seiner politischen Wünsche werde die dankbare Liebe des Volkes wecken und den Thron fest in diesem Grunde verankern". Währenddessen wurde die sinnlose Wut des „dankbaren" Volkes immer wieder aufgepeitscht. Wie reich waren die Jahre 1787/88 an wichtigsten Reformen! wie stark hätte die Monarchie Ende 1788 dastehen müssen, wenn es wahr wäre, daß eine Regierung durch Wohltaten, durch Gewährung ersehnter Reformen, durch Berufung der Lieblinge der öffentlichen Meinung in ihre Nähe ihre Stellung zu stärken pflege und auch wildem Aufruhr Einhalt gebiete!

Im Winter 1788/89 setzte eine **künstlich gemachte**, ungerechtfertigte Erregung ein, die allmählich zur Verrücktheit gesteigert wurde: der Kampf des dritten Standes gegen die zwei ersten Stände. Am erfolgreichsten wirkte die **Lügenschrift von Sieyès**: „Was ist der dritte Stand?" Auf die drei Fragen: „Was ist der dritte Stand? was war er bisher im staatlichen Leben? was verlangt er?" gab er die drei Antworten: „Der dritte Stand ist **alles**; er ist bisher **nichts** gewesen; er verlangt, **etwas** zu werden." Das waren **dreiste Lügen**; die drei Antworten hätten, wie ein geistreicher Franzose ausführt, lauten müssen: „Der dritte Stand ist **nicht** alles; er ist **nicht** bisher nichts gewesen; er verlangt **nicht** etwas, sondern alles zu werden." Also genau das Gegenteil!

Fürwahr, nicht durch seinen Despotismus, sondern durch fortwährendes, schwächliches und schimpfliches Zurückweichen vor den Wünschen der sogenannten „öffentlichen Meinung" haben Ludwig XVI. und seine Regierung das Unheil herbeigeführt. Durch eigene Schuld verloren sie alle Autorität; ohne den geringsten Versuch der Gegenwehr zu machen, ließen sie sich von allen Seiten öffentlich verlästern und verhöhnen, so sehr, daß das gegenseitige Überbieten in unwahren und wahnwitzigen Beschuldigungen gegen die Monarchie unter einer Gruppe von Publizisten fast zum Sport wurde.

Wir haben in der französischen Geschichte des ausgehenden 18. Jahrhunderts das Schauspiel eines schrankenlosen **Über-Individualismus**, der nach außen und nach innen aggressiv auftrat. Da gab es keine Spur von sozialer Gesinnung; jeder dachte nur an sich:

„Freiheit, Gleichheit, Brüderlichkeit?" die verlange ich für mich.

„Duldung?" die besteht darin, daß jetzt alle Feinde des Christentums das große Wort führen dürfen.

In Wahrheit gab es nichts Unduldsameres, als jene Schwarmgeister der „Aufklärung". Zu keiner Zeit haben **kirchliche** Dogmen schlimmere Geistesknechtschaft und blutigere Verfolgungen herbeigeführt als jene **politische** Dogmen.

Allmählich wurde alles genau in sein Gegenteil verwandelt. Mit einer Handvoll Soldaten stürzte Napoleon 1799 das Kartenhaus der Maulhelden zusammen. „Fort mit den Schwätzern!" „Helfen Sie mir, Frankreich von den **Advokaten** befreien!" soll er einem General zugerufen haben. Seitdem regierte Napoleon unumschränkter als je ein König. Aber **ein Unterschied bestand**: früher bekannte man sich offen zum Absolutismus, und Ludwig XIV. prägte das stolze Wort l'Etat c'est moi. Jetzt **herrschte die Lüge**; die Monarchie trug die **Maske der Demokratie**. Wie sich zur Zeit Jesu das Kaisertum des Augustus auf eine **Scheindemokratie** gründete, so durfte auch Napoleon nicht „König" heißen, sondern „Erster Konsul", später „Kaiser". Und dann wurden noch ein halbes Menschenalter hindurch die blutigsten Kriege geführt.

Worin bestand nun der **große Segen**, den wir jener furchtbaren Zeit verdanken sollen? Man hat Napoleon I. eine „Gottesgeißel" genannt, und in der Tat gibt es keine treffendere Bezeichnung. Seine Verdienste sind negativer Art; denn die französische Revolution und Napoleons I. Despotie haben mit zahlreichen verrotteten Überresten des Mittelalters aufgeräumt, haben morsche Mauern eingestürzt und Schutt beseitigt. So wurde in Mitteleuropa die Möglichkeit eines gesunden Neubaus geschaffen. **Aber** größer als aller Segen war der entsetzliche Fluch, den jene Zeit gebracht hat. Wie eine ansteckende, epidemische Krankheit rast seit 1789 der demokratische Gedanke durch Europa, durch die ganze Welt; Gute und Böse, Gesunde und Ungesunde werden von der Pest ergriffen. Furchtbar ist dabei der **Aderlaß für das Germanentum**; denn, wie Zimmer in der Zeitschrift für keltische Philologie 1913 richtig bemerkte, „die Demokratie ist eine Zurückdrängung der reineren Edelrasse, ein Hervortreten der nichtarischen Urbevölkerung". Die Demokratie ist ein Kind des orientalisierten Welschtums und fast immer gleichbedeutend mit dem Untergang der germanisch-deutschen Herrenschicht[1]).

Die unausrottbare Lüge von dem „rückständigen" Preußen.

I. Die besten Männer der französischen Aufklärung haben es bezeugt, daß in dem Preußen Friedrichs des Großen **alles bereits vorhanden war**, was sie für Frankreich heiß ersehnten[2]). Hier herrschte Duldung; alle Untertanen erfreuten sich der größten Freiheit des Denkens, der Religion und der Presse. Hier gab es einen Rechtsschutz für Leben, Ehre und Eigentum der Menschen, wie er nirgends in der Welt größer gefunden werden

---

[1]) Schon der Abbé Sieyès sprach 1788/89 seinen Haß gegen **die germanische Herrenschicht in Frankreich** aus.

[2]) Für die absoluten Hohenzollern von 1640—1786 war **Fortschritt** Lebensprinzip.

konnte, auch nicht in dem „freien" England. Hier hatte der Merkantilismus nicht zu einer Vernachlässigung der Landwirtschaft geführt; im Gegenteil, der Bauernstand wurde gehoben, und Friedrich II. hat eine Riesenarbeit in der Landeskultur geleistet. Hier gab es eine vernünftige Verwaltung, geordnetes Finanzwesen, einen allgemeinen Volksschulzwang.

Dabei brauchte Friedrich II. keineswegs umzustürzen oder in Gegensatz zu seinen Vorfahren zu treten; sondern er baute nur aus, was der Große Kurfürst und sein Vater Friedrich Wilhelm I. begonnen hatten. Er war ein Mann der Tat; seine Philosophie machte ihn nicht zu einem geschichtslosen Doktrinär, sondern führte ihn auf dieselben Bahnen, die seine Vorfahren aus frommem Pflichtgefühl gewandelt waren. Der französische Graf M i r a b e a u richtete unmittelbar nach dem Tode Friedrichs II. folgende Worte an das deutsche Volk: „Bürger Deutschlands, betrachtet das Banner des Hauses Brandenburg a l s P a l l a d i u m e u r e r F r e i h e i t ! Schart euch um seine Macht, stützt es, fördert sein rechtmäßiges Wachstum! . . . D a s G l ü c k D e u t s c h l a n d s h ä n g t d a v o n a b!"

2. Aber unter den Nachfolgern Friedrichs des Großen wurde der preußische Staat sich selber untreu, geriet auf einen falschen Strang, und die Folge war der Zusammenbruch 1806/07.

3. Dann kam eine Erneuerung, Umwandlung und Erhebung, die einzigartig in der Geschichte dasteht. F r e i h e r r v o m und z u m S t e i n war der große Bahnbrecher und Reformator: den Willen f r e i e r M e n s c h e n hielt er für die stärkste Stütze des Throns.

Nach dem unglücklichen Frieden zu Tilsit (1807) wurde B e f r e i u n g und S e l b s t t ä t i g k e i t die Losung auf allen Gebieten: Selbsttätigkeit brachte Stein in die Verwaltung, Scharnhorst in das Heer, Humboldt in die Schule. Die im Jahre 1810 gegründete Universität zu Berlin wurde ein Sitz vollster Lehr-, Denk- und Forschungsfreiheit. In demselben Geiste wurde damals das Gymnasium umgestaltet, und die Erziehung zur Selbsttätigkeit drang auch in die Volksschule. Bei all diesen Maßnahmen brauchte man nicht, wie in Frankreich, mit der Vergangenheit zu brechen, sondern konnte anknüpfen an das, was die früheren großen Hohenzollern geschaffen hatten; nur das Morsche, Abgelebte, Unzeitgemäße mußte beseitigt werden. So trat eine Umkehrung aller Werte ein:

Preußen wurde das Land der Freiheit,

das Kaiserreich Napoleons I. das Land der Knechtschaft.

Man kann sich nicht genug wundern über die Fülle von mächtigen Charakteren, bedeutenden Persönlichkeiten, hellen Köpfen, die in dem halbzertrümmerten Preußen sich mit einem Male um den Thron scharten; über die zahlreichen Männer der Tat, der Feder und des Worts, welche allüberall das Volk aufrüttelten und auf den großen Tag der Befreiung vorbereiteten. Sie kamen aus allen Teilen Deutschlands und sammelten sich unter der schwarzweißen Fahne. Damals wurde ein fester Bund geschlossen z w i s c h e n P r e u ß e n t u m und D e u t s c h t u m, zwischen Potsdam und Weimar.

S o w u r d e d a s n i e d e r g e t r e t e n e, g e s c h w ä c h t e, a u s g e s o g e n e K ö n i g r e i c h P r e u ß e n d e r Ü b e r w i n d e r N a p o l e o n s I. Man kann kühn behaupten, daß der glückliche Ausgang der F r e i h e i t s k r i e g e (1813—1815) in allererster Linie dem Preußischen Staate zuzuschreiben ist. Die großen Siege sind wesentlich durch preußische Waffen erfochten, und das Hauptverdienst kommt dem preußischen Heerführer, dem ungestümen Marschall Vorwärts, dem Fürsten Blücher, zu.

4. Bald nach den Freiheitskriegen begannen die Lügen über das „reaktionäre" Preußen. Treitschke erzählt uns II, S. 99 ff., welch großen Einfluß Rottecks „Weltgeschichte" übte; er schreibt: „Rotteck lenkte die Blicke der Verstimmten wieder abendwärts. ‚Im Westen', rief er aus, ‚in der jugendlichen Neuen Welt, erbaut sich das natürliche, das vernünftige Recht sein erlesenes Reich'. Ebenso verführerisch erschien den Lesern die parteiisch gefärbte Darstellung der jüngsten Vergangenheit ... Rotteck sprach allen Liberalen des Südens aus der Seele, wenn er zuversichtlich behauptete, von sämtlichen europäischen Mächten hätten allein die beiden Verfassungsstaaten England und Spanien, wunderbar gestärkt durch die Kraft der konstitutionellen Freiheit, dem Napoleonischen Weltreich widerstanden ... Über den deutschen Befreiungskrieg kam bald eine noch wundersamere Erzählung in Umlauf: Die Hunderttausende seien, gelockt durch trügerische Hoffnungen, zu den Waffen geeilt! Die Unwahrheit dieser Behauptung ließ sich freilich schon aus dem Kalender nachweisen[1]) ... Die Leistungen der Landwehr wurden überschätzt ... Mit fanatischem Grimm wendet sich Rotteck gegen das preußische Wehrgesetz und erklärte, kaum ein Jahr, nachdem Linie und Landwehr bei Belle-Alliance so ruhmvoll zusammengewirkt, voll dreister Zuversicht: ‚Welcher Staat durch ein stehendes Heer stark sein will, derselbe tut Verzicht auf eine kräftige Landwehr.' Er schilderte das stehende Heer als Stütze des Despotismus ..."

Rückständig? Nicht Preußen, sondern Rotteck war rückständig, ein wissenschaftlicher Reaktionär, da die Grundgedanken seiner Theorie durchaus dem 18. Jahrhundert angehören. Und in Rottecks Bahnen wandelten bis in die neueste Zeit die deutschen Internationaldemokraten.

2. Seit 1815 [2]).

1.

Der Siegeszug des demokratischen Gedankens.

Wohl wollte man nach dem Sturze Napoleons von der französischen Revolution und ihren demokratischen Traumbildern nichts wissen, und es begann eine Reaktion. **Aber die wiederaufgerichteten Monarchien in Spanien, Portugal, Italien und Frankreich waren solche Zerrbilder,** daß bald neue Umwälzungen eintreten mußten. Seitdem kamen die welschen Länder nicht mehr zur Ruhe; zwischen Demokratie und Despotie, zwischen dem Fanatismus kirchlichen Glaubens und der Gottesleugnung ging es in krankhaften Zuckungen hin und her; Reaktion und Staatsstreich waren an der Tagesordnung. Aber das Gesamtergebnis war ein Wachstum des demokratischen Gedankens [3]).

Über alle fünf Erdteile erscholl der Ruf nach „Freiheit, Gleichheit,

---

[1]) Trotzdem waren solche Anschauungen noch 1847 allgemein verbreitet, und der junge Bismarck ist ihnen bei seinem ersten Schritt in die Politik entgegengetreten, am 17. 5. 1847 im vereinigten preußischen Landtag.

[2]) In den letzten Kriegsjahren habe ich in vielen Städten über den „Todeskampf des Preußentums" gesprochen; auch veröffentlichte ich eine Schrift „Preußentum und Demokratie" (1917). Daraus sind große Teile in dieses Buch übernommen.

[3]) Vergleiche die geschichtliche Übersicht auf S. 230.

Brüderlichkeit", nach „politischen Rechten", „Volksherrschaft", nach „Völkerverbrüderung". In alle Welt schrie man hinaus: „Es gibt nur zwei berechtigte Staatsformen: die demokratische Republik und das parlamentarische Königtum, die sich nur dadurch unterscheiden, daß hier ein erblicher, dort ein gewählter Präsident an der Spitze steht. In beiden Staaten geschieht, was das souveräne Volk durch seine gewählten Vertreter beschließt." Wenn diese Demokratie überall eingeführt sei, dann trete auch die internationale Völkerverbrüderung und der allgemeine Weltfriede ein.

Welche Wirkungen hatte der demokratische Gedanke in Preußen und in Deutschland? Wir beobachten seit 1814/15 zwei entgegengesetzte Strömungen, die miteinander ringen:

> auf der einen Seite der nationale, monarchische, christlich-soziale Gedanke;
>
> auf der anderen Seite alle mit der Welschdemokratie verbündeten internationalen und undeutschen Kräfte.

Dabei wurde zweierlei verhängnisvoll, das gewissermaßen den Auftakt für unsere neueste Geschichte bildet:

> die Judenemanzipation 1812,
> die Rückkehr der Jesuiten 1814.

1. Nach den glorreichen Freiheitskriegen, nach 1815, wurde der Preußische Staat sich abermals untreu. Die nationalen Wünsche der Freiheitshelden blieben unerfüllt; ja, der Geist der Freiheitskriege galt als ein Verbrechen; man vergaß, daß der Staat Macht ist, und vernachlässigte das Heerwesen[1]). Die Siedelungstätigkeit im Osten wurde nicht fortgesetzt, der feste Bund zwischen dem Preußischen Staate und dem deutschen Volkstum preisgegeben. Dadurch entstand eine beklagenswerte Entfremdung zwischen Preußen und dem übrigen Deutschland, besonders zwischen dem Norden und dem Südwesten. Es gelang den österreichischen Staatskanzlern Metternich und später Schwarzenberg, Jahrzehnte hindurch den Preußischen Staat an den Wagen Habsburgischer Politik zu spannen. Es ist kein Ruhmesblatt der Preußischen Geschichte, daß die Regierung sich dazu verleiten ließ, die Deutschesten der Deutschen als Revolutionäre und Demagogen zu verfolgen, z. B. Ernst Moritz Arndt.

Zweimal wurden die ruhseligen deutschen Regierungen durch laute demokratische Fanfaren aufgeschreckt: durch die Pariser Juli- und Februar-Revolutionen der Jahre 1830 und 1848. Ihre Wirkungen auf Deutschland können als Schulbeispiel dienen für unsere Michelei und die listige Schlauheit der Deutschfeinde.

Die Juli-Revolution 1830 brachte einen schweren Verlust für unser deutsches Volkstum: Belgien. Dabei ließen wir „dummen" Deutschen uns durch die liberalen und demokratischen Phrasen des Westens so betören, daß wir jauchzend an unserer eigenen Schädigung mitwirkten. Die belgische Revolution von 1830 war, unter der Maske der Freiheit, ein Werk der beutehungrigen und ländergierigen Franzosen. Sie wurde unmittelbar von Franzosen mit französischem Gelde gemacht, und als, infolge englischen Ein-

---

[1]) Darin bestand die beklagenswerte „Reaktion", nicht in der Vernachlässigung des liberal-demokratischen Gedankens.

spruchs, die Eroberung auf direktem Wege nicht gelang, sollte sie auf indirektem Wege erfolgen. Es begann eine gewaltsame, allen Gesetzen hohnsprechende Französierung des Landes, wobei Kirche und Schule, Heerwesen und Verwaltung zusammenwirkten. Auch war folgende Tatsache von Bedeutung: Als die Throne zu wanken anfingen, stellte der französische Priester Lamenais das Programm auf, daß die **universale päpstliche Weltkirche (der Ultramontanismus) sich mit der Demokratie verbünden müsse.** Er begann sich auf die Massen zu stützen und appellierte an die **Volkssouveränität**; seitdem ist die früher so verabscheute „Freiheit" ein Lieblingswort der Ultramontanen geworden; sie fordern

> **Freiheit der Kirche, Glaubens= und Religionsfreiheit,**
> **Vereins=, Versammlungs=, Preß= Freiheit,**
> **Unterrichtsfreiheit, freie katholische Universitäten.**

Belgien wurde der erste Musterstaat solcher ultramontanen „Freiheit"; von begeisterten Anhängern Lamenais' ist 1830 die Revolution in Brüssel geschürt worden, die zur Aufrichtung des parlamentarischen Königreichs „Belgien" führte, mit einer Verfassung, die der vom Staat bezahlten Kirche volle „Freiheit" gab.

Und mit wie gemischten Gefühlen denken wir an die **Jahre 1848/49!** Wiederum sehen wir die beiden entgegengesetzten Strömungen: nationalmonarchisch und international=demokratisch. Wie ein Frühlingssturm, der das Eis bricht, so brauste die **nationale Begeisterung** durch die deutschen Lande; was 1814/15 nicht in Erfüllung gegangen war, die Aufrichtung eines neuen deutschen Kaiserreichs, das sollte jetzt auf völlig gesetzlichem Wege, ohne Kampf verwirklicht werden. **Aber die deutschen Einheitsbestrebungen scheiterten.** Es geschah etwas Unerhörtes: Während die heilige Flamme der völkischen Bewegung erstickt wurde, durften die drei **international=demokratischen Kräfte** erstarken:

> Aus dem Bunde des politischen Katholizismus mit der Demokratie ging die **deutsche Zentrumspartei** hervor. Sie unternahm es mit steigendem Erfolg, durch den politischen Kampf den widerstrebenden Regierungen die kirchlichen Ziele abzutrotzen.
>
> Aus dem Bunde des Sozialismus bzw. Kommunismus mit der Demokratie erwuchs die **Sozialdemokratie**.
>
> Aus dem Bunde des Mammonismus mit der Demokratie entstand die **goldene, sogenannte bürgerliche Demokratie, der International=Liberalismus**. Seit 1848 wuchs der Einfluß der von den Geldleuten abhängigen Presse, und dabei fanden die **Juden** ein ungeahnt reiches Feld der Betätigung.

Wiederum brachten die Erfolge des demokratischen Gedankens dem deutschen Volkstum **große Verluste**. Wir denken an den wachsenden Einfluß der Nichtdeutschen in der deutschen Ostmark, in Österreich=Ungarn, in der Schweiz, in Schleswig=Holstein. Alle anderen Völker stellten ihr Volkstum über Konfession, über Staatsverband, auch über den demokratischen Gedanken; nur die Deutschen machten es umgekehrt und wurden darin von der ihnen innerlich todfeindlichen, internationalen Presse überall bestärkt.

2. **Große Männer** machen die Geschichte, große überragende, willensstarke Männer, nicht „das souveräne Volk". Was wäre aus Deutschland geworden **ohne Wilhelm den Ehrwürdigen und ohne seinen genialen Staatsmann Bismarck**!

Vierzig Jahre lang ist Bismarck, aus immer neuen Anlässen, ein Reaktionär gescholten worden. Jawohl! er war ein Reaktionär; denn ohne Reaktion gibt es keinen gesunden Fortschritt. Bismarcks Riesenverdienste bestanden zunächst darin, daß er uns wieder auf den rechten Strang brachte; daß er uns aus Romantik und Sentimentalität, aus ästhetischer Überschwenglichkeit, aus der Passivität, aus den welschliberalen Menschheitsbestrebungen, zurückführte zum Preußentum, zur aktiven Machtpolitik, zu gesundem politischen Egoismus; daß er den preußischen Staat wieder auf die starken Grundlagen stellte, auf denen er groß geworden war; daß Preußen Hammer, nicht länger Amboß sein sollte. Aber nachdem er die militärischen und monarchischen Machtgrundlagen gefestigt hatte, konnte er weiter bauen, und es wird niemand leugnen, daß das deutsche Volk zu keiner Zeit so große und so zahlreiche Fortschritte erlebt hat, wie 1862 bis 1890. Bismarck verstand es, gegen den Strom zu schwimmen, und siegreich hat er das Preußentum verteidigt gegen den Ansturm der dreifachen Demokratie (gold, schwarz, rot).

Als im Jahre 1885 der Gesundheitszustand des alten Kaisers Anlaß zu ernsten Besorgnissen gab, berief der Kronprinz den Fürsten Bismarck nach Potsdam und fragte, ob er im Falle eines Thronwechsels im Amte bleiben würde. Bismarck erklärte sich unter zwei Bedingungen bereit:

„keine Parlamentsregierung, d. h. keine Nachgiebigkeit gegen den demokratischen Gedanken,
und keine auswärtigen Einflüsse in der Politik"!

Ein in seiner Einfachheit großartiges Programm! Und daneben stellen wir die Worte, die Bismarck 1882 an den Reichstag richtete: „Ich werde nicht oft mehr zu Ihnen sprechen können... Aber ich möchte nicht von der Bühne treten, ohne Ihnen dies ans Herz zu legen: Seien Sie einig und lassen Sie den nationalen Gedanken vor Europa leuchten! er ist augenblicklich in der Verfinsterung begriffen."

3. Nach Bismarcks Entlassung (1890) wurde mehr und mehr der Internationalismus Trumpf, und wir gerieten auf den falschen Strang. Folgende Zusammenstellung möge den Umschwung, den Wandel der Dinge klarmachen:

Bismarck wollte von einem engen Anschluß an die demokratischen Westmächte nichts wissen, wohl an den Osten und Südosten. Aber die neue „Aera" begann damit, daß sie den Draht nach Petersburg zerschnitt und sich von England im Sansibarvertrag 1890 übers Ohr hauen ließ. So fing die Orientierung unserer Politik nach dem demokratischen Westen an.

Bismarck hielt den politischen Egoismus für die einzige gesunde Grundlage eines großen Staates, nicht die Romantik; es war das Programm seines Lebens, sich nicht von Sentimentalitäten, Sympathien und Antipathien leiten zu lassen. Und seine Nachfolger? Die „Erhaltung des status quo" war die Quintessenz ihrer Staatsweisheit.

Bismarck handelte nach dem Grundsatz: „Im politischen Leben wie im geselligen Verkehr ist es vorteilhaft, wenn man nicht in dem Ruf äußerster Langmut steht." In diesen Ruf sind wir später gründlich gelangt, als wir infolge unserer Versöhnungs- und Verständigungspolitik die schlimmsten Fußtritte und Erpressungen langmütig hinnahmen und, sobald von der anderen Seite wieder ein freundliches Wort fiel, uns für **hochbefriedigt** erklärten.

Bismarck trieb aktive Politik, war der tatkräftige Führer in allen auswärtigen und inneren Fragen. **Später** entbehrten wir der Führung; die regieren sollten, ließen sich regieren.

Bismarck hat zwar wiederholt erklärt, daß er „über den Parteien" stehe bzw. keiner Partei angehöre. Aber deshalb waren die Parteien ihm keineswegs gleichwertig; im Gegenteil! Er hat während seiner ganzen Amtstätigkeit fortwährend im heftigsten Kampf gestanden mit den **drei international=demokratischen Parteien**, die sich zuletzt eng zusammenschlossen, unter Führung der Triumvirn Windthorst, Richter, Grillenberger. Bei **Bismarcks Nachfolgern** hieß es „Nur keine Konflikte!" und um dem Verdacht zu entgehen, als befänden sie sich in der Abhängigkeit der „Nationalisten", wichen sie immer mehr nach links. Allmählich wurden gerade die drei international=demokratischen Parteien die Stützen der Regierung; zu großem Ansehen gelangten Berliner Tageblatt und Frankfurter Zeitung, während man die bösen „Nationalisten" aufs heftigste bekämpfte, die an den Traditionen Bismarcks und des preußisch=deutschen Geistes festhielten.

Bismarck trieb preußisch=deutsche Machtpolitik und wußte, daß dann erst die nationale Kultur gedeihen könne. Seine **Nachfolger** glaubten, Kulturpolitik ohne Machtpolitik treiben zu können: dabei war ihre „Kultur" ein wunderbares Gemisch von ethischen Grundsätzen und nackten Händlerinteressen.

Bismarck schätzte den hohen Wert der „Imponderabilien", d. h. der Volkskräfte, die sich nicht in Zahlen oder Maßen ausdrücken lassen: Gottvertrauen, Pflichtbewußtsein, Opferfreudigkeit, Vaterlandsliebe, Heldensinn. **Später** sah man in der Zahl, in dem, was man berechnen kann, das Maß aller Dinge. — Lothar Bucher, der größte Mitarbeiter Bismarcks, hat es mehrfach in seinen Schriften ausgesprochen, wie wenig ausschlaggebend im gesunden politischen Leben das **Geld** sei; er erkannte die **Gefahr einer mammonistischen Staatsauffassung**. Das wurde leider nach 1890 anders. Kurz vor dem Krieg, im Frühjahr 1914, war man so weit, daß ein Mitglied unseres auswärtigen Amtes schrieb: „Die Kriege werden nicht mehr erfochten, sondern **kalkuliert**; und das Ergebnis der **Kalkulation** entscheidet heute, wie früher das Ergebnis der Schlachten, über die Vorteile, die der eine erringt, und über die Beeinträchtigung, die der andere auf sich nehmen muß." Und zwei Jahre vor dem Krieg stand in der Berliner Morgenzeitung: „Deutschland gut regieren, das heißt heutzutage, ein guter Rechner sein ... Ob's nicht einer der besten Regenteninstinkte Wilhelms des Instinktiven ist, immer und immer wieder, wenn er in heiklen Situationen guten Rates bedarf, die Ballin, Rathenau, Friedländer ins Schloß zu bitten? ... Unsere Kriege werden heute auf einem Streifen Rechenpapier geführt."

Bismarck hat es verstanden, kaiserliche Schamaden in Fanfaren umzuwandeln; seine **Nachfolger** machten aus herrlichen Kaiserworten, die wie Fanfaren klangen, immer wieder Schamaden.

Das Preußentum sank dahin, aber die Welsch= und Weltdemokratie erstarkte, draußen und drinnen. Ach, wie leicht ließ sich der deutsche Michel durch die schön klingenden Wahnideen locken und betören, blenden und fesseln! Da hörte er von der „internationalen Kulturgemeinschaft", und von „Menschheitszielen". Wie freudig beteiligte er sich an den „Friedenskongressen", dem „Haager Schiedsgericht", an der Herbeiführung des „ewigen Friedens"! Wie begeisterte er sich für „Völkerverbrüderung", für „Völkerrecht"! Ja, immer lauter wurde in unserer eigenen Mitte der Ruf nach „Abrüstung", nach „Versöhnung" und „Verständigung".

Die Wirkungen? Wir dürfen behaupten, daß wir gerade durch unsere Entsagungspolitik und Vernachlässigung des Preußentums in den Krieg „gestolpert" sind. Weil wir seit dem Krügertelegramm 1897 bei allen Gelegenheiten, beim Burenkrieg, beim Russisch-Japanischen Krieg, bei der Bagdadbahn, besonders aber bei der Marokkofrage, die uns von 1904—1911 in Atem hielt, und weiter bei der österreichisch-russischen und der österreichisch-italienischen Spannung, bei dem Balkankriege 1912/13 und den folgenden Anmaßungen vor jedem Druck Englands, Frankreichs, Rußlands zurückwichen, und dabei doch vor der ganzen Welt unsere Zufriedenheit bekundeten; weil unsere Regierung auch im eigenen Lande sich so schwach dem Reichstag gegenüber zeigte; weil beim „Fall Zabern" ungestraft ein Sturm gegen den „Militarismus" durch das deutsche Land entfesselt wurde: aus alledem gewann das Ausland den Eindruck, daß auch wir reif seien, zu den kranken Leuten gerechnet zu werden, um ein Beuteobjekt für die lauernden Nachbarstaaten zu sein.

2.
Die Demokratie als Maske und als Waffe.
Als Maske.

1. Wie im alten Römischen Weltreich, so ist auch heute in den vielgepriesenen demokratischen Musterländern, vor allem in Frankreich, England und U. S. Amerika, die Demokratie nur Schein; sie ist eine **Maske für die Plutokratie**, und diese Plutokratie wächst immer mehr zu einer **internationalen Geldherrschaft** aus. Eine kleine unter sich verschwägerte, befreundete, verschworene Gruppe der Hochfinanz, des Großkapitals vereinigt alle Macht in ihren Händen; etwa dreihundert Mann, von denen jeder jeden kennt, lenken die Geschicke der Welt.

Diese Scheindemokratie ist, nächst der Theokratie, die größte Lüge, die je ersonnen ist. Das Wort „Demokratie" bedeutet „Herrschaft des Volkes", „Anteil an der Regierung". Die Welschen und Angelsachsen werden nicht müde, immer wieder von dem „souveränen Volk" zu reden; der Gipfel der Volksfreiheit sei „das parlamentarische System", d. h. die Herrschaft der auf Grund des allgemeinen, gleichen Wahlrechts erkorenen Volksvertreter, bei denen die letzte Entscheidung ruhe. Mit Recht stellte Ed. Meyer demgegenüber als eine der wichtigsten Lehren der ganzen Geschichte hin: „In unserer lebenskräftigen Monarchie mit ihrem tiefen, sittlichen Verantwortlichkeitsgefühl gelangte der Wille und das wahre Interesse der Gesamtheit des Volkes in ganz anderer, weit gesicherterer Weise zum Ausdruck, als in den Demokratien." Und Möndel sagte: „Die Monarchie war stets und überall

16*

das Ursprüngliche und Natürliche; die Demokratie ist immer nur nachträglich aus Revolutionen und blutigen Greueln geboren."

Das „demokratisch=republikanische Frankreich" besteht überhaupt nicht; vielmehr wird der Staat von Finanzkreisen unumschränkt und unverantwortlich regiert. Erst während des Krieges ist eine 1911 zu Paris erschienene Schrift bekannt geworden, „Der kommende Krieg"; der Verfasser läßt die Engländer sagen:

„Es fehlt uns an Soldaten, aber Frankreich hat welche. Dort jenseits der Meerenge von Calais steht ein zahlreiches, gut ausgebildetes, gut ausgerüstetes Heer, das den Deutschen gegenüber standhalten kann. Die Franzosen sind tapfer, kriegerisch, sie lieben den Krieg und verstehen Krieg zu führen. Wenn man ihnen nur die großen Worte von nationaler Ehre, von überwiegenden Interessen des Vaterlandes und der Zivilisation einflüstert, werden sie losgehen. Versuchen wir, das französische Heer zu bekommen! Das wird nicht schwer sein. **Die französische Demokratie ist nur ein Aushängeschild. In Wirklichkeit wird jenes Volk beherrscht durch eine kleine Zahl von Finanzleuten und Großindustrieaufsichtsräten, in deren Händen sich die Presse und Politiker befinden.** Verhandeln wir mit diesen Leuten! Versprechen wir ihnen einige gewichtige Kriegsanleihen, bei denen ihre Banken tüchtige Vermittlungsgelder erhalten werden; verpflichten wir uns, daß sie einige Eisenbahnaufträge in der Türkei erhalten und einige bedeutende Unternehmungen in Spanien, Äthiopien und Marokko! Und für einige Millionen werden sie uns ihr Heer verkaufen."

In einem anderen Buche setzt derselbe Verfasser, Delaisi, auseinander, „wie es dem Großkapitalismus gelungen ist, aus der Demokratie das wunderbarste, biegsamste und mächtigste Werkzeug zur Ausbeutung der Gesamtheit zu gestalten ... Man bildet sich meistens ein, die Finanzleute seien Gegner der Demokratie: ein Grundirrtum! vielmehr sind sie deren Leiter und treueste Förderer; ja, man kann ruhig sagen: **sie sind die Erfinder der Demokratie!** Denn diese bildet die spanische Wand, hinter der sie ihre Ausbeutungsmethoden verbergen, und in ihr finden sie das beste Verteidigungsmittel gegen jede etwaige Empörung des Volkes".

Delaisi gibt eine genaue Liste von 55 Männern, die in Wirklichkeit Frankreich beherrschen und ausbeuten. Diese 55 Männer stehen als Bankdirektoren, Aufsichtsräte der großen industriellen und kommerziellen Unternehmungen an der Spitze sämtlicher Geldinteressen des Landes und haben es verstanden, mit Hilfe der demokratischen Regierungsformen die ganze Maschine Frankreichs in ihre Hand zu bekommen[1].

In England regiert weder Volk noch Volksvertretung, sondern eine kleine, wie mit eisernen Stirnen versehene Clique. Nicht der König, nicht das Parlament, nicht das Ministerium lenken die Geschicke des Staates, sondern ein Dutzend besonders geschäftiger Männer, an deren Spitze der jüdische Lord Rothschild und Genossen stehen. Und sie entscheiden **ohne jede wirkliche Verantwortlichkeit.** Seit 1911 hatte das englische Unterhaus sich durch beunruhigte Anfragen, drei Jahre lang, gegen die heimliche Bündnis= und

---

[1] Nach Chamberlain, „Demokratie und Freiheit".

Kriegspolitik gewehrt; aber die Minister Asquith und Grey leugneten sie jedesmal mit arglistigen Advokatenkünsten ab.

So sieht das vielgepriesene, uns Deutschen immer als Muster vorgehaltene **Parlamentarische System Englands** aus. In der „Glocke" führte ein deutscher Sozialdemokrat zutreffend aus:

„Das englische Parlament hat zwar die Macht des Königtums beseitigt, aber auch gleichzeitig sich selbst kastriert. Die englischen Minister sind Sklaven der Mehrheit; die Mehrheit ist der **Ausschuß der autokratischen Plutokratie**. Die Minister können nur durch die Mehrheit gestürzt werden; die Mehrheit stürzt sich aber dadurch selbst. Also: Verantwortung nur vor der Mehrheit, Selbstherrlichkeit über Mehrheit und König hinaus, das ist der **englische demokratische Parlamentarismus**."

England war zu keiner Zeit eine Demokratie und ist es auch heute nicht. Die Machtbefugnisse des Parlaments sind immer mehr beschränkt, dagegen die des Kabinetts erweitert worden, und den Premierminister nennt der große englische Staatsrechtslehrer Seeley „einen zwar absetzbaren, aber absoluten König".

Und U. S. Amerika? Über die Verlogenheit der amerikanischen Demokratie schrieb Professor Dr. Ed. Meyer:

„Der **Theorie** nach regiert in U. S. Amerika das **Volk** in seiner Gesamtheit; die staatlichen Organe sind nur die Vollstrecker seines Willens, die sich seinen Geboten unweigerlich und ohne jede Eigenmächtigkeit zu fügen haben; die ‚öffentliche Meinung' ist der Souverain der Union... In **Wirklichkeit** zwingen gewandte, mit allen Schlichen des politischen Intriguenspiels vertraute Persönlichkeiten ihren Willen dem widerstrebenden und ahnungslosen Volk auf, **gestützt und geleitet von einer kleinen Gruppe zielbewußter, materieller Interessenten**, deren Bestrebungen sie vertreten und durchsetzen."

Diese kleine Gruppe von Ausbeutern setzt die Parteiorganisationen in Bewegung und überträgt dem **Präsidenten** auf vier Jahre eine überkönigliche Gewalt; die Minister sind nur dem Präsidenten verantwortlich. Ein gründlicher Kenner des Landes, Bratter, faßt sein Wissen zusammen: „Es gebe auf der ganzen Welt kein Kulturvolk, das auf die Leitung seiner Geschäfte und Geschicke **so geringen Einfluß** ausübt, wie die U. S. Amerikaner."

Und über die „Ernennungsmaschinerie" schrieb Wilson selbst, als er noch nicht Präsident, sondern Professor war:

„Sie belohnt die Führer mit Einfluß und Amt; es sind Leute, die für ihre Tätigkeit durch geheime Vorgänge, die das Volk nicht nachprüfen kann, zu Ämtern gelangen... **Diese Maschine ist eine außerhalb der Regierung stehende Macht, über welche der Wähler keine Macht hat**... Niemals und nirgendwo hat es Parteiorganisationen gegeben wie bei uns."

Wie verlogen war doch das **Geschrei von der politischen Rückständigkeit des Deutschen Reichs!** Durch alle fünf Erdteile wurde das Märchen verbreitet, daß wir Deutschen von einem kleinen Häuflein von Junkern und Großkapitalisten geknechtet würden. Und das wurde geglaubt, obgleich die Zahl der Wahlberechtigten bei uns viel größer und die Zahl der

Wahlrechtsbeschränkungen viel kleiner war, als in den demokratischen Musterländern. Im Jahre 1906 waren in England 16,64 Prozent der Bevölkerung wahlberechtigt, im Deutschen Reich 22,2 Prozent.

2. Die Feinde sagen: „Die Demokratie ist die Freiheit." **Welche Lüge!** Für die Minderheit und für solche Leute, die nicht mit dem Strom schwimmen, gibt es **keine Rede-, Presse- und Versammlungsfreiheit.** Kein König und kein Papst hat jemals die freie Meinung gewaltsamer unterdrückt, als die Demokratie. Mit Recht schrieb 1913 der **Franzose Le Bon**, die demokratischen Führer verständen „unter dem Worte ‚Freiheit' das Recht, ihre Gegner nach Belieben zu verfolgen". In dem „neutralen" U. S. **Amerika** wurde während des Weltkriegs jede deutschfreundliche Äußerung der Deutschamerikaner als „Treulosigkeit" bezeichnet, gegen die man „mit fester Hand" vorgehen müsse. Präsident Wilson bediente sich zu ihrer Bekämpfung des aus Galizien eingewanderten jüdischen Advokaten Lustgarten, und der ehemalige Botschafter Gerard erklärte etwas später, für die 500 000 waffenfähigen Deutschamerikaner gebe es „mehr als 500 000 Laternenpfähle, um sie aufzuhängen". In dem ganz demokratisch organisierten **Australien** wurde von der Mehrheit eine wüste Tyrannei geübt; für die Vertreter der Minderheit gab es keine Rede-, Preß- und Versammlungsfreiheit. Öffentlich erklärte sie der Ministerpräsident für „Feinde der Gesellschaft", die man mit der „Grausamkeit und der Kraft eines bengalischen Tigers bekämpfen" müsse. — Und während in Frankreich der Kriegsgegner Jaurès, bevor er noch den Mund auftun konnte, erschossen und in Italien friedliebende Abgeordnete schwer mißhandelt wurden, durfte bei uns, in dem „Lande der Reaktion und des Militarismus", der Volksvergifter Liebknecht frei umherlaufen, unbehelligt von Regierung und Volk.

Freiheit der Presse? Auf einem Bankett des New-Yorker Pressevereins sagte einer der hervorragendsten amerikanischen Journalisten:

„Der Mann, der toll genug wäre, seine Meinung ehrlich herauszusagen, würde sich bald auf der Straße finden, auf der Suche nach einer neuen Stellung. Das Geschäft eines New-Yorker Journalisten besteht gerade darin, die Wahrheit zu verdrehen, zu lügen, was das Zeug hält, zu fälschen, zu beschmutzen, Tag und Nacht zu den Füßen des süßen Mammons zu knieen und um sein tägliches Brot sein Vaterland und seine Rasse zu verraten. Ihr wißt es und ich weiß es: Welche Torheit darum, auf eine **unabhängige Presse** zu trinken! Wir sind Werkzeuge und Vasallen der hinter den Kulissen waltenden Reichen. Wir sind Hampelmännchen; jene ziehen am Faden und wir tanzen. Unsere Muße, unsere Begabung, unser Leben, alles wofür Gott uns geschaffen hat, ist das Eigentum anderer Männer: wir sind geistig Prostituierte."

Von der französischen Presse gibt Delhaisi genaue Einzelheiten; er schildert die Art, wie Ereignisse von großer Bedeutung vollkommen unterdrückt und Verbrechen gegen das öffentliche Wohl durch Verschweigen aus der Welt geschafft werden. Er schließt:

„Es sind ungefähr zwanzig Männer, die allabendlich zusammentreten und darüber Beschluß fassen, was das französische Volk am nächsten

Morgen wissen und nicht wissen soll ... Und das souveräne Volk, das alles zu wissen und alles zu kontrollieren glaubt, weiß in Wirklichkeit rein gar nichts und kontrolliert gar nichts."

Als im Jahre 1917 deutschgesinnte Männer der übermächtigen Presse der internationalen Judendemokratie ein leistungsfähiges **deutsches** Zeitungswesen gegenüberstellen wollten, um unser Volk allmählich von dem schädlichen Einfluß des Berliner Tageblatts und der Frankfurter Zeitung unabhängig zu machen, da heuchelten die demokratischen und sozialdemokratischen Blätter sittliche Entrüstung über die „Gefährdung der Pressefreiheit". (Vgl. Deutsche Zeitung vom 29. 7. 1917.)

Freiheit? Dazu gehört auch das vielgepriesene „**freie Spiel der Kräfte**" und „**freie Bahn dem Tüchtigen!**" Aber das „freie Spiel der Kräfte" war in Wahrheit nichts anderes als die Ellbogenfreiheit, das Recht des Stärkeren, des Gerissenen; es führte zum Triumph des Mammons, zur Schrankenlosigkeit des Geldverdienens und der Ausbeutung. Auch in Literatur, Kunst und Wissenschaft drang der Händlergeist ein. — Und die Grundformel aller Demokratie lautet **nicht** „freie Bahn dem Tüchtigen!", **sondern** „Herunter mit dem Tüchtigen! freie Bahn dem Untüchtigen!" Vor wirklich freien, selbständigen, charaktervollen Männern haben die politischen Drahtzieher Angst. Chamberlain sagt, daß „die Vampyre der Finanz sowie aller materiellen Ausbeutung die Regierung der Unfähigen gebrauchen und damit das Volk unfehlbar zugrunde richten". Mit Recht fährt er fort: „Es liegt auf der Hand, daß eine Staats= und Regierungsform, die überall das Mittelmäßige bevorzugt und das Tüchtige zurückstellt, die denkbar rückständigste Lösung des schwierigen politischen Problems sein muß, einzig geeignet, uns nach und nach in die Barbarei zurückzudrängen."

Wie viel höher stand die **Religionsfreiheit und Toleranz** in unsern monarchischen Staaten als in den demokratischen Musterländern! Besonders drückend ist der Gewissenszwang in dem demokratischen „Lande der Menschenrechte", in Frankreich[1]). Möndel erzählt: Da die Majorität zur Zeit (1917) antiklerikal ist, kann es niemand, der von der Mehrheit Amt, Geld oder Gunst wünscht, öffentlich wagen zur Kirche zu gehen. Die religiöse Betätigung jedes einzelnen wird genau kontrolliert, wozu die Freimaurerlogen eifrig helfen. Als der Präsident Faure die Stadt Reims besuchte, um ein Denkmal der Jungfrau von Orleans einzuweihen, verschob er seine Ankunft, bis der Gottesdienst vorbei war. Und der Präsident blieb bei der ersten Kommunion seines Sohnes fern, um nicht Anstoß zu erregen.

Was die **persönliche Bewegungsfreiheit, die Sicherheit des Lebens und Eigentums** angeht, so war es in den demokratischen Musterländern üblich, immerfort über den deutschen „Polizeistaat" zu spotten, über die vielen Warnungstafeln und Verbote. Mit Recht sagte der frühere amerikanische Konsul Thompson:

---

[1]) Vgl. Möndel, „Deutschland auf dem Wege zur Demokratie"? 1917, S. 28 ff.

„Vernünftige Leute sahen bald ein, daß Polizeiverordnungen, die im Interesse des Gemeinwohls und zum Schutze der Bürger erlassen sind, durchaus keine Einschränkung der persönlichen Freiheit bedeuten... In Deutschland herrscht nicht nur mehr Wohlfahrt, Ordnung, Reinlichkeit und Zufriedenheit, sondern auch mehr geistige und persönliche Freiheit als in England."

Lehrreich ist die Unfall-Statistik. In Rhode Island betrugen nach Hasbach die Todesfälle durch Unfall 8,3 Prozent aller Todesfälle; 1906 verunglückten beim Bau von Wolkenkratzern in Chikago 10 Prozent aller Beschäftigten; in der Stahlindustrie Pittsbergs kamen 4—5 Prozent der Arbeiter durch Unfall ums Leben. Dagegen betrug in Deutschland 1907 die Zahl der Unfälle und Verletzungen durchschnittlich stark 1 Prozent aller Arbeiter.

3. Man sagt: „Die Demokratie ist Gleichheit, Brüderlichkeit, Gerechtigkeit." Wiederum so viel Lügen wie Worte. Je demokratischer ein Land wird, um so größer ist die Ungleichheit, die Kluft zwischen den Wenigen und den Vielen; nicht mehr die Art scheidet die Menschen, sondern das Geld. Wie wenig geschieht in den demokratischen Musterländern für die Volksbildung! auf 10 000 Rekruten kamen in dem monarchischen deutschen Reich 2 Analphabeten, dagegen in England 100, in Frankreich 320, in Belgien und Italien noch viel mehr.

Es gibt nichts Kaltherzigeres, als die Geldherrschaft jener „Demokraten". Eine Schmach ist für die Welschen und Angelsachsen ihre Kolonialgeschichte; eine Schmach die fabrikmäßige Kinderbeschäftigung; eine Schmach die Behandlung der Kriegsgefangenen, der Hungertod von 26 663 Burenfrauen und Kindern; eine Schmach, daß England in den paar Jahren 1846—1849 eine Million Iren am Hungertyphus sterben ließ; eine Schmach, daß es planmäßig die Riesenbevölkerung Indiens auf eine niedrige Kulturstufe herabdrückte. Wie wenig dachte man in den Demokratien an einen sozialen Ausgleich zwischen den Klassen! Keine Gesetzgebung kümmerte sich um die Lebensinteressen der politisch schwächsten Volksschichten; besonders in U. S. Amerika verbündeten sich alle „Starken" zur rücksichtslosen Ausbeutung der minderbesitzenden Klassen.

Wie ein Hohn klingt es, wenn die Demokratie als die Gerechtigkeit gepriesen wird. Wo waren denn in den letzten Jahrzehnten all die „Skandale" und „Affären", die entsetzlichste Korruptionswirtschaft? In U. S. Amerika erlebten wir Ende 1916 den New-Yorker Jobber-Skandal: eine börsenmäßige Verwendung politischer Geheimkenntnisse. In England gab es den Markoni-Schwindel, bei dem eine ganze Reihe von Ministern keine gute Figur machten. Am anrüchigsten wurde nach dem Panamaskandal und Dreyfuß-Rummel der „Fall" Rochette in Frankreich; da haben wir in die Fäulnis gesehen, wie das französische Volk, besonders die kleinen Sparer, von der Hochfinanz in wenigen Jahren um viele Milliarden Franks betrogen wurde, und wie höchste Beamte in diese Mißwirtschaft verstrickt waren.

Geradezu haarsträubend ist die **Korruption in U. S. Amerika**. Im ersten Programm der populistischen Bewegung heißt es:

„Korruption beherrscht die Wahlurne, den Kongreß und sogar den Hermelin auf der Richterbank. Das Volk ist demokratisiert, die Zeitungen werden durch Bestechung zum Verstummen gebracht, die öffentliche Meinung irregeleitet ..., die Arbeit herabgedrückt, das öffentliche Land konzentriert sich in den Händen der Kapitalisten, den städtischen Arbeitern wird die Versammlungsfreiheit genommen ..., während ein Soldatenheer sie niederschießt. Aus dem Schoße einer ungerechten Regierung sind zwei Klassen hervorgegangen: Vagabunden und Millionäre."

In U. S. Amerika zieht sich jeder halbwegs anständige Mann vom öffentlichen Leben zurück. Welcher Art die „politischen Männer" sind, darüber teilt **H a s b a ch** eine ergötzliche Liste mit:

„Unter den 723 Delegierten des Grafschaftskonvents, dem Chikago angehört, befinden sich (1896) 70 wegen Todschlags vor Gericht gestandene, davon 7 verurteilte, 16 wegen Einbruchs, 2 wegen Taschendiebstahls bestrafte, 7 Spielhöllenbesitzer, 2 Bordellwirte, 265 Schankwirte."

4. Man sagt: „**Demokratie ist Friede**"[1]) und redet von Völkerverbrüderung, internationaler Kulturgemeinschaft, Weltfriedensbund. In Wahrheit ist das letzte Ziel die jüdisch-welsch-angelsächsische Geld- und Weltherrschaft, der alle Völker der Erde fronen sollen. Friede? Unaufhörlich haben in den letzten Jahrhunderten die Welschen und Angelsachsen Beute- und Eroberungskriege geführt. Besonders gern spielte sich **U. S. Amerika** als „Friedensstaat" auf.

„Der amerikanische Friedensstaat" ist ein künstlich gezüchteter **Wahn**, dem leider auch bei uns noch viele anhängen. Wie die Wahrheit aussieht, hat **Dietrich Schäfer** 1917 in einer kleinen Schrift gezeigt „Die Vereinigten Staaten als Weltmacht". Die Union hat seit 1775 eine **rücksichtslose Macht- und Ausdehnungspolitik** getrieben, aber dabei stets eine fromme und heuchlerische Maske aufgesetzt. Hinterlistig hat sie die Verlegenheiten des spanischen Staates benutzt, um 1803 und 1819 die gewaltigen Mississippi-Länder zu „erwerben". Damals und später wurde nach dem Grundsatz gehandelt: „Und bist du nicht willig, so brauch ich Gewalt." Bis 1848 war ein Gebiet, so groß wie halb Europa, hinzugewonnen; dann folgte der „Erwerb" von Alaska. 1898 brach die Union den Krieg mit Spanien vom Zaun, um sich dessen wichtiger Kolonien, Westindien und der Philippinen, zu bemächtigen, in demselben Jahre hat sie Hawaii annektiert. Im Zusammenhang mit dem Panamaskandal folgte eine weitere rücksichtslose Machtpolitik; infolge listiger Wühlarbeit brach in Panama zu gelegener Zeit eine Revolution aus, die zur Besetzung der gewünschten Landstreifen führte. Neuerdings hat die Union sich bald auf die Monroe-Doktrin berufen, bald darüber hinweggesetzt. Trotz allem Friedensgeschwätz ist Präsident Wilson Frühjahr 1917 in den Weltkrieg eingetreten, nicht um des Friedens willen, sondern um im Interesse der Geldleute den Krieg zu verlängern.

Der demokratische Musterstaat **England** hat, nach der Feststellung seines großen Staatsrechtslehrers Seeley „zwischen der Revolution (1688)

---

[1]) Vgl. den Abschnitt „Pazifismus als Maske und als Waffe".

und der Schlacht bei Waterloo (1815) sieben große Kriege geführt, von denen der kürzeste sieben Jahre, der längste zwölf Jahre dauerte. Von den 126 Jahren wurde 64 Jahre, also mehr als die Hälfte, im Kriege zugebracht". Und an wie vielen Kriegen war es seit 1814 direkt oder indirekt beteiligt? Wir denken an die Kämpfe in Asien, die Überlistung Afghanistans, den Opiumkrieg, den Indischen Aufruhr, die Erdrosselung Persiens; an den Krimkrieg; an die Unterstützung der amerikanischen Sklavenhalter; an die Eroberung Ägyptens und an den Burenkrieg. — Auch **Frankreich** war ewig kriegslüstern. — Dagegen hat das nicht= demokratische **Preußen=Deutschland** von 1815 bis 1864 und weiter das kaiserliche deutsche Reich von 1871 bis 1914 den Frieden gewahrt und würde ihn weiter gewahrt haben, wenn nicht der freche Überfall der Entente uns gezwungen hätte, das Schwert zu ziehen.

Bisweilen haben die Welschen und Angelsachsen die Maske abgelegt. In einer 1805 in London erschienenen Flugschrift hieß es: „Der ewige Krieg ist das beste Mittel zur Sicherheit und Wohlfahrt Großbritanniens."

Palmerston hat einmal gesagt, daß große Republiken ihrem Wesen und ihrer Natur nach aggressiv zu sein scheinen. Und der Marquis of **Salisbury**: „Ein Durst nach Herrschaft und eine Willigkeit zu Angriffskriegen hat stets die Demokratie gekennzeichnet."

Wir denken auch an den Ausspruch des französischen Konventsdeputierten **Trissot**: „Ein Volk, das sich frei macht, braucht den Krieg, um die Freiheit zu befestigen."

Die Demokratie als Waffe.

Daß die reine Demokratie Wahnsinn ist, das wissen die maßgebenden und wahren Herrscher in den angeblich demokratischen Musterländern England und U. S. Amerika ganz genau. Deshalb hüten sie sich, sie im eigenen Lande durchzuführen; **aber sie ist ihnen die schärfste Waffe geworden, um andere Völker zu schwächen und zu den größten Torheiten zu verleiten.** Die Geschichte zeigt uns hier ein geradezu satanisch ausgeklügeltes System des Händlergeistes. **Bismarck** hat schon frühzeitig die Engländer erkannt: „Fremde Staaten mit Hilfe der Revolution zu bedrohen, ist jetzt seit einer Reihe von Jahren das Gewerbe Englands."

In einer 1917 erschienenen Nummer des Fortnightly Review sagt J. B. Firth ein paar offenherzige Worte über Englands Demokratie:

„Was die britische Wählerschaft und das britische Parlament in der auswärtigen Politik der letzten zwanzig Jahre mitbestimmen durfte, war herzlich wenig. Das außerordentlich wichtige Bündnis mit Japan ist dem britischen Volke als fertige Tatsache vorgelegt worden, ohne daß die Öffentlichkeit die geringste Ahnung hatte, daß etwas Derartiges im Werke sei. Die britische Demokratie hat in der auswärtigen Politik wenig zu sagen gehabt, da die auswärtigen Angelegenheiten der Sphäre der Parteipolitik entzogen waren, und das war sehr gut. Die wirkliche Kontrolle der auswärtigen Beziehungen liegt nicht bei den Parlamenten, sondern bei den Regie=

rungen, nicht in offener Debatte, sondern im geheimen Rat. Demnach wurde auch jetzt die wichtigste Verfassungsänderung des Weltreichs, die ein ständiges Reichskabinett vorsieht und ein Reichsparlament ausschließt, von den Regierungsvertretern gefaßt, ohne daß das britische Unterhaus irgendwie gefragt worden wäre. — Aber für Deutschland allerdings empfahlen Lloyd George und Wilson und jeder kluge angelsächsische Staatsmann dringend die restlose Durchführung der Demokratie, gerade mit Rücksicht auf die auswärtige Politik. „Fort mit der Kabinettspolitik! fort mit der Geheimdiplomatie! Die Stimme des Volkes muß zur Geltung kommen" — *bei den anderen!"*

Welche Verlogenheit! Scheinbar wurden England und U. S. Amerika während der letzten fünfzig Jahre immer demokratischer; aber in Wahrheit wandten sie sich mehr und mehr von der Demokratie ab. Um so eifriger traten sie *bei den anderen* als „Völkerbefreier" auf; mit schlau berechneter Arglist waren die Angelsachsen dabei behilflich, daß die süd- und mittelamerikanischen Republiken, besonders aber die seit 1830 allmählich entstehenden christlichen Staaten auf der Balkanhalbinsel überdemokratische Verfassungen erhielten. Das gab ihren tatkräftigen Agenten, auch den amtlichen Gesandten und Konsuln, die Möglichkeit, als wohlgesinnte und hilfsbereite Freunde mit den Mitteln der Überredung und Bestechung die „öffentliche Meinung", die Wahlen, die Abstimmung der Parlamente und sogar die Beschlüsse der Minister in die Bahn zu drängen, in welche sie die internationale Plutokratie zu bringen wünschte. Hinter den Kulissen standen die Drahtzieher, nach deren Willen die „souveränen" Könige und die „souveränen" Völker tanzen mußten. Wie geschickt haben die Hintermänner in Rumänien und Italien gearbeitet. Als Agent des internationalen Weltkapitals war in Italien der englische Botschafter Renell Rodd tätig; er herrschte über „die öffentliche Meinung", überwachte mit schärfster Aufmerksamkeit die italienische Presse, erteilte Ratschläge für das jeweilig an die Presse auszugebende Losungswort. Durch eine geschickt eingeleitete Zeitungskampagne in den der englischen und französischen Geldmacht verpflichteten italienischen Blättern wurde Italien 1915 in den Krieg hineingezogen.

Wenige Monate später, Herbst 1915, klagte der sozialdemokratische Abgeordnete Cugniolo im „Avanti":

„Die italienischen Kriegshetzer haben von einem demokratischen Befreiungskrieg gegen die Reaktion der Mittelmächte gesprochen. Wo aber ist in Italien der demokratische Geist? Die Italiener sind das geknebeltste Volk Europas. Kein Parlament, keine Preßfreiheit, keine Kriegskostenangabe, keine Verlustlisten, nicht einmal das Recht der privaten Meinungsäußerung; das ist der Kampf der Freiheit gegen die Länder, die trotz ihrer angeblichen Reaktion alles haben, was man den Italienern vorenthält."

Vor allem hat das parlamentarisch regierte Königreich Griechenland seit 1830 die „Segnungen" der Demokratie erfahren. 1832 wurde der Wittelsbacher Otto I. an die Spitze des neugeschaffenen Königreichs gestellt. Aber die englische Regierung sorgte dafür, daß es in Griechenland nicht zur Ruhe und Ordnung und zum wirtschaftlichen Gedeihen kommen konnte; der englische Gesandte Lyons scheute sich nicht, im griechischen Ministerrat **mit der Reitpeitsche auf den Tisch zu schlagen** und die Verhaftung einiger mißliebiger Personen zu verlangen. 1862 beschloß sie, den König zu stürzen. Von dem englischen Gesandten Sir Elliot wurde eine Revolution angezettelt, die den König zur Abdankung zwang. Der dänische Prinz Georg bestieg den Thron. In edlem Wettbewerb bemühten sich seitdem die Welschen und Angelsachsen um das Wachstum und die Kräftigung Griechenlands. Sie sorgten für „Reformen" und drängten ihm große Anleihen auf für Heeresrüstung, Flottenbau und Eisenbahnen; natürlich unter der Bedingung, daß Munition, Schiffe, Schienen und Maschinen in dem Lande der Geldgeber hergestellt würden. Ab und zu wurden die Griechen, ebenso wie die Bulgaren, Serben, Rumänen, Montenegriner, gegen die Türken losgelassen und durften sich ein Stück von dem „kranken Staat" abreißen. Zum Dank dafür sollte auch Griechenland gewürdigt werden, an dem Weltkrieg zur „Verteidigung der Volksfreiheit gegen Reaktion und Militarismus" teilzunehmen. Als es neutral bleiben wollte, wurde es von den Welschen und Angelsachsen in brutalster Weise **vergewaltigt**: Alles im Namen der „Freiheit, Gleichheit, Brüderlichkeit". Es folgte eine beispiellose Knebelung und Freiheitsberaubung. „Um den wehrlosen Staat zu schützen", bemächtigten sich die Engländer, Franzosen und Italiener des griechischen Hafens von Saloniki; sie rissen das Verfügungsrecht über Eisenbahnen und Telegraphenstationen an sich, besetzten wichtige Inseln, verhängten die Hungerblockade über das Land, verlangten die Absetzung des Ministeriums, landeten Truppen im Piräus, hoben die Freiheit der Presse auf: bis sie die Abdankung des Königs Konstantin erzwungen hatten.

Im Winter 1915/16 stand in einer Zeitung folgende treffende Schilderung: „Wir sehen in Griechenland eine sich selbst übertreibende Demokratie mit ihrer unausbleiblichen Begleiterscheinung, dem entarteten Parlamentarismus: bestechliche Parteihäupter; eine dem Rubel wie dem Pfund Sterling gleich zugängliche Presse; an der Spitze der Regierung ein Staatsmann vom Schlage des Kreters Venizelos, dem nach unseren Begriffen die Hochverratsanklage sicher war, nachdem er ohne Wissen, ja gegen den Willen seines Königs die Westmächte heimlich zur Landung in Saloniki eingeladen hatte. Was Konstantin erbte, war ein **Schattenkönigtum**. Man hat ihn mit Absetzung und Ermordung bedroht; man hat ihn und sein Volk entrechtet, **weil er an der Neutralität festhalten will**."

So arbeiten die welschen und angelsächsischen „Völkerbefreier" zuerst mit arglistigen Lockungen, dann mit Drohungen, und, wenn beides nichts hilft, so gehen sie rücksichtslos zur rohen Gewalt und zur Politik der Mordbomben vor. Das hinderte sie aber nicht, in der ganzen Welt einen Entrüstungssturm zu entfachen über die angebliche deutsche Verletzung der belgischen Neutralität.

Man hat sich oft gewundert, wie ein Bund zwischen den „demokratischen" Westmächten und dem „autokratischen" Rußland möglich war. Aber der Unterschied war nur scheinbar groß. Denn hier wie dort hatte eine kleine Clique alle Macht in Händen; hier wie dort herrschte ein Drohnentum, herrschten Schein und Lüge; hier und dort trug man die Maske von Christentum und Moral, Kultur und Gerechtigkeit. Besonders stimmte das Kaiserliche Rußland mit den Westmächten darüber überein, daß es die reine Demokratie in **anderen** Ländern förderte.

Am 19. 11. 1915 stand in der Düsseldorfer Zeitung: „Alles, was innerhalb der Landesgrenzen verpönt und geahndet wird, ist statthaft draußen und wird vom Zarentum ohne Bedenken angewendet: Waffenschmuggel und Verschwörung, Volksaufstände und Paktieren mit politischen Umsturzparteien, Verhetzung gegen angestammte Dynastien und staatliche Obrigkeit, kirchliche Absplitterung und militärische Meuterei, landesverräterischer Separatismus und Fürstenmord — die ganze Stufenleiter aufrührerischer Mittel zur Untergrabung der Autorität und des Friedens gelten als handliche und nützliche Mittel zur Erreichung gewollter Ziele und werden von kaiserlich russischen Organen angeregt, betrieben und begünstigt. Kein einziger der anarchistischen Kunstgriffe einer meuchlerischen Umstürzlertaktik wird verschmäht von dem gottgesalbten russischen Zartum in seinen Bestrebungen jenseits der Landesgrenzen."

Und Deutschland? Es ist ein tragisches Verhängnis, daß derselbe Bismarck, der sein ganzes Leben lang gegen die Demokratie kämpfte, gegen die Freisinns-, Zentrums- und Sozialdemokratie, daß derselbe Bismarck durch die Verleihung des allgemeinen, gleichen, geheimen, direkten Reichstagswahlrechts gerade die Internationaldemokraten und die Fremdstämmigen ungemein stärkte. Der von ihm geschaffene Reichstag wurde der Totengräber des Deutschen Reichs. Man darf Bismarck selbst keinen Vorwurf daraus machen. Zwar bekannte er später freimütig, daß er sich in seiner „Rechnung geirrt habe, indem er die nationale Gesinnung der Dynastien unterschätzte, die der deutschen Wähler oder doch des Reichstags überschätzte". Aber er hatte dem Machthunger des demokratischen Reichstags so scharfe Grenzen gezogen und ihm so starke Gegengewichte geschaffen, daß eine unmittelbare Gefahr ausgeschlossen zu sein schien. Das Unheil begann erst, als Kaiser Wilhelm II. und seine Kanzler sich seit 1890 die Beseitigung einer „Sicherung" nach der anderen abtrotzen ließen; und als die drei internationaldemokratischen Parteien zu drei starken, konkurrierenden Staaten im Staate auswachsen und die schamlosesten Lügen ungestraft verbreitet werden durften.

B.
Der Freimaurerorden und das Judentum als Hauptstützen und Verbreiter der Schein- und Lügendemokratie.

1.
Der Freimaurerorden [1]).

Die Entstehung und Entwicklung des Freimaurerordens hängt aufs engste mit der Aufklärungsbewegung des 18. Jahrhunderts zusammen. 1717 verbanden sich in London vier alte Werkmaurerlogen zu einer Großloge; aus der Werkmaurerei wurde die Geistesmaurerei, welche Lehrlinge, Gesellen und Meister unterschied. Sie fand ihre weitere Entfaltung in Frankreich, wo zahlreiche Hochgrade hinzukamen, und von Frankreich aus verbreitete sich, zusammen mit der Aufklärung, der Freimaurerorden nach allen Seiten, nicht nur in die verwandten welschen Länder, sondern auch nach Preußen, Österreich und Rußland.

1. Wenn man nach Wesen, Zweck und Ziel der Freimaurerei fragt, so erhält man herrliche Antworten: „Wahrheit, Licht, Aufklärung!" „Das Wesen der Freimaurerei ist Freiheit, ihr Wirken ist Liebe, ihr Streben ist Licht." „Veredelung und Vervollkommnung des Menschengeschlechts." „Die Freimaurerei schließt um freie und ehrenhafte Männer ein brüderliches Band, das stärker und höher ist als alle Verschiedenheit des Berufes, der Partei, der Nationalität und der Religion." Sie ist ihrem Wesen nach tolerant, reißt alle Schranken der Rasse, des Volkstums, des Glaubensbekenntnisses nieder, um den Menschen als solchen zu achten und zu lieben. Ihr Wahlspruch war Freiheit und Brüderlichkeit, wozu bald auch die Gleichheit trat; man sprach von allgemeinen Menschenrechten, vom Selbstbestimmungsrecht der Völker und von Völkerverbrüderung; man verfolgte „humanitäre Zwecke" und konnte sich zahlreicher Wohltätigkeitsanstalten rühmen.

Wir wollen nicht leugnen, daß, wie von der Aufklärung, so von dem damit verwandten Freimaurerorden mancherlei Gutes ausgegangen ist. Das gilt besonders für die deutschen Logen, welche hunderte milde Stiftungen geschaffen und Erziehungsheime, Waisenhäuser, Lehranstalten, Darlehnskassen, Sterbekassen, Wöchnerinnenheime gegründet haben. Aber wir dürfen uns dadurch nicht täuschen lassen; die Führung geriet schon seit dem 18. Jahrhundert, vor allem in den nichtdeutschen Ländern, in die Hände von Leuten, denen jene schönen Ziele nur ein Aushängeschild waren und sind, womit sie die Massen ihrer eigenen Mitglieder und die Regierungen betrügen [2]).

---

[1]) Vgl. Dr. Wichtl, „Weltfreimaurerei", München, Lehmann.
[2]) Die Freimaurerei spielt im Ausland eine viel größere Rolle als bei uns; vor dem Weltkrieg betrug ihre Gesamtzahl gegen 2¼ Millionen Mitglieder, wovon die Deut-

Wenn die Freimaurerei nur „humanitäre Zwecke" verfolgt, was haben dann unter gebildeten Leuten die Geheimniskrämerei, die Verschwiegenheit und der blinde Gehorsam für einen Sinn? Hatte nicht der russische Ministerpräsident Stolypin Recht, als er um 1910 die gesetzliche Anerkennung der Freimaurerei ablehnte und dies damit begründete:

„Die Wohltätigkeitsziele der Freimaurerei lassen sich ganz gut auch durch offene Gesellschaften erreichen, die unter der Aufsicht der Regierung stehen; die politischen Ziele des Freimaurerordens dagegen haben sich seit Beginn des vorigen Jahrhunderts, wo die Logen in Rußland verboten worden sind, nicht geändert."

Hier liegt der springende Punkt. In allen nichtdeutschen Ländern war die Wohltätigkeit nur **Maske**; in Wahrheit entwickelten sich die Freimaurerlogen zu Hochschulen der Politik; politische Bestrebungen waren die Hauptsache, und die Freimaurerei wurde ein politischer Geheimbund. Die Politik richtete und richtet sich in allen romanischen Ländern zunächst gegen die allmächtige Papstkirche; bekannt ist das Wort Voltaires (18. Jahrhundert) écrasez l'infame, d. h. „Vernichtet die Ruchlose", nämlich die katholische Kirche. Aber man blieb nicht beim Kampf gegen das Papsttum und seine politische Macht stehen, sondern griff die christliche Religion selbst an. Die Freimaurerei wurde eine Art Gegenkirche und predigte eine Humanitätsreligion, „eine Religion, in der alle Menschen übereinstimmen". Da war nur noch ein Schritt zum Atheismus; in den welschen Ländern sind die meisten Freimaurer nicht nur antiklerikal, sondern auch antichristlich und atheistisch.

Wenn man auch den Christengott absetzte, so verehrte man doch einen „Baumeister der Welt". Aber die französischen Freimaurer haben 1877 die Formel à la gloire du Grand Architect de l'Univers, womit alle Aktenstücke begannen, gestrichen. Und in Italien ging man noch einen Schritt weiter; dort wurde der Satan gefeiert und als Sinnbild der Vernunft dem Christentum gegenübergestellt. Bei Feierlichkeiten und Denkmalsenthüllungen ist die Satanshymne gesungen, und bei Umzügen sind schwarze Banner mit dem Bilde Satans durch die Straßen getragen. Dem entsprechen natürlich die kirchenpolitischen Forderungen der Freimaurer: Zivilehe, Abschaffung des Religionsunterrichts in den Schulen, Trennung von Kirche und Staat.

Der enge Zusammenhang des Freimaurerordens mit der Aufklärungsbewegung des 18. Jahrhunderts zeigte sich auch in dem Kampf gegen die Monarchie. Schon um 1740 begann man die Republik als die beste Staatsform zu preisen, und seitdem nahmen die Angriffe gegen Monarchie und Geburtsadel einen immer leidenschaftlicheren Charakter an. Es kam die Sitte auf, daß bei der Aufnahmefeier in einen höheren Grad

---

schen nur drei Prozent ausmachten. Die meisten gehörten zu den drei unteren Graden der Lehrlinge, Gesellen und Meister; sie hatten keine Ahnung von den letzten Zielen der Hochgrade; sie wußten nicht, wie sie mißbraucht wurden. All die schönen demokratischen, liberalen, humanitären, weltbürgerlichen Worte waren nur Köder für „den süßen Pöbel".

der Freimaurerei Dolchstöße gegen eine päpstliche Tiara und gegen eine Königskrone geführt wurden.

Vor dem Weltkrieg schlossen sich die Freimaurerlogen der ganzen Welt immer enger zusammen; man schuf eine Zentrale für gemeinsame Angelegenheiten; seit 1899 fanden wiederholt **internationale Freimaurerkongresse** statt. Daraus entwickelte sich eine Weltfreimaurerei mit dem Ziele der Weltrepublik, in welcher der ewige Weltfriede herrschen würde.

Wie schön das klingt und wie verlockend! **Aber alles ist Schein und Lüge.** Freiheit, Gleichheit, Brüderlichkeit bestehen in der Freimaurerei ebensowenig wie in den demokratischen Musterländern. „Freiheit" verlangen die Freimaurer nur für sich, und nirgends ist weniger „Gleichheit"; „Brüderlichkeit" und „Menschlichkeit" üben sie nur Freimaurern gegenüber. Ihre Unduldsamkeit gegen alle Anhänger der christlichen Kirche und der monarchischen Staatsform ist grenzenlos, und unter „Toleranz" verstehen sie, daß die Regierungen ihre Humanitätsreligion und ihren Geheimbund dulden. Ihr letztes Ziel aber, die **Weltrepublik**, ist keineswegs die Verwirklichung des demokratischen Gedankens, sondern sie ist eine **Weltplutokratie**, d. h. die Weltherrschaft des internationalen Großkapitals[1]).

2. Wir kennen die eigenartige **Eroberungsmethode der Engländer und Franzosen**; es ist die pénétration pacifique („friedliche Durchdringung fremder Länder") oder annexion des cerveaux („Annexion der Köpfe"). Sie locken die anderen Völker mit ihren verführerischen Schlagworten von „Freiheit, Gleichheit, Brüderlichkeit"; sie versuchen sie mit ihrem süßen Gift, verbreiten ihre eigene Sprache und beeinflussen die öffentliche Meinung. Bei dieser **Eroberungspolitik wurden und werden die Engländer und Franzosen ganz wesentlich von den Freimaurern unterstützt.** Die Logen der ganzen Welt, namentlich der welschen, angelsächsischen und slawischen Länder, sind direkt oder indirekt von Paris oder London aus gegründet.

Für **Englands Größe** arbeiten gegen eine halbe Million eifrige und tatbereite Freimaurer. Sie wohnen nicht nur in Großbritannien und Irland, sondern es gibt englische Großlogen in Indien, Australien, Südafrika und den anderen Kolonien, aber auch in Argentinien, Japan, China. Dem **englischen** Freimaurerorden gehörten der Sultan von Sansibar an, der Sultan von Johore, der Emir von Afghanistan, japanische und chinesische Staatsmänner.

In einem angesehenen englischen Logenblatt standen 1902 die stolzen Worte: „**Die Größe Britanniens ist das Werk der Freimaurer.** Sie alle arbeiten bewußt und unbewußt zugunsten der britischen Weltherrschaft. Der Einfluß einer halben Million rühriger Leute, die durch geheime und geheimnisvolle Bande aneinander gekettet sind, kann gar nicht hoch genug eingeschätzt werden: Einer stützt und führt

---

[1]) „Republik" heißt unter den heutigen wirtschaftlichen Verhältnissen **Herrschaft des Geldes**.

eben den anderen, und die Bruderkette überspannt den ganzen Erdball, wobei man noch obendrein der Mithilfe der Brüder aller anderen Nationen versichert sein kann." Dasselbe Logenblatt erklärte 1901, daß die guten Beziehungen zwischen England und U. S. Amerika wesentlich gefördert wurden durch das brüderliche Zusammenwirken englischer und amerikanischer Freimaurer".

Der deutsche Freimaurer Frymann schreibt: „Man könnte fast meinen, die Freimaurerei sei eigens zu dem Zwecke gegründet worden, um England die erstrebte Vorherrschaft zu Wasser und zu Lande zu verschaffen und zu sichern."

Je enger nun in den letzten Jahrzehnten die Verbindung zwischen Frankreich und England wurde, um so mehr vereinigten sich alle Logen der Welt zu einer großen, zwei bis drei Millionen Brüder umfassenden Organisation. Von London und Paris aus erhielten sie ihre Befehle.

3. Wenn aber der Freimaurerorden in den nichtdeutschen Ländern ein politischer Geheimbund war, was für Taten und Handlungen wurden denn in seinen Großlogen beschlossen, d. h. an den Stellen, wo die eigentlichen Drahtzieher saßen, denen die anderen unbedingten Gehorsam schuldig sind? Offenherzig gestand ein ungarisches Freimaurerblatt: „Wir sind Verschwörer; wir verschwören uns gegen die jetzige Gesellschaftsordnung und arbeiten an ihrer Vernichtung." Hermann Gruber nennt auf Grund eingehender Forschungen die Freimaurerei „eine über die ganze Welt verzweigte Gesellschaft von Verschwörern"; zugleich bildet sie eine Art von „wechselseitiger Versicherungsgesellschaft gegen Verhaftung und Hinrichtung". Auf der ganzen Welt haben bei allen Revolutionen der letzten Jahrhunderte die Freimaurer ganz wesentlich mitgewirkt, bzw. sie waren die Urheber und Anstifter. Ein Gang durch die Geschichte möge diese ungeheure Anklage rechtfertigen:

Geschichtliche Übersicht über die Revolutionen.

1775—1783 war der Unabhängigkeitskampf der Vereinigten Staaten von Nordamerika. Freimaurer standen an der Spitze, und als einige Jahrzehnte später Mexiko, Mittel- und Südamerika von Spanien und Portugal abfielen, waren Freimaurer die Anstifter und Führer.

1789 ff. war die große „glorreiche" Revolution von Frankreich. Sie ist von den Freimaurern vorbereitet und geleitet, und die Freimaurer haben die zugkräftigen Schlagworte geliefert „Freiheit, Gleichheit, Brüderlichkeit, allgemeine Menschenrechte". Alle führenden Männer waren Freimaurer, und man kann die Revolution geradezu als einen Versuch ansehen, die freimaurerischen Lehren zu verwirklichen. Schon 1786 war die Ermordung Ludwigs XVI. beschlossen, und der Herzog Louis Philipp von Orleans, der Großmeister des französischen Freimaurerordens, sollte König von Frankreich werden. Einige Tage nach dem Sturm auf die Bastille rühmte sich am 23. Juli 1789 ein freimaurerischer Redner: „Von unseren Tempeln gingen die ersten Funken des heiligen Feuers aus, das mit Windeseile von Westen nach Osten, von Norden nach Süden über-

Wolf, Weltgeschichte der Lüge. 17

greifend, die Herzen aller Bürger entflammte[1]." Und bis zum heutigen Tage nehmen die Freimaurer die französische Revolution als ihr Werk in Anspruch. Daran ändert die Tatsache nichts, daß sich bald nach 1789 die Revolution gegen ihre Mutter, gegen die Freimaurerei, selbst richtete.

1820/21 begann eine **neue Periode von Revolutionen**. In einem Freimaurervortrag des Jahres 1907 heißt es: „Die revolutionären Bewegungen, welche seit 1821 in **Italien** stattfanden, waren das Werk von Freimaurern." Die Seele aller Umtriebe war der Freimaurer **Mazzini**; seine Ziele waren die Vernichtung Österreichs, die Einigung Italiens, die Beseitigung der päpstlichen Macht und die Einführung von Republiken auf der ganzen Erde. In dem Geiste Mazzinis arbeiteten später die Freimaurer **Garibaldi** und **Crispi**. Der **politische Mord** wurde ausdrücklich als erlaubt hingestellt und dementsprechend die Massen beeinflußt.

1830 und 1848 waren in **Paris** die Juli- und die Februar-Revolution; wiederum beteiligten sich dabei in erster Linie die Freimaurer. Weil Frankreich 1830 für die Republik noch nicht reif war, so wurde der Sohn des aus dem Jahre 1789 wohlbekannten Louis Philipp Egalité, der Freimaurer Herzog Louis Philipp von Orleans, König Frankreichs. Aber dies Ergebnis genügte den Freimaurern nicht; endlich wurde 1848 die ersehnte **Republik** erreicht, und als alle demokratischen und sozialistischen Versuche fehlschlugen, kam es zur Präsidentschaft und zum Kaisertum des Freimaurers Napoleon III. Er verdarb es später mit dem Orden, und sein Sturz am 4. September 1870 war den Freimaurern sehr erwünscht. Seitdem kann Frankreich geradezu als **freimaurerische Republik** bezeichnet werden.

Seit 1848 bestand in **Ungarn** eine sehr eifrige Freimaurertätigkeit; dabei grenzten die engen Beziehungen zu den italienischen Freimaurern oft an Hochverrat.

1899 war bei dem Sturz des Kaisers Don Pedro II. von **Brasilien** der verräterische Kriegsminister, der Freimaurer Deodoro da Fonseca, die Hauptperson.

1907 und 1910 waren zwei Revolutionen in **Portugal**, welche das Land in eine Republik verwandelten. Der in der ganzen Welt bekannte Freimaurer-Großmeister Magalhâes Lima hatte den Sturz des Königtums in Pariser Logen schon vorausgesagt.

1907/08: Die **jungtürkische** Partei, welche die Absetzung des Sultans Abdul Hamid durchsetzte, bestand aus Freimaurern, und diese „Jungtürken" waren hauptsächlich Griechen, Armenier und Juden[2]).

1905 und 1917 waren zwei Revolutionen in **Rußland**. Beide waren das Werk von Freimaurern.

Über den **Umsturz im Deutschen Reich und in Österreich-Ungarn** wird später kurz gesprochen werden.

---

[1]) Wichtige Aussprüche der unglücklichen Königin Marie Antionette und des preußischen Ministers Grafen Haugwitz, sowie geschichtliche Ausführungen in Freimaurerblättern bestätigen den gewaltigen Anteil der Logen an den Revolutionsereignissen des Jahres 1789 ff.

[2]) Man sieht, wie die Freimaurer es fertig bringen, das herrschende Volkstum beiseite zu schieben. Auch bei uns bildete sich in der ersten Hälfte des vorigen Jahrhunderts ein hauptsächlich aus Nichtdeutschen bestehendes „Jungdeutschland". Und 1918—1933 hatten im Deutschen Reich die Deutschen am wenigsten zu sagen.

Beteiligung der Freimaurer an den politischen Attentaten.

„Die Empörung ist in gewissen Fällen eine heilige Pflicht" und „der politische Mord ist kein Verbrechen." Diese Grundsätze sind nicht einmal, sondern sehr oft in den angesehensten Freimaurerblättern ausgesprochen.

1792 wurde der König **Gustab III. von Schweden**, der Verbündete des Königs Ludwig XVI. von Frankreich, von einem Freimaurer im Auftrag des Großmeisters ermordet. Die Tat war schon 1786 in einer Freimaurerversammlung beschlossen, zusammen mit der Ermordung Ludwigs XVI.

Höchst verdächtig war der plötzliche Tod der Kaiser **Josef II.** und **Leopold II.** von Österreich (1790 und 1792), der russischen Kaiser **Paul I.** und **Alexander I.** (1801 und 1825). Auch hierbei scheinen die Freimaurer die Hand im Spiel gehabt zu haben, ebenso bei der Ermordung **Alexanders II.** (1881).

1882: Der Freimaurer **Oberdank** aus Triest versuchte ein Bombenattentat auf den Kaiser Franz Josef von Österreich-Ungarn. Er wurde mit dem Tode bestraft, aber in den italienischen Freimaurerlogen seitdem als „Held und Märtyrer" gefeiert.

1900 wurde Italiens König **Humbert** von dem Anarchisten Pressi ermordet; derselbe war Freimaurer, und wenn der Großmeister des Ordens, Nathan, die Tat verurteilte, so hat das nicht viel zu bedeuten.

1905 wurde in **Madrid** auf den königlichen Hochzeitszug eine Bombe geworfen, die zahlreiche Menschen tötete. Der Täter, der Anarchist Morral, stand in engen Beziehungen zu dem bekannten Revolutionär Ferrer. Sowohl Ferrer war Freimaurer, als auch der Verteidiger, der die unbegreifliche Freisprechung des Bombenwerfers Morral erreichte.

1911 wurde der russische Ministerpräsident **Stolypin** ermordet, kurz nachdem er die gesetzliche Anerkennung des Freimaurerordens abgelehnt hatte.

1914: Daß die am 28. Juni vollbrachte Ermordung des **österreichischen Thronfolgerpaares** von Freimaurern schon 1912 beschlossen und zwei Jahre später von serbischen Freimaurern ausgeführt ist, darüber kann nach dem Verlauf des Prozesses gar kein Zweifel sein. Aber es ist bezeichnend, daß der ganze Prozeß von unserer „liberalen" Tagespresse teils totgeschwiegen, teils verstümmelt wiedergegeben wurde.

1916: Am 22. Oktober erschoß der Freimaurer Fr. **Adler** den österreichischen Ministerpräsidenten Grafen **Stürgh**. Damals wurde er von den Freimaurern als wahnsinnig hingestellt und seine Tat verurteilt; aber nach seiner Begnadigung empfingen ihn lauter Jubel und große Ehren.

Wenn alle Freimaurer „ehrenhafte und edeldenkende" Menschen sind, was kann sie dann zu so grausamen Anschlägen gegen gekrönte Häupter oder ihre Minister bewegen? und wie kommt es, daß sie solche Attentate als Heldentaten feiern? Darauf hören wir immer wieder die Antwort, daß die Ermordung solcher „Verbrecher" eine politische, erlaubte Tat sei. Sehen wir uns doch diese „Verbrecher" etwas genauer an! Der gutmütige, wohlwollende König Ludwig XVI. von Frankreich wurde wegen „Hochverrats", „schuldig der Verschwörung gegen die Freiheit der Nation und die Sicherheit des Staates", als Verbrecher verurteilt und am 21. Januar 1793 hingerichtet. Und doch war sein einziger Fehler **Schwäche**, die ihn gehindert hatte, rechtzeitig mit rücksichtsloser Strenge gegen die frechen

Totengräber der Monarchie vorzugehen. Kaiser Paul I. von Rußland wurde 1801 ermordet, „weil sein **Despotismus** unerträglich war"; 1824 sein Nachfolger Alexander I. Und worin bestand ihr „**Despotismus**"? Daß sie alle geheimen Gesellschaften, einschließlich der Freimaurerloge, verboten. Das „Verbrechen" des milden Kaisers Franz Josef, auf den Oberdank sein Attentat beging, bestand einzig darin, daß er Monarch war; auch Wilhelm II. und Karl I. galten als „Tyrannen". Erst recht war natürlich der Thronfolger Franz Ferdinand ein „Verbrecher", weil man erwartete, daß er als starker Herrscher auftreten und den Augiasstall des österreichisch-ungarischen Staates gründlich ausmisten werde. Das gab den Freimaurern alles „Recht", ihn rechtzeitig durch Meuchelmord hinwegzuräumen.

Welche Verlogenheit! Was für Hilfstruppen gewannen die Freimaurer teils durch ihre Trugbilder, teils durch klingende Münze! Zuerst verbanden sie sich mit dem Liberalismus, später mit seinem Todfeinde, dem Sozialismus. Rings um uns sahen wir die Freimaurerei im Bunde mit Kommunisten, Anarchisten und Nihilisten, besonders mit den politischen Geheimbünden der Carbonari in Italien, der Narodna Odbrana in Serbien und wie sie alle heißen. Vor allem aber waren die **Irredentisten** ihre Schützlinge, die an den Grenzen des deutschen Reichs, Österreich-Ungarns und der Türkei die Raublust der kleinen Volksstämme aufstachelten.

Dabei ist die treffliche, raffinierte Schlauheit der **Engländer** bemerkenswert; sie haben die beste und stärkste Freimaurerorganisation der Welt. „Sie ist **in einem wesentlichen Punkte von der in den anderen Ländern verschieden; sie wirkt nicht revolutionär gegenüber dem eigenen Staate selbst**, sondern hat sich im Gegenteil zu einer Einrichtung entwickelt, die sich dem Staat überall dort zur Verfügung stellt wo er ihrer bedarf, um **in fremden Staaten** revolutionäre Umtriebe zu begünstigen." Die englische Regierung stellt alljährlich die ungeheure Summe von fünf Millionen Pfund Sterling dem „Agitationsamt für die Verwirklichung politischer Ziele" zur Verfügung[1]). In England allein ist während der letzten zwei Jahrhunderte das Königtum nicht angefochten; es erschien als **Republik mit erblichem Präsidenten**, und Eduard VII. besaß eine ungeheure Macht, nicht weil er König war, sondern ein „Wissender", eine Art von Papst in der eigenartigen Weltfreimaurerei! — In **Frankreich und U. S. Amerika** hat man gleichfalls immer mehr „die königliche Kunst" gelernt, wie den demokratischen Gedanken, so die angeblichen freimaurerischen Ziele zu benutzen, um in **anderen Staaten** Revolutionen anzuzetteln. Das wahre Ziel ist die **Weltplutokratie**, d. h. die Weltherrschaft des internationalen Großkapitals.

4. Und **Deutschland**? Die Geschichte der deutschen Freimaurerei ist eine Geschichte **unglaublicher Michelei**. Wir müssen es aufs

---
[1]) Vgl. Wichtl S. 174.

tiefste bedauern, daß die deutschen Freimaurer sich nicht mit voller Klarheit und zugleich mit selbstbewußtem Stolz des großen Unterschiedes bewußt wurden, das Tischtuch zerschnitten und für ihre „humanitären Bestrebungen" eine selbständige deutschchristliche Organisation mit besonderem Namen gründeten.

Wohl hat man mit Recht auf die nationale und monarchische Gesinnung vieler deutscher Freimaurer hingewiesen; dazu gehörten die hervorragendsten Männer aus der Zeit der Befreiungskriege, ein Fürst Blücher, Freiherr vom Stein, Scharnhorst, Fichte; auch unsere Hohenzollernkönige waren zum größten Teil Freimaurer, von Friedrich dem Großen an. Dabei dürfen wir nicht vergessen, daß Fichte dem Freimaurerorden den Rücken kehrte; daß die Hohenzollern von Friedrich dem Großen bis Friedrich III. der Freimaurerei mit großem Mißtrauen gegenüberstanden und niemals in ihre Geheimnisse eindrangen; daß die altpreußischen Logen lange Zeit ein Sonderdasein führten und von einer allgemeinen Weltorganisation keine Rede war.

Aber seit Bismarcks Entlassung (1890) wirkte die Freimaurerei immer mehr zersetzend, und sie trug an der Entmannung des deutschen Volkes einen wesentlichen Teil der Schuld.

Der dumme deutsche Michel! Wie stolz war er auf seine Toleranz, die ihn emporhebt über die Schranken von Rasse und Volkstum, von Konfession und Religion! Aber diese Toleranz wurde selbstmörderisch, besonders für den evangelischen Teil des deutschen Volkes. Wie viele Männer und Frauen vergaßen die höchste Pflicht jedes charaktervollen Menschen, die Pflicht der Selbstbehauptung! um der Toleranz willen warfen sie das Beste weg, was sie von den Vätern geerbt hatten: das lautere evangelische Christentum und das unverfälschte, unverwelkte Deutschtum.

Der dumme Michel! Er ließ sich einreden, daß die Politik nicht in die Freimaurerei gehöre. Und diesen Wahn übertrug er noch auf vieles andere: „Politik gehört nicht in die Schule! Die Offiziere sollen sich nicht mit der Politik beschäftigen, auch die Beamten nicht! Politik gehört nicht in die Kriegervereine, in die Turn-, Gesangs-, Wandervereine, in die Studentenverbände, in die Kasinos und Klubs!" Währenddessen wurde für die äußeren und inneren Feinde des Deutschtums allenthalben gerade die Politik zur Hauptsache, besonders in den Freimaurerlogen.

Der dumme Michel! Für ihn wurde die Freimaurerei zu einer Stätte der Weltenliebe, der Ausländerei und internationalen Kulturgemeinschaft. Er freute sich, daß die Freimaurer- und Pazifistenkongresse zusammenfielen, begeisterte sich für den Weltfrieden und die Völkerversöhnung. Welche Verblendung! Hinter den Kulissen bereiteten ringsum die maßgebendsten Freimaurer den Weltkrieg vor.

Wiederholt haben wir die Geschichte der letzten zwei Jahrtausende als einen Kampf der ganzen Welt gegen das germanisch-deutsche Volkstum bezeichnet. In diesem Ringen entwickelte sich allmählich die Freimaurerei zu einer starken und scharfen Waffe gegen uns. Denn im eigenen Land förderte sie die **Entmannung unseres Volkstums**, d. h. die selbstmörderische Vernachlässigung der deutschen Eigenart und des lauteren Christentums. Und die **ausländischen Großlogen** waren seit dem Ende des 19. Jahrhunderts „**Brutstätten des Deutschenhasses**"; mit großem Eifer und Erfolg verbreiteten sie die unglaublichsten Lügen über unsere Barbarei, unsere Rauflust und Rückständigkeit; den Weltkrieg gegen uns nannten sie einen heiligen „**Kreuzzug**". Unter Führung des Freimaurerpapstes Eduard VII. und unter leidenschaftlicher Mitwirkung der Großlogen ringsum wurde die **Einkreisung** ins Werk gesetzt. Wie bereits im Jahre 1870 der jüdisch-französische Hochgrad-Freimaurer **Cremieux** einen Preis von einer Million Frank auf den Kopf Wilhelms I. festsetzte und zehn Pariser Logen Wilhelm I., Bismarck und Moltke vor ihren Gerichtshof forderten, so wurde während der letzten Jahrzehnte in den ausländischen Logen der Haß gegen den Kaiser Wilhelm II., der von der Freimaurerei nichts wissen wollte, bis zur Siedehitze geschürt.

Wenn man nach dem tieferen Grund für diese allgemeine Feindschaft fragt, so gibt es nur **eine** Antwort: Das Deutschtum Mitteleuropas bildete das **letzte Hindernis** für die restlose Entfaltung der **Weltplutokratie** und die ungehemmte Ausbeutung; bei uns allein gab es noch eine Staatsform, eine Regierung, eine Beamtenschaft, ein Bildungswesen, das für Geld unzugänglich war; bei uns allein christlich-soziale Bestrebungen, die ehrlich einen Ausgleich zwischen den Klassen suchten.

2.

Das Judentum.

In den vorigen Abschnitten haben wir die aus England und besonders Frankreich „importierte"¹) Aufklärung, den demokratischen Gedanken und die Freimaurerei als Kampfmittel der Feinde **gegen** das germanisch-deutsche Volkstum erkannt. Die Hauptsache ist aber noch nicht ausgesprochen, daß in erster Linie die **Juden die „Importeure"** waren, die uns mit dem süßen Gift verseuchten und die Seele raubten.

1. Die „Aufklärung" des 18. Jahrhunderts und die damit zusammenhängende weitere Entwicklung haben den Juden die **Emanzipation** gebracht; nach und nach erlangten sie die gleichen Staatsbürgerrechte. Das war für Frankreich eine der „großen Errungenschaften" der Revolution; das Gleiche geschah im Anfang des 19. Jahrhunderts in den unter Napoleons Protektorat stehenden deutschen Rheinbundstaaten. In Preußen erklärte das Edikt vom 11. März 1812 die Juden für Inländer und preußische Staatsbürger; die preußische Verfassung von 1850 sprach die volle Gleichstellung der Juden mit den übrigen Staatsbürgern aus. Mit der Ausbreitung des demokratischen Gedankens hielt die Emanzipation der Juden gleichen Schritt; in Europa waren vor dem Weltkrieg nur noch

---

¹) Bismarck spricht von der „importierten Phrasenschablone".

Rußland und Rumänien „rückständig". — Aber diese ganze „Emanzipation" hat sich als ein großer Betrug erwiesen; sie setzt etwas Unmögliches voraus, daß der Jude in derselben Weise ein Glied des deutschen, französischen, englischen Staates und Volkes werden könnte, wie die geborenen Deutschen, Franzosen, Engländer. Seitdem der Jude „emanzipiert" ist, führt er ein **Doppelleben**; denn er gehört zwei Staaten und zwei Völkern an. Weder durch die Taufe noch durch die Emanzipation verliert er sein jüdisches Volkstum, und die Juden der ganzen Welt bilden einen festgeschlossenen, nichtbodenständigen **Staat für sich**. In diesem Doppelleben bleibt das **jüdische Volkstum und der jüdische Staat** stets das Höhere. Ja, wir dürfen behaupten: Die Zugehörigkeit zu dem zweiten Staat und dem zweiten Volkstum ist für die Juden nur ein Mittel, um das Judentum zur Herrschaft zu bringen.

Zwischen Judentum und Deutschtum, Judentum und Christentum besteht ein **unüberbrückbarer Gegensatz**. Heinrich Heine (Chaim Bückeburg) sagt: „Alles was deutsch ist, ist mir zuwider; alles Deutsche wirkt auf mich wie Brechpulver."

Der jüdische Professor **Gans**: „Taufe und Kreuzung nützen gar nichts. Wir bleiben auch in der 100. Generation Juden wie vor 3000 Jahren. Auch in zehnfacher Kreuzung ist unsere Rasse dominierend, es werden junge Juden daraus."

Und 1918 erklärte in der Baseler jüdischen Studentenverbindung Dr. **Klatzkin**: „Wir sind nicht Deutsche, Franzosen usw. **und Juden obendrein**; unser Judesein ist nicht Überbau eines Deutschseins, wie es ihm nicht Unterbau ist. Diese Seins schließen sich gegenseitig aus. **Wir sind Juden ohne Bindestrich**, weil ohne Abstrich, Juden ohne Verklausulung und ohne Vorbehalt. Wir sind schlechthin **Wesensfremde**; wir sind ein **Fremdvolk in eurer Mitte** und wollen es auch bleiben. Eine **unüberbrückbare Kluft gähnt zwischen euch und uns**; fremd ist uns euer Gott, euer Mythos und Sage, euer nationales Erbgut; fremd sind uns eure Überlieferungen, Sitten und Bräuche, eure religiösen und nationalen Heiligtümer, eure Sonn= und Feiertage..." „Ein getaufter Jude hört niemals auf, Jude zu sein."

Mit Recht warnte **Fichte** vor der Emanzipation: „Fast durch alle Länder von Europa verbreitet sich ein **mächtiger, feindlich gesinnter Staat: das Judentum**. Fällt euch denn hier nicht der begreifliche Gedanke ein, daß die Juden, welche ohne euch Bürger eines Staates sind, der fester und gewaltiger ist als die eurigen alle, wenn ihr ihnen auch noch das Bürgerrecht in euren Staaten gebt, eure übrigen Bürger völlig unter die Füße treten werden?"

Wenn für die Engländer, Franzosen, U. S. Amerikaner der demokratische Gedanke, den sie aller Welt verkünden, nur ein Aushängeschild und eine Maske ist, wohinter sie ihre Raff= und Raubgier verstecken, und ein Köder, womit sie die **anderen**, besonders den dummen deutschen Michel, locken: **so gilt das noch mehr für die Juden**. Sie verstehen es meisterhaft, unechte Ware anzupreisen, uns harmlosen Deutschen ihr verderbliches Gift als Lebenselixier aufzuschwatzen. Niemand war geschickter, den Schwindel von „Freiheit, Gleichheit, Brüderlichkeit, allgemeinen Menschenrechten" in der ganzen Welt zu verbreiten. Ihre „Aufklärung" bestand vor allem darin, die Völker, besonders die Deutschen, zu entwurzeln, loszulösen vom Volksboden und von der historischen Vergangenheit, die Achtung vor allem Großen, das das Deutschtum geschaffen hat, aus den Herzen zu reißen und „die reine Vernunft", das angeblich „Natur- und Vernunftgemäße", auf den Thron zu setzen.

Ende 1918 war es erreicht. Da konnte Herr von Payer sprechen: „Wir müssen uns loslösen aus den ausgefahrenen Geleisen unseres historischen Wissens", und Scheidemann: „Wir müssen heute ganz umlernen, müssen absolut über die Bismarcksche Gedankenwelt hinaus."

Welche Verlogenheit, wenn die Juden sich als begeisterte Propheten und Apostel des Weltbürgertums, des Kosmopolitismus und Internationalismus aufspielen! Sie gebärden sich wild, wenn wir das Wort „Rasse" und „Volkstum" in den Mund nehmen; sie verkünden, daß die trennenden Schranken zwischen den Rassen und Nationen fallen und eine internationale Kulturgemeinschaft alle Menschen verbinden müsse. Aber dieses Evangelium ist nur Köder **für die anderen**. Es gibt keine zielbewußteren Nationalisten als die Juden; all ihr Denken und ihr starker Wille zur Macht sind einzig eingestellt auf den Sieg und die Herrschaft ihrer jüdischen Rasse und ihres jüdischen Volkstums. Wenn doch wir Deutschen einen kleinen Teil dieses völkischen Zusammengehörigkeitsgefühls besäßen! statt dessen gelang es den Juden, die wenigen Deutschen, welche die Pflege unseres Volkstums für notwendig erachteten, bei unseren eigenen Volksgenossen als unerträgliche „Chauvinisten" und „Phantasten" zu verdächtigen.

Genau so war es auf allen Gebieten. Die Juden beklagten die Gegensätze zwischen den Konfessionen und Religionen; sie waren die Hauptvertreter der konfessions- und religionslosen Schule, und nur ein Schritt weiter ist der Atheismus. Aber das gilt nur **für die anderen**; der Jude bleibt Jude, und der Judengott darf nicht angegriffen werden.

Aus derselben Lügenfabrik stammt der Schlachtruf „gegen den Kapitalismus"; die Ausbeuter brachten es fertig, sich als Anwälte der Ausgebeuteten aufzuspielen. Unter dem Vorwand, der arbeitenden Klasse helfen zu wollen, stellten sich die Juden an die Spitze der sozialistischen und kommunistischen Bewegung; sie wurden die Führer im Kampf gegen den Kapitalismus. Das war der Gipfel der Verlogenheit. Denn Judentum und Kapitalismus sind identisch; die Juden sind die Erfinder des Geldverkehrs, des Börsenhandels, des Zinsnehmens, des Wuchers, der internationalen Zusammenhänge der Großbanken. Was sie in Wahrheit bekämpfen, ist die Selbständigkeit des nationalen Unternehmertums; alle Arbeit in Landwirtschaft, Handwerk und Industrie, Bergbau und Schiffahrt soll abhängig sein von den international-jüdischen Kapitalmächten; das jüdische Drohnentum will die Herrschaft gewinnen über sämtliche Arbeitsleistungen der ganzen Welt. Wohl treten sie für Sozialismus und Kommunismus ein; aber der soll nur gelten **für die anderen**. Aller persönliche Besitz der **anderen** soll „zusammengelegt" und „gerecht verteilt" werden; aber die Verteiler sind die Juden, und in Wahrheit sämtliche Kopf= und Handarbeiter ihre Sklaven. Um dieses Ziel zu erreichen, wurde der blinde Haß der Massen gegen das gesunde, nationale, werteschaffende Unter= nehmertum aufgepeitscht, dagegen die Banken geschont.

Auch ihre **Kulturphrasen** dienten demselben Endziel. Sie be= kämpften die Machtidee und verbreiteten mit leidenschaftlichem Eifer die Lüge, es sei verkehrt, daß der Staat in erster Linie Macht bedeute. Sie sprachen von einem Gegensatz zwischen Macht und Kultur und versicherten, daß der Machtgedanke das schlimmste Hemmnis für die wahre Kultur sei; deshalb müßte vor allem dem preußisch=deutschen Staat „der Machtkitzel" ausgetrieben werden. Welche Verlogenheit! Wiederum galten all die Phrasen nur **für die anderen**, besonders für uns Deutsche; dagegen ist bei keinem Volk der Wille zur Macht und der unersättliche Macht= hunger so groß, wie bei den Juden.

Mit welchem Behagen höhnten sie über die „Konservativen", „Rück= ständigen" und priesen den „Fortschritt"! Aber das galt nur **für die anderen**. Sie selbst sind die Konservativsten und Rückständigsten, die man sich denken kann; mit größter Zähigkeit halten sie als kleine Minderheit an ihrer uralten Wochen=, Zeit= und Jahresrechnung, an ihren Reini= gungen, Fasten und Speiseverboten fest, und während sie laut über „ungerechte Ausnahmegesetze" poltern, beanspruchen sie für sich selbst zahl= reiche Ausnahmerechte.

Das wichtigste aber ist folgendes: Für die Juden selbst gibt es **eine** große absolute **Wahrheit**, die Wahrheit aller Wahrheiten; das ist ihr unerschütterlicher Glaube, daß sie „das auserwählte Volk" seien und daß Gott selbst ihnen die Herrschaft über die ganze sichtbare Welt verheißen habe. Aber **für die anderen**, besonders für uns Deutsche, soll es über= haupt keine absolute Wahrheit geben; mit allen Mitteln ihrer sophistischen Dialektik suchten sie uns den festen Boden unter den Füßen, den zuversicht= lichen Glauben an Gott und seinen Sohn Jesum Christum, den Glauben an uns selbst und unser Volkstum, den Glauben an Vergangenheit, Gegen= wart und Zukunft aus den Herzen zu reißen[1]). Ihre sogenannte „Wissen= schaft" verwischte den Unterschied zwischen Gut und Böse, Eigentum und Diebstahl, Ehre und Schande, Gott und Teufel; sie wollte unseren Geist verwirren und betäuben. Wir sollten zu dem Standpunkt des Pilatus gelangen, der spöttisch fragte: „Was ist Wahrheit?!" Und wenn wir es dennoch wagten, an dem Glauben unserer Väter, an Christentum und Deutschtum festzuhalten und uns zu begeistern für unsere religiösen und

---

[1]) Auf dem Judenkongreß zu Lemberg sagte 1912 ein Rabbiner: „Wir müssen mit allen Mitteln trachten, den Einfluß der christlichen Kirche, welche stets unsere größte Feindin war, herabzumindern, und zu diesem Zweck müssen wir in die Herzen ihrer Gläubigen **freisinnige Ideen, Zweifel säen, Zwietracht und Reli= gionsstreitigkeiten** hervorrufen."

kriegerischen Helden, für die Helden des Geistes, der Arbeit und der Pflicht, dann wurden wir als „rückständige, einseitige Fanatiker und Chauvinisten" verdächtigt, die nicht imstande seien, „objektiv" zu denken.

So raubten die Juden uns Deutschen unsere Seele, und es gelang ihnen, die großen deutschen Volksmassen mit Haß und Wut zu erfüllen gegen das Beste, das sie hatten. Wie verlogen waren all die Schlagworte von den „Beuteinteressen der Agrarier", der „Profitgier der Schwerindustriellen", von „Ostelbiern", „Junkerregiment", „Militarismus", von „Reaktion" und „Alldeutschen", vom „Kampf gegen den Kapitalismus", von „Sozialismus", „internationaler Kulturgemeinschaft" und „Weltgewissen"! Alles nur Mittel, um die Deutschen zu entmannen!

Als Schlußakkord kam noch eine große Täuschung hinzu: die Lüge von den armen „**unterdrückten**", „**rechtlosen**", „**zurückgesetzten Juden**". Nicht „Unterdrückte", sondern „Unterdrücker" sind die Juden seit mehr als zweitausend Jahren gewesen; sie waren keineswegs rechtlos, sondern erlangten seit Alexander dem Großen und Julius Cäsar, seit Karl dem Großen und Rudolf von Habsburg **Vorrechte** für ihr Volkstum, für ihren Handel und Geldverkehr. Vor beinahe zweitausend Jahren kamen sie mit den römischen Legionen in das nördliche Mitteleuropa und nach Deutschland, um ihre Ernte zu halten. Sie verstanden es jederzeit, sich gerade bei den Großen und Mächtigen dieser Erde, bei Kaisern und Königen, Fürsten und Adeligen, unentbehrlich zu machen, sich ihren Launen anzupassen, ihren Lastern zu dienen und dafür Vergünstigungen einzutauschen. Aber wenn sie dann durch ihr Sklavenhalten und durch unerhörten Wucher (52 und 104 Prozent) die Volkswut so gesteigert hatten, daß es zur Explosion und zu entsetzlichen Judenverfolgungen kam, so erfüllten sie die ganze Welt mit dem Geschrei von ihrer „Rechtlosigkeit".

Als sie in der neuesten Zeit durch die „Emanzipation" die bürgerliche Gleichstellung mit ihren Wirtsvölkern erreicht hatten, da begnügten sie sich nicht mit der **Gleich**berechtigung; sie wollten **vor**berechtigt sein, wollten mit ihrem Geld und ihren Lügen die **Herrschaft** an sich reißen. Schrittweise drangen sie vor, eroberten zahlreiche Sitze in den Volksvertretungen und gewannen maßgebenden Einfluß in Presse, Theater, Schule, in der ganzen Kultur.

> Ist das ein „unterdrücktes" Volk, das es wagen darf, gegen alle zum Angriff vorzugehen und die Massen aufzuhetzen, die in Deutschland an ihrem deutschen Volkstum festhalten wollen? Als Dr. Wichtl den engen Zusammenhang zwischen Judentum und Freimaurerei aufdeckte, da haben die Juden sich keine Mühe gegeben, ihn mit Tatsachen zu widerlegen (das können sie nicht); aber es regnete in ihren Zeitungen, Zeitschriften und Versammlungen Schimpfworte über Wichtls Buch: „gedruckte Kloake", „plumpdreiste Sensationslust", „gähnkrampferzeugende Langeweile", „wüstester Unsinn", „brutale Absurdität", „inquisitionsgemäße Blutrünstigkeit", „verlogenes Gesalbader", „Schmutzschrift".

2. In der **Weltfreimaurerei** haben die Juden die **Führung** erlangt; sie wurden dabei wesentlich unterstützt durch die Michelei der anderen und durch ihre eigene rührige Tätigkeit. Die Freimaurerei war für sie das wichtigste **Sprungbrett** zur wachsenden politischen, sozialen und kulturellen Macht.

Schon die Äußerlichkeiten in der Freimaurerei entstammen alle dem Judentum: ihr Versammlungsort, die Loge, heißt „Tempel", und Salomos Tempel gilt als Vorbild; sie haben einen Altar, eine Bundeslade, einen siebenarmigen Leuchter, Teppich; ihre Paß- und Losungsworte kommen aus dem Hebräischen. Zwar waren die ersten Freimaurer Christen, hatten aber eine besondere Vorliebe für das **Alte Testament**, und schon im 18. Jahrhundert gelang es den Juden, in der Freimaurerei festen Fuß zu fassen.

Sie waren bald die eifrigsten Mitglieder; durch ihre Rührigkeit und ihren Willen zur Macht rissen sie allmählich die **Führung** an sich. Einige bekannte Namen mögen das bestätigen:

In **Italien** Ernesto Nathan, Bürgermeister von Rom, an der Spitze der ganzen Freimaurerei; Bürzel, aus dem der Minister Barzilai wurde;

in **Frankreich** spielten 1848 und 1870 Cremieux und Gambetta eine bedeutende Rolle;

in **England** Montefiore (Blumenberg); die Lords Rothschild, Beakonsfield (d'Israeli), Northkliffe;

in der **Türkei** Carasso, in **Spanien** Ferrer.

Alles jüdische Freimaurer! Ein englischer Schriftsteller hat, um die enge Verwandtschaft von Judentum und Freimaurerei zu bezeichnen, gesagt: „Der Freimaurer ist ein künstlicher Jude, soweit er es nicht von Haus aus ist." Und von dem Landgerichtspräsidenten Holzinger stammt das Scherzwort, daß sich in Wien „unter hundert Freimaurern hundertzwei Juden befinden".

Wenn auf S. 257 ff. ausgeführt wurde, wie groß die Beteiligung der Freimaurerei an **Revolutionen und Attentaten** ist, so läßt sich leicht nachweisen, daß auch hierbei die Juden häufig die Führung hatten[1]).

In der **Pariser** Februarrevolution des Jahres 1848 und in der folgenden Republik tat sich der jüdische Freimaurer **Cremieux** hervor, und in seine Fußtapfen trat später **Gambetta**.

Der bekannteste Revolutionsheld **Spaniens** war der jüdische Freimaurer **Ferrer**.

Von jüdischen Freimaurern gingen 1907 und 1910 die Revolutionen in **Portugal** aus.

Die sogenannten „Jungtürken", welche 1907/08 die Revolution in der

---

[1]) Vom jüdischen Professor **Graetz** (Breslau) soll das Wort stammen: „**Die Revolution ist der Stern Judas**", und in der Tat haben alle Revolutionen von 1649 und 1688/89, 1789 und 1830, 1848 und 1918 die Juden ihrem Endziel näher gebracht, der Weltherrschaft.

Türkei machten, die dem Sultan Abdul Hamid den Thron kostete, waren zum großen Teil jüdische Freimaurer.

In Rußland hatten bei den Attentaten der letzten fünfzig Jahre stets Juden die Hand im Spiel: Von Juden sind der Zar Alexander II. (1881), der Stadtkommandant Trepow, der Minister Szipjagin und 1911 der Ministerpräsident Stolypin ermordet. Daß die russische Revolution 1905 ein Werk jüdischer Freimaurer war, bezeugt der „deutsche" Jude Bernstein. Dasselbe gilt für die Revolution des Jahres 1917, und die Männer, die seitdem in Rußland besonders hervortraten, Kerenski, Trotzky, Radek, sind jüdische Freimaurer.

Ein jüdischer Freimaurer ist Friedrich Adler, der 1916 den österreichischen Ministerpräsidenten Stürgh ermordete.

Erst recht taten sich beim Zusammenbruch des Deutschen Reichs und Österreich-Ungarns 1918 jüdische Freimaurer hervor.

Wenn wir für die letzten Jahrzehnte die ausländischen Freimaurerlogen „Brutstätten des Deutschenhasses" nannten, so waren es vor allem Juden, die diesen Haß schürten. Gegen zwanzig Staaten sind 1914 bis 1918 von den Freimaurern in den Weltkrieg gegen die deutschen Mittelmächte hineingetrieben, und die Haupttreiber waren Juden. Wir denken besonders an Italien, wo die Minister Sonnino und Barzilai jüdischer Abkunft waren, wo die jüdischen Freimaurer Nathan und d'Annunzio vornehmlich zum Krieg hetzten und wo der jüdische Freimaurer Ottolenghi Kriegsminister wurde.

Hinter der Weltfreimaurerei steckte das Weltjudentum.

3. Noch einige Bemerkungen über den engen Zusammenhang zwischen den feindlichen Ententestaaten und dem Judentum seien hinzugefügt:

Von England sagte Professor Kühnemann mit Recht, daß es seinem Wesen nach „mehr eine jüdische als christliche Macht" sei. Es gibt in der angelsächsischen Welt eine weitverbreitete Gesellschaft, die sich „Gläubige der Identität" nennen, weil sie glauben, daß Briten und Israeliten „identisch" seien; sie sagen, die Briten seien die zehn nach Salomos Tode von Juda gesonderten Stämme, das verlorene und wiedergefundene Israel. Wann werden die Engländer erkennen, daß auch sie für die Juden weiter nichts sind als ein Sprungbrett zur Weltherrschaft?

Die Wallstreet in U. S. Amerika ist sozusagen das Generalstabsgebäude Judas. Von hier gehen die Fäden Judas über die ganze Welt. Der amerikanische Trust, die amerikanische Börse, der politische Verbrecherklub der Tammeryhall, der allmächtige „boss": all das ist von Grund aus jüdisch[1]). Werner Sombart, der doch gewiß kein „Antisemit" ist, schreibt in seinem Buche „Die Juden und das Wirtschaftsleben" S. 31: „Amerika in allen seinen Teilen ist Judenland; das ist das Ergebnis, zu dem ein Studium der Quellen unweigerlich führen muß."

Die Verjudung Frankreichs hat in demselben Maße zugenommen,

---

[1]) Nach Wilhelm Meister, „Judas Schuldbuch".

wie die plutokratische Oligarchie, welche die Maske der Demokratie trägt, zum Siege gelangt ist. Besonders bemerkenswert erscheint die enge Verbindung zwischen dem jüdischen Großkapital und der Freimaurerei.

Welch ein Unheil, daß auch im **deutschen Mitteleuropa** während der letzten Jahrzehnte das Judentum übermächtig wurde, das durch verwandtschaftliche Bande mit dem Judentum Englands, Frankreichs, U. S. Amerikas eng verfilzt war. Da konnten sich die Juden draußen und drinnen die Hand reichen, um uns Deutschen im Weltkrieg den bereits errungenen Sieg zu entreißen.

III.
Pazifismus als Maske und als Waffe[1]).

A

Kosmopolitismus und Pazifismus, der **Weltreichs- und Weltfriedens-Gedanke**, gehören zusammen; wie alle Übel, an denen wir kranken, sind sie Kinder der entarteten Alten Kulturwelt. In dem alle Menschen umfassenden **Idealstaat der stoischen Philosophen**, die den Boden der Wirklichkeit unter den Füßen verloren, herrschten angeblich Gerechtigkeit und Brüderlichkeit, Friede und allgemeine Menschenliebe. Für die **Römer** wurde dies eine Art von Staatsphilosophie; sie erklärten: in ihrem Weltreich sei der stoische Ideal- und Menschheitsstaat, in welchem Friede und Gerechtigkeit herrschen, verwirklicht. Wir staunen über die diplomatischen Künste und elastischen Mittel, womit die leitenden römischen Staatsmänner, genau wie die Engländer („die Römer der Neuzeit"), ihre Raub- und Plünderungskriege mit schönen Phrasen verbrämten; sie handelten gewissermaßen als **göttliche Beauftragte** im Dienste des Weltfriedens und der Gerechtigkeit.

Erbin des römischen **Weltstaates** wurde die römisch-christliche **Weltkirche**: ein Rollentausch! **Die Wahnidee der einheitlichen Menschheit** wirkte weiter. Den Kirchenvater Augustin (um 400) dürfen wir als Vorläufer der Pazifisten bezeichnen; „Friede und Gerechtigkeit" sind die Kennzeichen seines Gottesstaates. Später haben die Päpste Gregor I. (um 600) und Gregor VII. (um 1080) diese Gedanken ausgeführt. Das Ideal des Gottesstaates schien in der **römischen Papstkirche** verwirklicht zu sein: die **Weltkirche** zugleich als der **Weltstaat**, in welchem „Friede und Gerechtigkeit" herrschen. Es sei Gottes Wille, so sagte man, daß **alle Menschen** dieser Güter des „Friedens und der Gerechtigkeit" teilhaftig würden; wer nicht freiwillig zu diesem Welt-

---

[1]) Nach einem Vortrag, den ich 1921 in vielen Städten unseres Vaterlandes gehalten habe, zuerst in Düsseldorf am 6. 3. 1921, unmittelbar vor der Besetzung durch die Franzosen.

friedensreich gehören wolle, der müsse zu seinem eigenen Besten **hineingezwungen** werden. Aus solchen Vorstellungen ist die blutige Missionstätigkeit des Mittelalters erwachsen: die grausame „Bekehrung" der heidnischen Sachsen durch Karl den Großen, später die entsetzlichen Ketzerverfolgungen. Lange Zeit hat es ehrliche Vertreter dieser Ansichten gegeben. Aber seit dem 13. Jahrhundert wurde die Weltfriedensidee zur **Maske und zur Waffe** für die Ausbeutung der Menschen und Völker durch das römische Papsttum. Wie am Ausgange der Alten Geschichte unter den Kaisern, so war am Ausgang des Mittelalters unter den Päpsten **Rom eine Welt-Drohnenstadt**, für welche alle Menschen fronen mußten.

Die Neuzeit brachte, nachdem das Papsttum seine politische Allmacht verloren hatte, mehrmals einen Rollentausch und Szenenwechsel. Im 16. Jahrhundert schien das aufsteigende Haus **Habsburg** die Weltherrschaft zu erlangen; an seine Stelle trat **Frankreich** unter Ludwig XIV. und Napoleon I. Und wie im Altertum schließlich das Römische Kaiserreich den Erdkreis umfaßte, so ist heute die ganze Welt auf dem Wege, englisch zu werden. **Vom Römischen Weltreich zum Englischen Weltreich!** Diese Entwicklung scheint der Sinn einer 1500jährigen Geschichte zu sein.

Das waren und sind alles Weltfriedensbringer, die beutehungrigen und nimmersatten Welschen, Slawen und Engländer: der französische König Ludwig XIV. und der französische Kaiser Napoleon I., Kaiser Nikolaus von Rußland, Ssasanow und Lloyd George, Poincaré, und Clemenceau, Wilson und d'Annunzio! 1789 schaffte die französische Nationalversammlung den Krieg ab, und die Folge war, daß fünfundzwanzig Jahre lang die ganze Welt erschüttert wurde von unaufhörlichen Kriegen. Im Anfang unseres Jahrhunderts trat auf Veranlassung des russischen Zaren der Weltfriedenskongreß im Haag zusammen; unmittelbar darauf brach der Russisch-Japanische Krieg aus, und seitdem sind wir aus den blutigsten Kriegen nicht herausgekommen.

Die Welschen und besonders die Engländer reden von **Rechtskriegen**. Ludwig XIV. und Napoleon I. von **Frankreich** legten bei all ihren Raubzügen großen Wert auf die Feststellung des „Rechts". **England** führt alle seine Kriege als selbstlose Vertreterin des Rechts und der Menschlichkeit; auch am Weltkrieg 1914—1918 habe es sich durchaus selbstlos beteiligt. Ich betone, daß es zahlreiche Engländer gibt, die infolge einer 200jährigen politischen und kirchlichen Erziehung, infolge der täglichen Zeitungslektüre und ihrer suggestiven Wirkung ehrlich davon überzeugt sind, daß ihnen von Gott eine Art **Gerichtshoheit** übertragen sei, um in der ganzen Welt über Recht und Gerechtigkeit zu wachen. Wo sie irgendein „Unrecht" sehen (und sie entdecken bald in Armenien oder auf der Balkaninsel, bald am Kongo oder in Deutschland fluchwürdige „Greuel"), da müssen die frommen Engländer eingreifen. Das ist ihre **göttliche Mission**, und ihnen steht auch eine Art **Strafgewalt** zu. Deshalb war und ist es für sie so wichtig, den Weltkrieg 1914—1918 als einen „Rechtskrieg" zu bezeichnen: als einen Krieg gegen die deutschen Allerweltfriedensstörer, gegen den preußisch-deutschen Militarismus, der ständig auf der Lauer sei, die Brandfackel über die friedliche Welt zu schleudern, gegen den Brecher der Neutralität Belgiens, gegen die Verletzer des heiligen Völkerrechts. Für sie selbst war, um des frommen, göttlichen Friedensziels willen, im Kampf mit uns Sündern jeder Rechtsbruch erlaubt. Und nach dem Weltkrieg war es eine hohe, gottgewollte Friedensaufgabe der Welschen und Engländer, den wilden deutschen Raufbold dauernd zu fesseln, durch Entwaffnung für immer unschädlich zu machen, durch ewige Hungerblockade zu entkräften: alles zur höheren Ehre Gottes und zur Verwirklichung seines Gottesreichs des Friedens. — Bekanntlich ist Wilson, der Präsident von U. S. Amerika, nur um des Rechts und der Gerechtigkeit willen, um den Weltfrieden herbeizuführen, dessen einziges Hindernis das deutsche Reich bildete, 1917 in den Weltkrieg gegen uns eingetreten, den er in seiner Frömmigkeit als „Kreuzzug" bezeichnete.

B.

Und wir Deutschen? Die Wahnideen, die zur Zeit Luthers und wiederum zur Zeit der Freiheitskriege überwunden zu sein schienen, drangen von neuem wie ein schleichendes Gift in unser Volk, und das ist die tiefste Ursache unseres Zusammenbruchs geworden. In Deutschland rangen seit 1815 zwei entgegengesetzte Strömungen miteinander: Auf der einen Seite der christlich-soziale, monarchische, nationale Gedanke; auf der anderen Seite alle mit der Demokratie und dem Pazifismus verbundenen internationalen Kräfte, schwarz, rot, gold. Es handelt sich um zwei entgegengesetzte Weltanschauungen oder um zwei verschiedene weltgeschichtliche Tendenzen: die einen möchten alles Volkstum, alle Nationen hinüberleiten in ein einheitliches Weltreich, in dem es keine Kriege mehr gebe, sondern nur „Friede und Gerechtigkeit"; die anderen wollen die Menschenwelt dauernd gestaltet sehen als ein Nebeneinander souveräner Staaten nationaler bzw. völkischer Eigenart, wobei sie ehrlich die Möglichkeit, ja Notwendigkeit der Kriege zugeben, die man zwar nach Kräften auf das geringste Maß beschränken, aber als die ultima ratio und als ein Element göttlicher Weltordnung ansehen müsse. Es ist der alte Gegensatz von Universalismus und Nationalismus. Manche Leute, die in den Gedankengängen des Kirchenvaters Augustin und des Papstes Gregor VII. stecken und das „Gottesreich" des Mittelalters erneuern wollen, bezeichnen es als den Gegensatz zwischen Katholizismus und Protestantismus. In dem verbreiteten Tendenzwerk „Österreichische Geschichte" von Dr. v. Kralik heißt es:

„Die katholische Weltanschauung vertritt die Idee einer einheitlichen, alle Zeiten und Völker, alle Gebiete des Lebens umfassenden menschlichen Kultur, einer Kultur, die wirklich, sichtbar, geschichtlich und gesellschaftlich organisiert ist, die alles organisiert, die alles, auch das Profane, durchdringt, die nicht vor der Berührung mit dem Staub, der Sünde, der Schwachheit zurückscheut. Sie ist, mit einem Wort, der Überzeugung, das höchste Ideal menschlicher Gesinnung und Geselligung, könne **sichtbar verwirklicht** werden in der Kultur, wenn auch mit Nachsicht menschlicher Beschränktheiten. — Die **protestantische** Weltanschauung dagegen ist der Ansicht, daß die Welt so verschlechtert sei, daß das höchste Ideal nur als Glaube **unsichtbar** in der Brust des einzelnen Gläubigen sich retten kann vor der profanen, bösen, verderbten Welt. Das Ideal ist dem Protestantismus eine unsichtbare Kirche, ein **heiliges Buch**, das keine Geschichte und Entwicklung hat."

Was ist das für eine halbwahre, äußerliche Vorstellung und Betrachtungsweise? Nein! Der Gegensatz deckt sich nicht mit katholisch und protestantisch[1]. Der Gegensatz liegt viel tiefer; er steckt im Blut und im Geist und in der inneren Gesinnung: hier welsch, dort deutsch! hier Völkerchaos, dort germanisch-deutsches Ariertum! **Auf der einen Seite** will man nur den Typus „Mensch" und den Begriff „Menschheit" kennen; mit der Heckenschere soll alles gleich geschnitten und gestutzt und nivelliert werden. Alles Denken ist ein Rechnen; über Gut und Böse, über Verdienste und Sünden wird Buch geführt, Lohn und Strafe mit der Waage pfundweise zugemessen. Alles muß man sehen, schmecken, greifen können; das Reich Gottes ist die sichtbare, ins Einzelne organisierte Kirche; ja Gott selbst will man in seinem Stellvertreter mit Augen sehen, mit Ohren hören, mit den Händen betasten; und Jesus Christus wird täglich im Opfer und in der Kommunion verleiblicht. So besteht für sie auch der Friede, den die Weihnachtsbotschaft verkündet und den der Jesusgeist bietet, in der äußerlichen Beseitigung des Kriegsgeräts. — **Auf der anderen Seite** betonen wir den viel höheren Wert der Imponderabilien, der irrationalen Kräfte, die man nicht mit Zahlen ausdrücken, mit der Waage wiegen, mit der Elle messen kann. Wichtiger als alles mechanische, logische, rechnerische Denken erscheint das intuitive Denken, das unmittelbare innere Schauen, von dem wir uns keine Rechenschaft geben können. Alles geschichtliche Leben, so sagen wir, hat keinen Sinn ohne die Entfaltung der Einzelpersönlichkeit und der Volkspersönlichkeiten; nicht die Regel, nicht die Norm, sondern die Ausnahme ist die Hauptsache; nicht die Gleichheit, sondern die Mannigfaltigkeit. Was den einzelnen Menschen, den einzelnen Völkern an Eigenart, Eigentümlichkeit, Besonderheit, Individualität gegeben ist, darin erblicken wir das Beste, die herrlichste Gottesgabe, die sorgfältig gehütet und gepflegt werden muß. Uns bedeutet nicht die Weltkultur, nicht die Kulturgemeinschaft, nicht die Gleichheit des Denkens, Fühlens, Wollens das letzte Ziel; sondern je höher die Kultur steigt, um so größer ist die Differenzierung der Menschen und Völker. Das Reich Gottes kommt, wie Jesus sagt, nicht mit äußerlichen Gebärden; es ist

---

[1] Es muß daran erinnert werden, daß der Gegensatz von „römischkatholisch" „deutschvölkisch" ist; Religion und Konfession sind dabei nur Masken.

nichts Sichtbares, kein Völkermischmasch; sondern es liegt inwendig in uns, und der Friede, den Jesus verheißt, ist etwas Innerliches, ist Friede zwischen Gott und Mensch, ist die innere Ruhe in Gott.

Die Dinge sehen hinter den Kulissen des Welttheaters ganz anders aus als vorn auf der Bühne. Seit 2000 Jahren gilt **Rom** als die von Gott bestimmte Hauptstadt des Weltfriedensreiches: schon im heidnischen Altertum, dann im christlichen Mittelalter; es ist bezeichnend, daß in der Neuzeit Napoleon I. wieder enge Verbindung mit Rom suchte, und daß er, ohne es zu wollen, die wichtigste Entwicklung des 19. Jahrhunderts vorbereitet hat: **die Auferstehung der mittelalterlichen kirchlichen Ideen und die Wiedererstarkung des römischen Papsttums.**

Aber neben Rom war das erstarkte **Juda** getreten. Im 18. Jahrhundert hatte sich der **bedeutendste und größte Rollentausch der Weltgeschichte** vollzogen. Als alle mittelalterlichen Ideen ihre Kraft verloren zu haben schienen, als der Einfluß und die Macht des Papsttums auf den Nullpunkt gesunken war, als die katholischen Länder die Aufhebung der päpstlichen Schutztruppe, des Jesuitenordens, durchsetzten: da sprang **Juda** entschlossen auf den von Rom verlassenen Kutschersitz und ergriff mit fester Hand die Zügel der Weltherrschaft. Der Jesuitenorden verschwand (1773); aber der Freimaurerorden, die Weltfreimaurerei stieg zu gewaltiger Macht. Von dem Freimaurerorden stammen die Revolutionsschlagworte „Freiheit, Gleichheit, Brüderlichkeit, Menschenrechte". Wir wissen heute, welch großen Anteil die Juden an den welterschütternden Ereignissen der französischen Revolution gehabt haben. Wir wissen, daß die einflußreichsten Männer jener Zeit Mitglieder des Freimaurerordens waren! daß Lügen und Zerrbilder, welche über die bestehenden Zustände verbreitet wurden, das wichtigste Kampfmittel bildeten. Wir wissen heute, wie die Revolutionen von 1789 bis 1918 **gemacht** sind, und wie die Hintermänner und Drahtzieher aussehen, nach deren Willen die Puppen vorn auf der Weltbühne tanzen. Im 18. Jahrhundert vollzog sich **nur ein Rollentausch**: statt Rom Juda; statt Jesuitenorden der Freimaurerorden; **vor allem statt der kirchlichen Dogmen politische Dogmen.** Weiter nichts! denn für die politischen Dogmen gibt es dieselbe **Zwangsgewalt**, um den widerwilligen Menschen und Völkern die demokratischen Allheilmittel aufzunötigen; dieselbe **Zwangsgewalt**, um sie in das Weltfriedensreich hineinzuzwingen. Und den politischen „Ketzern" gegenüber gelten ebensowenig „Rechte" und „Verträge", wie gegenüber den kirchlichen Ketzern; das hohe Ziel heiligt die widerwärtigsten Mittel.

Die Wesensverwandtschaft zwischen Juda und Rom.

Jesus warnt: „Hütet euch vor dem Sauerteig der Pharisäer und Saduzäer!"

Mommsen nennt das Judentum ein „Ferment der Dekomposition", d. h. einen zersetzenden, auflösenden, zerstörenden Sauerteig.

Ebenso waren die alten Römer ein „Ferment der Dekomposition"; sie handelten nach dem Grundsatz divide et impera und mischten sich fortwährend in die Angelegenheiten fremder Staaten, um Zwietracht zu säen.

Schon vor dem Weltkrieg habe ich die Ansicht bekämpft, als könnte man mit Hilfe Roms die jüdische oder mit Hilfe Judas die römische Gefahr überwinden. Denn seit 2000 Jahren sind Juda und Rom (sowohl das kaiserliche als auch das päpstliche Rom) Konkurrenten; sie haben **dasselbe Ziel**, die Weltherrschaft, und **denselben Feind**, das nordisch-germanisch-deutsche Volkstum.

Zwischen diesen Konkurrenten entbrannte im 18. Jahrhundert, im Zeitalter der „Aufklärung", ein erbitterter Kampf. Rom schien endgültig zu unterliegen, und der Jesuitenorden wurde 1773 aufgelöst. Anderseits öffnete die Judenemanzipation dem „Ferment der Dekomposition" ein Land nach dem anderen, und der Freimaurerorden breitete sich über die Welt aus. Aber seit 1814 erlebten das römische Papsttum und der wiederhergestellte Jesuitenorden einen überraschenden Aufstieg. Die mittelalterlichen Ansprüche wurden erneuert, vor allem der Gedanke des irdischen, sichtbaren Gottesstaates, in welchem „Friede und Gerechtigkeit" wohnen. Die römische Papstkirche schloß einen engen Bund mit dem **Pazifismus** gegen den Militarismus; dabei wandte sie sich immer einseitig gegen den preußisch-deutschen Militarismus, weil die anderen Staaten die heuchlerische Pazifistenmaske trugen. Der Papst Leo XIII. eröffnete 1893 den Kampf; die deutsche Zentrumspartei wurde pazifistisch.

Die wachsende Macht Roms und Judas bildet den Hauptinhalt der neuesten Geschichte. Sie erzählt uns von einem heftigen Ringen zwischen den beiden konkurrierenden Orden, den Freimaurern und den Jesuiten. Gerade in den welschkatholischen Ländern hatten Papsttum und Jesuitenorden ihre gefährlichsten Feinde, und von keinem Staate ist die Papstkirche so mißhandelt worden wie von ihrer Lieblingstochter Frankreich. Anderseits wurde die römische Kirche von den deutschen Mittelreichen auf jede Weise gefördert; die Päpste Leo XIII. und Pius X. haben es bestätigt, daß sie in keinem Lande so große Bewegungsfreiheit genießen wie im deutschen Kaiserreich, und den habsburgischen Kaiserstaat konnte man geradezu „das Vollzugsorgan Roms" nennen.

Dennoch führte der gemeinsame Haß gegen das Deutschtum Rom und Juda, Jesuiten und Freimaurer zusammen. Sie sind ja innerlich verwandt und **verfolgen dieselben Ziele**:

Beide jagen dem Phantom einer einheitlichen Menschheit nach. Wer nicht römisch bzw. jüdisch ist, gehört nicht zur Menschheit und hat keine Existenzberechtigung.

Beide verkünden die **Gleichheit** aller Menschen, bei der hier die Priester, dort die Juden als die Hirten der Herde eine Sonderstellung haben.

Beide preisen die Völkermischung und bekämpfen leidenschaftlich den Rassegedanken, besonders das Erwachen der nordisch-deutschen Eigenart.

Beide organisieren sich zu einem weitverzweigten **Staat im Staate**, der sich über die bodenständigen Staaten legt.

Beide fälschen die Geschichte; bei den einen korrigiert das kirchliche, bei den anderen das politische Dogma die Vergangenheit.

Beide haben als Endziel eine Art von Theokratie, eine Weltherrschaft, die sich auf göttliche Weissagungen beruft[1]).

Wie oft ist in den letzten fünfzig Jahren bei den wichtigsten Entscheidungen der politische Katholizismus z u s a m m e n mit der roten und goldenen Demokratie gegen das preußische Deutschtum aufgetreten! **Rom und Juda** standen zusammen gegen Bismarck. In der nachbismarckischen Zeit war für Rom und Juda in gleicher Weise der Pazifismus Maske und Waffe, wenn es galt, die monarchischen und militärischen Machtgrundlagen des deutschen Reiches zu unterwühlen.

Der dumme deutsche Michel! Wie oft hat er sich bei den Wahlen für die Volksvertretungen täuschen lassen! Wie oft wurde er von den sogenannten „Mittelparteien" irregeführt! Wie oft forderten die Zentrumsredner zum Kampf auf gegen die von Juda und Freimaurern geführte goldene und rote Demokratie! Mit frommem Augenaufschlag nach oben bezeichneten sie sich als den stärksten Damm gegen die rote Flut und gegen die Seuche des Mammonismus; sie lockten die rechtsstehenden Protestanten durch

---

[1]) Meine Ansicht von der engen Verwandtschaft Roms und Judas habe ich nachträglich bei einem der besten Kenner, dem jüdisch geborenen A. Trebitsch bestätigt gefunden. Er spricht von „Abkommandierten" Roms und Judas in den nationalen Parteien, von einer „Fassadenpolitik", um die Wähler, d. h. den süßen Pöbel zu täuschen, von einer „proteusartigen Verwandlungskunst und Allgegenwart", von dem „Gaukelspiel auf der weltpolitischen Bühne" und der Tätigkeit „hinter den Kulissen". In seinem Buche „Wir Deutschen aus Österreich" weist er auf sonderbare Vorgänge der letzten Jahre hin und sagt S. 72: „Während auf der politischen Oberfläche der noch auf religiöser Basis sich stützende Kampf zwischen Judentum und Christentum weitertobt, als gäbe es zwischen diesen unversöhnlichen Mächten keinerlei Verständigung, **haben unter dem weltpolitischen Tische Israel und Rom sich längst die Hände gereicht.**" In dem Buch „Deutscher Geist oder Judentum" spricht Trebitsch S. 178 ff. von der **Verjudung der römischen Kirche,** die er „eine jüdischem Machtwillen und jüdisch psychagogischer Vergewaltigungsgier verwandte Genossenschaft" nennt. „Diese beiden Großmächte (Rom und Juda) wissen, mögen sie sich auf der politischen Bühne auch noch so sehr zu bekämpfen scheinen, doch in **seltsamer Einmütigkeit** dafür zu sorgen, daß wahrhaft deutsch gesinnte Elemente niemals zur Regierung kommen." „Wahrlich, diese römisch-jüdische Allianz, bei der die beiden Konkurrenten um die Weltmacht eines Sinnes sind beim tödlichen Schnitt durch ein lebendiges deutsches Land, erinnert sie nicht an jenes Salomonische Urteil mit dem einen Unterschiede, daß wir es hier mit **zwei falschen Müttern** zu tun haben, die in die Zerstörung des Kindes einwilligen, indes die wahre Mutter blöde lächelnd, verdutzt und tatenunfähig der Metzelung zusieht, ohne die falschen Mütter zu verjagen oder das todgeweihte Kind in liebender Empörung an sich zu reißen? Freilich, Germania, die diese seltsame Einverständlichkeit von Widersachern nicht kennt, nicht sieht, nicht begreift: wie sollte sie, weder Zions noch Roms geheime Pläne erfassend, die Kraft, die Selbstbesinnung, die Geistesgegenwart aufbringen, jener beider Tun zu verhindern, **ehe sie die römisch-jüdische Allianz noch durchschaut hat?"**

die Sirenenklänge von der „gemeinsamen christlichen Weltanschauung" und betonten die gemeinsamen Interessen der „bürgerlichen" Parteien. Aber nach den Wahlen marschierten sie Arm in Arm mit den Freisinns= und Sozialdemokraten. Auch dürfen wir nicht vergessen, daß das Zentrum im Jahre 1907 die Wahlniederlage der Sozialdemokratie als **eigene** Niederlage empfand und vom Beginn eines neuen Kulturkampfes redete, obgleich es selbst aus der Wahl gestärkt hervorgegangen war; bei den nächsten Wahlen (1912) verdankten die Sozialdemokraten der Unterstützung des Zentrums zwölf Reichstagssitze. — Und sind nicht auch die Liberalen, die Nationalliberalen (später „deutsche Volkspartei"), die einst unter Bismarck eine so herrliche Rolle gespielt haben, eine ähnliche „Mittelpartei" geworden? **Vor** den Wahlen konnte der deutsche Michel kaum einen Unterschied gegenüber den weiter rechts stehenden Parteien sehen; aber **nach** den Wahlen suchten diese „Liberalen" den Anschluß nach links, **gegen rechts**. Weshalb? weil die Juden und Freimaurer unter ihnen wachsenden Einfluß gewannen.

Rom und Juda waren Bundesgenossen bei der Unterdrückung des Deutschtums in der Ost=, West= und Nordmark, auch in Österreich=Ungarn; sie waren Bundesgenossen bei dem Zabernrummel im Winter 1913/14. Fast gleichzeitig tagten damals in Wien der eucharistische Kongreß und in Basel der internationale sozialdemokratische Pazifistenkongreß mit der Losung „Krieg dem Krieg"! In Wien wurde die Verwirklichung der „katholischen Staatsidee" gefordert, d. h. des politischen Katholizismus, der einheitlichen Menschheitsorganisation unter Führung des Papstes. Der Sozialistenkongreß tagte im großen Münster zu Basel, die Glocken wurden geläutet, und der bekannte deutsche Genosse Bebel wies als Pazifist auf die Weihnachtsbotschaft hin „Frieden auf Erden"!

Der dumme deutsche Michel! Er fuhr fort, die Jesuiten und die Juden zu versöhnen. Im Weltkrieg ließ er sich den Juden Rathenau als Organisator unseres Wirtschaftslebens, Erzberger als Reichstagsführer, den Grafen Hertling als Reichskanzler gefallen. Er ließ die heuchlerischen Pazifisten der ganzen Welt, **draußen und drinnen**, erstarken; er ließ im eigenen Land den Kampf gegen das Preußentum entbrennen. Der Papst Benedikt XV. war als Pazifist keineswegs neutral, sondern begünstigte die Welschen und Angelsachsen, die so raffiniert ihre pazifistische Rolle zu spielen verstanden, vor allem der Hochmeister des Pazifistenordens, der Erzheuchler Wilson.

Der Pazifismus als Maske und als Waffe! Seit 1917 führten wir, Gott sei's geklagt, einen **doppelten Krieg**:

> **draußen**, im Osten und Westen, an der italienischen Grenze, auf der Balkan=Halbinsel, in unseren Kolonien, auf dem Meere und in den Lüften rang preußisch=deutsches Heldentum siegreich mit der Welt=Lügendemokratie, welche den Pazifismus als Maske trug und als Waffe gebrauchte;

> und **drinnen**, hinter der Front, führten wir genau denselben Kampf, gegen die international=demokratischen Pazifisten. Wir kämpften gegen eine **äußere** und gegen eine **innere** Entente, und beide verfolgten genau dieselben Ziele.

Dabei wurde es auch noch in anderer Beziehung ein **doppelter Krieg**: auf unserer Seite stand das heuchlerische Kaiserhaus **Habsburg**, das nach dem Tode Franz Josefs wieder, wie früher, ganz „Vollzugsorgan" der römischen Kurie wurde, des Papstes, der mit zu dem Welt-Friedens-syndikat gehörte. Auf der anderen Seite war **England immer mehr** „**Vollzugsorgan" des Judentums geworden**; auch Italien, wie man an der Zusammensetzung des Freimaurerordens erkennt. **Frankreich** pendelte seit 130 Jahren hin und her; bald war Rom oben, bald Juda. Bisweilen hörten wir von drüben lauten Kanonendonner, als wollten sich in Frankreich Rom und Juda vernichten; aber uns gegenüber fühlten sie sich immer eng verbunden.

Pazifismus als Waffe! Nicht mit den stärksten Heeren und Flotten, nicht mit Kanonen und Handgranaten, Tanks und Giftgasen konnten wir besiegt werden. Aber der römische und jüdisch-angelsächsische Pazifismus wurde der **Sprengstoff**; er war, um ein Wort Bismarcks zu gebrauchen, der Stein der Medea, der unter die eisengepanzerten Riesen geschleudert wurde und worüber sie sich gegenseitig zerfleischten. —

Der dumme deutsche Michel! Er wurde nach dem Zusammenbruch nicht klüger. **Rom und Juda** (schwarz, rot, gold; Erzberger und Scheidemann; Wirth und Rathenau) schlossen sich immer wieder fest zusammen und stellten ihre internationalen Ziele höher als alle deutschen Belange. **Rom und Juda** verteilten seit 1918 die wichtigsten Staatsämter unter sich; wer etwas werden wollte, mußte entweder Freund Erzbergers sein oder sich geistig beschneiden lassen, und es gab leider genug Deutsche, die sich dazu entwürdigten.

IV.
Der status quo als Maske und als Waffe.

Unter den Taschenspielerkünsten der verrömelten und verjudeten Staatsmänner ist der status quo bzw. status quo ante (d. h. „der bestehende" oder „der vorher bestehende Zustand") ein Glanzstück. Der Begriff scheint eigens dafür erfunden zu sein, um den deutschen Michel durch papierene Bestimmungen zu fesseln, über die sich die anderen ohne Bedenken hinwegsetzen. Wenn sie sich selbst um keinen status quo kümmern, dann haben sie zahlreiche **Rechtsgründe**; dann reden sie von dem „natürlichen" oder „göttlichen Recht", von „unveräußerlichen Rechten", vom „Selbstbestimmungsrecht", vom „heiligen Egoismus".

Als 1912 der **Balkankrieg** ausbrach, erklärten auf Veranlassung des Dreiverbandes die sechs europäischen Großmächte, es solle unter allen Umständen der status quo aufrechterhalten werden. Wie schlau!

Siegten die Türken, dann wäre der deutsche Michel verpflichtet gewesen, an der Wiederherstellung des status quo ante mitzuwirken, d. h. den befreundeten Türken den Siegespreis zu entreißen.

Als aber die Türken besiegt wurden, da erklärten flugs die leitenden Minister in Petersburg, London, Paris: Man müsse natürlich der veränderten Sachlage Rechnung tragen, und die Balkanstaaten begannen, im stillen Einverständnis Frankreichs, Englands und Rußlands, die europäische Türkei aufzuteilen.

Ebenso dachten sich unsere Feinde 1914 den Verlauf des Weltkrieges ... Bei ihnen selbst gab es schon feste Pläne über die Aufteilung Deutschlands. Aber nach unseren glänzenden Siegen im ersten Kriegsjahr hallte die ganze Welt wider von dem status quo, von der „heiligen Aufgabe", den bestehenden Zustand zu erhalten und das europäische Gleichgewicht zu wahren. Leider stimmten erst die goldenen, dann die roten und schließlich auch die schwarzen Flavusdeutschen mit ein und schrien: „Keine Annexionen!"

In der „Düsseldorfer Zeitung" stand am 7. April 1916 folgendes Gedicht:

> „Die Sache mit dem Statusquo
> Verhielt sich vor dem Kriege so:
> Uns sperrte er hinter Riegel und Klammer
> Erbarmungslos in die enge Kammer.
> Taten ins Freie wir nur einen Schritt —
> Flugs schlugen Russen, Franzmann und Brit'
> Einen Heidenskandal vor dem Welttribunal,
> Und sie schrien Zeter und Mordio:
> Rettet den armen Statusquo!
>
> Wir blieben die verspäteten Dichter.
> Hingegen für die Völkerrechtsrichter
> War der geliebte Statusquo
> Bestenfalls ein Popanz aus Stroh
> Und zuweilen auch die spanische Wand,
> Dahinter sie mausten mit starker Hand;
> Ein Popanz, um uns zu verjagen,
> Wo sie rauben wollten mit hungrigem Magen.
> Sie stahlen zu Wasser und zu Lande.
> Wir saßen auf dem status quo ante —
>
> Sind wir die Narren, drauf sitzen zu bleiben
> Nach glücklich bestandenem Kesseltreiben?
> Bei Umwälzungen von solchem Gewicht
> Kennt die Geschichte den Status nicht! ..."

Rückschauend hat der Historiker den Eindruck, als wenn seit 2000 Jahren satanische Kräfte am Werke seien, um unser germanisch-deutsches Volkstum an der gesunden Entfaltung seiner Erbanlagen zu hindern. Und als mit Luthers Auftreten (1517) die Sprengung der römischen Fesseln begann, da waren es „heilige Verträge", die uns festhalten sollten. Wir denken an den Augsburger Religionsfrieden 1555, der nach unruhvollen Jahrzehnten eine Entspannung herbeiführte und wichtige Zugeständnisse für die Protestanten enthielt. Er wurde aber zu einer Fessel, und es war Wahnsinn, ein großes Volk für sein kirchlich-religiöses Leben an einen status quo binden zu wollen.

Und der Westfälische Friede 1648, mit dem der entsetzliche Dreißigjährige Krieg sein Ende fand? Absichtlich hatten die Franzosen mancherlei Unklarheiten in die „heiligen Friedensverträge" gebracht, welche später ihren Advokaten Handhaben für „Rechtsansprüche" gewährten. Bekanntlich liegt den ritterlichen Franzosen der Gedanke an Annexionen (die sind „barbarisch") völlig fern. Aber sie sind ein Volk des Rechtes und fordern nur, was ihnen von Rechts wegen gehört. Das taten die großen Eroberer Ludwig XIV. und Napoleon I. Der status quo ante, d. h. der frühere rechtliche Zustand, ist für die Franzosen die

Rheingrenze. Und als Napoleon I. 1810 Hamburg besetzte, da war es keine Annexion, sondern Réunion; er bezeichnete Hamburg als das Erbe seines Vorfahren, Karls des Großen.

Bei den Verhandlungen des **Wiener Kongresses** (1814/15), mit dem wiederum eine lange Zeit blutiger Kriege und gewaltiger Umwälzungen abgeschlossen wurde, war für die mißgünstigen Staatsmänner das Hauptziel: das erwachende Deutschtum, vor allem das siegreiche Preußen zu fesseln. Ein wunderlicher status quo kam zustande, bei dem Unnatur und Unvernunft sich die Hand reichten.

B i s m a r c k zerhieb den Gordischen Knoten, wurde dann aber selbst zum Haupt=Kronzeugen für den status quo erhoben. Denn er erklärte nach 1871: „**W i r s i n d s a t u r i e r t!**" Welch ein Unfug ist später mit diesem Wort getrieben! Der Ausdruck hatte nur den Zweck, die europäischen Staatsmänner darüber zu beruhigen, daß wir unsere Siege nicht zur „Befreiung" aller Deutschen Mitteleuropas benutzen würden. Er wollte sagen: Für das nächste Menschenalter haben wir genug mit dem inneren Ausbau des neuen deutschen Kaiserreichs zu tun. — Ähnlich hat H i t l e r seit seiner Machtübernahme wiederholt feierlich erklärt, er denke nicht an gewaltsame Rückeroberung der entrissenen Gebiete. Denn er habe keine Lust, zwei Millionen des besten Menschenmaterials zu opfern, um eines zweifelhaften Gewinnes willen. Um so zäher hält er an dem Ziel fest, sich für unsere innere Gesundung durch keinen status quo des „heiligen" Versailler Vertrages binden zu lassen.

Verteilung der Welt in den letzten Jahrhunderten.

Um 1700 bahnte sich eine Neuverteilung an. Portugal, Spanien und Holland traten hinter England und Frankreich zurück. Zwischen England und Frankreich wurde in langen Kriegen (1688—1815) um die Vorherrschaft gerungen.

Es folgte während des 19. Jahrhunderts ein offener und versteckter Kampf zwischen England und Rußland. Auch U. S. Amerika trat in die Reihe der konkurrierenden Weltmächte.

Im 20. Jahrhundert sah England in Deutschland seinen gefährlichsten Konkurrenten.

I.
Die europäischen „Kulturträger"[1].

1.
England.

In Shakespeares „Hamlet" lernen wir einen König kennen, der „lächeln kann und immer lächeln" und — ein Schurke sein; der mit kummervoller Miene von seinem verewigten Bruder spricht, den er selbst ermordet hat, und der „mit einem frohen, einem nassen Aug'" die verwitwete Königin zum Weibe nimmt.

Ein berühmter englischer Schriftsteller der neuesten Zeit, Bernhard Shaw, spricht von der „unverbesserlichen Heuchelei" der Engländer.

Chamberlain führt, um die Engländer zu kennzeichnen, die Worte aus Goethes „Faust" an:

„Man fragt ums Was? und nicht ums Wie?
Ich müßte keine Schiffahrt kennen:
Krieg, Handel und Piraterie,
Dreieinig sind sie, nicht zu trennen."

Mit hervorragender Virtuosität spielen sich die klugen Engländer als die uneigennützigen Hüter des Rechts, der Moral und der Religion auf, als „Kulturträger". Sie versichern, daß sie sich in ihrer Politik und bei ihren Kriegen nur von sittlichen Beweggründen leiten ließen. Von Kindheit an hören sie wie einen Glaubenssatz, daß ihnen von Gott selbst die Welt- und besonders die Seeherrschaft übertragen sei, um die Schwachen zu schützen, den Bedrängten zu helfen und

---
[1] Über die „Kulturträger" veröffentlichte ich 1915/16 in der „Wartburg" eine Reihe von Aufsätzen. Ihr Inhalt ist in diesen Abschnitt meines Buches übernommen.

die Geknechteten zu befreien¹). In Wahrheit ist ihre „maritime Größe neuzeitlichen Wachstums", und es „hat Mühe gekostet, ihnen Geschmack fürs Wasser beizubringen". Ihre ersten „Seehelden", zur Zeit der Elisabeth im 16. Jahrhundert, waren skrupellose Freibeuter; dann begann unter Cromwell (um 1650), besonders aber seit der „großen" Revolution um 1688/89 ihr Aufstieg zur Seeherrschaft. Seitdem wurde für die Engländer, wie ihr hochgefeierter Geschichtschreiber Seeley sagt, „der Krieg eine Industrie, eine der möglichen Arten reich zu werden, das blühendste Geschäft, die einträglichste Geldanlage"²).

Englands gepriesene Kolonisationstätigkeit hat sich im wesentlichen darauf beschränkt, den anderen europäischen Mächten mit Hinterlist und Gewalt das abzujagen, was sie in den fremden Erdteilen geleistet hatten: der Reihe nach den Spaniern, Portugiesen, Holländern, Franzosen und zuletzt den Deutschen; es war ein fortgesetztes Raubsystem. Trotzdem trugen und tragen die Engländer den Heiligenschein von frommen Kulturträgern. Zwar sind sie um 1650 wie die Geier ohne Kriegserklärung über das nichtsahnende, spanische Jamaika hergefallen und haben 1664 das holländische Neu-Amsterdam (New-York) überrumpelt; zwar schreien ihre Barbareien in Indien zum Himmel, und das ganze 18. Jahrhundert ist voll von den Greueln der englischen Negerjagden; zwar treiben sie seit zweihundert Jahren das Kaperwesen gegen befreundete und neutrale Schiffe wie eine Art Sport; zwar haben sie oft genug sich über die Neutralität hinweggesetzt und 1807, unter Nichtachtung des Völkerrechts, Kopenhagen überfallen; zwar haben ihre eigene Königin Viktoria und ihr großer Landsmann Cobden es 1861/2 mit Entrüstung ausgesprochen, daß die englische Presse unausgesetzt „ohne den Schatten eines Beweises" gegen die Nachbarvölker falsche Beschuldigungen erhebe; zwar haben die Engländer bei allen Revolutionen ihre Hand im Spiele gehabt, und Bismarck hatte Recht, wenn er im Jahre 1857 schrieb: „Fremde Staaten mit Hilfe der Revolution zu bedrohen, ist seit einer ziemlichen Reihe von Jahren das Geschäft Englands"; zwar haben sie 1882 die Eroberung Ägyptens mit dem völkerrechtswidrigen Bombardement von Alexandrien eingeleitet; zwar wurden sie immer mehr die Zwietrachtsäer, Friedensstörer, Brandstifter für die ganze Welt und wärmten sich an dem Feuer, welches die Macht und die Habe der anderen verzehrte; zwar haben sie noch 1911 das wesentlichste Ergebnis des Haager Friedenskongresses, die Einrichtung eines internationalen Oberprisen-

---

¹) Der 1925 verstorbene Lord Curzon, der in den letzten Jahrzehnten als englischer Minister wiederholt eine große Rolle gespielt hat, sagte einmal: „Das britische Weltreich ist nach dem Willen der Vorsehung das gewaltigste Werkzeug Gottes zur Förderung des Guten, das die Welt gesehen hat."

Anders lautet das englische Urteil: They say Christ and they mean cotton, d. h. „sie nennen Christus, aber sie meinen Kattun"; sie schieben christliche Missionsinteressen vor, um den Erzeugnissen ihrer Baumwollspinnereien guten Absatz zu verschaffen.

²) In einer englischen Flugschrift des Jahres 1805 heißt es: „Ein ewiger Krieg ist das beste Mittel zur Sicherheit und Wohlfahrt Großbritanniens."

gerichtes, hinfällig gemacht. Aber alle diese Sünden hinderten sie nicht, in heiliger Entrüstung aufzuschreien über Christenverfolgungen in der Türkei[1]), über Negermißhandlungen in Afrika, über die Bedrückung der Polen in Preußen, über die grausame Tyrannei im Kongogebiet, über unsern „Neutralitätsbruch" gegen Belgien, und Sir Eduard Grey, der als Hauptkriegsschürer die Politik des Königs Eduard VII. fortsetzte, führte seit Jahren bei den Konferenzen zur Erhaltung des Friedens den Vorsitz. Wie oft haben sich englische Eroberer, wenn sie fremde Länder „dem Segen der englischen Kultur" zuführten, auf den Willen des Allmächtigen berufen! Niemand kannte den Willen Gottes so gut, wie der englische Generalgouverneur Indiens Dalhousie, dessen achtjährige rücksichtslose und unmenschliche Gewaltherrschaft die Ursache für den furchtbaren Aufstand des Jahres 1857 war[2]).

Kulturträger? Es mögen einige Beispiele der kulturbringenden Tätigkeit der Engländer mitgeteilt werden:

1. Die langwierigen Kriege von 1688—1815 waren ein großes, gewaltiges Ringen zwischen England und Frankreich. Das Ende des spanischen Erbfolgekrieges (1701—1713), der Friede zu Utrecht, brachte dem englischen Kaufmann als Hauptgewinn das Monopol des Sklavenhandels nach dem spanischen Amerika; er wurde „ein zentrales Objekt der englischen Politik". Liverpool ist nicht durch seine Industrie groß geworden, sondern durch Erjagen und Verschachern vieler Millionen von Schwarzen. Freilich verurteilen heute die englischen Geschichtschreiber jene Schandtaten aufs schärfste: „Wir besudelten uns mehr als andere Nationen mit den ungeheuerlichen und unsagbaren Greueln des Negerhandels." Aber solange das Geschäft einträglich war, wurden die wenigen Menschen, die daran Anstoß nahmen, als Verrückte verhöhnt, und der große William Pitt rühmte sich, daß durch den Siebenjährigen Krieg (1756—1762) fast der ganze Sklavenhandel in britische Hände gekommen sei. Erst als eine neue Situation den schwarzen Handel unerwünscht erscheinen ließ, trat eine Wendung ein; da wurde er unter widerlich heuchlerischen Beteuerungen von Humanität, von Englands „Mission", allen anderen Völkern leuchtend voranzugehen, gesetzlich abgeschafft[3]).

Während des spanischen Erbfolgekrieges ist auch der berüchtigte Methuen-Vertrag mit Portugal zustande gekommen, durch welchen England den gesamten portugiesischen Handel in seine Hände brachte.

2. 1775—1783 war der Freiheitskampf der Nordamerikaner gegen die Engländer. Im dritten Jahre des Krieges erhob der greise Staatsmann, William Pitt, empört über die Grausamkeiten und Untaten seiner Landsleute, im englischen Parlament seine Stimme:

---

[1]) In Wahrheit zeigte die Türkei seit hundert Jahren eine Lammesgeduld gegenüber den anmaßenden Europäern.

[2]) Vgl. Helmolts Weltgeschichte I, S. 480.

[3]) Vgl. Chamberlains Kriegsaufsätze I, S. 58.

Bei dieser Gelegenheit sei erwähnt, daß die Engländer während des Nordamerikanischen Bürgerkrieges (1861—1865) eine merkwürdige Neutralität übten, indem sie die Sklavenhalter der Südstaaten unterstützten. Erst als der Sieg der Nordstaaten allzu offenbar wurde, schlug die Stimmung um.

„Wie kann man unsere Gegner im Felde den feilen Söldlingen, den Söhnen des Raubes und der Plünderung, überantworten, indem man sie und ihre Habe der Raubgier und Grausamkeit von Mietlingen preisgibt?

Und wer ist der Mann, der zur Schändung unseres Heeres es angeordnet oder nur erlaubt hat, daß sich unseren Waffen das Skalpmesser der Wilden zugesellt? Wer wagt es, unsere Allianz mit den wilden und unmenschlichen Rothäuten zu verantworten? Wie kann man die Schrecken einer solchen barbarischen Kriegführung gegen unsere christlichen Brüder loslassen? Diese Ungeheuerlichkeiten schreien nach Abstellung und Strafe; sie werden ein Schmutzfleck auf unserem nationalen Charakter sein. Oder wäre militärisches Ehrgefühl vereinbar mit Rauben, Brennen und Morden?

Die Amerikaner sind keine Rebellen, sie sind keine wilden, vogelfreien Banditen. Deshalb muß ich die sinnlose Härte unserer Strafandrohungen beklagen, unsere Proklamation, die die Gegner für Verräter und Rebellen erklärt, mit all den verhängnisvollen Folgen, mit Kriegsgericht und Gütereinziehung.

In einem gerechten und notwendigen Kriege würde ich, um die Ehre und das Recht meines Vaterlandes zu verteidigen, mir das Hemd vom Leibe ziehen lassen, um ihn zu unterstützen; aber zu einem solchen Kriege, wie dieser, ungerecht in seiner Grundlage, ungeschickt in seiner Durchführung und verderblich in seinen Folgen, werde ich auch nicht einen einzigen Schilling beitragen."

So sprach 1777 der greise William Pitt zu seinen Landsleuten; es hat nichts genützt. Im Burenkrieg (1899—1902) und im Weltkrieg war das Verfahren der Engländer genau dasselbe: Kaffern haben sie gegen die Buren, schwarzes, braunes und gelbes Gesindel gegen uns Deutsche losgelassen.

3. Und wie sehen die Segnungen der Kultur aus, die England den vielen Millionen Einwohnern Indiens gebracht hat?

In derselben Zeit, wo in Nordamerika der Freiheitskrieg geführt wurde, war Warren Hastings Generalgouverneur Ostindiens. Im Jahre 1778 schrieb Richard Price: „In Indien haben Engländer, bewogen durch Lust am Plündern und den Geist der Eroberung, ganze Königreiche entvölkert und Millionen unschuldiger Menschen durch die schandbarste Unterdrückung und Raubsucht ruiniert. Die Gerechtigkeit der Nation hat geschlafen über diesen Ungeheuerlichkeiten. Wird auch die Gerechtigkeit des Himmels schlafen? Werden wir jetzt nicht verflucht auf beiden Seiten des Erdballs?" Gegen Warren Hastings wurde dann 1788—1795 ein langer Prozeß geführt; aber er endete, trotz aller Greuel, die der Gouverneur verübt hatte, mit Freisprechung.

Über die kulturellen Leistungen schrieb im Frühjahr 1915 der Hinduschriftsteller Koomar Roy:

Bevor die Engländer sich zu Herren Indiens machten, hatte jedes Dorf seine Elementarschule, und Analphabeten bildeten in der Bevölkerung bei weitem eine Ausnahme. Heute haben nur die größten Dörfer mit mehr oder minder stadtartigem Charakter eine Dorfschule, während alle übrigen Dörfer (gegen 80 v. H.) ganz ohne Schulen sind. In den Dörfern, die eine

Elementarschule haben, kommen im Durchschnitt auf jeden Lehrer weit über hundert Schüler, obgleich auch in diesen Dörfern noch ein großer Teil der Jugend ganz ohne Unterricht aufwächst. Das Ergebnis ist, daß von der indischen Bevölkerung auch noch heute, also nach 150 Jahren englischer Herrschaft und „Kulturarbeit", über 90 v. H. nicht lesen und nicht schreiben können. Mit anderen Worten: Alle unteren Stände Indiens sind mit ganz geringen Ausnahmen unter der britischen Herrschaft in dumpfe Unwissenheit **zurückgesunken**, und das in einem Land, das in bezug auf die allgemeine Volksbildung selbst den meisten europäischen, wenn nicht allen, vor dem Beginn der britischen Herrschaft voranging.

Indien besaß vor dem Eindringen der Engländer eine hochentwickelte Manufakturindustrie; diese zu erhalten und zur Fabrikindustrie weiterzuentwickeln, wäre in Indien ein leichtes gewesen, da es dem Lande weder an Kohlen noch an Metallen gebricht; das aber hätte sehr wenig in die englische Handels- und Kolonialpolitik gepaßt. Nicht nur, daß man diese Fortentwicklung in jeder Weise hemmte, auch der berühmte Kunstsinn der indischen Handwerker und Manufakturisten wurde nicht gepflegt. **Handwerk und Manufaktur liegen heute in Indien völlig darnieder**, und staunend muß sich jeder nur einigermaßen aufmerksame Beobachter fragen, ob denn die heutigen Inder wirklich die Nachkommen der Inder seien, die alle die Kunstschätze schufen, auf die wir noch heute bei jedem Schritt und jedem Tritt in Indien stoßen.

Wenn es nun aber wirklich im Interesse der Engländer lag, die Bevölkerung Indiens wieder auf eine niedrige Gesellschafts- und Wirtschaftsstufe eines reinen, in einfachsten Verhältnissen lebenden Ackerbauvolkes herabzudrücken, dann sollte man wenigstens erwarten, daß die Engländer sich die Pflege des Ackerbaues in Indien besonders hätten angelegen sein lassen, daß sie bemüht gewesen wären, die Bevölkerung mit den Fortschritten der Landwirtschaft vertraut zu machen. Das erste Erfordernis dazu wäre die Einrichtung von Ackerbauschulen und Wanderschulen, oder doch die Entsendung von Wanderlehrern gewesen. Aber vergebens wird man sich nach derartigen Lehreinrichtungen in Indien umsehen. In den ganzen 150 Jahren der Herrschaft Englands über Indien hat die Arbeitsweise der indischen Landwirtschaft auch nicht den geringsten Fortschritt gemacht, **abgesehen von den großen Latifundienbetrieben, die nach der Enteignung der indischen Bevölkerung von Engländern für den Weizen- und Baumwollenbau angelegt sind**. Die Nachkommen der indischen Bauern **fronen** hier heute als sehr schlecht bezahlte Landarbeiter ihrer englischen Grundherren.

4. **Die meisten Kämpfe, die England im 19. Jahrhundert in Asien führte, waren ein latenter Krieg gegen Rußland**:

Die **Kriege gegen und um Afghanistan**, die 1839 begannen, werden mit Recht eine Kette von Schurkenstreichen genannt[1]).

Ein weiterer Schandfleck in der englischen Geschichte sind die **Kriege mit China**. Wir denken zunächst an den berüchtigten **Opiumkrieg** (1840—1842). Als China im Interesse der Gesundheit seiner Bewohner die Einfuhr des indischen Opiums untersagte, wurde es von den Engländern durch einen Krieg gezwungen, das Verbot wieder rückgängig zu machen. Zu-

---

[1]) Vgl. Tönnies, „Englands Weltpolitik in englischer Beleuchtung".

gleich behielten sie die wichtige Insel Hongkong; außerdem mußten die Chinesen fünf Häfen dem freien Handel öffnen. — Von 1856—1860 war ein zweiter Krieg mit China, über den der englische Geschichtschreiber Carthy urteilt:

„Die Wahrheit ist, daß es selten ein so flagrantes und unentschuldbares Beispiel von hochfahrender Gesetzwidrigkeit im Verhalten einer starken gegen eine schwache Nation gegeben hat."

5. Wohl haben die Engländer die wirtschaftlichen Kräfte Ägyptens außerordentlich entwickelt, haben dem Boden durch Bewässerungs- und Entwässerungsanlagen reicheren Ertrag abgewonnen, gute Verkehrswege geschaffen und gewinnbringende Pflanzungen angelegt. Aber Kulturträger? Nein, Ausbeuter! Bestimmend war nur der eigene Vorteil, treibend nur die eigene Profitgier. — Die Ägypter tragen seit dem 14. September 1882 das englische Joch, seit England nach der völkerrechtswidrigen Beschießung Alexandriens durch die Flotte des Admirals Seymour und nach Besetzung des Suezkanals unter dem heuchlerischen Vorwand, ihn schützen zu müssen, die Hand auf das Land der Pharaonen legten[1]).

6. Vom Burenkrieg (1899—1902) will ich nur dies Eine anführen. Auf dem nationalen Frauendenkmal der Buren, das am 16. Dezember 1913 in Bloemfontein enthüllt ist, steht folgende Inschrift:

„Dieses Denkmal ist von dem Volke der Buren aus freiwilligen Beiträgen errichtet worden zur Erinnerung an die 26 663 Frauen und Kinder, welche während des Krieges 1900—1902 in den englischen Konzentrationslagern gestorben sind."

7. Zuletzt folgte 1907 und 1910 der Versuch, Persien zu entrechten. Die englisch-russische Konvention war in Wirklichkeit eine große Lüge; man heuchelte der Welt vor, daß man „die Integrität und Souveränität Persiens schützen" wolle.

8. In der deutschen Strafrechtszeitung wies Dr. Ernst Schulze (Hamburg) 1917 nach, daß die schändliche Aussetzung von Kopfpreisen und Schädelbelohnungen von jeher zu der Kampfmethode der angeblich für die Zivilisation kämpfenden Engländer gehörte. Das war schon zu Zeiten der Königin Elisabeth in den Kämpfen gegen die Irländer, und den Schotten erging es nicht anders. Im großen betrieben die Engländer das Aussetzen von Kopfpreisen im amerikanischen Revolutionskrieg. Aber selbst hiermit hatten sie den Gipfelpunkt noch nicht erklommen; das geschah erst in der Behandlung, die sie den unglücklichen Eingeborenen Australiens und Neuseelands im 19. Jahrhundert angedeihen ließen.

Glaubwürdige Zeugen berichten, daß die Engländer auch in dem Weltkriege 1914—1918 Kopfpreise ausgesetzt haben.

Der dumme deutsche Michel! Trotz aller Tatsachen der Geschichte, die das Gegenteil beweisen, glaubte er an „die großen kolonisatorischen Talente und an die Kulturmission" der Engländer, und weil in England selbst nachträglich die Stimme solcher Leute durchdrang,

---

[1]) Auch die Selbständigkeit, die Ägypten 1936 erkämpft hat, ist beschränkt.

welche die verübten Schandtaten scharf verurteilten, hieß es bei uns: „Seht Ihr's? die Engländer sind gar nicht so schlimm[1])."

Und was für „Kulturträger" sind die Engländer in der eigenen Heimat, in Großbritannien und Irland! In einem trefflichen Aufsatz der Kölnischen Zeitung über **Volksbildung** hieß es 1915: „England hat noch keine Schulen. Die Volksschule taugt nichts, und höhere Schulen hat es kaum ein paar Dutzend über das ganze Land verstreute Knabenschulen, die sogenannten Colleges, gegenüber rund 1200 höheren Knabenschulen in Deutschland. Mit Mädchenschulen ist es noch viel schlimmer bestellt. Die Universitäten aber sind — Boxer=, Fußball= und Rudererschulen. Da herrscht keine ernste Wissenschaftlichkeit mit Ausnahme von ein paar Lehrstühlen." — Eine Schmach ist die **fabrikmäßige Kinderbeschäftigung** in England, und das Stockholmer „Aftenbladet" schrieb am 7. Juni 1915: „Nirgends ist die Armut so verächtlich; die großstädtischen Armenquartiere Englands haben nicht ihresgleichen."

Und müssen wir nicht die jahrhundertelange Mißhandlung **Irlands** als eine Kette barbarischer Verbrechen bezeichnen?

2.
U. S. Amerika.

Die Vereinigten Staaten von Nordamerika sind in Lüge und Heuchelei die gelehrigsten Schüler Englands geworden; der schrankenlosen Selbstverherrlichung entsprechen keineswegs die Tatsachen. Zwar rühmen sie sich als das Land „der Menschenrechte und der Freiheit"; aber nirgends werden Menschenrechte und Freiheit so brutal mit Füßen getreten wie dort. Zwar nennen sie sich einen „Friedensstaat", „ein Musterland des Friedens", „die friedfertigste Demokratie der Welt"; aber in Wahrheit haben sie seit 1775 eine rücksichtslose Macht= und Eroberungspolitik getrieben[2]).

„**Kulturträger?**" Am 3. Januar 1915 stand in der Neuyorker Staatszeitung ein Aufsatz mit der Überschrift: „Pfuhl der Korruption." Hier wurde ausgeführt, mit welch spitzbübischer Gaunerei beutegierige Amerikaner die letzten Indianer um ihre Besitzungen in den „Reservationen" betrügen. — Seit einigen Jahrzehnten spielen die Amerikaner die Rolle der Kulturträger für Mexiko. Im Sommer 1915 starb **Porfirio Diaz**, der mächtige Präsident von Mexiko, der seiner Heimat ein Menschenalter des Friedens und der Ruhe geschenkt hat. Einem Aufsatz, der am 4. Juli 1915 in der „Post" stand, entnehme ich folgendes:

Daß gerade dieser kraftvolle Mann, der sein ganzes Können und alle seine Leidenschaften daran setzte, seinem Volke die Lebensform zu schaffen, deren es bedurfte und die es wohl zu einem glücklichen Aufstieg geführt hätte; daß dieser Mann am Ende seines Lebens dennoch scheiterte, scheiterte an dem kalt=

---

[1]) Wie oft ist mir entgegengehalten worden, ich solle doch nicht die entsetzlichen Dinge längst vergangener Zeiten aufrühren! Der deutsche Michel **wollte** nicht sehen, daß die Engländer sich bis heute **völlig gleichgeblieben** sind.

[2]) Vgl. Seite 249.

herzigen Nein des macht- und güterhungrigen nordamerikanischen Nachbarstaates: das verleiht seiner Person zu dem Stolz der geschichtlichen Größe noch die Tiefe menschlicher Tragik... Aus dem Schlamme des persönlichen Haders rücksichtsloser Machthaber, aus Elend, Verarmung und Unkultur, aus dem Zustande der Erschöpfung und Selbstzerfleischung hob Porfirio Diaz die Mexikaner ans Licht der Gesittung. Wohl konnte er über Tag keinen Kulturstaat aus dem kapitalarmen Lande schaffen, das ein Volk von Halbwilden und Mischlingen neben wenigen Millionen europäisch Gebildeter trug; was aber erreichbar war, das erzwang der Herr Mexikos, wenn es sein mußte, mit Gewalt. Das Eisenbahnnetz wuchs, man ging an die Ausbeutung der überreichen Bodenschätze, und fremdes, europäisches und amerikanisches Geld fand die friedliebenden Bedingungen kraftvoller Arbeit. In drei Jahrzehnten der Herrschaft Porfirio Diaz' schien dem Lande Mexiko eine friedliche, sichere und gesegnete Zukunft heranzureifen.

Der Lauf der Weltgeschichte aber fügte es, daß Mexikos wachsender Wohlstand zugleich sein Unglück wurde. Ein zu mächtiger Nachbar war an Mexikos Grenzen herangewachsen, als daß es ungestört seine Entwicklung durchmessen konnte. Längst hatten die Augen der Yankees nach den **unermeßlichen Bodenschätzen** Mittelamerikas geschielt; längst hatte Nordamerika im wirtschaftlichen Wettbewerb sich den besten Anteil daran zu sichern gesucht. Nun mehrten sich die Wünsche, auch **politische Sicherungen** zu haben, wo wirtschaftliche Beteiligungen lagen, und zugleich begann der **schändlichste aller Kriege**, der je geführt worden ist. Mit Geld- und Überredungskünsten ging die Regierung der Union, die einen offenen Waffengang mit Mexiko scheute, daran, die heißblütigen Köpfe der Mexikaner zur Zwietracht zu reizen. Porfirio Diaz hatte eine starke Hand, auch gegen die Union — also mußte er fort, wenn Amerikas Geschäft blühen sollte; willige Mietlinge fanden sich genug, die für Bezahlung, wie ihr Geldgeber es wünschte, Aufruhr, Mord und Brand entfachten. Der greise Diktator warf sich mit aller Kraft, die ihm noch geblieben war, den Umtrieben entgegen; **Amerikas Geld war aber stärker**: die Flammen kamen nicht mehr zum Erlöschen, und um zur Schmach noch den Hohn zu fügen, erhob die Regierung der Union noch offenen Protest gegen die Unruhen, die **sie selbst** verschuldete, mischte sich am 15. April 1911 sogar militärisch in Mexikos Verhältnisse. — So blieb, von den reichen und unerbittlichen Kräften der Union unterstützt, der Gegenmann Diaz', Madero, Sieger. Porfirio Diaz dankte ab, und mit Mühe rettete er sein Leben aus dem Lande, dem doch die ganze Kraft seines langen Lebens gedient hatte.

Seitdem brennt Mexiko. Was in langen Friedensjahren geschaffen, haben kurze Monate des Kampfes aller gegen alle vernichtet, — weil es die Union so wollte, um zu herrschen. Es wird nicht eher Friede und Ruhe in Mexiko einkehren, bis das reiche und unglückliche Land willenlos in den Fängen der Yankees liegt."

Wie sehr ist doch die Bevölkerung U. S. Amerikas entartet! Vor 200—250 Jahren bestand sie aus Ansiedlern, die um des Glaubens, um der religiösen und politischen Freiheit willen ausgewandert waren und in harter Arbeit den Boden urbar machten. Heute sind es feile Mammonsknechte. **Schmoller** schrieb vor einigen Jahrzehnten im zweiten Band seiner Volkswirtschaftslehre, S. 628, von zwei Richtungen, die **heute** in den Vereinigten Staaten von Amerika miteinander ringen:

„Der alte politisch-moralische Idealismus der Begründer der Union und der Wuchergeist der Geldmacher, der nur den momentanen Gewinn kennt, rücksichtslos und skrupellos alle Grundsätze preisgibt, wenn Millionen zu sammeln sind. Er schuf das Beutesystem in der Ämtervergebung, die Wahlbestechungen (1888 sechs Millionen Dollars für die Präsidentenwahl), die Erkaufung der politischen Parteien; er stand Pate bei dem Schutzsystem von 1890 an; er wird überstürzt weiter auf Eroberungen und Annexionen dringen; er entrechtet die Neger; er versucht die Preise künstlich zu heben und zu senken zugunsten einer kleinen Minorität. Die große Frage der Zukunft ist, ob die Geldmacher oder die anständigen auf die Zukunft sehenden Leute die Oberhand behalten."

Es scheint, daß wir diese Frage dahin beantworten können, daß die Profitgier und der Wuchergeist der Geldmacher gesiegt hat. Wir dürfen uns nicht durch die Pflege von Kunst und Wissenschaft, durch die Riesen-Stiftungen für Universitäten täuschen lassen; **sie dienen dem großen Reklamebedürfnis der Amerikaner.**

Die U. S. Amerikaner preisen sich als Beglücker der Menschheit, als einen Staat, der überall Wohlfahrt verbreitet, wohin sich sein Einfluß erstreckt, und der die eigenen Angehörigen auf eine **Höhe der Lebensführung** emporhebt, die kein anderes Volk erreicht. Aber wie lautete das Urteil des deutschen Sozialdemokraten Scheidemann, der 1913 eine Reise in das gelobte Land der Freiheit und Gleichheit, der Verbrüderung und des Friedens unternahm? Er war Zeuge eines Ausstandes in den Kohlengruben von Colorado, wo es sich nicht um Löhne und Arbeitsbedingungen handelte, sondern um die Anstellung unparteiischer Kohlenwäger, welche die Arbeiter gegen die betrügerische Kürzung ihrer Arbeitsleistung schützen sollten. Scheidemann erzählt: „Die Grubenbesitzer haben gedungene, mit Maschinengewehren ausgerüstete Söldnerscharen importiert, die die streikenden Arbeiter kaltblütig niederschießen wie herrenlose Hunde. Ich besichtigte persönlich eines der von den Arbeitern bewohnten Zelte und habe 131 Kugellöcher gezählt." Scheidemann stellte fest, daß er in drei der von ihm besichtigten Fabriken Arbeitsbedingungen gefunden hätte, wie sie in Deutschland nicht einen Tag geduldet würden. Er faßte sein Urteil dahin zusammen, neben der Statue der Freiheit im Hafen von Neuyork sollte von Rechtswegen ein Polizist mit dem Knüppel stehen; dann erst wüßten die Arbeiter, was ihrer in Amerika wartet[1].

3.
Frankreich.

Die Franzosen haben sich immer für die **erste Kulturnation** gehalten, für „das auserwählte Volk"[2], besonders seit dem 17. Jahr-

---

[1] Nach Runge in der Münchener Allgemeinen Zeitung (abgedruckt in der Düsseldorfer Zeitung am 2. 10. 1918).

[2] Es ist eine unausrottbare Wahnvorstellung der Franzosen, sie hätten bei Gott vor den andern Völkern etwas voraus; sie seien berufen, alle „Barbarenvölker" sich zu unter-

hundert; sie betrachteten es als eine heilige Pflicht, ihre Kultur über die ganze Welt auszubreiten. Zweierlei mußte ihnen dabei behilflich sein: die **Kirche** und die **Sprache**. Sie durften immer von neuem als „die geliebteste Tochter" der römischen Kirche auftreten, obgleich diese von keinem anderen Staate so mißhandelt ist, wie von Frankreich. Welche Verlogenheit! Als die antiklerikalen, freimaurerischen Kreise alle Staatsgewalt an sich rissen, beanspruchten sie doch als „ihr traditionelles Recht" das Protektorat über die römisch-katholischen Christen im O r i e n t; die Mission der Kirche und die Tätigkeit der Orden wurden in den Dienst französischer Eroberungspolitik gestellt. Ein eigenartiges Kapitel französischer „Kulturtätigkeit" war die Eroberung der großen Insel Madagaskar. Hier arbeiteten seit 1818 mit großem Erfolg evangelische Missionare aus England, Amerika und Norwegen; seit 1844 drangen die Jesuiten ein. Seitdem wurde wiederholt im französischen Parlament der Krieg mit Madagaskar gefordert zur Unterdrückung der protestantischen Ketzerei. Im Jahre 1895 war die Eroberung der großen Insel erreicht, und alsbald begannen die Jesuiten mit Gewalt, List und Bestechung die Ausrottung des evangelischen Glaubens. „Französisch" und „katholisch" wurden gleichgesetzt.

Zusammen mit der römisch-katholischen Mission trat die **französische Sprache** in den Dienst der Eroberungspolitik; ungeheure Summen wurden für die zahlreichen Schulen im Orient bereitgestellt. Die Franzosen sprachen von einer annexion des cerveaux, einer pénétration pacifique; sie haben eine alliance française pour la propagation de la langue française à l'étranger, ferner eine association pour la vulgarisation de la langue française.

Ein Beispiel grenzenloser Verlogenheit ist die Eroberung **Marokkos** im 20. Jahrhundert. Um selbst, trotz der häufigen feierlichen Versicherungen, daß sie keineswegs an Eroberungen dächten, Ägypten annektieren zu können, spielten die Engländer 1904 den Franzosen Marokko in die Hände, und die übrigen europäischen Mächte, die dort Interessen hatten, wurden gar nicht gefragt. Infolge der Tangerreise Kaiser Wilhelms II. (1905) kam es 1906 zur Konferenz von Algesiras; hier wurde dreierlei abgemacht:

   die Souveränität des Sultans,
   die Integrität seines Staates,
   Gleichheit in der Behandlung in kommerzieller Hinsicht.

Aber unmittelbar nach der feierlichen Verkündigung der Algesirasakte setzte sich Frankreich darüber hinweg. Immer neue fadenscheinige Gründe wurden vorgebracht, um von allen Seiten in das Land einzudringen, natürlich mit der ständigen Versicherung, daß das nur vorübergehend sei, um Ordnung zu schaffen. Dabei sorgten die Franzosen selbst

---

werfen. Felix D a h n sagt schon zur Geschichte des 8. Jahrhunderts: „Sie bildeten sich ein, so recht nach dem Willen Gottes zu handeln, wenn sie ihren Lieblingseigenschaften, ihrer Kriegslust und ihrer überhebenden Eroberungspolitik, folgten."

dafür, daß keine Ordnung zustande kam und daß ihre „kulturspendende" Tätigkeit fortgesetzt werden mußte. Leider war die deutsche Regierung in ihrem Versöhnungsdrang zu schwach, um ihre Rechte durchzusetzen und der Lüge entgegenzutreten. So wurde ganz Marokko eine Beute der Franzosen, und zugleich war unsere tatenscheue Nachgiebigkeit eine Hauptursache des Weltkriegs.

4.

Rußland.

Im 13. Jahrhundert flutete die große Völkerwelle der tatarischen Mongolen über Osteuropa, und bis gegen 1500 dauerte die Herrschaft der sogenannten „Goldenen Horde". Dann machte sich das Großfürstentum Moskau frei, und durch fortgesetzte Eroberungen entstand aus diesem Großfürstentum das spätere Russische Kaiserreich.

Geschichtliche Übersicht über das Wachstum Rußlands.

Im 16. Jahrhundert wurden die früheren Herren, die Tataren an der mittleren und unteren Wolga, unterworfen; auch begann die Eroberung und Besiedelung Sibiriens.

Im 17. Jahrhundert wurde der östliche Teil der Ukraine angegliedert.

Das 18. Jahrhundert war die Zeit der zwei bedeutendsten Herrscher Rußlands, Peters des Großen (1689—1725) und Katharina II. (1769 bis 1796):

Peter der Große faßte an der Ostsee Fuß und gewann im Nordischen Krieg Karelien, Ingermanland, Estland und Livland; er gründete 1703 Petersburg.

Katharina II. setzte sich am Schwarzen Meer fest; zugleich begann die sogenannte „Schutzherrschaft" über Völker an der Donau, auf der Krim und am Kaukasus. Anderseits sicherte sich die Kaiserin den Löwenanteil bei den drei Teilungen Polens (1772, 1793, 1795).

Im 19. Jahrhundert kamen unter Alexander I. Finnland, Bessarabien und Kongreßpolen hinzu. Nikolaus I. kämpfte gegen die Perser und Türken; er eroberte wichtige Provinzen Armeniens. In die zweite Hälfte des 19. Jahrhunderts fiel die gewaltige Ausdehnung der russischen Macht in Zentralasien.

Man hat gefragt, ob die Russen ihrem Wesen nach mehr zu Asien oder zu Europa gehören. Zwar wurde seit Peter dem Großen (um 1700) das Reich immer mehr europäisiert; aber diese Europäisierung war, wie alles in Rußland, Schein und Lüge. In Wahrheit ist die Herrschaft der Russen seit 1500 nichts anderes gewesen als die Fortsetzung des tatarisch-mongolischen Despotismus. Wohl eigneten sie sich die technischen Fortschritte Mittel- und Westeuropas an, bauten Eisenbahnen und organisierten ihr Heerwesen; aber innerlich blieben sie Asiaten bzw. Halbasiaten, behielten die Natur von Nomaden und trieben eine wahnsinnige Eroberungspolitik; die ganze Welt möchten sie abgrasen. Ein Mißerfolg im Osten brachte gesteigerte Tätigkeit im Westen und Südwesten; bald stießen sie zur Ostsee, bald zum Schwarzen Meer, bald zum

Großen oder Indischen Ozean vor. Ihr Ausdehnungsdrang kannte keine Grenzen; der Verfall Persiens, Polens, der Türkei, Zentral- und Ostasiens kam ihnen dabei sehr zu statten. Wir staunen über die **diplomatische Verlogenheit**, womit sie die Fremdvölker des Westens sich angliederten: Die Ukrainer, Deutschbalten, Finnen, Polen, Litauer, Weißrussen. Weitgehende Versprechungen wurden gemacht, „ewige" Verträge und zunächst nur eine Personalunion geschlossen. Aber das war alles nur **Köder**; immer folgten Vertragsbruch und Entrechtung.

Welche Verlogenheit! Peter der Große wurde ein Ludwig XIV. des Ostens; mit einer ungeheuerlichen Lüge im Munde eröffnete er 1700 den Nordischen Krieg, als handle es sich um Länder, die von Rechtswegen zu Rußland gehörten[1]).

Ebenso begründete zweihundert Jahre später (1900) Kuropatkin die Entrechtung und Vergewaltigung Finnlands mit einer Geschichtsfälschung: Finnland sei eine russische Provinz, die es verstanden habe, mit der Zeit eine ihr nicht zukommende selbständige Stellung zu erringen.

Über die Mittel der **Russischen Balkanpolitik** schrieb die Düsseldorfer Zeitung am 19. 11. 1915:

„Die Methoden sind völlig **anarchisch**; und alles, was innerhalb der Landesgrenzen verpönt und geahndet wird, ist statthaft **draußen** und wird vom Zartum ohne Bedenken angewendet: Waffenschmuggel und Verschwörung, Volksaufstände und Paktieren mit politischen Umsturzparteien, Verhetzung gegen angestammte Dynastien und staatliche Obrigkeit, kirchliche Absplitterung und militärische Meuterei, landesverräterischer Separatismus und Fürstenmord — die ganze Stufenleiter aufrührerischer Mittel zur Untergrabung der Autorität und des Friedens gelten als handliche und nützliche Mittel zur Erreichung gewollter Ziele und werden von kaiserlich russischen Organen angeregt, betrieben und begünstigt. Kein einziger der anarchistischen Kunstgriffe einer meuchlerischen Umstürzlertaktik wird verschmäht von dem gottgesalbten russischen Zartum in seinen Bestrebungen jenseits der Landesgrenzen... Die gänzliche Grundsatzlosigkeit wird zum Grundsatz erhoben."

Trotzdem wagten es die Russen, sich **Kulturträger** zu nennen und von einer **Kulturmission** zu sprechen. Dreifach war diese sogenannte „Mission":

Zunächst der **Panslawismus**. Weil vor hundert Jahren alle **anderen slawischen Völker** in Fremdherrschaft lebten (in Türkei, Österreich-Ungarn, Preußen), gelang es allmählich den Russen, sie mit dem Schlagwort „Panslawismus" an sich zu locken. Es begann das Lügenspiel. Der russische Zar erschien als der Protektor, als der Befreier, als der Retter nationaler Selbständigkeit. Alles erwies sich als Vorstufe für Russifizierung und Knechtung.

Zugleich betrachtete sich der russische Zar als den **Rechtsnachfolger des oströmischen Kaisers**, als das Haupt oder wenigstens als den Protektor der gesamten morgenländisch-christlichen Kirche. Dieser Anspruch bot eine Handhabe für die fortwährende Ein-

---

[1]) Vgl. Brückner, „Peter der Große", S. 357.
Das angebliche „Testament Peters des Großen" ist eine Fälschung aus dem Jahre 1812.

mischung in die Angelegenheiten der Balkanstaaten; auch „die Frage der heiligen Stätten in Jerusalem" wurde ein Mittel für politische Zwecke.

Ferner bezeichneten es die Russen als ihre Aufgabe, die europäische Kultur in Asien zu verbreiten. Freilich haben sie Sibirien erschlossen; aber es wurde ihre Verbrecher- und Strafkolonie, und in den Ländern südlich bzw. südwestlich Sibiriens ist der Kulturzustand durch die Russen keineswegs gehoben.

Überhaupt waren die Russen **mehr Objekt als Subjekt der Kulturtätigkeit**; ja, man hat nicht mit Unrecht behauptet, daß die Russen, wie alle Slawen, sich selbst nicht zu regieren vermöchten. Da erscheint denn folgende Tatsache besonders bemerkenswert: Rußlands Aufstieg und Wachstum fiel in die Zeit, wo die **Deutschen** im politischen, wirtschaftlichen und kulturellen Leben den größten Einfluß hatten; sie fühlten sich ganz als Staatsbürger des russischen Reichs und dienten ehrlich ihrem Zaren. Das wurde anders, als in der zweiten Hälfte des 19. Jahrhunderts, besonders seit 1881, der **Einfluß der Westmächte** stieg; da begannen die Unterwühlung des Reichs und die Deutschenhetze; seit 1881 feierten **Schein und Lüge** wahre Orgien. Politiker, welche eifrig die Russifizierung und Knechtung der Fremdstämmigen betrieben, führten trotzdem die Phrase vom „Selbstbestimmungsrecht der Völker" im Munde; von dem russischen Eroberungsstaat gingen die Anregungen zu den letzten **Friedenskongressen** im Haag aus (1899 und 1907), zu „den internationalen Intrigen größten Stils".

Schein und Maske war die **Konstitution**, die der Zar im Revolutionsjahr 1905 aus Rücksicht auf den demokratischen Westen gab, dessen Kapitalien er dringend nötig hatte: „man brauchte für den Westen die konstitutionelle Fassade", und trotz der Volksvertretung sollte alles beim Alten bleiben. Aber zuletzt war die Kaiserliche Regierung doch nicht mehr Herr über die Geister, die sie gerufen hatte; die radikalen Elemente gewannen die Oberhand, und das Jahr 1917 brachte die grauenvolle Revolution. Das war der „Segen" des westeuropäischen Kultureinflusses.

Wie die „barbarischen" **Deutschen**, als jüngstes Kolonialvolk, ihre Kulturaufgaben in den fremden Erdteilen auffaßten, darüber schrieb Chamberlain: „Zum erstenmal, seit die schauervolle Geschichte europäischer, überseeischer Eroberungen im 16. Jahrhundert begann, versuchte ein Staat, anstatt rückhaltlos auszubeuten, anstatt gierig für sich und die Seinen den Reichtum fremder Erden an sich zu reißen, sich sittlicher Verpflichtungen gegen die Ureinwohner bewußt zu werden, sie als Gottes Geschöpfe zu hegen und einer sittlichen und geistigen Entwicklung entgegenzuführen. Außerdem aber: Deutschland allein faßt die koloniale Aufgabe im Sinne eines gemeinsamen europäischen Auftrags und führt die sogenannte, aber nie befolgte Politik der ‚offenen Tür' wirklich durch, indem es keine wie immer geartete Begünstigung des eigenen Handels kennt." — Chamberlain vergleicht **Kiautschou** und **Hongkong**: „In Kiautschou erfahren wir, was Deutschland unter ‚Frieden' versteht; dagegen ein vergleichender Blick auf Hongkong — von England seinem schmählichen Opiumhandel zuliebe gewaltsam blutig geraubt und inzwischen zur verruchtesten Lasterhöhle des fernen Ostens herangewachsen — uns belehrt, daß das in Kiautschou schon halb verwirklichte deutsche Ideal der englischen Politik ganz und gar unbekannt ist."

II.
Das deutsche Mitteleuropa.

1.
England und das deutsche Mitteleuropa.

Leider ist unsere deutsche Geschichte der Neuzeit aufs engste mit der Kolonialgeschichte verknüpft; denn auf deutschem Boden wurde der Kampf um den Besitz in den fremden Erdteilen ausgefochten.

Englands Kontinentalpolitik befolgte den altrömischen Grundsatz divide et impera; um das sogenannte „Europäische Gleichgewicht" zu erhalten[1]), mischte es sich in alle europäischen Streitigkeiten ein, mit dem eifrigsten Bemühen, immer den Stärksten niederzuwerfen; das wurde dann „Schutz der Schwachen" genannt. Erst verband sich England mit Holland, um Spanien zu schwächen, dann mit Frankreich, um Holland den Lebensnerv zu durchschneiden, dann wieder mit Holland und vor allem mit den Habsburgern, um Frankreich niederzuringen.

1567—1648 **Freiheitskrieg der Niederländer** gegen Spanien,
    1588 Untergang der Armada.
1672—1678 **Krieg Ludwigs XIV. gegen Holland**, wobei er von
    England unterstützt wurde.
1688—1815 **das große Ringen zwischen England und Frankreich:**
    Der Pfälzische Erbfolgekrieg 1688—1697,
    Der Spanische Erbfolgekrieg 1701—1713/14,
    Der Siebenjährige Krieg 1756—1763,
    die gewaltigen Revolutionskriege 1793—1815.

1. In der ganzen Neuzeit hatten die **Niederlande** für die Engländer eine große Bedeutung als das wichtige Mündungsgebiet von Rhein, Maas und Schelde; eifersüchtig wachten sie darüber, daß hier keine

---

[1]) Tönnies schreibt S. 32: „**Das europäische Gleichgewicht** ist eine andere Formel für die unbedingte, unter beliebigen Vorwänden durchgeführte Bekämpfung jeder europäischen Macht, die dem englischen Weltreich gefährlich zu werden droht oder scheint und die Verbündung mit jeder anderen europäischen Macht, die gerade, aus irgend welchen Ursachen gleichfalls im Gegensatz zur rivalisierenden Großmacht sich befindet.

Die Erhaltung des europäischen Gleichgewichts bedeutet in der Wirkung immer **Störung** des europäischen Gleichgewichts und europäischen Krieg... England schürt und verlängert die Kriege, um seinen Gegner zu demütigen, zu verkleinern, zu berauben."

europäische Macht stark werde. Wohl wirkte 1688 bei dem Bündnis mit Holland das gemeinsame protestantische Interesse gegen die katholische Reaktion mit; aber das trat bei den folgenden großen Kriegen, dem Pfälzischen und dem Spanischen Erbfolgekriege, sehr zurück, und Seeley nennt den Spanischen Erbfolgekrieg „den geschäftsmäßigsten von allen unseren Kriegen". — Und die langen Kriege gegen die französische Revolution und gegen Napoleon I. (1793—1815)? Scheinbar hatten die Engländer sittliche Beweggründe; scheinbar gaben das wilde Treiben der Jakobiner und die ruchlose Hinrichtung des Königs Ludwig XIV. den Anstoß zum Kriegsausbruch. In Wirklichkeit war, wie die neuesten englischen Geschichtschreiber zugeben, die drohende Herrschaft Frankreichs über die Niederlande die einzige Ursache zum Krieg. Aber sehr geschickt trugen damals die Engländer die Maske der Befreier Europas von Napoleons Tyrannei, und viele Leute glauben heute noch an dieses Märlein. Es steht fest, daß England 1793—1815 für Europa ein viel schlimmerer Tyrann war als Napoleon; denn es stürzte, mehr als Napoleon, den ganzen Erdteil in ein Chaos von Kriegen und die Völker in ein Meer von Tränen.

2. Wie heuchlerisch spielte England stets die Rolle des Uneigennützigen! In Wirklichkeit war es der tertius gaudens, d.h. „der lachende Dritte", der ohne große eigene Leistungen zusah, wie auf dem Festland die Mächte miteinander rangen und sich gegenseitig schwächten. Von all den langen Kriegen 1688—1815 haben allein die Engländer Gewinn gehabt.

Wie schlau haben sie immerfort ihre eigenen Bundesgenossen übers Ohr gehauen! Über das Verhalten Holland gegenüber während des Spanischen Erbfolgekrieges (1701—1714) lesen wir in Schmollers Volkswirtschaftslehre, S. 590:

„Die kluge englische Politik verstand es, die niederländischen Geld- und Flottenkräfte wohl zu nutzen, aber den Siegespreis ganz allein für sich zu behalten ... Die Engländer setzten es durch, daß ihnen große Handelsvorteile in Spanien eingeräumt wurden, während sie zu gleicher Zeit einen heimlichen Vertrag mit Spanien abschlossen, den Niederländern dieselben Vorteile nicht einzuräumen. Auch der während des Krieges mit Portugal abgeschlossene Handelsvertrag (1703), der die portugiesischen Schutzzölle gegen englische Weinzollvergünstigungen aufhob und die portugiesische Industrie zum Vorteil Englands vernichtete, kam nur England, nicht seinem Verbündeten Holland, zugute; England ließ sich ausdrückliche, gegen die Niederlande gerichtete Begünstigungen versprechen."

Und wie oft hörten wir früher von den großen Verdiensten Englands um Preußens Wachstum, von der „Waffenbrüderschaft" in dem Siebenjährigen und den Freiheitskriegen! Dabei setzte es die Miene des starken Gönners gegenüber dem kleinen Emporkömmling auf. Tatsächlich war das Verhältnis umgekehrt: Den Preußischen Heldentaten bei Roßbach (1757), bei Leipzig (1813), bei Belle Alliance (1815) verdankte England seinen Aufstieg zur Weltmacht; anderseits suchte es des verbündeten Preußens Wachstum zu hemmen, wo und wie es nur konnte:

Am Ende des **Siebenjährigen Krieges** (1756—1663) hat es, als sein eigenes Interesse befriedigt war, treulos seinen Verbündeten, Friedrich den Großen, im Stich gelassen, gerade in der Zeit der höchsten Not.

Unter **Friedrich Wilhelm II.** (1786—1797) bot sich für Preußen die Gelegenheit, die österreichischen Niederlande (Belgien) zu gewinnen; England hat es vereitelt.

In den **Freiheitskriegen** (1813—1815) nutzte die englische Regierung die Notlage Preußens in krämerhafter Weise für sich aus und trieb, unter der Maske des Freundes, eine neue Erpresserpolitik. Wie teuer hat Preußen, trotz seiner heldenhaften Siege, die geringfügigen englischen Subsidien von zweidrittel Millionen Pfund bezahlen müssen! Und wie eigenmächtig der englische Herzog Wellington im Jahre 1815 Verhandlungen mit den Franzosen anknüpfte, ohne sich im mindesten um die Verbündeten zu kümmern, das kann man in dem neuesten Werk, im vierten Band der „Befreiungskriege" von Generalmajor Friedrich, nachlesen. Seine eifrigste Tätigkeit war darauf gerichtet, Preußen, den Verbündeten und Retter von Waterloo, vom Meere fernzuhalten[1].

Empörend sind die **Geschichtsfälschungen** zur Selbstverherrlichung der Engländer; in den englischen Schulen werden die Heldentaten Marlboroughs auf Kosten des Prinzen Eugen und Wellingtons auf Kosten Blüchers übertrieben gefeiert. Wie anmaßend und verlogen war das Verhalten Wellingtons nach der Schlacht bei Belle Alliance (1815)! Es steht unzweifelhaft fest, daß dem „Marschall Vorwärts", dem Fürsten Blücher, der Ruhm der Besiegung Napoleons I. gebührt; Wellington wäre vom französischen Kaiser besiegt worden, wenn nicht Blücher, nach Überwindung übermenschlicher Schwierigkeiten, ihn gerettet hätte. Trotzdem scheute sich der englische Feldherr nicht, einen wahrheitswidrigen Bericht nach London zu schicken, wonach ihm und der englischen Armee das alleinige Verdienst an dem Siege bei Belle Alliance zukomme.

Welche Verlogenheit! England spielt sich immer als „Hüter der Gerechtigkeit und Menschlichkeit, besonders des Völkerrechts" auf. Aber wie brutal war sein Völkerrechtsbruch, als es 1807 das neutrale und friedliche **Dänische** Reich überfiel, Kopenhagen beschoß und niederbrannte, die dänische Flotte raubte! Selbst in England waren viele Kreise entsetzt über die Schande, und in einer englischen Zeitschrift desselben Jahres 1807 hieß es: Wenn irgend etwas den Ekel und Schauder, den wir fühlen, vermehren kann, so ist es die Sprache der Humanität und des Mitleids, die von unserem Höchstkommandierenden bei dieser Expedition geführt wurde.

3. Auch nach den Freiheitskriegen blieb Frankreich ein von England gefürchteter Nebenbuhler, zumal es sich bald mit großer Energie ein neues

---

[1] Preußen mußte seinen einzigen Hafen an der Nordsee, Emden, den Engländern bzw. Hannoveranern überlassen. Nach 1815 beherrschte England direkt und indirekt die Mündungen von Rhein, Maas und Schelde, von Ems, Weser und Elbe.

weites Kolonialreich schuf. Aber daneben stieg die Besorgnis vor der wachsenden Macht Rußlands, und die Engländer haben seit 1815 fortwährend im offenen oder versteckten Krieg mit dem Zarenreich gestanden. Wir denken zunächst an den Krimkrieg (1853—1856); hinter den späteren Kriegen der Türken und Japaner gegen Rußland (1877/78 und 1904/05) stand lauernd die britische Weltmacht und war der tertius gaudens, der den Hauptgewinn davontrug. Auch hat England sich stets bemüht, wie früher gegen Frankreich, so im 19. Jahrhundert gegen Rußland mitteleuropäische Festlandssoldaten zu gewinnen. Schließlich sind wir Deutschen es gewesen, die zu Englands Nutzen 1914—1918 das russische Riesenreich niederwarfen.

2.
Frankreich und das deutsche Mitteleuropa[1]).

Das wiederholt erwähnte lange Ringen zwischen Frankreich und dem Hause Habsburg, aus dem England den Hauptgewinn zog, war ein Stück des tausendjährigen Trachtens der Franzosen nach dem linken Rheinufer.

Geschichtliche Übersicht.

1.
Mittelalter.

Durch die Verträge von 843, 870, 925 wurde die Grenze zwischen Deutschland und Frankreich festgelegt.

Am Ende des Mittelalters, im 15. Jahrhundert, entstand das Zwischenreich Karls des Kühnen von Burgund, die Ursache vieler Kriege.

2.
Neuzeit.

Durch List und Gewalt kamen an Frankreich:
    1552 die deutschen Reichsstädte Metz, Toul und Verdun;
    1648 die Habsburgischen Besitzungen im Elsaß;
    1679 die Freigrafschaft Burgund;
    1681, 30. September Straßburg;
    1766 Lothringen;
    1797 und 1801 das ganze linke Rheinufer;
    1810 weite rechtsrheinische Gebiete.

3.
Neueste Zeit.

    1814/15 die beiden Pariser Friedensschlüsse und der Wiener Kongreß;
    1830, 1840, 1867 neue Versuche, nach Osten vorzudringen;
    1871 Verlust von Elsaß-Lothringen.

---

[1]) Vgl. Aloys Schulte, „Frankreich und das linke Rheinufer".

1. Als **Staaten sind beide**, Deutschland und Frankreich, nicht viel mehr als tausend Jahre alt, aus derselben Wurzel emporgewachsen, nämlich aus dem Weltreich Karls des Großen, das sich im 9. Jahrhundert auflöste. Durch die Verträge von 843, 870, 925 wurde eine Grenze zwischen Deutschland und Frankreich festgelegt, die viele Jahrhunderte so geblieben ist; **danach gehörten das ganze Rhein- und Moselgebiet (auch der größte Teil von Maas und Schelde) zu Deutschland**. Und in der Tat zeigen uns Bodenbeschaffenheit, Verkehrsverhältnisse und Sprache, daß das rechts- und linksrheinische Stromgebiet ein untrennbares, von „Natur" zusammengehöriges Ganzes ist.

Es muß die Tatsache festgestellt werden, daß Deutschland während seiner mehr als tausendjährigen Geschichte **niemals offensiv gegen Frankreich** gewesen ist, auch wenn es die Macht dazu hatte; daß umgekehrt von Frankreich jedesmal, wenn es sich stark genug fühlte, Angriffe gegen Deutschland unternommen wurden. **Aber die Franzosen hüllten** sich dabei stets in den scheinheiligen Mantel des „Rechts"; sie beteuerten, daß es sich niemals um „Annexionen" handele, sondern um „Réunionen", d. h. um Wiedergewinnung von Gebieten, die ihnen von Rechtswegen zukämen [1].

Die Begründung ihres „Rechts" ist **eine lange Kette von Wahnvorstellungen, unwahren Behauptungen und dreisten Geschichtsfälschungen**. Jahrhunderte hindurch wurde dem französischen Volke der törichte Gedanke von der „natürlichen Rheingrenze" so eingehämmert, daß es daran wie an ein heiliges Dogma glaubt. Sind es nicht unwürdige Gaukeleien und rabulistische Sophistereien, wenn die Franzosen sich bald als Erben der alten Römer, bald der Kelten, bald der Franken hinstellen? wenn sie die Rheingrenze fordern, **weil um 50 v. Chr. der römische Feldherr Cäsar Gallien bis zum Rhein erobert hat?** wenn sie des Frankenkönigs Chlodwig Kampf gegen die Alemannen (496) als einen Sieg der Gallier über die Germanen darstellen? wenn sie **Karl den Großen** (800) Gründer des „französischen" Reiches nennen und die Worte „Franken" und „Franzosen" als gleichbedeutend gebrauchen? Zwar steht fest, daß Karl der Große sich als Deutscher fühlte und die deutsche Muttersprache pflegte; aber in Frankreich entwickelte sich eine Karlslegende, und in dem französischen Volke wurde der Wahn großgezogen, daß es „auserwählt" und den Deutschen weit überlegen, daß **seine** Könige die wahren Erben Karls des Großen und des Karolingischen Weltreiches seien.

Freilich mußte Frankreich jahrhundertelang seine Annexionslust zügeln, weil es immer wieder in langwierige Kriege mit England verwickelt war. Erst in der zweiten Hälfte des 15. Jahrhunderts begann die traurige Periode der unaufhörlichen Überfälle auf das schwache deutsche Reich. Die

---

[1] Geheimrat Dietrich Schäfer schreibt: „Es gehört zu den frechsten und schamlosesten Lügen, die je in die Welt hinausposaunt worden sind, daß Frankreich sich decken müsse gegen deutsche Eroberungssucht. Das genaue Gegenteil ist richtig; nie ist die Fabel vom Lamm und Wolf gleich offenkundig zur Tatsache geworden."

äußere Veranlassung war der Streit um die Erbschaft Karls des Kühnen von Burgund.

2. Wohl war das Reich Karls des Kühnen von Burgund die „Wiege" aller deutsch-französischen Kriege der Neuzeit. Aber gegenüber französischen Geschichtsfälschungen müssen wir feststellen, daß das linksrheinische Gebiet (Rheinprovinz, Pfalz, Elsaß) niemals zu diesem burgundischen Reiche gehört hat.

Im Jahre 1552 gelang dem französischen Könige Heinrich II. die Wegnahme der drei deutschen Reichsstädte Metz, Toul und Verdun.

Ein hochangesehener französischer Politiker, Josef Reinach, einst Kabinettschef Gambettas, stellte vor einigen Jahrzehnten die Vorgänge so dar: „Die drei lothringischen Bistümer waren vorher angeboten oder eingeräumt durch die lutherischen Kurfürsten und die Fürsten und die Gesandten der großen protestantischen Städte." Ein Muster dreister Geschichtsfälschung! Wohl ist der Vertrag von Chambord, der zwischen dem französischen Könige und einer deutschen Fürstenverschwörung geschlossen wurde, eine traurige Tatsache. Aber nicht die drei „Bistümer", sondern nur die drei Städte Metz, Toul und Verdun wurden an Frankreich verraten; nicht die lutherischen Kurfürsten waren daran beteiligt, sondern ein Kurfürst; nicht die Fürsten, sondern aus der großen Zahl nur drei, und von den protestantischen Städten keine. Es ist eine freche Lüge, daß die Hohenzollern und daß die Städte Straßburg und Nürnberg zu den Verschworenen gehört hätten.

Der gewaltige Aufstieg Frankreichs begann unter dem Kardinal Richelieu, der 1624—1642 allmächtiger Staatsmann war; er setzte Cäsars „Gallien" Frankreich gleich, und sein Streben ging dahin, „Gallien" die Grenzen zu geben, die ihm angeblich die Natur bestimmt habe. Durch ihn wurde eine umfangreiche Literatur ins Leben gerufen, welche die „Rechtsfragen" für die Réunionen erörterte[1]).

Welche Verlogenheit! Während des Dreißigjährigen Krieges, an dem sich Frankreich seit 1635 offen beteiligte, wurde stets die Uneigennützigkeit des Königs betont und versichert, daß „er alle Orte des Elsasses ohne Beeinträchtigung ihrer Reichsfreiheiten und Gerechtsame nur bis zum Frieden in seinen Schutz nähme". Aber diese scheinbare Uneigennützigkeit Frankreichs war eine bewußte Täuschung; mit Recht sagt Schulte: „Richelieu und Mazarin waren Meister in der Kunst des Schutzheuchelns".

Auch ist es eine Fälschung, wenn moderne französische Geschichtschreiber die Sache so darstellen, daß durch den Westfälischen Frieden (1648) das ganze Elsaß an Frankreich gefallen sei; vielmehr waren es nur die habsburgischen Besitzungen im Elsaß.

---

[1]) Damit begann zugleich die selbstmörderische Politik der Franzosen. Zweierlei Kämpfe ziehen sich durch ihre ganze Geschichte:
die Kriege gegen England,
die Kriege gegen Deutschland.
Es ist ihr Verhängnis und Unglück gewesen, daß sie nicht in England ihren einzigen und größten Feind erkannten.

Der große Rechtsverdreher Ludwig XIV. hat, gleich nachdem er selbst die Zügel der Regierung ergriffen hatte (1661), die Ansicht niedergeschrieben, daß den Königen, die in Reims gekrönt würden, von Rechts wegen das abendländische Kaisertum als Erbe Karls des Großen gebühre, nicht den Deutschen. Fast ein halbes Jahrhundert hindurch, von 1667 bis 1713, hat er Raub- und Eroberungskriege geführt, um nach Osten vorzudringen. Immer wieder sprach er und sprechen noch heute die französischen Geschichtschreiber von „Réunionen", d. h. Wiedervereinigungen; aber es handelte sich um Länder, die niemals Teile Frankreichs gewesen waren. Was sich unter Ludwig XIV. abspielte, „war ein Raub, bemäntelt durch voraufgegangene juristische Beschlüsse. Es gibt kaum etwas Widerwärtigeres, Unsittlicheres, als den durch ein Rechtsverfahren gedeckten Raub" (Schulte).

Den Gipfel erreichte dieses Rechtsverfahren, als Ludwig nach dem Krieg gegen Holland 1680 besondere Gerichtshöfe, „Réunionskammern", zu Metz, Breisach und Besançon einsetzte, die wie Spürhunde nachforschten, was an Städten, Dörfern, Grafschaften, Burgen jemals in früherer Zeit zu den 1648, 1668, 1678 neu erworbenen Gebieten gehört hatte; das alles wurde für den König von Frankreich ohne viel Umstände in Besitz genommen. Das Verfahren war sehr einfach, da der König Kläger, Richter und Vollstrecker in einer Person war. Bis in die Zeiten Pippins, ja noch weiter ging man zurück, um solche Zusammenhänge zu finden. Unter anderem wurden Mömpelgard und Teile von Luxemburg, von Kurtrier und Kurpfalz, dem Könige zugesprochen. Dabei scheute er sich nicht, Straßburg am 30. September 1681 ohne jeden Rechtstitel zu „réunieren".

Dazu kam, daß Ludwig XIV. sich über alle Freiheiten und Privilegien hinwegsetzte, die in beschworenen Urkunden den neu eroberten Ländern zugesichert waren. Besonders begann eine unerhörte, schamlose Zwangskatholisierung.

Zwar wagen es die modernen französischen Geschichtschreiber nicht, die barbarischen Verwüstungen der Rheingegenden in den Jahren 1688/89 zu rechtfertigen. Aber sie fälschen die Geschichte, indem sie die Franzosen als die Bedrohten und Angegriffenen hinstellen, die sich „vor der Invasion schützten". In Wahrheit hat Ludwig XIV. ohne allen Grund den Waffenstillstand gebrochen.

Lothringen, das Ludwig XIV. schon 1670 als „ein Erbteil meiner Ahnen" bezeichnete, fiel erst 1766 als Frucht einer langen, zähen, gewaltsamen Politik an Frankreich. Bis zuletzt haben die Lothringer nicht französisch sein wollen [1]).

Die „glorreiche" Revolution von 1789 ff. hat nicht den verheißenen ewigen Frieden und die Völkerverbrüderung gebracht, sondern einen dreiundzwanzigjährigen Völker- und Bruderkrieg, 1792—1815. Auch ist

---

[1]) Geschichtliche Tatsachen widerlegen die Legende von der großen „Liebe" der Elsässer und Lothringer zu Frankreich, welche französische Geschichtschreiber verbreiten. Die Lothringer haben sich im 16., 17. und 18. Jahrhundert gegen die Französierung gewehrt, und wie deutsch das Elsaß noch im 18. Jahrhundert war, kann man in Goethes „Dichtung und Wahrheit" nachlesen.

der Krieg 1792 keineswegs dem französischen Volke von den auswärtigen Mächten aufgezwungen worden; die Pillnitzer Erklärung des Habsburgischen und des Hohenzollernschen Herrschers war keine Kriegsdrohung. Als es doch zum Krieg kam, wurde von den Franzosen 1792 feierlich erklärt, daß sie „nur für die Verteidigung der Freiheit" die Waffen ergriffen und an keine Eroberungen dächten. Aber das war bald vergessen, und schon im folgenden Jahre 1793 kehrten Danton und Carnot zu dem alten Programm der „natürlichen" Grenzen zurück, zu dem stillen Evangelium für so viele Franzosen:

„Die alten und natürlichen Grenzen sind der Rhein, die Alpen und Pyrenäen. Die Teile, die davon losgelöst wurden, sind es nur durch Usurpation; es wäre keine Ungerechtigkeit, sie zurückzunehmen; es wäre kein Ehrgeiz, die als Brüder anzuerkennen, die es einst waren, die Bande zu erneuern, die nur aus Ehrgeiz zerrissen wurden."
Welche Lüge!

Durch die Friedensschlüsse von 1797 (Campo Formio) und 1801 (Luneville) war endlich das alte Ziel erreicht, das linke Rheinufer französisch. Aber seit 1806 griff Napoleon I. über den Rhein hinaus; um Rechtsgründe war er nicht verlegen:

Die Besetzung Wesels bezeichnete er als eine „militärische Notwendigkeit";

Holland sei eine „Anspülung französischer Gewässer" (des Rheins und der Maas) und gehöre deshalb zu Frankreich;

Von Hamburg sagte Napoleon I.: die Stadt sei von seinem „Vorfahren" Karl dem Großen gegründet und solle nicht länger ihrer „natürlichen Verbindung" mit Frankreich entzogen werden.

Um der „Notwendigkeit" willen wurden die Grenzen bis Lübeck nach Osten vorgeschoben.

Die französische Darstellung, daß die Bewohner des linken Rheinufers sich freudig an Frankreich angeschlossen hätten, kann nach den neuesten Untersuchungen nicht aufrecht erhalten werden. Erst recht ist es eine Fälschung, wenn bis in die neueste Zeit französische Schriftsteller den Kaiser Napoleon I. allein dafür verantwortlich machen, daß er über die „natürlichen" Grenzen hinausgegangen sei; vielmehr war das ganze französische Volk mitschuldig.

Wie richtig hat E. M. Arndt den Charakter der Franzosen erkannt! Die ersten Sätze seiner Flugschrift aus dem Jahre 1813 „Der Rhein, Deutschlands Strom, nicht Deutschlands Grenze" lauten:

„Der Rhein ist Frankreichs Naturgrenze", bewies Sully im Jahre 1600 und 1610; „Der Rhein ist Frankreichs Naturgrenze", rief Richelieu in den Jahren 1625 und 1635; „Der Rhein ist Frankreichs Naturgrenze", erklärte der Graf d'Avaux im Jahre 1640 zu Münster in den heiligen Orten, wo Hermann der Cherusker weiland den Römern andere Erklärungen gegeben hatte; „Der Rhein ist Frankreichs Naturgrenze", klangen in den Jahren 1670—1700 Louvois' und Colberts Reden im

Staatsrat Ludwigs XIV.; „Der Rhein ist Frankreichs Naturgrenze", schrien die Ungeheuer an der Seine im Jahre 1790—1800 [1]).
Und über die rechtsrheinischen Eroberungen schrieb er:

> „Da die Ideen über die Naturgrenzen Frankreichs sich bei den Franzosen und bei Napoleon jedes Jahr so sehr erweiterten, so konnte man voraussehen, daß die Elbe, die Oder, die Weichsel, ja, wenn die französischen Waffen den Beweis gehörig einleiteten, die Düna und der Dnjepr bald Frankreichs Naturgrenzen heißen würden."

3. Der dumme deutsche Michel! Konnte es für ihn ein besseres „Recht" geben, als nach der siegreichen Niederwerfung Napoleons I. zurückzufordern, was seit dem 16. Jahrhundert mit List und Gewalt vom deutschen Volkskörper losgerissen war? Aber er ließ sich einreden, daß der Krieg nicht dem französischen Volke, sondern allein Napoleon I. gelte. Es waren Friedensschlüsse der Großmut, die 1814 und 1815 zu Paris zustande kamen: Frankreich mußte nur, was es in den zwei letzten Jahrzehnten annektiert hatte, herausgeben; es behielt Elsaß und Lothringen, Flandern und Artois. Trotzdem haben die Franzosen den mehr als großmütigen Pariser Frieden von 1815 innerlich niemals anerkannt. Jahrzehnte hindurch wurde in den Schulen, in öffentlichen Versammlungen und bei festlichen Gelegenheiten immer von neuem „die Revanche für Waterloo" gepredigt, bis sie 1866 durch das Geschrei „Revanche für Sadowa (Königgrätz)" abgelöst wurde. Das Dogma von der natürlichen Rheingrenze behielt seine alte Kraft; das französische Volk blieb, obgleich ihm Elsaß-Lothringen gelassen war, der ewige Störenfried. In den Jahren 1830, 1840, 1866/67 suchte es nach Osten vorzudringen; es ruhte nicht, bis es zu einem neuen Waffengang kam 1870/71. Aber der Sieg war auf unserer Seite, und Elsaß-Lothringen ging den Franzosen verloren.

Die Berechtigung unserer Réunion Elsaß-Lothringens haben damals die Engländer unumwunden zugegeben. Im Dezember 1870 schrieb Carlyle in den Times:

> „Seit 400 Jahren hat keine Nation so böswillige Nachbarn gehabt, wie die Deutschen an den Franzosen, die unverschämt, raubgierig, unersättlich, unversöhnlich auftraten und immer bereit waren, die Offensive zu ergreifen. Deutschland hat während dieser ganzen Zeit die Übergriffe und Anmaßungen Frankreichs ertragen; aber heute, wo es Sieger über seinen Nachbar ist, wäre es sehr töricht, wenn es aus der Lage der Dinge nicht Nutzen ziehen und sich nicht eine Grenze sichern wollte, die ihm für die Zukunft den Frieden verbürgt. Meines Wissens existiert in der Welt kein Gesetz, kraft dessen Frankreich ermächtigt werden könnte, von ihm einst weggenommene Güter zu behalten, wenn die bestohlenen Eigentümer die Hand auf den Dieb gelegt haben."

Ähnlich äußerten sich damals andere hervorragende englische Zeitungen.

---

[1]) Mit ähnlichen Schlagworten wurde gleichzeitig Italien von Napoleon I. vergewaltigt.

Auch der Friede von 1871 war ein **Friede der Großmut**; er hat den Franzosen Elsaß-Lothringen und fünf Milliarden Francs genommen, aber sie sonst in keiner Weise gefesselt. Trotzdem gaben die Franzosen nach ihrer Niederlage die Hoffnung auf die „natürliche" Rheingrenze keineswegs auf. Im Gegenteil! Der Revanche-Gedanke wurde gepflegt, und wiederholt standen wir vor einem neuen Krieg, besonders 1887, 1905, 1911. Bei der Aufpeitschung der Massen mußte vor allem die **Lüge** helfen. Schon Bismarck erzählte:

„Als ich 1870/71 in Versailles im Quartier lag, habe ich gelegentlich die Schulhefte der Söhne meiner Hauswirte durchgesehen, und da bin ich ganz erstaunt gewesen über die **ungeheure geschichtliche Lüge**, die in allen französischen Schulen kultiviert wird, von Ludwig XIV. an bis in unsere Zeit. Was hat das für Folgen? Daß der junge Franzose von Haus aus ein falsches Bild über die Bedeutung seiner eigenen Nation, über deren Berechtigung zur Macht, bekommt, und daß er mit einem **Hochmut** in die Welt tritt, von dem das deutsche Sprichwort sagt, daß er vor dem Fall kommt."

Ähnliches konnten unsere Soldaten feststellen, als sie 1914 in Frankreich einrückten. Schulte schreibt in „Frankreich und das linke Rheinufer", S. 349:

„Die französische Schule war es, die in Schulbüchern und Atlanten den kleinen Kindern Gedanken vorlegte, einprägte und einhämmerte, als sei dem französischen Volk von Deutschland ein bitteres Unrecht durch die „Annexion" von Elsaß-Lothringen geschehen. Unsere Soldaten sind erstaunt gewesen über diese Schul- und Soldatenliteratur, die sich ja in Friedenszeiten der Öffentlichkeit nicht aufdrängt. Und die populäre Literatur? Vor mir liegt die Nord-Revue vom 25. Juni 1913 mit einem wütenden Haßgesang, dessen Strophen sämtlich mit den Worten beginnen: Le Rhin français ne peut être allemand. Theater, Kinos, Romane, Broschüren, Vorträge, Soldatenschriften hetzten namentlich in den letzten Jahren; dann kamen die Zeichner: Zislin und Hansi. Man tapezierte die Gehirne der Jugend und die der Zeitungsleser mit Zwangsvorstellungen aus. Die allgemeine Unwissenheit gab den besten Boden. Es entstand ein pathologischer Zustand."

Aber damit war man noch nicht zufrieden. Es begann eine planmäßige **Unterwühlung und Verhetzung der benachbarten Grenzbevölkerung** von Holland, Belgien, Luxemburg, Schweiz, ja auch von dem zum deutschen Reich gehörigen Elsaß-Lothringen. In der ganzen Welt wurde die **Lüge von der deutschen Gefahr** verbreitet. Dazu kam eine eifrige Propaganda für die französische Sprache, welche die spätere Eroberung vorbereiten solle.

Der dumme deutsche Michel! Er glaubte, sich nicht „in die inneren Angelegenheiten fremder Staaten einmischen zu dürfen", auch wenn es sich um eine Verschwörung gegen sein eigenes Leben handelte; selbst in **unserem** Elsaß-Lothringen ermöglichte er durch seine verkehrte Milde und Nachgiebigkeit die um sich greifende Verhetzung der Bevölkerung. Und unsere bildungsstolzen Diplomaten, Beamten, Kaufleute und Vergnügungsreisenden förderten in Belgien, Luxemburg, Holland und Schweiz, sogar in Elsaß-Lothringen die Propaganda der französischen Sprache und des französischen Wesens, indem sie mit ihren Sprachkenntnissen glänzten, statt auf diesem alten deutschen Kulturboden nichts anders als deutsch zu sprechen.

Das antiklerikale Frankreich verschmähte es nicht: **kirchliche Frömmigkeit** in den Dienst seiner verlogenen Raubtierpolitik zu stellen und dabei **die Geschichte zu fälschen**.

Als Patronin des Elsasses wird die **heilige Odilia** gefeiert. Zwar war sie deutscher Abstammung; aber man hat sie zu einer Französin gemacht, ja Geschichten erfunden, die von ihrer Feindschaft gegen die „Barbaren" erzählen.

Vor allem aber ist die **Jungfrau von Orleans** die Vertreterin der nationalen Gesinnung geworden. Was hat sie alles mit sich geschehen lassen müssen! Vor 600 Jahren kämpfte sie gegen England; heute unterstützt sie den Kampf, den Frankreich zusammen mit England gegen Deutschland führt. Auch kämpft sie nicht für einen König, sondern für eine Clique jüdischer Geldleute und unkirchlicher Advokaten. Im 14. Jahrhundert wurde sie von den Engländern gefangen, von einem französischen Bischof als Zauberin verurteilt, von der Universität Paris für eine solche erklärt, von ihrem König verlassen, von den Engländern verbrannt. Im 18. Jahrhundert hat der größte Mann der Aufklärung, Voltaire, sie in einem Epos verspottet; die edelste Würdigung ließ ihr unser deutscher Dichter Schiller zuteil werden, und seine Dichtung ist im ganzen deutschen Volk bekannt. — Und nun die schlaue **Geschichtsfälschung!** man bezeichnete sie in Frankreich als „Lothringerin", während sie in Wirklichkeit Champagnerin war. So kann man bei französischen Schriftstellern die schöne Phrase lesen: „Lothringen ist durch das Opfer der Jungfrau für immer an Frankreich gekettet" — d. h. durch die Verbrennung einer von Franzosen verurteilten Champagnerin durch die Engländer.

3.
Italien und das deutsche Mitteleuropa.

Keines Volkes Geschicke sind so eng mit Deutschland verflochten, wie die der Italiener. Daß die **deutschen** Könige sich immer wieder nach Italien locken ließen, um **römische** Kaiser zu werden und ihre nationalen Kräfte für die internationalen, weltumfassenden Ziele des Papsttums einzusetzen, wurde für **beide** der größte Fluch, für Deutschland und Italien. In denselben Jahrhunderten, da ringsum starke Nationalstaaten entstanden, wuchs in Deutschland und Italien die Zerrissenheit, und beide Länder waren Kampfplatz und Beuteobjekt der Nachbarn.

Das wurde erst nach den Freiheitskriegen anders. Nicht mit Unrecht hat man von einer **Gleichartigkeit** der deutschen und italienischen Geschichte seit 1815 gesprochen: 1848/49 war diesseits und jenseits der Alpen eine große nationale Einheitsbewegung, und später haben die

Jahre 1859, 1866, 1870 sowohl das deutsche Kaiserreich wie das Königreich Italien gebracht.

Aber diese Gleichartigkeit war nur äußerlich; größer ist der **Riesen-Unterschied**: Wir Deutschen verdankten das neue Reich eigener, die Italiener fremder Kraft:

Napoleon III. hat im Jahre 1859 die Siege bei Magenta und Solferino erfochten.

1866 wurden die Italiener selbst bei Custozza besiegt, erhielten aber infolge der Preußischen Siege in Böhmen das Land Venetien.

1870 hat der deutsche Sieg bei Sedan den Italienern die Besetzung des Kirchenstaats und Roms ermöglicht.

Seitdem glaubte Italien, Erfolge erreichen zu können, ohne ernsthafte Opfer zu bringen, wenn es nur in den europäischen Kriegen den rechtzeitigen Anschluß an den Sieger fände.

Nicht nur in kirchlicher, sondern auch in politischer Beziehung ist **Rom** dem deutschen Mitteleuropa abermals zum Fluch geworden, wie im Mittelalter. Hätten wir doch Rom und Italien ihrem Schicksal überlassen! Statt dessen ließen wir uns verleiten, wie das Papsttum, so auch das neue Königtum zu stärken. Der **Dreibund**, der 1883 zustande kam, hat nur Italien Gewinn gebracht, großen Gewinn; ihm verdankte es seine Stellung als Großmacht. Heute wissen wir, daß Italien gleichzeitig von Anfang an nach der anderen Seite schielte, um dorthin zu treten und den eigenen Verbündeten in den Rücken zu fallen, wenn dabei größerer Vorteil winkte. Befremdend war das wüste Treiben der „Irredenta", das sich einseitig gegen den habsburgischen Bundesgenossen, nicht gegen Frankreich und England richtete; befremdend, daß Italien seit dreißig Jahren seine gesamte artilleristische Rüstung für Heer und Flotte aus englischen und französischen Fabriken bezog und sowohl der französischen als englischen Regierung einen vollständigen Einblick in seine Rüstungsarbeiten gewährte. Anläßlich der Annexion von Bosnien war es 1909 nahe daran, gegen Österreich-Ungarn loszuziehen, und durch seinen Tripolis-Feldzug raubte es uns im Orient wertvolle Sympathien.

4.
Die wachsende Einkreisung und Einschnürung des mitteleuropäischen Deutschtums und des deutsch-evangelischen Christentums.

1. Im Kampfe mit Napoleon I., vor allem in den siegreichen Freiheitskriegen (1813—1815) erwachte das deutsche Nationalbewußtsein und zugleich die Sehnsucht nach einem starken Einheitsstaat, einem neuen Kaiserreich, das das gesamte mitteleuropäische Deutschtum umfaßte. Aber von demselben Augenblick an bestand eine stille Verschwörung zwischen den nichtdeutschen Mächten, die Deutschen um die Frucht ihrer Siege zu bringen und eine Erstarkung Mitteleuropas zu verhindern; zu **diesen Gegnern gehörte auch das Österreichische Kaiserhaus**. Die **Pufferstaaten des Westens** (Holland, Belgien, Luxem-

burg, Schweiz), ehemals Teile des Deutschen Reiches, wurden dem Deutschtum entfremdet, und die **Puffervölker** des Ostens entzogen sich dem deutschen Einfluß. Zwar gaben uns Bismarcks Gründung des neuen Deutschen Reichs und die Wiedergewinnung von Elsaß-Lothringen eine Machtstellung, wie wir sie nie besessen hatten; aber zugleich begann ringsum eine gesteigerte feindselige Tätigkeit, welche unter der schwachen Regierung Wilhelms II. immer dreister wurde.

Wenige Wochen vor dem Weltkrieg, im Sommer 1914, war in Kettweg a. d. Ruhr eine Tagung des evangelischen Bundes; Abends große Volksversammlungen mit drei Ansprachen über

„Sorgen um unsere evangelische Kirche",
„Sorgen um unser deutsches Reich",
„Sorgen um unser deutsches Volkstum".

Den letzten Vortrag hatte ich übernommen. Als Historiker wies ich auf die Vergangenheit hin, wo im W e s t e n das ganze linke Rheingebiet und der größte Teil des Maas- und Scheldegebiets deutsch war, wo im S ü d e n das Deutschtum in Oberitalien hineinragte, wo im N o r d e n und besonders im weiten O s t e u r o p a die ganze Kultur auf deutscher Grundlage ruhte und Deutsch die einzige Sprache war, in welcher die zahlreichen Slawenvölker sich untereinander verständigen konnten.

Welche Verbreitung hatte das Deutschtum noch vor hundert Jahren! Ö s t e r r e i c h - U n g a r n konnte als ein deutscher Staat angesehen werden, und Rußland war bis weit in die zweite Hälfte des vorigen Jahrhunderts nach dem Ausspruch des bekannten Nationalökonomen Wilhelm Roscher ein Staat, in welchem ein d e u t s c h e s Herrscherhaus mit etwa 80 000 d e u t s c h e n Beamten die Regierung führte; d e u t s c h war die ganze Kultur, und d e u t s c h e Bauern haben die völlig darniederliegende Landwirtschaft Rußlands gehoben. In B e l g i e n, das heute zu unseren grimmigsten Feinden gehört, jubelte man 1870/71 über die Niederlagen der Franzosen.

Das ist leider später anders geworden, besonders seit der Entlassung Bismarcks (1890), unter der Regierung Wilhelms II.; schuld war vor allem unsere deutsche Michelei, die selbstmörderische Ausländerei und Verehrung des Französischen und Englischen. Wie wurde es im W e s t e n ?

In der S c h w e i z war bis in die vierziger Jahre des vorigen Jahrhunderts die Regierung völlig deutsch; die kleinen Gebiete der West- und Südschweiz, in denen Franzosen und Italiener wohnen, galten als „Untertanenländer". Erst die demokratische Bewegung gab den Welschschweizern politische Gleichberechtigung; aber alsbald strebten diese in ihrer Anmaßung nach Ü b e r ordnung und schürten später gegen das deutsche Reich. Die deutsche Michelei hat es dahin kommen lassen, daß die kleine Welschschweiz als einsprachig, die Deutschschweiz als zweisprachig bezeichnet werden muß; durch unsere Schuld gilt die französische Sprache als „die vornehmere".

In Elsaß-Lothringen, dessen Bevölkerung zu neun Zehnteln deutsch ist, duldete die schwache deutsche Regierung die Hetz- und Wühlarbeit der Franzosenfreunde.

Belgien, das jahrhundertelang (bis 1793) zum alten Deutschen Reich gehörte und dessen Bevölkerung niederdeutsch ist, wurde mehr und mehr zu einer französischen Provinz.

In dem kleinen Luxemburg herrscht der merkwürdige Zustand, daß fast die ganze Bevölkerung deutsch, aber Gesetzgebung, Verwaltung, Gerichtssprache französisch ist.

Auch in dem benachbarten niederdeutschen Königreich Holland ging das Gefühl des völkischen Zusammenhangs mit uns verloren. Noch trauriger war die Entwicklung im Osten. In Österreich-Ungarn vergaß das Kaiserhaus der Habsburger seinen deutschen Ursprung; infolge ihrer michelhaften Lammesgeduld ließen die zwölf Millionen Deutschen sich mehr und mehr in den Hintergrund drängen, obwohl der ganze Staat, die Volkswirtschaft, die Städte, die Kultur deutsche Schöpfungen waren. Dagegen erfuhren die slawischen Natiönchen des Völkerstaates, die Tschechen, Slowaken, Polen, ferner die Madjaren, die sorgsamste Pflege, und je anmaßender sie sich zeigten, um so mehr wurden sie von der schwachen, ruhebedürftigen Regierung verhätschelt, und ihr Machthunger wuchs zum Größenwahn. In Rußland trat mit dem Regierungsantritt Alexanders III. (1881) ein Umschwung ein; es begannen die gesetzwidrigen, brutalen Deutschenverfolgungen. Im eigenen Deutschen Reich durften bei dem unheimlichen Versöhnungsdrang Wilhelms II. die Polen zum Angriff gegen das Deutschtum vorgehen.

2. Mit der Einkreisung des deutschen Volkstums fiel die Einkreisung und Einschnürung des deutschen Protestantismus zusammen. Zwar verdankte die römische Papstkirche ihren ungeahnten Aufschwung seit 1814 wesentlich der preußischen Kirchenpolitik und den deutschen Katholiken. Trotzdem begünstigte sie ringsum die deutschen Feinde, und die deutsche Geistlichkeit katholischer Konfession half bei der Verbreitung des Deutschenhasses. Der französische, italienische, polnische, tschechische Priester sagt: „Ich bin als Franzose, Italiener, Pole, Tscheche geboren, und erst später wurde ich Priester"; aber der deutsche Geistliche fühlt sich in erster Linie als Glied der „internationalen" Menschheitskirche. Im Osten stellte sich die deutsche Geistlichkeit fast restlos in den Dienst der fremdstämmigen Propaganda; sie unterstützte im preußischen Posen und österreichischen Galizien die Polonisierung, in Böhmen die Tschechisierung, in Ungarn die Madjarisierung. Und im Westen? Wie oft habe ich mich in meiner rheinischen Heimat über die Franzosenliebe der deutschen Katholiken gewundert! Zwar wurde die römische Papstkirche von keinem Volk so mißhandelt und mit Fußtritten gepeinigt, wie von den Franzosen; trotzdem fühlten und gebärdeten sich die katholischen Geistlichen in dem deutschen Bistum Metz unter dem deutschen Bischof Benzler als Franzosen; trotzdem schickten im Rheinland die katho-

lischen Eltern, von ihren Geistlichen beraten, ihre Töchter mit Vorliebe in den Unterricht der Schulschwestern, die das Französische besonders pflegten, oder in die französischen Klosterpensionate Belgiens.

Und neben Rom trat die Tätigkeit Judas. Den Juden gelang es, unsere ganze Kultur, unsere Theater, Zeitungen, sogar unsere Schulen mit ihrem undeutschen Geiste zu erfüllen. Gerade in den deutschprotestantischen Gegenden ließen sich die Volksmassen, nicht nur die niederen, für die sogenannte „internationale Kulturgemeinschaft", für „Völkerverbrüderung" einfangen. All das führte zu einer Vernachlässigung des deutschen Wesens, zu einer Bewunderung der demokratischen Musterländer Frankreich und England. Das Festhalten am deutschen Volkstum, am deutschen Protestantismus galt als unmodern und rückständig. „Man stahl uns unsere Seele."

Die Irredenta [1]).

Unter dem Druck der Napoleonischen Fremdherrschaft erwachte im Anfang des vorigen Jahrhunderts bei den Deutschen und Italienern das Nationalbewußtsein; aber der Wiener Kongreß (1814/15) brachte keine Erfüllung der nationalen Hoffnungen, sondern das deutsche und italienische Volk blieben zerrissen, und das Streben nach Übereinstimmung von Staat und Volkstum wurde als revolutionäres Treiben verfolgt. Trotzdem drang schließlich das Nationalbewußtsein durch und führte 1866, 1870/71 zur Gründung des neuen deutschen Reichs und des Königreichs Italien.

Aber dann der Unterschied! Während der deutsche Michel nach 1870/71 „saturiert" war, in dem Gefühl schwelgte, wie herrlich weit er es gebracht habe, die Erhaltung des „status quo" als die höchste politische Weisheit betrachtete und sich einbildete, der ewige Friede sei gekommen: hielt das italienische Volk die Entwicklung keineswegs für abgeschlossen. Als es nach dem Russisch=Türkischen Krieg 1878 auf dem Berliner Kongreß bei der Verteilung der in Frage kommenden Gebiete leer ausging, da tobte ein großer Entrüstungssturm durch die ganze Halbinsel und führte zur Gründung der Partei der Irredenta. Dieser politische Bund setzte sich zum Ziel, das Königreich Italien über alle Gebiete auszudehnen, in denen italienisch gesprochen werde; er forderte ungestüm das „unerlöste Italien" (Italia irredenta) als sein rechtmäßiges Eigentum. Es handelte sich hierbei

> um die österreichischen Besitzungen Südtirol, Triest, Istrien, Dalmatien;
> um die französischen Gebiete Savoyen, Nizza, Corsika;
> um das englische Malta.

Aber wie verlogen war die weitere Entwicklung dieser Bewegung! Den französischen und englischen Einflüsterungen gelang es, sie allmählich einseitig und ausschließlich gegen Österreich zu richten, obgleich Italien seit 1883 mit dem Habsburgerstaat verbündet war; obgleich die Bewohner Südtirols nach Abstammung und Geschichte ebenso deutsch sind wie die Nordtiroler; obgleich Triest Jahrhunderte lang bis 1866 zu Deutschland gehört hatte. In Wahrheit lag und liegt „das unerlöste Italien" in den Händen

---

[1]) Die folgenden Ausführungen sind zum größten Teil einem Aufsatz entnommen, den ich gleich im Anfang des Weltkrieges schrieb und den die Düsseldorfer Zeitung am 20. August 1914 brachte.

Frankreichs und Englands; Savoyen ist das Stammland des italienischen Königshauses, erst 1859 mit Nizza durch schnöden Handel an Frankreich verschachert, und auf den Inseln Corsika und Malta wohnt eine italienische Bevölkerung.

Irredenta! Das italienische Beispiel machte Schule. Es gab ein „unerlöstes Frankreich" in Elsaß-Lothringen, obgleich dessen Bevölkerung zu neun Zehnteln deutsch ist; ein „unerlöstes Dänemark" in Nordschleswig; es gab ein „unerlöstes Rumänien" und ein „unerlöstes Serbien" in Österreich-Ungarn, ein „unerlöstes Griechenland" und „unerlöstes Bulgarien" auf der Balkanhalbinsel; „unerlöst" war das ganze Volk der Polen, Tschechen und Slowaken. Zum „Schutz dieser Kleinen" boten Frankreich, England und Rußland eifrig ihre Hilfe an. Sie fragten nicht, ob die Forderungen berechtigt seien, vielmehr hetzten und schürten sie den Chauvinismus nach Kräften; denn es galt ja, dem verhaßten deutschen Mitteleuropa ringsum wertvolle Glieder abzureißen, ebenso der Türkei. **Nur das deutsche Volk** selbst durfte keine Irredenta haben, obgleich im Westen und Osten des deutschen Reiches je 15 Millionen „unerlöste Brüder" wohnten. Der deutsche Michel dachte auch nicht im entferntesten an ein Wachstum; ja, ihm erschienen schon die Leute, welche nur das Gefühl der kulturellen Zusammengehörigkeit mit jenen 30 Millionen „Auslandsdeutschen" pflegen wollten, als lästige „Chauvinisten", die ihn in seinem friedseligen Ruhebedürfnis störten.

Und wie viele **Geschichtsfälschungen** mußten dem Irredentismus unserer feindlichen Nachbarn dienen! Auf Kosten der Wahrheit verherrlichten sie die eigene Vergangenheit und behaupteten, die Deutschen seien als „Eindringlinge" nach Posen, Böhmen, Ungarn, Italien gekommen. Aus der Fülle der Fälschungen mögen einige Beispiele angeführt werden:

1. Um den **Tschechen** eine hohe alte Kultur anzudichten, „entdeckte" Prof. Hanka im Jahre 1817 die **Königinhofer** und einige Monate später die **Grüneberger Handschrift**. Sie enthielten altböhmische Gedichte, teils aus dem Ende des 14., teils sogar aus dem 9. Jahrhundert. Die Entdeckungen erregten großes Aufsehen; die Gedichte wurden oft herausgegeben und in viele Sprachen übersetzt.

Seit 1886 wissen wir, daß alles **gefälscht** war.

2. Wie die Italiener ihrer irredentistischen Bewegung eine falsche Richtung gaben gegen Österreich, statt gegen Frankreich und England, ebenso handelten die **Polen**. Es gelang den äußeren und inneren Feinden des Preußentums, den Haß der Polen hauptsächlich gegen uns zu lenken, obgleich wir von dem alten polnischen Reiche nicht viel mehr als die deutschen Bestandteile zurückgenommen hatten[1].

„Auf Grund des Nationalitätsprinzips" forderten die Polen als „ihr unveräußerliches Recht" solche Gebiete, in denen sie selbst **gegen** alles Nationalitätsprinzip handelten, als sie die Macht hatten. Denn das frühere polnische Königreich, dessen Wiederherstellung sie verlangten, ist niemals ein Nationalstaat gewesen, sondern ein Völkerstaat, in welchem die fremden Nationen rücksichtslos unterdrückt wurden. Und wie brutal traten während der letzten Jahrzehnte die Polen, die überall über nationale Bedrückung jammerten, im österreichischen Galizien die nationalen Rechte der Ruthenen mit Füßen!

---

[1] Vgl. Hasse, „Deutsche Politik" I., S. 51 ff.

Über die **Geschichtsfälschung in der Polnischen Literatur** brachte Dr. Julius Fey am 8. August 1919 in der Deutschen Zeitung einen lehrreichen Aufsatz. Die Werke von Adam Minkiewicz preisen die Polen als das auserwählte Volk, als den Messias der Völker, das wie dieser hat leiden müssen, aber eben deshalb dazu berufen sei, den anderen Völkern den wahren Geist des Christentums zu erschließen. Vor allem zeigte sich Sienkiewicz in seinem Roman „Die Kreuzritter" als skrupelloser Geschichtsfälscher.

III.
Die „kranken Staaten" und der „Schutz der Schwachen".
(Der Unterschied)[1].

1.
Wie handelten die anderen?

1. „Krank" war vor 250 Jahren der König Karl II. von Spanien (1665—1700), und das spanische Erbe beschäftigte Jahrzehnte hindurch aufs lebhafteste die europäischen Kabinette, bis der lange, blutige Spanische Erbfolgekrieg (1701—1714) eine vorläufige Entscheidung brachte.

2. „Krank" war infolge der unseligen mittelalterlichen Kaiser- und Papstpolitik Mitteleuropa, Deutschland und Italien. Sie bildeten jahrhundertelang ein Beute- und Eroberungsobjekt für die benachbarten Staaten. Über einzelne Teile von Italien herrschten Franzosen, Österreicher und Spanien. Deutschland erlebte einen langen Abbröckelungsprozeß, eine Aufteilung unter die Nachbarn; Polen, Schweden, Dänemark, Frankreich, England rissen Stücke an sich, während Holland und die Schweiz sich lostrennten. Besonders drei Perioden waren überaus traurig:

    die Zeit des Kaisers Friedrich III. (1440—1493);
    die Zeit Ludwigs XIV. (1643—1715);
    die Zeit der französischen Revolutionskriege und Napoleons I. (1792 bis 1815).

3. „Krank" war im 18. Jahrhundert Polen, und Rußland trat als rettender Arzt auf, freilich um die Krankheit und Unordnung immer heilloser zu machen. Wir können Friedrich II. dem Großen nicht dankbar genug dafür sein, daß er es verhindert hat, daß ganz Polen eine Beute Rußlands wurde. Es kam zu den Teilungen 1772, 1793, 1795, 1814/15. Dadurch wurde damals altes deutsches Kolonialgebiet, nämlich Westpreußen und Posen, dem deutschen Volke gerettet; sonst wäre auch Ostpreußen verloren gegangen.

---

[1] Nach meinem vergriffenen Kriegsbuch „Der Unterschied" 1916.

4. **Und in der neuesten Zeit?** Wir hatten seit hundert Jahren eine wachsende Zahl von „kranken" Staaten:

- vor allem die Türkei mit Vorderasien und mit den früher abhängigen Ländern, Ägypten, Tripolis, Tunis, Algier;
- Marokko, Persien, Abessinien;
- China;
- die Portugiesischen und Spanischen Kolonien;
- Kongostaat;
- Österreich-Ungarn.

Was haben sich diese Länder für ärztliche Kuren und chirurgische Eingriffe gefallen lassen müssen! Die Türkei wurde nach und nach von ihrem nordafrikanischen Besitz befreit; durch mehrere Kriege entstanden die verschiedenen Balkanstaaten, die heute selbst der ärztlichen Behandlung noch nicht entraten können. Wie viele „Reformvorschläge" wurden gemacht! wie viele Einmischungen in die inneren Angelegenheiten! besonders demütigend waren die sogenannten „Kapitulationen", d. h. Privilegien in der Ausübung der Gerichtsbarkeit.

Die „kranken" Leute waren während der letzten Jahrzehnte für unsere Diplomaten Gegenstand eifrigster Sorge und Aufmerksamkeit; sie bildeten die wichtigsten „Fragen" der Gegenwart; ein Staat suchte dem andern in der menschenfreundlichen Hilfeleistung den Rang abzulaufen. Wir hatten uns daran gewöhnt, von einer orientalischen, persischen, marokkanischen, abessinischen, ostasiatischen, portugiesischen „Frage" zu sprechen. —

Auch Österreich-Ungarn wurde seit einem Menschenalter als „kranker Mann" angesehen, und in der Tat schien dieser Völkerstaat auseinanderzufallen: In der westlichen Reichshälfte verlor das Deutschtum immer mehr seine führende Stellung; die Tschechen strebten nach Selbständigkeit; die Polen arbeiteten auf die Herstellung eines großpolnischen Königreiches hin. In der östlichen Reichshälfte rissen die Madjaren alle Gewalt an sich; ihr Ziel war, nicht nur den Völkerstaat Ungarn in einen madjarischen Nationalstaat zu verwandeln, sondern auch die Führung, den bestimmenden Einfluß in der ganzen Doppelmonarchie zu erlangen. Bisweilen war durch die „Obstruktionen" in Reichsrat, Reichstag, Landtagen die Staatsmaschine völlig stillgelegt. Kein Wunder, daß die Nachbarstaaten schon an eine Aufteilung dachten: Galizien sollte an Rußland, Siebenbürgen an Rumänien, Südtirol an Italien fallen, ein Tschechisches und Großserbisches Reich entstehen. Man hörte wohl die Äußerung, daß das Deutsche Reich die deutsch-österreichischen Kronländer erhalten solle, falls es sich an dem Raub beteilige.

Alle zersetzenden Bestrebungen fanden bei Frankreich, England, Rußland die liebevollste Förderung[1]).

Und der „Schutz der Schwachen?" Die Geschichte Portugals ist ein klassisches Beispiel dafür. Seit 1703 geriet es in immer größere Ab-

---

[1]) Wir denken besonders an die unermüdliche Tätigkeit des verschlagenen Tschechenführers Kramarsch, die eine Hauptursache für den Ausbruch des Weltkrieges war.

hängigkeit von England. In der zweiten Hälfte des 18. Jahrhunderts suchte der portugiesische Minister Pombal sein Land aus dem Zustand der Erstarrung und Verzerrung, vor allem von der englischen Bevormundung, zu befreien. Er schrieb: „Die Portugiesen sind nur noch die müßigen Zeugen des ausgedehnten Handels, der in ihrer Mitte getrieben wird. Portugal ist zu einem großen Amphitheater geworden, auf dessen Zuschauerbänken die Portugiesen sitzen, ohne das Recht, an der Aufführung auf der Bühne teilzunehmen. Die Engländer kamen nach Lissabon, um sogar den Handel mit Brasilien an sich zu reißen ... Portugiesisch ist nichts als der Name; inmitten des ausgedehnten Handels, welcher das Land zu bereichern scheint, verarmt Portugal, weil die Engländer den ganzen Gewinn einstreichen." — Seit 1815 ist Portugal immer mehr ein englischer Vasallenstaat geworden. —

Im letzten Jahrhundert sind auf der Balkanhalbinsel die Königreiche Griechenland, Serbien, Montenegro, Bulgarien, Rumänien entstanden. Rußland betrachtete sie als Vorposten auf seinem Weg nach Konstantinopel. In edlem Wettbewerb bemühten sich Rußland, England, Frankreich um das Wachstum der „Kleinen", die Kräftigung der „Schwachen". — Sie drängten ihnen große Anleihen auf für Heeresrüstung, Flottenbau und Eisenbahnen; natürlich war die Bedingung, daß Munition, Schiffe, Schienen und Maschinen in dem Land der Geldgeber hergestellt würden. Sie sorgten für „Reformen"; so hatte Griechenland eine englische Flotten-, eine französische Bauten-, eine italienische Gendarmerie-Mission. Von Zeit zu Zeit wurden diese „Kleinen" gegen die Türkei losgelassen und durften ein Stück von dem „kranken Staat" abreißen. Zum Dank dafür hatten sie nach Ansicht der Entente-Mächte die Ehre und die Verpflichtung, im Weltkrieg ihr Blut für fremde Interessen zu verspritzen.

Welche Verlogenheit, wenn die Welschen und Angelsachsen sich als **Beschützer der kleinen Pufferstaaten Holland, Belgien, Luxemburg, Schweiz** aufspielten gegen deutsche Annexionspläne! Die Geschichte beweist, daß jenen von uns niemals Gefahr drohte, wohl aber von den angeblichen Beschützern.

Der **Unterschied in der Behandlung der schwachen Staaten**! Als **Holland** nach deutscher Seite hin starke Befestigungen anlegte, um sich gegen eine Überrumpelung zu schützen, da haben wir das als sein gutes Recht angesehen. Als aber die Holländer die Befestigungen Vlissingens verstärken bzw. zeitgemäß erneuern wollten, da erhoben England und Frankreich so drohenden Einspruch, daß die Sache unterblieb.

2.

Und wir Deutschen?

1. Daß das „kranke" Deutschland wieder gesund und stark wurde, wichtige Grenzgebiete dem deutschen Volkstum zurückgewann: das war sein großes Verbrechen; das hat wesentlich den Weltkrieg herbeigeführt. Die Nachbarn fanden es unerhört, daß Deutschland aufhörte, ihr Beuteobjekt zu sein.

Wegen der vielen Geschichtsfälschungen muß immer wieder auf das Verhältnis zwischen England und Preußen hingewiesen werden. Habsburger und Hohenzollern waren Englands willkommene „Festlands-

soldaten" in seinem langen Ringen gegen Frankreich; dabei ging die W a c h t
a m R h e i n allmählich an die Hohenzollern über. Wir müssen feststellen,
daß die Hohenzollern von dem verbündeten England fortwährend die größten
Hemmungen erfuhren[1]).

An dieser Stelle möge an die wechselnde Geschichte der d e u t s c h e n
S e e g e l t u n g erinnert werden:

1. Vom 13.—16. Jahrhundert beherrschten die Deutschen Ost= und Nordsee.
2. Das wurde anders, als seit dem 15. Jahrhundert ringsum kräftige
Nationalstaaten entstanden. Am Schluß des Dreißigjährigen Krieges, 1648,
sah es folgendermaßen aus:

    Das aus dem deutschen Reichsverband ausgetretene Holland beherrschte
die Mündungen von Rhein, Maas und Schelde.

    Die Mündungen von Weser, Elbe, Oder konnten von den Schweden
gesperrt werden.

    Die Weichsel floß von der Quelle bis zur Mündung durch polnisches
Gebiet.

3. Die Hohenzollern haben eine Flußmündung nach der anderen wieder=
gewonnen: 1721 Oder, 1744 Ems, 1772 Weichsel. Auf dem Wiener Kongreß
(1814/15) gelang es zwar den Engländern, Preußen ganz von der Nordsee ab=
zuschneiden. Aber Preußen erwarb 1854 den Jahdebusen und erhielt 1866,
mit Hannover, die Mündungen von Ems, Weser und Elbe. Wir hofften, daß
der Weltkrieg uns wieder zu Herren der Nord= und Ostsee machen würde.

Die Gesundung des deutschen Volkes suchte E n g l a n d nach Kräften
zu hemmen, auch 1848, 1864, 1866, 1870/71. Und nach 1871? Wider Er=
warten erstarkte das Deutsche Reich mehr und mehr; es nahm zugleich
einen unerhörten w i r t s c h a f t l i c h e n A u f s c h w u n g. Daß wir dabei
„souverän" vorgingen, d. h. uns nicht mehr von den Nachbarstaaten drein=
reden ließen, galt als frech und anmaßend. E n g l a n d fühlte sich in seiner
Alleinherrschaft auf dem Weltmarkt, auf dem Meere immer mehr be=
einträchtigt; durch die Regsamkeit und den Erfindungsgeist der Deutschen
sah es sich in seiner bequemen Ruhe gestört. D e s h a l b sollte das Deutsche
Reich, wie früher der spanische, holländische, französische Konkurrent, mit
allen Mitteln gedemütigt und unschädlich gemacht werden.

F r a n k r e i c h s Sehnsucht nach der „natürlichen" Grenze blieb un=
erfüllt.

R u ß l a n d s Feindschaft war verhältnismäßig jung. Ja, man sprach
sogar viele Jahrzehnte lang von einer „traditionellen Freundschaft zwi=
schen Preußen und Rußland"; sie beruhte auf nahen verwandtschaftlichen
Beziehungen zwischen den beiden Häusern Hohenzollern und Romanow.
Unter der Regierung Friedrich Wilhelms III. und IV. wurde Preußen
gönnerhaft wie ein Vasallenstaat behandelt; der geschickten Politik Bis=
marcks gelang es, Rußlands Wohlwollen während der wichtigen Kriege
1864, 1866, 1870/71 und darüber hinaus zu erhalten. Aber schon bald
nach 1871 bahnte sich langsam der Umschwung an; daß das Deutsche
Reich allmählich eine führende Stellung in dem europäischen Staaten=
konzert einnahm, konnte man nicht verzeihen.

---

[1]) Vgl. S. 294 f.

Ein neues Glied in der großen Kette unserer Verbrechen war die Aussöhnung zwischen den Hohenzollern und Habsburgern, der im Jahre 1879 geschlossene Zweibund zwischen dem Deutschen Reich und Österreich-Ungarn. Man hat es nicht an Versuchen fehlen lassen, diesen Bund zu sprengen. Als das nicht glückte, mußte der Krieg kommen. Alle Nachbarstaaten fühlten sich in ihrer Ausdehnungspolitik durch das Deutsche Reich und Österreich-Ungarn gehemmt:

    England in seinen Weltherrschaftsplänen;

    Frankreich in seinem Vordringen nach dem Osten;

    Rußland in seinem Vordringen nach Westen und Süden.

2. **Aber es kam noch schlimmer.** Die Deutschen wurden nicht nur selbst gesund und stark, sondern sie vermaßen sich, **auch die anderen „kranken" Staaten gesund und stark zu machen**. Wie sündhaft! Denn da verdarben sie ja den Kurpfuschern ihr Handwerk; überall standen sie den Engländern, Franzosen und Russen im Wege. Unglaublich! Die Deutschen meinten es ehrlich mit der „Aufrechterhaltung des status quo" und mit der „offenen Tür"; sie schlossen Verträge, um sie wirklich zu halten; ihre Missionare, Ärzte, Techniker, Bauern waren keine politischen Agenten in fremden Ländern; ihre Militärmissionen wurden niemand aufgezwungen und hüteten sich gewissenhaft vor jeder Einmischung in fremde Angelegenheiten; sie waren eifrige Lehrmeister des „barbarischen" Militarismus. Die Deutschen unternahmen nur in vollem Einverständnis mit den betreffenden Behörden Bahnbauten, Hafenanlagen, Bergwerksbetrieb und förderten nach Kräften die Gesundung der „kranken" Völker.

Bismarck war 1878 auf dem Berliner Kongreß „ehrlicher Makler"; das konnte ihm Rußland nicht verzeihen. Wäre er ein „unehrlicher Makler" gewesen, so hätte man das für besser gehalten.

Die Kongokonferenz verlief 1884/85 unter dem Vorsitz Bismarcks nicht nach den Wünschen der Engländer.

Erst recht fühlten die Engländer, Franzosen und Russen sich gehemmt:

    als unser Kaiser 1896 mit dem Krügertelegramm den Versuch, die Buren zu bergewaltigen, verurteilte;

    als er auf seiner Orientreise sich für einen Freund der Türken erklärte;

    als er 1905 auf der Tangerreise die unantastbare Souveränität des Marokkanischen Staates betonte.

Besonders empört aber waren unsere Gegner, daß das Deutsche Reich 1909 den Habsburgischen Staat nicht im Stich ließ, sondern bereit war, an seiner Seite in den Krieg einzutreten.

Daß die Deutschen überhaupt lebten und überall waren, wurde von den beutehungrigen Dreiverbandsmächten als unerträglich empfunden. Was mochte z. B. der deutsche Generalkonsul zu Teheran bei sich denken, als England und Rußland ihren „Bund zur Aufrechterhaltung der Unabhängigkeit und Integrität Persiens" schlossen!

Der gemeinsame Haß gegen uns verband **Frankreich und Rußland** seit 1891 immer mehr miteinander. 1904 begann das Vorspiel für den Weltkrieg durch die Annäherung Englands an Frankreich und Rußland, mit denen es bisher so oft in Feindschaft gewesen war. Unermüdlich arbeitete Eduard VII. an unserer Einkreisung; wiederholt haben wir seit 1904 unmittelbar vor dem Ausbruch des Krieges gestanden: wegen Marokko, wegen Bosnien und Herzegowina, wegen Agadir und Albanien. Nur unsere unvergleichliche Friedensliebe und Nachgiebigkeit verhüteten den Weltbrand. Unsere Geduld wurde auch 1913, 1914 auf die größte Probe gestellt, bis Ende Juli 1914 das Maß voll und der Krieg unvermeidlich war.

Deutsche Michelei.

In der nachbismarckschen Zeit entartete unsere Hilfsbereitschaft. Nicht hinterlistige Selbstsucht war der deutschen Regierung vorzuwerfen, sondern völliger **Mangel an nationalpolitischem Egoismus**. Wie jeder Arzt, so hätten auch wir bei unseren Hilfsaktionen an die Erhaltung und Förderung der **eigenen** Gesundheit denken müssen.

Wie groß war der **Unterschied!** Die **anderen** ließen die „Kranken" nicht gesund, die „Schwachen" nicht stark werden, um das einträgliche ärztliche Geschäft nicht zu beeinträchtigen; wir gefährdeten dabei die eigene Gesundheit. Wenn die **anderen** den Fuß irgendwohin setzten, so bedeutete das eine politische Machterweiterung. Aber wir „**dummen**" **Deutschen?**

1. wir schickten Offiziere, Techniker, Ärzte, Lehrer auf dringende Einladung in alle Erdteile und — stärkten fremdes Volkstum;

2. wir ließen Bauern nach Rußland, Amerika und Australien ziehen und — stärkten fremdes Volkstum;

3. wir öffneten unsere Universitäten und Hochschulen den Ausländern und — stärkten fremdes Volkstum.

Weshalb waren wir Deutschen draußen in der Welt so unbeliebt?

1. Weil man unsere Michelei verachtete, die Ausländerei und Bedientenhaftigkeit, den Mangel an **nationalem Selbstbewußtsein**.

2. Weil die fremden Nationen uns fast nur durch die Brille des Berliner Tageblattes, der Frankfurter und der Kölnischen Zeitung kannten.

3. Weil es sich meist um „deutsche" Auslands**juden** handelte, wenn über deutsche Aufdringlichkeit geklagt wurde; sie trugen fast alle deutsche Namen.

1890—1933.
Die Großmacht der Lüge in der nachbismarckschen Zeit.

Josef Görres hat die Reformation den „zweiten Sündenfall" genannt, und der 1876 gegründeten Zentrums-Görresgesellschaft erschienen das mit Luther beginnende Erwachen des Armindeutschtums und die wachsende Befreiung vom Welschtum als ein „400jähriger Niedergang". Umgekehrt sehen wir Armindeutschen überall da einen Sündenfall, wo deutsche Helden sich in den jüdischrömischen Menschheitswahn verstricken lassen. So war es bei Karl dem Großen; so war es wiederum nach den Befreiungskriegen, nach 1815. Da hat der deutsche Michel, wie Hans im Glück, seine wertvollsten Güter gegen alten welschen Plunder hingegeben und selbst seine welschen Feinde gestärkt. Des tatkräftigen Bismarck entschlossene Politik hat nur zum Teil wieder gutmachen können, was in den Jahren 1815—1858 gesündigt war.

Leider wurde nach Bismarcks Entlassung (1890) „der neue Kurs" eine Fortsetzung des vorbismarckschen Sündenfalls. Wir sanken in dieselbe Schwächlichkeit, Kurzsichtigkeit und Kampfesscheu zurück. Die Feinde des Armindeutschtums erstarkten: draußen und drinnen.

Geschichtliche Tatsachen.

Die anderen.

1.

Aufpeitschung der Kriegsstimmung:

Frankreich pflegte seit 1871 den Revanchegedanken und ersehnte leidenschaftlich einen neuen Waffengang mit Deutschland.

In den deutsch-russischen Beziehungen trat ein Umschwung ein; man sah im deutschen Reich und im Zweibund ein Hindernis seiner Pläne.

In England wuchs die Eifersucht auf den wirtschaftlichen Aufschwung des deutschen Reichs. Um 1895 erhob die englische Zeitschrift „Saturday Review" den Schlachtruf Germaniam esse delendam.

Wir.

1.

Friedensstimmung.

Unser gesamtes Interesse wandte sich den wirtschaftlichen Aufgaben zu; Regierung und Volk wünschten nichts mehr als einen langen Frieden. Wenn sich einmal, angesichts der feindlichen Anmaßungen, eine Kriegsstimmung regte, so wurde sie mit allen Mitteln unterdrückt.

2.

Die kriegerische Einmischungs- und Eroberungspolitik Englands, Frankreichs, Rußlands:

in Ostasien,
in Süd- und Mittelasien,
in Marokko,
auf der Balkanhalbinsel und in Vorderasien.

3.

Die Bündnispolitik der Feinde drängte zum Krieg:

1891 begann die Verbindung zwischen **Frankreich** und **Rußland**,
1903 begann die entente cordiale zwischen **Frankreich** und **England**,
1906/07 die **englisch-russische** Verständigung. Militärkonventionen wurden geschlossen, sogar mit dem „neutralen" **Belgien**. Seit 1908/09 standen die **Balkanmächte** unter dem wohlwollenden Schutz des Dreiverbandes; selbst **Italien** war seit 1908 sein stiller Verbündeter.

4.

Fieberhafte Kriegsrüstungen:

In **Frankreich** wurde die dreijährige Dienstzeit eingeführt;

in **Rußland** wurden mit französischem Geld Millionenheere ausgerüstet und das Eisenbahnnetz ausgebaut;

England verstärkte seine Kriegsflotte;

in dem „neutralen" **Belgien** wurde die allgemeine Wehrpflicht eingeführt;

Serbiens Heer wuchs, als sei es eine Großmacht.

2.

Statusquo-Politik.

Das Deutsche Reich war „saturiert"; die Erhaltung des status quo wurde zum Leitsatz aller Außenpolitik. Ängstlich befolgte man den Grundsatz der Nichteinmischung in die inneren Angelegenheiten fremder Staaten, auch wo es sich um das Wohl der eigenen Volksgenossen handelte.

3.

Unsere Bündnispolitik wollte den Weltkrieg verhüten, nicht herbeiführen. Sie diente der Verteidigung, der Erhaltung des status quo.

4.

Unsere Kriegsrüstungen blieben hinter dem Wachstum des eigenen Volkes und vor allem hinter dem „Militarismus" des Dreiverbandes zurück; zögernd und unzureichend folgten wir den anderen. Geradezu beschämend war die militärische Rückständigkeit Österreich-Ungarns. Auch wirtschaftlich waren bei uns keinerlei Vorbereitungen zum Krieg getroffen.

Die Reihenfolge der Mobilmachungen.
(Alle Angaben nach mitteleuropäischer Zeit.)

In **Rußland** wurde am 25. Juli die „Kriegsvorbereitungsperiode" verfügt, am 30. Juli 6 Uhr abends die Mobilmachung.

In **Österreich-Ungarn** wurde die Mobilmachung am 31. Juli, 12 Uhr 23 Minuten, beschlossen,

in **Frankreich** am 1. August, 4 Uhr 40 Minuten nachmittags,

in **Deutschland** am 1. August, 5 Uhr nachmittags,

in **England** für die Flotte am 2. August, 2 Uhr 25 Minuten morgens, für das Landheer am 3. August, 12 Uhr mittags[1]).

I.

Vor dem Krieg:
Lügen auf der einen und Mangel an Wahrheitsmut auf unserer Seite.

1.

Der Lügenfeldzug der Feinde.

Seit dem Ende des vorigen Jahrhunderts, besonders aber seit der entente cordiale zwischen Frankreich und England (1903), wurde mit wachsendem Eifer und wachsendem Erfolg ein Lügenfeldzug gegen uns geführt. Eine großartige Weltpropaganda von Wort und Feder, Presse und Kabel verbreitete in allen fünf Erdteilen falsche Nachrichten über das Deutsche Reich und Österreich-Ungarn. In Wahrheit war der Dreiverband offensiv und kriegerisch, der Zwei- bzw. Dreibund defensiv und friedensliebend; aber mit dreister Stirne stellten die Feinde die Dinge auf den Kopf. Was bei ihnen selbst bis zum Wahnsinn gesteigert wurde, **Imperialismus und Militarismus**, und was als Folge davon eintrat, **Unfreiheit und Rückständigkeit**: das warfen sie uns vor.

Der angebliche Imperialismus.

Nach so siegreichen Kriegen, wie wir sie 1866 und 1870/71 führten, hätten die Franzosen, Engländer und Russen sicherlich nicht die gleiche Mäßigung gezeigt; vielmehr wären sie von ihrem sacro egoismo und von zahllosen ungeschriebenen „Rechten" gedrängt, ihre „unerlösten Brüder" zu befreien. Aber obgleich gegen 30 Millionen Deutsche in unserem Westen und Osten wohnten, deren Vorfahren und deren Länder früher

---

[1]) Seit 1917, besonders aber seit 1919 ist das Urkundenmaterial immer mehr angewachsen, aus dem unbestreitbar hervorgeht:

daß der Krieg gegen die deutschen Mittelmächte schon seit vielen Jahren beschlossen war;

daß der Krieg 1911 auf drei bis vier Jahre verschoben wurde;

daß die russische Gesamtmobilmachung schon seit dem 6. Mai im Gange war.

zu unserem Reich gehört hatten, dachten wir nur an Frieden[1]). Trotzdem redeten, schrieben, kabelten Franzosen, Engländer und Russen jahraus, jahrein von dem deutschen „Imperialismus", von der deutschen Gefahr, von unseren Annexionsplänen auf Holland, Belgien, Luxemburg, Schweiz, auf Teile Österreich-Ungarns und Rußlands, von unseren hinterlistigen Anschlägen auf Brasilien, Marokko, Persien, Türkei, Abessinien, China; wir seien „der Störenfried", der mit seinen geheimen Absichten eine stete Beunruhigung für die ganze Welt bilde. Dagegen traten die „uneigennützigen" Feinde, wie sie versicherten, „für den Schutz der Schwachen" ein. „Um des Friedens willen" fielen sie uns hemmend in den Arm, wenn wir einen kleinen Flottenstützpunkt oder eine bescheidene Kohlenstation erwerben wollten; auf das Signal der Hintermänner geriet der Zeitungs-Blätterwald aller fünf Erdteile in Erregung über unsere bösen Pläne; als der deutsche Generalkonsul in Ägypten den Rang eines Gesandten erhielt, witterte man gräßliche Absichten; man erhob ein Entrüstungsgeschrei über jedes Kriegsschiff, das wir bauten. Dabei gelang es den heuchlerischen Drahtziehern, seit 1909 eine lächerliche Panik beim englischen Volke zu erregen; in den Theatern wurde der erwartete Überfall der Deutschen schon als Wirklichkeit vorgeführt.

Deutschland „eine Plage von ganz Europa".

Bismarck hat immer das Einvernehmen der drei Kaiserreiche für wichtiger gehalten als den Zwei- bzw. Dreibund; das Dreikaiserbündnis sollte die Grundlage des Friedens von Europa bilden; als „ehrlicher Makler" vermittelte er zwischen Petersburg und Wien, und es gelang ihm die Lokalisierung des russisch-türkischen Krieges 1877/78.

Gerade darüber war man in **England ergrimmt**, und der englische Minister Beaconsfield sprach damals von dem Fürsten Bismarck als „einer Plage von ganz Europa". Nach Bismarcks mehrfacher Bekundung hatte man in England dem königlichen Preußen und später dem kaiserlichen Deutschland die Rolle des Vorkämpfers, des „Hetzhundes" gegen den russischen Nachbar zugedacht. Berlin sollte den Engländern die indischen Sorgen abnehmen. Gute Beziehung zwischen Petersburg und Berlin sah man in London sehr ungern; darum paßten auch die Dreikaiserzusammenkünfte, wie Bismarck erzählt hat, durchaus nicht in die englische Politik. Überall setzte in den siebziger und achtziger Jahren England seine Hebel an, um Petersburg und Berlin zu verfeinden; von Wien, von Athen, von Kopenhagen aus suchte man zu wirken.

Über die 1878 nach dem Berliner Kongreß eintretende Verstimmung zwischen Deutschland und Rußland frohlockte man; um so größer war der Ärger in London, als es Bismarck, trotz des 1879 zwischen Deutschland und Österreich-Ungarn geschlossenen Bündnisses, gelang, das alte Dreikaiserverhältnis zu erneuern. Obgleich Bismarck nur an die Erhaltung des Friedens dachte, sprach man in London von einem „Bündnis gegen England"; weil der englische Störenfried sich in seinen imperialistischen Plänen gehemmt sah, stem-

---

[1]) Der nordische Staatsrechtslehrer, Professor Kjellén, schrieb 1917, daß unter allen Großmächten allein Deutschland frei von imperialistischen Gelüsten sei.

pelte er uns zum Störenfried. 1887 wäre es beinahe gelungen, durch gefälschte Briefe das Vertrauen des Zaren zum Kaiser Wilhelm I. und Bismarck zu erschüttern. 1890 ist durch englische Einflüsse der Draht nach Petersburg zerrissen [1]).

Seitdem wuchs die Feindschaft zwischen Deutschland und Rußland.

Der Militarismus.

Kindisch ist der Vorwurf des „Militarismus" und des „sinnlosen Wettrüstens"; das deutsche Reich sei schuld, daß in den Kulturstaaten die Ausgaben für Heer und Flotte ins Unerträgliche stiegen, daß es zu keiner allgemeinen Abrüstung kommen könne, daß alle „humanen" Friedensbestrebungen an unserer Starrheit scheiterten. Zweimal inszenierten die Feinde die Komödie des Haager Friedenskongresses, 1899 und 1906, um die Welt mit Lügen über ihre eigene Friedensliebe und über unsere Kriegslust zu überschwemmen [2]).

Was lehrt die Geschichte? daß es in der ganzen Welt kein friedliebenderes Volk gibt als das deutsche. Wir haben nur Verteidigungs= und Notkriege geführt; sogar der Siebenjährige Krieg und der Krieg 1866 und 1870/71 waren Verteidigungskriege. Gerade deshalb kennt auch allein unsere deutsche Geschichte zahlreiche Kriege, für die man sich begeistern kann, weil sie mit Gottvertrauen, Opferfreudigkeit und Heldensinn für das Höchste geführt wurden, das es gibt, für die Freiheit, für Weib und Kind, für Haus und Hof, für Staat und Volk. Anderseits sind die Franzosen das Volk des ewig angriffslustigen, friedestörenden Militarismus; bei den Franzosen wurde im 15. Jahrhundert das erste „stehende Heer" eingerichtet; die Franzosen, nicht wir, gaben

    im 17. Jahrhundert unter Ludwig XIV.,
    um 1800 in der Revolutionszeit und unter Napoleon I.,
    um 1850 unter Napoleon III.,
    um 1900 unter dem Einfluß der Revanchehoffnungen

den Anstoß zu dem „Wettrüsten".

Wir müssen es als eines der größten Verdienste der Hohenzollern bezeichnen, daß sie seit dem großen Kurfürsten zuerst die Brandenburger, dann die langsam in den preußischen Staat hineinwachsenden Stämme, zuletzt die Angehörigen des Deutschen Reiches zum Waffendienst erzogen. Nur dadurch wurde Deutschland vor den Annexionsgelüsten Ludwigs XIV., Napoleons I. und III. gerettet. Aber nach jeder erfolgreichen Abwehr machte sich, zu unserem Schaden, wieder die übergroße deutsche Friedensliebe geltend:

    nach dem Siebenjährigen Krieg 1756—1763,
    nach den Freiheitskriegen 1813—1815,
    nach dem deutsch=französischen Kriege 1870—1871.

---

[1]) Nach Eigenbrodt in „Deutschlands Erneuerung", April 1920.

[2]) Tatsächlich verdankte die ganze Welt dem deutschen Reich und dem Preußentum einen Frieden, wie er noch nie dagewesen war. Aber wir glaubten nicht an die Möglich-

Soll das Wort „Militarismus" einen bösen Klang haben, so muß man ihn den Franzosen und Engländern vorwerfen. Wie englischer Militarismus aussieht, konnte man 1916 in der dänischen Wochenschrift „Spektator" lesen:

„England ist ein kriegerisches Volk, das sich nie gefürchtet hat, den eigenen Pelz und den anderer zu wagen, wenn es Abenteuer, Macht oder Gewinn galt. Es ist dem Sklavenhandel nicht aus dem Wege gegangen, wenn es ihm gepaßt hat. Hindus hat man vor Geschützmündungen gebunden und in tausend Stücke zerreißen lassen — ein königlicher Spaß, ein köstlicher Sport! Hat nicht Lord Kitschener das Haupt des toten Mahdi abhauen und auf eine Stange spießen lassen? Wer von uns hat wohl die fürchterlichen Dinge, die von dem Auftreten englischer Truppen in Südafrika erzählten, vergessen? Wer weiß nicht, daß Indien mit Hungersnot und Armut regiert wird? Wer erinnert sich nicht, wie Dänemark 1807 überfallen und seiner Flotte beraubt wurde? **Nicht Tugend oder Sentimentalität, nicht Respekt vor dem Rechte anderer, nicht Friedlichkeit oder Menschenliebe** sind es, sondern rein militärische Eigenschaften, die das britische Weltreich schufen: der kriegerische Wagemut, die **brutale Kraft und Rücksichtslosigkeit und Geringschätzung anderer, Herrscherwille und Abenteuerlust** ...

Es ist für den Engländer nicht genug, den Feind zu besiegen; er muß auch **zerschmettert** werden. Es ist nicht genug, daß Soldaten auf dem Kampffeld fallen; am liebsten sollen auch Frauen, Kinder und Nichtkämpfer getroffen werden; die sollen hungern und dahinsiechen: **das ist der englische Militarismus in seiner modernen Form.**"

Die „Rückständigkeit".

Geradezu lächerlich war der Vorwurf der „Rückständigkeit"; aber er wurde so oft und so unermüdlich erhoben, daß man mehr und mehr in der Welt daran glaubte. Man sprach von unserer **Unfreiheit, von der herrschenden Militär- und Junkerkaste, von den Ostelbiern, von dem törichten Nationalismus und Kaiserismus,** von den undemokratischen Einrichtungen; wir Deutschen seien das größte Hemmnis für den Fortschritt, wir seien Reaktionäre, Kulturzerstörer, Barbaren. In Wirklichkeit waren wir aller Welt **voraus** in wahrer Freiheit und in der Geltendmachung der Volksstimme; unsere Monarchie bildete den wirksamsten Schutz der Freiheit; unsere nationale Wirtschaftspolitik war die Ursache des Aufschwungs, und unsere sozialen Einrichtungen waren einzigartig.

Mit Recht durfte die „Neue Weltkultur" im Anfang des Weltkrieges schreiben:

„Das deutsche Volk, das seit Jahrzehnten das starke Schwert rosten ließ um des Friedens willen, heißt seit Jahrzehnten der ‚Störenfried Euro-

---

keit, die Kriege überhaupt abzuschaffen, zweifelten an der Möglichkeit des ewigen Friedens, und Moltke erklärte den ewigen Frieden für einen Traum, der gar nicht einmal schön sei. Das genügte, um uns in allen fünf Erdteilen als „Militaristen" und „Kriegshetzer" zu verschreien und mit tödlichem Haß zu verfolgen.

pas'. Es hat nicht wie andere Großmächte in diesen Jahrzehnten ganze Reiche und Provinzen Asiens und Afrikas an sich gerissen, es hat nur ein paar ferne Wildnisse besetzt und einen Fischerhafen gepachtet; aber es blieb der ‚Tyrann der Völker'. Es hat nicht wie England das größte Weltreich der Erde und der Geschichte gegründet, es beherrscht nicht wie England alle Meere und damit mehr oder minder auch alle Länder in ihrer Ernährung, ihrem Handel, ihrer Politik, es hat nicht wie England gegen ein großes Volk eine Kontinentalsperre eingeführt, drückender, grausamer als die Napoleons, sondern, eingekeilt zwischen feindlichen Nachbarn, ist es selber dieses von England auszuhungernde Volk — und es heißt doch der ‚Napoleon' unter den anderen Völkern. Es hat nicht wie andere Großmächte ganze Völker und Staaten unterjocht; es hat auch nicht wie der Panslawist über Staaten und Stämme seiner Rasse ein Schutzrecht beansprucht; es ist nicht einmal für seine Stammesgenossen in den Rassekämpfen Österreichs und Ungarns eingetreten; es hat die deutschen Balten geopfert und ohne Klagen die alten Stätten deutscher Kultur versinken sehen; es hat mit dem Überschuß seiner Volkskraft fremde Länder genährt und es ruhig geschehen lassen, daß Millionen Deutsche für Deutschland verloren gingen ..."

Und über unsere grausame Barbarei hieß es S. 40: „Dieses Volk, dessen Revolution (1848) kaum so viele Hunderte Menschenleben kostete als die französische Hunderttausende, das kaum blutige Tyrannen und blutige Verschwörungen kannte, das nicht die Inquisition und nicht die Guillotine erfand, nicht die spanische Folter oder die neunschwänzige Katze, das keinen Alba und keinen Torquemada hatte, keinen Cesare Borgia, keinen Richard III. und keinen Iwan den Schrecklichen, keine Dragonaden, keine sizilianische Vesper, keine Templerverbrennung, keine Bartholomäusnacht, keine Pulververschwörung, keine Strelitzen und Janitscharen, das auch in der Gegenwart keine Maffia und Camorra kennt, keine ‚Briganten' und ‚Apachen', keine Fürstenmorde, keine Kongogreuel, keine Pogrome, keine Nihilisten, keine ‚Anarchisten der Tat' und keine Suffragetten, keine Vogelsteller oder Stierkämpfer — dieses Volk soll sich heute der schlimmsten Grausamkeit schuldig machen?"

2.
Und wir Deutschen?

„Nur keine Konflikte!"

Der Wahn der „mittleren Linie".

Der Unterschied zwischen dem alten und dem neuen Kurs (nach 1890) bestand in der Hauptsache darin, daß Bismarck sein ganzes Leben lang unermüdlich und unerschrocken für die Wahrheit gerungen und den Kampf gegen die Lüge tapfer aufgenommen hat; daß er den Heuchlern unerbittlich die Maske vom Gesicht riß, daß er in allen Fragen der inneren und äußeren Politik wahrhaftig, klar und zielsicher war und sich als Führer bewährte, der immerfort einen „Polarstern" fest im Auge hatte, nach dem er steuerte und den er den anderen zeigte; daß er auch den Bundesgenossen gegenüber ein „toujours en vedette" forderte. Aber der neue Kurs, nach 1890? Trotz aller großen Worte waren Wilhelm II. und seine Kanzler kampfesscheu, und es fehlte ihnen der Mut zur Wahrheit. Verhängnisvoll wurde die Wahnvorstellung von der mittleren Linie, der goldenen Mittelstraße¹). Wohl verachtete Bismarck den „Doktrinarismus" und politischen Dogmatismus; er wußte, daß man zwischen konservativ und liberal, Rechten und Pflichten, Freiheit und Gebundenheit, Einheit und Vielheit, Kultur- und Machtpolitik, Glauben und Wissen, Individualismus und Sozialismus, Freihandel und Schutzoll einen nach Zeit, Raum, Volkstum wechselnden Ausgleich suchen müsse. Aber zwischen Gott und Teufel, Wahrheit und Lüge, deutsch und undeutsch kannte er keine mittlere Linie. Auch ist es irreführend, wenn man Bismarck als „parteilos" bezeichnet, obgleich er selbst oft genug versichert hat, daß er keiner einzelnen Partei angehöre. Damit wollte er doch nur sagen, daß er außerhalb der Parteiberatungen und des Parteizwanges stehe, vor allem aber nichts von dem sogenannten „parlamentarischen System" wissen wolle. Trotzdem ergriff er in jeder einzelnen Frage aufs entschiedenste „Partei" und ließ keinen Zweifel über seine Stellung.

„Ihr könnt nicht Gott dienen und dem Mammon." Damit will Jesus sagen, daß es Fragen gibt, wo wir uns zu einem klaren Entweder-Oder entschließen müssen. Zu diesem Entweder-Oder fehlte dem Kaiser Wilhelm II. und seinen Kanzlern die Entschlußkraft; immer wieder wollten sie in der äußeren und inneren Politik verbinden, was unvereinbar war; sie glaubten zwei Wege gehen zu können, wo sie sich doch für einen entscheiden mußten.

„Complexio oppositorum" kann man als Überschrift über die Regierung Wilhelms II. setzen; in ihm rangen das deutsche und das englische Blut miteinander. Er berauschte sich an der Geschichte seiner absoluten Vorfahren des 17. und 18. Jahrhunderts und bediente sich gern ihrer kraftvollen Worte, gab aber zugleich dem demokratischen Gedanken zuliebe wichtige monarchische Rechte preis, die ihm verfassungsmäßig zustanden. Er ließ sich begeistern für die Werke Chamberlains, zog aber zugleich vorwiegend Juden in seine nächste Umgebung und förderte die mammonistische Staatsauffassung. Er pries die Einfachheit, fühlte sich aber zugleich nirgends wohler als im prunkvollen Schein. Er war, wie sich immer mehr herausstellte, durch und durch Pazifist, liebte aber zugleich das Säbelrasseln. Er bekannte sich zum evangelischen Christentum, trieb aber zugleich die Rücksichten gegen Rom so weit, daß wir Protestanten uns mit Recht zurückgesetzt fühlten. Er betonte mit kräftigen Worten die Bedeutung des deutschen Volkstums in unseren Grenzländern, ließ aber zugleich die Polen in unserer Ostmark, die Dänen in Nordschleswig, die Französlinge in Elsaß-Lothringen erstarken.

Als das größte Unglück müssen wir Wilhelms II. unheilvollen Versöhnungsdrang bezeichnen, wobei er denjenigen Parteien, Staaten und Völkern mit seinem ungestümen Liebeswerben nachlief, die niemals unsere Freunde werden konnten oder wollten; dadurch verletzte und entfremdete er sich die besten Freunde und Bundesgenossen.

---

¹) Vgl. meinen Aufsatz „Die mittlere Linie" in der Deutschen Zeitung, 15. Dez. 1917.

Die Westorientierung.

Welche Tragik! gerade durch die Westorientierung seiner äußeren Politik im Jahre 1890 ist Wilhelm II. 1914 in den Krieg mit den Westmächten geraten.

Durch seine Politik der mittleren Linie, durch den Mangel an zielsicherer Entschlußkraft wurde Wilhelm II. der **unfreiwillige Schöpfer des Dreiverbandes**, des Bündnisses zwischen Frankreich, Rußland, England.

Um das zu verstehen, müssen wir nochmals auf das bisherige Verhältnis zu den beiden Kaiserreichen des Ostens zurückkommen. Wohl hatte sich Bismarck genötigt gesehen, zwischen Rußland und Österreich zu „optieren", und 1879 war der Zweibund (zwischen Deutschem Reich und Österreich-Ungarn) entstanden, „ein Bund des Friedens und der gegenseitigen Verbindung". Aber Bismarck dachte nicht entfernt daran, unsere ganze Zukunft auf dieses Bündnis zu gründen, gab sich auch keinen Illusionen über seinen Wert hin. Er beschränkte deshalb den Bündnisfall so, daß nach menschlichem Ermessen der Weltkrieg vermieden würde. Vor allem aber gelang es ihm, mit Rußland den sogenannten „Rückversicherungsvertrag" zu schließen, um das frühere Einvernehmen zwischen den drei Kaisern zu erneuern; dadurch erhielten sowohl das Deutsche Reich als auch Rußland große Bewegungsfreiheit. Wie Bismarck die Zukunft auffaßte, geht aus seiner dringenden Mahnung an die Diplomaten hervor, **das Deutsche Reich niemals in die Lage zu bringen, für Österreich gegen Rußland kämpfen zu müssen**.

Aber nach 1890? Durch die Nichterneuerung des Rückversicherungsvertrages wurde Rußland in die Arme Frankreichs getrieben, und das Deutsche Reich geriet immer mehr in das **Schlepptau einer egoistischen habsburgischen Politik**. Und wem zuliebe geschah das alles? den Engländern. Wie kurzsichtig und verhängnisvoll! Bei der ungeheuren Bevölkerungszunahme gab es nur zwei Wege, um unser Volk gesund zu erhalten; denn das Deutsche Reich wurde zu eng: Entweder Ausdehnung unserer landwirtschaftlichen Grundlage, und die konnte nur im Osten gesucht werden, oder Steigerung unserer Industrie und Ausfuhr. Es war klar, daß der erste Weg zu einem Zusammenstoß mit Rußland, der zweite zu einem Zusammenstoß mit England führen und daß dementsprechend unsere Bündnispolitik in dem ersten Fall einen Anschluß an England, im zweiten einen Anschluß an Rußland suchen mußte. Bismarck hatte gewählt; Wilhelm II. änderte den Kurs, konnte sich aber nicht zu einem klaren Entweder-Oder entschließen. Indem er mit allen Mitteln die Steigerung von Industrie und Ausfuhr betrieb, erbitterte er gerade die Engländer, um deren Liebe er gleich 1890 durch den Sansibarvertrag warb. Und weil er und seine Kanzler sich nicht dazu gebrauchen ließen, als Englands „Festlandssoldaten" gegen Rußland aufzutreten, war alles Liebeswerben umsonst, und die neuen Annäherungsversuche an Rußland kamen zu spät[1]).

Auf der schiefen Bahn, auf die uns der unselige Kurswechsel des Jahres 1890, die Westorientierung, brachte, sind wir immer tiefer abwärts geglitten. Wohl atmeten wir bisweilen auf, wir Armindeutschen, die an Bismarck festhielten:

bei dem Krügertelegramm 1897,
bei der Besetzung von Kiautschou 1897,
bei der Tangerfahrt des Kaisers 1905,
bei der „Aufstoßung der Eiterbeule" 1906,
bei dem „Panthersprung nach Agadir" 1911.

Aber weil der Kaiser nicht die Nerven und die Charakterstärke hatte, um durchzuhalten, und weil er sich von „unverantwortlichen" Ratgebern beeinflussen ließ, endete unsere Politik in Ost- und Vorderasien, in Südafrika und Marokko mit demütigenden diplomatischen Niederlagen. Und wie Rußland, so wurde 1895 ganz unnötigerweise Japan uns entfremdet; später nannte man unser schwankendes Verhalten gegenüber den Sultanen in Ostafrika, in der Türkei und in Marokko, gegenüber den Japanern und den Buren „Treubruchpolitik".

Mit Recht spricht man von einer Anglomanie, „englischen Krankheit". Seit der Mitte des vorigen Jahrhunderts haben die Engländer, noch mehr als die Franzosen, die demokratische Seuche über Europa und alle Erdteile verbreitet; der demokratische Gedanke gehörte zu den „elastischen Mitteln", mit denen sie sich in der Rolle von Befreiern und Kulturträgern überall einnisteten. Wie sehr hat Bismarck während seiner ganzen Amtszeit gegen englische Einflüsse zu kämpfen gehabt! und zwar sahen nicht nur die Demokraten in England ihr Vorbild, sondern auch am preußischen Hofe gab es eine Engländerpartei. Wie Bismarck schreibt, war es in der Konfliktszeit (1862 bis 1866), „ganz besonders der Kronprinz, der unter dem überragenden Einfluß seiner Gemahlin, einer von den Anschauungen des englischen Liberalismus durchsättigten Prinzessin, selbst den liberalen Standpunkt dem vermeintlichen Reaktionär gegenüber nach Kräften betonte". Der Kronprinz entschloß sich 1867 zu einer öffentlichen Kundgebung in Danzig und erschien als das Haupt der Opposition dem Könige gegenüber. Es bestand ein förmlicher Bund der Frauen an den europäischen Höfen, um durch gemeinsame Anstrengungen König Wilhelm zur Entlassung Bismarcks zu bestimmen. 1864, 1866, 1870/71 hat Bismarck mit diesen starken Widerständen ringen müssen.

Englische Einflüsse machten sich auch während des deutsch-französischen Krieges (1870/71) geltend. Die kurze Regierung des Kaisers Friedrich III. (1888) wurde dazu benutzt, um unsere Beziehungen zu Rußland zu stören, und zwar durch die geplante Heirat zwischen dem Prinzen Alexander von

---

[1]) Entweder-Oder! Admiral Tirpitz erkannte, daß Deutschland nur die Wahl hatte: entweder in seiner weltwirtschaftlichen Betätigung sich die Schranken von England setzen zu lassen oder aber eine Flotte zu schaffen, die imstande war, deutsches Recht auch gegen England zu behaupten.

Der Kaiser Wilhelm II. und besonders sein Kanzler v. Bethmann-Hollweg sahen nicht ein, daß es ein Drittes nicht gab.

Battenberg und der preußischen Prinzessin Viktoria. Die Königin von England kam persönlich nach Charlottenburg; es hat Bismarck große Mühe gekostet, die Heirat zu vereiteln. Über die Kaiserin Friedrich III. äußerte Bismarck in seinen Gedanken und Erinnerungen: „Sie ist eine kluge Frau, aber im Grunde stets Engländerin geblieben ... Ich wünschte, deutsche Prinzessinnen, die sich verheiraten, hätten auch etwas davon."

Im Jahre 1890 wurde Bismarck entlassen, und alsbald folgte die Verwirklichung des lange erstrebten englischen Zieles: „Der Draht nach Petersburg war zerrissen." Seitdem fraß sich „die englische Krankheit" immer tiefer bei unseren Diplomaten ein.

Unsere Stellung im Dreibund.

Der Kurswechsel von 1890 führte langsam auch eine Lockerung des Dreibundes (zwischen dem Deutschen Reich, Österreich-Ungarn und Italien) herbei. Immer verzweifelter wurden die Bemühungen der Berliner Staatsmänner, Österreich-Ungarn und Italien „bei der Stange zu halten". Um dies zu erreichen, tat man das Verkehrteste, das man tun konnte. Man belog sich selber und trieb eine Vogelstraußpolitik. Die innere Zerrüttung Österreich-Ungarns, die Unterwühlung des verbündeten Staates durch die anmaßenden Slawen und Madjaren, die Zurückdrängung des Deutschtums wollte man nicht sehen; man verschloß die Augen vor der Tatsache, daß der Wert des Bündnisses in demselben Maße abnahm, wie dort die deutschfeindlichen Elemente an politischer Macht zunahmen. Am bedenklichsten war, daß unsere Berliner Staatsmänner die Führung im Dreibund verloren; ja daß unsere starke Militärmacht von dem schwachen Donaustaate in den Dienst einer selbstsüchtigen habsburgischen Hauspolitik gestellt wurde[1]. Welche Verblendung! Welcher Mangel an gesundem nationalpolitischen Egoismus! Wiederholt ließ sich die deutsche Regierung durch die Schritte Österreich-Ungarns überraschen und überrumpeln, so 1908 bei der Okkupation von Bosnien und Herzegowina; obgleich wir damals (in wenig angebrachter „Nibelungentreue" gegenüber einem „Ungetreuen") den verbündeten Staat vor einem unheilvollen Krieg retteten, blieben die Wiener Diplomaten stets unsere heimlichen Gegner; sie ließen sich unsere Hilfe gerne gefallen, wünschten uns aber nichts Gutes. Sogar auf unsere innere Polenpolitik durften sie einen hemmenden, schädlichen Einfluß ausüben. Durch die Schuld Österreichs lockerte sich unser Verhältnis zu Italien, das allmählich ein stiller Teilhaber des Dreiverbandes wurde; aber in Berlin bezeichnete man Italiens „Extratouren" als harmlos und ungefährlich. Durch die Schuld Ungarns lockerte sich unser Verhältnis zu Rumänien.

Ringsum wuchsen die Gefahren. Und doch hatten Kaiser Wilhelm II. und seine Kanzler nicht den Mut zur Wahrheit; hier liegt ihre

---

[1] Wie sehr dies der Fall war, ist 1925 eingehend von dem Rostocker Universitätsprofessor W. Schüßler nachgewiesen in dem Buche „Österreich und das deutsche Schicksal".

wahre Schuld. Statt den deutschen Michel aufzurütteln, tat die Regierung alles, um ihn einzuschläfern und ihm die wachsende Gefahr zu verheimlichen; wer das Volk aufzuklären versuchte, wurde als „Hetzer" verdächtigt. Besonders der fünfte Reichskanzler, von Bethmann-Hollweg, verabreichte immer neue Beruhigungspillen, wenn einmal hier und da über die zunehmende Einkreisung und Einschnürung Besorgnisse laut wurden.

Graf Reventlow schrieb in den Süddeutschen Monatsheften XVII, 1919/20: „Die Schuld bleibt, daß dem so aufklärungsbedürftigen, politisch indolenten deutschen Volk niemals auch nur annähernd deutlich die schicksalsschwere Notwendigkeit der deutschen Rüstungen klar geworden ist. Zu den wesentlichen Ursachen des Krieges gehört jene naive deutsche Selbstsicherheit: man habe 1870 gesiegt, ganz Europa habe eine gewaltige Angst vor dem Deutschen Reich, Frankreich sei dekadent, Rußland eine Verkörperung der „russischen Zustände". Es sei einerlei, ob der Reichstag dieses oder jenes an militärischen Forderungen ablehne oder annehme. Die Militärbehörden und der Kaiser wüßten schon, was notwendig sei; sie würden schon sorgen, daß alles ‚klappe'."

In den Weltkrieg „hineingestolpert".

Es fehlte keineswegs an Männern, welche unsere traurige Lage klar erkannten und den Mut hatten, die Wahrheit zu sagen; aber gerade diese Männer und die nationalen Verbände, an deren Spitze sie standen, wurden als „Hetzer" bezeichnet. Die Regierung war teils unfähig, die Wahrheit zu erkennen, teils lebte sie in dem törichten Wahn, durch Verschleierung der Wahrheit die Feinde „versöhnen" zu können. Nach den größten diplomatischen Niederlagen wagten es Kanzler und Staatssekretär, vor den Reichstag hinzutreten und sich für „hochbefriedigt" zu erklären. Welche Verblendung, daß Kaiser Wilhelm II. bis zuletzt an eine Interessengemeinschaft der europäischen Monarchen glaubte! Welche Verblendung, daß der Reichskanzler von Bethmann-Hollweg bis in den August 1914 von der ehrlichen Friedensliebe der englischen Regierung und von der Kriegsscheu Rußlands überzeugt war! In seinem nach dem Zusammenbruch erschienenen Buche bekannte er:

„Eines muß ich allerdings einräumen: daß selbst russisches Denken davor zurückschrecken würde, ohne äußerste Not den furchtbaren letzten Schritt zu tun, habe ich zu Beginn des Krieges (1914) ebenso angenommen, wie ich glaubte, daß auch England, vor die allerletzte Entscheidung gestellt, die Erhaltung des Weltfriedens höher schätzen werde, als seine Freundschaften."

Täuschung und Selbsttäuschung! Kurz vor dem Weltkriege wurde das Bündnis mit Italien erneuert, und unsere Diplomaten versicherten, daß es niemals fester gewesen sei. Noch im Sommer 1914 erzählten Kanzler und Staatssekretär dem Reichstage, wie vertrauensvoll gerade Deutschland und England miteinander arbeiteten und der Welt den Frieden erhielten. Ach, wie gerne ließen der deutsche Reichstag und das deutsche Volk sich täuschen! Es ist ja leider unser alter

Erbfehler, daß wir uns lieber gegenseitig zerfleischen, als einen Zusammenschluß gegen die von außen drohenden Gefahren suchen.

Fürwahr, nicht unsere Kriegslust, sondern unsere **Kriegs- und Kampfesscheu** haben den Weltkrieg entfesselt. Seit dem Jahre 1904 mußte jeder einsichtige Politiker einsehen, daß der Krieg mit Frankreich, Rußland, England **unvermeidlich** war. Deshalb hatten unsere Staatsmänner die heilige Pflicht, einzig und allein diesen kommenden Krieg im Auge zu behalten, ihn militärisch, diplomatisch, wirtschaftlich vorzubereiten; ihm **nicht**, unter Preisgabe unserer Ehre und unserer Zukunft, unter Preisgabe all unseres Respektes in der Welt auszuweichen, sondern ihn anzunehmen zu einer Zeit, die **für uns** günstig war. **Dreimal** standen wir von 1905 bis 1914 unmittelbar vor dem Krieg; **dreimal** nahm unser Kaiser einen heldenhaften Anlauf, umjubelt vom deutschen Volk; **dreimal** boten wir der Welt das Schauspiel eines unwürdigen, unheldenhaften Rückzugs und ernteten diplomatische Niederlagen, die uns mehr schadeten als verlorene Schlachten.

Wie recht hatte der österreichische Feldmarschall Ratzenhofer, der schon 1893 warnte: „Je länger notwendige Kriege hinausgeschoben werden, desto furchtbarer ist ihre Wirkung."

Das Erstarken der inneren Feinde des Deutschtums.

Drei Kräfte waren es, denen das seit Jahrhunderten zerrissene und endlich 1648 zusammengebrochene Deutschland einen neuen Aufstieg und neue Einigkeit verdankte:

das romfreie Christentum,
das unverwelschte Armindeutschtum,
das zur Pflicht erziehende Preußentum.

Die Religionshelden des 16. und die Geisteshelden des 18. Jahrhunderts brachten die wahre Freiheit, das rom- und judenfreie Deutschtum und Christentum; dazu bildete das Preußentum der Hohenzollern die notwendige Ergänzung, indem es neben die Freiheit die Gebundenheit, neben die Rechte die Pflichten stellte und indem es die Freiheit bändigte und einschränkte, wenn sie zu entarten drohte. **Wittenberg, Weimar, Potsdam!** Diese drei Kräfte haben uns auch 1813—1815 aus dem Elend der napoleonischen Zeit befreit.

Aber nach den Freiheitskriegen, nach 1815? Wie töricht ist doch die Verherrlichung des 19. Jahrhunderts! Wohl hat es uns viel Großartiges gebracht, aber zugleich unser Volk in unerträgliche Fesseln gelegt. Denn **Rom und Juda** durften erstarken. Sie bekämpften das Preußentum, das rom- und judenfreie Christentum und Deutschtum; sie lockten alle unzufriedenen Elemente an sich und setzten eine demokratische Maske auf; sie bildeten drei starke Parteien, welche die Grundlage des preußischen Staates und des deutschen Reiches unterwühlten, Zentrum, Freisinn, Sozialdemokratie. Mit ihnen hat **Bismarck** während seiner ganzen Amtszeit in leidenschaftlichem Kampf gestanden und sich siegreich behauptet; glücklich, wer diese große Zeit mit erlebt hat!

Wie Bismarck über Schwäche und Nachgiebigkeit dachte, zeigen folgende Worte:

„Keine Regierung ist für das Landesinteresse so schädlich wie eine schwache. Eine Regierung muß vor allen Dingen fest und energisch sein, nötigenfalls sogar mit Härte vorgehen. Das ist zur Erhaltung des Staates nach außen und innen nötig. Eine Regierung, die an der Neigung krankt, Konflikten auszuweichen, notwendige Kämpfe zu unterlassen und sogar ausländischen Wünschen immerfort nachzugeben, verfällt unrettbar dem Untergang. Sie gelangt sehr bald dahin, sich überhaupt nur noch durch Zugeständnisse erhalten zu können, von denen das eine das andere nach sich zieht, bis von der Staatsgewalt überhaupt nichts mehr übrig bleibt."

Aber nach Bismarcks Entlassung, nach 1890? Da fehlten die kampfesfrohen Helden; da fehlte der Mut, sich zu den drei starken Quellen unserer Kraft zu bekennen, Wittenberg, Weimar und Potsdam, zum romfreien Christentum, zum unverwelschten Deutschtum und zum starken Preußentum; da lagen Kaiser und Kanzler im Bann der „mittleren Linie"; aus Mangel an Bekennermut wandten sie all ihr Interesse den wirtschaftlichen Fragen zu und förderten die rechnerische, mammonistische Staatsauffassung, die den Wert der „Imponderabilien" nicht kannte. So konnten allmählich **Rom und Juda** alle Macht an sich reißen bzw. ihre Schutztruppen, die drei international-demokratischen Parteien. Zwar wuchsen sie mit ihrem großen Anhang zu mächtigen internationalen Staaten aus, welche den deutschen Nationalstaat erstickten; zwar holten sie sich ihre Anweisungen von auswärts und verspotteten den nationalen Gedanken; zwar bedienten sie sich derselben Waffen, wie die äußeren Feinde, indem sie von „Imperialismus, Militarismus, Unfreiheit, Rückständigkeit" redeten; zwar trat seit 1890 immer deutlicher ein **Handinhandarbeiten der äußeren und inneren Feinde** in die Erscheinung. Trotzdem nahmen Wilhelm II. und seine Kanzler den Kampf nicht auf; vielmehr bildeten sie sich ein, durch gesteigerte Nachgiebigkeit und Langmut die Schädlinge versöhnen und in nützliche Glieder des Reiches verwandeln zu können. Zugleich dachten sie wohl, recht christlich zu handeln: als wenn Jesus jemals um Haaresbreite vor der Lüge zurückgewichen und nicht vielmehr allen Feinden der Wahrheit mit den härtesten Worten entgegengetreten wäre; mit hochgeschwungener Geißel trieb er voll heiligen Zornes die Mammonsknechte aus seines Vaters Hause. Aber in demselben Maße, wie bei uns die Anmaßungen der drei international-demokratischen Parteien und der Fremdstämmigen[1])

---

[1]) Unsere Selbstlosigkeit, Nachgiebigkeit und Schwäche gegenüber den **Polen** in der Ostmark, den **Dänen** und **Franzosen** in der Nord- und Westmark grenzten an Selbstmord. Die traurigen Wirkungen zeigten sich im Weltkrieg; in einem außerordentlichen Kriegsgerichtsverfahren sagte am 28. März 1916 der Gerichtsrat **Schott** über die elsässischen Verhältnisse:

„Die jungen Schwestern, die von Rappoltsweiler kamen, seien alles andere gewesen, nur keine Erzieher für die deutsche Jugend. Man meint, man stände nicht auf deutschem Boden, wenn man höre, daß einem Gebet der Refrain angehängt wurde „Gott errette Frankreich!" ausgerechnet hier, wo in allernächster Nähe Deutsche fürs Elsaß bluten. Gott

zunahmen, wuchs das Liebeswerben des Kaisers und seiner Kanzler; von dem reichen Gut, das Wilhelm I. und Bismarck hinterlassen hatten, wurde ein Stück nach dem andern verschleudert. Welche Verblendung! Die wenigen Männer, die den Mut hatten, für „das alte System" einzutreten, erfuhren schroffste Zurückweisung, und allmählich trat eine Umkehr aller Verhältnisse ein. Aus römischen und jüdischen Kreisen stammten die Freunde und vertrauten Ratgeber des Kaisers; und weil Rom und Juda unter „Freiheit" H e r r s c h a f t verstehen, ruhten sie nicht, bis sie ihr Ziel erreichten.

---

könne Frankreich nicht retten, wenn er nicht Deutschland vernichte — das sei also der Wunsch ... Gott sei es geklagt! im Frieden war es erlaubt; erst die Militärbehörde mußte Remedur schaffen. Die Angeklagten seien demonstrativ vorgegangen und hätten sich, trotz aller Verwarnungen, deutschfeindlich geäußert. In dem schönen Gebweiler, wo vor dem Kriege bei einem Turnfeste alle Fahnen, auch die Trikolore, in die Kirche durften, nur die deutsche Fahne mit Rücksicht auf das Gefühl der Elsässer und mit behördlichem Einverständnis draußen blieb, sei das allerdings nichts Außergewöhnliches."

II.
Lügen, Mangel an Wahrheitsmut, Selbsttäuschung während des Weltkriegs.

Geschichtlicher Überblick.

Wachsende Zahl der Feinde.	Der Krieg.	Hemmungen in der Heimat.
Im Herbst 1914 traten (außer dem Dreiverband) Serbien, Montenegro, Belgien, Japan, Portugal in den Krieg gegen uns ein.	Winter 1914/15. Siegreiches Vordringen in Belgien und Nordfrankreich; aber Marneschlacht. Siege im Osten bei Tannenberg und in Masuren. Sommer, Herbst und Winter 1915: Befreiung Galiziens, Eroberung Kurlands, Litauens, Polens, Serbiens.	Die politische und militärische Unzuverlässigkeit Österreich-Ungarns. Im deutschen Reich: Romantik des Kaisers, Unfähigkeit der Reichsregierung, Mangelnder Siegeswille im Reichstag, Mangel an Zivilkourage im Volk. Unbegreifliche Rücksichtnahme auf das „neutrale" U. S. Amerika.
1915 Im Mai 1915 brach Italien uns die Treue. August 1916: Eintritt Rumäniens in den Krieg gegen uns.	1916 Deutscher Seesieg am Skagerrak. Im Herbst: Niederwerfung Rumäniens.	1916 15. März 1916 Entlassung von Tirpitz. Sommer 1916: Sozialistenkongreß in Stockholm. Proklamation des Königreichs Polen. Dezember 1916: Friedensangebot der Mittelmächte.
1917/18 Am 2. April 1917 gab U. S. Amerika seine „Neutralität" auf. Allmählich wurden die meisten Staaten Süd- und Mittelamerikas in den Krieg hineingezogen; auch China.	1917 Zusammenbruch Rußlands. Herbst: Siegreicher Vorstoß gegen Italien.	1917/18 Erpresserpolitik der Reichstagsmehrheit. April 1917 Aufhebung des Jesuitengesetzes. 18. Juli 1917 Friedensresolution des Reichstags. November 1917 Preußische Verfassungsvorlage. Munitionsarbeiterstreik.

1918
Wiederaufnahme des Krieges mit Rußland.
Friede z. Brest-Litowsk.
Siegreiche Offensive im Westen.
Im August 1918 Rückzug.
September Abfall Bulgariens.
Oktober Abfall Österreich-Ungarns.

Hemmungen der Friedensverhandlungen.
30. September 1918 **Prinz Max wird Reichskanzler.**
26. Oktober 1918 **Entlassung Ludendorffs.**
31. Oktober 1918 **Meuterei in Kiel.**
9. November 1918 **Revolution.**

1.
Die Lügen der Feinde.

Während des ganzen Krieges waren Lüge und Verleumdung die **Hauptwaffen** der Feinde.

Die erste Maßregel.

Die Feinde eröffneten den Krieg mit einer **Blockade der Wahrheit**; es wurden die Kabel zerschnitten und eine fieberhafte Preßtätigkeit entfaltet, um uns als die Angreifer hinzustellen und die ganze **Schuld** an dem entsetzlichen Weltkrieg uns aufzubürden[1]. Mit Entsetzen hörten alle fünf Erdteile von der „Vergewaltigung Serbiens durch Österreich-Ungarn", von dem leichtfertigen Abbruch der Friedensbemühungen, von dem „Neutralitätsbruch" bei dem deutschen Einmarsch in Belgien und dem Überfall auf das friedliche Frankreich.

Zugleich wurden in der ganzen Welt sinnlose Lügen verbreitet von den **Greueln**, welche die deutschen „Barbaren" und „Hunnen" in Belgien ausgeübt hätten.

Für die Engländer hieß es: „**Wahr** ist, was nützlich ist. Nützlich aber ist hauptsächlich die Stimmung der Neutralen, wenn alle Welt von englischen Siegen und deutschen Gewalttaten faselt. **Also ist es wahr.**" Und so wurde denn gelogen, daß sich die Kabel bogen. Durch den britischen Botschafter wurden in U. S. Amerika Schauergeschichten verbreitet, daß die Deutschen giftige Gase verwenden, Frauen zu Sklaven machen und Säuglingen die Hände abhacken. Man konnte in der Presse des neutralen Auslandes seitenlange Reuterberichte lesen über Reden, die bei der Begräbnisfeierlichkeit des angeblich von Liebknecht ermordeten deutschen Kaisers gehalten worden seien.

Der Sieg, so sagte man, werde demjenigen zufallen, der das letzte Stück Telegraphendraht besitzt.

---

[1] Die „amtlichen Dokumente" wurden von unseren Hauptfeinden bald nach Kriegsausbruch veröffentlicht, damit alle Welt ihre Unschuld erkenne: Von der russischen Regierung ein „Orangebuch", von der französischen ein „Gelbbuch". **Heute wissen wir, welche Fälschungen** dabei vorgenommen wurden, um die eigenen und die deutschen Völker zu täuschen. Einzelheiten stehen in dem ausgezeichneten, bei Weicher in Leipzig erschienenen Büchlein „**Unser Schuldbuch sei vernichtet**".

Die „Schuldlosigkeit" der Feinde.

Wie verlogen war das Gerede von den **sittlichen Beweggründen**, um derentwillen die Feinde gegen uns kämpften oder in den Krieg eintraten!

England spielte sich als „Hüter des Völkerrechts" auf und als „Beschützer der Schwachen". Wir Deutschen hätten durch den Neutralitätsbruch beim Einmarsch in Belgien den Weltkrieg entfesselt; wir seien die „Tyrannen der Welt". Die Menschheit müsse von dem preußischen Militarismus und der deutschen Tyrannei befreit werden.

Die **Geschichtsprofessoren der Oxforder Universität** erklärten im Anfang des Krieges: „Wir bekämpfen Preußen im Namen der vornehmsten Sache, für die Menschen kämpfen können. Diese Sache ist das **europäische Völkerrecht als der sichere Schirm und Schild aller Nationen, der großen und kleinen, besonders aber der kleinen**. Der Lehre von der Allmacht des Staates, der Lehre, daß alle Mittel gerechtfertigt sind, die zur Selbsterhaltung notwendig sind oder scheinen, setzen wir die Theorie einer europäischen Gesellschaft oder wenigstens eines europäischen Vereins von Nationen entgegen; wir setzen entgegen die Lehre von einem europäischen Recht, durch das alle Staaten verbunden sind, die Verträge zu achten, die sie geschlossen haben. Wir wollen und können nicht die Absicht dulden, daß die Nationen ‚in der Haltung von Gladiatoren' einander gegenüberstehen; wir setzen uns ein für die **Herrschaft des Rechts**. **Wir sind ein Volk, in dessen Blut die Sache des Rechts das Lebenselement ist**[1]."

„**Für Recht und Kultur!**" das wurde immer wieder der Schlachtruf der Feinde. Mit welcher Unverfrorenheit sprachen die **Italiener** von ihrem „Recht"! mit welch heuchlerischem Phrasenschwall von ihrem „historischen, nationalen, göttlichen Recht", vom sacro egoismo! „Für Recht und Kultur" traten die Bastardstaaten Mittel= und Südamerikas in den Krieg gegen die deutschen Barbaren.

Am widerwärtigsten war der fromme Augenaufschlag nach oben, der **Mißbrauch, den die Feinde mit der Religion trieben**, die fromme Maske, die sie aufsetzten, die Berufung auf den Willen Gottes. In England hatte schon 1850 der Erzbischof Wisemann von Westminster prophezeit: „England wird vorangehen in dem **Kreuzzug** gegen die letzte Hochburg der Feinde auf märkischem Sande." Die russische Regierung redete sich und ihre Völker in eine **Kreuzzugsstimmung** hinein. In dem gottlosen, von Freimaurern und Freidenkern beherrschten **Frankreich** wagte man es, den Krieg gegen uns als einen Kampf zum Schutze der bedrängten katholischen Kirche zu bezeichnen[2].

---

[1] Vgl. den Abschnitt „England als Kulturträger".
[2] Der katholische Theologieprofessor Dr. Schrörs hat 1917 in einer Schrift „Deutscher und französischer Katholizismus in den letzten Jahrzehnten" gezeigt, wie seit 1871 vom französischen Klerus der Krieg gegen uns als ein **Religionskrieg** gepredigt wurde.

Und Wilson, der Präsident von U. S. Amerika? der Granatenlieferant des Vierverbandes, der dafür sorgte, daß das stromweise vergossene europäische Blut in Form amerikanischer Dividenden wieder zum Vorschein kam? Auf niemanden paßt mehr das alte Bibelwort: „Dieses Volk naht sich zu mir mit seinem Munde und ehret mich mit seinen Lippen; aber ihr Herz ist ferne von mir." Er „betete zu Gott, daß dieser Krieg recht bald zu Ende gehen möge", bot aber alles auf, um die Erfüllung des eigenen Gebetes zu verhindern[1]. Als er aus unheiligen Geschäftsinteressen ein Friedensangebot machte, da nahm er die Pose eines Hohenpriesters an, der als Vollzieher eines „Gottesurteils" über die Schicksale der Länder und Völker auftritt. „Nach dem Wind, nach dem Erdbeben, nach dem Feuer kommt die **stille, sanfte Stimme der Menschlichkeit.**" Und als er bald darauf seine Neutralität aufgab und in den Krieg eintrat, da erklärte er, daß Amerika eintrete **gegen** die preußische Autokratie, deren verwerfliches Intrigenspiel und Eroberungssucht am Weltkrieg schuld seien, **für** die Demokratie, **für** das Recht der Untertanen, eine Stimme in ihrer eigenen Regierung zu haben, **für** die Rechte und Freiheiten der kleinen Nationen, **für** eine allgemeine Herrschaft des Rechts durch einen Bund der freien Völker, der allen Nationen Frieden und Sicherheit bringt.

Welches Pharisäertum! Die entscheidende Sitzung des U. S. Amerikanischen Repräsentantenhauses wurde von einem Geistlichen mit einem **Gebet** eingeleitet:

„Wir haben einen Abscheu vor dem Krieg und lieben den Frieden; aber da uns der Krieg **aufgedrungen** ist, so beten wir, daß die Herzen aller Amerikaner von Vaterlandsliebe erfüllt sein mögen."

In seiner **Botschaft** an die Amerikaner erklärte Wilson im April 1917:

„Mitbürger! Der Eintritt unseres geliebten Vaterlandes in den grausamen schrecklichen Krieg **für Demokratie und Menschenrechte,** der die Welt erschüttert hat, bringt so viele Probleme mit sich ... Der Sache, für die wir kämpfen, haftet, so viel ich sehe, **nicht ein einziges selbstsüchtiges Element** an. **Wir kämpfen für die Rechte der Menschlichkeit und den zukünftigen Frieden und die Sicherheit der Welt.** Um diese große Sache würdig und erfolgreich durchzuführen, müssen wir uns **ohne Rücksicht auf Gewinn** in den Dienst der Sache stellen ...[2]."

---

[1] General Reim schrieb 1915: „In Nordamerika betet man Sonntags für den Frieden; an den Werktagen verkauft man Waffen an unsere Feinde, mit denen sie den **Krieg verlängern** und das Blut unserer Kinder vergießen."

[2] Bald darauf (27. 6. 1917) stand in einer amerikanischen Zeitschrift: „Demokratie ist Christentum als Staatsverfassung; Demokratie ist Christus als Prophet der allgemeinen Brüderlichkeit der Menschen. Demokratie ist Amerika als Beherrscherin der Welt. Amerika ist die Menschenseele im Kampfe gegen die Tyrannei der Autokratie."

Heute weiß man, daß Amerikas „Krieg für Demokratie, Kultur und Menschlichkeit" nichts anderes war, als eine gewöhnliche Finanzoperation mit nicht ganz zweifelloser Sauberkeit.

Und den republikanischen Freiheitshelden Rußlands ließ Wilson durch seinen Botschafter mitteilen:

„Amerika sucht keinen sachlichen Gewinn oder eine Vergrößerung seines Gebietes irgendwelcher Art; es kämpft für keinen Vorteil und für kein selbstsüchtiges Ziel, sondern für die **Befreiung aller Völker von den Angriffen einer autokratischen Macht** ...

Der status quo muß in einer Weise geändert werden, daß so etwas Schreckliches nie wieder entstehen kann. Wir kämpfen für die Freiheit, für die Selbstregierung und für die Entwicklung der Völker, die ihnen nicht aufgezwungen wird ... **Kein Volk darf unter eine Herrschaft gezwungen werden, worunter es nicht zu leben wünscht** ...

Die **Verbrüderung der Menschheit** darf nicht länger nur schöne, aber leere Phrase sein."

Mit hohem Pathos bestätigte der damalige *französische Ministerpräsident Ribot*, daß U. S. Amerika die friedfertigste Demokratie der Welt sei.

Leider erreichte der „fromme" Wilson mit seinen heuchlerischen Phrasen von „Völkerfrühling, Völkerfriede und Völkerfreiheit" sein teuflisches Ziel, **einen Keil zwischen das deutsche Volk und die deutsche Regierung zu treiben**. Seit Eintritt in den Weltkrieg, seit Frühjahr 1917, war Wilsons eifrigster Genosse der planvolle Ränkeschmied *Gerard*, der bisherige Botschafter in Berlin. Nach seiner Rückkehr war er unermüdlich tätig, um in U. S. Amerika **Haß** gegen Deutschland zu säen. Die zwei dicken Bücher, in denen er 1917 und 1918 als „Augenzeuge und Kenner" der Öffentlichkeit Bericht über Deutschland erstattet, strotzen von niederträchtigen Lügen und Verleumdungen[1]).

Zukunftsbilder.

Nicht nur über unsere innere Politik gegenüber den Polen, Dänen, Franzosen, in unseren Ost-, Nord- und Westmarken wurden dreiste Lügen verbreitet, über die Unfreiheit, in der das deutsche Volk lebe und über die Unterdrückung der nichtdeutschen Stämme in Österreich-Ungarn, sondern man wußte auch von unseren **verbrecherischen Kriegszielen** zu erzählen. Mit welcher Heuchelei wurde den Neutralen das Schreckgespenst der **deutschen Hegemonie** vorgehalten: „Hütet euch vor den machthungrigen Deutschen! Schließt euch ihnen nicht an! denn sonst habt ihr auf immer eure Selbständigkeit und Freiheit verloren." Um Hilfstruppen anzuwerben, verbreitete England in seinen eigenen Kolonien Schauermären von deutschen Eroberungsplänen:

In einem über ganz Südafrika verbreiteten Aufruf eines Rekrutierungsbüros in Kapstadt standen in großen Buchstaben folgende Worte: „Deutschland will die Welt erobern. Deutschland hat den Plan, aus unserem lieben Lande eine deutsche Kolonie zu machen. Wenn wir nicht unser Teil tun, um die Pläne der Deutschen zu vereiteln, so werden wir für alle Zeiten in erniedrigende Sklaverei verfallen. Wir haben zu wählen: Eine herrliche Freiheit oder Unterdrückung unter dem Fuße Deutschlands." —

---

[1]) Vgl. Prof. Dietrich Schäfer in „Deutschlands Erneuerung", Febr. 1920, S. 65 ff.

Sonderbar, höchst sonderbar! Während der letzten Jahrzehnte hatten die Engländer und Franzosen riesige Ländermassen an sich gerissen. Trotzdem beteuerten sie mit unvergleichlicher Unschuldsmiene, daß sie niemals „erobern oder annektieren". Vielmehr handele es sich, wie sie behaupten, entweder um „Befreiungen" unterdrückter Völker oder um „Réunionen", d. h. um Wiedergewinnung von Ländern, die ihnen angeblich von Rechts wegen gehören, oder um „notwendige Sicherheitsmaßregeln und Garantien". So erklärte 1917 der Franzose Pichon über die Forderung des linken Rheinufers: „Es handelt sich nicht um eine Eroberung, wenn man Deutschland zwingt, das linke Rheinufer herauszugeben, nicht einmal um eine gerechte Strafe, sondern einfach um eine Vorbeugungs- und Verteidigungs-, sozusagen um eine Polizeimaßregel." Auch das Wort „Glacis" muß als Maske dienen: Wenn Lord Kitschener erklärte, „Englands Grenze reiche bis zur Maas", oder wenn Lord Curzon Persien als Glacis der reichen indischen Kolonie bezeichnete.

„Vous appelez cela ‚betrügen'? Corriger la fortune, das nenn die Deutsch ‚betrügen'? Betrügen! O, was ist die deutsch Sprak für ein arm Sprak; für ein plump Sprak!"

Lessing, Minna von Barnhelm, IV, 2.

2.
Was hätte die Hauptaufgabe der deutschen Reichsregierung sein müssen?

Im Winter 1914/15 knüpfte einer meiner ersten Kriegsvorträge an das Bibelwort an: „Ihr könnt nicht Gott dienen und dem Mammon." Damals gab ich auf die Frage „auf welcher Seite steht Gott?" folgende Antwort:

„**Gott ist Geist! Gott ist Wahrheit! Gott ist Licht!** Wo die Lüge, Heuchelei und Finsternis herrschen, wo das Höchste und Schönste, Freiheit und Wissenschaft, Kultur und Religion zur Maske wird für eine brutale Raubtierpolitik: da ist Gott nicht. **‚Ihr könnt nicht Gott dienen und dem Mammon!'** Wo das Geld auf dem Thron sitzt, wo man um das goldene Kalb tanzt und den Mammon als Spender aller Güter verehrt, wo die Mammonsknechte die Herrschaft haben, da ist Gott nicht.

Wenn wir Deutschen uns selber treu und des **Unterschiedes** gegen die andern bewußt bleiben; wenn wir den Geist des Mammonismus bekämpfen, ein Helden- und Arbeitsvolk, Gottesknechte sein wollen, nicht Mammonsknechte; wenn wir Lüge und Heuchelei, internationale Kulturgemeinschaft, Pharisäertum und Scheindemokratie ablehnen: dann können wir zuversichtlich sein, daß Gott uns nicht im Stich lassen wird."

Noch heute bin ich felsenfest davon überzeugt, daß wir den Krieg gewonnen hätten, wenn unsere Regierung von dem leidenschaftlichen Streben erfüllt gewesen wäre, **für die Wahrheit zu kämpfen** und unser Volk mit allen Mitteln gegen die Flut der Lügen, der Verleumdungen und der Sirenenklänge zu schützen; wenn sie rücksichtslos den Feinden die Maske, dem eigenen Volk die Binden vom Gesicht gerissen hätte; wenn sie allgemein die Parole ausgegeben hätte: „Mit Gott! Für die Wahrheit!" und das Feldgeschrei: „Gegen die Lüge und den Mammon!" Unser Ringen mußte als ein **Krieg gegen den Weltkapitalimus** aufgefaßt werden.

Die Schuldfrage.

Wie leicht wäre es gleich beim Beginn des Weltkrieges gewesen, **die volle Schuld der Feinde** vor aller Welt nachzuweisen! Nicht nur redete die Geschichte der letzten Jahrzehnte eine deutliche Sprache, sondern es fielen uns auch immer mehr wichtige politische Aktenstücke in die Hände, welche aufs klarste zeigten, wer der „Friedensstörer" und „Schuldige" war. Und wie Friedrich II. der Große 1756 das Geschrei der europäischen Mächte über den „frechen Friedensstörer" durch Veröffentlichung wichtiger Akten aus dem Dresdener Archiv widerlegte; wie Bismarck gleich beim Beginn des deutsch-französischen Krieges 1870 die Welt überraschte mit den Enthüllungen über die Annexionspläne Napoleons III.: so hatten wir gleich im Herbst 1914 durch die belgischen Gesandtschaftsberichte, die wir erbeuteten, eine starke Waffe, um die Feinde zu entlarven.

Besonders wichtig waren die Berichte des belgischen Gesandten, des **Baron Greindl**. Er schrieb 1906 der belgischen Regierung: Die herkömmlichen friedlichen Versicherungen, die zweifellos auch in Reval wiederholt werden dürften, bedeuten recht wenig im Munde der drei Mächte (England, Frankreich, Rußland) ... Der **Dreibund** (Deutschland, Österreich-Ungarn, Italien) hat während dreißig Jahren den Frieden gesichert; die neue Gruppierung (der Dreiverband) **bedroht** ihn, weil sie aus Mächten besteht, die eine Revision des status quo anstreben, und zwar in so hohem Maße, daß sie Gefühle jahrhundertelangen Hasses zum Schweigen gebracht haben, um diesen Wunsch verwirklichen zu können." Ähnlich lauteten spätere Berichte.

Auch bei der Eroberung **Serbiens** 1915/16 wurden wichtige Aktenstücke von uns erbeutet. Der serbische Gesandte in London, Herr Gruitsch, berichtete 1909: Ihm sei von den Diplomaten des Dreiverbandes übereinstimmend gesagt worden, Serbien möge sich beruhigen; ein Kompromiß sei im Jahre 1909 aus Gründen der Machtfrage notwendig gewesen; Serbien müsse nur Geduld haben und rüsten, dann werde alles noch einmal wieder gut werden.

Nachdem im Frühjahr 1917 die **russische Revolution** ausgebrochen und das Zartum gestürzt war, zeigte der Prozeß gegen den russischen Kriegsminister **Suchomlinow**, daß wir Deutschen im Sommer 1914 über die russische Mobilmachung planmäßig belogen waren.

Auch andere Äußerungen wurden bekannt, aus denen klar hervorging, daß die politisch maßgebenden Kreise in Rußland seit Jahren den Krieg gegen Deutschland geplant und vorbereitet hatten. Der russische Professor **Mirasanoff** schrieb kurz vor Kriegsausbruch: „Auf jeden Tritt und

Schritt, in der ganzen Levante stößt und stieß Rußland bei der Lösung seiner vitalsten Aufgabe auf den Widerstand der Deutschen. Es ist den Russen jetzt klar geworden: wenn alles so verbleibt, wie es jetzt ist, so **geht der Weg nach Konstantinopel über Berlin.**" Ein anderer russischer Historiker erklärte: „**Für ein Reich wie das unsrige ist Krieg das natürliche Gesetz seiner Existenz.** Drei Jahrhunderte hindurch ist Rußland im Feuer starker Schlachten gewesen, und wenn wir jetzt diese Flamme löschen wollten, würden wir auch auf die Stellung verzichten müssen, die wir in der Welt einnehmen."

„Schandtaten und Greuel."

Bitter not tat uns eine **mutige Offensive der Wahrheit.** Wir erwarteten, daß der Spieß umgedreht, d. h. daß rücksichtslos vor aller Welt die Schandtaten und Völkerrechtsbrüche der Feinde bloßgestellt würden; welchen Eindruck hätte das auf das eigene Volk und auf die Neutralen gemacht!

Von Anbeginn des Krieges an haben sich die Feinde über alle Völkerrechtsbestimmungen, welche durch die Genfer Konvention und durch die Vereinbarungen im Haag für den Krieg getroffen waren, unbedenklich hinweggesetzt; sie haben Dumdumgeschosse gebraucht, Sanitätskolonnen angegriffen, Verwundete und Nichtkombattanten mißhandelt, Frauen und Kinder interniert, haben **selbst** Mißbrauch mit dem Roten Kreuz und mit fremden Flaggen getrieben, die Neutralisierung des Suezkanals mißachtet, auch die neutralen Schiffe gezwungen, ihnen dienstbar zu sein.

Der roheste Völkerrechtsbruch war die **Hungerblockade.** Der Staatssekretär **von Jagow** sagte im März 1915:

„England mit seiner Nächstenliebe und Menschlichkeit, das sich zum Vorkämpfer der Leidenden aufwirft, während es Tausende von Frauen und Kindern verhungern ließ, um die britische Herrschaft über die freien Buren auszudehnen, möchte jetzt Deutschland in ein großes Konzentrationslager verwandeln und, wenn es das könnte, Hunderttausende deutscher Frauen und Kinder zum Hungertod verdammen, alles, um Deutschland auf diesem Wege niederzuwerfen. Vor dem Schreckenswort ‚Hunger' erbleicht England nicht. Es hat zu oft den Schrei der vielen Tausende gehört, die unter der britischen Flagge in Indien Hungers gestorben sind. **Der Hunger ist Englands Lieblingswaffe, um zu unterwerfen und in Unterwerfung zu halten.**"

Wir erwarteten auch volle Wahrheit über das völkerrechtswidrige Verhalten der **belgischen** Geistlichkeit und Zivilbevölkerung; vor allem über die zahlreichen Fälle von Hochverrat im deutschen Elsaß-Lothringen. Männer, die jahrelang in Volksvertretung und Regierung eine große Rolle gespielt hatten, wurden als Landesverräter entlarvt und entflohen ins Ausland; der Abbé Wetterlé, der Ehrendomherr Collin, Weill, der Geistliche Hansi, der berüchtigte Schriftleiter des „Journal d'Alsace" Leon Boll, der Amtsrichter Acker, der Spediteur Mayer, der Abgeordnete Brogly wurden zu Zuchthaus verurteilt; groß war die Zahl der Fahnenflüchtigen, die steckbrieflich verfolgt wurden; das Kriegsgericht mußte elsässische Kloster- und Schulschwestern mit Zuchthaus und Gefängnis bestrafen. Ebenso hätte die volle Wahrheit über den **tschechischen** Hochverrat im österreichisch-ungarischen Heere nur nützlich sein können.

Wir erwarteten, daß alle entsetzlichen **Schandtaten und Greuel** der scheinheiligen und heuchlerischen Feinde an den Pranger gestellt würden. Bei **Rußland** denken wir nicht nur an die unmenschliche Verwüstung Ostpreußens und die rohe Verschleppung zahlreicher Familien, sondern auch an die Verfolgung deutscher Familien, die schon seit mehr als einem Jahrhundert in Rußland ansässig waren und das russische Staatsbürgerrecht hatten, deren waffenfähige Männer unter den russischen Fahnen kämpften und sich auszeichneten. Mehrere hunderttausend deutscher Bauern wurden aus den westlichen Ländern verschleppt und als „Verräter" behandelt; Männer wußten nichts vom Verbleib ihrer Frauen und Kinder! Es war auf die Ausrottung des Deutschtums im russischen Reiche abgesehen. Am 18. Februar 1915 wurde ein Enteignungsgesetz erlassen, das für die deutschen Bauern nichts anderes bedeutete als Beraubung.

Wir erwarteten, daß alles, was wir von **englischen, französischen, russischen** Schandtaten erfuhren, der breitesten Öffentlichkeit vorgelegt würde: der Baralong-Fall und die ruchlose Tat bei dem U-Boot 19. In den **französischen** Gefechtsberichten wurden die nettoyeurs rühmend erwähnt, die Schützengrabenreiniger, die nach einer erfolgreichen Grabenerstürmung den wehrlos zurückgebliebenen Verwundeten mit dem Messer die Kehle aufschlitzten. Im Jahre 1916 wurde bekannt, wie bestialisch die Franzosen in Westafrika die deutsche Zivilbevölkerung unserer Kolonien behandelten. Sämtliche männlichen Bewohner Togos vom 18. bis 45. Lebensjahre wurden von Negern zusammengetrieben und unter schwarzer Bewachung nach dem französischen Schutzgebiet Dahomay gebracht, und dann begann für die Unglücklichen eine Zeit der unsagbarsten Leiden. — Aus der Fülle der französischen Fliegerverbrechen nennen wir nur den Kindermord bei der Prozession in Karlsruhe.

„Neutralität."

Offensive der Wahrheit! Wie segensreich wäre es gewesen, wenn wir von vornherein volle Klarheit über den Begriff „**Neutralität**" geschaffen hätten! Ringsum wuchs die Verlogenheit, und es wäre für uns leicht gewesen, zahlreichen „Neutralen" die Maske vom Gesicht zu reißen.

1. Daß Belgien schon lange seine Neutralität gebrochen hatte, bewiesen sonnenklar die bei unserem Einmarsch erbeuteten Aktenstücke. Auch hätten unsere Diplomaten wissen müssen, daß wir seit 1830 ein Durchzugsrecht besaßen[1]).

2. War die **Schweiz** neutral? Kein Geringerer als der wackere Deutschschweizer Eduard Blocher sprach seine Entrüstung darüber aus, daß die Schweiz, besonders die französische Westschweiz, keineswegs neutral sei

---

[1]) Das hat der **belgische** Rechtsgelehrte Norden bewiesen.

und daß in der Schweiz trotz der tönenden Worte ihres Präsidenten von einer „Überwindung der Rassengegensätze" keine Rede sein könne.

3. Und Italien und Rumänien? die auf den Augenblick lauerten, wo sie mit Aussicht auf großen Gewinn ihren früheren Bundesgenossen in den Rücken fallen konnten?

4. Die Palme in den diplomatischen Künsten gebührt unzweifelhaft dem pharisäischen Präsidenten von U. S. Amerika, Wilson. Mit seiner falschen Neutralität ist er geradezu ein Schulbeispiel für die Buchstabenmoral, die Recht zum Unrecht, Unrecht zum Recht macht und mit allen Schlichen der Rabulistik den Geist durch den Buchstaben tötet. Tatsache ist, daß das „neutrale" U. S. Amerika vom Anfang an auf Seiten des Dreiverbandes stand; daß es schon im ersten Kriegsjahre allein mit seinen Munitionslieferungen den Engländern und Franzosen die Fortführung des Krieges überhaupt ermöglichte; daß englische und französische Offiziere die Munitionsindustrie überwachten; daß auf englischen Passagierschiffen amerikanische Munition über den Ozean gebracht wurde; daß englisch-kanadische Truppen über amerikanisches Gebiet befördert werden durften.

Und dann der zweieinhalbjährige Tintenkrieg, den Wilson mit uns führte, bevor er in den Krieg mit den Waffen eintrat! War es nicht empörend, daß er für die unerhörtesten Völkerrechtsbrüche und Anmaßungen Englands nur sanfte Worte fand, uns Deutschen aber überall in den Arm fiel, wenn wir uns mit rechtmäßigen Waffen aus der gefährlichen Umklammerung frei machen wollten?

Anfangs erhob sich in U. S. Amerika selbst Widerspruch gegen diese verlogene Neutralität. Hexamer schrieb am 9. Dezember 1914 dem Präsidenten Wilson:

„Paßt Ihre Politik mit einer zusammen, welche einen Gebetstag ausschreibt, um Gott in seiner Macht zu bitten, diesem Morden Einhalt zu tun, während wir mit denselben Händen Dollars einsäckeln, die mit dem Blute derer befleckt sind, die durch unsere Beihilfe fielen? ... Glauben Sie nicht, Herr Präsident, daß die vielen Behauptungen, es sei die Neutralität der Vereinigten Staaten nur eine Sache der Form und bestehe in Wahrheit nicht, gerechtfertigt sind?"

Später wurde in dem „Musterland der Freiheit" jeder Widerspruch mit brutaler Gewalt unterdrückt.

5. Auch der Papst Benedikt XV. täuschte uns eine Neutralität vor, die keine war. Zwar hat er immer wieder seine strenge Unparteilichkeit beteuert; aber sogar führende deutsche Zentrumspolitiker scheuten sich nicht, diese zu bezweifeln, z. B. bei den merkwürdigen Kardinalsernennungen des Jahres 1916, bei dem Protestrummel wegen der Verschickung belgischer Arbeiter im Anfang 1917 und bei der Entlassung des letzten deutschen Prälaten aus der Umgebung des „neutralen" Papstes, von Gerlach[1]).

---

[1]) Vgl. mein Buch „2000 Jahre römische Geschichte deutscher Nation", S. 404ff. und meine „Angewandte Geschichte", S. 416ff.

Die beiden frommen „Neutralen", Benedikt XV. und Wilson, arbeiteten mit größtem Eifer daran, die Einheit des deutschen Volkes zu brechen. Der eine trieb einen Keil zwischen Regierung und Volk, der andere zwischen die beiden Konfessionen.

Offensive der Wahrheit! Wie wenig achteten die Angelsachsen und Welschen die Rechte der neutralen Staaten! Am schamlosesten behandelten sie Griechenland, das neutral bleiben wollte. In der ganzen Welt wurden Lügen verbreitet über die Spaltung im Land, über die Kluft zwischen den Wünschen des Volkes und des Königs, über die tyrannische parteiische Minderheit und tyrannisierte, mundtot gemachte Mehrheit, die unter dem Terrorismus und der Gewalt seufzten. Die Feinde schufen sich 1916, indem sie hohnlachend Griechenlands Neutralität mit Füßen traten, in der griechischen Hafenstadt Saloniki einen wichtigen Stützpunkt für weitere Kämpfe. Französische und englische Agenten waren in Griechenland mit ihrem Geld tätig; ihr gefügiges Werkzeug war der Wühlteufel Venizelos, dem es nach zweijähriger skrupelloser Volksverhetzung gelang, den König zu verdrängen.

Welch ein wachsender Druck wurde auf die neutralen Länder Holland, Dänemark, Schweden, Norwegen ausgeübt! welche Erpresser- und Erdrosselungspolitik! wie sehr wurde alles Recht mit Füßen getreten, natürlich „im Namen der Freiheit, Gleichheit, Brüderlichkeit und des Selbstbestimmungsrechts der Völker!"

Der Unterschied[1]).

Offensive der Wahrheit! Niemals war das deutsche Volk so empfänglich für die Wahrheit wie beim Ausbruch des Krieges; niemals das stolze Bewußtsein, ein Deutscher zu sein, so lebendig. Hätte es da nicht die höchste Aufgabe der Regierung sein müssen, das heilige Feuer nationaler Begeisterung zu nähren und zu schüren, jenen Stolz, der zunächst eine Sache des Gefühls war, vor und mit dem Verstand zu rechtfertigen?

Es galt, den tiefen Sinn des Krieges zu verstehen und verständlich zu machen. Wie wissenshungrig war das deutsche Volk in den ersten Kriegsjahren! Als Schulmann hatte ich meine helle Freude an dem eifrigen Geographieunterricht, den sich die Leute gegenseitig an den Schaufenstern gaben, wo große Karten aushingen. Zugleich waren Groß und Klein, Mann und Frau begierig, Genaueres über die Geschichte unserer Feinde zu erfahren. Wie leicht war es da, ohne im geringsten von der Wahrheit abzuweichen, den großen Unterschied zu zeigen, die tiefe Kluft, die uns Deutschen von den anderen Völkern trennt! die Leute aufzuklären über unsere eigene Geschichte, über den hohen Wert

---

[1]) Als die Flaumacher und Quertreiber immer dreister wurden, verfaßte ich 1916 die Schrift „Der Unterschied", die den hellen Zorn der drei internationaldemokratischen Parteien erregte; weil ich mit Begeisterung für den nationalen Gedanken eintrat, wurde ich als „politischer Schulmeister" denunziert. Es war bezeichnend für die schwächliche Nachgiebigkeit der Regierung, daß ich damals einen deutlichen Wink erhielt, in den Ruhestand zu treten — natürlich wegen meiner starken Schwerhörigkeit.

des Preußentums, über die militärischen und monarchischen Grundlagen unserer Macht, über Mitteleuropa als Beuteobjekt und Tummelplatz für die Nachbarvölker zu jener Zeit, da die Hohenzollern noch nicht ihr starkes Heer geschaffen hatten, über ein mächtiges Mitteleuropa der Zukunft als besten Hort des Friedens, über die Notwendigkeit einer nationalen Wirtschaftspolitik, über den Segen einer nationalen Kultur und die Kraft des nationalen Gedankens! Wenn ich gefragt wurde, um was es sich im Weltkrieg handelte, unterließ ich es nicht, ihn als einen Kulturkampf zu bezeichnen, als ein Ringen um die deutsche Seele, deutsche Eigenart, deutsche Treue, deutsche Sprache, deutsche Arbeitsfreudigkeit, deutschen Idealismus und deutschen Glauben; als den Höhepunkt eines zweitausendjährigen Ringens gegen Asien und Halbasien, da sich das orientalisierte Welschtum, das semitisierte Angelsachsentum, das halbasiatische Slawentum mit den Mongolen verbündete und die Gelben, Schwarzen, Roten der ganzen Welt in den Krieg führten gegen das germanisch-deutsche Ariertum.

Unsere Mission.

Mit viel größerem Recht als die Feinde hätten wir Deutschen eine **Befreierrolle** spielen können, und unser ganzes Volk war im Herbst 1914 reif für solche Auffassung; denn damals wußten wir alle, was „umlernen, umdenken" bedeutet: eine Abkehr vom internationalen Gedanken, eine Rückkehr zum Preußentum, Deutschtum, Christentum.

1. **Offensive der Wahrheit!** Der Krieg erschien uns als ein Kampf der deutschen Weltanschauung **gegen** den Imperialismus und Universalismus, **gegen** den Chauvinismus und Militarismus, **gegen** den Kapitalismus und Materialismus.

Nicht wir, sondern die Feinde waren und sind Imperialisten, unersättlich die Ländergier der Engländer, Franzosen und Russen. Der Weltreichsgedanke ist in Asien geboren; er war das glänzendste, aber verderblichste Erbstück der untergehenden alten Kulturwelt. Nacheinander haben die Kaiser und Päpste des Mittelalters, dann die Spanier und Franzosen, Engländer und Russen das verhängnisvolle Erbe angetreten. Demgegenüber hatten wir Deutschen seit vierhundert Jahren eine ganz andere Entwicklung erlebt; die religiösen Helden des 16., die großen Dichter und Denker des 18. Jahrhunderts hatten eine **nationale** Kultur geschaffen, die einen starken Halt an dem Militärstaat der Hohenzollern fand; im Anfang des 19. Jahrhunderts vollzog sich der enge Bund zwischen dem preußischen „Militarismus" und der deutschen Kultur; aus dieser Verbindung wurde das neue deutsche Kaiserreich geboren. Im Weltkrieg galt es, den Deutschen zu zeigen, daß sie ihren Nationalstaat und ihre deutsche Kultur **gegen** den Imperialismus der Nachbarn verteidigten.

Nicht wir, sondern die Feinde waren Chauvinisten und Militaristen, d. h. Leute, deren Nationalismus aggressiv ist und über die Staatsgrenzen hinausgreift. **Unser** Militarismus war niemals aggressiv.

Nicht bei uns, sondern bei den Feinden war der schädliche Kapitalismus und Mammonismus zu finden, der nichts anderes bedeutete als eine Art von Imperialismus, das Weltherrschaftsstreben der internationalen Großkapitalisten. Es galt, dem deutschen Volke die Binde von den Augen zu reißen und ihm den Weltkrieg zu erklären als unsern Kampf **gegen die Allmacht des Geldes**, gegen den internationalen Weltkapitalismus, als ein Ringen zwischen Helden und Händlern, zwischen Arbeits- und Drohnenvölkern, als eine Abwehr der jüdischen Wirtschaftsauffassung, die das Geld aus einem dienenden Faktor zum Herrn aller Dinge macht. Unser Volk mußte erkennen, daß einzig und allein im deutschen Reiche der Kampf gegen das Drohnentum aufgenommen sei und daß hierin eine wichtige Ursache des Weltkrieges liege. Denn gerade deshalb wurden wir von den Angelsachsen, Welschen und Slawen so gehaßt, weil man bei uns mit dem Gelde noch nicht machen konnte, was man wollte; weil unser Beamtentum noch nicht bestechlich, der Grund und Boden noch nicht zu einer Handelsware geworden war; weil wir alle, hoch und niedrig, zu unseren sozialen Pflichten gezwungen wurden und die Schwachen gegen Ausbeutung geschützt waren; weil unsere Herrscher noch nicht das Joch der Geldmagnaten trugen und nach deren Willen Minister ernennen und entlassen mußten. Damit hing die Erkenntnis zusammen, daß die vielgepriesene **Demokratie** Englands, Frankreichs, U. S. Amerikas nur Lug und Trug sei, eine Maske des herrschenden Kapitalismus.

Wir hatten alle Ursache, uns mit **Stolz als das letzte Bollwerk zu betrachten** gegen die Irrlehren des 18. Jahrhunderts, gegen Imperialismus, Mammonismus und Rationalismus.

2. Wohl waren wir der Meinung, daß unserem kämpfenden Volk **hohe Kriegsziele** gezeigt werden müßten; aber unsere Zukunftshoffnungen schweiften nicht in nebelhafte Weiten und Fernen, sondern **beschränkten sich auf die Gesundung unseres deutschen Volkstums**. Wir wollten alle Hemmungen seiner Arbeit und seines Gedeihens beseitigen, Raum gewinnen für sein Wachstum. Unser höchstes Ideal war eine politische Verbindung aller Deutschen Mitteleuropas, wobei wir jeden Druck ängstlich vermieden. Wir sagten, daß der gesunde Zustand ein **bodenständiger Volksstaat** sei, und als Ziel schwebte uns vor, daß wie das Ganze, so auch jedes Glied des Volkes bodenständig sei, d. h. **eine eigene Heimstätte** habe. Wir hofften die Mittel zu erlangen, um eine gesunde Wohnungsreform durchzuführen.

Zugleich wollten wir Deutschen den Beweis liefern, daß man für das eigene Volkstum sorgen und dabei doch fremdes Volkstum achten und gelten lassen kann. Wir dachten nicht daran, die Franzosen, Engländer, Russen, Polen, Madjaren, Bulgaren, Türken zu germanisieren. **Wir lehnten jede Form von Imperialismus aufs entschiedenste ab**: nicht nur das Streben nach deutscher Weltherrschaft, sondern auch den sogenannten Kulturimperialismus.

Am Schluß eines Aufsatzes „Die Hauptsache", der im Mai 1915 in der „Wartburg" stand, führte ich aus:

„**Hüten wir uns vor dem Erbe!** Wenn das gegenwärtige gewaltige Ringen keinen anderen Sinn haben sollte, als den Imperialismus von England und Rußland auf uns zu übertragen, dann wäre dieser Krieg mit seinen riesigen Opfern für uns nicht nur vergebens gewesen, sondern auch ein Fluch.

Hüten wir uns vor dem Erbe! Wie wir für das eigene Volkstum Licht, Raum, Freiheit fordern, so sind wir gerne bereit, den anderen Nationen dasselbe einzuräumen; wir wollen nicht den anderen unsere Kultur aufdrängen und aufzwingen...

Hüten wir uns vor dem Erbe! Mögen wir nie den Mammon als den höchsten Gott ansehen, dem wir knechtisch dienen! Mögen wir nicht ertrinken und ersticken in den sogenannten wirtschaftlichen Interessen und darüber allen sittlichen Halt verlieren!

Hüten wir uns vor dem Erbe! Lüge, Heuchelei und Verschlagenheit sind die Hauptwaffen des Imperialismus und Universalismus. Gehen wir Deutschen, was wir zuversichtlich erwarten, aus dem gegenwärtigen Riesenkampfe siegreich hervor, dann werden zahlreiche Kräfte versuchen, uns **auf denselben Weg** zu drängen und uns unsere Seele zu rauben... Wir wollen und müssen uns selber treu bleiben."

3.

Worin bestand in Wahrheit unsere große Schuld?

Im Sinne der Feinde von einer „Schuld" des Kaisers Wilhelm II., seiner Regierung, der angeblichen Militärkamarilla, des deutschen Volkes zu sprechen, als hätte unsere Kriegslust und Eroberungsgier das große Weltunglück herbeigeführt, ist lächerlich. Auch das Wort, das im eigenen Land die Demokraten seit 1918 unermüdlich wiederholen „Wir sind belogen und betrogen", entspricht so, wie sie es meinen, nicht den Tatsachen. Trotzdem müssen wir von einer entsetzlichen Schuld sprechen, die **wir alle** auf uns geladen haben; sie besteht darin, daß weder Kaiser noch Kanzler, weder Reichstag noch Volk den notwendigen Kampf gegen die Lüge mit aller Kraft aufnahmen, vielmehr Augen und Ohren, Kopf und Herz vor der Wahrheit verschlossen. **Wir haben den Krieg verloren, weil zuletzt auch in unserem Land die Mächte der Lüge und des Mammons triumphierten.**

Die **Offensive der Wahrheit**, die wir für leicht, selbstverständlich und dringend notwendig hielten, **unterblieb**, und darin liegt die schwere Schuld des Kaisers[1], des Kanzlers und des Reichstages.

---

[1] Die Feinde kannten unsern Kaiser besser als wir selbst. Die Franzosen sprachen mit Bezug auf ihn von „Hunden, die bellen, aber nicht beißen", und der russische Ministerpräsident Sasonow hatte schon 1913 in einer Geheimsitzung der Duma geäußert: „Die Friedensliebe des Kaisers Wilhelm II. bürgt uns dafür, daß der Krieg dann kommt, wenn **wir** ihn haben müssen."

Wann sind Regierungs= und Volksvertreter im heiligen Zorn aufge=
sprungen und haben mit flammenden Worten den Weltkrieg als das be=
zeichnet, was er in Wahrheit war: als einen Kampf **gegen den** Imperia=
lismus, **gegen den** Kapitalismus, **gegen den** Chauvinismus, **gegen**
die Schein= und Lügendemokratie, **gegen die** sogenannte internationale
Kulturgemeinschaft? wann haben sie voll Begeisterung die **Kraft des**
nationalen Gedankens gepriesen, das **Preußentum** als die
notwendige Ergänzung des Deutschtums, das Deutsche Reich als den
einzigen Hort der **Freiheit**, den Segen unserer nationalen Kultur und
nationalen Wirtschaft? was haben sie getan, um den Siegeswillen unseres
Volkes zu stärken, um hohe nationale und soziale Ziele zu zeigen, um das
heilige Feuer zu schüren, die Kriegsstimmung zu erhalten und alle Fragen
energisch beiseite zu schieben, die unsere innere Geschlossenheit gefährden
konnten? Wohl vernahmen wir einzelne herrliche Kaiserworte; aber es
blieben Worte, und der Krieg begann mit der verhängnisvollen
Selbsttäuschung, daß er mit diesem Kanzler und diesem Reichstage
glücklich durchgeführt werden könne.

Die mittlere Linie.

Die unselige Politik der mittleren Linie, die complexio oppositorum,
die seit 1890 so viel Unheil gestiftet hatte, wurde im Weltkrieg unser
Verderben; sie hat alle glänzenden Siege unwirksam gemacht. Man hat
den Eindruck, als wenn der Reichskanzler von Bethmann=Hollweg alles
Ernstes des Glaubens lebte, auch **zwischen Krieg und Frieden**
einen Mittelzustand finden und durch Schonung der Feinde und der Neu=
tralen, durch Liebeswerben Deutschland retten zu können. Gleich die zwei
Riesenfehler, die er in den ersten Tagen des August beging, waren
eine Folge seiner inneren Haltlosigkeit und Unsicherheit:

daß er die **Erklärung des Krieges** nicht den Feinden überließ,
trotz der dringenden Warnung des Großadmirals von Tirpitz,
und

daß er das falsche Wort vom „**Unrecht an Belgien**" sprach.
Damit hat er den Feinden Waffen geliefert, deren Schärfe wir heute noch
spüren.

1. Von Anfang an fehlte beim Reichskanzler der entschiedene Sieges=
wille. „Schonung der Feinde", „Wir dürfen die Engländer nicht zum
Äußersten reizen", „Mäßigung": das war das Leitmotiv seines Handelns.
Welche Verblendung! **Dreimal hatten wir den Sieg fest in**
Händen; aber wir verloren den Krieg, weil die rechten Staatsmänner
fehlten; weil die Politik fortwährend die Kriegführung hemmte; weil wir
nicht von vornherein einen rücksichtslosen Gebrauch von den Machtmitteln
machten, die wir besaßen, von unseren Luftkreuzern, von unseren Kriegs=
schiffen, vor allem von den U=Booten; weil wir nicht den Mut hatten,
entsprechend unseren Leistungen die Oberleitung der Gesamtkriegführung
zu fordern.

Die „Schonung der Feinde" ging soweit, daß die Regierung es unterließ, unser Volk über die völkerrechtswidrigen Kriegsgreuel der Feinde zu unterrichten, über die Baralongschande, über den Kindermord in Karlsruhe; daß sie sich nur ungern zu Vergeltungsmaßregeln drängen ließ. Sie fürchtete die Wiederbelebung des furor teutonicus, durch den die Feinde „zum äußersten gereizt werden" könnten. Im Stillen war der Reichskanzler selbst das Oberhaupt all der Flaumacher und Quertreiber, die sich schon im Herbst 1914 hervorwagen durften, die von „moralischen Eroberungen", „Großmut", „Ritterlichkeit und Versöhnlichkeit" schwatzten und schrieben. Prof. Delbrück orakelte: „Ein militärisch unausgefochtener Krieg mit England bedeutet für uns schon einen großen Sieg." Aus dieser Auffassung heraus, als könne der Krieg durch die ewige Betonung unserer Versöhnlichkeit und Entsagungsfreudigkeit beendigt werden, wurden auch die unseligen Friedensangebote geboren; mit Recht erschienen sie den Feinden, trotz unserer glänzendsten Siege, keineswegs als Zeichen der Kraft, sondern der Schwäche und inneren Haltlosigkeit.

Ludendorff schreibt in seinen „Kriegserinnerungen" S. 3 f.: „Die Regierung hatte unseren Eintritt in die oberste Heeresleitung begrüßt. Wir kamen ihr mit offenem Vertrauen entgegen. **Bald aber begannen zwei Gedankenwelten miteinander zu ringen**, vertreten durch die Anschauungen der Regierung und der unsrigen. Dieser Gegensatz war für uns eine schwere Enttäuschung und eine ungeheure Belastung.

In Berlin konnte man sich nicht zu unserer Auffassung über die Kriegsnotwendigkeiten bekennen und nicht den eisernen Willen finden, der das ganze Volk erfaßt und dessen Leben und Denken auf den einen Gedanken „Krieg und Sieg" einstellt. Die großen Demokratien der Entente haben das vermocht. Gambetta 1870/71, Clemenceau und Lloyd George in diesem Kriege stellten mit harter Willenskraft ihre Völker in den Dienst des Sieges. Dieses zielbewußte Streben, der machtvolle Vernichtungswille der Entente, wurde von der Regierung nicht in voller Schärfe erkannt. Nie war daran zu zweifeln gewesen. Statt alle vorhandenen Kräfte für den Krieg zu sammeln und im Höchstmaß anzuspannen, um zum Frieden auf dem Schlachtfelde zu kommen, wie dies das Wesen des Krieges bedingte, schlug man in Berlin einen anderen Weg ein; man sprach immer mehr von Versöhnung und Verständigung, ohne gleichzeitig dem Volke einen starken kriegerischen Impuls zu geben. Man glaubte in Berlin oder täuschte sich dies vor: die feindlichen Völker müßten den Versöhnung verkündenden Worten sehnsüchtig lauschen und würden ihre Regierungen zum Frieden drängen. So wenig kannte man dort die Geistesrichtung der feindlichen Völker und deren Regierungen mit ihrem starken **nationalen Denken und stahlharten Wollen. Berlin hatte aus der Geschichte früherer Zeiten nichts gelernt.** Man fühlte hier nur das eigene Unvermögen gegenüber der Psyche des Feindes; man **verlor die Hoffnung auf einen Sieg und ließ sich treiben.** Der Gedanke, zum Frieden zu gelangen, wurde stärker als der Wille, für den Sieg zu kämpfen. Der Weg zum Frieden war gegenüber dem Vernichtungswillen des Feindes nicht zu finden. **Man versäumte damit, das Volk den schweren Weg des Sieges zu führen!"**

2. Und unser Verhalten den **Neutralen** gegenüber? Wenn wir **Gott und die Wahrheit** als unsere stärksten „Alliierten" betrachtet hätten, dann wäre es unmöglich gewesen, daß wir von den großen „Neutralen", dem Präsidenten Wilson und dem Papst Benedikt XV., alles Heil erwarteten. Schon die anmaßende Antwort, die unser Kaiser beim Beginn des Krieges erhielt, als er sich an Wilson, den „hervorragendsten Vertreter der Menschlichkeit", mit der Bitte wandte, gegen den völkerrechtswidrigen Gebrauch der Waffen einzuschreiten, hätte uns von allen Illusionen befreien müssen. Was dann folgte, war eine fortgesetzte **Kapitulation vor der Lüge**. Wir denken an die unheilvolle Versenkung des englischen Riesendampfers Lusitania. Obgleich unsere Heeresleitung nicht nur berechtigt, sondern verpflichtet war, um der Selbsterhaltung willen die amerikanischen Munitionssendungen zu verhindern; obgleich erwiesenermaßen auf dem Schiffe große Mengen Kriegsbedarf waren; obgleich unser Botschafter rechtzeitig gewarnt hatte, mit dem Schiff zu fahren, wagte es Wilson, die Dinge auf den Kopf zu stellen und **uns** des Völkerrechtsbruches zu beschuldigen. Unser Kaiser und sein Kanzler hatten nicht die Nerven, den „Noten= und Tintenkrieg" für die Wahrheit siegreich durchzuführen; vielmehr stellten sie, um die „Empfindlichkeit der Amerikaner zu schonen", den U=Bootkrieg ein, und einer unserer tüchtigsten Helden, der Großadmiral von Tirpitz, wurde entlassen.

Welch ein Wahn, noch weiterhin auf diesen „neutralen" Heuchler alle Hoffnung zu setzen! ihn im Herbst 1916 um Friedensvermittlung zu bitten! Die folgenden Jahre brachten eine unheimlich wachsende Verstrickung der deutschen Regierung und des deutschen Volkes in das Lügennetz. Auch als U. S. Amerika in den Krieg gegen uns eingetreten war (April 1917), durfte Wilson sich den „aufrichtigen Freund des deutschen Volkes" nennen; um seine Gunst zu gewinnen, begann unsere Regierung die „Autokratie" und den „Militarismus" abzubauen; der Reichskanzler Graf Hertling erklärte 1918 die „vierzehn Punkte" Wilsons für eine geeignete Grundlage zu Verhandlungen; an Wilson klammerte man sich im Oktober und November 1918 als den letzten Rettungsanker, und beim Zusammenbruch unseres Reiches war Wilson der populärste Mann in Deutschland, nach Erzberger. **Kapitulation vor der Lüge!**

Ebenso töricht war unser Verhalten gegenüber dem „neutralen" **Papst Benedikt XV.** und seinen Friedensbemühungen.

Kapitulation vor der Lüge! Aus Furcht vor einem neuen Lügenfeldzug der Feinde und aus Furcht, an Griechenland ein ähnliches „Unrecht" zu begehen, wie an Belgien, machten wir nach der Eroberung Serbiens 1916 an den Grenzen Griechenlands halt; und unsere Truppen mußten untätig zusehen, wie die Feinde hohnlachend Griechenlands Neutralität mit Füßen traten und sich in Saloniki einen starken Stützpunkt für weitere Kämpfe schufen. Damals begann die Verstimmung des bulgarischen Verbündeten, die später durch unser törichtes Verhalten dem besiegten Rumänien gegenüber gesteigert wurde und zum Abfall führte.

3. Wie weit entfernten sich Kaiser und Kanzler von dem gesunden, nationalpolitischen Egoismus Bismarcks und kehrten zu der ungesunden Romantik und Sentimentalität zurück, vor welcher der Reichsgründer so nachdrücklich gewarnt hatte! Wir hatten gehofft, daß unsere siegreichen Heere im Westen und besonders im Osten als Befreier des Deutschtums auftreten würden. Statt dessen war die **Befreiung Polens**, die Proklamierung des Königreichs Polen, im Herbst 1916, das erste und einzige Ergebnis unserer glänzenden Siege. **Welche Selbsttäuschung!** Unsere Regierungen begrüßten die Polen als Bundesgenossen; sie gaben sich der Hoffnung hin, daß hunderttausende von tapferen Polen mit Begeisterung an unsere Seite treten und vereint mit uns gegen die Russen kämpfen würden. Die Erwartungen litten kläglichen Schiffbruch, und später nahmen die befreiten Polen „Rache" an ihren Befreiern.

„Umlernen", „bei der Stange halten".

Führer der Sozialdemokratie haben später bekannt, daß ihre Partei im August 1914 „zerschmettert" gewesen sei; ja die gesamte internationale Demokratie in ihrer dreifachen Färbung (schwarz, rot, gold) mit ihrem fremdstämmigen Anhang war tot. Wie schnell erfolgte damals das „**Umlernen**" der Parteihäuptlinge und der Zeitungsschreiber! Alles was noch wenige Monate vorher, beim Fall Zabern, Sturm gelaufen war **gegen** die Kommandogewalt des Kaisers, **gegen** den preußisch=deutschen Militarismus, **gegen** unsere starke Monarchie; alles was **gegen** unsere nationale Wirtschaftspolitik, **gegen** die Förderung des bodenständigen Bauerntums angekämpft hatte, **gegen** die „Agrarier, Ostelbier, Junker, Brotwucherer"; alles was Tag um Tag die Segnungen der internationalen Kulturgemeinschaft gepriesen hatte: **alles das lernte flugs um**. Denn es war zu handgreiflich, daß eben dies uns vor der Überflutung der Feinde rettete, was man angegriffen hatte. So erlebten wir denn das Schauspiel, daß Scheidemann, Erzberger und Rathenau, Berliner Tageblatt, Germania und Vorwärts um die Wette in Nationalismus und Vaterlandsliebe „machten" und nach den ersten Siegen ihre großen Ziele verkündeten.

Die **größte Schuld** des Reichskanzlers von Bethmann=Hollweg besteht darin, daß er die „zerschmetterten" international=demokratischen Parteien wieder aufrichtete und kräftigte. Und dann hielt er es für seine Hauptaufgabe, sie „bei der Stange zu halten", und bildete sich nicht wenig darauf ein. Um sie „bei der Stange zu halten", erstickte der Reichskanzler das heilige Feuer der Augusttage. Um sie „bei der Stange zu halten", bestanden auf seine Anweisung der „Burgfriede" und die Tätigkeit der „Zensur" wesentlich darin, die Wahrheit zu bekämpfen, den nationalen Gedanken und die Aufklärungsarbeit des Alldeutschen Verbandes, des Wehr=, Flotten=, Kolonial=, Ostmarkenvereins, der Vereinigung für einen deutschen Frieden, zuletzt der Vaterlandspartei, zu unterdrücken, während so schädliche Bücher, wie Naumanns „Mitteleuropa", eifrig verbreitet wurden. Um die drei international=demokratischen Parteien „bei der

Stange zu halten", holte sich der Reichskanzler aus ihren Kreisen seine einflußreichsten Ratgeber, Erzberger, Rathenau, Scheidemann. Um sie „bei der Stange zu halten", ließ er sich mitten im Weltkrieg dazu drängen, wichtige Fragen der inneren Politik auf die Tagesordnung zu setzen, bei denen notwendig die einheitliche Geschlossenheit des Volkes gefährdet wurde: Aufhebung der sogenannten „Ausnahmegesetze" und Preußisches Wahlrecht. Welche Verblendung! Um des „Burgfriedens" willen wurde das deutsche Volk, das im Anfang des Krieges einiger und geschlossener war als jemals, **völlig auseinander regiert**. Um sie „bei der Stange zu halten", ließ man die Reichstagsmehrheit sich Rechte anmaßen, die ihr nicht zukamen; man wagte es nicht, Abgeordnete zu bestrafen, die sich des Hochverrats schuldig gemacht hatten; man hatte nicht den Mut, gegen die Fahnenflüchtigen nach der Strenge des Gesetzes vorzugehen.

Ähnlich war es in Österreich-Ungarn. Der österreichische General der Infanterie, Krauß, hat uns versichert, daß im Anfang des Krieges, ähnlich wie bei uns, die Stimmung vorzüglich gewesen sei; eine zielbewußte Regierung hätte die Massen mit sich fortreißen können; „sicher war, daß es 1915 und 1916 leicht gewesen wäre, in Österreich die deutsche Staatssprache einzuführen". Aber nun geschah das Unglaubliche! Um sie „bei der Stange zu halten", drückte die Regierung die Augen zu, als bei den Tschechen, Ruthenen, Madjaren die Demagogen ihre frühere Wühlarbeit wieder aufnahmen und die nationale Hetze, die zu Beginn des Krieges verschwunden war, wieder kühn ihr Haupt erhob. Tschechen und Ruthenen übten offenen Verrat; schließlich wurde die Sache so toll, daß eingegriffen werden mußte. Aber durch seinen Amnestieerlaß begnadigte Kaiser Karl die verurteilten Landesverräter; Krauß schreibt: „Der Mann, der sich bereit finden ließ, den Amnestieerlaß zu verfassen, hat Österreich den Dolch in den Rücken gestoßen."

So erlebten wir denn eine **Großtat der Lüge**. „Umlernen, umdenken, Neuorientierung"! so hatte es anfangs bei uns und in Österreich gelautet, und man hatte darunter die Rückkehr zum nationalen Gedanken, zu den monarchischen und militärischen Machtgrundlagen, zum unverfälschten Christentum verstanden. Im Jahre 1917 waren die Worte **in ihr volles Gegenteil umgebogen**, und die gedankenlosen Massen, die oberen und die unteren, ließen sich einreden, man habe unter „Umlernen" nie etwas anderes verstanden, als die Unterordnung des nationalen Gedankens unter die sogenannten „höheren Zwecke". An der Spitze dieser „höheren Zwecke" marschierte seit 1917 der **international-demokratische Gedanke**.

> Um die ganze Verblendung des Reichskanzlers v. Bethmann zu erkennen, muß man **heute** einmal eine seiner Reden lesen. Da sagte er z. B. am 14. März 1917 im Preußischen Abgeordnetenhaus:
>
> „Ich bin ja nicht immer einer Ansicht des Reichstags gewesen. Aber das darf doch kein Mensch in Zweifel ziehen, daß der Reichstag in den jetzt bald drei Jahren dieses Krieges dem Vaterlande, dem deutschen Volke

Dienste geleistet hat, wie noch kein Parlament der Welt." Der Zeitungsbericht fügt hinzu: „Stürmischer Beifall links und im Zentrum."

Kriegswirtschaft und Kriegsanleihen.

Wohl erschien es als eine der höchsten Aufgaben der Regierung, für die notwendigsten Lebensbedürfnisse, Brot, Kartoffeln, Milch eine gerechte Verteilung anzuordnen; denn wir waren ringsum eingeschlossen; und es wurde immer klarer, daß die Hungerblockade eine Hauptwaffe der Feinde bildete. Aber wichtiger als das Verteilen war doch, daß möglichst viel produziert wurde.

Schon lange rangen für das Verhältnis zwischen Arbeit und Geld zwei Wirtschaftsauffassungen miteinander: Uns Deutschen steht die Arbeit obenan, und das Geld ist nur dienender Faktor; umgekehrt sahen die Juden im Verteilen und im Handel die Hauptsache, und seit mehreren Jahrzehnten begann das Geld in unserem Wirtschaftsleben sich aus dem Diener zum Herrn der Produktion zu machen. Und im Weltkrieg? Leider lehnten unsere Regierungen alle Ratschläge von deutschen sach- und fachkundigen Männern ab, die in erster Linie an eine möglichst hohe Steigerung der Produktion dachten, und warfen sich den Juden in die Arme, vor allem dem „hilfsbereiten" Rathenau. Die jüdische Wirtschaftsauffassung siegte, und daraus erwuchs das Traurigste, was wir erlebt haben. Man dachte mehr an das Verteilen als an das Produzieren; die unselige Zwangswirtschaft, die dem „Erfassen" und „Verteilen" diente, erstreckte sich allmählich auf alle Waren, auf Eier und Zucker, auf Schuhe und Garne. Der Krieg wurde ein Geschäft, bei uns wie bei den Feinden. Es begann das Schieber- und Wuchertum, die Hehlerei und Hamsterei, Verleumdung und Brotneid, amtliche Förderung von Betrug und Untergrabung alles Rechtsbewußtseins; vielfach wurde künstlich eine Knappheit herbeigeführt, um bessere Geschäfte zu machen. Das anfangs so opferfreudige Volk wurde geradezu dem Götzen Mammon in die Arme getrieben, und schließlich drang die wilde Gier nach Kriegsgewinn in die entlegensten Dörfer, in die kleinsten Hütten.

Der Krieg wurde ein Geschäft. Wenn, um die gewaltigen Kosten der Kriegführung zu decken, schwere und drückende Steuern erhoben wären, so hätten alle Daheimgebliebenen sicherlich das größte Interesse an einer schnellen Beendigung gehabt. Aber die Kriegsanleihen waren nicht, wie man behauptet, ein Opfer, sondern eine vorteilhafte Kapitalsanlage bei hoher Verzinsung.

An dieser Stelle möge ein kurzer Abschnitt über den Fluch der Staatsanleihen angefügt werden.

Das „alte System" Friedrichs des Großen bedrückte die Gegenwart mit Lasten, um der Zukunft Schweres zu ersparen; durch ein Steuersystem mit vielen Härten brachte er nach dem entsetzlichen siebenjährigen Kriege die Finanzen in Ordnung, heilte die schweren Schäden und machte nicht nur keine Schulden, sondern sammelte sogar bis zu seinem Tode einen für damalige Zeiten gewaltigen Staatsschatz von 50 Millionen Talern.

Aber nach den Freiheitskriegen begann das „neue System", das den zukünftigen Geschlechtern Ketten schmiedete, um sich selbst zu entlasten; es gelang nach 1815 dem englisch=jüdischen Kapital, sich durch das Mittel der Staatsverschuldung die fleißigen Festlandsvölker untertänig zu machen. Vergebens empfahl der Präsident des Preußischen Staatsministeriums, Friese, das alte System Friedrichs des Großen. Der preußische Staatskanzler, Fürst Hardenberg, zog es vor, beim englischen Hause Rothschild eine Anleihe von 4 Millionen Pfund zum Kurse von 72 zu machen. Damit wurde für **Preußen** der erste verhängnisvolle Schritt zur Staatsverschuldung getan.

Und später? Wir wissen, welche Schwierigkeiten schon frühzeitig die international gerichtete Reichstagsmehrheit dem Fürsten Bismarck bei seinen Bestrebungen machte, das **Deutsche Reich** auf eigene Füße zu stellen. So wurde 1877 die erste deutsche Reichsanleihe von 16 Millionen Mark gemacht; vor dem Weltkrieg waren es 5 Milliarden Mark. Schon im Jahre 1906 mußten jährlich 145 Millionen Mark Steuern aufgebracht werden, um die Zinsen und Verwaltungskosten der Reichsschuld zu decken. Wie viel billiger wäre es gewesen, wenn man 1877 und später den Bedarf durch erhöhte Steuern gedeckt und keine Anleihen gemacht hätte!

Durch die Kriegsanleihen der Jahre 1914—1918 wuchs unsere Abhängigkeit von den Großbanken.

Das Handinhandarbeiten der äußeren und inneren Feinde des deutschen Volkstums.

Wer zwischen Gott und Teufel, Wahrheit und Lüge eine „mittlere Linie" sucht, der **hat sich schon halb dem Teufel verschrieben**, und die andere Hälfte folgt bald nach. Mit steigendem Entsetzen und gebundenen Händen verfolgten wir die Entwicklung, die uns im dritten Kriegsjahre unter die **Diktatur der Lüge** brachte.

Als im Frühjahr 1917 das russische Kaiserreich zusammengebrochen und Österreich=Ungarn, wie es schien, endgültig gerettet war, als der Papst seine nächsten Kriegsziele, Befreiung des Hauses Habsburg und Zerschmetterung des schismatischen Rußland, erfüllt sah, da galt es, dem ketzerischen Preußen und dem bismarckischen Deutschen Reich die Siegesbeute zu entreißen, da wurde gegen Potsdam, Wittenberg und Weimar zur **Generaloffensive der Lüge** geblasen; da hatten wir einen **doppelten, dreifachen Krieg** zu führen:

gegen die äußeren Feinde,

gegen die drei international=demokratischen Parteien des eigenen Landes,

gegen den österreichisch=ungarischen Bundesgenossen.

Mit Schaudern denken wir an das „Umlernen" der Reichstagsparteien. Am ersten erfolgte der Umfall der **Freisinns= und Judendemokratie** des Berliner Tageblattes[1]; da hieß es schon im Winter 1914/15,

---

[1] Schon seit Jahrzehnten hatten Berliner Tageblatt und Frankfurter Zeitung den äußeren Feinden die Waffen für ihre verlogenen Anklagen geliefert. Als der furor teutonicus des August 1914 verraucht war, wurde von ihnen das alte Verfahren wieder aufgenommen.

der Erfolg des Krieges müsse auf dem Gebiet der inneren Politik gesucht werden. Im Jahre 1916 fielen die Sozialdemokraten um; Scheidemann reiste nach Stockholm. Seitdem hieß es: „Ein Narr, wer an den endgültigen Sieg der einen Mächtegruppe über die andere glaubt!" „Jeder trage seine eigene Last!" Bald wagten es Sozialdemokraten, in Versammlungen und in Zeitungen zu erklären, daß „ihnen unsere militärischen Erfolge unerwünscht seien"; die Arbeiterführer behaupteten, daß Deutschland nicht siegen dürfe, wenn die Lage der Arbeiter sich bessern solle. Welche Lüge! Der Umfall des Zentrums im Jahre 1917 war das Werk Erzbergers. Mit steigendem Mißtrauen sahen wir seine geschäftige Tätigkeit, seine engen Verbindungen mit der römischen Kurie und mit der Wiener Regierung, sein deutschfeindliches Interesse für Belgien, Polen, Litauen und Elsaß-Lothringen, sein rastloses Bemühen, eine Erstarkung des Preußentums zu verhindern. Verhängnisvoll war der Umfall der nationalliberalen Reichstagsfraktion, die sich im Sommer und Herbst 1917 mit in den Strudel der weltdemokratischen Bestrebungen hineinreißen ließ.

Der Reichstag zeigte wieder genau das Bild, wie beim Zabernrummel des Winters 1913/14. Es begann 1917 die Generaloffensive der Lüge, die durch Munitionsarbeiterstreiks, durch Erpressungen, durch den Appell an die Furcht und durch eine äußerst geschickte englische Preßpropaganda unterstützt wurde. Nur der demokratische Gedanke, Änderung des preußischen Wahlrechts, Einführung des parlamentarischen Systems, Beschränkung bzw. Abschaffung der Kaiserlichen Kommandogewalt könne uns vor dem Untergang retten. Es folgte, zum Staunen der ganzen Welt, die Selbstentmannung des deutschen Volkes. Zu derselben Zeit, wo die feindlichen Staaten immer undemokratischer wurden, ihre Volksvertretung bei den wichtigsten Entscheidungen ausschalteten und eine Art von Diktatur einführten, zerstörten wir Deutschen die Grundlagen unserer Macht. Während bei den äußeren und inneren Feinden, besonders im eigenen Lande bei Männern wie Erzberger, Scheidemann, Rathenau der Wille zur Macht aufs äußerste gesteigert wurde, entäußerten sich Kaiser und Reichsregierung des Machtgedankens. Gleichzeitig begann in dem verbündeten Habsburgerstaat, in Wien, die hinterlistige Maulwurfsarbeit gegen uns [1]).

Wann hat die Welt einen ähnlichen Triumph des Teufels gesehen, des Mammons und der Lüge! Es war eine seltsame Bundesgenossenschaft, die uns gegenüberstand. Wie sich vor dem Weltkrieg England, Frankreich und Rußland, zwischen denen eine ewige, unversöhnliche Feindschaft zu bestehen schien, durch den gemeinsamen Haß gegen uns zusammengefunden hatten, so vereinigten sich Jesuiten und Freimaurer, Zentrum und Sozialdemokratie, Rom und Juda, um uns niederzuwerfen. Wir denken an das Wort Bismarcks: „Die Jesuiten werden

---

[1]) Vgl. mein Buch „2000 Jahre römische Geschichte deutscher Nation".

schließlich die Führer der Sozialdemokratie sein. Die Leitung des Zentrums bröckelt uns alles ab, was wir aufgebaut haben; sie ist berechnet auf die Zerstörung des unbequemen Gebildes eines deutschen Reichs mit evangelischem Kaisertum"; an das Wort, das Hessen im Jahre 1913 schrieb: „Das Zentrum zeigt gerade so viel Verständnis für Deutschlands Bedürfnisse, um regierungsfähig zu bleiben, und lauert auf den Augenblick, dem Reiche irgend eine furchtbare Wunde zu schlagen." Dieser Augenblick war gekommen, als Erzberger sich 1917 an die Spitze der drei demokratisch-internationalen Reichstagsparteien stellte.

Rom und Juda! Seltsame Bundesgenossen! Welch eine Verblendung, daß unsere Reichsregierung von der Vermittlung der beiden Vollzugsorgane Roms und Judas Rettung erwartete, vom Papst und von Wilson! Kann man sich eine größere Tragödie denken? Draußen standen unsere tapferen Siegfriedgestalten; siegreich wehrten sie ringsum, zu Land und zu Wasser, im Flugzeug und im U-Boot, die Anstürme der Feinde ab und schirmten das geliebte Vaterland, und drinnen, im geschirmten Vaterland, wetzten die inneren Feinde, genau dasselbe Ziel wie die äußeren verfolgend, den Dolch und lauerten auf den Augenblick, um ihn dem Siegfriedheer in den Rücken zu stoßen[1]). Dieser kam im Herbst 1918. Eine Hochflut von Lügen brachte uns die Revolution: Lügen über die angeblichen „Gewalt-Friedensschlüsse" zu Brest-Litowsk und Bukarest mit Rußland und Rumänien, wo wir in Wahrheit die besiegten Feinde mit törichter Großmut und Mäßigung behandelten; Lügen und Verrat des Habsburgerkaisers, der hinter unserem Rücken mit den Feinden Verhandlungen anknüpfte; Lügen über die angeblichen Rechte des deutschen Reichstages, der schließlich durch Erpressung das parlamentarische System durchsetzte, die Kommandogewalt des Kaisers beschränkte, die Verabschiedung des Kriegsministers von Stein und des Generals Ludendorff erzwang. Wie sehr waren der verblendete Kaiser und das verhetzte Volk in den Banden der Lüge und des Wahnes verstrickt! das Volk, als es die Beseitigung der kaiserlichen Kommandogewalt und die Entlassung Ludendorffs wie einen großen Sieg feierte, und der Kaiser, als er sich einbildete, mit Hilfe der Sozialdemokratie sich ein neues Reich schaffen zu können.

Im Anfang Oktober 1918 wurden, neben dem Reichskanzler Prinz Max von Baden, Erzberger und Scheidemann die höchsten führenden Reichsbeamten: ihnen stand die Freiheit des Vaterlandes niedriger als der Sieg ihrer Demokratie, d. h. der Sieg Roms und Judas. Sie verhinderten alles, was den Zusammenbruch hätte abwenden können; verhinderten die nationale Verteidigung, verhinderten jedes energische Vorgehen gegen die Meuterer und Empörer, verhinderten die Entsendung von Truppen, die unsere Ostprovinzen mit Leichtigkeit hätten retten können.

---

[1]) Der englische General Maurice erklärte Ende 1918: „Die deutsche Armee ist von der Zivilbevölkerung von hinten erdolcht worden."

Mit zwei dreisten Lügen wurde am 28. Oktober 1918 der Aufruhr herbeigeführt, die Meuterei der Flotte. Durch fortgesetzte Wühlarbeit war es „den Unabhängigen" gelungen, den Mannschaften zwei törichte Wahnideen einzuhämmern: die Offiziere hätten beschlossen, für die Flotte im Kampfe mit den Engländern den Untergang zu suchen; anderseits sei die Stimmung auf der englischen Flotte so, daß, wenn sie selbst die rote Fahne zeigten, eine Verbrüderung folgen würde. Das meuternde Flottengeschwader wurde nach Kiel gebracht. Hier steigerte sich die Unbotmäßigkeit, und von Berlin aus geschah nichts, um sie zu unterdrücken.

Durch dreiste Lügen wurde das letzte und höchste Ziel unserer äußeren und inneren Feinde erreicht: die Beseitigung des verhaßten Kaiser- und Königtums der Hohenzollern. Von der Berliner Regierung liefen beim Kaiser in Spaa immer von neuem Lügennachrichten ein, die von schweren Straßenkämpfen in Berlin und vom Anmarsch revolutionärer Truppen auf Spaa berichteten: Nur durch die Abdankung des Kaisers könne der Bürgerkrieg vermieden werden; zugleich sei dieser Schritt die einzige Möglichkeit, die Dynastie zu retten; der Entschluß müsse sofort gefaßt werden. Aber bevor vom Kaiser der Entschluß gefaßt und bevor der Kronprinz überhaupt gefragt war, hatte der Reichskanzler Prinz Max von Baden bereits durch das WTB. die amtliche Mitteilung von der Abdankung des Kaisers und vom Thronverzicht des Kronprinzen nach allen Seiten verbreitet. Welche Verlogenheit!

Am 11. November 1918 unterzeichnete Erzberger den schmachvollen Waffenstillstand.

„Die maßgebenden, führenden Schichten."

Bisher ist nur von der Riesenschuld des Kaisers, der Reichsregierung und des Reichstages die Rede gewesen. Aber ebenso groß war die Schuld der sogenannten „maßgebenden, führenden Kreise" des Volkes.

Es sollte doch selbstverständlich sein, daß in einer Zeit größter politischer Freiheit, des allgemeinen gleichen Wahlrechts, der Preß-, Versammlungs- und Redefreiheit sich die Gebildeten und Besitzenden in erster Linie ihrer Pflichten bewußt gewesen wären, damit die ungebildeten Massen keine Beute der Lüge und Verhetzung würden. Aber wo waren sie bei dem jähen Kurswechsel des Jahres 1890? wo waren sie, als es galt, gerade zum Schutz der Monarchie gegen die Irrungen des augenblicklichen Throninhabers und seiner byzantinischen Anhänger anzugehen? wo betätigten sie sich in den Monaten und Wochen vor den Reichstags- und Landtagswahlen, um die Verseuchung der Quellen unserer Macht zu verhüten? Wir müssen die Feigheit und Kampfscheu unserer „führenden Schichten" an den Pranger stellen, die nur dann den Mut fanden, eine Meinung zu haben, wenn sie sahen, daß Kaiser, Minister, Regierungspräsident derselben Ansicht waren. Wann wagten sie es, den Kampf gegen die drei Totengräber des Reiches, gegen die Freisinns-, Zentrums- und Sozialdemokraten, aufzunehmen und gegen den Strom zu schwimmen? Haben sie nicht gespottet und gehöhnt über die

„Schwarzseher", die das Unglück, das uns betroffen hat, klar erkannten und mit warmem Herzen, mit eindringlichen Worten, deren Wahrheit niemand leugnen konnte, zur rechtzeitigen Abwehr des Unheils aufforderten?

Die „maßgebenden" Deutschen! Was haben sie zur Stärkung des Deutschtums in Elsaß=Lothringen, in der Schweiz, in den beiden Niederlanden, in Österreich=Ungarn, in Rußland getan? Wie ganz anders dachte und handelte vor 150 Jahren der junge Goethe bei seinem Aufenthalt in Straßburg, das damals zu Frankreich gehörte und auf dessen Universität ihn sein Vater schickte, damit er ein elegantes Französisch sprechen lernte? Er erzählte, daß er sich gerade dort mit Stolz seines Deutschtums bewußt geworden wäre: „Wir faßten den Entschluß, die französische Sprache gänzlich abzulehnen und uns mehr als bisher mit Gewalt und Ernst der Muttersprache zu widmen ... An unserem Tisch ward nichts wie Deutsch gesprochen." Aber unsere „Maßgebenden" in dem 1871 wieder deutsch gewordenen Elsaß=Lothringen? Im Hause des deutschen Statthalters und der deutschen hohen Beamten wurde mit Vorliebe französisch gesprochen; und wer sonst auf kürzere oder längere Zeit nach Elsaß=Lothringen kam, hielt sich für besonders gescheit, wenn er, statt deutsch zu sprechen, seine französischen Sprachkenntnisse vervollkommnete.

Im April 1914 äußerte sich der Österreicher Herr von Gröling: „Das große deutsche Volk, das sich mit so kräftiger Hand die Reichslande zurückgewann, weiß nun seit Jahrzehnten mit dem ungebärdigen Elsaß=Lothringen nicht fertig zu werden, greift schwankend bald nach diesen, bald nach jenen Maßnahmen, läßt sich geradezu an der Nase herumführen, und tut und läßt das alles aus einer schwächlichen Haltlosigkeit heraus, die das gesamte Tun und Lassen des Deutschen Reiches zu bestimmen scheint. Auf allen Gebieten zeigt sich das überall zaghafte Leisetreten, ängstliches Verschweigen, nirgends kraftvolles Wollen, offenes Bekennen erkannter Übel. Als Deutscher des Auslandes muß ich das deutsche Volk im Reiche, auf dem die Hoffnungen aller Deutschen der Erde beruhen, eindringlich ermahnen, endlich der unseligen Schwäche Herr zu werden; denn besteht und wirkt sie fort, so leiden nicht nur, wie schon heute, Ansehen und Ehre des gesamten deutschen Namens auf der Welt darunter, sondern es können auch die Übel, die ob dieser Schwäche groß und größer werden, einst das Deutsche Reich vernichten und damit dem gesamten Deutschtum auf der ganzen Erde den Untergang bereiten."

Die „maßgebenden" Deutschen! Wann haben sie in der deutschen Schweiz, in den niederdeutschen Städten Belgiens die französische Sprache abgelehnt? Vielmehr waren sie schuld, daß Schweiz, Belgien, Luxemburg, sogar Holland immer mehr verwelschten. Unsere Groß=Kaufleute fanden nichts darin, daß jeder Ausländer, sogar der Pole, Tscheche und Madjare, in seiner Sprache die Geschäftsbriefe schrieb; sie bildeten sich sogar etwas darauf ein, jedem in seiner Sprache antworten zu können. Unsere Diplomaten redeten und schrieben nicht nur in Frankreich und England, sondern auch in Belgien, Holland, den nordischen Königreichen, in Ägypten, Türkei, Japan französisch oder englisch; daß die deutsche Sprache mehr Anspruch darauf hat, Weltsprache zu sein, kam ihnen nicht in den Sinn. Auf der deutschen Bagdadbahn wurde französisch, auf den deutschen Ozeandampfern englisch gesprochen. Und die „führenden" deutschen Schichten in Österreich-Ungarn? Der böhmische Hochadel deutscher Herkunft ist zum großen Teil seinem Volkstum untreu geworden, z. B. die einflußreichen Familien Schwarzenberg und Thurn; und nicht viel besser war es in den deutschen Kreisen der Großindustrie.

Die „maßgebenden" Deutschen! Ihre Toleranz, auf die sie sich so viel einbildeten, ihre Objektivität und Neutralität wurden zum Selbstmord, zur Verleugnung des deutschen Volkstums. Es war ein offenes oder ungeschriebenes Gesetz, daß in den Klubs, Kasinos, in der Handelskammer, im Wanderbund und Sportverein Unterhaltungen über Religion, Politik, Volkstum unerwünscht waren, daß man, aus Rücksicht auf Rom und Juda, über die Quellen unserer Kraft nicht sprechen durfte. Wie töricht!

Und während des Weltkrieges? Freilich wurden im Anfang auch die „führenden Schichten" von der allgemeinen Begeisterung ergriffen. Aber eine eigene Meinung, einen selbständigen Willen hatten sie nicht; sie schielten nach oben, und als sie sahen, daß der Reichskanzler das heilige Feuer erstickte, da stellten sie sich schleunigst mit an die Wasserspritze, um vielleicht das Verdienstkreuz oder gar das Eiserne Zivilkreuz zu ergattern. Von den „Nationalisten", vom Alldeutschen Verband, von der Vereinigung für einen deutschen Frieden, ja sogar zuletzt von der Vaterlandspartei rückten sie mit einem hörbaren Ruck ab.

Als die innere Not immer größer wurde, 1917—1918, habe ich in zahlreichen Städten über „Preußentum und Demokratie" gesprochen. Ich forderte die Zuhörer auf, gegen den Strom zu schwimmen, den Spieß umzudrehen, zum Angriff überzugehen und zugleich den Wegweiser von links nach rechts zu stellen; den Mehrheitsparteien rief ich zu:

Ihr wünscht eine Neuorientierung zur Weltdemokratie; wir zur starken Monarchie. Ihr zur internationalen Völkergemeinschaft, wir zur deutschen Kultur. Ihr redet von der Sozialdemokratie; wir behaupten, daß unsere vorbildliche Sozialmonarchie eine ausgleichende Gerechtigkeit und reichen Segen gebracht hat. Ihr fordert, daß das Preußische Wahlrecht demokratisch werde; wir halten eine Reform des Reichswahlrechts für notwendig. Ihr redet von einem demokratischen, wir von einem deutschen Frieden, der unser Volkstum aus der Enge führen soll. Ihr seid auf einen falschen Strang geraten; wir wollen euch auf das rechte Gleis zurückführen.

Man klatschte mir lebhaftesten Beifall, ging nach Hause und wartete auf die „führenden Schichten". Aber für die „führenden Schichten" gab es nichts Schrecklicheres, als in der Zeit höchster Ziel- und Haltlosigkeit „führen" zu sollen. Sie klammerten sich, trotz der schlimmsten Erfahrungen, an die Lügenworte „Burgfriede", „Einheitsfront" und stellten sich hinter jede Regierung, mochte sie Bethmann-Hollweg, Michaelis, Hertling, Max von Baden oder Scheidemann und Erzberger heißen.

Die Kampfesscheu der „führenden Schichten" erscheint mir als die Hauptursache unseres Zusammenbruchs.

III.
Diktatur der Lüge nach dem Weltkrieg bzw. nach dem Waffenstillstand.
(1918—1933.)

A.
Die „Sieger".

1.
Wer war „Sieger"?

Dolchstoß von hinten! Das ist die einzig richtige Erklärung für unseren Zusammenbruch. Seit 1917 führten wir einen **doppelten Krieg**: nach außen und nach innen. Dem entsprechend gab es auch **zweierlei Sieger**: draußen und drinnen. Obgleich unsere Truppen überall weit jenseits der Grenzen standen, siegten die äußeren Feinde, weil die inneren Feinde des Bismarckreiches unseren Sieg sabotierten[1]).

Es begannen die Jahre unserer größten Schmach. Dahin hatte die kampfesscheue Politik der mittleren Linie geführt, daß unser deutsches Volk von Männern regiert wurde, die sein **Unglück als Sieg empfanden**. Frohlockend gaben die schwarzen, roten, goldenen Internationaldemokraten ihrer Siegesfreude Ausdruck; ja, sie machten sich gegenseitig den Ruhm streitig, die Revolution gemacht zu haben:

Der sozialdemokratische Minister **Scheidemann** rief am 9. November 1918: „Wir haben auf der ganzen Linie gesiegt", d. h. die Menschheitsapostel über die Kräfte, welche Deutschland groß gemacht hatten, über Wittenberg, Weimar, Potsdam.

Der Judendemokrat **Rathenau** schrieb: „Die Weltgeschichte würde ihren Sinn verloren haben, wenn der Kaiser siegreich durch das Brandenburger Tor in Berlin eingerückt wäre."

Der Zentrumsdemokrat **Nacken** sagte in gekränktem Ton: „Die Revolution haben doch wir vom Zentrum gemacht."

Der deutsche **Pater Schwanitz** gab 1919 in Bingen seiner Freude über unseren Zusammenbruch folgenden Ausdruck: „Gott hat alles wohlgemacht ... der Papst der Preußenreligion (d. h. der Hohenzollern=Kaiser und =König) ist gegangen, und wenn wir es auch nicht mehr

---

[1]) Allenthalben „Sieger"! Vor allem die Tschechen in dem auseinandergefallenen Donau=Doppelstaat; die jüdischen Bolschewiken „Sieger" in dem zusammengebrochenen russischen Kaiserreich; „Sieger" die von uns befreiten Polen, Litauer, Letten, Esten.

erleben, so wird doch einmal das ganze Gebäude des Protestantismus von selbst zusammenbrechen müssen. **Gott hat alles wohlgemacht**"[1]).

"Sieger" waren weniger einzelne Staaten, als die **überstaatlichen Mächte**. Denn der Weltkrieg bedeutete den Höhepunkt des zweitausendjährigen Ringens zwischen dem germanisch-deutschen Volkstum und der römisch-jüdischen "Menschheit", zugleich zwischen dem Armin- und dem Flavusdeutschtum. Sein Ausgang erscheint uns als ein Sieg **Roms und Judas**. Wir erinnern an die **zwei größten Lügen der Weltgeschichte, Theokratie und Demokratie**, die innerlich unter sich verwandt sind:

Einerseits wurde die frohe Botschaft vom Gottesreich so umgebogen, als handle es sich um eine **politische** Menschheitsorganisation, an deren Spitze Gott bzw. sein irdischer Stellvertreter stehe. Dieser Gottesstaat sei von Anbeginn der Welt an in der Idee fertig da; er habe später in der römisch-katholischen Kirche greifbare Gestalt angenommen, und unsere Aufgabe sei es, ihn über die ganze Welt auszubreiten. **Anderseits** verkündete die Aufklärung im 18. Jahrhundert, daß der **Menschenverstand aus sich heraus** das von Ewigkeit zu Ewigkeit Richtige erkenne, was für Staat und Gesellschaft, Recht und Wirtschaftsleben "natur- und vernunftgemäß" sei und was für alle Zeiten, Länder, Völker in gleicher Weise gelte. Wir hätten die heilige Pflicht, dieses Natur- und Vernunftgemäße, vor allem den demokratischen Gedanken und den ewigen Frieden in der ganzen Welt zu verwirklichen.

Wie viel Unheil haben diese beiden Ideen, **Theokratie und Demokratie**, über die Menschheit gebracht! Gemeinsam ist die Anmaßung, "alleinseligmachend" zu sein, die Anmaßung, Menschen und Völker ausrotten zu dürfen, die das angebliche Heil nicht annehmen. Gemeinsam ist vor allem, daß **beide**, Theokratie und Demokratie, fast immerfort **Masken** waren, hinter denen sich ausschweifende Macht-, Herrschafts- und Geldgier versteckte[2]).

---

[1]) 1921 behauptete ein Kölner Franziskaner auf dem Jülicher Katholikentag: "Im Jahre 1918 hat Deutschland das geerntet, was vor vierhundert Jahren gesät wurde. Deutschlands Zusammenbruch ist die Frucht der Lostrennung vom Katholizismus."

[2]) Nach **beiden** Richtungen hin, Theokratie und Demokratie, waren wir Deutschen **Ketzer**, und unser "Verbrechen an der Menschheit" läßt sich mit den drei Worten **Wittenberg, Weimar, Potsdam** bezeichnen. Wir lehnen den Gedanken an eine einheitliche Menschheit ab, glauben vielmehr an eine gottgewollte Verschiedenheit und Vielheit der Völker und Staaten; wir sind überzeugt, daß gerade auf dieser Ungleichheit der Menschen und Völker die Kultur beruht, und daß die äußeren Formen und Einrichtungen für Staat und Kirche, Gesellschaft und Wirtschaftsleben ewig wechseln, nach Ort, Zeit und Volkstum. Uns erscheint es als ein grober Mißbrauch der frohen Botschaft vom Reiche Gottes, daß wir darunter irgend ein **politisches** Gebilde sehen; vielmehr ist es "inwendig in uns". Jesus Christus lehrt uns, allen Wert auf **die innere Gesinnung** zu legen; Ausbreitung des Reiches Gottes bedeutet, den Menschen die wahre Freiheit verkünden, die sich einzig gebunden fühlt an Gott, und die echte Menschenliebe, die den Nächsten nicht beherrschen und ausbeuten will, sondern ihm dienen.

Bei der Weltherrschaft der Lüge dürfen wir uns auch nicht über die engen Beziehungen zwischen **Pazifismus und Bolschewismus** wundern. Beide verkünden als letztes Ziel das Aufhören der Gewalt; **beide halten als Mittel zu diesem Ziel den entsetzlichsten Krieg und Massenmord für erlaubt:**

Der **russisch-jüdische Bolschewist Trotzki** sagte: „Es ist gleichgültig, ob auch Millionen von Russen getötet werden müssen, wenn nur die Idee des Bolschewismus durchgesetzt wird [1].“

Der **jüdische Pazifist Fried** äußerte: „Nie mehr werden die durch die deutschen Machtgrößen geängstigten Völker eine kriegerische Auferstehung Deutschlands zugeben. Sie werden jede derartige Regung im Keime ersticken und schließlich, wenn die Gefährdung kein Ende nimmt, durch Aufteilung des Landes und unerbittlichen Massenmord diesem Volk, das alle hassen, ein Ende bereiten.“

Und wie dieser Massenmord aussehen würde, verrät **der römische Pazifist Fr. W. Förster:** „Falls das deutsche Volk nicht seinem nationalistischen Wahn entsagt und der deutsche Militarismus die Welt wieder in Krieg stürzt, wird die amerikanische Chemie durch giftige Gase usw. aus Deutschland eine menschenleere Mondlandschaft machen.“

„Ihr Otterngezüchte!“, so würde Jesus diese angeblichen Beglücker der Menschheit genannt haben.

2.
Die Schuldlüge als Inbegriff aller Siegespreise.

Am 18. Januar 1919 war Festtag in Versailles; der Präsident der französischen Republik sagte: „Der Kreuzzug des Rechts ist beendet. In Staub sank Deutschland, der Anstifter aller Kriege, und über die ganze Erde hin ertönt das Klirren abgerissener Ketten. Lang gefesselte Nationalitäten sind frei. Ein Bund soll jetzt die Völker einen, wie ihn die Welt noch nicht sah: ein Bund des Rechts und der Gerechtigkeit, ein Bund, der den Weltfrieden verbürgt.“

Trotz des Waffenstillstandes, der am 11. November 1918 zustande kam, wurde von den Feinden nicht nur die Hungerblockade aufrecht erhalten, sondern auch die **Blockade der Wahrheit:** Hunger und Lüge blieben nach wie vor ihre wirksamsten Waffen.

Die große Lüge von der deutschen Kriegsschuld, von der Gefahr, welche der deutsche Militarismus, Imperialismus und die preußisch-deutsche Autokratie für die ganze Welt bedeuten, bildete die Grundlage für den „gerechten" Frieden, den uns die Feinde im Mai 1919 diktierten. Mit Drohungen wurde von unserer sozialistisch-jüdisch-klerikalen Revolutionsregierung ein Schuldbekenntnis erpreßt, und nun hatten die Feinde das volle „Recht", das ganze deutsche Volk wie gemeine Verbrecher zu behandeln, die man wehrlos und für alle Zeiten unschädlich machen müsse. Zwar brachte seitdem jeder Tag neue Beweise dafür, daß die „deutsche

---

[1] So meinte ja auch die jüdisch-demokratische **Frankfurter Zeitung:** Ein Volk müsse die Freiheit haben, sich sein Schicksal selbst zu wählen, auch wenn es sich damit den Untergang bestimme.

Kriegsschuld" eine der größten und gewissenlosesten Lügen der Weltgeschichte ist, daß vielmehr Deutschland im Sommer 1914 das Opfer eines lange vorbereiteten teuflischen Überfalls wurde; aber wie der Jude Shylock, bestanden die Feinde auf ihrem Schein, den unsere sogenannten deutschen Volksbeauftragten leichtfertig unterschrieben haben[1]).

Dolchstoß von hinten! Die inneren Feinde des Armindeutschtums und seines Aufstiegs von Luther bis Bismarck unterstützten aufs eifrigste die Behauptung unserer „Schuld". Der wandelbare Zentrumsdemokrat Erzberger hat sowohl bei den Waffenstillstands= als auch bei den Friedensverhandlungen alle Möglichkeiten sabotiert, bessere Bedingungen durchzusetzen; mit Lug und Trug wurde unsere Nationalversammlung überrumpelt und dann alles bedingungslos unterschrieben, was die Feinde diktierten. — Außerdem lieferten die beiden Judendemokraten Eisner und Kautzky den in Versailles versammelten Friedensmachern Material für unsere „Schuld".

Im Mai 1922 erregte der Fechenbach=Prozeß großes Aufsehen. Fechenbach war Sekretär des Juden Kurt Eisner, des Münchener Revolutionsmachers im November 1918. In dem Prozeß wurde folgendes festgestellt: Um die Schuld Deutschlands am Kriege zu beweisen, verstümmelte und fälschte Eisner einen Bericht des ehemaligen deutschen Botschafters in Paris, von Schön, so daß daraus ein amtliches deutsches Schuldbekenntnis wurde. Diese Urkunde bildete die Grundlage für das Versailler Diktat; sie wurde im Mai und Juni 1919 der deutschen Delegation um die Ohren gehauen, die nichts darauf erwidern konnte. Mit Recht sagte in jenem Prozeß der wackere Professor Cossmann: „Ich bin überzeugt, daß eine spätere Zeit diese Fälschung für eins der größten Verbrechen der Weltgeschichte halten wird."

Eine ähnliche Fälschung beging der jüdische Sozialist Kautsky, der als Unterstaatssekretär mit der Herausgabe des vierbändigen Werkes „Die deutschen Dokumente beim Kriegsausbruch" beauftragt wurde. Ohne den Abschluß des Werkes, an dem mehrere Fachleute mitarbeiteten, abzuwarten, veröffentlichte Kautsky ein Buch „Wie der Weltkrieg entstand. Dargestellt nach dem Aktenmaterial des deutschen auswärtigen Amtes", aus dem zuerst das Ausland lange Auszüge bringen konnte. Das ganze Buch war ein Meisterstück der Geschichtsfälschung, um den führenden Persönlichkeiten Deutschlands und Österreich=Ungarns die alleinige Schuld am Kriege zuzuschreiben[2]).

Dolchstoß von hinten! Unsere römischjüdische Reichsregierung hat jahrelang den Wahrheitsfeldzug gegen die Kriegsschuldlüge verhindert; denn das in Versailles erpreßte Schuldbekenntnis war für sie ebenso der Inbegriff aller Siegespreise, wie für die äußeren Feinde. Reichskanzler und Minister, Scheidemann, Erzberger, Wirth, hielten bald hier, bald dort Reden, in denen sie den Mittelmächten die Schuld am Kriege zuschoben: trotz der belgischen Gesandtschaftsberichte, trotz der

---

[1]) Es gibt auch eine Kolonial=Schuldlüge. Die Lüge von der kolonisatorischen Unfähigkeit und Unwürdigkeit Deutschlands bildete die Rechtfertigung für den Raub unserer Kolonien.

[2]) Vgl. Helmolt, „Kautsky als Historiker", Charlottenburg 1920.

Enthüllungen im Suchomlinow-Prozeß, **trotz** der im amtlichen Auftrage herausgegebenen Dokumente zur europäischen Politik, **trotz** der im Jahre 1920 erschienenen Bekenntnisse des serbischen Gesandten am Berliner Hof. — Für den 28. Juni 1922 waren in allen Städten und Dörfern des Reichs große Kundgebungen gegen die Lüge von unserer Schuld vorbereitet; da war die Ermordung Rathenaus für den Reichskanzler Wirth ein willkommener Anlaß, alle diese Versammlungen zu verbieten.

Die immer zahlreicher werdenden Enthüllungen über die Kriegsschuld unserer Feinde waren den Berliner Herren recht unbequem. Langsam verstanden sie sich dazu, Deutschlands **Alleinschuld** zu bestreiten. Darauf versteiften sie sich auch noch am 28. Juni 1929, der zehnjährigen Wiederkehr der schmachvollen Unterzeichnung des Versailler Diktats. Der preußische Kultusminister Dr. Becker verbot die offizielle Kundgebung der Berliner Universität, zu welcher Rektor und Studentenschaft aufgefordert hatten, in letzter Stunde; gegen die versammelten Studenten stürmte Schupo heran und hieb mit Gummiknüppeln auf sie ein. Aber die deutsche Friedensgesellschaft durfte in Hunderttausenden von Exemplaren ein Dokument verbreiten, „das den überragenden Anteil Deutschlands an der Entstehung des Krieges feststellt". Über alles das berichteten frohlockend die Pariser Blätter und freuten sich über die Angst unserer Regierung vor der nationalistischen Propaganda.

3.
Die Lüge: „Ihr habt es ja ebenso gemacht."

Mitten im Krieg, nach dem Baralong-Skandal, sagte mir ein angesehener Herr, der das Eiserne Kreuz von 1870 trug: „Lieber Herr Professor! Wir Deutschen sind nicht besser: **es wird hüben und drüben gleich gesündigt**, extra et intra muros." Ich widersprach ihm heftig: Nein und abermals nein! Wir Deutschen sind nicht fähig zu einer Baralong-Tat; wir sind auch nicht fähig, ein 70-Millionen-Volk kaltherzig mit der Hungerpeitsche zu bekriegen.

Am 3. März 1921 erklärte der britische Minister **Lloyd George** der deutschen Abordnung in London: Die Entente trete für ein freies, zufriedenes und gedeihendes Deutschland ein. Alles weitere begründe sich auf das deutsche Schuldbekenntnis. Und dann kam der herausfordernde Vergleich: „**Ihr habt es ja selbst 1871 im Frankfurter Frieden ebenso gemacht.**" Nein! wir haben es ganz anders gemacht.

Leider erlebten wir hierbei wiederum das Handinhandarbeiten der äußeren und inneren Entente. Genau so riefen ja auch im eigenen Lande die Schwarzen, Roten und Goldenen: „Unsere Offiziere haben es in Frankreich und Belgien **geradeso** gemacht"; „die Feinde tun uns gegenüber im Versailler Frieden **nur dasselbe**, was wir Rußland gegenüber im Frieden zu Brest-Litowsk getan haben"; „nach dem Krieg von 1870/71 haben unsere Truppen in dem französischen besetzten Gebiet ebenso gehaust wie jetzt die Franzosen im Rhein- und Ruhrgebiet."

Die folgenden Ausführungen sollen einen **dreifachen Unterschied** klarmachen.

Verschiedene Kriegstheorien.

Wir Deutschen haben fast nur **Not- und Verteidigungskriege** geführt. Luther, der den Krieg durchaus als ein Element göttlicher Weltordnung anerkennt wie Moltke, erklärte doch nur Not- und Verteidigungskriege für berechtigt. In geradezu lächerlicher Übertreibung legten 1914—1918 Reichsregierung und Reichstag Wert darauf, daß es für uns nur ein Verteidigungskrieg sei, und sie versäumten es darüber, unserem Volke die Augen zu öffnen über die feindlichen Absichten und über die eigenen Lebensnotwendigkeiten. Dagegen reden die Welschen und vor allem die Engländer immer von **Rechtskriegen**[1]).

Bismarks Friedensschlüsse.

Von den inneren und äußeren Feinden des deutschen Reiches wird Bismarck immer als der rücksichtsloseste und ländergierigste Friedensbrecher hingestellt. Das ist eine Geschichtslüge. Nach den siegreichen Kriegen, die Bismarck wahrhaftig nicht aus Blut- und Raubgier begann, hat er den Feinden nicht, wie Ludwig XIV. und Napoleon I., so viel genommen, wie er **konnte**, sondern wie er **brauchte**. Und dabei erscheint er uns Nachlebenden eher zu maßvoll, als das Gegenteil. In den drei Kriegen 1864, 1866, 1870/71 handelte es sich um die deutsche Frage, die Bismarck im **kleindeutschen** Sinne löste; er dachte nicht im entferntesten an die „Befreiung" der rings um uns wohnenden Millionen deutscher Volksgenossen.

Der Krieg 1864 war eine Abwehr von **dänischen** Annexionsgelüsten.

Wohl hat der Krieg 1866 dem preußischen Staate einen gewaltigen Machtzuwachs gebracht: außer Schleswig-Holstein Hannover, Hessen, Nassau, Frankfurt a. M. Aber das war doch alles eine Verschiebung **innerhalb** Klein-Deutschlands, während dem ausscheidenden Österreich kein Fußbreit Land genommen wurde.

Die schönste Frucht des französischen Krieges 1870/71 war die Aufrichtung des deutschen Kaiserreichs. Die Buße der Franzosen kann, verglichen mit dem, was sie selbst besiegten Feinden aufzuerlegen pflegen, nicht schwer genannt werden. Sie mußten Elsaß und einen Teil von Lothringen zurückgeben und außerdem fünf Milliarden Frank Kriegskosten zahlen.

---

[1]) Vgl. S. 270f.

Der größte Unterschied liegt vielleicht darin, daß Bismarcks Friedensschlüsse eindeutig waren und keinerlei Freiheitsberaubung, Militär- oder Finanzkontrolle brachten, während die Franzosen seit 1648 die Friedensbestimmungen absichtlich in vielen Punkten unklar und vieldeutig ließen, um nachher eine eifrige Advokatentätigkeit beginnen und nach „Rechtstiteln" für friedliche Eroberungen suchen zu können.

Deutsche und Franzosen im besetzten Gebiet[1].

Mit Recht weist Linnebach darauf hin, daß es zweierlei Friedensschlüsse und zweierlei Nachkriegsbesetzungen gibt. Er schreibt:

„Wie man die Friedensschlüsse in solche einteilen kann, die mit der Absicht auf einen wirklichen Frieden geschlossen sind, und in solche, die lediglich eine Atempause vor neuen Eroberungen, vor neuen Kriegen schaffen sollen, so kann man auch die in den Friedensverträgen vorgesehenen Nachkriegsbesetzungen in solche einteilen, bei denen der vertraglich festgelegte Zweck der Besetzung und die eigentliche Absicht des Siegers sich decken, und in solche, bei denen dies nicht der Fall ist, bei denen vielmehr der Sieger Absichten verfolgt, die über den vertraglichen Zweck hinausgehen. Deckt sich der vertragliche Zweck der Besetzung mit der politischen Absicht des Siegers, so wird die Besatzungsmacht die vereinbarten Bedingungen gewissenhaft beobachten. Geht aber die politische Absicht des Siegers über den vertraglich festgesetzten Zweck hinaus, so ist die politische Absicht das oberste Gesetz, nach dem die Besatzungsmacht handelt. Vertragsverletzungen sind dann die unausbleibliche Folge. Die Besatzung wird zur Quelle dauernder Reibungen zwischen den beteiligten Regierungen und zu einer schweren Last für das besetzte Gebiet."

Welch ein Unterschied, wie vor mehr als hundert Jahren einerseits Napoleon I. im besetzten Preußen (1807—1813) handelte, anderseits wir nach dem siegreichen Freiheitskrieg (nach 1815) im besetzten Frankreich! Was Napoleon I. nach dem Tilsiter Frieden (1807) Preußen gegenüber tat, war eine fortgesetzte Kette von Vertragsbrüchen. Und umgekehrt? Als die verbündeten Großmächte im Jahre 1815 Napoleon endgültig niedergeworfen hatten, sahen sie großmütig davon ab, Vergeltung zu üben für all die Leiden und all die Schäden, die Frankreich in jahrzehntelangen Eroberungskriegen fast allen europäischen Völkern zugefügt hatte. Man begnügte sich mit der geringen Kriegsentschädigung von 700 Millionen Franken; Frankreich blieb größer, als es vor der langen Kriegszeit gewesen war. Zwar blieben bis 1818 die französischen Nordprovinzen von 150 000 Mann besetzt; aber die Besatzung diente hauptsächlich dazu, das wiedereingesetzte Königtum der Bourbonen gegen seine inneren Feinde zu schützen.

Und nach unserem siegreichen Krieg von 1870/71? Bei der Besetzung französischer Gebiete hatte Bismarck keine andere Absicht, als die Sicher-

---

[1] Nach dem trefflichen Werk von Karl Linnebach, „Deutschland als Sieger im besetzten Frankreich 1871—73". Stuttgart 1924.

heit für die Bestätigung des endgültigen Friedensvertrags und für die Zahlung der fünf Milliarden Franken. Von dreiunddreißig Departements, die im Kriege erobert waren, blieben beim Friedensschluß noch neunzehn besetzt. Davon wurden bis Ende Oktober desselben Jahres 1871 dreizehn geräumt, weitere zwei im Herbst 1872, die letzten vier im Herbst 1873. Wie der Umfang des besetzten Gebiets, so nahmen auch die mit der Besetzung verbundenen Lasten dauernd ab. In den letzten Monaten war die Besatzung nur noch 5784 Mann und 1029 Pferde stark. Dementsprechend verminderten sich auch die Ausgaben Frankreichs für die Besatzung. Und welche Rechte beanspruchten wir für die Besatzung? Die Franzosen waren nur zur Verpflegung und Unterbringung der Besatzungstruppen verpflichtet. Wir verlangten weder Unterbringung der Offiziers- und Beamtenfamilien, noch Sold, Gehälter oder Löhne, noch Bekleidung, Ausrüstung, Bewaffnung, Manöverfelder, noch Hergabe von Grundstücken für Spiel und Sport, noch Schulen und Kirchen. Bei der endgültigen Räumung des besetzten Gebiets schrieb 1873 der Berichterstatter der gewiß nicht deutschfreundlichen Times: „Nie ist eine bewaffnete Macht besser in der Hand gehalten und fester von aller Tyrannei über ein besiegtes Volk zurückgehalten worden, als die deutschen Besatzungstruppen."

Und wie handelten die „Sieger" nach unserem Zusammenbruch 1918?

B.
Fortsetzung des Krieges mit anderen Mitteln.

1.
Durch die äußeren Feinde.

„Friede der Gerechtigkeit?"

Wir erinnern uns noch einmal an den „höchstwundervollen Betrug" des Papstsohnes Cesare Borgia im Jahre 1502 (vgl. S. 106). Genau so handelten unsere Feinde. Wie oft haben sie ihre Uneigennützigkeit betont und den Gedanken der Annexionen entrüstet von sich gewiesen! Sie versicherten: Nach Beseitigung unseres „Kaiserismus" und „Militarismus" werde die allgemeine Völkerverbrüderung eintreten; und der dumme deutsche Michel ließ sich durch die Sirenenstimmen betören, fegte Kaiser, Könige und Fürsten weg, entwaffnete sich selbst. Aber unser Zusammenbruch (1918) wirkte gerade so, als wenn ein eisernes Gitter gefallen und die lange unterdrückte Raubtiernatur der Völker entfesselt wäre, die sich nun mit Gewalt austobt. Das verstehen sie unter „Freiheit".

Über den „Frieden der Gerechtigkeit", den uns nach monatelangen Beratungen die Versailler Friedensmacher im Mai und Juni 1919 diktierten, urteilte 1920 Keynes, der englische Vertreter im Obersten Wirtschaftsrat: „Es gibt wenig Episoden in der Weltgeschichte, welche die Nachwelt mit größerer Berechtigung verurteilen wird; der Weltkrieg hat in einem offenen Bruch der heiligsten Verträge geendet."

Schon 1919 nannte der französische Minister Clemenceau den Versailler Frieden „die Fortsetzung des Krieges mit anderen Mitteln".

„**Höchstwundervoller Betrug!**" Die Versailler Friedensmacher dachten nicht daran, die Konfliktstoffe zu beseitigen, damit das angebliche Ziel des Weltkriegs erreicht werde: Der Weltfriede. Ihr einziger Gedanke war: wie können wir den dummen Riesen, der sich vertrauensvoll in unsere Hand gegeben hat, für alle Zeit unschädlich machen? Die Konfliktstoffe wurden gehäuft, besonders in Zwischen= und Osteuropa. Dabei verstanden es die Heuchler, die Schaffung der drei großen Westslawenreiche (Polen, Tschechoslowakei, Jugoslawien) als ein Werk selbstloser Völkerbefreiung hinzustellen. Die Welt hat niemals künstlichere Staatengebilde gesehen, die angeblich nationale Wünsche befriedigen sollten. In Wahrheit handelte es sich darum, Deutschland in die Zange zu nehmen.

Als Hauptziel hatten die Feinde mit tönenden, phrasenreichen Worten das **Selbstbestimmungsrecht der Völker** hingestellt. Aber sie dachten weder daran, dieses Recht den Indern, Ägyptern, Marokkanern, Persern zu gewähren, noch es für uns Deutsche gelten zu lassen. Vielmehr diente es nur als Maske, um gegen das Deutschtum verwendet zu werden. **Lügen und Fälschungen** bildeten die Grundlage, als man den beutehungrigen Irredentisten Stücke vom Deutschen Reich und von Österreich=Ungarn zuwies; alle statistischen Angaben, die man den Friedensdelegierten über die Bevölkerungsverhältnisse in Elsaß=Lothringen, Südtirol, Nordböhmen, Südsteiermark, Posen und Westpreußen machte, waren unrichtig.

Die belgische Regierung behauptete auf dem Friedenskongreß zu Versailles, um die **Kreise Malmedy und Eupen** zu erhalten, daß die wallonische Sprache die Volkssprache sei und daß diese Tatsache zur Genüge zeige, daß es sich nicht um ein deutsches Stück Land handele und somit die Einverleibung an Belgien ohne weiteres geboten und gerecht sei.

Noch verlogener haben die Franzosen gehandelt, um das **Saargebiet** dem Deutschen Reiche auf lange Zeit in einer Form zu rauben, die einer endgültigen Abtretung die Wege ebnen sollte. Wir lasen in einer Eingabe des Saarreviers an die deutsche Reichsregierung: „Bei den Friedensverhandlungen in Paris Ende März 1919 wurde von dem französischen Ministerpräsidenten Clemenceau der Widerstand des Präsidenten Wilson und des Ministerpräsidenten Lloyd George gegenüber den von Frankreich vorgeschlagenen Bestimmungen über das Saargebiet, welche auf eine völlige Annexion durch Frankreich abzielten, durch eine unerhörte und unglaubliche **Täuschung** gebrochen. Clemenceau berief sich, wie Tardieu in der „Illustration" ausgeführt hat, darauf, daß an den Präsidenten der französischen Republik Poincaré von 150 000 Franzosen im Saargebiet eine Adresse mit ihren Unterschriften gerichtet worden sei, in welcher diese angeblichen Franzosen um die Wiedervereinigung mit ihrem Mutterland gebeten hätten." Eine solche Adresse ist niemals abgesandt worden, konnte auch in dem rein deutschen Lande nicht zustande kommen.

Bei den Vorarbeiten für den Versailler Frieden arbeiteten die Polen und Franzosen mit einem **gefälschten Geographiewerk**, das zu diesem Zweck 1918 von einem Polen in Warschau herausgegeben wurde und ganz Oberschlesien, Posen, Westpreußen als polnisches Land behandelte.

Um nun doch den **Schein** zu wahren, als sei ihnen das „Selbstbestimmungsrecht der Völker" etwas Heiliges, wurden im Norden und im Osten **drei Abstimmungsgebiete** festgesetzt, in denen die Bevölkerung selbst über ihre Zukunft entscheiden sollte. Aber welche Verlogenheit haben die Feinde auch hierbei gezeigt! Um, wie sie sagten, jede ungerechte Beeinflussung der abstimmenden Bevölkerung fernzuhalten, schickten sie „interalliierte Kommissionen" mit Truppen in diese Gebiete, vor allem nach Westpreußen und Oberschlesien. Diese haben überall die Deutschen gehemmt und die Nichtdeutschen unterstützt. Nach den planmäßigen Täuschungen war es für die Entente und für die Neutralen doch eine große Überraschung, daß die Abstimmung überall mit einem glänzenden Bekenntnis zum Deutschtum endete. Trotzdem haben unsere Feinde sich nicht gescheut, das Wahlergebnis mit allen möglichen rabulistischen und rechnerischen Künsten zu „korrigieren". Den Polen wurden fünf deutsche Gemeinden östlich der Weichsel zugewiesen, um ihnen dort wichtige Macht-Stützpunkte zu verschaffen. In Nord-Schleswig wurde die neue Grenze nach einer vorher willkürlich festgesetzten Zone gezogen, so daß wider alles Recht die deutschen Städte Tondern und Apenrade unter dänische Fremdherrschaft kamen. Am schamlosesten hat man sich in Oberschlesien über das Abstimmungsergebnis hinweggesetzt.

„Garantien."

Die Feinde sind nie um Worte verlegen, wenn es gilt, ihr angebliches „Recht" zu beweisen. Wie die Franzosen Elsaß-Lothringen nicht „annektiert", sondern „réunirt" haben, so sprechen sie jedesmal, wenn sie den Strick enger ziehen, mit dem sie uns erdrosseln wollen, von „Garantien" und „Sanktionen". Um des großen, heiligen Zieles, um des ewigen Friedens willen, müßten wir noch mehr in die Schranken gewiesen werden. Seit 1918 hat jedes Jahr eine **Steigerung der „Garantien"** gebracht:

Die ungeheuerlichen Zumutungen, die beim Waffenstillstand (11. November 1918) an uns gestellt wurden und wodurch wir jede Möglichkeit verloren, den Kampf wieder aufzunehmen, waren „Garantien", und obgleich wir alles pünktlich erfüllten und an der Verzögerung des Friedensschlusses unschuldig waren, mußten wir jede Verlängerung des Waffenstillstandes mit ungeheueren neuen Leistungen bezahlen: mit der Abgabe von 50 000 landwirtschaftlichen Maschinen und der Handelsschiffe.

Eine „Garantie" war beim Friedensschluß die Herabsetzung unseres stehenden Heeres auf 100 000 Mann und die zunehmende Verstärkung der feindlichen Truppen im besetzten Rheingebiet.

Eine „Garantie" war die Forderung der Entwaffnung von Orts- und Grenzwehren.

Als im März 1921 Duisburg und Düsseldorf besetzt wurde, sprach man von „Sanktionen". Unmittelbar darauf wurde im Mai 1921 durch das Londoner Ultimatum die Schlinge noch etwas fester gezogen; damals entstanden die „fünf Punkte", deren angebliche Nichterfüllung den Vorwand für die Nichträumung der Kölner Zone (10. Januar 1925) geben mußte.

Eine „Sanktion" war 1923 die empörende **Besetzung des Ruhrgebiets**.

Entwürdigend war die endlos fortgesetzte **Militärkontrolle**. Ohne uns mitzuteilen, worin unsere „Verfehlungen" bestanden, wurde die Räumung der Kölner Zone immer weiter hinausgeschoben. Wiederum suchten die Franzosen damit neue „Garantien" zu verbinden, „Sicherheiten" gegen die Angriffslust eines ganz entwaffneten Volkes. Natürlich war diese „Sicherheitsfrage", die mit peinlichem Ernst von den feindlichen Regierungen behandelt wurde, die reine Komödie und weiter nichts, als eine neue Form des französischen Machtwillens.

Über die **französische Methode** schrieb die Tägliche Rundschau am 1. Februar 1925: „Frankreich tut Deutschland absichtlich und planmäßig Unrecht, verteidigt dann dieses Unrecht mit der ganzen Rabulistik der wohldressierten französischen Presse, deren Sprache ja zum Verbergen der Gedanken und zum Verhüllen der Wahrheit eigens erfunden zu sein scheint, erfreut sich bei diesem Bemühen der Unterstützung eines Teils der deutschen Presse, die, selbstgerecht und fremdendienerisch, das Unrecht zunächst beim eigenen Volk und namentlich bei der eigenen Regierung sucht, und läßt sich endlich das Unrecht gegen eine kleine Abmilderung bezahlen."

Vertragsbrüche der „Sieger"[1].
Völkerbund.

1. Wir denken zunächst an das Verhalten der Franzosen und ihrer belgischen Trabanten **an Rhein und Ruhr**. Sie griffen fortgesetzt über ihre Befugnisse hinaus; von vornherein war ihre feste Absicht, aus dem linksrheinischen Gebiet nach fünfzehn Jahren keineswegs zu weichen. Deshalb erklärte der französische Ministerpräsident Poincaré immer von neuem, die fünfzehn Jahre hätten noch nicht zu laufen angefangen. Als befänden wir uns noch im Krieg und als sei das Rheinland erobertes Gebiet, so erfolgten täglich unerhörte Eingriffe in Verwaltung und Rechtsprechung, in Wirtschaft und Verkehr. Beamte, die ihren Staatspflichten nachkamen und sich nicht ohne weiteres den gesetzwidrigen Forderungen fügten, wurden verhaftet bzw. ausgewiesen. Vertragsbrüche waren: die Besetzung von Frankfurt a. M., der Einmarsch in Düsseldorf und Duisburg, März 1921; der Einmarsch in das Ruhrgebiet; die Nichträumung der Kölner Zone.

Als **Sadismus** muß man die Art und Weise bezeichnen, wie die welschen „Sieger" friedliche Bürger **quälten**: die unnötigen Verkehrs-

---

[1] Der **größte** Vertragsbruch ist und bleibt das Versailler Friedensdiktat. Aber selbst daran hielten die „Sieger" sich nicht für gebunden.

sperren auf Tage und Wochen; die Austreibung aus den Wohnungen; die Beschlagnahmungen; die Ausweisung von vielen Tausend Eisenbahnbeamten mit ihren Familien; die Besetzung der Postämter; die eigenmächtige Auferlegung von zahlreichen Zöllen; die Paßkontrolle; die täglichen Verfügungen, die Mißhandlung von Leuten, aus denen man irgendwelche Angaben erpressen wollte; die Haussuchungen; das Eindringen in die staatlichen und städtischen Finanzämter, sowie in die Banken.

2. Das klassische Beispiel für die Anmaßung der Franzosen und für das wahre Gesicht des Völkerbundes als eines deutschfeindlichen Organs der Ententemächte waren die Leiden des Saargebiets seit unserem Zusammenbruch. Nach dem Versailler Diktat wurde der französische Staat Eigentümer sämtlicher Saarkohlenfelder; das sollte eine Entschädigung sein für die Verluste der nordfranzösischen Bergwerke: „Eine Hose für einen Hosenknopf!" Bis 1935 sollte der Völkerbund der eigentliche Regent des Saargebiets sein und dann eine Volksabstimmung stattfinden, ob man zu Frankreich oder Deutschland gehören wolle.

Über Saarregierung und Völkerbund berichtete die Tägliche Rundschau (1925): Gemäß den Bestimmungen des Versailler Vertrages müssen alljährlich vom Völkerbund fünf Saarminister neu ernannt werden, wenn auch ihre Wiederwahl zulässig ist; diese Saarregierung besteht aus einem Franzosen, einem aus dem Saargebiet stammenden und dort ansässigen Nichtfranzosen und drei Mitgliedern, die drei anderen Ländern als Frankreich und Deutschland angehören. Der einheimische Saarländer sollte natürlich Vertrauensmann der Bevölkerung sein.

Der erste Saarländer in der fünfköpfigen Regierung war Herr von Boch; er blieb nur wenige Monate in dieser Stellung, weil er als durch und durch deutscher Mann mit den übrigen völlig im französischen Fahrwasser schwimmenden Mitgliedern nicht arbeiten konnte. Sein Nachfolger wurde der berüchtigte Dr. Hektor, bei dessen Ernennung die saarländische Bevölkerung überhaupt nicht gehört wurde, obwohl der Völkerbund immer wieder das Selbstbestimmungsrecht der Völker in allen Tonarten gepriesen hatte. Dieser Dr. Hektor hatte seit unserem Zusammenbruch in Saarlouis den Franzosen Handlangerdienste geleistet; zum Dank dafür war er 1919, im Widerspruch zu der Stadtverordnetenversammlung, von dem französischen Militärbefehlshaber zum Bürgermeister von Saarlouis ernannt worden. Als Stadtoberhaupt fälschte er eine Denkschrift der Stadt an den Völkerbundsrat in eine Loyalitätskundgebung für Frankreich um und richtete, ohne Wissen und Willen der Stadtverwaltung, an Clemenceau und an den französischen Kriegsminister Briefe, in denen er im Namen der Stadt Saarlouis der französischen Regierung ein Treuegelöbnis ablegte. Vergebens protestierten in Genf die Vertreter der Saarbevölkerung, als der Völkerbundsrat diesen Herrn, als ihren „Vertrauensmann", zum Mitglied der Regierungskommission machte (1920). Obgleich es 1922 gelang, die Fälschung nachzuweisen, bestätigte der Völkerbundsrat ihn von neuem in seinem Amt. Erst als er 1923 eines Meineids überführt wurde, trat er „aus Gesundheitsrücksichten" zurück, ernannte aber selbst einen gleichgesinnten Nachfolger. Für 1924 verlangte die Volksvertretung des Saargebiets wenigstens ein Vorschlagsrecht; trotzdem wurde ihr als „Vertrauensmann" ein Herr Coßmann aufgezwungen, dessen Verhalten die Saarbrücker Zeitung als „einfach unwürdig" bezeichnete.

Der Posten eines Kultusministers wurde vom Völkerbundsrat einem Pariser Rennstallbesitzer und Lebemann übertragen, dessen treuester Mitarbeiter, Professor Notton, der Träger der **Französierung der deutschen Schulen** war. Als der Oberbürgermeister von Saarbrücken 1924 Nottons dunkle Wege der Öffentlichkeit enthüllte, wurde gegen ihn von der Saarregierung ein Disziplinarverfahren eröffnet; sämtliche Stadtverordnete, von den Deutschnationalen bis zu den Kommunisten, stellten sich hinter ihren Oberbürgermeister.

Obgleich der Völkerbund der eigentliche Regent des Saargebiets sein sollte, empfing der Präsident der Saarregierung, der **Franzose Rault**, seine Weisungen nicht aus Genf, sondern aus Paris. Wider alles Recht standen französische Truppen im Saargebiet. Allenthalben wurden, angeblich für die französische Grubenverwaltung, französische Schulen errichtet, die der Regierung in Paris unterstanden und in die man die deutschen Kinder lockte. Fünf Jahre hintereinander ist der Franzose Rault Präsident der Regierung gewesen, und 1924 wurde zwischen Frankreich und England vereinbart, daß 1925 ein Neutraler mit dem Amt betraut wurde. Trotzdem ernannte der Völkerbundsrat wiederum Rault zum Präsidenten; dann sollte abwechselnd jeder von den fünf Mitgliedern der Kommission an die Reihe kommen. Dadurch wollte man erreichen, daß im Abstimmungsjahr 1935 wieder ein Franzose den Vorsitz führte.

Durch den Raubbau, den die Franzosen an den Saarkohlenfeldern trieben, besonders dadurch, daß sie die Sicherheitspfeiler in Angriff nahmen, welche die Preußische Bergverwaltung belassen hatte, wurden ganze Dörfer, Kirchen und sogar die Eisenbahnen gefährdet. Alle Proteste beim Völkerbund machten nicht den geringsten Eindruck. Offenbar war die Absicht der französischen Regierung, entweder die Bevölkerung mürbe zu machen oder das Saarland als Wüste an Deutschland zurückfallen zu lassen. Einige Geheimbefehle, die 1924 bekannt wurden, zeigten, wie beides nebeneinander herging: Propaganda für Frankreich **und** Störung der Saarwirtschaft, besonders der verhaßten deutschen Röchling=Werke.

Als die nationalsozialistische Bewegung gesiegt hatte und Adolf Hitler Reichskanzler geworden war (30. Januar 1933), da wurde das Saarland ein beliebtes Ziel für die Juden= und Zentrumsemigranten[1]. Der unermüdlichen Tätigkeit des Reichsministers für Aufklärung und Propaganda (Dr. Goebbels) ist es zu verdanken, daß das Saargebiet 1935 restlos ans Vaterland zurückgefallen ist.

3. Früher gab es eine italienische, französische, polnische, tschechische, slowenische Irredenta; um die Bedrückungen, welche die Deutschen ringsum erdulden mußten, kümmerte sich weder die Weltpresse noch die Regierung des deutschen Reiches. Heute ist durch die Künste der Friedensmacher von

---

[1] Vgl. die späteren Ausführungen über die Hetzzentralen ringsum.

Versailles Deutschland¹) das klassische Land der Irredenta, d. h. der unter Fremdherrschaft stehenden deutschen Volksgenossen. Nun gehört es zu den heiligen Aufgaben des Völkerbundes, die **Minderheiten zu schützen.** Aber, trotz Völkerbund, trotz aller verbrieften Rechte wird das Deutschtum allüberall vergewaltigt und entrechtet. Immer wieder hören und lesen wir von „neuen Deutschenverfolgungen in Südslawien", einer „neuen Rücksichtslosigkeit Polens", von der „Unterdrückung des Deutschtums in der Tschechei", von der „Entrechtung der Deutschen in Slowenien", von „Verhöhnung der unterdrückten Sudetendeutschen", von „Unverschämtheiten der dänischen Presse", „Danzigs Freiheitskampf", „Soldau fünf Jahre unter polnischer Herrschaft", „das Hultschiner Ländchen unter Tschechenherrschaft", „zwangsweise Enteignung des evangelischen Gnadenalumnats Paulinum in Posen", „Beschränkung der Gerichtssprache in Posen-Westpreußen"²).

Zwar hieß es in einem polnischen Aufruf des Jahres 1919: „Im Einklang mit ihren freiheitlichen Traditionen wird die Republik Polen ihren Mitbürgern deutscher Nationalität volle Gleichberechtigung, völlige Glaubens- und Gewissensfreiheit, Zutritt zu den Staatsämtern, Freiheit der Pflege der Muttersprache und nationaler Eigenart, sowie vollen Schutz des Eigentums gewähren. Für die Stellung im Staatsleben und für das Ausmaß der bürgerlichen Rechte ist in der Republik Polen weder das Glaubensbekenntnis noch die Muttersprache entscheidend, sondern lediglich die persönliche Tüchtigkeit." **Aber diese Worte waren von vornherein eine bewußte Lüge.** Nach der Abtretung von Posen, Westpreußen, Oberschlesien setzte sofort der **Kampf zur Vernichtung des Deutschtums und der evangelischen Kirche** mit allen Mitteln ein. Von den 1,1 Millionen Deutschen, die in den abgetretenen Gebieten Posens und Westpreußens wohnten, waren schon 1922 mehr als die Hälfte teils freiwillig dem Druck gewichen, teils durch List und Gewalt verdrängt; auf den Versailler und auf den Minderheitsschutzvertrag wurde keine Rücksicht genommen. Ein „Staatsschutz-Gesetz" ist angeblich gegen kommunistische Umtriebe gerichtet, dient aber dazu, den Ausrottungskampf zu legalisieren; das Wahlgesetz schädigt planmäßig das Deutschtum.

Deutsche Beamte und Lehrer werden, ohne Rücksicht auf die bestehenden Anstellungs- und Dienstverträge, kurzfristig entlassen. Blutigen Deutschenhetzen sieht die Polizei untätig zu. Durch unerhörte Schikanen werden deutsche Gewerbetreibende ruiniert. Ein Agrargesetz ist fast ausschließlich gegen die Deutschen gerichtet. Als einen gesetzlich bemäntelten **Raub** deutschen Eigentums muß man es bezeichnen, daß alle Besitzungen des deutschen Kaisers und der Mitglieder deutscher Fürstenhäuser, des Reiches und der deutschen Staaten ohne weiteres der polnischen Republik zufielen. Die polnische Raffgier schrak nicht davor zurück, Schulen, Kirchen, Fried-

---

¹) Was ich unter „Deutschland" verstehe, umfaßt alle Deutschen Mitteleuropas: nicht nur Holland, Belgien, Luxemburg, Schweiz, Deutschösterreich, sondern auch die gestohlenen Teile von Steiermark, Kärnten, Krain, Tirol, Sudetenländer, Westpreußen, Posen, Memel, Oberschlesien, Nordschleswig.

²) Das sind Überschriften aus wenigen, beliebig ausgewählten Zeitungsnummern.

höfe, Pfarrgärten, Pfarräcker zu enteignen, d. h. zu rauben, obgleich der Minderheitsschutzvertrag und die polnische Verfassung diesen Besitz ausdrücklich dem Zugriff entzogen. Trotz der zugesicherten Abgabefreiheit nahm man den Optanten durch eine „Emigrantensteuer" 50 bis 80 Prozent ihres Vermögens ab.

Nicht weniger schlimm sah es für die dreieinhalb Millionen Sudetendeutsche in Böhmen und für die Deutschen in Südtirol aus. Tschechen und Italiener kümmerten sich nicht um das Recht der Minderheiten. Und der Völkerbund? Er zeigte sich überall als gefügiges Werkzeug der großen und kleinen Entente. Auch schauten die deutschen Katholiken vergebens nach der Hilfe des Papstes aus.

4. „Auf Reparationskonto." Immer neue Versuche wurden gemacht, um aus dem deutschen Volke noch viel höhere Summen zu erpressen, als die gesamten Kriegskosten der Entente betrugen[1]).

Die Saarbergwerke sollten in alle Ewigkeit ohne Berechnung ausgebeutet werden, obwohl die Verluste der französischen Bergwerke längst ersetzt waren.

Im Februar und März 1921 wurde von den Feinden daran erinnert, daß bis zum 1. Mai nach den Friedensbedingungen zwanzig Milliarden gezahlt sein müssen, und behauptet, wir hätten bisher nur für acht Milliarden geliefert. Ohne den 1. Mai abzuwarten, besetzten die Alliierten am 8. März Düsseldorf und Duisburg. Und dann drohten sie mit der Besetzung des Ruhrgebiets, wenn wir nicht ihr Diktat unterschrieben. Welche Verlogenheit! Auf unserer Seite wurde mit Recht erwidert, daß wir schon mehr als die fälligen zwanzig Milliarden geleistet hätten; aber durch Lügen-Rechenkünste „bewiesen" die Alliierten, daß es nur acht Milliarden sein. Wie sie das fertigbrachten? Ein Beispiel! Bei den Schiffen stellten sie für ihre eigenen Verluste pro Registertonne eine sechsmal höhere Summe ein, als sie unsere tadellosen Schiffe pro Registertonne berechneten, die sie zur „Wiedergutmachung" erhalten hatten.

Im Frühjahr 1923 erfolgte der Ruhreinbruch der Franzosen und Belgier. Einige Monate später (9. August 1923) erklärte unser Außenminister von Rosenberg im Reichstag: „Wegen geringfügiger Lieferungsrückstände wurde die Ruhrbesetzung verfügt, obwohl Deutschland bereits 45 Goldmilliarden Mark an Reparationen geleistet hatte. Freilich die Reparationskommission berechnete eine viel geringere Leistung. Aber gerade in diesen Tagen veröffentlichte das volkswirtschaftliche Institut in Washington ein Gutachten, in dem die deutsche Berechnung als die richtige anerkannt wird."

Am schamlosesten war folgende „Gutschrift an Reparationen": Nach dem Versailler Diktat sollten die Erlöse des in Feindesland liquidierten deutschen Privatvermögens dem Reparationskonto gutgeschrieben werden.

---

[1]) Trotzdem behauptete Poincaré als französischer Ministerpräsident in jeder Sonntagsrede, wir hätten überhaupt noch nichts geleistet.

Das wertvollste dieser Objekte hätte einen besonders hohen Beitrag liefern müssen; es hatte einen Friedenswert von 1,4 Milliarden Goldmark. Dieses Objekt würde für 420 Millionen Goldmark an die französische Großindustrie verschleudert. **Und die Gutschrift?** Sie enthielt weder eine Bezeichnung der liquidierten Werke noch ein Datum und belief sich auf den lächerlichen Betrag von 4 Millionen Papierfranken, höchstens 1,5 Millionen Goldmark. **Also ein Tausendstel des Wertes** wurde gutgeschrieben.

„Abrüstung."

„**Höchstwundervoller Betrug!**" Die Pazifisten aller Länder hatten die frohe Botschaft vom ewigen Frieden und vom Ende des Militarismus, des „Zerstörers aller Kultur", verkündet; sie versicherten: dieser Krieg werde der allerletzte sein und eine allgemeine Abrüstung folgen. Natürlich müsse **ein** Staat den Anfang machen, und wer könne das anders sein, als der um Waffenstillstand bitte. Durch eine einzigartige Lügenpropaganda wurde der deutsche Michel so betört, daß er das „verruchte alte System mit seinem Militarismus" umstürzte und sich selbst entwaffnete.

Und die anderen? Zwar hatten sie feierlich versprochen, selbst abzurüsten, wenn unsere Entwaffnung vollendet sei. Statt dessen folgte eine **allgemeine Aufrüstung.** Daran änderten weder die Flottenabkommen etwas noch die lächerlichen Abrüstungskonferenzen. Die ganze Welt ringsum starrt heute mehr in Waffen, als je zuvor. Sogar Belgien, Polen, Tschechoslowakei, Jugoslawien unterhalten Riesenheere.

Die Behauptung wird wohl der Wahrheit am nächsten kommen, daß die Riesengewinne der **Rüstungsindustrie** das größte Hemmnis für die Abrüstung sei. Und diese blüht besonders in den demokratischen Muster-Kulturländern; hinter ihr stehen das internationale Kapital und das Judentum. Sie tragen die Maske der Demokratie und des Pazifismus; sie schreien noch immer von der „deutschen Gefahr" und fordern größere „Sicherheiten".

2.
Durch die inneren Feinde.

Auch die internationaldemokratischen Flavusdeutschen waren bei der Beendigung des blutigen Ringens (November 1918) zu einer **Fortsetzung des Krieges mit anderen Mitteln** fest entschlossen. In ihrem abgrundtiefem Haß gegen das Preußentum und das Bismarckreich wetteiferten die schwarzrotgoldenen „Sieger" des eigenen Landes mit den äußeren „Siegern".

Versklavung des deutschen Volkes.

Als Hindenburg und Ludendorff im Herbst 1918 zu der Erkenntnis kamen, daß der Krieg zu beenden und Waffenstillstandsverhandlungen zu eröffnen seien, da dachten sie nicht an einen Frieden um jeden Preis.

Unsere militärische Lage war keineswegs verzweifelt; unsere Truppen behaupteten sich jenseits der Grenzen, nicht nur in dem weiten Osten, sondern auch im Westen. Die Feinde, besonders die Franzosen, waren aufs äußerste erschöpft. Es bestand durchaus die Möglichkeit, daß der deutsche Riese sich noch einmal zu einem erfolgreichen Widerstand aufraffte, und davor hatten unsere Schwarzrotgoldenen nicht geringere Angst, als die äußeren Feinde. Deshalb mußte die Novemberrevolution den „verfluchten" Militarismus beseitigen. Es gelang dem Totengräber des Reichs, dem vom heiligen Papst hochgeehrten Erzberger, sowohl bei den Waffenstillstandsverhandlungen als auch bei der Annahme des Versailler Friedensdiktates die entscheidende Rolle zu spielen. Um dem Erwachen des deutschen Volkes zuvorzukommen, unterschrieb er eilfertig alles, was der französische General verlangte, und die Forderungen der Franzosen wuchsen in demselben Maße, wie sie in Erzberger ihren besten Bundesgenossen erkannten. Nicht nur die Kriegs-, sondern auch die Handelsflotte, dazu unermeßliches Material wurden ausgeliefert, auch dem polnischen General Haller der Durchmarsch gestattet.

„**Höchstwundervoller Betrug!**" Erzberger verstand es ebenso, wie die äußeren Feinde, den deutschen Michel durch heilige Versprechungen zu beruhigen. Satanisch war die Verlogenheit, womit er die Bewohner der bedrohten Grenzgebiete in Sicherheit wiegte, um sie an der Selbsthilfe zu hindern. Abordnungen aus dem Saarland, die im Januar und März 1919 zu ihm kamen, beruhigte er mit den Worten: „Wir werden unter keinen Umständen in eine Abtretung des Saargebiets willigen; lieber Fortsetzung des Kriegszustandes." „Sie brauchen sich wegen des Saargebiets keine Sorge zu machen. Es ist ausgeschlossen, daß das Saargebiet direkt oder indirekt abgetreten wird. Ich gebe Ihnen mein Wort, daß es keine Regierung geben wird, die einen Frieden unterzeichnet, der das Saargebiet oder irgendwelches andere deutsche Land preisgibt." Und auf die Frage, ob das Saargebiet nicht etwa zeitweilig besetzt würde, antwortete Erzberger: „Das Saargebiet wird auch nicht vorübergehend besetzt. Wir werden der Entente andere Garantien geben, um die gewünschten Kohlenlieferungen herzustellen, und gehen in dieser Hinsicht vollkommen konform mit Amerika." — Nach Annahme des Versailler Friedensvertrages durch die Weimarer Nationalversammlung telegraphierte der Führer der letzten Abordnung an Erzberger (20. Juni 1919): „Bin fassungslos über Ihre gegenwärtige Haltung, die in schärfstem Widerspruch steht zu den uns seinerzeit gemachten Versprechungen." Darauf ist niemals eine Antwort ergangen.

Und wie verbrecherisch ist unser **Ostmarkendeutschtum** betrogen worden! Als die von uns befreiten Polen sich im November 1918 auf die Seite der Feinde schlugen und schleunigst vom Deutschen Reich an sich zu reißen suchten, was sie konnten, da ließ wiederum der allmächtige Erzberger heilige Versprechungen hinausgehen, die er alsbald vergaß: „Nie und nimmer werden wir einen Frieden unterschreiben, in dem Sie preisgegeben werden; lieber lassen wir das ganze Vaterland zugrunde gehen." Der als Sachwalter des Deutschtums nach Posen geschickte Polenfreund Gerlach, ein verjudeter Pazifist, faßte seine Aufgabe so auf, daß er eine Verbrüderung der Völker herbeiführen müsse; während die Polen ihre deutschen „Brüder" vertrieben und ausplünderten, hinderte er als „Gegner des Militarismus und Chauvinismus" jeden deutschen Widerstand und berichtete nach Berlin, daß alles in bester Ordnung sei.

Und dann die Behandlung der tapferen **Baltikumtruppen**! Auf Wunsch der Feinde wurde ein deutsches Freiwilligenheer gegen den russischen Bolschewismus aufgestellt, das sehr erfolgreich vorging. Dann aber wuchs sowohl bei den „Siegern" draußen als auch bei den „Siegern" im Reich die Besorgnis, es möchte daraus für das Deutschtum ein Gewinn erwachsen. Wiederum wurden die heiligsten Versprechungen nicht gehalten, vielmehr die braven Krieger wie Aussätzige behandelt.

Mit Recht sagte der Abgeordnete Albrecht von Graefe in einer großen Reichstagsrede des Jahres 1921:

„Es ist für mich ein unerträgliches Gefühl, daß unsere Minister sich daran gewöhnen, in den Momenten, wo ihnen das Wasser an die Kehle geht, wo sie die **Volksstimmung fürchten, mit tönenden Worten Versprechungen zu geben**, die das Volk in dem Vertrauen bestärken, daß wirklich etwas geschieht, was dem Volksempfinden entspricht; **daß aber die Versprechungen nicht eingelöst werden.**"

Rückschauend werden wir bereits die Neuorientierung der schwarzrotgoldenen Reichstagsmehrheit im August 1914 so beurteilen dürfen, daß sie der Volksstimmung nachgab, um sie nachher in ihrem Sinne umzubiegen. Und als Erzberger, Scheidemann selbst die Regierung in Händen hatten? Wir denken an den Oktober 1918, wo man im Volk den nationalen Widerstand forderte; besonders aber an den Mai und Juni 1919, wo alle Deutschen in der Ablehnung der Friedensbedingungen einig waren. Ein Sturm der Entrüstung ging durch das ganze Volk, der an die herrlichen Augusttage 1914 erinnerte. Allenthalben fanden große Protestversammlungen statt. Besonders eindrucksvoll war die Kundgebung in der Berliner Universitätsaula, an der sich alle Parteien und die Regierung beteiligten. Die Sozialdemokraten Ebert und Scheidemann, der Fortschrittsdemokrat Haußmann, der Zentrumsdemokrat Fehrenbach wetteiferten mit den Rechtsparteien in Ausdrücken des Abscheus. — Alles war Gaukelspiel, um das Volk in Sicherheit zu wiegen und dann doch seine Versklavung bedingungslos zu unterschreiben[1]).

---

[1]) Wäre man im Mai und Juni 1919 festgeblieben, so hätte vieles gerettet werden können. Zehn Jahre später (1929) hat Albrecht von Graefe in einer besonderen Schrift „Damals in Weimar" seine Behauptung begründet, daß die Protestkundgebung der Nationalversammlung am 12. Mai 1919 und dann die Annahme des Versailler Diktats durch diese Nationalversammlung ein „monströser Schwindel" gewesen sei. Es war eine bewußte Irreführung, daß keine besseren Friedensbedingungen zu haben seien; vielmehr war unsere Regierung genau darüber unterrichtet, daß die Entente bei Ablehnung der Bedingungen zu Verhandlungen bereit war. Aber „um auf Kosten des deutschen Volkes und seiner Zukunft die **Herrschaft der Totengräber des alten Reiches nicht zu gefährden** und um in der Mobilisierung des deutschen Grund und Bodens sowie aller sonstigen Betriebsmittel des deutschen Wirtschaftslebens dem **jüdischen**

Nach diesem Rezept handelten die regierenden Demokraten auch später. Wiederholt riefen sie, der Volksstimmung nachgebend, laut ihr „unannehmbar", „unmöglich" zu den Forderungen der Alliierten, um dann regelmäßig umzufallen. Wir denken an das Jahr 1921, als am 5. Mai in London verkündet wurde, daß wir 132 Milliarden Goldmark zahlen sollten. Unser Außenminister Simons erklärte die Ansprüche für unannehmbar. Im Namen der Sozialdemokratie sagte der Reichskanzler Müller: „Eine deutsche Regierung, die bereit wäre, diese Vorschläge als ausführbar zu erklären, wird sich nicht finden." Ähnlich äußerte sich Walter Rathenau. Welch ein Jubel, als im März 1921 unsere deutschen Delegierten sich zu einem Nein aufschwangen! Wir hofften, daß jetzt endlich unsere Regierung stark bleiben werde. Aber im Mai wurde der Londoner Zahlungsplan doch angenommen; den Ausschlag gab der Umfall des Zentrums. Wir erhielten die römisch-jüdische Regierung Wirth-Rathenau, welche die „Erfüllungspolitik" zur Richtschnur ihres Handelns machte.

Dasselbe Gaukelspiel wiederholte sich 1922 bei der Forderung der **Finanzkontrolle**, 1923 bei dem **Ruhreinbruch**, 1924 bei dem **Dawes-** und 1929 bei dem **Youngplan**. Am 29. August 1929 stand in den Zeitungen: Die deutsche Delegation, an ihrer Spitze Dr. Stresemann, werde unter keinen Umständen das Abkommen unterzeichnen, auf das sich die Alliierten nach drei Wochen langen Verhandlungen auf Kosten Deutschlands geeinigt hatten. Schon am Tage darauf wurde berichtet, daß die Bedingungen angenommen seien, und unsere römischjüdischen Zeitungen deutscher Nation beeilten sich, schöngefärbte Beruhigungsartikel zu verbreiten.

Über diese Abbiegungsmethode der Internationaldemokraten schrieb Theodor Fritsch am 1. Januar 1928:

„Es gibt ein raffiniertes Verfahren, um jede öffentliche Bewegung mit Sicherheit unschädlich zu machen, indem man sie auf ein totes Gleis verschiebt."

Sabotage des Volkswillens! Kluge Unternehmer bemächtigen sich der Sache, ehe ehrliche Menschen sie in die Hand nehmen; und sie erlassen

internationalen spekulativen Großkapital freie Bahn zu schaffen: darum mußte der Vertrag frevelhafterweise unterzeichnet werden, obgleich das Reichskabinett Kenntnis von der Verhandlungsbereitschaft der Entente hatte."

Auch eine Rede des französischen Ministers Tardieu (25. 6. 1920) bestätigt: daß die Alliierten monatelang sich gegen die Forderungen Clemenceaus aufs schärfste gewehrt hätten; daß im Januar 1919 als Grundlage für die Verhandlungen viel mildere Friedensbedingungen aufgestellt seien; daß Clemenceau ein Zugeständnis nach dem anderen Wilson abgerungen habe und daß nach Übergabe der Bedingungen (7. 5. 1919) **die Nervosität der Alliierten ungeheuer gewesen sei**, ob Deutschland unterzeichnen werde oder nicht.

Durch Erzbergers Tätigkeit gelangten die Alliierten zu der Überzeugung, daß die Reichsregierung das Versailler Diktat bedingungslos annehmen werde, und stellten am 16. 6. 1919 ihr Ultimatum.

einen Aufruf, der in geschickter Weise alle die Schlagworte enthält, die seit geraumer Zeit im Umlauf sind. Der Aufruf endet mit der Aufforderung zur Bildung eines großen Bundes. Tausende, Zehntausende, Hunderttausende stimmen begeistert bei. Es wird eine große Sache, und — zuletzt verläuft sie im Sande.

Fritsch erinnert an den **Verband zur Bekämpfung der Kriegs= schuldlüge**. 1100 Vereine und Verbände schlossen sich an; es sah wie eine große Volksbewegung aus. Aber alles verlief nach obigem Rezept; wer unter den führenden Männern Namen wie Delbrück, Rießer, Dernburg las, der wußte, was zu erwarten war. Und so kam es. Der Verband schwang sich zur Herausgabe eines Büchleins auf, das wirklich eine Reihe ernster Tatsachen, vor allem Schandtaten unserer Feinde, aufzählte und herzerfreuende Worte der Empörung fand. Aber — damit war Schluß. **Es geschah nichts**; „die kochende Volksseele hatte sich ausgekocht".

Die Flavusdeutschen, als die inneren Feinde des Preußentums, trugen die Hauptschuld an der **dreifachen Versklavung** unseres Volkes:

Wir wurden **politisch versklavt** und hörten auf, ein souveräner Staat zu sein.

Indem die äußeren Feinde, mit Unterstützung der Flavusdeutschen, mit unerschütterlicher Zähigkeit, Jahr um Jahr, Monat um Monat den Erdrosselungsstrick enger zogen, erreichten sie unsere **wirtschaftliche Versklavung**[1].

Dazu kam die geistige bzw. **kulturelle Versklavung**. Sie war die größte und schlimmste Not. Es gelang **Rom und Juda**, auf alles, was die geistige Nahrung unseres Volkes bildete, einen beherrschenden Einfluß zu gewinnen: eine Entwicklung, die leider schon vor Jahrzehnten begonnen hatte, durch die Novemberrevolution aber zu vollem Sieg gelangte.

Die Lügen=Demokratie.

Den Anspruch, „alleinseligmachend" zu sein, d. h. allein für die diesseitige und jenseitige Welt das wahre Heil zu bringen, ist ein Erbe der untergehenden Alten Kulturwelt. Wie die Juden keinen Nichtjuden als Vollmenschen anerkannten, so hielt man in Rom das Welt=Kaiserreich für die Verwirklichung der von den stoischen Philosophen ersehnten einheitlichen Menschheit, die eigenen staatlichen und rechtlichen Einrichtungen für allein natur= und vernunftgemäß. An die Stelle des Welt=Kaiserreichs trat die römische Welt=Papstkirche, mit dem Anspruch, allein das wahre Christentum darzustellen, der sich die Heiden und Ketzer unterordnen müßten.

---

[1] In seinem Buch „Berufsstand und Staat" spricht Brauweiler (S. 158 f.) von den „Wirtschaftskräften, die nur ihre zufällige Heimat auf deutschem Boden haben, deren Schicksal sich deshalb nicht mit dem Schicksal des deutschen Staates zu entscheiden braucht. Diese Wirtschaftskräfte wollen nicht Freiheit der Nation, sondern Verständigung mit den herrschenden Finanzmächten der Welt, um den Preis der Versklavung des deutschen Staates und des deutschen Volkes". (Als Brauweiler das schrieb, war es gefährlich, das Wort „Jude" zu gebrauchen.)

In der Neuzeit glaubten Franzosen, Engländer und Russen, die ganze Welt französisch, englisch, russisch machen zu müssen; sie sprachen von ihrer „Mission" (Sendung). Vor allem aber war es seit dem 18. Jahrhundert (d. h. seit dem Zeitalter der Aufklärung und der französischen Revolution) die Demokratische Staatsidee, welche den Anspruch erhob, über die ganze Welt ausgebreitet werden zu müssen.

Es sind die beiden Hauptseiten der katholischen Staatsidee[1]; man kann sie die geistliche und die weltliche nennen: der Welt-Gottesstaat und die Weltdemokratie. Beide habe ich seit Jahren als die beiden größten Lügen der Weltgeschichte bezeichnet.

Die große Täuschung! Seit Anfang Oktober 1918 hatten wir bereits die demokratische Staatsform, und es war eine Unwahrheit, wenn der „Volksbeauftragte" Ebert am 6. Februar 1919 bei der Eröffnung der neugewählten Nationalversammlung erklärte, daß die Novemberrevolution dem deutschen Volke die demokratische Freiheit, d. h. das Selbstbestimmungsrecht gebracht habe. Anders urteilte eine Woche später der Zentrumsdemokrat Gröber; er wies auf die Tatsache hin, daß wir bereits seit Anfang Oktober 1918 die demokratische Verfassung hatten, und behauptete: „Die Revolution, diese gewaltsame Unterbrechung einer ruhigen legalen Entwicklung, war kein Glück für das deutsche Volk. Die Demokratie ist gerade durch die Revolution aufs schwerste geschädigt worden." — Trotzdem ist bis 1933 an der Irreführung festgehalten, und immer wieder wurde die Demokratie als Ziel und Frucht der Revolution hingestellt; der demokratische Kandidat für die Reichspräsidentenschaft, Hellpach, brachte es noch 1925 fertig zu schreiben:

„Was 1519 die Volksfremdheit des Kaisers, 1815 die unheilige Allianz der Dynastien, 1871 der Genie-Despotismus Bismarcks verhinderten, dafür ward 1919 der Weg frei. Die Deutschen empfingen, ein Trostgeschenk der Not, die Formen der politischen Mündigkeit, die Einrichtungen für eigene Schicksalsgestaltung, die Verfassung der Demokratie."

Dem gegenüber muß festgestellt werden, daß es sich bei der Novemberrevolution 1918 um das seit Jahrzehnten hartnäckig verfolgte Ziel handelte: um die Vernichtung des Preußentums, um die Zerstörung des Bismarckreichs und der „Burg des Protestantismus", um die Beseitigung des Hohenzollernhauses. Es war der Kampf gegen die nordische Rasse, gegen das germanischdeutsche Volkstum, gegen das Armindeutschtum. Hinter den Kulissen standen Rom und Juda. Rom kann warten, bis das „aus tausend Wunden blutende" Volk für seine Hilfe reif wird. Es überließ den radikalsten Elementen unter jüdischer Führung den Umsturz, und die Revolution trug bolschewistische Züge, wie sie ja auch von Moskau finanziert wurde. Erst als der Versuch der Bolschewisierung scheiterte, griffen Regierung und Nationalversammlung zur Demokratie zurück.

---

[1] Vgl. meine „Geschichte der katholischen Staatsidee".

Die große Täuschung! Äußerlich wurden wir das demokratischste Volk der Welt. Nicht nur das Reich, sondern auch die Länder, Provinzen, Kreise, Städte erhielten für ihre „Volksvertretungen" das allgemeine, gleiche, direkte, geheime Wahlrecht, und wahlberechtigt waren alle Personen männlichen und weiblichen Geschlechts, die das zwanzigste Lebensjahr vollendet hatten. Und darin sollte die **Freiheit** bestehen? War es nicht eine Lüge, daß wir durch die Revolution die Freiheit gewonnen hätten?

Volksstaat? In der längst überwundenen Gedankenwelt des 18. Jahrhunderts, der französischen „Aufklärung", wurzelte die neue Weimarer Verfassung, und es war bezeichnend, daß ein Jude (Preuß) sie entworfen hatte. Natürlich fehlte ein freudiges Bekenntnis zum Gedanken des deutschen Nationalstaates; nicht einmal die deutsche Reichs= und Staatssprache wurde festgelegt; wir vermißten Schutzbestimmungen gegen die Einwanderung Fremdstämmiger, vermißten irgendein Gegengewicht gegen die Allmacht des demokratischen Parlaments („Schwatzbude"), wie es doch die demokratischen „Musterstaaten" Frankreich, England, U. S. Amerika besitzen; wir vermißten die Hauptsache, eine starke Reichs= und Staatsgewalt.

Volksstaat? Welchen Einfluß hatte denn unter dem vielgepriesenen neuen System das „Volk" auf die Aufstellung der Wahllisten und auf die Zusammensetzung der Regierung[1]? Feststanden und „stabil" waren allein die Parteihäupter von Roms und Judas Gnaden: Sie machten die Wahlen und verteilten die Ämter. Unwillkürlich denkt man an das erste Triumvirat in Rom (60 vor Chr.), da die Führer der drei großen Parteien sich einigten, Pompejus, Crassus, Cäsar, und die Macht unter sich teilten. So war bei uns seit dem 9. November 1918 der Staat ein Beuteobjekt für unsere schwarz=rot=goldenen Parteien, die ihre großen Gegensätze beiseite schoben, um **Schacherpolitik** zu treiben. Das enge Zusammenarbeiten von Rom und Juda, von Zentrums=, Freisinns= und Sozialdemokraten brachte die Staatsmaschine zum völligen Stillstand; sie hatten nur den einen Gedanken, die hohen Posten des Reichstags= und Landtagspräsidenten, des Preußischen Ministerpräsidenten, der Ober= und Regierungspräsidenten usw. **gemeinsam** gegen die „Nationalen" zu verteidigen.

Wie verächtlich sprachen jene Leute von dem früheren „Obrigkeits= staat" und von der Herrschaft des Kapitalismus! Und dabei gab es bei

---

[1] In dem Zentrumsblatt der Stadt **Buer** hieß es 1925: „Es ist gegen den Geist einer wirklich demokratischen Wahlordnung, wenn bei der Aufstellung der Kandidaten der Einfluß der Wähler so gut wie ausgeschaltet ist. **Die Parteibürokratie feiert Triumphe**; sie stellt die mehr oder minder unabänderliche Liste auf ... Das Listensystem führt zur **parlamentarischen Inzucht** und fördert das **arterien= verkalkte Oligarchentum in den Parteien**. Darum zurück zum **Ein= Mann=Wahlkreise!**" Das Blatt beklagte sich darüber, daß auf die Stimmen der im Wahlkreise Einheimischen zu wenig gehört würde. Treffend wurde in einer anderen Zeitung von einer „Mandatsversicherungsgesellschaft auf Gegenseitigkeit" gesprochen.

uns zu keiner Zeit einen so schamlosen Despotismus, wie nach dem Sieg der Demokratie; gerade durch die Revolution gelangten der Staatsabsolutismus und die Staatsomnipotenz, die zentralistische Regierungssucht und die Bürokratie, der Gesetzgebungsdespotismus der Staatsgewalt, die Herrschaft des Geldes, der Interessenegoismus zur höchsten Blüte.

Welch ein Mißbrauch wurde mit dem Wort „Volksgemeinschaft" und mit dem Ausdruck „bürgerliche Parteien" getrieben! Was wußten denn die schwarzrotgoldenen Halbdeutschen und ihre undeutschen Führer von „Volk, völkisch, Volkstum"?

Die „Führer" der flavusdeutschen Republik.

> Für die erste Nachkriegszeit kann man Rathenau, Erzberger, Scheidemann (gold, schwarz, rot) als die Triumvirn bezeichnen, d. h. als die drei Männer, welche die Macht in Händen hatten.

Der Jude Rathenau:

Rathenau liebte es, als eine problematische Natur zu erscheinen, als ein Philosoph, der auf allen wissenschaftlichen Gebieten hausieren ging; dadurch war er ja auch Vertrauter des Kaisers Wilhelm II. geworden, des Freundes aller „Vielseitigen"[1]. Aber hinter dieser Maske verbarg sich ein zielbewußter Wille: Mit sicherem Griff riß er gleich beim Ausbruch des Weltkrieges die ganze Kriegswirtschaft an sich und wurde der Urheber größter Verwirrungen. Nach dem Kriege bekannte er: „Die Weltgeschichte hätte ihren Sinn verloren, wenn der Kaiser als Sieger durch das Brandenburger Tor eingezogen wäre."

Welch himmelweiter Unterschied liegt zwischen dem, was Freiherr von Liebig[2], und dem, was Rathenau unter „Betrug am deutschen Volk" verstand! In Rathenaus Buch „Der deutsche Staat" heißt es: „**Um die Diktatur des Proletariats hat man uns betrogen.**" Das kann nur so verstanden werden: Die deutschen Kommunisten bzw. Bolschewisten, zu denen Rathenau sich rechnete, fühlten sich durch Scheidemann und Erzberger verraten, welche die Gewalt an sich rissen und eine **West- statt Ostorientierung** vornahmen. Deshalb begannen schon im Dezember 1918 die blutigen Aufstände der „Unabhängigen", der Kommunisten und Spartakisten, die sich von russischen Bolschewisten führen ließen. Seitdem erhoben sich immer neue Kommunistenheere, und Rathenau scheint noch im Jahre 1920 die Verwirklichung eines ursprünglich zwischen den Schwarzen, Roten und Goldenen verabredeten Planes erwartet zu haben, wenn er dem Vertreter der Pariser Zeitung „Liberté" sagte:

---

[1] Als „zwiespältig" erscheint Rathenau auch in dem Buche seines Lobredners Dr. Sternberg: „Rathenau der Kopf."

[2] Frh. v. Liebig veröffentlichte 1919 ein Buch, „Der Betrug am deutschen Volk" (Lehmann, München).

„Der Zusammenbruch Deutschlands steht unmittelbar bevor. In der nächsten Zeit wird Deutschland in **drei Teile** zerfallen: Bayern, welches sich mit den Resten Österreichs vereinigen wird; die Rheinprovinz, die eine Art zweites Belgien darstellen wird; Norddeutschland, das unwiderruflich dem Bolschewismus verfallen muß."

Der Zentrumsmann Erzberger:

Erzberger war der Vater der unseligen Friedensresolution vom 19. Juli 1917; indem er den Czerninschen Geheimbericht bekannt machte, stärkte er unsere Feinde. Bei den Waffenstillstandsverhandlungen gab er leichtfertig noch mehr preis, als die Feinde forderten. Durch täuschende Versprechungen hat er die deutsche Grenzbevölkerung im Westen und im Osten betrogen und dann im Juni 1919 die deutsche Nationalversammlung überrumpelt. Als Finanzminister betrachtete sich Erzberger als „Sozialisierungsminister"; alle seine Steuerpläne waren diktiert vom sozialistischen Eigentumshaß, vom Haß gegen das werteschaffende Kapital. Und wie unverantwortlich hat Erzberger die Geldpapierwirtschaft gesteigert! Selbst der Sozialist Calwer nannte dieses Verfahren einen „grandiosen Volksbetrug"; die Methoden eines Hochstaplers seien harmlos gegen diese Methoden der Geldbeschaffung. Seinen wahren Charakter enthüllte 1920 der Helfferichprozeß. Es zeigte sich, daß Erzberger mit orientalischem Geschäftssinn für seine eigene Geldtasche sorgte, während er als Minister von den anderen mit beweglichen Worten die größten Opfer für das Vaterland verlangte; daß er sogar die eigenen Steuererklärungen fälschte, während er öffentlich sich aufs schärfste gegen falsche Steuererklärungen aussprach. Das **richterliche Urteil** verkündete, daß der Wahrheitsbeweis für die von Helfferich gegen Erzberger erhobenen Beschuldigungen im wesentlichen gelungen sei: für die Vermischung politischer Tätigkeit und eigener geschäftlicher Interessen; für Unwahrhaftigkeit, Unanständigkeit, politische Tätigkeit zum Nachteile Deutschlands. Zwar wurde ein wissentlicher Meineid nicht angenommen, weil Erzberger während der Verhandlungen seine eidlichen Aussagen richtigstellte. Aber das richterliche Urteil stellte fest, daß es sich bei den nachgewiesenen Unwahrheiten Erzbergers „nicht um vereinzelte Fälle, sondern um den **Ausfluß einer inneren Unwahrhaftigkeit**" handele, und es fügte hinzu: „**Mehrfach mußte er eidliche Aussagen widerrufen, die er nicht mit genügender Sorgfalt gemacht hatte.**"

Mit Recht schrieb Oberfinanzrat Dr. Bang in der Deutschen Zeitung: „Seitdem Gesetzgebung und Ausführung in einer Hand liegen, leben wir in Wahrheit in unkontrollierbarer Finanzwirtschaft; da man ‚souverän' ist, kontrolliert man sich selber. Hier liegt einer der Gründe für das wahnwitzige Geldhinauswerfen und künstliche Geldmachen, das wir erlebt haben und erleben, und für die Korruptionserscheinungen, die dem armseligen deutschen Scheinstaate den Ehrennamen „Schieberrepublik" eingetragen haben. Noch viele Deutsche ahnen ja gar nicht, was eigentlich sie im

November 1918 verloren haben … Es ist eine der größten Geschichtsfälschungen, daß unsere entzweigegangene Finanzwirtschaft die Folge des Kriegsausganges sei. Die deutsche Finanzwirtschaft ist genau so von hinten erdolcht worden, wie das standhafte, ehrenhafte und zum Ausharren bereite deutsche Heer. Sie war im November 1918 unerschüttert, und hätte sich auch weiterhin als tragfähig erwiesen, wenn nicht Unberufene in ihr gewütet hätten, wie gewisse Vierfüßler im Porzellanladen."

Zur Beurteilung des sozialdemokratischen Reichskanzlers Scheidemann ist seine Stellungnahme vor dem Krieg besonders wertvoll[1]). Am 10. Dezember 1901 äußerte er sich als Abgeordneter:

"Ich kenne die preußische Geschichte gut genug, um zu wissen, daß der Wortbruch sozusagen zu den erhabensten Traditionen des in Preußen regierenden Hauses gehört."

Als im Anfang des Jahres 1912 viereinhalb Millionen deutscher Wähler ihre Stimme für die rote Internationale abgegeben hatten und hundertzehn sozialdemokratische Abgeordnete in den Reichstag einzogen, da reiste Scheidemann in seiner Siegesfreude nach Paris; dort trat er im März 1912 bei dem Siegesfest der französischen Sozialisten über den Ausgang der deutschen Reichstagswahl als Festredner auf. — Einige Wochen später sagte er in Solingen inbetreff des Treueides, den er als Landtagsabgeordneter auf König und Verfassung leistete: "Über derartige Zwirnsfäden werde er nicht stolpern." Im Vertrauen auf die Solidarität des internationalen Proletariats leugnete er jede Kriegsgefahr und erklärte in einer Reichstagsrede zur Heeresvorlage:

"Ich betone mit aller Schärfe, daß wir weder im Westen noch jenseits der Nordsee einen möglichen Feind sehen. Wir Sozialdemokraten in Deutschland und unsere Freunde in Frankreich und England sind fest entschlossen, eine Katastrophe, wie sie ein Krieg im Inneren Europas für die ganze Kulturwelt bedeuten würde, zu verhindern." Welche Illusionen!

In den verhängnisvollen Monaten Mai und Juni 1919 hat Scheidemann sich einerseits an der Protestkundgebung beteiligt ("die Hand soll verdorren, die solche Urkunde unterschreibt"), anderseits dem Volke verschwiegen, was er über die anfängliche Verhandlungsbereitschaft der Feinde wußte.

Die weiteren Reichskanzler? Dem Zentrumsmann Fehrenbach wurde es übel, wenn er das Wort „völkisch" hörte.

Über den sozialdemokratischen Reichskanzler a. D. Bauer enthüllte der Barmat-Kutiskerprozeß (1924/25) so haarsträubende Dinge, daß er von der Partei gezwungen wurde, sein Mandat niederzulegen; er war, auf Kosten des Reichs und zu persönlichem Vorteil, in die schmutzigen

---

[1]) Nach einer Flugschrift des Vorsitzenden der Deutschen Vereinigung, Graf zu Hoensbroech.

Schiebergeschäfte der Ostjuden verwickelt. Zugleich mit ihm andere sozialdemokratische „Führer": Heilmann, der Minister Grabnauer, der Polizeipräsident Richter.

In dem Zentrum-Reichskanzler W i r t h waren die schwarzen, roten, goldenen Farben innig verbunden. Die Ermordung Erzbergers (1921) und Rathenaus (1922) nützte er zu einer verlogenen Hetze gegen die Rechtsparteien aus, sprach von einer Atmosphäre des Mordes und der Vergiftung, die bei den Nationalen herrsche, nannte die Ermordung Rathenaus das „Werk einer weitverzweigten Verschwörung". Damals begannen die unerhörten Eingriffe in die Unabhängigkeit der Richter, d. h. in das Rechtsverfahren, wobei der Reichskanzler Dr. Wirth eifrig vom Zentrums-Justizminister unterstützt wurde. Der Haß richtete sich gegen die Nationalisten und Völkischen. Dieselben Leute (Brigade Ehrhardt), die ihr Leben eingesetzt hatten, als die Polen uns um den letzten Rest Oberschlesiens bringen wollten, wurden als Schwerverbrecher, Hochverräter, Mordbuben, Fehmemörder vor den Staatsgerichtshof gebracht. Drei Jahre dauerte die Untersuchung. Das E r g e b n i s ? Nach dem richterlichen Urteil handelte es sich bei den Anklagen um „lauter Irrtümer", „bewußte Fälschungen und Verleumdungen".

Ähnlich war es bei dem Magdeburger Beleidigungsprozeß 1924. Gegen das richterliche Urteil, daß der Reichspräsident E b e r t sich bei dem Munitionsarbeiterstreik 1918 des Landesverrats schuldig gemacht habe, wurde Berufung eingelegt. Zwischen dem Urteil erster und zweiter Instanz beleidigte ein Landgerichtsdirektor die in Magdeburg amtierenden Richter. Damals schrieb der Rechtsanwalt Dr. Rübell:

„Was soll man dazu sagen, daß zwischen einem Urteil erster und zweiter Instanz ganze Volksgruppen, Verbände, geschlossene Reichs- und Staatsministerien, Richter, Anwälte und Rechtslehrer über einen Schöffenrichter herfallen, den der Kläger selbst angerufen hat. Wie soll bei derartigem Gebaren das Gericht zweiter Instanz noch ‚ohne Ansehen der Person und Sache' urteilen können, wenn die Richter schon vorher wissen: ‚Bestätigen wir das Urteil, so werden wir beschimpft, aus ‚reaktionärer' Gesinnung heraus geurteilt zu haben; kommen wir zu einem entgegengesetzten Spruch, so wird man uns vorwerfen, wir hätten gegen unsere Überzeugung gesprochen, weil wir nicht den nötigen Mut gehabt hätten. Wie das Urteil auslaufen möge, es wird die Kluft im Volke erweitern."

Ebenso wurden in den Barmatprozessen dem Staatsanwalt und den Richtern parteipolitische Erwägungen untergeschoben. Unter dem „verruchten alten System" war es üblich, bis zum Urteilsspruch größte Zurückhaltung zu üben.

Eine überaus traurige Rolle hat der jüdisch versippte Dr. S t r e s e m a n n als Abgeordneter, Reichskanzler und Außenminister in unserem politischen Leben gespielt; er war der unheilvollste Vertreter der „mittleren Linie", Führer der nationalliberalen und später der deutschen Volkspartei. Vor 1914 stand er links, in den ersten Kriegsjahren rechts, fiel aber 1917 wieder nach links um. Nach der Revolution löste er sich bald von der „nationalen Opposition" und schloß sich, „um Schlimmeres zu verhüten", den Schwarzrotgoldenen an. Dadurch wurde er regierungsfähig, war 1923 für kurze Zeit Reichskanzler, seit November 1923 bis zu seinem Tode († 1929) Außenminister. Er trat in den Freimaurerorden ein und fühlte sich glücklich im Verkehr mit den englischen und französischen „Brüdern"; er sah überall „Silberstreifen", besonders bei dem Abschluß des Lokarnopaktes (1925) und bei der Aufnahme in den Völkerbund (1926), mußte aber vor seinem Tode erkennen, daß sein Vertrauen von den „Brüdern" gründlich mißbraucht sei[1]).

Wie leichtfertig Stresemann mit der historischen Wahrheit umging, möge ein einziges Beispiel zeigen. Als Außenminister appellierte er 1924 an das Ruhebedürfnis des Volkes und warnte vor den Stürmern und Drängern; dabei wies er auf die vorbildliche „abgeklärte Ruhe" des Staatsmannes Freiherrn vom Stein hin. S t r e s e m a n n u n d S t e i n ! Reinhold Wulle hat am 29. Februar 1924 in einer glänzenden Reichstagsrede die Antwort gegeben: „Es ist nicht wahr, daß der Freiherr vom Stein eine abgekühlt geheimrätliche Exzellenz gewesen sei, sondern er war ein Feuergeist ... Wäre die Siedehitze eines Stein auch nur um einen Grad weniger gewesen: Wir hätten kein freies Preußen und kein freies Deutschland bekommen."

Noch einige „führende" Männer der deutschen Republik!

In den Korruptionssumpf (der Juden Barmat und Kutisker) sind auch der Zentrumspostminister H ö f l e und der sozialdemokratische Wirtschaftsminister S c h m i d t hineingeglitten.

Sozialdemokratische und demokratische Kultusminister (zuerst H ä n i s ch) begannen den Hochschulen „ihre" Dozenten aufzuzwingen; wir denken an die starkbelasteten Juden Nikolai=Löwenstein und Lessing. An die neugegründeten Pädagogischen Akademien wurden teils Zentrumsleute, teils Pazifisten und Judenstämmlinge als Professoren für die künftigen Volksschullehrer berufen.

Der sozialdemokratische Ministerpräsident Z e i g n e r in Sachsen wurde zu schweren Freiheitsstrafen verurteilt, weil er mit dem Strafgesetzbuch vielfach in Konflikt geraten war.

Der sozialdemokratische preußische Innenminister S e v e r i n g schien es für seine Hauptaufgabe zu halten, mit den Mitteln seiner Polizeigewalt das Erwachen des Armindeutschtums zu unterdrücken. Sein Haß ging so weit, daß er, trotz des einmütigen Protestes der Potsdamer Bevölkerung, dem jüdischen Pazifisten Bosch aus Frankreich eine Rede in Potsdam ermöglichte. Der französische Jude durfte in der Preußenstadt die völkische Bewegung aufs schwerste angreifen und von der „Potsdämlichkeit" der Stadt Friedrichs des Großen sprechen.

Als die Franzosen 1923 in das Ruhrgebiet einbrachen, sah Severing in dem Heldentum der deutschen Sabotagetrupps eine innerpolitische Gefahr. Indirekt trägt er die Schuld an der Tragödie des L e o S ch l a g e t e r, der am 26. Mai 1923 von den Franzosen wie ein Verbrecher erschossen wurde.

---

[1]) Vgl. Wulle, „Schuldbuch der Republik"

Versuche, die Reichseinheit zu zerstören.

Daß Österreich-Ungarn völlig aufgeteilt war, während das Bismarckreich der Hauptsache nach bestehen blieb, entsprach keineswegs den Wünschen der „Sieger" (weder draußen noch drinnen), am wenigsten der Romdeutschen. Vollends erschien der Gedanke, daß das deutsche Reich durch den Anschluß von Deutsch-Österreich noch wachsen sollte, unerträglich. Es bestand in der kleinen österreichischen Republik, die nach der Abtrennung alles dessen, was die Tschechen, Polen, Jugoslawen, Italiener an sich rissen, übrig geblieben war, im Herbst 1918 der dringende Wunsch nach einer Vereinigung mit dem deutschen Reich. Aber die Berliner Regierung tat nichts, um den Anspruch zu verwirklichen, und so konnten die Feinde im Mai 1919 den Anschluß verbieten. Seitdem spielten sich die Italiener und Franzosen als die wachsamen Beschützer der „Unabhängigkeit" Österreichs auf.

Aber andere Pläne standen wiederholt sehr nahe vor der Verwirklichung, wobei **deutsche Separatisten** (von der Zentrums- und Bayrischen Volkspartei) im Bunde mit den Franzosen eine Aufteilung des Reiches betrieben. Unter diesen Landesverrätern haben sich besonders der bayrische Bauerndoktor Heim, der Oberbürgermeister Adenauer und der Pfarrer Kastert aus Köln, der Trierer Prälat Kaas und Dr. Dorten hervorgetan. Geplant war die Abtrennung

der Zentrumsstaaten **Großbayern** (mit Einschluß des größten Teils von Deutsch-Österreich), **Baden**, **Württemberg**;

des **rheinisch-westfälischen Freistaates** mit eigenem Zugang zum Meer in Oldenburg;

des selbständigen **Welfenreichs** mit Einschluß von Braunschweig;

der selbständigen **schlesischen Republik**[1].

Ein seltsames Zusammenarbeiten von flavusdeutschen Landesverrätern mit französischen Chauvinisten, wobei wiederholt die Maske „legaler" Bestrebungen getragen wurde! Schon im Winter 1918/19 versuchten diese Herren, die Versailler Friedensmacher zu beeinflussen. Nach der Besetzung des linken Rheinufers wurden immer neue Pläne zusammen mit den französischen Generalen geschmiedet. Die überraschende Besetzung von Frankfurt a. M., Hanau und Darmstadt am 6. Mai 1920, drei Jahre später der Ruhreinbruch hingen damit zusammen. Die Franzosen schickten 1920 einen besonderen Gesandten für Separationsbestrebungen nach München, den Monsieur Dard. Das Jahr 1923 schien die Entscheidung zu bringen, und es kam zu blutigen Kämpfen.

Der Separatismus brach 1923 an seiner eigenen Erbärmlichkeit zusammen. Aber die Abtrennungsbestrebungen haben, besonders in Bayern, bis in das Jahr 1933 nicht geruht. Erst Hitler hat ihnen im Frühjahr 1933 ein Ende gemacht.

---

[1] Daß der Jude Rathenau auch an eine Aufteilung dachte, ist bereits erwähnt.

„Wiederaufnahme abgerissener historischer Fäden."

Eng mit dem Separitismus waren andere Versuche verbunden, uns von dem Bismarckreich zu „befreien". Wir sprachen von zweierlei Deutschen und von zwei Wegen, die unsere Geschichte gegangen ist. Die Novemberrevolution brachte den Sieg des Flavusdeutschtums und die Zentrumsherrschaft. Es eröffnete sich die Aussicht auf Zertrümmerung alles dessen, was wir Wittenberg, Weimar, Potsdam verdanken, d. h. auf Zertrümmerung der romfreien Kirche, der romfreien Kultur und des romfreien Staates, auf die Rückkehr zum Mittelalter. Wir hörten wieder von der „katholischen Staatsidee"; man wagte es, Bismarck die Schuld an unserem Elend zuzuschreiben und das „Völkerstaatsideal des Südens" dem verwerflichen „Nationalstaatsideal" gegenüberzustellen. Dr. Eberle, der Freund des Verräterkaisers Karl, schrieb: „Es handelt sich um den Gegensatz der Ideen Wien und Berlin. Es handelt sich letztlich um einen Kampf zwischen der neudeutsch-preußisch-protestantischen und der altdeutsch-österreichisch-katholischen Auffassung der deutschen Geschichte." In Reden und Schriften wurde das deutsche Volk ermahnt, zu seinem eigenen Heil die durch Luther, die Hohenzollern und Bismarck „abgerissenen historischen Fäden wieder aufzunehmen".

Zu unserem Glück gab es auch Gegensätze: nicht nur zwischen Berlin und München, sondern auch zwischen Wien und München. Während man in München von einem großbayrischen Königreich träumte, dem sich Deutsch-Österreich angliedern sollte, dachte man umgekehrt in Wien an die Wiederherstellung eines habsburgischen Kaiserreiches, mit dem sich das katholische Süddeutschland verbinden sollte. Der Verräterkaiser Karl veröffentlichte in einer angesehenen französischen Zeitschrift 1920 einen Aufsatz, worin er sich das Verdienst zuschrieb, durch seinen Abfall den Sieg der Entente entschieden zu haben.

Gemeinsam war allen Bestrebungen das Bemühen, unser Volk zu verwirren und von der Verwerflichkeit des bisherigen Weges zu überzeugen. Schon 1919 schürte das mit Erlaubnis der britischen Militärbehörde in Köln erscheinende Wochenblatt „Rheinische Republik" in einem unsagbar rohen Ton den Preußenhaß. Da hieß es:

„Der Größenwahn Deutschlands, der im 20. Jahrhundert zur vollendeten Raserei wurde und im August 1914 die ganze zivilisierte Welt gegen sich herausforderte, ist das logische Ergebnis der Verpreußung aller deutschen Stämme unter der Ära Moltke — Bismarck — Roon ... Bismarck wurde Deutschlands böser Dämon ... die Weltgeschichte wird ihn unerbittlich richten, wie sie denn auch sein Reich gerichtet hat. Deutschlands Heil liegt in der Abkehr von Bismarck."

„Nur die Rückkehr zum Römischen Reich deutscher Nation kann uns retten!" so tönte es uns vielstimmig entgegen aus dem Munde zahlreicher Politiker und Historiker, aus den Schriften von Eberle und v. Kralik, Muckermann und Rausen, aus Zeitschriften und Zeitungen. Da hörten und lasen wir: „Es gähnt eine unüberbrückbare Kluft zwischen national und katholisch ... Deutsche Katholiken, eure Stunde ist gekommen!" In Nr. 43 der „Allgemeinen Rundschau" stand 1923:

> „Man muß dem deutschen Volke seine Vergangenheit wiedergeben, und zu diesen Schätzen ist auch das politische Ideal der Deutschen zu rechnen, das **Kaisertum**. Freilich, **nicht** das kleindeutsche Kaisertum Bismarcks, **nicht** das nationale, von gewissen Kreisen auch als evangelisches oder protestantisches Kaisertum bezeichnete, sondern das großdeutsche Kaisertum, **nicht** im engen Sinne eines alle Deutschen umfassenden Nationalstaates, sondern eines **übernationalen, universalen, föderalistischen Reiches**, das alle Völker deutscher Kultur, vom Rhein bis Böhmen, von der Nordsee bis zur Adria, ja bis zum Schwarzen Meer umfassen sollte."

Der Jesuitenpater Muckermann reiste umher und hielt unter anderem in Berlin eine Reihe zusammenhängender Vorträge über „**Rom und Deutschlands Zukunft**". Wenn er sagte „Es hat einmal eine Zeit gegeben, da die Religion einen Bund geschlossen hatte mit der völkischen Eigenart der Deutschen", und wenn er die Erinnerung wachrief an „**die große Zeit des Heiligen Römischen Reiches deutscher Nation**": so lehrt die Geschichte, d. h. die unverfälschte und unverwelschte Geschichte, daß das von Muckermann gepriesene „enge Verwachsensein **deutscher** Eigenart mit **römischem** Katholizismus" nie vorhanden gewesen ist; vielmehr erzählen uns schon die Jahrhunderte **vor** Luther von einer unaufhörlichen Opposition, von immer neuen Protesten gegen alles, was von Rom kam.

In der führenden katholischen Wochenschrift „Das neue Reich" vom 13. Dezember 1923 (Nr. 11) standen in einem Aufsatz „Zur Rheinlandfrage" folgende Sätze:

> „Darum sollen endlich katholische Politiker auf den Plan treten, die den **Mut haben, die abgerissenen historischen Fäden wieder aufzunehmen** und immer wieder zu betonen, daß nach den greisenhaften oder hysterischen politischen Zuständen in Frankreich und dem Luziferspuk eines Ludendorff in Süddeutschland eine Zeit wiederkommen muß, in der das **katholische Österreich (unter Ausschluß von Preußens Hegemonie) mit dem rekatholisierten Frankreich am katholischen Rheinstrom sich brüderlich zusammenfindet**."

Im Herbst 1924 erschien in Regensburg eine Schrift Hoermanns „Großdeutschlands vierhundertjähriger Niedergang zum Kleindeutschtum." Der Gedankengang war folgender: „Der Zerfall Deutschlands hat nicht etwa mit dem Weltkrieg begonnen, sondern mit der Reformation. Es gibt nur einen Feind des Deutschen Reiches: das ist Preußen und der Protestantismus. Bismarck war nicht der Reichsschmied, sondern der Reichszertrümmerer." Die Schrift kokettierte mit einer geistigen Mainlinie und einem katholischen Reich deutscher Nation von Frankreichs Gnaden. Wie aus einem Vortrag des Oberstudiendirektors Dr. Weber hervorging, waren die Ziele des bayrischen Heimat- und Königsbundes dieselben.

Wiederaufnahme abgerissener historischer Fäden! Wir hatten 1918—1933 eine Zentrumsherrschaft, und es schien, als wenn nur Zentrumsmänner Reichskanzler sein könnten: Wirth, Marx, Brüning. Kein Wunder, daß eine großzügige Gegenreformation einsetzte! Daraus wurde damals auch gar kein Hehl gemacht; laut ertönten die Siegesfanfaren. Auch die von Papst Pius XI. 1925 gegründete katholische Aktion bedeutete Gegenreformation [1].

---

[1] Vgl. meine „Angewandte Kirchengeschichte", 3. Auflage, S. 418 f.

Fieberzustand.

Wiederholt habe ich auf die unheimliche Ähnlichkeit unserer Zeit mit der untergehenden Alten Kulturwelt hingewiesen. Schon Plato sprach im 4. Jahrhundert v. Chr. von einem **Fieberzustand**, der viele Menschenalter später zum völligen Zusammenbruch führte.

Aber ich versäumte nicht hinzuzufügen, daß unser nördliches Mitteleuropa davon unberührt blieb und daß von hier aus eine Erneuerung erfolgte. Die Hoffnung, daß wiederum inmitten eines sterbenden Europa unser deutsches Volk sich aus den Verstrickungen lösen und genesen werde, habe ich selbst in den schlimmsten Jahren der Schmach (1919—1933) nicht aufgegeben. Religion und Weltanschauung sträubten sich gegen den Gedanken, daß die Lüge endgültig triumphieren werde.

I.
Draußen in der Welt.

Wir sprachen von der Fortsetzung des Krieges mit anderen Mitteln. Als „Sendboten des Friedens" waren die Franzosen, Engländer, Russen in den Krieg gezogen, und, nachdem „der Anstifter aller Kriege (Deutschland) in Staub gesunken war", versicherten sie im Winter 1918/19: Jetzt komme der Weltfriede. Die Wirklichkeit sah anders aus: ein **Fieberzustand**, der sich von Jahr zu Jahr verschlimmerte!

Es gilt, die Krankheitserreger zu erkennen, und dabei hilft uns die Geschichte des Altertums. Das römische Weltreich wurde, nach der Besiegung seines schlimmsten Gegners Hannibal, ein **Kapitalistenstaat** mit demokratischer Maske. Trotzdem wurde schließlich alles von der roten Flut verschlungen. Das 1. Jahrhundert v. Chr. war eine Zeit teils großer Beutekriege, teils blutiger Bürger-, Bundesgenossen-, Sklaven- und Seeräuberkriege: ein gegenseitiges Abschlachten viele Jahrzehnte hindurch. Als die Welt aus tausend Wunden blutete, brachte das **Gottesreich des Kaiserpapstes Augustus** (die Theokratie) den ersehnten Frieden. Aber es war kein Friede des Lebens und Schaffens, sondern des langsamen Siechtums.

Genau so sind in der Gegenwart **Plutokratie, Demokratie, Theokratie** die Ursachen für den Fieberzustand: Die goldene, rote und schwarze Internationale! Hinter ihnen stehen **Juda und Rom**.

Friede auf Erden? Während unsere Feinde von Frieden reden, denken sie an Ausbeutung und Geld, an Petroleum, Baumwolle, Kupfer und Eisen; während sie im Winter 1918/19 die allgemeine Abrüstung versprachen, starrt die Welt in Waffen, wie nie zuvor.

1.

In Zwischen- und Osteuropa wurden die Konfliktsstoffe nicht beseitigt, sondern vermehrt. Wir hören von fortwährenden Spannungen zwischen den durcheinander gewürfelten Nationen.

Die größte Gefahr bildet die Entwicklung Rußlands. Nach dem Zusammenbruch des Kaisertums (1917), besonders aber nach der Beendigung des Weltkriegs (1918) betrachteten die „Verbündeten" das Riesenreich als ihr Beuteobjekt. Aber der Sowjetstaat bzw. der russische Bolschewismus zeigte sich als eine starke Macht. Um ihn zu verstehen, müssen wir wissen, daß die Herrschaft der Russen seit 1500 nichts anderes gewesen ist, als die Fortsetzung des tatarisch-mongolischen Despotismus; sie blieben Asiaten bzw. Halbasiaten. Im 18. und 19. Jahrhundert schien Rußland mit deutscher Hilfe ein Stück Europa zu werden. Aber als seit 1881 der deutsche Einfluß mehr und mehr zurückgedrängt wurde, erwachte von neuem das tatarische Mongolentum; die Lüge sitzt auf dem Thron, und der Bolschewismus ist nur das Schlußglied der Entwicklung. Sein Programm ist abgrasen; zehn Millionen Menschen sind mitten im Frieden teils hingerichtet teils verhungert. Die Führer bestehen meist aus Juden, die einen vor keiner unmenschlichen Grausamkeit zurückschreckenden Despotismus ausüben und an die Ausbreitung der jüdischen Weltherrschaft denken.

Von großer Bedeutung sind einige Aussprüche über den Bolschewismus. Alfons Paquet schreibt: „Der Geist des russischen Bolschewismus ist der Geist einer orientalischen rasenden Rachsucht, ein Geist, der dahinstiebt wie Feuer und überall stille Gluten entzündet."

Die Bolschewisten fühlen sich, wie der russische Jude Herzen sagt, berufen, „die Henker und Rächer der Vergangenheit zu sein". Dazu bemerkt Erich Kühn: „Der Bolschewismus bezweckt nichts anderes, als die von dem Juden Herzen verkündete Weltvernichtung zum Zwecke der jüdischen Weltherrschaft." „Immer schärfer tritt die Verwandtschaft unserer Novemberrevolution mit dem russischen Bolschewismus zutage." „Bolschewismus ist ein organisierter Raub- und Zerstörungstrieb, hinter dem jüdische Wirtschaftspläne stecken."

Der Engländer Wilton erklärte: „Der Bolschewismus ist die Enteignung aller christlichen Völker zugunsten des Judentums."

Oberfinanzrat Dr. Bang: „Bolschewismus ist die Vertrustung der nationalen Arbeit im Dienste Shylocks. Bolschewismus ist subjektiv die Anbetung des goldenen Kalbes schlechthin, objektiv der Moloch, dem zuallererst die geopfert werden, die in bejammernswerter Beschränktheit am lautesten nach ihm schreien, die Arbeiter."

Bolschewismus ist der Einbruch Asiens in das alternde Europa, in Amerika, in die asiatischen, afrikanischen, australischen Kolonien und Dominions der europäischen Völker. Er ist die Reaktion gegen den im 15. Jahrhundert beginnenden Einbruch Europas in die anderen Erdteile. Die jüdischen Kulturschmarotzer und die mongolischen Kulturzerstörer haben sich verbündet.

Die Kulturstaaten lehnten jahrelang jede Verbindung mit dem bolschewistischen Sowjetrußland ab, und es ist bezeichnend, daß der **Jude Rathenau** 1921 als „deutscher" Außenminister zuerst Sowjetrußland anerkannte und den Vertrag von Rapallo mit ihm schloß. Wir erlebten einen seltsamen „jüdisch=russisch=deutschen Völkerfrühling"; die russische Botschaft Unter den Linden wurde der Mittelpunkt der maßgebenden politischen Gesellschaft Berlins; auch sogenannte „Rechtspolitiker" gingen dort aus und ein. — Erst langsam knüpften andere Staaten, unter dem Einfluß der internationalen Kapitalisten, Beziehungen zu Rußland an.

Vorgreifend will ich an dieser Stelle die Entwicklung bis zur Gegenwart verfolgen. Mit **Hitlers Machtübernahme** (1933) trat ein völliger Umschwung ein. Mit heldenhafter Entschlossenheit stemmte er sich dem zu einer großen Macht gewachsenen Kommunismus und Bolschewismus entgegen; er hat ihn im Dritten Reich ausgerottet. Um so größer ist der Haß Sowjetrußlands gegen uns; zugleich hat es die Judenpresse verstanden, überall in der Welt das Märchen von der „deutschen Gefahr" zu verbreiten, als ob der Nationalsozialismus gefährlicher sei als der Bolschewismus. Rußland wurde Mitglied des Völkerbundes, und der Jude Litwinow konnte bereits als russischer Außenminister den Vorsitz inne haben. Er war in England bei den Bestattungsfeiern für den verstorbenen König. Das Bedenklichste aber ist das Bündnis, das Frankreich mit Rußland geschlossen hat.

Friede auf Erden? Nein! es brennt ringsum, und die Brandstifter sind fast überall die Bolschewisten. Zwar geben sie die heilige Versicherung, daß sie sich nicht in die Angelegenheiten fremder Staaten einmischen, sind aber fest entschlossen, sie nicht zu halten. Wo es in den fünf Erdteilen irgendwelche Unzufriedenheit gibt (der entwurzelten Arbeiter und Fremdrassigen), soziale, konfessionelle, religiöse, Stammes=, Volks= und Rassegegensätze, da finden sich die bolschewistischen Sendboten ein und schüren das Feuer. Aus allen europäischen Ländern, aus Amerika, Afrika, Asien, Australien kommen Nachrichten über ihre Wühlarbeit, über Unruhen und Mordtaten. Die Agitation ist in die Kolonien getragen, und in den ersten Monaten des Jahres 1936 hören und lesen wir von dem „Todesweg Spaniens an Moskaus Hand", von der Vernichtungswut des roten Terrors. Die Erregung der Masse ist bis zur Siedehitze gesteigert; in wenigen Monaten sind viele Tausende dem Terror zum Opfer gefallen und überaus zahlreiche Brandstiftungen an Kirchen, Klöstern, Parteihäusern rechtsgerichteter Gruppen verübt. **Moskau rechnet mit der Errichtung der Sowjetdiktatur in Spanien.**

Und mit diesem Moskau haben **Frankreich und Tschechoslowakei** Militärbündnisse geschlossen; gegen wen?

2.

Friede auf Erden? Vielmehr könnte ein besonderes Buch über die wachsende Friedlosigkeit der Nachkriegsjahre geschrieben werden. Hier kann nur kurz auf einige Tatsachen hingewiesen werden. Unter den „Siegern" fühlten sich Italien und Japan zurückgesetzt; denn während England und Frankreich über viel mehr Raum verfügen, als sie nötig haben, leiden Japan und Italien (wie Deutschland) an Raummangel. Wir erlebten 1936 den blutigen Eroberungskrieg Italiens gegen Abessinien, und auf dem ostasiatischen Festland, das seit vielen Jahren nicht zur Ruhe kommt, dringt Japan immer weiter vor.

Schlimmer ist aber folgendes: Neben der **gelben Gefahr** taucht am Horizont das Gespenst der **schwarzen Gefahr** auf. Wir sehen einerseits den Beginn einer **asiatischen Monroedoktrin**: „Asien den Asiaten"; anderseits ist gerade durch den Weltkrieg das Selbstgefühl der Schwarzen erwacht und wendet sich gegen die Franzosen und Engländer. Wir lesen von einem „Fiasko der englischen Eingeborenenpolitik in Südafrika", von einer „Weltorganisation zur Befreiung der Schwarzen".

In einem aufgefangenen Geheimdokument hieß es: Der französische Plan, mit Hilfe einer schwarzen Millionenarmee eine neue Napoleonische Hegemonie in Europa aufzurichten, müsse den Freiheitskampf der farbigen Rassen ermöglichen, indem zu bestimmter Zeit erfahrene schwarze Offiziere das Kommando übernehmen und gleichzeitig die Bewaffneten in Frankreich und in den Kolonien streiken. Fonds, die angeblich für erzieherische und wohltätige Zwecke gesammelt würden, müßten für die vornehmste Pflicht, für das Studium der modernen Kriegskunst, verwendet werden. Was neben den Waffen der Geist vermöge, bewiesen nicht nur die Erfolge des weißen Mannes, sondern habe auch das Beispiel **Japans** den „prahlerischen christlichen Nationen" bewiesen. **Der Tag des Negers bricht an!** An jenem Tage wird der bescheidenste unserer Rasse mit großer Macht über den Arrogantesten unserer Bedrücker ausgestattet werden. Laßt uns schweigen und arbeiten!

Auch gärt es in der **ganzen mohammedanischen Welt**. Zu allgemeinem Erstaunen raffte sich der schwächste unserer Bundesgenossen, die Türkei, erfolgreich gegen die „Sieger" auf und behauptet seine Selbständigkeit. Es gibt einen **Panislamismus**, d. h. Versuche, einen Zusammenschluß der verschiedenen mohammedanischen Völker von Nordafrika bis nach Indien zu erreichen.

3.

Es war ein Riesenirrtum, daß die Vernichtung der blühenden deutschen Volkswirtschaft den „Siegern" entsprechenden Gewinn bringen würde; vielmehr wurden sie allmählich in die wachsenden Wirtschaftskrisen hineingezogen. Nicht nur bei uns nahm das Heer der Arbeitslosen zu, sondern auch bei den anderen, besonders in U. S. Amerika. Nur die Kriegsindustrie macht glänzende Geschäfte; dagegen sind in Amerika gewaltige Mengen von Landesprodukten verbrannt oder ins Meer geworfen, weil der Absatz fehlte und man den Preis nicht noch tiefer sinken lassen wollte [1]).

---

[1]) Dem amerikanischen Handelsamt zufolge wurden „zur Vermeidung von Preisstürzen" in Brasilien 7,7 Millionen Sack Kaffee verbrannt, in der Union 6,2 Millionen Schweine getötet und zu Düngemitteln verarbeitet, 2 Millionen Tonnen Reis zu Feuerungszwecken verwendet ... (Deutsche Wochenschau 26. 8. 1936.)

Fieberzustand! denn die anderen Länder, besonders Deutschland, hungerten nach den Lebensmitteln, die man dort zerstörte.

Die unersättliche Profitgier ließ es nicht zu einer ehrlichen Harmonie kommen. Wir konnten beobachten, wie England und Frankreich sich überall heimlich entgegenarbeiteten, z. B. in den mohammedanischen Ländern; wiederholt kam es zu Kompromissen auf Deutschlands Kosten. Dazu meldete sich der sacro egoismo Italiens; seitdem der tatkräftige Mussolini die Führung an sich gerissen hatte, verfolgte es imperialistische Pläne, wobei es sich überall durch England gehemmt fühlte. Über allem Feilschen und Schachern waren die europäischen Völker verblendet gegenüber der gelben und schwarzen und der bolschewistischen Gefahr. Dafür gibt es nur die Erklärung, daß die Welschen und Angelsachsen immer mehr in den asiatisch=jüdischen Geist verstrickt sind. Dieser Geist hat überall einer kleinen internationalen Kapitalistengesellschaft von Beutejägern und Wegelagern zur Herrschaft verholfen.

Hierzu schrieb ich in der früheren Auflage 1925:

„Wie richtig war das Wort, das auf dem Wiener Kongreß (1814/15) gesprochen wurde: die Gestaltung Mitteleuropas sei eine Garantie des Friedens! Aber die Geschichte lehrt, daß das ein **starkes Mittel=
europa** sein muß, wie es die Hohenzollern, vor allem Wilhelm I. und Bismarck geschaffen hatten, wie wir es als die Frucht des Weltkrieges ersehnten. Nicht eher wird die Welt zur Ruhe kommen, als bis wieder ein starkes Mitteleuropa hergestellt ist, in dem das germanisch=deutsche Ariertum, der nationale Grundstock, bestimmend ist."

II.
Fieberzustand des deutschen Volkes.

1.
Das „befreite" Volk.

Wir schaudern vor der „**moralischen Atmosphäre**", in die wir seit dem 9. November 1918 geraten sind. Alle bösen Geister wurden entfesselt, alle Bande der Ordnung und Sitte, der Gesetze und Disziplin gesprengt. Fahnenflüchtige und Hochverräter durften als Helden auftreten; an vielen Orten stürmte der Pöbel die Gefängnisse und ließ die Verbrecher frei. Eichhorn, der Polizeipräsident von Berlin, verteilte selbst die Waffen für einen neuen Aufruhr. Wir hörten mit Entsetzen von schamlosen Plünderungen im kaiserlichen Schloß, von der Schändung und Beraubung der Fürstengrüfte in Charlottenburg, Dessau, Friedrichsruh, von dem Millionenraub an Heeresgut. Zum Schieß= und Truppenübungs= platz Jüterbog kamen wochenlang am hellen Tage Scharen von Menschen mit Pferde= und Handwagen, um wertvolles Geschoßmaterial zu stehlen. In Bayern wurden in vier Monaten siebzig Förster und Forstbeamte von Wilddieben erschossen; die sozialdemokratische Zeitung „Vorwärts" klagte über eine Einbruchsseuche: Deutschland sei das Eldorado der Gauner,

Schieber und Diebe geworden. Für fünf Milliarden Heeresgut wurde veruntreut; in zwei Wochen vergeudeten die Arbeiter- und Soldatenräte 800 Millionen Mark. Unheimlich wuchs die allgemeine **Arbeitsscheu**[1]).

Zwar konnten wir im Winter 1918/19 überall große Plakate sehen, auf denen riesengroß und in feurigen roten Buchstaben zu lesen war „Sozialismus ist Arbeit", und händeringend beschworen die Führer ihre Massen, nicht müßig zu sein. Zwar redete man viel vom „Wiederaufbau", und es wurden im Sinne der Bodenreformer treffliche Beschlüsse gefaßt gegen die Wohnungsnot und gegen den Baustellenwucher. Zwar lautete nach wie vor der Hauptpunkt des sozialdemokratischen Programms „Gegen den Kapitalismus". Alles Lügen! Die Massen dachten sich das Paradies, das ihnen jahrzehntelang verheißen war, als ein arbeitsloses Genußleben. Der in die Massen geworfene Sozialisierungsgedanke brachte immer neue Erregung; Massenstreiks sollten die Durchführung der sozialistischen Pläne erzwingen. Niemals ist die werteschaffende Arbeit geringer geachtet und der Drohnenkapitalismus mehr gefördert worden, als seit dem 9. November 1918; niemals ist für Wucherer, Schieber, Schmarotzer, Ausbeuter die Lage günstiger gewesen; der sogenannte Kampf gegen den Kapitalismus lief darauf hinaus, daß mit Unterstützung und auch Beteiligung der regierenden Herren alle Werte, die der frühere Ordnungsstaat angehäuft, und alle Spargroschen, die der fleißige und arbeitsame Staatsbürger allmählich zurückgelegt hatte, eine Beute internationaler Schmarotzer wurde. Zwar rief man laut, daß jetzt die Zeit gekommen sei, um die Not des „armen und entrechteten Volkes" zu lindern; aber die Vereine, Verbände und Innungen, welche aus den reichen Heeresbeständen Fette, Öle, Schuhe, Kleidungsstücke, Leder und andere Rohstoffe zu billigen Preisen zu beziehen wünschten, wurden abgewiesen, und alles ging in die Hände

---

[1]) Interessant ist das Geständnis des **sozialdemokratischen** Wehrministers und späteren Oberpräsidenten **Noske**, der am 29. 9. 1919 vor den Berliner Parteifunktionären folgendes sagte:

„Für Hunderte und Tausende war die Revolution nur eine Gelegenheit zum Beutemachen ... An Terrorismus, Niederträchtigkeit und Vergewaltigung anderer Meinungen sind die schlimmsten Sünden der vergangenen Machthaber tausendfach übertroffen worden ... Die Berliner Funktionäre kamen zu mir und baten: „Schlagen Sie doch zu und hauen Sie die Bande in Stücke" ... Zu unserem großen Leidwesen ist aus den Reihen der Mannschaften und Unteroffiziere kein genialer Führer hervorgegangen ... Da habe ich mir die alten Offiziere und Beamten, verprügelt und bespuckt wie sie waren, einzeln wieder herangeholt und mit ihnen das Schlimmste verhütet. Und ebenso war es hier in Berlin. Es war der Träger einer der bekanntesten deutschen Namen, der mir unter tausendfacher Lebensgefahr die Gewehre und die Munition für meine ersten Freiwilligen aus den Kasernen zusammengestohlen hat (Zuruf: Wer?). Wenn Sie es wissen wollen: Ein Graf Bismarck (Bewegung). Wenn sie ihn erwischt hätten, hätten sie ihn totgeschlagen, und ich sollte jetzt vergessen, was diese Offiziere mir für die Rettung des Landes geleistet haben? Die Partei darf die Leute nicht verprellen, auf die ich in Kiel und Berlin heute nicht Verzicht leisten kann."

einzelner, meist jüdischer Wucherer, für die unsere Not die Quelle großer Millionengewinne wurde.

Nach einer amtlichen Bekanntmachung der Regierung in Schleswig (1924) sind innerhalb eines halben Jahres 3700 deutsche Mädchen und Frauen verschwunden und in Bordelle Frankreichs, Südamerikas und des Balkans verschleppt worden. Dazu schreibt das Organ des Schleswig-Holsteinischen Landesvereins für Innere Mission: „Mit allen Mitteln des Verbrechertums und großer Organisationen, mit unsagbarer Brutalität und Gemeinheit werden die Opfer gewaltsam verschleppt..." Und unsere Polizei?

Das geknechtete Deutschland wurde von Hunderttausenden **Ostjuden** überschwemmt, die sich wie Aasgeier auf unser krankes Volk stürzten. Entsetzliche Enthüllungen haben die Skandalprozesse des Winters 1924/25 gebracht (Kutisker — Barmat). Da sahen wir, wie von unseren höchsten Beamten der Nachkriegszeit den ostjüdischen Schiebern und Gaunern die Wege geebnet wurden. Niemals ist der Unterschied zwischen reich und arm, zwischen ekelhafter Genußgier auf der einen und äußerster Not auf der anderen Seite größer gewesen, als im Zeichen der „Gleichheit".

2.
Die Jahre der wirtschaftlichen Scheinblüte (1924—1929).

Fieberzustand! Durch die verbrecherische Inflation waren Reich, Länder, Provinzen, Kreise, Städte, Gemeinden ihre Schulden losgeworden, freilich auf Kosten des ausgeplünderten Volkes. So wurde nicht nur für die „Erfüllungspolitik" der Weg frei, sondern auch für eine neue Pumpwirtschaft. Das Geld strömte von auswärts in die Kassen, und, weil das Geldleihgeschäft der Banken blühte, ließ sich der deutsche Michel eine Wirtschaftsblüte vortäuschen. Großzügig wurden Riesensummen ausgegeben. Wir denken an die Ausstellungsepidemie, an den Wetteifer der Städte im Bau von Messehallen, Planetarien, Sportplätzen, an die Luxusbauten aller Art, bei denen man mit großem Wortschwall von der Pflege der Kultur redete. Wir denken an die Ortskrankenkassenpaläste. Wir denken auch an die Erhöhung der Beamtengehälter und an den Wettlauf der „Spitzenorganisationen" der verschiedenen Beamtengruppen, um nicht zu kurz zu kommen.

Die werteschaffende Arbeit wurde vernachlässigt infolge der jüdischen Wirtschaftsauffassung, und der Rückgang des Bauerntums war erschreckend. Die Verstädterung unseres Volkes nahm zu; durch umfassende Eingemeindungen wurden zahlreiche ländliche Ortschaften in die Großstädte eingezogen. Als Vorbild schwebte das verjudete U. S. Amerika vor, wo die Landwirtschaft immer mehr fabrikmäßig betrieben wird und das mit der Scholle verwachsene Bauerntum schwindet.

Die Korruption in der Beamtenschaft hörte nicht auf. Klagen über die „Drohnenwirtschaft" wurden laut und über den Mißbrauch, den die

Behörden mit unseren sozialen Wohlfahrtseinrichtungen trieben. Eigennutz vor Gemeinnutz! das schien der Wahlspruch der „führenden" Leute zu sein. Sie sahen zu, wie unsere gesamte Volkswirtschaft überfremdet wurde, d. h. in den Besitz der Ausländer überging.

Überfremdung! Schon 1926 befanden sich 35 Prozent des deutschen Nationalvermögens in amerikanischen Händen. In den folgenden Jahren gingen allmählich große Teile unserer Industrie in den Besitz ausländischer Kapitalisten über. Auch unsere Großbanken, Schiffahrtsgesellschaften, die allgemeinen Elektrizitätswerke wurden immer mehr von internationalem Kapital abhängig. Dazu hatte die deutsche Reichsbahn alljährlich 950 Millionen Mark an Daweslasten zu tragen.

3.
Vor neuem Zusammenbruch.

1929 standen die Behörden vor leeren Kassen. Da wurde abermals dem deutschen Volke eingeredet, daß der Youngplan Erleichterung und Rettung brächte; selbst der Reichspräsident äußerte sich so am 13. März 1930. In Wahrheit wurden wir noch mehr in die Gelddiktatur der internationalen Weltfinanz verstrickt. Neben Juda triumphierte Rom; was sich „national" nannte und allmählich in zahlreiche Gruppen auflöste, hatte nicht den Mut, es mit Rom und Juda zu verderben; bisweilen schien es, als gäbe es für die „Nationalen" keine schlimmeren Gegner als die „Völkischen" bzw. „Nationalsozialisten".

Mit Riesenschritten ging es abwärts, und der Niedergang wurde beschleunigt durch die Weltwirtschaftskrisis, die 1929 begann. Der häufige Wechsel unserer Minister vermehrte die Unruhe; nur der Zentrums-Reichskanzler Brüning schien seit 1930 als der Retter unentbehrlich zu sein. Alle Berechnungen unserer Finanzminister wurden teils durch die stockenden Einnahmen, teils durch die mit der zunehmenden Arbeitslosigkeit wachsenden Ausgaben über den Haufen geworfen. Sie rechneten 1930 mit 1,2 Millionen Arbeitsloser; es waren aber schon in der Mitte des Jahres 1930 beinahe 2 Millionen, 1931 4 Millionen; 1932 stieg die Zahl der Arbeitslosen auf weit über 6 Millionen.

Regierung und Parteien standen dem Chaos ohnmächtig gegenüber; Notverordnungen und Zahlungsaufschub nutzten nichts. Inzwischen wuchs die von Hitler geführte Freiheitsbewegung, die Nationalsozialistische Deutsche Arbeiterpartei. Am 1. Juni 1932 wurde von Papen Reichskanzler; er hat das Verdienst, uns von der sozialdemokratischen Preußenregierung befreit zu haben. Bei den Reichstagswahlen am 31. Juli 1932 erhielten die Nationalsozialisten 14 Millionen Stimmen und 230 Abgeordnete. Am 30. Januar 1933 wurde Hitler Reichskanzler, und nun begann der radikale Umschwung.

III.
Mein Kampf gegen den Bildungs- und Kulturschwindel[1]).

Wie köstlich ist die Szene in Goethes Götz von Berlichingen, wo dem heimkehrenden Ritter sein kleiner Sohn Karl mit wichtiger Miene zeigt, was er gelernt hat und wie „gebildet" er ist: „Jaxthausen ist ein Dorf und Schloß an der Jaxt, gehört seit zweihundert Jahren dem Herrn von Berlichingen erb- und eigentümlich an." Als der Vater fragt: „Kennst du den Herrn von Berlichingen?" sieht ihn der Sohn starr an, und Götz sagt für sich: „Er kennt vor lauter Gelehrsamkeit seinen eigenen Vater nicht." — So gehts auch uns; wir sind in Gefahr, vor lauter Gelehrsamkeit unsere eigenen Eltern nicht zu kennen, nämlich unser Volkstum und unser Vaterland.

Und in Schillers „Lied von der Glocke" heißt es:
„Weh denen, die dem Ewigblinden
Des Lichtes Himmelsfackel leih'n!
Sie strahlt ihm nicht, sie kann nur zünden
Und äschert Städt' und Länder ein."

Auch Kunst und Wissenschaft, Theater und Schrifttum, Bildung und Schule sind Himmelskräfte und Himmelsfackeln: sie bringen Licht und Leben, „wenn sie der Mensch bezähmt, bewacht", aber Zerstörung, „wenn sie sich der Fessel entraffen".

Haben wir wirklich noch das Recht, auf unsere Bildung und unser Schulwesen stolz zu sein? oder sind wir in Gefahr, an unserer „Kultur" zugrunde zu gehen, wie die alten Griechen und Römer?

Eine 2000jährige Geschichte lehrt uns, daß die sogenannte internationale Kultur, die leider heute (1925) noch als das Höchste gepriesen wird, unsägliches Unheil gebracht hat. Nur dann waren Höhepunkte, wenn wir uns vom Welschtum freimachten und, nächst Gott, uns auf unsere eigene Kraft verließen. Aber durch eigene Schuld gerieten wir

---

[1]) Wie Rom, so Juda! Wenn man von dem Jesuiten-Professorenorden gesagt hat, daß er die Bildung durch Bildung vernichtete, so gilt dasselbe für die demokratischen Propheten der internationalen Menschheitskultur. Leider war in der nachbismarckschen Zeit die Schonung jüdischer und römischer Empfindlichkeiten oberster Grundsatz unserer Kultusminister. Ein Treitschke wäre nicht Universitätsprofessor geworden, und für den besten Kenner unserer Literaturgeschichte, Adolf Bartels, gab es nirgends einen Lehrstuhl; dafür sorgte die Judenpresse. Die Folge war, daß unser Bildungswesen immer mehr in jüdische und römische Denkweise verstrickt wurde; darunter litt die Wahrheit.

Im Winter 1909/10 hielt ich einen Vortrag „Moderner Bildungsschwindel als Hemmnis eines gesunden Nationalbewußtseins", der auf Veranlassung des bekannten Generals Keim als Flugschrift 10 des Vaterländischen Schriftenverbandes gedruckt und weit verbreitet wurde. Nach dem Weltkrieg habe ich ihn, mit zeitgemäßen Ergänzungen, in mehreren Städten wiederholt. Für diese Neuauflage der „Weltgeschichte der Lüge" ist er unverändert in der Fassung von 1925 geblieben.

immer wieder in eine Kulturfremdherrschaft, und die war jedesmal die Ursache eines entsetzlichen Niedergangs.

An unserem heutigen Elend trägt die Vernachlässigung der völkischen Eigenart, die Jagd nach einer internationalen Kulturgemeinschaft, der Bildungsschwindel der letzten Jahrzehnte einen großen Teil der Schuld.

Kampfesscheu.

Leben heißt kämpfen! Aber gerade vor dieser Lebensauffassung, die bei der Abnahme des Heldengeistes unbequem war, suchte man sowohl die Jugend als auch seine Mitmenschen zu bewahren. Höchstens wurde von den wirtschaftlichen Kämpfen geredet, und man hielt es für notwendig, durch Unterricht in der englischen und französischen Sprache, in Rechnen und Mathematik, in Naturwissenschaften und Technik die Jugend dafür vorzubereiten.

Leben heißt kämpfen! Mit Recht rühmen wir uns, daß in keinem Lande der Welt so viel für Bildung und Erziehung geschieht, wie bei uns. Aber aus Kampfesscheu ging man seit Jahrzehnten den wichtigsten Fragen geflissentlich aus dem Weg. Müßte es nicht die höchste Bildungsaufgabe sein, daß wir uns selbst erkennen, die Eigenart unseres Volkstums und unserer Rasse, unsere Stärke und unsere Schwäche, die Gefahren, die uns in Vergangenheit und Gegenwart von innen und von außen bedrohen? Aber die Kampfesscheu steht im Weg. Um „die Gefühle Andersgläubiger nicht zu verletzen", durfte man sogar sichere Ergebnisse der Wissenschaft des Spatens nicht mitteilen: daß die uralte vorderasiatische Kultur keine semitische gewesen ist, und daß die historischen Bücher des Alten Testaments eine wiederholt korrigierte Geschichte enthalten. Man durfte nicht die wachsende Orientalisierung der Alten Kulturwelt, des Römischen Weltreichs als die Hauptursache des Niedergangs und Zusammenbruchs darstellen. Man hat es mir verdacht, daß ich von dem heidnischen Ursprung der Theokratie sprach, und daß ich unsere ganze 2000jährige germanisch-deutsche Geschichte als einen Kampf gegen Rom, gegen Asien und Halbasien behandelte. Ja, man scheute sich nicht, aus dem Geschichtsunterricht der Volks- und höheren Schulen die Hauptsache zu streichen[1]). Was erfuhr unsere Jugend in den Schulen, was erfuhr und erfährt unser Volk in den Zeitungen und in den zahlreichen Bildungsvorträgen von den wachsenden Gefahren draußen und drinnen? von den Leiden unserer deutschen Volksgenossen in Österreich-Ungarn und in Rußland? von den Anmaßungen der Fremdstämmigen in unseren eigenen Grenzprovinzen? von der zunehmenden Macht des Papsttums, von der Rückkehr zum Mittelalter, von der katholischen Staatsidee? von

---

[1]) In einem Entwurf für den „Lehrplan des Geschichtsunterrichts nach staatsbürgerlichen Gesichtspunkten" wurde die Zeit von 1024—1648 in den Religionsunterricht verwiesen. Sogar der tapfere Rektor Hauptmann schaltete das Ringen zwischen weltlicher und geistlicher Gewalt, zwischen Kaiser und Papst, vor allem die Reformation aus dem Geschichtsunterricht aus.

der Inquisition und den Greueln der Gegenreformation? von der Geschichte des Jesuitenordens? von den Zielen der schwarzen, roten und goldenen Internationalen? von **Rom und Juda**? In einer Zeit, wo die Verbindung zwischen Frankreich und Rußland immer bedrohlicher und angriffslustiger wurde, konnte man Kaisergeburtstagsreden hören, die von den freundschaftlichen Beziehungen zwischen Frankreich und Deutschland handelten. In einem Erlaß des preußischen Kultusministers (um 1900) hieß es: „Bücher, die in konfessioneller oder politischer Beziehung einen bestimmten Standpunkt einseitig und in einer die Vertreter abweichender Anschauungen verletzenden Weise zum Ausdruck bringen, sollen von der Aufnahme in die Volksbibliotheken ausgeschlossen werden; natürlich galt das erst recht für Schülerbibliotheken, für Schulbücher, für den Unterricht. Die Wirkung war eine **Unterdrückung der Wahrheit**; denn Rom und Juda denunzierten jede aufrechte Betonung des Deutschtums als parteipolitische Einseitigkeit[1]).

Auf den Idealismus unserer Väter und Großväter sah man mit geringschätzigem Achselzucken herab und rühmte sich seines **Realismus**; als ob überhaupt echter Realismus ohne Idealismus bestehen könnte. Dieser „Realismus" lief darauf hinaus, daß man nur noch für Gelderwerb und wirtschaftliche Fragen Interesse hatte; daß die ganze Staatsauffassung eine mammonistische wurde; daß der Händlergeist den deutschen Heldengeist verdrängte.

Fremdsprachenunfug.

Ohne Zweifel kranken wir an einer **Überschätzung der fremden Sprachen**, namentlich der französischen und englischen. Man wird mir einwenden, daß darauf zum guten Teil unsere Überlegenheit im wirtschaftlichen Wettbewerb beruhte; aber beruhte sie nicht **mehr** auf deutscher Tüchtigkeit, deutschem Fleiß und deutscher Zuverlässigkeit? Als im vorigen Jahrhundert der lebhafte Aufschwung von Industrie und Welthandel begann, hatten wir noch keine Realschulen; die Bahnbrecher kamen vom humanistischen Gymnasium und größtenteils von der Volksschule. Welche Verluste hat uns der Fremdsprachenunfug gebracht! Viele Millionen Stammesgenossen sind dadurch unserem Volkstum verloren gegangen.

Wenn der Fremdsprachenunfug in unsere Fortbildungs- und Mittelschulen, in die Lehrerbildungsanstalten drang, so war das nichts anderes als eine Huldigung vor Frankreich und England. Wohl hat für gereifte Menschen ein längerer Aufenthalt im Ausland hohen Wert. Aber wenn junge Mädchen von fünfzehn Jahren, um recht „gebildet" zu werden, ein halbes Jahr in die französische Schweiz und dann ein halbes Jahr nach England gebracht wurden, so war das Bildungsschwindel. Alljährlich

---

[1]) Weil ich den **nationalen** Gedanken in den Herzen der Jugend zu pflegen suchte, nannte man mich den „**politischen** Schulmeister". Der preußische Kultusminister verfügte 1911 die Entfernung meiner „Angewandten Geschichte" aus allen Primanerbibliotheken.

wanderten ganze Scharen von katholischen Mädchen aus Rheinland und Westfalen in belgische Kloster-Pensionate; bei wie vielen bestand im späteren Leben die ganze „Bildung" in der Erinnerung an dreihundert französische Wörter, die sie dort gelernt hatten!

Den wahren Volks- und Vaterlandsfreunden stieg jedesmal die Schamröte ins Gesicht, wenn die Ausländer sich über uns lustig machten. In einer französischen Zeitschrift stand am 31. Oktober 1909: „Da bin ich jetzt in Berlin. Hier ist die Sprache der Straße eine Art kosmopolitischen Kauderwelschs, in dem seltsamerweise das Französische vorherrscht. In den Büros findet man écritoiren, in den passages magasinen mit fantaisien und pariser nouveautés, tricotages ..."

Kurz vor dem Weltkrieg veröffentlichte der Züricher Pfarrer Eduard Blocher einen Aufsatz „Über Schädigungen der Schüler durch Fremdsprachenunfug". Nachdem er davon gesprochen hat, daß das ganze Mittelalter hindurch und weit darüber hinaus die Kenntnis der lateinischen Sprache als höchstes Bildungsziel galt, fährt er fort: „Wir waren froh, daß endlich die Wahrheit durchbrach, deutsche Knaben sollten zu deutschen Männern erzogen werden und nicht zu Römern und Griechen. Und nun kam die neue Forderung, unsere jungen Leute sollten französisch und englisch denken lernen, sich in das fremde Volkstum und die Gedankenwelt zwar nicht längst verschwundener Kulturvölker, aber dafür der Nachbarvölker hineinleben. Als Bildungsideal der alte Irrtum, daß wir durch Aufnahme fremden Wesens recht gebildet werden können, vom Standpunkt nationalen Wesens betrachtet ein Verfahren, das unendlich viel schädlicher wirkt als das der Vergangenheit, weil damit eine eigentliche Huldigung für das fremde Volkstum verbunden ist und gerade die Völker in ihrem Selbstbewußtsein und im Kampf ums Dasein unterstützt werden, die politische und wirtschaftliche Nebenbuhler des deutschen Volkes sind. Wir ersparen diesen Völkern die Erlernung unserer Sprache, geben ihnen das stolze Bewußtsein, ihre Sprache sei die erlernenswerteste und unentbehrliche, ihre Literatur die mustergültige, ihr Volkstum das anziehende." „Oft genug geht es dabei ohne Schädigung der sittlichen Persönlichkeit nicht ab; eine gewisse Schauspielerei, ein nicht ganz unbedenkliches Doppeldasein kann entstehen, ganz abgesehen davon, daß internationale Gesinnungslosigkeit und kosmopolitische Phrasenmacherei hier einen natürlichen Nährboden finden."

Raubbau an deutscher Volkskraft.

Auch für das Schulwesen gilt die altgriechische Mahnung μηδὲν ἄγαν, d. h. „Hüte dich vor dem Übermaß!" Wir haben viel zu viel Schulen und Hochschulen (Universitäten). Wir kranken an einer Überschätzung der Theorie, des abstrakten Wissens, der sogenannten „höheren Bildung". Die meisten Menschen sind nun einmal zur praktischen Arbeit geschaffen: um die Aufgaben des Tages zu erfüllen, positive Werte zu schaffen und Unheil zu verhüten. Wie töricht, die jungen Leute zum abstrakten Wissen zu zwingen, statt ihr Können und Wollen zu wecken! Welch ein Bildungsschwindel, wenn die praktische Arbeit als minderwertig betrachtet wird! wenn die Eltern es als das größte Unglück ansehen, falls ihr Junge nicht eine höhere Schule bis zu Ende durchmacht! wenn zahlreiche Berufsklassen alljährlich die Regierung bestürmen, das Abiturientenexamen als Bedingung für ihren Beruf vorzuschreiben! Ist nicht die Erziehung zum Können und Wollen mehr wert, als alles Wissen?

Der Breslauer Professor Dr. Kauffmann schrieb 1909: „Das Berechtigungswesen ist in Preußen in den letzten fünf Dezennien in der Richtung entwickelt, daß für alle möglichen Berufe, die ihrer Natur nach nur einer geringen schulmäßigen Vorbildung bedürfen, das Abiturientenexamen verlangt wird und womöglich auch Universitätsstudium. Die Folge ist nicht nur die wissenschaftliche Vorbildung der Apotheker, Zahnärzte, Post= und Steuerbeamten usw., sondern eine schädliche Überfüllung der Gymnasien und Universitäten und ein Herabdrücken des wissenschaftlichen Standpunktes der Anstalten ... Gesunder Menschenverstand ist weit wertvoller als das bißchen schematisches Wissen, das die nicht zum Studium geschaffenen Massen, die jetzt die Schulen und Universitäten mehr belästigen als beleben, nach ihren mühsam bestandenen Prüfungen in das Amt bzw. Lehrzeit mitbringen. Ich will schweigen von den unsinnigen Opfern an Geld und Zeit ..."

Auch andere ernste Männer haben seit Jahrzehnten, vom völkischen, anthropologischen und biologischen Standpunkt aus, vor einem Übermaß von Bildungs= und Kulturbestrebungen gewarnt:

Professor Hasse schreibt: „Man zerbricht sich den Kopf, um immer neue Berufe für Frauen zu finden und zu erfinden; unsere gesamte Sozialpolitik sollte sich bemühen, den Frauen ihren mütterlichen Beruf zu ermöglichen und zu erleichtern."

Der Anthropologe Woltmann warnt vor einer „Treibhauskultur, welche die talentierten Anlagen in den unteren Schichten voreilig erschöpft und in den oberen in Überfluß ansammelt. Diejenige Nation leistet am meisten, welche den größeren Teil der Rasse in einfachen und gesunden Lebensverhältnissen schont und nur langsam und nach Bedarf ihre Talente aufsteigen läßt, so daß im Bauern= und Arbeiterstand ein unversiegbarer Quell geschonter Kräfte und Begabungen reserviert bleibt, während die Auserlesenen und Emporgestiegenen nach einem unwandelbaren Naturgesetz in der Erzeugung und dem Genuß der höheren Kultur verzehrt werden."

Der Biologe Holle: „Die Auslese der Tüchtigen ist sicher keine Züchtung der Begabung, sondern Raubbau an der Tüchtigkeit des Volkes. Wenn nun gar auch die Frauen dieser Auslese unterworfen und jede weibliche Tüchtigkeit im Berufsleben ohne Nachkommen aufgebraucht wird, so muß sie auf die Dauer herabzüchtend auf das Volk wirken."

Erziehung zum Mammonismus.

Wie oft versteckte sich hinter dem hohen Wort „Kultur" der krasseste Materialismus! Mit Recht ist von ernsten Männern und Frauen darauf hingewiesen, daß unsere Schulen immer mehr Erziehungsanstalten zum Mammonismus würden. Schon in den Volksschulen traten die wirtschaftlichen Fragen bedenklich in den Vordergrund, und für die aus der Volksschule Entlassenen gab es nur noch **Fachschulen**. In den Höheren und Hochschulen war es nicht besser; für die Regierung erzog der Preußische Staat nur „Dezernenten".

Friedrich von der Leyen sagte: „Im Grunde sind die heutigen Universitäten nur die höchsten Fachschulen und Dressuranstalten für Staatsbeamte ... Eine Fülle tüchtiger Fachmänner, wie sie kein anderes Land hat. Aber das Fach raubt das Interesse und die Sorge für alles, was außerhalb liegt, und die vorwärts kommen wollen, sind skrupelloser, für äußere Ehren empfänglicher und gegen das Beste im Menschen, das Deutsche im Deutschen, abgestumpfter, als es deutscher Art und deutscher Zukunft zuträglich sein kann."

Wolgast, Scharrelmann und andere[1]).

Schon lange vor dem Weltkrieg war ein heftiger Kampf um das **Jugendschrifttum** entbrannt. Es handelte sich um die Frage: Welche Jugendschriften gehören in die Hand unserer jungen deutschen Buben und Mädel? Die vom ästhetisierenden, kosmopolitischen oder die vom politisch-ethischen, deutschvölkischen Standpunkt aus empfohlenen?

Heinrich Wolgast (Hamburg) war der anerkannte geistige Führer der Jugendschriften-Ausschüsse. Allen echten Deutschen muß die Schamröte ins Gesicht steigen, wenn sie lesen, was Wolgast und seine Anhänger unserem Volke zu bieten wagten.

Wolgast spricht von der Notwendigkeit einer gesunden ästhetischen Erziehung des Arbeiterstandes: „Sowohl aus pädagogischen wie aus sozialpolitischen Gründen muß die künstlerische Erziehung der Jugend mehr in den Vordergrund treten ... Wir wollen ein genußfrohes Geschlecht erziehen."

Vor allem verurteilen Wolgast und seine Anhänger die **Kriegsliteratur**. Sie haben keine Ahnung von der Heiligkeit der Kriege, in denen ein Volk heldenmütig um seine Unabhängigkeit ringt, von der Heiligkeit unserer preußisch-deutschen Kriege, des siebenjährigen Krieges, der Befreiungskriege, des deutsch-französischen Krieges 1870/71, des Weltkrieges. Wolgast schreibt: „Zu den unerfreulichen Dingen, die im Gefolge des deutsch-französischen Krieges über die geeinte Nation heraufkamen, gehört auch die neue Hochflut der Jugendliteratur ... Eine Schlacht ist in den neuen Jugendschriften wie ein Fest; hellauf lodern die Flammen der Begeisterung; der Freudentaumel des siegreichen Krieges wird kaum durch Not und Tod gedämpft ... Die Preußenverhimmelung feiert ihre Orgien." Muß man es nicht als eine Schmach empfinden, daß der Hamburger Lehrer Lamszus sein Buch „Menschenschlachthaus" verbreiten durfte?[2]), daß die „Pädagogische Reform" und sogar „Der Dürerbund" diesem Schandbuch eine Empfehlung mitgaben?

---

[1]) Vgl. Gotthard Erich: „Der deutschvölkische Gedanke im Jugendschrifttum", Leipzig, Weicher, 1914.

[2]) Eb. König gab vor dem Weltkrieg seiner Empörung Ausdruck: „Der Mann (Lamszus) ist in Hamburg als Volksschullehrer im Amte; er ist auch Mitarbeiter jenes Jugendschriften-Prüfungsausschusses in Hamburg, der ja der Vorort der Vereinigten

Wolgasts Geistesverwandter **Heinrich Scharrelmann** schrieb 1912 im „Roland": „Wir Lehrer des Volkes haben zu tun, was in unseren Kräften steht, um die Unterschiede der Nationalitäten auszumerzen. **Wir haben daher jeden Patriotismus zu bekämpfen, mag er eine Form annehmen, welche er will.** Bewußte Erziehung zum Patriotismus bedeutet immer eine Unterminierung von Gesittung und Kultur im Volke und ist somit direkt unmoralisch ... Die deutsche Behörde hat inzwischen durch den Ausfall der letzten Reichstagswahlen die Quittung der Lehrerschaft über die fortgesetzte und systematische Brüskierung des ganzen Standes erhalten. Dieser Ausgang der Wahlen ist durchweg die Arbeit der deutschen Volksschullehrer ... Würde sich die Lehrerschaft einmal grundsätzlich von aller privat geleisteten Kulturarbeit zurückziehen und alle öffentliche Tätigkeit im Dienste der Volksbildung und Meinungsbeeinflussung einstellen, so würde das gesamte Reich langsam aber totsicher in Stumpfsinn zugrunde gehen."

Mit überlegenem Spott schieben diese eingebildeten Herren all die herrlichen Worte beiseite, die im Anfang des vorigen Jahrhunderts Männer wie Stein, Fichte, Arndt, Jahn über deutsche Erziehung und Unterricht gesprochen bzw. geschrieben haben. Indirekt sind diese Jugendschriftsteller Förderer der Schundliteratur geworden. Denn der Schund braucht sich bloß „die ästhetische Tarnkappe aufzusetzen", um ihre Anerkennung zu finden.

Unter Führung dieser Hamburger Herren suchten die linksliberalen (internationalen) Kreise des Allgemeinen Deutschen Lehrervereins alle Schriften von ausgesprochen nationaler Gesinnung fern zu halten. Die Werke von Professor Dr. Richter „Deutschlands Befreiung 1813" und „Die Leipziger Völkerschlacht", in denen ausgesprochen war, welche schlimmen Nachbarn die Franzosen dem deutschen Volke seit Jahrhunderten gewesen und daß sie uns noch immer bedrohen, wurden nicht in „das Verzeichnis empfehlenswerter Jugendschriften" aufgenommen, weil man den französischen Chauvinismus nicht nachahmen dürfe[1]).

Ein lächerlicher Eiertanz wurde auch um das wundersame Wort „Tendenz" aufgeführt. Mit Recht schrieb schon vor zwanzig Jahren Adolf Bartels: „Tendenz in der Kunst ist da verwerflich, wo sie das Leben bewußt fälscht, oder wo sie, statt Lebensdarstellung, wenn auch noch so gut gemeinte Belehrung, Reflexion gibt. **Dagegen darf ein Dichter die Welt in seinem Lichte zeigen, darf ein Tendenzmann sein,** wenn er ein ehrlicher Mann ist und sein Talent groß genug, es überhaupt zur Darstellung zu bringen ..."

Deutschen Prüfungsausschüsse ist! Das Hamburger Lehrerorgan empfiehlt das unerhörte Buch als Material — **bei Sedanfeiern!** Hamburger Lehrer haben nachweislich aus diesem Buch, das seinen Unrat bereits im 21. bis 30. Tausend über das deutsche Volk verbreitet, ihren Schülern unter der ausdrücklichen Billigung jenes edlen Organs vorgelesen."

[1]) Voll Zorn rief damals der treffliche General Keim: „Da soll doch gleich ein Donnerwetter dreinschlagen in diese Lehrerseelen! Die Herren wollen wohl mit Limonade und Glacéhandschuhen den nächsten Krieg führen."

Einheitsschule.

Seit einer Reihe von Jahren lautet die Forderung des Tages „**Einheitsschule**"! Es soll keineswegs geleugnet werden, daß da viele vortreffliche Vorschläge gemacht sind, z. B. von dem verdienten Schulmann Kerschensteiner. Aber es kommt weniger darauf an, was dieser oder jener geschrieben hat, als was durch die einflußreiche Presse Bestandteil der öffentlichen Meinung geworden ist. Und da müssen wir leider sagen: „**Einheitsschule**" **ist im Dienste der internationalen Demokratie zu einem politischen Schlagwort geworden**. Es ist doch sehr bezeichnend, daß J. Tews, der Hauptvorkämpfer für die Einheitsschule, „die Gleichberechtigung aller Konfessionen und politischen Richtungen" betont. Gleichberechtigung? Derselbe Herr Tews steht an der Spitze der „Gesellschaft für Verbreitung von Volksbildung", welche Hunderttausende von Büchern versendet. Da ist für Treitschke, Einhart, Kossinna, für Freytags „Soll und Haben", für Polenz' „Büttnerbauer", für Raabes „Hungerpastor" kein Raum.

Schon **Treitschke**, der wie Bismarck ein prophetisches Ahnungsvermögen besaß, bezeichnete es als eine Verirrung des modernen Liberalismus, die lächerliche Idee der Einheitsschule verwirklichen zu wollen; es sei dies die Forderung jenes Bildungsdünkels, der von wahrer Bildung gar keine Ahnung habe. Durch ihn sei die Lehre aufgekommen, daß die menschliche Bildung nicht bestehen solle in der Fähigkeit des methodisch sicheren Denkens, die jedem so Ausgebildeten ermögliche, sich überall selbständig zurechtzufinden, sondern daß der einzelne zweibeinige Sterbliche bestimmt sei, einem wandelnden Konversationslexikon zu gleichen. Und **Lagarde** spricht davon, daß über unserem Vaterlande ein zäher, widerlicher Schleim von **Bildungsbarbarei** liege, die Gottes Licht und Luft von uns abhalte.

Was von der neuen „Reform" zu erwarten ist, geht aus den Worten des jetzigen (1925) Kultusministers **Becker** hervor: „Die Feinde müssen innerlich überwunden werden. Wenn wir uns treu bleiben, wird einst der Tag der Scham für unsere Gegner kommen. Es wäre ja nicht das erste Mal, daß durch Leiden die Welt überwunden wird. Dann wird es in einem **neuen Europa** weder Herrscher noch Sklavenvölker, sondern eine zu gemeinschaftlicher Arbeit verbundene **Völkerfamilie** geben. Diesem Ziel muß aber unsere ganze Politik dienen." Da haben wir als Ziel die Wahnidee der Völkerfamilie, der einheitlichen Menschheit!

Erziehung zur Halbbildung.

Es ist ein weitverbreiteter Irrtum, daß sich die höher Gebildeten von den weniger Gebildeten lediglich durch die **Masse** des Wissens unterscheiden. Deshalb geht der Zug der Zeit dahin, daß man alles wissen, über alles mitreden will. Kennt man nicht mehr die schönen Worte:

„Im engen Kreis erweitert sich der Sinn;
In der Beschränkung zeigt sich erst der Meister?"

Hat man nicht mehr den Mut, **etwas nicht zu wissen**? Weiß man ein liebevolles Sichhineinversenken in einen Gegenstand nicht mehr zu schätzen? Immer neue Forderungen werden an die Schule gestellt: Chemie, Biologie, Geologie, Stenographie, Kunst, Anatomie, Gesundheitslehre, Rechtskenntnisse, Einführung in den Fahrplan, Altertümer, die Ergebnisse der Ausgrabungen usw.

Die Folge ist eine Erziehung zur Oberflächlichkeit und Halbbildung, welche die Menschen so eitel und unausstehlich macht; sie glauben alles zu wissen, und wissen nicht, daß sie nichts wissen. Es ist ein altes Gesetz: wenn man in die Breite und Weite geht, kann man nicht in die Tiefe bringen, sondern bleibt an der Oberfläche. Leider gibt die Regierung dem Drängen der Presse, der zahlreichen Berufsvereine und Fachzeitschriften, die unablässig eine besondere Berücksichtigung dieses oder jenes Gegenstandes fordern, mehr und mehr nach, und so werden die Schulen, vor allem die Volksschulen, mit zuviel Wissensstoff beladen. Darin liegt eine große Gefahr.

Als um 1900 für die Schulen eine eingehendere Behandlung der **Kulturgeschichte** gefordert wurde, da erschienen alsbald zahlreiche Bücher; aber wie sehr wurden wir enttäuscht! Mit Bienenfleiß, mit echt deutscher Gründlichkeit war da alles mögliche behandelt; da standen ausführliche Abschnitte mit Bildern über Waffen und Kleider, Schmuck und Handwerkszeug, Hausgerät und Zimmereinrichtungen, Handel und Gewerbe. **Aber die Hauptsache fehlte**, Steine statt Brot! Wiederum dachten wir an Goethes Götz von Berlichingen, dem der Klosterbruder Martin sein Herz ausschüttet: „Da komme ich von St. Veit, wo ich die letzte Nacht schlief. Der Prior führte mich in den Garten, das ist nun ihr Bienenkorb. Vortrefflicher Salat! **Kohl nach Herzenslust**! und besonders Blumenkohl und Artischoken, wie keine in Europa!" **Kohl nach Herzenslust**; aber die Hauptsache fehlte.

In den Lehrplänen von 1901 wurde die „Einführung in das Geistes- und Kulturleben der alten Griechen und Römer" als das eigentliche Lehrziel des Unterrichts in den alten Sprachen hingestellt, und in der „Ordnung der Reifeprüfungen" von 1901 hieß es, daß bei der Prüfung im Lateinischen und im Griechischen den Schülern Gelegenheit gegeben werde, „ihre Kenntnisse auf dem Gebiete der Altertumskunde, soweit diese für das Verständnis der Schriftsteller erforderlich ist, zu erweitern". Vortreffliche Forderungen! Aber wie viel Unheil haben sie angerichtet!

Über dieses Unheil schrieb ich 1908 einen längeren Aufsatz[1], dessen Schluß lautet: „Zwar muß auf allen Gebieten des Unterrichts ein eiserner Bestand von positiven Kenntnissen bei den Schülern vorhanden sein; aber hüten wir uns, die Altertumskunde, die ‚Realien', die Mythen und Sagen, die Religion zu einem **Lernstoff** zu machen! Hüten wir uns, daß nicht das Schönste, was wir bieten können, den Schülern zur Qual wird und sie im späteren Leben mit Erbitterung auf den pedantischen Schulbetrieb zurückblicken! Wir wollen und dürfen keine Halbbildung großzüchten.

---

[1]) In der „Monatsschrift für höhere Schulen".

Wie viele Menschen laufen in der Welt herum, die sich in allem Ernst für große Geographen halten, weil sie den kleinen Daniel im Kopfe haben, oder für große Theologen, weil sie den Katechismus auswendig können, oder für große Mathematiker und Naturforscher, weil sie auf dem Lehrerseminar das Examen mit „recht gut" bestanden haben! Wir können unseren Primanern nichts Schlimmeres antun, als wenn wir ihnen die Vorstellung beibringen, sie seien mit dem Abiturientenexamen „fertig". Im Gegenteil! wir müssen die Sokratische Weisheit in ihnen zu wecken suchen, daß sie nichts wissen; wir müssen sie hungrig und durstig machen nach Wissen. Das geschieht aber nicht, indem wir in die Breite, sondern indem wir auf engem Raum in die Höhe und Tiefe gehen."

Staatsbürgerliche Erziehung.

Recht vielversprechend war die Bewegung, die eine bessere **staatsbürgerliche Bildung und Erziehung** erstrebte; aber wie geschickt haben es die Internationaldemokraten verstanden, sie auf ein falsches Gleis zu drängen! wie gehässig fielen sie (Rom und Juda) über jeden her, der es wagte, die Geschichte wahrheitsgemäß zu behandeln und die Kraft des nationalen Gedankens nachzuweisen! Wer von deutschem Volkstum sprach, dem tönte der Ruf entgegen: „Politik gehört nicht in die Schule!" Denn vom Deutschtum reden, von seiner Heldengeschichte und seiner nationalen Kultur, heißt ihnen: „Politik treiben." Mit dem Schlagwort: „Politik gehört nicht dahin" hinderten sie Krieger- und Turnvereine, sogar die Offizierkorps, sich als Deutsche zu betätigen.

Und was war nun in den zahlreichen Aufsätzen und Büchern „Bürgerkunde", „Staatsbürgerliche Erziehung", „Wege und Ziele der staatsbürgerlichen Erziehung" zu lesen? Fast immer stand zweierlei im Vordergrund: Belehrung über den **Staat** (seine Verfassung, Einrichtung, Verwaltung) und über die **Volkswirtschaft**[1]. Den meisten Verfassern erschien ein enzyklopädisches Wissen, die lückenlose Vollständigkeit als die Hauptsache. Da wurden z. B. alle Orden aufgezählt, die der preußische König verlieh, und die Standorte sämtlicher Korpskommandos genannt; das Oberverwaltungsgericht und die Oberrechnungskammer durften nicht fehlen; wir erhielten eine ausführliche Darlegung über die Selbstverwaltung der Provinzen, über den Provinziallandtag, den Ausschuß, den Landeshauptmann, die Vorlagen, die Aufsicht, den Haushalt, die Provinzialsteuern; wir wurden ganz genau unterrichtet über die einzelnen Ministerien, über die Amts-, Land-, Oberlandesgerichte und das Reichsgericht, über die Zuständigkeit der einzelnen Instanzen, über die verschiedenen Staatssekretäre des Reiches und ihre Aufgaben, über das Steuer- und Finanzwesen; über Botschafter, Gesandten, Konsuln, Ministerresidenten, über Matrikularbeiträge und Stempelabgabe. **Es fehlte nichts.**

Und doch fehlte die Hauptsache! Denn die Verfasser gingen den wichtigsten Fragen ängstlich aus dem Wege: aus liebevoller Rücksicht

---

[1] Vgl. meinen Aufsatz „Staatsbürgerliche oder volksbürgerliche Erziehung?" im Volkswart, 1913, S. 87 ff.

auf die Empfindlichkeit der Internationaldemokraten. Von dem Verhältnis zwischen Staat und Kirche, zwischen Staat und Volk, von den Staaten im Staate, von dem Unterschied von National= und Völkerstaat, von dem Ringen zwischen Nationalismus und Universalismus, von den Gefahren in unseren Grenzprovinzen wurde nicht gesprochen.

Bedauerlich und ungerecht waren die Vorwürfe, die K a i s e r W i l h e l m II. auf der Schulkonferenz des Jahres 1890 gegen die Lehrer der Höheren Schulen erhob: „sie hätten von vornherein von selber das Gefecht gegen die Sozialdemokratie übernehmen müssen¹); sie wären nicht mehr, wie vor 1870, „die Träger des Einheitsgedankens" gewesen, hätten sich vielmehr als „beati possidentes" gefühlt. — Weshalb richtete der Kaiser diese Vorwürfe nicht g e g e n d i e R e g i e r e n d e n? Mußte man ihnen nicht die Erfüllung der wichtigsten nationalen Aufgaben a b r i n g e n? Wurde das nicht seit 1890 von Jahr zu Jahr schlimmer? Sahen die Regierenden nicht mit verschränkten Armen der zersetzenden Arbeit der internationalen Mächte (Rom und Juda) zu? wiesen sie nicht die Deutschesten der Deutschen, die selbstlosen Führer des Flotten=, Ostmark=, Nordmark=, Wehrvereins, des Alldeutschen Verbandes mit schroffen, verletzenden Worten zurück? Unter denen, die sich der undankbaren Aufgabe unterzogen, den Regierenden das Notwendigste abzuringen, standen Volksschullehrer, Oberlehrer, Universitätslehrer in vorderster Reihe; aber sie durften nicht auf Förderung und Unterstützung der Regierung rechnen, sondern auf Zurücksetzung und Hemmung. Wie wenig Verständnis war und ist in den regierenden Kreisen für die elementare Wahrheit vorhanden, daß V o l k s t u m h ö h e r s t e h t a l s S t a a t!

D i e A n g s t v o r d e r S o z i a l d e m o k r a t i e war der Anlaß, daß man seit 1890 eine „bessere" staatsbürgerliche Erziehung forderte; als man mit den polizeilichen Mitteln nicht auskam, da sollte die S c h u l e helfen, und es wurde ihr der Vorwurf gemacht, sie habe nicht ihre Schuldigkeit getan. Aber gerade diese Einseitigkeit, nur den Kampf gegen die Sozialdemokratie zu fordern, verbunden mit einer ängstlichen und liebevollen Rücksicht auf die Empfindlichkeit der Ultramontanen und Linksliberalen (Roms und Judas), war das Haupthemmnis einer gesunden staats= und volksbürgerlichen Erziehung. Aufgabe der staatsbürgerlichen Erziehung muß es sein, unsere Jugend auf die Gefahren hinzuweisen, die unser Volkstum in Vergangenheit, Gegenwart und Zukunft von außen und von innen bedrohen, und sie zum Kampfe dagegen zu stählen; wenn man dabei die Worte „Rom und Juda" ängstlich meidet, so fehlt gerade die Hauptsache²).

„Reinigungen."

„Gereinigte" Klassikerausgaben! wie selbstverständlich klingt das! müssen wir nicht von der Jugend alles „sittlich Anstößige" fernhalten?

---

¹) Genau so machte es König Friedrich Wilhelm IV., der 1849 in einer Konferenz von Seminarlehrern erklärte: „All das Elend, das im verflossenen Jahre über Preußen hereingebrochen, ist Ihre, einzig Ihre Schuld..."

²) Dasselbe gilt für unsere nationalen Parteien und Verbände. Sie kommen keinen Schritt vorwärts, so lange sie sich vor den Worten „Rom und Juda" fürchten.

Aber ist es denn „sittlich anstößig", daß die Mädel für die Buben gemacht sind, daß Liebende sich küssen, daß der Bub laut frohlockt, wenn er seinen Schatz sieht? Muß es nicht als eine traurige Verirrung bezeichnet werden, wenn der sechste Gesang der Odyssee, die Perle des ganzen Epos, „Nausikaa", wo alles von der schönsten Zartheit und Keuschheit ist, für „sittlich anstößig" erklärt wird?

Schlimmer sind die „Reinigungen", die aus Rücksicht auf **Rom und Juda** erfolgen; denn sie laufen auf bewußte Fälschungen hinaus. In einer weitverbreiteten Auswahl der Gedichte Walters von der Vogelweide ist, um „die Gefühle der katholischen Schüler zu schonen", alles ausgelassen, was sich auf seinen leidenschaftlichen Kampf gegen die römische, päpstliche Politik bezieht, und damit fehlt die Hauptsache. Ebenso wird aus den Klassikern des 18. und 19. Jahrhunderts alles entfernt, was Rom und Juda verletzen könnte.

Nachdem solche Reinigungen vorgenommen sind, kann unser Altmeister Goethe von den Sozialdemokraten als „Genosse" gefeiert werden, von den Juden als ein Mann, der ihren internationalen Ideen huldigte, von den Ultramontanen als der große Denker und Dichter, der seinem innersten Wesen nach katholisch war[1]).

Theater und Schrifttum.

Wo liegen die Quellen für die geistige Nahrung unseres Volkes? Leider spielt für Hunderttausende die Kirche keine Rolle mehr; unter „Gebildeten" gilt es nicht mehr für „ungebildet", wenn man von der Bibel und der christlichen Religion so gut wie nichts weiß. Dasselbe gilt für unser Volkstum und unsere nationale Literatur.

Welche Macht haben dagegen **Theater und Kino, Tageszeitungen und Romane** erlangt! Und was wird da alles dem deutschen Volke unter der Maske „Bildung" und „Kultur" geboten! wie viel Gift wird täglich und stündlich in die Seelen geträufelt! Leider haben nur wenige Deutsche eine Ahnung von dem zähen Kampfe der Internationaldemokraten gegen unser germanisch-deutsches Ariertum. Wer schreibt unsere Zeitungen und Romane? wer leitet die Theater? Fürwahr, wir stehen unter einer **Kultur-Fremdherrschaft**, über die jeder Deutsche aufgeklärt werden muß. Wie schwer ist es für deutschgesinnte Dichter, sich gegen die unerhörte Tyrannei des Geldes durchzusetzen! Theater und Kinos sind zu Geschäftsunternehmungen niedrigsten Grades geworden. **Christentum und Deutschtum** gelten als Sache „rückständiger" Leute; für christliche Gesinnung und kirchliches Leben hat man nur ein überlegenes spöttisches Lächeln. Vor dem Weltkrieg prägte man für uns deutschgesinnte Männer die Worte „Chauvinismus, Fanatismus, Hurra-, Bier- und Schimpfpatriotismus"; man stahl uns unsere Seele, und der deutsche Idealismus wurde planmäßig ertötet.

---

[1]) Vgl. meine „Kulturgeschichte", 4. Auflage, S. 371 ff.

Über das Theater hieß es in dem trefflichen Buch „Wenn ich der Kaiser wär'": „Es fragt sich, ob man dem Triumphe der Plattheit weiter zuschauen soll. Es könnte sonst dahin kommen, daß man gegen die Volksvergiftung durch den Alkohol erfolgreich ankämpft, die Vergiftung der Seelen aber zuläßt, die durch die Form und den Inhalt des Verabreichten besonders wirkungsvoll sein muß." In dem lehrreichen Büchlein von Dr. Dinter „Weltkrieg und Schaubühne" lesen wir: „Das Theater ist zum Spekulationsobjekt herabgesunken. Die Theaterstücke gelten als Ware und werden auch von den Fabrikanten und Zwischenhändlern als Ware bezeichnet. ‚Ich fahre wieder nach Paris, um Ware einzukaufen', war die bekannte Redensart eines Berliner Theaterverlegers, der, als vor fünfundzwanzig Jahren das ‚Theater als Geschäft' ganz neue Möglichkeiten für fixe Zwischenhändler bot, flugs das zweifellos sehr ehrsame Geschäft eines Händlers mit Konfektionsartikeln aufgab und Händler mit Theaterartikeln wurde. In Berlin besitzt er jetzt ein eigenes Theater, in dem er seine Pariser Ware direkt ans Publikum bringt, ist Mitbesitzer noch anderer Berliner Theater und sogar eines Theaters in Paris. Er hat einfach die Branche gewechselt. Die Leute können alles und machen eben alles ... Schmählich ist auch der Verrat, der mit undeutschen Kräften an urdeutschem Geistesgut (Goethe, Schiller, Kleist) geübt wird. Die Dichtung wird zur Nebensache, der kinomatographische Mumpitz zur Hauptsache ... Stücke wie Wedekinds ‚Frühlings Erwachen' sind für das Volk gefährlicher als die Pest und ein Schandfleck der Dichtung deutscher Zunge ... Ein Volksgift heimtückischster Sorte sind die Ehebruchs=Lustspiele, die durch jene ganz bestimmte Menschengattung, die im Theater nichts als Geschäft sieht, importiert und vermittels der berüchtigten Kuppelverträge auf fast allen deutschen Bühnen verbreitet wurden." — Auf der Berliner Kabarettbühne wagte man schon im zweiten Kriegsjahr zu singen:

> „Nach dem Krieg wird alles wieder,
> Wie es einstens war,
> Froh singt man die alten Lieder,
> Sitzt bis sechs Uhr in der Bar."

Den größten Romanerfolg während des Krieges hatte der Jude Gustav Meyrink (eigentlich „Meyer") mit seinem Buch „Der Golem". Großartig war die jüdische Aufmachung der Reklame; eine Berliner Zeitung brachte eine ganze Seite lobender Besprechungen. Da hieß es: „Großes, ganzes, äußerst stark und rein wirkendes Buch! Der Klang kommt aus der Tiefe, aus vollstem Können." Mit Recht schrieb dagegen Fritz Lienhard: „Was in aller Welt hat dieses durch und durch jüdische Ghettobuch mit dem gewaltigen deutschen Krieg oder überhaupt mit der deutschen Seele zu tun? Was ist denn das für ein Grimassen=Unwesen, das sich da in den Vordergrund zu drängen sucht?"

Unsere verbreitetsten Tageszeitungen werden für Deutsche von Undeutschen in undeutschem Geiste geschrieben. Schon im Jahre 1840 äußerte der englische Jude Montefiore (früher „Blumenberg"): „Solange wir nicht die Zeitungen der ganzen Welt in Händen haben, um die Völker zu täuschen und zu betäuben, bleibt unsere Herrschaft ein Hirngespinst." Heute (1925) haben die Juden die Zeitungen der ganzen Welt monopolisiert; sie können die Massen aller Länder täuschen und irreführen, ganz wie es in ihrem Interesse liegt. Das ist in den letzten Jahrzehnten, draußen und drinnen, mit größtem Erfolg geschehen, und darin sehen wir eine Hauptursache unsres Zusammenbruchs. Auch in die deutschen Familienblätter, selbst solche, die eine konservativ-christliche Farbe tragen, sind Juden eingedrungen; sie beherrschen die Moden-, Frauen-, Sport- und Fachblätter (1925).

Bildungsvereine,
Akademische Kurse, Volkshochschulen.

Wie viel Segen hätten die **Bildungsvereine** und **Akademischen Kurse** bringen können! aber alle Vorträge sollten „neutral" und „objektiv" sein, und das bedeutete, daß über das Wichtigste nicht gesprochen werden durfte; unsere Internationaldemokraten sorgten dafür, **daß die Hauptsache fehlte.**

Es sollte doch nicht Aufgabe von „**Akademischen**" **Kursen** sein, den Fremdsprachenunfug zu fördern, indem sie Unterrichtsstunden in Französisch, Englisch, Italienisch, Spanisch einrichten für „Anfänger, Vorgeschrittene, weiter Vorgeschrittene", und zwar eine beträchtliche Zahl von Parallelkursen. — **Und die Volkshochschulbewegung?** Ich habe sie freudig begrüßt; denn ich sah, daß edle, deutschgesinnte Männer bei uns Ähnliches einzurichten gedachten, wie es im benachbarten Dänemark schon seit der Mitte des vorigen Jahrhunderts besteht. „Wiedergeburt der völkischen Kultur!" das war das Ziel des Gründers der dänischen Volkshochschule, Herrn Grundvig; dabei richtete er sein Augenmerk hauptsächlich auf die Landbevölkerung und den städtischen Mittelstand.

> Grundvig sagte: „Alle bisherigen Unterrichtsanstalten haben den Fehler, den Zöglingen den Übergang zu einem bürgerlichen Berufe zu verleiden, daß sie später keine Lust mehr haben, mit Hammer und Zange und Pflug zu hantieren. Es geht doch nicht an, das Volk in lauter Professoren, Beamte und Armenhausmitglieder aufzulösen ... Was man bei jeder Volkshochschule wünschen müßte, wäre, daß alle jungen Männer, die sie besuchten, **schon einen Beruf kännten**, zu dem sie Lust und Gelegenheit hätten; und woran die Volkshochschule jedenfalls arbeiten soll, ist, daß jeder mit erhöhter Lust zu seiner Arbeit zurückkehren kann, mit klarem Blick für die menschlichen und bürgerlichen Verhältnisse, besonders für die seines Vaterlandes, und mit belebtem Frohgefühl über die **volkstümliche** Gemeinschaft, welche teilhaftig macht an dem Großen und Guten, das bisher von dem Volke, dem man angehört, ausgerichtet ist und künftig ausgerichtet werden wird ... Ein **Kosmopolit** kann wohl aufrecht auf zwei Beinen gehen und die Nase mitten im Gesicht haben; aber eine Seele kann er nicht haben; als Mensch spricht er nicht mit."

Grundvig verabscheute die planlosen **Popularisierungsversuche** einer von Freidenkerkreisen ausgehenden Christentums- und volkstumsfeindlichen Wissenschaftlichkeit.

Wiedergeburt der völkischen Kultur! Nach dem dänischen Vorbild hat man auch bei uns mit Privatmitteln angefangen, einerseits für die Landbevölkerung „Bauernhochschulen", anderseits für den städtischen Mittelstand „Arndt-, Fichte-, Bismarck- oder Heimat-Hochschulen" einzurichten.

Leider ist es den Internationaldemokraten gelungen, die herrliche Volkshochschulbewegung nicht nur auf falsche Bahnen zu drängen, sondern sogar zu einem Mittel zu machen, um eine gesunde Wiedergeburt unseres Volkes zu verhindern. Jahrzehntelang hatten sie gepredigt, daß Macht und Kultur Gegensätze seien. Nachdem die Revolution vom 9. November 1918 unsere Macht zertrümmert hatte, floß ihr Mund über von Bildungs- und Kulturbestrebungen. Da wurden die Volkshochschulen zu einem beliebten Schlagwort. Die Sache war ja so bequem. Die Herren brauchten keine Opfer zu bringen, wie die Gründer und Förderer der nationalen Volks- und Bauernhochschulen; vielmehr wurde ein Geschäft daraus, und die Stadtparlamente bildeten sich sehr viel auf ihr Mäzenatentum ein, wenn sie öffentliche Gelder dafür zur Verfügung stellten. Weil aber Hauptbedingung eine „neutrale" und „objektive" Behandlung des Bildungsstoffes war, wurden dem hungernden Volke **Steine statt Brot** gereicht; die **Hauptsache fehlt**. Für deutschvölkische Männer ist da von vornherein kein Raum.

In **Düsseldorf** begann man unmittelbar nach der „glorreichen" Revolution mit der Einrichtung einer Volkshochschule. Ein Programm wurde veröffentlicht: „über Geologie, Biologie, Volkswirtschaftslehre, Rechtswissenschaft, Naturwissenschaft, Kunst, Ethik, Technik, Sozialpolitik, Gesundheitspflege" sollte gesprochen werden. In dem Verzeichnis der Vorträge für den Sommer 1920 stand: „10 Doppelstunden über Wesen, Umfang und Bedeutung des Gedächtnisses auf experimenteller Grundlage", „10 Doppelstunden über Positivismus, Materialismus, Naturalismus, Idealismus", „Gedanken über Campanellas Sonnenstaat, Winstenleys Gesetz der Freiheit, Vairasses Geschichte der Sevaramben, Morellys Basiliade."

In **Hildesheim** war im Sommer 1919 eine Hochschulwoche. Und worüber wurden die Vorträge gehalten? über die Geschichte der Schrift, Keilschrift, Hieroglyphen, Buchstaben, die germanischen Runen; über das Wesen, Entstehung und Fortbildung der Sprache; über die Atomenlehre; über Geologie, Rechtsfragen, antiken Tempelbau, über Dantes divina comoedia, über unsere Familiennamen, über den Hildesheimer Silberfund.

Dr. Honigsheim, Direktor der Städtischen Volkshochschule in **Köln**, erzählt, wie er seine Hörer durch das Museum für Völkerkunde führt; dort spricht er von dem Hordenleben, von der magischen Religion der Südost-Australier, von der chinesischen Beamtenkorrektheit und Diesseitsreligion, von der Passivität der indischen Beschauer und dem Einheitsbewußtsein mittelalterlicher Christen. Dem stellt er dann den modernen europäischen Menschen gegenüber „mit seinen getrennten Sphären, seiner kirchenfreien Wissenschaft, seiner naturwissenschaftlichen Tendenz und seiner kapitalistischen Gesinnung".

Für die Internationaldemokraten ist in manchen Städten die Volkshochschule geradezu zu einem parteipolitischen Machtmittel geworden. Ein Schöneberger Flugblatt (1920) enthielt die unverhüllte Aufforderung an die Arbeiter, die Volkshochschule ins sozialistische Fahrwasser zu lenken, d. h. auf Kosten der Allgemeinheit sozialistische Gedanken zu verbreiten. Da ist es natürlich nicht zu verwundern, daß in Schöneberg von dreiunddreißig Lehrern an der Volkshochschule elf Juden sind. Auch in dem Vorlesungsverzeichnis der **Rhein-Mainischen Volksakademie** unter den Dozenten Namen wie Kahn, Eppstein, Fränkl. An der **Düsseldorfer** Volkshochschule gab es 1924 eine sozialistische Hörer- und Dozentenfraktion. Ihr Ziel hatte mit Wissenschaftlichkeit nichts zu tun; vielmehr galt es, „von jugendlichem Feuer beseelte Klassenkämpfer heranzubilden".

Echte, gesunde Erneuerung.

Der ganze Bildungsschwindel, an dem wir kranken und der eine Hauptursache unseres Zusammenbruchs ist, beruht auf einem **Mangel an Wahrheitsmut und an Zivilkourage**.

Wenn wir eine Erneuerung und Wiedergeburt unseres Volkes ersehnen, dann dürfen wir uns nicht durch das törichte Schlagwort „Reaktion" irre machen lassen. Was die Internationaldemokraten „Reaktion" schelten, ist **Vereinfachung und Vertiefung**; die wichtigsten Entwicklungen begannen mit einer Vereinfachung.

Jesus Christus war der größte Vereinfacher und Befreier. Der ungeheure Ballast von Jahrtausenden zerfloß in ein Nichts, und weil seine Religion die denkbar einfachste war, konnte sie die höchste und tiefste werden; weil sie alles Äußerliche abstreifte, wurde sie die innerlichste Religion: „Das Reich Gottes ist inwendig in euch."

Und **Luther**? Er machte die Entdeckung, daß der ungeheure Apparat der römischen Kirche und der mittelalterlichen Bildung, die großartige Schöpfung vieler Jahrhunderte, zur Glückseligkeit nicht nur überflüssig, sondern schädlich sei. Weil er die religiösen Verhältnisse vereinfachte, konnte er sie im Gewissen vertiefen.

War es mit unsern großen Geisteshelden des 18. Jahrhunderts anders? Die Lyrik der Vor-Goetheschen Zeit erscheint uns ungenießbar, weil sie mit einem Ballast von Gelehrsamkeit beschwert ist. Der junge Student Goethe aber sammelte im Elsaß, auf Anregung Herders, einfache deutsche Volkslieder und bildete sich an ihnen: „Sah ein Knab' ein Röslein steh'n."

Unter den Staatsmännern verehren wir mit Recht **Bismarck** als den größten; war er nicht zugleich der einfachste? Durchsichtig und klar ist alles, was er tat und redete; jedermann kann seine höchste Weisheit verstehen und um so leichter in sich aufnehmen, je weniger er sich mit der grauen Theorie und mit abstrakten Gedanken abgegeben hat.

Vereinfachung muß auch heute (1925) unsere Losung sein, und Nationalisierung der Schulen unser Feldgeschrei. Man fege den Fremdsprachenunfug hinweg, entthrone die französische und englische Sprache in Deutschland! Vor allem tut eine **Nationalisierung der Lehrkörper** not; Leute undeutschen Blutes und undeutschen

Geistes eignen sich nicht zu Erziehern der deutschen Jugend, auch wenn sie noch so „gebildet" sind; das gilt für die Universitäten ebenso wie für die Volksschulen.

Unter „Einheitsschule" wollen wir keine Demokratisierung, sondern Nationalisierung verstehen: daß sämtliche Schulen, bei aller Verschiedenheit, die Universitäten und Hochschulen, die höheren und die Volksschulen, die Knaben= und Mädchen=, evangelischen und katholischen, öffentlichen und privaten Schulen, von demselben Geiste erfüllt sind; daß alle, Lehrer und Schüler, ein Gedanke und ein Wille sind. Und dieser Wille geht dahin, daß wir unser Deutschtum und Christentum pflegen, unsere deutschnationale Kultur gegenüber der sogenannten internationalen Kulturgemeinschaft. Es gilt, den Weg zurückzufinden zu den Quellen unserer Kraft: zur Bodenständigkeit, zum Volkstum, zur völkischen Kultur. Es gilt, den idealen Sinn der Jugend zu wecken und hohe Ziele zu zeigen, denen unser Volk zustreben soll. Kein Idealismus ist echt ohne Religion; die Religion muß die Triebkraft sein, die uns stark macht, freiwillig uns dem Ganzen ein= und unterzuordnen und unsere sozialen Pflichten zu erfüllen, nicht weil wir müssen, sondern weil wir wollen. Die Religion allein gibt uns auch den starken Glauben, der uns in diesen trüben Tagen aufrecht hält (1925).

Liebe und lebendige Begeisterung für unsere hohe Sache wird uns retten. „Begeisterung ist alles", sagt Wilbrandt, „gib einem Menschen alle Gaben der Erde und nimm ihm die Begeisterung, so verdammst du ihn zum ‚ewigen Tode'." Und Fichte behauptet: „Immer und notwendig siegt die Begeisterung über den, der nicht begeistert ist."

Gesund und treu, begeisterungsfähig und willensstark: so wünschen wir uns das heranwachsende Geschlecht.

Der Lügenfeldzug gegen Hitler und sein Drittes Reich.

In der 4. Auflage dieses Buches (1925) trug der letzte Abschnitt die Überschrift „Programme oder Richtung?" Ich wies auf Jesus und Luther hin; auch erinnerte ich an den denkwürdigen 22. September 1862, wo Bismarck seinem königlichen Herren auseinandersetzte, daß es sich nicht um ein Programm handele, sondern um ein **Entweder — Oder**. Auch heute (1925) können uns keine Programme oder Reden helfen; vielmehr handelt es sich um die entschlossene **Wahl zwischen zwei Wegen**, zwischen zwei Richtungen: Entweder — Oder! Auf dem einen Arm des Wegweisers steht „Rom und Juda", auf dem anderen „Wittenberg, Potsdam, Weimar!"[1]

Damals (1925) nahm **Adolf Hitler** (nach seiner Entlassung aus der Festungshaft) den Kampf gegen das „System von Weimar", d. h. gegen die schwarzrotgoldene Parlamentsherrschaft der Reichstagsmehrheit, gegen die rom- und judenhörigen Flavusdeutschen, denen ihre Menschheitsziele höher stehen als unser Volkstum, von neuem auf und gründete die Nationalsozialistische Deutsche Arbeiterpartei (NSDAP.). Trotz aller Widerstände ging er von Sieg zu Sieg, und je größer die Zahl der Märtyrer wurde, um so mehr wuchs die Anhängerschaft — bis am 30. Januar 1933 der Reichspräsident Hindenburg dem unerschrockenen Kämpfer das Reichskanzleramt übertrug. In all diesen Jahren hat Hitler keine programmatischen Reden gehalten, sondern die Beseitigung der Parlamentsherrschaft, die Entlarvung der „Novemberverbrecher", vor allem die Niederringung des „Marxismus" als sein Ziel hingestellt. Es galt, das deutsche Volk aus einer falschen Richtung herauszureißen und wieder „auf den rechten Strang" zu führen. Die ersten Monate des Jahres 1933 lieferten durch den Reichstagsbrand und durch die Funde im Liebknechthaus den Beweis, wie nahe eine zerstörende Überflutung durch den russisch-jüdischen Bolschewismus bevorstand.

Hitler schrieb Neuwahlen für den Reichstag aus. Indem er dann die sozialistische und kommunistische Partei nicht anerkannte, **befreite er uns von der verderblichen Schlüsselstellung des Zentrums**, und es folgte die mehr oder weniger freiwillige Selbstauflösung der Parteien. Zugleich hat Hitler vom ersten Tage an die Befreiung von den Fesseln des Versailler Diktats ins Auge gefaßt; er bezeichnete es als einen Wahnsinn, dauernd die Völker in „Sieger" und „Besiegte" einzuteilen, und forderte Gleichberechtigung.

Noch immer suchen **starke Hemmungen, die von den Großmächten der Lüge ausgehen**, den Ausbau des Dritten Reiches zu stören und zu vereiteln. Dieser Kampf wird nie aufhören.

---

[1] Chamberlain schrieb um 1900 in seinen „Grundlagen": „Wir haben nur die eine Wahl: **Entweder Rom zu dienen oder es zu bekämpfen**; abseits bleiben ist ehrlos."

1.
Der jüdische Lügenfeldzug.
("Judenverfolgungen.")

In der kampfesscheuen nachbismarckschen Zeit (1890—1933) waren wir soweit gekommen, daß wir überhaupt das Wort „Jude" nicht in den Mund nehmen durften, außer, wenn es sich um eine Verherrlichung des „auserwählten Volkes" handelte. Das wurde 1933 anders: Mit dankenswerter Offenheit sorgte das Propagandaministerium des Pg. Dr. Goebbels für Aufklärung. Einerseits erfuhr das deutsche Volk die ungeheure Macht, die das Judentum in unserem kulturellen und wirtschaftlichen, im politischen, sozialen und rechtlichen Leben besitzt. Anderseits wurde der M i ß b r a u c h aufgedeckt, den das Judentum mit seiner Macht trieb: Sein Anteil am Mädchenhandel, an der Schmutz= und Schundliteratur, an der Zerrüttung unseres Ehe= und Familienlebens, an der Entwurzelung unseres Volkes, an dem Klassenkampf durch die marxistisch=jüdische Irrlehre. Und wie schonend ist unsere Regierung vorgegangen! Sie „beurlaubte" die jüdischen Professoren an unseren Universitäten, Hoch= und Höheren Schulen, d. h. sie wurden „pensioniert" und beziehen ihren Ruhestandsgehalt. Freilich zogen viele Juden, die eine strafrechtliche Verfolgung zu erwarten hatten, vor, ins Ausland zu fliehen, von wo sie als „Emigranten" ihr Lügenhandwerk betreiben.

Alsbald hallten alle fünf Erdteile wider von Lügennachrichten über g r a u s a m e J u d e n v e r f o l g u n g e n. Eine Greuelpropaganda setzte ein, die lebhaft an all das erinnerte, was die Feinde im Anfang des Weltkrieges über die „barbarischen" Ausschreitungen unserer deutschen Krieger gegen Frauen und Kinder, Kirchen und Klöster meldeten. Und weil im Ausland noch mehr als bei uns die große Presse in den Händen der Juden ist, konnten ganz falsche Vorstellungen über die Diktatur Hitlers in der ganzen Welt verbreitet werden.

Im April 1933 las ich einen Artikel unter der Überschrift „Juda erklärt den Krieg". Darin hieß es: „Die Weltmacht des Judentums wurde in den vergangenen Wochen von der Leitung der ‚Dreihundert' Rathenaus zu einem konzentrierten Angriff auf Deutschland angesetzt, der nur allzu deutlich zeigt, wie stark immer noch Juda die Erde beherrscht, dank der Duldsamkeit der Wirtschaftsvölker. In England, Frankreich, Holland, Polen, Tschechei und auch in den Nordländern, in allererster Linie aber in den Vereinigten Staaten von Nordamerika, lebte die G r e u e l p r o p a g a n d a g e g e n D e u t s c h l a n d in einem Übermaß auf, wie wir sie nach dem System Northcliff seit 1914 kennen …

„Unter der Führung der Rabbiner und der jüdischen Börsenfürsten wurden Berichte über angebliche Judenpogrome verbreitet, die nichts, aber auch gar nichts als tatsächliche Grundlage aufzuweisen hatten …

„Die jüdischen Organisationen Londons sind miteinander in Verbindung getreten und erwägen gemeinsame Maßnahmen zur B o y k o t t i e r u n g d e u t s c h e r W a r e n. ‚Daily Expreß' schreibt: J u d a e r k l ä r t d e n K r i e g a n D e u t s c h l a n d … Triumphierend erklärte Cohn im ‚New York

Amerikan': Deutschland kann den Betrieb seiner Banken und seinen Handel nicht ohne Amerika aufrechterhalten...

Zwar hat unsere Regierung die Verlogenheit dieser jüdischen Greuelpropaganda entlarvt und festgestellt: „Die Untersuchungen der schwedischen sowohl wie der holländischen Gesandtschaft haben ergeben, daß nicht ein einziger Jude getötet oder verwundet worden ist." Aber das Weltjudentum denkt nicht daran, den begonnenen Hetzkampf gegen Deutschland einzustellen [1]).

Es war eine Abwehrmaßnahme, als die nationalsozialistische Parteileitung für einen Tag den Boykott jüdischer Geschäfte, Waren, Ärzte, Rechtsanwälte anordnete.

2.
„Katholikenverfolgungen?"

1. Nach der Machtübernahme (30. Januar 1933) schrieb Hitler auf den 5. März Reichstagswahlen aus. Während des Wahlkampfes offenbarte sich noch einmal die Wut des Flavusdeutschtums, besonders der Römlinge. Der bayrische Ministerpräsident Held drohte offen mit Widerstand:

„Wir sind nicht willens, uns noch einmal so behandeln zu lassen, wie es früher versucht wurde. Die Zeit um das Jahr 1870 kehrt nicht wieder. Wir haben die Kraft, aus unserem Selbstbewußtsein als deutsche Katholiken jeden Angriff abzuwehren und uns auch gegen Gewalt durchzusetzen."

Der württembergische Zentrums=Staatspräsident Bolz betonte, daß der Kampf dem Preußentum gelte: „Wir haben das Gefühl, daß der Geist von Potsdam wieder lebendig geworden ist." Und der Zentrumsvorsitzende Prälat Kaas bezeichnete Hitlers Vierjahresplan als „Bluff". Aber das Zentrum verlor seine Machtstellung und sah sich zur freiwilligen Selbstauflösung genötigt.

Was nun? Staunende Bewunderung verdient die Elastizität, mit der leitende kirchliche Kreise die neuen Verhältnisse zu ihren Gunsten umzubiegen suchten. Wir kennen das Doppelgesicht (den Januskopf) des Zentrums, der Jesuiten, der römischen Geistlichkeit. Je nach Bedarf war das Zentrum eine konfessionelle oder eine nichtkonfessionelle Partei; seine Schlüsselstellung ermöglichte ihm den Anschluß nach rechts und nach links, und oft genug haben wackere rechtsstehende Protestanten sich durch die Berufung auf „die gemeinsame Weltanschauung" ködern lassen. Je nach

---

[1]) Im Jahre 1936 verteidigt ein angesehener Engländer, der sich längere Zeit bei uns aufgehalten hatte, das deutsche Volk gegen die Lügenpropaganda; er schreibt in der Sunday Chronicle: „Ich kann nichts dafür, es ist im neuen Deutschland so viel Schönes und Großartiges, und die ganze Zeit über ist man in England belehrt worden, daß die Deutschen eine Nation von wilden Tieren seien, die ihre Zeit damit zubringen, Juden zu rösten und ihren Säuglingen beizubringen, wie man das Gewehr präsentiert. Das ist einfach nicht wahr." (Nach Rhein. Landeszeitung, 8. 9. 1936.)

Bedarf wurde aber auch das Zentrum von den kirchlichen Kreisen ab= geschüttelt. Kann man es uns verdenken, daß wir mißtrauisch wurden, als schon 1933 einflußreiche Katholiken sich für den Nationalsozialismus ein= setzten und scharfe Worte fanden gegen das Zentrum, gegen den Jesuiten= pater Muckermann, gegen den Kaplan Fahsel, gegen die Verjudung der Kirche? Wir stutzten bei den Worten des Pfarrers Senn: „Wie oft hat das Christentum Bewegungen, die gefährlich schienen, in seinen Schoß eingefangen und, was Fluch zu werden drohte, zum Segen gewendet!"

Einfangen, Sicheinschalten! Diese Parole schien allgemein ausgegeben zu sein, und ich muß offen gestehn, daß mir bisweilen mitten in all der Freude über das Gewaltige, das wir erleben durften, recht bange wurde. Gerade das Jahr 1933 ist überaus lehrreich für die römische Arbeitsweise. Das Reichskonkordat sollte uns endlich von dem politischen Katholizismus befreien; es erfüllte in weitestem Maße die Wünsche der römischen Kurie; wir erhielten einen päpstlichen Nuntius in Berlin, der seitdem in unserem überwiegend protestantischen Reich das Ehrenvorrecht hat, Wortführer des diplomatischen Korps der auswärtigen Mächte zu sein. Wir wurden überschwemmt mit Schriften und Reden, die uns den Weg zum „wahren Deutschland" zeigten, d. h. zum Heiligen Römischen Reich deutscher Nation. Aus dem Munde des Vizekanzlers von Papen ertönten Lobgesänge auf das sacrum imperium (das Heilige Reich), wobei er freilich das Wort „römisch" ausließ. Man machte die Entdeckung, daß der Nationalsozialismus, der noch vor wenigen Monaten als schlimmste Ketzerei angeprangert war, im letzten Grunde echtester Katholizismus sei, d. h. Verwirklichung der in der päpstlichen Enzyklika ausgesprochenen Grundsätze. Wir sahen im Frühjahr 1933 katholische Geistliche sich an den nationalsozialistischen Umzügen beteiligen. Und die Massenaufzüge bei der Trierer Ausstellung des Heiligen Rockes zeigten uns recht sinnfällig das Bild der triumphierenden Kirche, der ecclesia triumphans. Immer lauter wurde der Ruf: „Was gehen uns die Sünden des Zentrums an[1]?" Um zu beweisen, daß die Kirche nicht für die Taten des Zentrums verantwortlich gemacht werden dürfe, hielten einflußreiche Katholiken Reden, griffen Jesuiten zur Feder; in dem Buch von Emil Ritter wurde behauptet, das Ende des Zentrums sei das Ende des poli= tischen Katholizismus.

Alfred Miller schrieb am 23. September 1933 in den „Flammen= zeichen": „Wer heute die römisch=katholische Presse verfolgt, kommt oftmals, selbst wenn er an allerlei gewöhnt ist, aus dem Staunen nicht heraus. Es ist jetzt Mode geworden, alles, was nationalsozialistisch ist, als schlechthin ur=

---

[1]) Weil ich selbst mit meinen Ansichten so oft auf Widerstand gestoßen bin, freute ich mich doppelt über Alfred Rosenbergs Ausführungen „An die Dunkelmänner" (1935): „Die Politik des Zentrums ist eine Politik der Kirche gewesen; das Zentrum spielte nur den weltlichen Arm einer Kirchenpolitik internationalen Ausmaßes."

Wohl wissen wir, daß zahlreiche Katholiken sich nach einer Befreiung der Kirche vom politischen Katholizismus sehnen; aber solange sie romgebunden bleibt, ist daran nicht zu denken.

katholisch, ja fast als höchsten Ausdruck des Katholizismus hinzustellen." Die Rede des katholischen Theologieprofessors Schmaus in Münster war eine einzige Rechtfertigung der nationalsozialistischen Weltanschauung vom Standpunkt der römischen Theologie, die noch vor einem halben Jahr den Nationalsozialismus verdammt und in den Orkus gestoßen hat. Ähnlich lauteten zahlreiche Aufsätze der katholischen Presse. — Auch die Wiener „Schönere Zukunft" (13. August 1933) jubelte: „Das neue Zeitalter, das anfängt, ist kein anderes als das der katholischen Aktion in jenem säkularen Sinn, den Pius XI. nicht müde wird zu verkünden. Und daß dieses neue Zeitalter, das mit dem Reichskonkordat begonnen hat, in Wahrheit gar kein neues, sondern nur ein sich wiederholendes altes ist, das zeigt gerade der Treueid, den die Bischöfe in Deutschland fortan in die Hand des Reichsstatthalters laut Artikel 16 zu leisten verpflichtet sind. Dieser Treueid beginnt damit: „Vor Gott und auf die heiligen Evangelien schwöre und verspreche ich, sowie es einem Bischof geziemt, dem deutschen Reiche ... Treue."

2. Der dumme deutsche Michel! Er sah nicht, daß die unverfänglich scheinenden Worte „sowie es einem Bischof geziemt" eine Einschränkung bedeuten, mit dem Sinn: „soweit es einem Bischof geziemt". Das entsprach ja auch den im Sommer 1933 oft gehörten Versicherungen: „Wir bejahen den nationalsozialistischen Staat und sein Programm, soweit es nicht gegen unsere katholische Weltanschauung verstößt."

Kenner der Geschichte wußten von vornherein, daß das Reichskonkordat keineswegs den Frieden bringen werde. Wo beide, Staat und Papstkirche, den ganzen Menschen für sich verlangen, wo Totalitätsanspruch gegen Totalitätsanspruch steht, wo alles das, was wir unter politischem Katholizismus verstehen, als wesentlicher Bestandteil des religiösen Katholizismus hingestellt wird: da sind Konflikte unvermeidbar. Sie haben mit dem Gegensatz zwischen den Konfessionen nichts zu tun; sie zogen sich schon durch das ganze Mittelalter und wiederholen sich heute in rein katholischen Ländern. — Interessant war seit 1933 das langsame Anwachsen der Streitpunkte:

Es wurde der Versuch gemacht, die zahlreichen Organisationen, durch welche der katholische Volksteil von den „Ketzern" abgesperrt war, unter dem Schutz des Reichskonkordats als „rein kirchliche Angelegenheiten" fortzuführen; besonders lebhaft war der Kampf um die Jugendbünde.

Die Nachricht, daß Alfred Rosenberg, der Verfasser des „Mythus des 20. Jahrhunderts", zum Reichsleiter für Weltanschauungsfragen ernannt sei, schlug wie eine Bombe ein. Das Buch wurde auf den Index („Verzeichnis der verbotenen Bücher") gesetzt, und seitdem mehrten sich die Stimmen, welche den Nationalsozialismus und seine Rassenlehre als widerchristliches Neuheidentum verdammten.

Das Sterilisierungsgesetz, d. h. der Beschluß, Schwachsinnige, erblich Belastete und unverbesserliche Verbrecher unfruchtbar zu machen, erfuhr von der römischen Papstkirche die heftigste Ablehnung.

Die Erregung wuchs, als zahlreiche Geistliche, Mönche und Nonnen wegen ihrer Verstöße gegen das Devisengesetz und wegen sittlicher Verfehlungen vor das weltliche Gericht gezogen und zu schweren Strafen verurteilt wurden.

Das Jahr 1933 war noch nicht zu Ende, als überall eine Sabotage der Volksgemeinschaft einsetzte; denn die Katholiken sollten ein Sondervolk im Volke, ein Staat im Staate bleiben. Am 18. November 1933 sprach der Papst vor deutschen Pilgern von großen Gefahren: „Wir sind tief besorgt um die deutsche Jugend, tief besorgt auch um die Religion in Deutschland." Der Breslauer Kardinal Bertram machte immer neue Vorstöße gegen alles, was in seinen Augen „unchristlich" war. Er sprach von seinen Sorgen: um die Freiheit der Liebestätigkeit des katholischen Volkes, um die religiöse und kulturelle Ausbildung der katholischen Jugend, um die Freiheit der katholischen Presse; er erinnerte an die großen Aufgaben der katholischen Aktion.

Und dann der Kampf um die Weltanschauung! Der Papst klagte am 25. Februar 1934 über unsere Zeit, in der „eine Überspanntheit von Gedanken, Ideen und Handlungen in Erscheinung trete, die weder christlich noch menschlich sei (Sterilisierung), eine Überspanntheit des Stolzes auf die Rasse". Es folgte allüberall ein Generalangriff gegen das „Neuheidentum". In einer Ansprache an die katholischen Pilger Deutschlands hieß es Ostern 1934: „Wir wissen — leider wissen Wir — so genau, wie wenige es überhaupt wissen können, wie schwer die Stunde ist: für Euch, geliebte Söhne, für ganz Deutschland und ganz besonders für Euch, katholische Jugend. Tagtäglich bekommen wir Nachrichten und leider nicht immer gute Nachrichten . . ." Auch konnte man lesen, daß „die Devisengesetze vor Gott ungültig" seien; hier und dort wurden die bestraften Geistlichen, Mönche und Nonnen als „Märtyrer" bezeichnet.

1935 waren in Prag der allgemeine Katholikentag und in Straßburg der eucharistische Kongreß. Zur Begrüßung schrieben die „Straßburger Neuesten Nachrichten":

„Nicht ohne tiefere Gründe hat der Vatikan eingewilligt, als Versammlungsort seiner Gläubigen zwei Großstädte zu wählen, die so nahe an den Grenzen des Dritten Reiches liegen. Zur Stunde, da man sich anschickt, den deutschen Katholiken dasselbe Schicksal zu bereiten wie den Israeliten, sie in schändlicher Weise ihres Glaubens wegen zu verfolgen und an die Stelle der Kirchen, der Kultstätten der verschiedenen Konfessionen, ein rohes Neuheidentum zu setzen, das eine Herausforderung bedeutet für die christliche Zivilisation, sind es die höchsten geistigen Autoritäten der katholischen Kirche, die zur Abhaltung derart hochbedeutsamer Kundgebungen das Land der Vernunft auserkoren haben, in dem ein lebendiger Glaube allen Rassenfanatismus niederhält."

„Christliche Zivilisation!" Als wenn das Seelenheil davon abhänge, wird an dem Irrtum festgehalten, daß erst durch Rom und seine christliche Zivilisation unsere Vorfahren aus dem Zustande wilder, barbarischer Unkultur emporgehoben seien, und der Münchener Kardinal Faulhaber verbreitete Ansichten über die heidnischen Germanen, die ein trauriges Zeichen seiner eigenen Unbildung sind.

3. In demselben Maße, wie im Dritten Reich das Armindeutschtum erwachte und sich unter Hitlers Führung durchsetzte, wurde alles in Bewegung gesetzt, um jenseits der Grenzen dem verrömelten und verjudeten Flavusdeutschtum Stützpunkte zu schaffen: **Hetzzentralen für „das wahre Deutschland"!** Dazu schienen nicht nur die Pufferstaaten des Westens (Holland, Belgien, Luxemburg, Schweiz), die jahrhundertelang zu Deutschland gehört hatten, aber unserem Volkstum entfremdet waren, geignet zu sein, sondern auch die neuentstandenen Staaten des Ostens; ferner die Zwitterstaaten Danzig und Memel, dazu im Westen das für fünfzehn Jahre abgetrennte Saargebiet. Von hier aus hoffte man, einen **Keil in die deutsche Volksgemeinschaft zu treiben.** Weshalb sollte dem Papst Pius XI. nicht gelingen, was sein Vorgänger Benedikt XV. während des Weltkriegs erreicht hatte, die Sprengung der deutschen Einheit?

Wir lasen von Zentrumsumtrieben in Danzig und von der „inneren Verbindung dieser Kreise zum Saarseparatismus und zu anderen wesensverwandten Stellen im deutschen Grenzgebiet". **Saarseparatismus? Hat es den denn gegeben?** Zwar hinterher ist versucht worden, es als ein Verdienst der Kirche hinzustellen, daß die überwiegend katholische Bevölkerung geschlossen für das Deutschtum gestimmt hat. **Aber vor der Abstimmung?** Wir denken an die eifrigen Bemühungen, um die Entscheidung, ob deutsch oder französisch, **umzubiegen in die Frage, ob christlich oder heidnisch.** Es bildete sich eine Status quo=Partei, um die Entscheidung hinauszuschieben. Ein halbes Jahr vor der Abstimmung wurde ein neues Blatt gegründet, „Die neue Saarpost", welches vorgab, **für das wahre Deutschland zu kämpfen,** gegen das anstürmende Neuheidentum. Eine eifrige Propaganda verbreitete unter der katholischen Saarbevölkerung **Lügen über die Vergewaltigung der Katholiken im Dritten Reich.** Unter Berufung auf ein Papstwort wurde die Parole ausgegeben: „Erst katholisch, dann deutsch!" „erst die Religion, dann das Vaterland!" Daß der Papst einen besonderen Legaten an die Saar schickte, konnte auch nur dazu dienen, die konfessionellen Gegensätze zu verschärfen.

> Die „Wiener Reichspost" ließ sich aus Saarbrücken schreiben: „**An der Saar und an der Donau wird das Schicksal des deutschen Katholizismus entschieden werden.** Von der Treue, von der Charakterfestigkeit, von dem Bekennermut der Katholiken in Österreich und im Saargebiet hängt es ab, ob der **neuheidnische Terror** sich noch weiter gegen unsere Glaubensbrüder im Reich hervorwagt."
>
> Ein angesehener Geistlicher aus dem Saargebiet erklärte: „Als Deutscher möchte ich gern für die Rückkehr zu Deutschland stimmen. **Aber als Katholik kann ich es nicht mit meinem Gewissen vereinbaren, für Hitler zu stimmen. Hitlerdeutschland ist nicht das wahre Deutschland,** und wir wollen nicht der gemeinen braunen Diktatur ausgeliefert werden."
>
> Der Wiener Kardinal Innitzer wagte die Behauptung, daß die Katholiken im neuen Deutschland nicht einmal mehr öffentlich miteinander reden und daß in den Zeitungen keine Nachrichten über katholische Veranstaltungen gebracht werden dürften. Er verglich die deutschen Katho=

liken mit den ersten Christen in den Katakomben. In Anlehnung an dieses Wort des Kardinals schrieb die katholische Wochenschrift „Deutsche in Polen" unter der Überschrift „katholische Märtyrer": „Der deutsche Katholizismus ist geknebelt [1]."

Das „wahre Deutschland" ist, so wird behauptet, nur in Österreich zu finden und kann sich nur dort frei entfalten.

Wir wollen einen Blick rückwärts werfen: Nach dem Auseinanderfallen des Donaureiches (1918) beschloß das deutschösterreichische Parlament einstimmig den Anschluß an Deutschland. Aber die Berliner „Volksbeauftragten" hatten weder Zeit noch Lust noch Mut, darauf einzugehen und die Welt vor eine vollendete Tatsache zu stellen; nachher war es zu spät, weil die Siegerstaaten den Anschluß verboten. Aber noch zwölf Jahre hindurch blieb es für die Bewohner Deutsch-Österreichs eine Selbstverständlichkeit, daß der Anschluß kommen werde, und in einigen „Kronländern" erfolgten Volksabstimmungen, mit Berufung auf das Selbstbestimmungsrecht der Völker. Sie hatten bei der Gleichgültigkeit der Berliner Regierung und bei dem Einspruch der Sieger keine Folgen. Trotzdem hielt man an dem Anschlußgedanken fest: Es wurde für eine Angleichung der Gesetzgebung Österreichs und des deutschen Reiches fruchtbare Arbeit geleistet; 1931 beschlossen beide Staaten eine neue Zollunion, die durch Italien, Frankreich und die Kleine Entente verhindert wurde. Auch gewann der Nationalsozialismus in Österreich viele Anhänger.

Das änderte sich im Frühjahr 1932! Im Mai 1932 wurde Dollfuß Bundeskanzler, und in ihm fand Rom den Mann, der den Anschlußgedanken und zugleich die nationalsozialistische „Ketzerei" aufs heftigste bekämpfte. Es gelang ihm, sich nach und nach zum Diktator zu machen, die Volksvertretung auszuschalten und die Hauptministerien in seiner Hand zu vereinigen. Er kannte kein höheres Ziel, als Vollzugsorgan Roms zu sein. In aller Schärfe erneuerte sich der uralte Gegensatz zwischen den zweierlei Deutschen, den Armin- und den Flavusdeutschen; Österreich bezeichnete er als Hort des wahren Deutschtums. Der österreichische Episkopat unterstützte ihn. Der Bischof von Linz forderte die katholischen Jugendverbände auf, „Schützer des stolzen Adlers Österreichs zu sein gegen den raubgierigen Habicht" (d. h. Berlin). Vor allem machte sich der Kardinal Innitzer zum Wortführer für Österreichs Sendung; erst wenn „Wiens Stellung als Herzkammer des Reiches im ganzen deutschen Volke anerkannt werde, könne es besser werden".

Aufsehen erregte der Weihnachts-Hirtenbrief der österreichischen Bischöfe 1933; er war ein scharfer Vorstoß gegen Hitlers „Drittes Reich". Die Abwehr des Nationalsozialismus wurde zu einem Glaubenskrieg gestempelt: „Die Aufgabe Österreichs ist, im Reiche Gottes

---

[1] Das Gegenteil war und ist der Fall! Wir müssen geradezu staunen über die **weitgehende Nachsicht** der Regierung des dritten Reiches. Überall finden Wallfahrten, Prozessionen, Massenversammlungen statt, „um für den wahren Glauben zu zeugen". Und wie oft steckt ein versteckter Angriff gegen die Volksgemeinschaft dahinter!

auf Erden ein Bollwerk des katholischen Glaubens zu sein." Mit Recht bezeichnete der Völkische Beobachter diesen Hirtenbrief als einen „offenen Sabotageversuch am inneren Frieden in Deutschland". Er schrieb:

> „Die nationalsozialistische Bewegung fühlt sich mit diesem Hirtenbrief der österreichischen Bischöfe wieder in die schlimmsten Zeiten der **politischen Verirrungen katholischer Geistlichen** zurückgesetzt, Verirrungen, die nicht zuletzt schuld waren an der politischen Not des deutschen Volkes, aus der es erst durch den Nationalsozialismus wieder herausgeführt wurde. Um so energischer weisen wir den Versuch der österreichischen Bischöfe zurück, um **von außen her in derselben Methode** den nationalsozialistischen Staat zu begeifern."

Der Völkische Beobachter sprach die Erwartung aus, daß die österreichischen Bischöfe energisch zur Ordnung gerufen würden, „damit nicht der Eindruck erweckt werde, als ob die Regelung in Deutschland (d. h. das einige Monate vorher abgeschlossene Reichskonkordat) von kirchlicher Seite nicht ernst gemeint war und nun durchkreuzt werden soll". Die Bischöfe sind **nicht** zur Ordnung gerufen.

Etwas später (Februar 1934) kam es in Wien zu blutigen Kämpfen mit der Sozialdemokratie; weit gefährlicher aber erschien dem Bundeskanzler der Nationalsozialismus. Aus eigener Machtvollkommenheit gab er dem Land am 1. Mai eine **neue Verfassung** und schloß ein **Konkordat** mit Rom. Die Verfassung beginnt mit den pharisäischen Worten: „Im Namen Gottes des Allmächtigen, von dem alles Recht ausgeht, erhält das österreichische Volk für seinen christlichen Bundesstaat auf ständischer Grundlage diese Verfassung." Es wurde betont, daß in ihr die Grundsätze der päpstlichen Enzyklika quadragesimo anno verwirklicht werden sollten. Am 10. Mai erklärte Dollfuß in seiner Salzburger Rede: „Ich und meine Regierung haben das **Bewußtsein, eine Mission zu erfüllen**." Die „Mission", so schrieb Alfred Rosenberg mit Recht, besteht darin, „ein besonders wirksames Werkzeug des Römertums zu werden, um dem Germanentum von innen her das Rückgrat zu brechen".

Wurde Österreich gesund? Im Gegenteil! es geriet in einen immer beängstigenderen Fieberzustand. Am 25. Juli 1934 wurde Dollfuß im Bundespalast von Aufständischen erschossen. Sein Nachfolger, der Jesuitenzögling Schuschnigg, betrachtete es erst recht als seine Aufgabe, „das deutsche Volk aus den Klauen des teuflischen nationalsozialistischen Irrwahns zu befreien"; denn wer anders sei an all dem Elend schuld? Eine Verfolgungswut ging durch das Land; überall wurden Leute als nationalsozialistisch verdächtigt und verhaftet.

> Der Völkische Beobachter sprach am 10. August 1935 von einem „Fortleben der Inquisition". Er bezeichnete die Vorgänge in Österreich als den „ganz systematisch verwirklichten Versuch, eine **neue machtpolitische Plattform für die Weltherrschaftsideen des Vatikans zu schaffen** und von hier aus auf deutschem Boden zugleich die geistige Auseinandersetzung mit dem Nationalsozialismus zu beginnen."

„Fortleben der Inquisition!" Seit einigen Jahrzehnten gibt es in Österreich eine Los-von-Rom-Bewegung, die nach dem Weltkrieg stark zunahm. Zwar verkündete Österreichs neue Verfassung (1934) Glaubensfreiheit für jeden Staatsbürger, und dem Buchstaben des Gesetzes nach steht dem Austritt aus der römischen Kirche nichts im Wege. Aber die Behörden kümmern sich nicht darum; ihnen sind alle Protestanten als heimliche Nationalsozialisten verdächtig, erst recht die Katholiken, die den Austritt aus der Kirche anmelden. Der frühere Vizekanzler Franz Winkler schrieb in seinem Buch „Die Diktatur in Österreich": „Was heute in Österreich geschieht, ist nicht mehr die Bekämpfung politischer Gegner, die sich unter den Deckmantel der Religion flüchtet, sondern **die Verfolgung der religiösen Übertrittsbewegung** und zum Teil der Protestanten überhaupt, unter dem Vorwand, politische Gegner abwehren zu müssen."

Daß den in Österreich regierenden Kreisen der römische Katholizismus viel näher steht als ihr deutsches Volkstum, beweisen die zahlreichen Kundgebungen und Reden über die **Lateinkultur** („Latinität). Es kam zu einem österreichisch-italienischen Kulturabkommen, und bei seiner Zusammenkunft mit Mussolini bezeichnete der österreichische Bundeskanzler Schuschnigg „die Latinität als die Grundlage der österreichischen Kultur". Seitdem hallte die Welt wider von Österreichs **Sendung**; wir hören vom **wahren Deutschtum**, von dem „Heiligen Reich", von Augustins „Gottesstaat" und von der Aufgabe, „die deutsche Kultur in ihrer katholischen, universellen Prägung zu formen"[1].

Fürwahr bei der neuen Einkreisung und bei dem Kesseltreiben gegen Hitlers Drittes Reich ist dem österreichischen Staat eine wichtige Rolle zugedacht. Es ist das „Gegenreich", der „christliche Vorstaat"; von hier aus soll „das deutsche Volk aus den Teufelsklauen des nationalsozialistischen Irrwahns befreit werden". Zu gleicher Zeit bietet sich **der russische Bolschewismus** als starker Bundesgenosse bei diesem „christlichen" Werke an. Und wenn der Bolschewismus, wie in Rußland mit der schismatischen „orthodoxen" Kirche, so in Deutschland mit dem Nationalsozialismus und mit dem Protestantismus „reinen Tisch macht", dann wird man in Rom „die göttliche Gerechtigkeit" preisen und von einer „religiösen Sendung des religionslosen Bolschewismus" sprechen.

Solche Zukunftsdeutungen **sind** ausgesprochen.

3.
Die „Siegerstaaten" und Hitlers Drittes Reich.

1. Wem Gott in erster Linie als Gott der Wahrheit erscheint, der glaubt den leibhaftigen Teufel als Drahtzieher hinter den Kulissen zu

---

[1] Auch der Generaloberst Erzherzog Josef Ferdinand pries im Herbst 1934 **Rom als unsere Kulturmutter**. Dabei erinnerte er daran, „daß sowohl Goethe, wie Wagner, diese großen deutschen Männer, erst durch den römischen Einfluß Edelmenschen reinsten Formats wurden". Was für Wahnvorstellungen!

sehen, nach dessen Willen die Diplomaten der Kulturstaaten auf der Weltbühne ihre Vorstellungen geben. Sie reden immerfort vom „Frieden": Um des Friedens willen hatten sie den Weltkrieg entfesselt mit der Begründung, daß Deutschland das einzige Hindernis für den ewigen Frieden sei; um des Friedens willen fanden seitdem die Völkerbundstagungen statt; um des Friedens willen waren Abrüstungskonferenzen; um des Friedens willen wurden über hundert Friedenspakte vorgeschlagen und zum Teil angenommen. Sonderbar, höchst sonderbar! Das einzige Hindernis des Weltfriedens war beseitigt und Deutschland politisch, militärisch, wirtschaftlich aufs äußerste gefesselt. Dennoch ringsum maßlose Aufrüstung statt Abrüstung; Frankreich wiederholt immerzu seine Forderung: „Erst Sicherheit, dann Abrüstung!" Und seitdem Hitler angefangen hat, uns von unerträglichen Ketten zu befreien, erleben wir dasselbe Schauspiel, wie vor dem Weltkrieg: eine neue Greuelpropaganda! Lüge von der „deutschen Gefahr".

Noch im Jahre 1935 brachte es ein früherer Minister fertig, von drei deutschen Überfällen zu sprechen, die Frankreich von 1814—1914 erlitten habe; deshalb müsse es sich gegen einen neuen Überfall sichern. — Zum Schutz seiner angeblich bedrohten Unabhängigkeit hat Frankreich schon lange vor Hitlers Machtübernahme das größte Festungsnetz aller Zeiten an der deutschen Grenze errichtet; Garanten seiner Unversehrtheit sind Großbritannien, Italien, Polen, Tschechoslowakei, Belgien. Im Locarnopakt hat zwar Deutschland sich verpflichtet, die Unversehrtheit Frankreichs nicht anzutasten, und es ist von deutscher Seite niemals das Geringste unternommen, das auf eine Bedrohung Frankreichs hätte schließen können. Trotzdem hat die französische Regierung 1935 ein Militärbündnis mit Sowjet-Rußland geschlossen, das 1936 von beiden Kammern angenommen ist.

Frankreich hat mit seinen Verbündeten eine Friedens-Heeresstärke von drei Millionen, eine Kriegsstärke von dreißig Millionen. Um unserer eigenen Sicherheit willen hat Hitler am 7. März 1936 die Entmilitarisierung der breiten neutralen Zone in Westdeutschland aufgehoben und neunzehn Bataillone einmarschieren lassen, zugleich aber das großartigste Angebot zur Befriedung Europas gemacht, das überhaupt möglich ist. Und nun fühlt Frankreich erst recht seine Sicherheit bedroht und sucht alle „Friedensmächte" gegen den „Friedensstörer" mobil zu machen.

Wiederum hören wir die alte Melodie vom Status quo, d. h. von der Aufrechterhaltung der Verteilung der Welt. Zwar gilt für das Versailler Diktat das Wort summum ius, summa iniuria, d. h. es ist etwas dem Buchstaben nach „Recht" geworden, das in sich selbst das größte Unrecht bedeutet. Aber die „Sieger" klammern sich, wie der Jude Shylock, an ihr „Recht", besonders die Franzosen und ihre Trabanten; sie sprechen von „heiligen" Rechten, „heiligen" Verträgen. Und die Hauptaufgabe des Völkerbundes hat darin bestanden, ein Werkzeug für die Aufrechterhaltung des geheiligten Status quo zu sein. Müssen wir nicht die Berufung auf die „Heiligkeit" solcher Verträge eine Gotteslästerung nennen?

2. Wir sprachen bereits von der ängstlichen Sorge um die „Unabhängigkeit Österreichs", die angeblich vom deutschen Reich bedroht sei.

Dabei ist unser Verhältnis zu Italien interessant. Jahrelang betrachtete Mussolini mit wohlwollender Gönnermiene den Aufstieg der nationalsozialistischen Bewegung. Er sah darin einen Ableger des römischen Faschismus, eine Bestätigung der Vorstellung von Rom als der „Kulturmutter Europas". 1933 schien sich ein herzliches Verhältnis anzubahnen; wir denken an die häufigen Flugfahrten des Ministerpräsidenten Göring nach Rom und an die Zusammenkunft Hitlers mit Mussolini in Venedig. Aber bald zeigte sich, daß die deutsche Bewegung sich nicht in die „Latinität" einspannen ließ; besonders unsere Rassenlehre wurde in Rom abgelehnt. Seitdem mehrten sich die Unfreundlichkeiten; im Herbst 1934 wagte es Mussolini, von „deutscher Untreue" zu sprechen und zu behaupten: „Wenn es ein Volk gibt, das in seiner Geschichte aufsehenerregende blutige Beispiele von Untreue gegen beeidigte Verträge, Verrat an Freunden und Zynismus bei dessen Rechtfertigung aufweist, dann ist es das deutsche Volk von Arminius bis zu Friedrich von Preußen und Bethmann-Hollweg mit seiner Theorie von dem Fetzen Papier." Welche Anmaßung, daß der Italiener uns über die Treue belehren will!

Österreich und Italien! In der Zeitschrift „Der christliche Ständestaat" hieß es: „In Österreich ist nicht nur eine Sehnsucht; hier ist es zu einer tatsächlichen Vermählung von deutschem und italienischem Geiste gekommen; Österreich stellt das erfüllte und erlöste Deutschtum dar." Als Dollfuß im Jahre 1934 ermordet war, rückten starke italienische Heeresmassen an die Grenze, um Österreichs „Unabhängigkeit" zu schützen.

3. Die Großmacht der Lüge zeigt sich nicht nur in der Verbreitung von Unwahrheiten, sondern ebensosehr in der planmäßigen Unterdrückung der Wahrheit[1]). Gerade im Verschweigen zeigt sich die ungeheure Macht der Weltpresse und des Nachrichtendienstes; die Völker ringsum erfahren nur das, was den meist jüdischen Hintermännern der Zeitungen paßt.

Wir denken an den französisch-russischen Bündnispakt, der nach langen Erörterungen in den ersten Monaten des Jahres 1936 von den französischen Kammern angenommen ist. An seinem Zustandekommen hat das Weltjudentum den größten Anteil. Denn Judenherrschaft ist Bolschewismus; Judenherrschaft sind französische Republik und Demokratie, Regierung und Parlament; Judenherrschaft ist die französische Presse. Der konzentrierte Haß des Weltjudentums richtet sich gegen Hitlers „Drittes Reich". Von diesen Zusammenhängen und von den großen Gefahren, die das französisch-russische Bündnis in sich schließt, erfährt das

---

[1]) Darüber stand ein ausgezeichneter Aufsatz in der „Rhein. Landeszeitung" vom 15. 3. 1936.

französische Volk nichts. Es erfährt nichts von den ernsten Warnungen Hitlers in seiner Reichstagsrede am 7. März 1936; es erfährt nichts von den flammenden Protesten führender Engländer und von den Veröffentlichungen des Brüsseler Mitglieds der französischen Akademie, Bainville. Wichtige Nachrichten werden unterdrückt: z. B. über die bolschewistischen Unruhestifter in Südamerika und in Ungarn, über den in Straßburg verhafteten Bolschewiken Eberlein, über die kommunistische Zersetzungsarbeit in der französischen Armee, in den Industriezentren, in den Kolonien, und über zahlreiche andere Beweise der verbrecherischen Bolschewikenarbeit. — Dagegen bringen die Zeitungen ausführliche Nachrichten über die angeblich unerträglichen Zustände in Danzig oder über theologische Auseinandersetzungen.

Anhang.
Die Geschichtschreibung des 19. und 20. Jahrhunderts.

Man kann drei Klassen von Geschichtschreibern unterscheiden: Leit- und Polarstern ist für die einen die **Wahrheit**, für die anderen das **Dogma** (teils Aufklärungs-, teils römisch-katholisches Dogma), für die dritten das **Geschäft**.

Vorbemerkungen.
(Mittelalter und Aufklärung.)

Des Kirchenvaters Augustin Geschichtskonstruktion[1]) blieb weit über ein Jahrtausend maßgebend. Er unterschied einen „Gottes-" und einen „Teufelsstaat", die seit dem Sündenfall miteinander ringen, und er wollte die Geschichte dieser beiden Staaten darstellen, von Adam bis zu seiner Gegenwart. Sicherlich ist es an sich ein gesunder Gedanke, durch die ganze Weltgeschichte den Kampf zwischen Gut und Böse, Wahrheit und Lüge, Gott und Teufel zu verfolgen, soweit das für uns schwache Menschenkinder überhaupt möglich ist. Aber durch zweierlei wurde der Kirchenvater in Irrtümer und Wahnvorstellungen verstrickt, die bis heute nachwirken. Einerseits ist ihm das Alte Testament die wichtigste Geschichtsquelle. Anderseits hat niemand Göttliches und Weltliches so unheilvoll vermischt, wie Augustin. Wir nannten ihn (S. 121) die Verkörperung einer complexio oppositorum; denn obwohl der schärfste Gegensatz besteht zwischen dem „Gottesstaat", den Jesus verkündete, und den irdischen „Gottesstaats"-Hoffnungen, suchte er beides zu verbinden. Hier ist der Ursprung zahlreicher Zerrbilder, die uns noch heute irreführen und von der Wahrheit ablenken.

Augustin unterscheidet die vor- und nachchristliche Geschichte. Für die Zeit vor Christus sieht er den Gottesstaat in der Geschichte der Juden, den Teufelsstaat in den aufeinander folgenden vier Weltreichen, die der Prophet Daniel in einer Vision geschaut hatte[2]). Für die Zeit nach Christus bildet der Siegeslauf der christlichen Kirche den Inhalt der Geschichte. Aber seitdem der weltliche Staat selbst christlich geworden war, konnte er nicht ohne weiteres dem Teufelsstaat gleichgestellt werden; nunmehr begann das wichtige Problem des Verhältnisses zwischen Staat und Kirche eine wachsende Rolle zu spielen. Für beide, Staat und Kirche,

---
[1]) Vgl. S. 121 f.
[2]) Vgl. S. 34 f.

hielt man am Universalismus, d. h. an dem Menschheits= und Weltreichs=
gedanken fest.

So bringt die ganze mittelalterliche, von Augustin abhängige Ge=
schichtschreibung nur Zerrbilder, und für uns ist fast nur das Selbst=
erlebte wertvoll, das die Chronisten und Annalisten mitteilen. Eine
eigentümliche Erscheinung ist die gleichzeitige Verengung und
Erweiterung des historischen Stoffes. An sich erscheint es ja ganz
natürlich, daß die Erzählung über weiter zurückliegende Ereignisse gekürzt
wird. Aber dem fortwährenden kritiklosen Abschreiben und Kürzen der
Vergangenheit stand auf der anderen Seite eine höchst bedenkliche
Erweiterung gegenüber. Das Mittelalter wurde die klassische Zeit der
Geschichtsfälschungen[1]), die zum größten Teil den Zweck verfolgten: die
kirchlichen Machtansprüche zu begründen. Zugleich wuchs in demselben
Maße, wie die politische Geschichte gekürzt wurde, die Heiligengeschichte.
Welch' ein Zerrbild entstand z. B. von Karl dem Großen unter kirch=
lichem Einfluß[2])!

Über die mittelalterliche Geschichtschreibung mögen aus einem Aufsatz
Heinrich von Sybels einige Sätze mitgeteilt werden:

„Es ist, als wäre der gesamte Horizont von einer großen Fata Morgana
erfüllt und das Bild der Wirklichkeit dadurch völlig verdeckt ... Überall
war man geneigter, zu glauben als zu prüfen; überall hatte die Phantasie
das Übergewicht über den Verstand ... die Heldengedichte galten für hohe
und wahre Geschichte, und die Geschichte versetzte sich überall mit epischer,
novellistischer und legendarischer Poesie ... Fast niemand trug ein Be=
denken, vorhandenen Zuständen durch erdichtete Geschichten oder Ur=
kunden die Sanktion eines ehrwürdigen Alters aufzudrücken ... Man
disponierte den historischen Stoff nicht nach seiner eigenen Beschaffenheit,
sondern teilte ihn auf Grund einer mißverstandenen Danielschen Weis=
sagung in die Historie der vier Weltmonarchien, wovon die römisch=
deutsche die letzte sein und bis zum Ende der Dinge reichen würde ...
Stark war die Neigung zum farbigen und frappanten Detail, zum Ab=
sonderlichen, Wunderbaren ... Es entstand allmählich eine Anschauung
der früheren Jahrhunderte, die gerade bei den wichtigsten, das Interesse
am stärksten anregenden Ereignissen mit dem wirklichen Verlaufe gar
nichts mehr gemein hatte. Heute weiß jedermann, wie die Herrschermacht
der römischen Kurie in vielhundertjähriger Entwicklung Schritt auf
Schritt herangewachsen und unter welterschütternden Kämpfen allmählich
zum Siege gelangt ist. Damals aber war außer zwei oder drei Gelehrten
die Welt davon überzeugt, daß schon im vierten Jahrhundert der Kaiser
Constantin bei seiner Taufe dem Papst Silvester Italien und die west=
lichen Länder und insbesondere alle Inseln geschenkt habe. Die völlig
grundlose Erdichtung kam nicht bloß in die Historien, sondern auch in die
Gesetzbücher; ja es geschah auf Grund dieses Rechtstitels, daß Papst
Urban II. sich die Insel Korsika unterwarf, daß Papst Hadrian IV. die
Insel Irland der Herrschaft des eroberungslustigen Königs von England
überwies. Wie der päpstlichen Weltherrschaft, erging es einem anderen

---

[1]) Vgl. S. 125 ff.
[2]) Vgl. meine „Angewandte Kulturgeschichte", 4. Auflage, S. 184 ff.

weltbewegenden Ereignisse der Zeit, den Kreuzzügen. Über wenige Ereignisse des Mittelalters sind wir so gut und detailliert unterrichtet wie über ihre erste Veranlassung und die Gründung des christlichen Königreichs Jerusalem; wir wissen genau, in welchem kirchlich-politischen Zusammenhang Papst Urban II. Europa zu diesem großen Glaubenskriege aufbot, wie sein Legat die offizielle Leitung hatte und Fürst Boemund von Tarent für die diplomatisch-militärische Entwicklung das Beste tat, wie wenig Planmäßigkeit und Disziplin dabei existierte, wie geringen Erfolg man bei kolossalen Mitteln und idealer Begeisterung erreichte. Aber nicht mehrere Jahrhunderte später, wie bei der Konstantinischen Schenkung, sondern unmittelbar während des Ereignisses erschuf die erregte Phantasie der Teilnehmer eine völlig verwandelte Geschichte desselben. Der Ruhm Urbans II. und Boemunds wurde auf den Einsiedler Peter und Gottfried von Bouillon übertragen, welche unter Christi unmittelbarer Anregung und Leitung gehandelt hätten; alle Details des Zuges wurden in diesem Sinne umgestaltet und das Ganze mit einer maßlosen Fülle von heiligem Glanze und ritterlicher Pracht umgeben. Als dann fünfzig Jahre später die auf so herrliche und gottgeweihte Art entstandenen Reiche dennoch von den Türken mit drängendem Verderben bedroht wurden, setzte man seine Hoffnung auf eine neue, ebenso wunderwürdige Diversion. Wahrscheinlich nach Gerüchten von der Erhebung eines tungusisch-chinesischen Stammes, der einige christliche Missionare unter sich hatte und von Osten her eine Weile die Türken bedrängte, zeichnete Bischof Otto von Freising in seiner Chronik die Geschichte auf, daß ein Nachkomme der heiligen drei Könige, der Priester Johannes, der denn auch die von jenen beherrschten Länder regiere, nach dem Muster seiner Vorfahren einen Zug nach Jerusalem beschlossen; er habe die Türken geschlagen, sei an den Tigris gekommen, habe dort einige Jahre auf das Zufrieren des Flusses gewartet, um ihn passieren zu können, und sei, als dieses nicht geschehen, wieder umgekehrt. Später zirkulierte ein Brief dieses Priesterkönigs an mehrere europäische Herrscher, worin er die Herrlichkeiten seines Reiches nach dem Muster von Sindbads Märchenreisen auseinandersetzte; und so allgemein wurden diese Dinge geglaubt, daß Papst Alexander III. zum Priester Johannes einen außerordentlichen Botschafter ausschickte, dessen Gesandtschaftsberichte freilich nicht veröffentlicht worden sind. Und ähnliche Dinge wiederholen sich auf allen Seiten, auf welche Stelle der Vergangenheit der dichtungsdurstige Blick der Menschheit sich richtet. Die Franken sind zu Nachkommen der Trojaner, die Briten des Tyrannenfeindes Brutus geworden. Die Dänen leiten von Odin eine Reihe von Königen her, die sich mit den Römern in die Weltherrschaft teilen. In Böhmen gründet Libussa mit übernatürlichen Gaben ein großes Reich, welches eine geraume Zeit hindurch mit dem fränkischen wetteifern kann. Der Ostgote Theoderich wird zu einer halbdämonischen Heldengestalt in der Nibelungensage; Karl Martell brennt nach seinem Tode im vulkanischen Feuer der Liparischen Inseln. Der große Kaiser Karl hat bereits einen Zug nach Jerusalem gemacht und das heilige Land erobert. Der deutsche König Heinrich I. wird vom Vogelherd zum Throne geholt und schenkt dann sein Herzogtum Sachsen dem Papste. In Spanien wächst der Ruf eines grausamen und treulosen Söldnerhäuptlings zu dem leuchtenden Ruhme des Cid Campeador heran. Dazu nehme man die Masse freier Erfindung in einer großen Zahl der kirchlichen Legenden, die Fülle der erdichteten oder umgearbeiteten Urkunden, die Menge Überbleibsel der altgermanischen Götter= und Heldensagen, die auf das bunteste gemischten und gemodelten Erinnerungen aus dem klassischen Altertum; man vergesse nicht, daß in einem ganzen Menschenalter vielleicht zwei oder drei oder zehn einsame Forscher an diesen phantastischen Ergüssen Anstoß nahmen, sonst aber kein Zweifel und keine kritische Erwägung bei den neben= und nacheinander lebenden Millionen vorkam: wer dies alles bedenkt, wird anerkennen, daß jene Menschen geradezu in einer andern Welt als wir existierten, in einem geschichtlichen Horizonte, der von dem unsrigen ganz so verschieden ist, wie die Ptolemäische Astronomie von der Kopernikanischen."

Zwar wurde schon am Ende des Mittelalters die Geschichtskonstruktion des Kirchenvaters Augustin stark erschüttert: Man betonte die Souveränität des Staates und entdeckte die Bedeutung des Volkstums; für die Humanisten sank die Wertschätzung der jüdischen Geschichte gegenüber Griechenland und Rom. Es regte sich ein frischer wissenschaftlicher Geist, z. B. in des Laurentius Vallas Schrift „über die fälschlich für wahr gehaltene und erlogene Schenkung Konstantins" (um 1440). Und wenn wir dann in die Neuzeit treten, so bedeutet des bekannten Italieners Macchiavelli „Florentinische Geschichte" (1525) einen großen Fortschritt. Neu ist bei manchen Geschichtschreibern des 16. und 17. Jahrhunderts die fleißige Benutzung der in den Archiven ruhenden diplomatischen Berichte und Urkunden.

Aber überwunden wurde die mittelalterliche Geschichtsauffassung erst im 18. Jahrhundert, im Zeitalter der Aufklärung. „Rückkehr zu natürlichen und vernünftigen Zuständen!" lautete die Losung. Ohne Zweifel hatte die Aufklärungszeit ihre Berechtigung und hohen Verdienste. Denn es waren in der Tat völlig unnatürliche und unvernünftige Verhältnisse, gegen die sie ankämpfte. Und ihre Wirkungen waren nicht nur auf Herrscher und Staatsmänner, wie Friedrich II. den Großen, Katharina II. von Rußland, Josef II. von Österreich, Pombal in Portugal, ganz bedeutend und führten zur Abstellung zahlreicher Mißbräuche; sondern auch alle unsere großen deutschen Dichter und Denker, Lessing und Kant, Herder und Goethe, Schiller und Humboldt standen unter ihrem Einfluß und haben ihr viel zu verdanken. **Weshalb verurteilen und verdammen wir denn trotzdem die französische Aufklärung?** Die Antwort lautet: Weil sie uns zwar aus einer Zwangsjacke befreite, aber nur, um uns in eine neue Zwangsjacke zu pressen.

Damals begann der Kampf um die „richtige" Geschichtsauffassung. Die Frucht der sogenannten Aufklärung war die **rationalistische Geschichtschreibung**, und ihr Begründer und typischer Vertreter niemand anders als der hochgefeierte Voltaire. In vier unter verschiedenen Titeln erschienenen Werken hat er eine Art Weltgeschichte geschrieben; er verkündete, daß er ganz neue Wege eröffne. Gegen die bisherige Geschichtschreibung erhob Voltaire schwere Vorwürfe: Sie er=

zähle, indem sie sich vornehmlich mit den Aktionen des Krieges und der auswärtigen Politik beschäftige, Dinge, die der Darstellung gar nicht wert seien. Voltaire verlangte vor allem Kulturgeschichte; den Hauptgegenstand der Geschichtschreibung müßten die Fortschritte auf den Gebieten der Künste und Wissenschaften, Handel und Wandel, Religion und überhaupt alle Betätigungen des menschlichen Geistes bilden. Sein zweiter Vorwurf war, daß die Historiker bisher ungeprüft Wahres und Falsches angenommen hätten; er forderte eine bessere Quellenforschung. Leider hat Voltaire selbst uns weder für die Kulturgeschichte noch für die bessere historisch-kritische Methode Musterbeispiele geliefert; daran hinderte ihn seine Flüchtigkeit und Oberflächlichkeit.

Wie überlegen fühlte sich dieses Haupt der französischen Aufklärung der ganzen Vergangenheit gegenüber! wie stolz blickte er auf „die lange Nacht des Mittelalters" hinab! wie spottete er über die Leute, welche in der Weltgeschichte einen Abglanz von Gottes Allmacht sahen und an eine Vorsehung glaubten! wie wenig Verständnis hatte er für die irrationalen Kräfte, für die Imponderabilien, die man nicht mit Zahlen ausdrücken und berechnen kann! Das Weltgeschehen erschien ihm als das Produkt allgemeiner Naturgesetze.

Statt Gott sitzt die Vernunft auf dem Weltenthron, d. h. der philosophische Mensch bzw. Voltaire selbst als die Krone der Menschheit. Seine Geschichtschreibung handelt immer wieder einerseits von den Verbrechen der Könige und Priester, anderseits von der Dummheit und Narrheit der Menschen. Besonders gießt Voltaire seinen Spott und Hohn über die religiösen Händel des Mittelalters aus, aber auch des 16. und 17. Jahrhunderts; das Mittelalter nennt er „Jahrhunderte der Unwissenheit und des Aberglaubens, des Betrugs und der Barbarei". Für das religiöse Heldentum der Reformatoren, für die inneren Kämpfe eines Christenmenschen fehlt ihm jedes Verständnis; überhaupt ist alles Heldentum für ihn etwas Lächerliches. Und wenn wir nun fragen: worin besteht denn die Aufgabe des Geschichtschreibers, wenn er in der Vergangenheit lauter Verbrechen und Narrheit sieht? so lautet Voltaires Antwort: Wie der Arzt von den epidemischen Krankheiten, so spricht der Geschichtschreiber von den Schwächen, Irrtümern und Barbareien der Vergangenheit, um die Menschen davor zu bewahren. Dabei klingt als Grundton durch alle Lobgesänge der Aufklärung: Wie herrlich weit haben wir es gebracht!

Welch ein Gegensatz zwischen der rationalistischen Geschichtschreibung Voltaires und der früheren christlich-kirchlichen Auffassung, die überall den Finger Gottes sehen wollte! Und doch handelte es sich im Grunde nur um einen Rollentausch: Statt des alten Dogmatismus ein neuer Dogmatismus (Doktrinarismus), der mit derselben Unduldsamkeit, mit demselben Fanatismus gegen Andersdenkende vorgeht, wie früher die Kirche. An die Stelle des Glaubens an die alleinseligmachende Kirche trat der Glaube an die alleinseligmachende Vernunft und ihre politischen Theorien.

Die von mir oft ausgesprochene Ansicht, daß es sich um einen Rollentausch handle, finde ich bestätigt durch einen vortrefflichen Aufsatz des Historikers von Martin: „Motive und Tendenzen in Voltaires Geschichtschreibung"[1]). Dort heißt es: „Voltaire projiziert ebenso, wie früher die theologischen Geschichtschreiber, seine Ideen in die Vergangenheit hinein, färbt und fälscht die Geschichte, fällt tendenziöse geschichtliche Urteile, verurteilt hier und rettet dort ... Sein auserwähltes Volk, das Vernunftvolk, wird genau so idealisiert wie einst das Volk Israel ... Die Aufklärungsphilosophie war ebenso dogmatisch, fanatisch, unduldsam, wie früher die Theologie ... Früher erklärte man Sinn und Inhalt der Weltgeschichte in dem Kampf des Glaubens gegen den Unglauben, jetzt in dem Kampf der Vernunft gegen die Unvernunft ... Mit anmaßendem Stolz nennt der Rationalist sein Denken ‚voraussetzungslos'; aber er merkt gar nicht, daß seine Annahme, nur das sei wahr und richtig, was verstandesmäßig bewiesen werden kann, die größte und zwar sehr anfechtbare Voraussetzung ist." Rollentausch! ein intellektualistisches Ideal löst das religiös-kirchliche ab. Wie einst der christlichen, so soll jetzt die Geschichte der aufklärerischen Erziehung dienen.

Der Wiener Professor O. Spann hat vor einigen Jahren erklärt: „Die positive Überwindung des Rationalismus durch die Romantik sei die größte Leistung des deutschen Geistes in der Weltgeschichte" zu nennen. Aber schon vorher war der große Unterschied zwischen der deutschen und der französischen Geistesbewegung des 18. Jahrhunderts hervorgetreten, und es hatte sich eine zunehmende Scheidung der Geister vollzogen. Wir denken an Hamann und Herder, Goethe und Schiller[2]). Gegenüber dem rechnenden, klügelnden, mechanischen Rationalismus erwachte bei ihnen das Verständnis für das Irrationale, d. h. für die Geisteskräfte, die nicht mit dem bloßen Verstand erfaßt werden können. Sie entdeckten ein unbewußtes, vorvernünftiges Seelenleben, dem wir unser Bestes und Eigenstes verdanken; mit Vorliebe beschäftigten sie sich mit den Kindheitsepochen der Menschheit und ihren Schöpfungen, vor allem mit Homer und der Bibel. Ihre große Verehrung der Natur führte dahin, daß sie alle natürliche Ursprünglichkeit als besonders wertvoll schätzten, wie sie sich in ganzen Völkern und in einzelnen Menschen zeigt, das Lebendige, Naturwüchsige, Individuelle, Persönliche, das Genie. Und während die „Aufklärung" des 18. Jahrhunderts die Franzosen zu einer Raserei des Unglaubens führte, gelangte man umgekehrt in Deutschland zu einer Vertiefung und Verinnerlichung der Religion.

Zwischen den „Klassikern" und der Romantik besteht keineswegs ein so großer Gegensatz, wie damals empfunden wurde; nur daß mit den Romantikern eine neue stürmische Jugend kam, eine neue Welle der Geistesbewegung; es bleibt dabei, daß Hamann und Herder, Goethe und Schiller ihnen die Bahn geöffnet hatten. Die Romantik war weder eine katholische noch eine protestantische, sondern eine deutsche Bewegung. Trotz mancher Verirrungen sind ihre Verdienste um die deutsche Geisteskultur un-

---

[1]) Historische Zeitschrift, Band 118.
[2]) Vgl. meine „Kulturgeschichte", 4. Auflage, S. 322 ff.

ermeßlich groß; obenan steht ihr Kampf gegen den undeutschen „importierten" Rationalismus. Charakteristisch ist ihre liebevolle Versenkung in unsere eigene germanischdeutsche Vergangenheit. Während die Franzosen des „aufgeklärten" 18. Jahrhunderts von dem „finsteren Mittelalter" sprachen und ein Grauen empfanden vor den „Höhlen des dunkeln Aberglaubens und Betrugs", waren es Deutsche, die neben dem finsteren ein leuchtendes, glänzendes Mittelalter entdeckten und die Bahn frei machten für immer neue Entdeckungen[1]).

Wir sind stolz auf die Geschichtswissenschaft des 19. Jahrhunderts, die uns mehr und mehr vom Weltbürgertum weg- und zum Nationalismus hinführte. Aber in demselben Maße wie sie uns von den Wahnideen früherer Jahrhunderte befreite, wuchs die jüdisch-römische Gegenströmung, eine Pseudo-Geschichtswissenschaft, die teils an die Aufklärung, teils an das Mittelalter anknüpfte. Daneben blühte eine Konjunktur-Geschichtschreibung.

I.
Die großen Wahrheitssucher des 19. Jahrhunderts.

Die Nachwirkungen der universalen Ideale.

Mit der Besiegung Napoleons I. (1813—1815) schien der Universalismus, der Weltreichs- und Menschheitsgedanke, der für uns Deutsche so verhängnisvoll geworden war, endgültig überwunden zu sein. Mit Recht feiern wir die Freiheitshelden, die Helden des Schwertes und der Feder, Freiherrn vom Stein und E. M. Arndt, Blücher und Gneisenau, Fichte und Schleiermacher, Wilhelm von Humboldt und Adam Müller, als Bahnbrecher des deutschen Nationalgedankens. Aber, wie Professor Meinecke in einem größeren Werk nachweist[2]), waren bei ihnen allen Nationalismus und Universalismus noch eng verflochten, der nationale Gedanke durchwachsen von universalen, weltbürgerlichen Idealen. Wir haben keine Ursache, stolz auf all die Irrwege hinabzuschauen; vielmehr ist es sehr lehrreich zu erkennen, wie schwierig der Weg war von Herder und Goethe bis zu Ranke und Bismarck. Wie viele Gedankenströmungen kreuzten sich bei den Besten der Nation! wie viele Klippen waren zu umschiffen, bis wir zum vollen Verständnis vom wahren Wesen des Staates gelangten, vom Zusammenhang von Staat und Volk, von Macht und Kultur! wie unklar waren noch die Vorstellungen vom Mittelalter! Und wenn man sich auch für die „Deutschheit" begeisterte, so war sie doch für die einen das erhebende Bewußtsein, reiner als andere Nationen den höchsten Zwecken der Menschheit zu dienen; für die anderen das stolze Gefühl, daß die Deutschen vor allem berufen seien, den Vernunft-

---

[1]) Vgl. meine „Kulturgeschichte".
[2]) Meinecke, „Weltbürgertum und Nationalstaat", 3. Aufl., Oldenbourg, München.

staat zu verwirklichen. Vergessen wir nicht, daß von demselben Fichte, der die herrlichen „Reden an die deutsche Nation" hielt, das Wort stammt von der „Gleichheit alles dessen, was Menschenangesicht trägt", das Wort, das heute eine beliebte Phrase im Munde der Internationalen und Kosmopoliten ist!

Was uns langsam vorwärts brachte? Es waren lauter **Wahrheitssucher**, die den klippenreichen Weg gingen. Es darf nicht unerwähnt bleiben, welch großen Einfluß des Engländers **Burke** „Betrachtungen über die französische Revolution" auf die deutsche Geschichtschreibung übte. Burke lehrte die irrationalen Bestandteile des Staatslebens würdigen und verstehen: die Macht der Tradition, der Sitte, des Instinkts, der triebartigen Empfindungen; er lehrte Respekt vor dem Erbe der Vergangenheit und Mißtrauen gegen die vernunftstolzen Leute, die das Band mit der Vergangenheit zerschneiden wollten. Gegenüber dem Natur- und Vernunftrecht verkündigte er das positive Recht; er hatte Sinn für das komplizierte und tief in der Vergangenheit verwurzelte Wesen des Staates. Ihm war der Staat nicht ein Zweckverband oder eine Einrichtung der Vernunft, sondern eine über die Spanne der Einzelgeneration hinausgehende **Lebensgemeinschaft**.

Wenn für die Jahrzehnte nach den Freiheitskriegen in zahlreichen Geschichtsbüchern immer wieder auf Preußen gescholten wurde als den „Herd der Reaktion", so ist es dringend notwendig, die Wahrheit festzustellen. Als große, nie vergessene, immer vorgeworfene Sünde der preußischen Regierung galt es, daß sie nicht schnell genug die demokratischen Forderungen verwirklichte, deren „Segnungen" wir ja später gründlich erfuhren. Dagegen wurde verschwiegen, daß Preußen nach den Freiheitskriegen auf geistigem und wirtschaftlichem Gebiet, besonders aber durch den schwierigen Aufbau des Staates mehr geleistet hat, als irgendein anderes Land, und mit Recht erklärte **Niebuhr** zum Entsetzen der liberalen Welt: „Die Freiheit beruht ungleich mehr auf der Verwaltung als auf der Verfassung." Nicht daß der demokratische, sondern daß der nationale Gedanke unterdrückt wurde, der in der Napoleonischen Zeit so mächtig erstarkte, war unser Unglück, und diese „Reaktion" ging von **Wien** aus. Es gelang dem Fürsten Metternich und seinem Kaiser Franz, den Preußenkönig Friedrich Wilhelm III. zu überlisten, die bösen „Nationalisten" zu verdächtigen und die edelsten Männer, wie E. M. Arndt und Jahn, Stein und Schleiermacher, als „Revolutionäre" und „Jakobiner" hinzustellen. Metternich war der Vater der schändlichen „Demagogenverfolgungen", die Seele des unwürdigen Kampfes gegen die Universitäten und die Presse.

Wie unklar war noch bei den Besten und Bedeutendsten unseres Volkes der nationale Gedanke, als **Friedrich Wilhelm** IV. 1840 den Preußischen Thron bestieg! mit wie schwerem Gedankenballast war das Staatsschiff beladen und belastet! Dürfen wir diesen „Romantiker auf dem Königsthron" schmähen, weil er noch in denselben Idealen befangen war, wie der hochgefeierte Freiherr vom Stein? Obenan stand sein Wunsch nach Erneuerung des **Heiligen Römischen Reiches Deutscher Nation** mit seinem zugleich universalen und nationalen Charakter. Immer wieder sprach Friedrich Wilhelm IV. es aus, daß Österreich die Krone Karls des Großen wiederherstellen müsse. Er selbst wollte das erste Beispiel für eine freiwillige Unterordnung unter Österreichs Kaiserwürde geben. Man kann es bei der Großmachtstellung Preußens nicht unbescheiden nennen, wenn er beanspruchte, dem Könige von Preußen die höchste Ehre nach dem Kaiser zu geben und ihn zum Erzfeldherrn des Deutschen Reiches zu machen. Dazu kam noch das Ideal eines großen Bündnisses aller europäischen Staaten.

Die historisch-kritische Methode.

Ernste Wahrheitsucher haben wesentlich dazu beigetragen, uns endlich von den universalistischen Fesseln zu befreien, die ein Erbe der entarteten, untergehenden alten Kulturwelt waren und dann seit den Tagen des Kirchenvaters Augustin die Köpfe verwirrten. Von größter Bedeutung wurde die historisch-kritische Methode. Es war der Philologe Friedrich August Wolf, der gegen Ende des 18. Jahrhunderts seine Forschungen über Homer veröffentlichte. Seitdem ist in der wissenschaftlichen Welt „die homerische Frage" nicht mehr zur Ruhe gekommen. Man fragte: wann die Dichtungen Homers niedergeschrieben seien? ob es überhaupt einen Dichter Homer gegeben habe? ob nicht vielmehr die berühmten Dichtungen Ilias und Odyssee der Niederschlag einer jahrhundertelangen Entwicklung seien? wie man die sprachlichen Verschiedenheiten und die inhaltlichen Widersprüche zu erklären habe? Man stellte verschiedene Schichten der Entstehung fest. — Ähnliche Untersuchungen nahm dann Lachmann an unsern deutschen Epen „Nibelungenlied" und „Gudrun" vor. Allmählich kam man zu der Überzeugung, daß es überall, wo wir es mit den ältesten Urkunden der Völker zu tun haben, eine „homerische Frage" gibt. Das gilt für die altindischen „Veden", für das persische „Avesta", für die germanische „Edda", für das deutsche „Nibelungenlied" und „Gudrun". Das gilt auch für die fünf Bücher Mosis.

Berthold Niebuhr.

Wahrheitsucher! Ein weiterer Schritt war, daß man diese historisch-kritische Methode auf die gesamte geschichtliche Überlieferung übertrug; erst dadurch hat Berthold Niebuhr († 1831) die Geschichte zur Wissenschaft erhoben. Ihm erschien die ganze altrömische Geschichte bis zu den Punischen Kriegen, d. h. bis weit in das 3. Jahrhundert v. Chr., wie eine Art „Homerische Frage", die Überlieferung darüber wie eine Art epischer Poesie, an welcher die Jahrhunderte fortgedichtet hatten, so daß die Geschichte von der Dichtung überwuchert wurde. Niebuhr drang überall bis zu den besten Quellen der Überlieferung vor, ermittelte die Tatsachen, stellte den Staat breit in den Mittelpunkt der historischen Bühne, betonte den Zusammenhang zwischen Macht und Kultur, zwischen der politischen und der Wirtschaftsgeschichte; den Eckstein der Freiheit sah er in der Selbstverwaltung. In seinem aufsehenerregenden Werk „Römische Geschichte" war kein trockener Wissensstoff gehäuft, sondern die Vergangenheit zu neuem Leben geweckt.

Nun reihte sich Glied an Glied. Von selbst ergab sich der weitere folgenreiche Schritt, daß man dieselbe historisch-kritische Methode auf die Erforschung unserer eigenen germanisch-deutschen Geschichte übertrug. Kein Geringerer als der Freiherr vom und zum Stein gründete 1819 „die Gesellschaft für ältere deutsche Geschichtskunde", deren Hauptaufgabe die Veröffentlichung der Monumenta Germaniae historica war. Es galt, die vorhandenen Geschichtsquellen unserer Vorzeit zu sammeln, dann die Spreu von dem Weizen zu sondern und durch genaue Prüfung festzustellen, welche Glaubwürdigkeit die einzelne Geschichtsquelle beanspruchen kann. Ergänzend trat in steigendem Maße die Herausgabe von Urkunden hinzu.

Leopold von Ranke (1795—1886) und die „politischen" Geschichtschreiber.

Unter all den Wahrheitssuchern ragt als der bedeutendste Leopold von Ranke hervor. Er erkannte, daß die ganze Weltgeschichte neu aufgebaut werden müsse. Rankes Arbeitskraft und Arbeitslust war bis ins höchste Alter unerschöpflich. Zweierlei floß bei ihm glücklich zusammen: die stille Denk- und Schaffenstätigkeit am Schreibtisch und der unwiderstehliche Drang nach Entdeckungen; er war ein leidenschaftlicher Reisender und Wanderer. Seine großen Forschungsreisen machten einen bedeutenden Teil seines langen Lebens aus; sie führten ihn in alle Haupt- und Großstädte Europas, wo sich dem hochgefeierten Gelehrten die geheimen Staatsarchive öffneten. Mit erstaunlicher Leichtigkeit und Sicherheit wußte er aus der gewaltigen Masse der Urkunden das Wichtige und Wesentliche herauszufinden, und seine geniale Größe liegt darin, mit welcher Kombinationsgabe er sich aus den trockenen Urkunden die Gestalten und Ereignisse vergangener Zeiträume vergegenwärtigte.

Gegenüber der „Aufklärung" mit ihren vorgefaßten Meinungen wird Ranke als das Muster eines objektiven Geschichtschreibers hingestellt. Er schrieb: „Ich wünsche mein Selbst gleichsam auszulöschen und nur die Dinge reden, die mächtigen Kräfte erscheinen zu lassen." Aber, so hat man seitdem immer wieder gefragt, ist überhaupt eine objektive Geschichtschreibung möglich? Wir wissen, daß um die Mitte des vorigen Jahrhunderts die „politischen, kleindeutschen" Historiker, Dahlmann und Droysen, von Sybel und von Treitschke, „die vornehme, kühle Objektivität" Rankes ablehnten. Wohl wollten sie nach dem Vorbild Rankes strenge Wahrheitssucher sein und forderten ein gewissenhaftes Quellenstudium; wohl bekämpften sie, wie Ranke, die rationalistischen Geschichtschreiber und verschmähten es, um politischer Parteidogmen willen der Geschichte Gewalt anzutun. Aber kampfesfreudig ließen sie sich von der bewußten Absicht leiten, erziehend auf die Gegenwart zu wirken und konkrete politische Ziele aufzustellen. Heinrich von Sybel erklärte es in einer akademischen Rede des Jahres 1856 für den „natürlichen Beruf des Gelehrten, aus seiner Wissenschaft die Quelle abzuleiten zur Befruchtung des öffentlichen Lebens und umgekehrt in dem Boden des öffentlichen Lebens wiederum die Quelle reicher, wissenschaftlicher Belehrung aufzusuchen". Obenan steht unter diesen Historikern als der jüngste und bedeutendste Heinrich von Treitschke, ein geborener Kämpfer. Mit welcher Leidenschaft ist er für seine politischen Grundsätze eingetreten! „Staat ist Macht"; „nur tapfere Völker haben ein sicheres Dasein; „die verstehen nichts vom arischen Völkerleben, die den Unsinn vom ewigen Frieden vortragen"; „jede Schwäche ist eine Todsünde wider den heiligen Geist"; „Männer machen die Geschichte"; „die Menschen, Völker und Staaten sind ungleich." Der alles beherrschende Gedanke war bei Treitschke die politische Einigung der deutschen Nation; er gehörte zu den sogenannten Kleindeutschen, welche den Ausschluß Österreichs vom Deutschen Reich für notwendig hielten.

Heute erscheint uns der Unterschied zwischen Ranke und den „politischen" Historikern (Dahlmann, Droysen, Sybel, Treitschke) nicht mehr so groß. Das Gemeinsame tritt stärker hervor: der Kampf gegen die rationalistische Aufklärung, die liebevolle Versenkung in die Vergangenheit, der Wahrheitsdrang, die Anwendung der historisch=kritischen Methode; gemeinsam auch, daß sie Staat und Volk in den Mittelpunkt der Geschichtsbetrachtung stellten. Auch die Rankesche Objektivität war nicht ohne ein starkes subjektives Element. Professor von Below schreibt[1]): „Um die Wahrheit, daß der Mensch, ohne ein Ideal zu haben, im geistigen Sinne des Wortes nicht aufrecht gehen kann, kommen wir nicht herum ... Der Historiker, der sich nicht ziellos treiben und stoßen lassen will, bezieht die geschichtlichen Vorgänge auf Werte, an deren Geltung er glaubt. Die praktische Wertbeurteilung wird aber immer einen subjektiven Kern in sich tragen."

Volk und Staat! Leopold von Ranke hat uns von dem Universalismus befreit, der unser nationales und staatliches Eigenleben hemmte. Er feierte die deutsche Literatur des 18. Jahrhunderts als „eines der wesentlichsten Momente unserer Einheit". „Nationalität" war ihm der dunkle Mutterschoß, ein geheimes Etwas, eine aus der Verborgenheit wirkende Kraft, die wir in uns tragen. Er lehnte es ab, die deutsche Nation zur geistigen „Universal=, Menschheits= oder Kulturnation" zu steigern. Ihre große Aufgabe sah er darin, den deutschen Einzelstaat (d. h. vor allem Preußen) „so originell deutsch, so frei von aller auswärtigen Schablone und Theorie wie nur möglich weiterzubilden". Unter der auswärtigen Schablone, die man fernhalten müsse, verstand er besonders den Parlamentarismus, und, wie Bismarck, war er ein Feind des liberalen Doktrinarismus, der sich einbildet, für Staat und Gesellschaft ewig gültige Regeln aufstellen zu können. Ranke pries die nationbildende Kraft des

---

[1]) In dem vortrefflichen Buche „Die deutsche Geschichtschreibung" von den Befreiungskriegen bis in unsere Tage" (München, Oldenbourg).

Staates, die moralische Energie, die in ihm wirkt und von ihm ausstrahlt; er pries den großen Macht= und Nationalstaat. So zerriß vor seinen Augen das ganze Gewölk von universalistischen Vorstellungen und Menschheitszielen, in denen seine Generation aufgewachsen war.

Hervorragende Geschichtschreiber unserer Tage haben auf die große Verwandtschaft zwischen dem Historiker Ranke und dem Politiker Bismarck hingewiesen[1]). Beide wollten nichts wissen von Menschheitszielen und weltbürgerlichen Idealen, die das Nationale überwucherten. Interessant ist die Stellung, die Ranke 1848/49 einnahm: Wohl wünschte auch er Deutschlands Einigung durch Preußen, aber nicht auf Kosten Preußens, sondern unter Wahrung seiner historisch erwachsenen Staatsindividualität. Wohl wünschte auch Ranke eine Konstitution; aber den Gedanken der Volkssouveränität lehnte er entschieden ab. Wenn man die Worte „Keine Parlamentsregierung und keine auswärtigen Einflüsse in der Politik" als Bismarcks politisches Testament betrachten kann, so dachte schon Ranke ebenso.

Entdeckungen.

Man hat wohl gefragt: welche Entdeckung beim Beginn der Neuzeit wichtiger gewesen sei? die Entdeckung neuer Erdteile oder die Wiederentdeckung der alten griechisch=römischen Kulturwelt, zusammen mit der Wiederentdeckung der echten Religion Jesu (Renaissance, Humanismus, Reformation)?

Und ebenso fragen wir für die letzten hundert bis hundertfünfzig Jahre: Welche Entdeckungen sind wichtiger gewesen? auf dem Gebiete der Natur= oder Geschichtswissenschaften? Wir wollen uns beider Errungenschaften freuen und würdig zeigen. Mit Hamann, Herder, Goethe fing die Aufdeckung einer vergessenen und verschollenen Welt an. Die Romantik setzte das Werk fort. Aus der Romantik wurde die Geschichtswissenschaft geboren. Gewaltig war der Einfluß, den Leopold von Ranke auf das deutsche Geistesleben ausübte; direkt und indirekt hängen alle bedeutenden Historiker der Folgezeit von ihm ab. Die ganze Weltgeschichte wurde neu aufgebaut. Ein edler Wetteifer regte sich, nicht nur zur Erforschung der vorhandenen, sondern auch der neugefundenen Geschichtsquellen. Die griechisch=römische Kulturwelt enthüllte sich in ihrem langsamen Aufstieg und Niedergang; die einzelnen Entwicklungsstufen mit ihren Ursachen und Wirkungen traten klar vor unsere Augen. Und als es gelang, die Geschichte Ägyptens und Vorderasiens bis ins 4. Jahrtausend v. Chr. aufzuhellen, da wurden die Zusammenhänge immer deutlicher. Wichtig war die Entdeckung der indogermanischen Sprach= und Völkerfamilie; es begann die Rassenforschung; ein vielerörtertes Problem wurde das Verhältnis von Rasse und Volkstum.

---

[1]) Leider war der Reichskanzler von Bethmann=Hollweg den rationalistischen Aufklärern des 18. Jahrhunderts verwandt.

Welch hohe Bedeutung hat das Erwachen des historischen Sinns gehabt! An erster Stelle steht für uns natürlich die Entdeckung des eigenen Volkstums, und wenn wir heute von einem „völkischen Denken" sprechen, so ist damit ausgedrückt, daß wir wuchshaft denken. Wir reden von einer „Volksindividualität"; wir wissen, daß sie nur dann lebendig wachsen und gedeihen kann, wenn sie fest in ihrer Vergangenheit verwurzelt ist. Wohl gilt es, alles Abgestorbene und Hemmende zu beseitigen; aber die Quellen ihrer Kraft müssen erhalten bleiben.

Das römische Reich deutscher Nation.
(von Sybel gegen Ficker.)

Es ist bereits darauf hingewiesen, wie sehr während der ersten Hälfte des 19. Jahrhunderts das erwachende Nationalbewußtsein noch umstrickt und überwuchert wurde von Menschheitszielen und weltbürgerlichen, universalen Idealen. Als während der Freiheitskriege die Sehnsucht nach einer neuen, starken deutschen Einheit erwachte, da richtete sich der Blick rückwärts auf die glänzende Zeit der sächsisch-salisch-staufischen Kaiser, auf das 10., 11., 12. Jahrhundert; man hoffte die Erneuerung jener Machtstellung.

Wie unklar waren dabei die Vorstellungen von dem neuentdeckten Mittelalter! Während die „Aufklärer" vom „finsteren" Mittelalter sprachen, jubelten die Romantiker über das „herrliche, leuchtende" Mittelalter; sie idealisierten das mittelalterliche Kaisertum und Rittertum in einer Weise, die den Tatsachen nicht entsprach. Erst langsam kam man zu der Erkenntnis, daß es ein doppeltes Mittelalter gab; ein nationales und ein übernationales; wir unterscheiden heute, was unser germanisch-deutsches Volkstum aus eigener Kraft geleistet hat und wohin es durch die Verbindung mit Rom gelangt ist. Mit Recht wird der um 1860 ausgefochtene wissenschaftliche Streit zwischen den Geschichtsforschern Ficker und von Sybel „eines der bedeutendsten und epochemachenden Ereignisse der modernen Geschichtschreibung" genannt, ein Streit, der wissenschaftlich und politisch unsere Erkenntnis sehr gefördert hat und heute noch nicht beendet ist. Es handelte sich um die Frage, ob die Erlangung der römischen Kaiserkrone und die Eroberung Italiens für Deutschland ein Segen gewesen sei oder nicht. Gegenüber Ficker kam von Sybel zu dem Ergebnis, daß das mittelalterliche Kaisertum, welches die Tendenz einer theokratischen Weltherrschaft verfolgte, die deutschen, nationalen Interessen stets geschädigt habe. Er geht ins 8. Jahrhundert zurück und bezeichnet es als einen verhängnisvollen Fehler, daß Pippin der Jüngere und Karl der Große ihre Hände nach Italien ausstreckten, daß im Jahre 800 der Frankenkönig römischer Kaiser wurde, d. h. Rechtsnachfolger des Kaisers Augustus und seiner Weltherrschaftsansprüche. Damals begann die unheilvolle Vermischung von „Religion" und Politik: „Die Kirche verweltlichte, während die Staatsgewalt geistliche Miene annahm." Die Folge war, daß im 9. Jahrhundert zuerst das Kaisertum, dann das Papsttum zusammenbrach[1]).

Das junge deutsche Königtum, das sich zuerst aus dem allgemeinen Chaos erhob (919), schien keine andere Richtung seines Wirkens zu kennen, als den nationalen Gedanken in bestem Sinn. Wir schätzen Heinrichs I. weise Selbstbeschränkung, der nichts anders sein wollte, als ein deutscher König, und wir malen uns aus, wie segensreich die weitere Entwicklung gewesen wäre, wenn sein tatkräftiger Sohn und Nachfolger Otto I. der Große auf dem Wege der nationalen Politik geblieben wäre. Aber er ließ sich in die unsauberen römischen Verhältnisse hineinziehen und jagte der Kaiserkrone nach. Seit dem 2. Februar 962 ist über acht Jahrhunderte lang das deutsche Königtum mit dem römischen Kaisertum verbunden gewesen. Wir hatten ein römisches Reich deutscher Nation, eine römische Kirche deutscher Nation, römisches Recht, römische Kultur, römische Schulen deutscher Nation. Ist hieraus für unser deutsches Volk ein Segen geflossen? Im Gegenteil!

In Deutschland gab es seit dem 13. Jahrhundert nur noch den Namen eines Reiches; eine einheitliche Staatsgewalt existierte nicht mehr. Trotzdem zeigte sich die Lebenskraft des deutschen Volkes ungebrochen; wir denken an die Entwicklung der Hanse und an das große Siedlungswerk im weiten Osten. Auch fehlte es am Ende des Mittelalters nicht an nationalen Bestrebungen, an Versuchen, eine neue Reichsverfassung zustande zu bringen. Aber all das scheiterte, als um 1500 die Habsburger die alte theokratische Bahn wieder betraten, und als durch sie die Tendenzen der Weltherrschaft neues Leben gewannen. Das Kaisertum der Habsburger stand seiner Natur nach in ebenso schneidendem Widerspruch zu den wachsenden Interessen der deutschen Nation, wie das alte Kaisertum[2]). Wiederum erwachte das Streben, in Italien die kaiserliche Herrschaft aufzurichten. Das habsburgische Kaisertum Karls V. und seiner Nachfolger hat uns durch seine spanisch-italienische Politik in den Jammer des Dreißigjährigen Krieges geführt. Wir müssen es als ein Glück bezeichnen, daß die habsburgischen Entwürfe 1648 scheiterten. Denn der Sieg der Habsburger würde dem deutschen Volke eine volle Fremdherrschaft gebracht haben.

Die neue Österreichische Monarchie, die sich um 1700 zum Range einer Großmacht entwickelte, bildete nur dem Namen nach einen Teil des Deutschen Reiches und stand in Wahrheit völlig außerhalb der Reichsverfassung und der Reichsgesetze. Auf diese habsburgische Monarchie gingen die wesentlichen Charakterzüge des alten theokratischen mittelalterlichen Kaisertums über. Nimmermehr kann es „Hort und Schirm unseres nationalen Daseins" genannt werden; von Sybel weist im einzelnen nach, wie undeutsch sich die Habsburger in den zahlreichen Kriegen des 17., 18., 19. Jahrhunderts mit Frankreich gezeigt haben.

---

[1]) Vgl. meine früheren Ausführungen auf S. 145 f.
[2]) Vgl. meine früheren Ausführungen auf S. 176 ff.

Als von Sybel seine berühmte Schrift verfaßte „Die Deutsche Nation und das Kaiserreich, eine historisch-politische Abhandlung" (1860), wurde die **deutsche Frage** lebhaft erörtert. Seit der Frankfurter Nationalversammlung von 1848/49 standen sich **zwei Richtungen** gegenüber: die „Kleindeutschen" und die „Großdeutschen". Heinrich von Sybel wendet sich gegen die Großdeutschen, welche die alte Kaisermacht durch Unterordnung der deutschen Staaten unter Österreich erneuern wollten, und behauptet, daß „dieses mitteleuropäische Reich, welches durch die Verschmelzung Deutschlands und Österreich-Ungarns zustande käme, nichts anderes wäre, als ein Abklatsch des alten Kaisertums im schlechtesten Stile ..." Bleibt Österreich-Ungarn, so schreibt er, als Ganzes bestehen, „so würden wir, wie früher, aufs neue die Ehre haben, dienendes Material für spezifisch habsburgische Familienzwecke zu werden". Deshalb fordert Sybel (1860) ein deutsches Reich, das unter **Preußens** Führung kräftig organisiert sei; und dieses Deutsche Reich soll zur gemeinsamen Verteidigung nach außen in einem unauflöslichen Bunde mit dem Habsburgerstaate stehen. Das ist das Programm, das bald darauf **Bismarck** verwirklichte[1].

Natur- und Geschichtswissenschaft.

Das 19. Jahrhundert kann man das klassische Zeitalter der **Natur- und Geschichtswissenschaft** nennen; auf **beiden** Gebieten ist Hervorragendes geleistet. Aber es hat lange gedauert, bis wir zu einer klaren Erkenntnis von Wesen, Aufgaben und Zielen beider Wissenschaften gelangten; bis wir einsahen, daß sie **nicht** miteinander vermischt werden dürfen.

Besonders scharf hat **Heinrich Rickert**[2] die beiden Wissenschaften unterschieden, die sich zwar ergänzen, aber getrennte Wege gehen. Die Wirklichkeit wird **Natur**, wenn wir sie betrachten mit Rücksicht auf das Allgemeine; sie wird **Geschichte**, wenn wir sie betrachten mit Rücksicht auf das Individuelle. Auf der einen Seite haben wir ein generalisierendes, auf der anderen ein individualisierendes Verfahren. Die Naturwissenschaft sucht die **Gesetze** des Entstehens, Wachsens und Vergehens festzustellen, die überall gelten und sich immer wiederholen. **Die Geschichte ist die eigentliche Wirklichkeitswissenschaft**; sie erzählt uns vom einmaligen individuellen Geschehen, an bestimmten Stellen des Raumes und der Zeit. Die Geschichte kennt **keine Gesetze, sondern allgemein anerkannte Werte**, auf welche sie die Vorgänge bezieht. Die Geschichtswissenschaft redet von einem historischen Zusammenhang, von Ursachen und Wirkungen, von Entwicklungsreihen; sie betrachtet den Menschen als Teil eines umfassenden historischen Ganzen, dem er sich einordnen muß;

---

[1] Wie sehr nach dem Weltkrieg daran gearbeitet wurde, das alte, unselige **Römische** Reich deutscher Nation wiederherzustellen, habe ich auf S. 414 f. gezeigt.

[2] In den zwei bedeutenden Werken „Kultur- und Naturwissenschaft" und „Grenzen der naturwissenschaftlichen Begriffsbildung".

sie unterscheidet das Wesentliche vom Unwesentlichen und weiß, daß die **bedeutendsten** Wirkungen von seelischen Vorgängen, von Willensakten ausgehen. Die Geschichte selbst lehrt uns, daß die höchsten allgemeinen Werte, auf die wir alles Geschehen beziehen und nach denen wir unsere Auswahl treffen, V o l k u n d S t a a t sind. Aus alledem ergibt sich, daß bei der Geschichtschreibung zahlreiche s u b j e k t i v e Faktoren mitspielen; subjektive Werturteile sind geradezu das Fundament dieser Wissenschaft. Der Geschichtschreiber kann nur insoweit „objektiv" sein, daß er als gewissenhafter Wahrheitssucher die historischen Vorgänge so festzustellen sucht, wie sie wirklich gewesen sind, ohne sich durch irgendwelche kirchlichen oder andere Dogmen beeinflussen zu lassen.

Im Zusammenhang mit der Entdeckung des Volkstums wuchs die Erkenntnis, welch große Bedeutung die R a s s e für die geschichtliche Entwicklung hat; durch die Rassenforschung ist seit einigen Jahrzehnten die Geschichtswissenschaft sehr befruchtet worden. Ich selbst habe vor mehr als zehn Jahren in den Düsseldorfer Akademischen Kursen wiederholt eine Reihe von Vorlesungen über r a s s e n k u n d l i c h e B e t r a c h t u n g d e r W e l t g e s c h i c h t e gehalten; daraus ist mein Buch „Angewandte Rassenkunde" hervorgegangen. Vor allem stellte ich fest, daß wir die Geschichte nicht zu vergewaltigen brauchen, wenn wir R a s s e, V o l k u n d S t a a t als die obersten Werte betrachten. Im Gegenteil! Das Problem des Untergangs der Alten Kulturwelt, überhaupt des Auf= und Abstiegs der Kulturvölker findet erst durch die rassenkundliche Betrachtung der Geschichte eine einfache, natürliche Lösung.

II.
Irrwege einer durch die Naturwissenschaft und die „Aufklärung" beeinflußten Geschichtschreibung.

Z w e i S t r ö m u n g e n ! Die eine führte seit dem Anfang des 19. Jahrhunderts immer weiter vom Universalismus weg, zum Nationalismus hin; die andere umgekehrt vom Nationalismus weg, zum Universalismus hin. Welche wir zu wählen haben, hängt einzig und allein von der Beantwortung der Frage ab, wo sich die größten Wahrheitssucher befinden.

Die zweite Strömung teilt sich in z w e i A r m e : Zum ersten Arm gehören die internationaldemokratischen und pazifistischen Historiker, die noch immer von der französischen „Aufklärung" des 18. Jahrhunderts abhängig sind; zum zweiten Arm die Geschichtschreiber, welche die Rückkehr zum Mittelalter ersehnen. B e i d e tun den historischen Tatsachen Gewalt an: I h r D o g m a k o r r i g i e r t d i e G e s c h i c h t e.

Rottecks Weltgeschichte[1]).

Als Niebuhr und Ranke die Geschichtschreibung zur Wissenschaft erhoben, war der Rationalismus der Aufklärungszeit keineswegs über=

---
[1]) Nach Treitschke, „Deutsche Geschichte im 19. Jahrhundert", II, S. 99 ff.

wunden. Im sogenannten „Jungen Deutschland" erhob er von neuem das Haupt, und mit ihm das Weltbürgertum und eine französierende Richtung. Diese Bewegung erwuchs zum großen Teil aus der Unzufriedenheit mit unseren politischen Zuständen. In den großen „liberalen" Kreisen, besonders Süd- und Westdeutschlands wurde Schlosser höher gestellt und war Rotteck beliebter als der „reaktionäre" Ranke. Rottecks Weltgeschichte genoß in der ersten Hälfte des vorigen Jahrhunderts die wachsende Gunst des liberalen Bürgertums; aber ihr wissenschaftlicher Wert war gleich Null. Hier wurde ganz im Geiste des Rationalismus vom liberal-demokratischen Parteistandpunkte aus über die Ereignisse und Personen der Vergangenheit gerichtet und die Republik gepriesen. Als liberaler Süddeutscher sah Rotteck mit Geringschätzung auf das barbarische Norddeutschland, obgleich er es gar nicht kannte. Den Staat betrachtete er grundsätzlich von unten, mit den Augen der Regierten; niemals verfiel er auf die Frage, wie sich die menschlichen Dinge von oben her ausnehmen, welche Gedanken die Tätigkeit der Regierenden bestimmten und welche Hemmnisse sie zu überwinden hatten. Jeder Fürst, jeder Machthaber erschien ihm von vornherein verdächtig. Der Anblick einer Uniform oder eines Ordenskreuzes war ihm unbehaglich; sogar Blücher gefiel ihm nicht mehr, seitdem der alte Herr den Fürstentitel führte. Was aber noch schlimmer war: **die jüngste Vergangenheit wurde parteiisch gefälscht.** Es wurde behauptet: den beiden liberalen Verfassungsstaaten England und Spanien gebühre das Hauptverdienst am Zusammensturz des Napoleonischen Weltreichs. Daß erst Rußlands Widerstand im Jahre 1812 den Umschwung gebracht hat, wurde mit Stillschweigen übergangen; von Preußens glänzenden Waffentaten wurde wenig gesprochen. Höchstens lobte Rotteck, über Gebühr und entgegen der Wahrheit, die Leistungen der Landwehr und der Freischaren.

In den Jahren 1848/49 liegen die Anfänge einerseits der Zentrumspartei, anderseits der beiden demokratischen Parteien, der „bürgerlichen" und der „sozialen". Einig waren sich alle in dem **Haß gegen das Preußentum.**

„Kulturgeschichte."

Seit den Tagen Voltaires kehrt alle paar Jahrzehnte der Ruf nach „mehr Kulturgeschichte" mit derselben Regelmäßigkeit wieder, wie die Ebbe der Flut folgt. Es treten dann Geschichtschreiber auf, die sich in Gegensatz stellen zu Ranke und seinen Schülern; die darüber spotten, daß der Staat und seine Kriege, die Könige und ihre Staatsmänner, die äußere Politik und die Feldherrn in den Mittelpunkt gestellt werden. Sie wollen uns die Freude nehmen an den großen Helden unseres Volkes.

Professor von Below hat ausführlich nachgewiesen, daß diese „nichts als Kulturhistoriker" mit Unrecht Leute wie Riehl, Freytag, Burkhard gegen die Schule Rankes ausspielen; daß die echte Kulturgeschichte ihre bedeutendste Förderung unter anderen Namen erfahren hat, wobei er an den Juristen Arnold, an Wattenbachs „Geschichtsquellen", an Haucks

„Kirchengeschichte", an Schnaases „Geschichte der bildenden Künste", an Dehio und Erdmannsdörffer erinnert. Dagegen hat jene „kulturgeschichtliche" Gruppe, welche die politische Geschichtschreibung beiseite schieben wollte, recht dürftige Früchte gezeitigt. Wie recht hatte Dove, als er zum 70. Geburtstage Droysens schrieb:

„Es verdient als ein verderblicher Rückschritt bezeichnet zu werden, wenn man, in sogenannter Kultur- und Zivilisationsgeschichte schwelgend und prassend, gar häufig vergaß und vergißt, daß der Staat unter allen Umständen das wichtigste Produkt der menschlichen Kulturarbeit ist, weil sie sich in ihm erst das wenn auch noch so plumpe und irdene Gefäß bereitet, welches alle übrigen Früchte der Zivilisation und nicht zum letzten gerade die feinsten Säfte der Bildung einhegend oder immerhin einzwängend vor Verderbnis und Vernichtung bewahrt."

Die Soziologen.

Wohl waren die freiesten und größten Helden der Geschichte Kinder ihrer Zeit und des ganzen Milieus, in denen sie geboren wurden, mit tausend Fäden an Vergangenheit und Gegenwart gebunden. Aber es gelang ihrem schöpferischen Willen, der Zukunft eine bestimmte Richtung zu geben, indem sie sich von den gesunden Kräften tragen ließen und die anderen mit Entschlossenheit bekämpften.

Es arbeiteten die verschiedenen Richtungen der international-demokratisch-pazifistischen Geschichtschreibung mit allen Mitteln daran, alles Heldentum zu streichen; auch von Religion und irrationalen Kräften (Imponderabilien) wollten sie nichts wissen. Wer unsere Presseverhältnisse nicht kennt, dem muß es ganz unbegreiflich erscheinen, daß gerade in der Bismarckschen Zeit des Engländers Buckle „Geschichte der Zivilisation" ins Deutsche übersetzt und wie ein Evangelium weit verbreitet wurde. Er war Schüler und Nachfolger des Franzosen Comte, der das Wort „Soziologie", d. h. die Erforschung der Gemeinschafts- und Gesellschaftsbeziehungen in die Wissenschaft eingeführt hat[1]); genauer ausgedrückt, war Comte der Urheber der positivistischen Soziologie. Für diese „Positivisten" war und ist charakteristisch die Ablehnung alles Übernatürlichen und Irrationalen, alles dessen, was man nicht mit dem rechnenden Verstande erfassen kann; charakteristisch die Übertragung der naturwissenschaftlichen Methode auf die historische Betrachtung, so daß sie unwandelbare, allgemeine Gesetze für die Geschichte aufstellen wollten; charakteristisch, daß sie dem Staate eine geringere Bedeu-

---

[1]) Es muß festgestellt werden, daß für alle diese Leute, die sich mit ihrer kulturgeschichtlichen, soziologischen und psychologischen Betrachtungsweise so wichtig machten, neu nur der hochklingende Name war. Was echt daran war, hatten die großen Historiker längst in ihre wissenschaftlichen Forschungen hineingezogen; sie verkannten keineswegs die hohe Bedeutung des Milieus, der Zeitströmungen, der Gesellschaft. Aber bei ihnen wurde die Hauptsache, der Staats- und Volksgedanke, nicht davon überwuchert.

tung zuschrieben, als der Gesellschaft; charakteristisch der Kollektivismus, der von großen Männern in der Geschichte nichts wissen will[1].

Mit Unrecht erheben diese Soziologen, Positivisten, Naturalisten[2] den Anspruch, sie hätten den Realismus begründet. Im Gegenteil! Gerade weil sie einen gesetzmäßigen Verlauf der geschichtlichen Entwicklung annahmen, verloren sie den Wirklichkeitssinn, das Verständnis für die wirklichen, realen Verhältnisse; sie verfielen und verfallen zu leicht in naturalistische Konstruktionen und in die Gefahr, um ihres politischen Dogmas willen die Geschichte zu korrigieren. Das gilt auch für den berühmten „Milieuzeichner" Taine, dessen Art der Geschichtschreibung wir ablehnen müssen.

Lamprecht.

Der Leipziger Professor Lamprecht († 1915) galt mehrere Jahrzehnte hindurch als eine Leuchte der deutschen Geschichtswissenschaft und war ohne Zweifel ein hochbegabter Gelehrter. Um 1890 begann die Veröffentlichung seiner großangelegten vielbändigen „deutschen Geschichte", die weite Verbreitung fand. Wir bedauern es lebhaft, daß auch Lamprecht in die falsche Strömung geraten ist[3]. Es mußte schon unangenehm auffallen, mit welcher Überhebung er auftrat; er schrieb sich das Verdienst zu, die Geschichtsforschung ganz neu fundamentiert und den ganzen Betrieb der Historie in andere Bahnen gelenkt zu haben[4]. Dabei richteten sich seine Angriffe gegen Ranke und die Rankeschule; wie leichtfertig und ungerecht ist er gegen sie losgegangen! Mit Unrecht pries Lamprecht seinen Entwicklungsgedanken („Evolutionismus") als eine neue Entdeckung; vielmehr war der Entwicklungsgedanke schon weit über hundert Jahre alt. Mit Unrecht behauptete er, Ranke habe einem „historischen Mystizismus" gehuldigt, der überall auf die Ordnung der Dinge durch „den Finger Gottes" hinweise. Er stellt die Wahrheit geradezu auf den Kopf, wenn er Ranke einen „Sohn und Anhänger des Rationalismus" nennt. Ebenso falsch war es, wenn er sich rühmte, zuerst den Begriff der „Nation" in die Geschichte eingeführt und zuerst auf die Kollektivkräfte hingewiesen zu haben.

Lamprecht war ein eifriger Vorkämpfer der naturwissenschaftlichen Methode für die geschichtliche Auffassung und nahm eine gesetzmäßige Entwicklung an. Wie rückständig erscheint uns dieser grund=

---

[1] Der Soziologe Glumplowicz erklärte 1890 die Entstehung des Deutschen Reiches einfach als „die Wirkung des Strebens einer kultureinten Nation", des Strebens der Massen, wobei Bismarck nur als der Geschobene erscheint.

[2] Es ist nicht meine Schuld, daß in diesem Abschnitt so viele Fremdwörter stehen. Die Internationaldemokraten lieben die Fülle von Fremdwörtern, womit sie die einfachsten Dinge recht kompliziert machen. Da lesen wir vom naturalistisch-psychologischen und idealistisch-psychologischen Impressionismus, vom naturalistisch-physiologischen und idealistisch-physiologischen Impressionismus.

[3] Vgl. die eingehende Kritik von Belows in der Hist. Zeitschrift 81, S. 193 ff.

[4] Merkwürdig! Auch bei Spengler liest man: „Ich habe zuerst..."

gelehrte Mann, der sich einbildete, die größten Fortschritte zu bringen! Je weiter uns die historisch-kritische Methode vorwärts geführt hatte, um so lebhafter waren bei allen ernsten Wahrheitssuchern die Proteste gegen die Annahme eines gesetzmäßigen geschichtlichen Verlaufs[1]). Selbst die Nationalökonomen lehnten ihn ab. So schrieb Diehl: „Es gibt keine sozialen Naturgesetze; denn die sozialen Erscheinungen sind dem Willen der Menschen unterworfen; daher kann von naturgesetzlicher Regelmäßigkeit keine Rede sein. So einseitig es ist, alle geschichtlichen Ereignisse auf die Willkür einzelner Persönlichkeiten zurückzuführen, ebenso einseitig ist es, sie einer unbedingten, naturgesetzlichen, vorausbestimmbaren Macht zuzuschreiben, die sozialen Gruppen, Völkern, Staaten, Ständen innewohne." Und von Below sagte: „Der Nutzen der geschichtlichen Betrachtung liegt weit mehr in der Erkenntnis, daß es keine historischen Gesetze gibt, als in der, daß hier und da etwas Gesetzähnliches bemerkbar ist."

Wie unheimlich spukte nach dem Weltkrieg die naturalistische und soziologische Geschichtsauffassung in den Köpfen der „Gebildeten"! Der Preußische Kultusminister Becker stellte die Soziologie als einen neuen Wissenschaftsbegriff auf; an fast allen Universitäten wurden besondere Professuren für Soziologie eingerichtet; sogar an den Volkshochschulen bildete die Soziologie einen Hauptgegenstand des Unterrichts. Freilich lehnten manche Soziologen die Auswüchse der naturwissenschaftlichen Methode ab; aber es bleibt dabei, daß die Begriffe Rasse, Volk und Staat überwuchert wurden von dem Gesellschaftsbegriff. Was soll man dazu sagen, wenn der Direktor der Kölner Volkshochschule, Dr. Honigsheim, „den schlechthin relativistischen Charakter aller Verbände", aller Gesellschaften und Gemeinschaften betonte! Er verlangte „grundsätzliche Ausschaltung aller Werturteile aus dem Unterricht", als ob nicht seine eigene starke Betonung der Gesellschaftswissenschaft ein Werturteil wäre. Ohne Werturteile kommt kein Historiker, kein Staatsrechtslehrer, kein Vertreter der Kirchen-, Kultur-, Kunst-, Wirtschaftsgeschichte aus. Denn, wie Rickert uns lehrt, besteht ja gerade darin der Unterschied zwischen Natur- und Geschichtswissenschaft, daß jene unwandelbare, ewig gültige Gesetze sucht, während der Geschichtsforscher alles Geschehen auf Werte bezieht, in erster Linie auf Staat und Volk, auf die Staats- und Volksindividualitäten[2]). Dabei können wir die großen Männer nicht ausschalten. Die subjektiven Werturteile sind geradezu das Fundament der gesamten Geschichtswissenschaft[3]).

---

[1]) Wenn Treitschke von „historischen Gesetzen" spricht, so versteht er darunter etwas ganz anderes. Er hat sich ja selbst energisch gegen die Übertragung der naturwissenschaftlichen Methode auf die Geschichtswissenschaft erklärt und geschrieben: „Wäre die Geschichte eine exakte Wissenschaft, so müßten wir imstande sein, die Zukunft der Staaten zu enthüllen. Das können wir aber nicht. Denn überall stößt die Geschichtswissenschaft auf das Rätsel der Persönlichkeit."

[2]) Die „Menschheit" geht den Historiker nichts an.

[3]) Es ist interessant, die Geistesverwandtschaft zwischen Bismarck und Ranke einerseits, zwischen Bethmann-Hollweg und Lamprecht andererseits festzustellen.

Übergriffe berühmter Naturforscher.

Im Jahre 1877 hielt der Berliner Naturforscher Du Bois=Reymond einen aufsehenerregenden Vortrag, der bald darauf in der Deutschen Rundschau veröffentlicht wurde [1]). Wir staunen über die Kühnheit, womit der hohe Gelehrte in die ihm fremde Geschichtswissenschaft eindrang und sich einbildete, die wichtigsten historischen Probleme lösen zu können, wobei er mit der Urzeit begann und mit den Gefahren endete, die unserer Gegenwart drohen und für die er Heilmittel angibt. Aber die Fachhistoriker haben sich mit Recht gegen den Hochmut eines Mannes zur Wehr gesetzt, der alles geschichtliche Denken vom Standpunkt der Naturwissenschaften erklären wollte. In der Tat hat sich der berühmte Naturforscher Du Bois=Reymond nicht weniger gründlich blamiert, als sein ebenso berühmter Kollege, der Naturforscher Virchow, der zu den grimmigsten Gegnern Bismarcks gehörte, weil er sich einbildete, die deutsche Frage besser lösen zu können, als der historisch denkende Staatsmann.

Du Bois=Reymond spottet über die landläufige Weltgeschichte, die „vom Steigen und Fallen der Könige und Reiche, von Verträgen und Erbstreitigkeiten, von Kriegen und Eroberungen, von Schlachten und Belagerungen, von Aufständen und Parteikämpfen, von Städteverwüstungen und Völkerhetzen, von Morden und Hinrichtungen, von Palastverschwörungen und Priesterränken erzählt; die uns nichts zeigt, als im Kampfe aller gegen alle das trübe Durcheinanderwogen von Ehrgeiz, Habsucht und Sinnlichkeit, von Gewalt, Verrat und Rache, von Trug, Aberglauben und Heuchelei." Nach seiner Auffassung fällt die Entwickelung der Menschen mit dem Grade der naturwissenschaftlichen Erkenntnisse zusammen.

Zu welchen Irrtümern hat diese Betrachtungsweise den Gelehrten geführt! Er stellt die Behauptung auf: Naturwissenschaft habe es bei den alten Griechen und Römern nicht gegeben; erst recht hemmte „die lange Nacht des Mittelalters" jeden Fortschritt; dann aber brach mit dem Ursprung der Naturwissenschaft die neuzeitliche Kultur an. Freilich wundert er sich selbst darüber, daß diese neuzeitliche naturwissenschaftliche Richtung der Menschheit aus dem Wiederaufleben der Antike erwuchs. Aber er setzt sich über diese ihn selbst überraschende Tatsache mit einem Gleichnis hinweg: „Das Geschlecht, welches die neue Naturwissenschaft entfaltete, verhalte sich zu den Vätern (oder vielmehr den Müttern) seiner Bildung wie die Entenbrut zur Gluckhenne." Dann fügt er noch eine andere Erklärung hinzu, die noch sonderbarer ist; er sagt: „Die neue Naturwissenschaft verdankt, so paradox das klingt, ihren Ursprung dem Christentum ... Indem das Christentum der Menschenbrust das heiße Streben nach unbedingter Erkenntnis einflößte, vergütete es der Naturwissenschaft, was es durch die Askese (und Welt=, Naturverachtung) lange an ihr verschuldet hatte." Sonderbar, höchst sonderbar! Weiß Du Bois=Reymond nicht, daß die Humanisten, die er als die Väter der neuzeitlichen Naturwissenschaft bezeichnet, gerade an dem Polytheismus der Alten das

---

[1]) Im XIII. Band der Deutschen Rundschau. Die treffliche Kritik des Professors Lorenz steht im 33. Band der Hist. Zeitschrift, S. 458 ff.

größte Vergnügen fanden? Was sind das für wahrheitswidrige Geschichtskonstruktionen?

Und weiter! Seit dem 18. Jahrhundert (Gibbon, Montesquieu) hat man sich immer wieder mit den **Ursachen für den Untergang der Alten Kulturwelt** beschäftigt; man erklärte ihn aus inneren Gründen, aus der zunehmenden Entartung. Aber Du Bois-Reymond belehrt uns, daß die Erklärung nur der Naturwissenschaft gelingen kann. Zwar lehnt er die Ansicht des berühmten Naturforschers Liebig ab, der im Verfolg seiner Lehre vom mineralischen Dünger die Behauptung aufstellte: Das Römische Weltreich sei, wie schon früher die Griechenländer und später die Spanische Weltmacht, zugrunde gegangen, „weil im Bereiche des römischen Kornhandels der Boden an den für Weizen unentbehrlichen Mineralstoffen, insbesondere an Phosphorsäure und Kali, erschöpft war". Dagegen erklärt Du Bois-Reymond: „Nicht weil der Boden der Mittelmeerländer an Phosphorsäure und Kali verarmt war, ging die alte Kultur unter, sondern weil sie auf dem Flugsand der Ästhetik und Spekulation ruhte, den die Sturmflut der Barbaren leicht unter ihr wegwusch. Man stelle sich die römischen Legionen, statt mit Lanzen, mit Steinschloßmusketen bewaffnet vor, statt mit Katapulten und Ballisten auch nur das Geschütz des 16. Jahrhunderts! Waren nicht von den Cimbern und Teutonen an bis zu den Vandalen die wandernden Völker mit blutigen Köpfen heimgesandt worden? ... Hätten nicht die Alten versäumt, die unbedingte Überlegenheit über rohe Kraft sich zu erwerben, welche Dienstbarkeit der Natur und stetig fortschreitende Technik verleihen, so wären **beide** Völkerelemente des Nibelungenliedes, nordische Recken und asiatische (hunnische) Steppenreiter, gleich ohnmächtig geblieben gegen das römische Reich, trotz dessen zum Himmel stinkender Fäulnis."

Unsere Schüler können dem Gelehrten darauf die Antwort geben, daß selbst Kruppsche Kanonen die Alte Kulturwelt nicht vor dem Untergang bewahrt hätten. Denn diese Kruppschen Kanonen wären von denselben in römischen Diensten stehenden germanischen Söldnern bedient worden, deren Führer Odoakar dem letzten Kaiser 476 den Purpur nahm.

Sicherlich war und ist unser höheres Schulwesen reformbedürftig. Aber die Mängel entsprangen weniger einer Unter- als einer Überschätzung der Naturwissenschaften und der Mathematik. Der mit den Erfolgen der Naturwissenschaften zusammenhängende wirtschaftliche Aufschwung verführte angesehene Männer zu Forderungen an das Bildungswesen, welche die heranwachsende Jugend schon früh in mammonistisches Denken verstrickte. Und wenn ein so weltberühmter Chemiker, wie Professor Ostwald, unsere höheren Schulen einer haßerfüllten Kritik unterzog, so wurden seine Worte in weiten Kreisen wie ein Evangelium aufgenommen. Der Deutschbalte Ostwald war seit 1887 Professor der physikalischen Chemie in Leipzig. 1905 legte er seine Professur nieder, um als Wanderredner und Schriftsteller gegen das „Schulelend" zu kämpfen; 1909 veröffentlichte er ein umfangreiches Werk „Große Männer".

Professor Ruska unterzog sich der mühevollen Arbeit, die Ausführungen Ostwalds auf ihren **Wahrheitsgehalt** zu prüfen. Er kam in seiner Schrift „Schulelend und kein Ende" zu einem erschütternden Ergebnis, indem er dreierlei nachwies:

tendenziöse Entstellung der Quellen;
absolute Verständnislosigkeit gegenüber den Aufgaben der historischen Wissenschaften;
gröbste Unkenntnis der Leistungen der Sprachwissenschaften.

Ursachen der Reformation[1]).

Sowohl von katholisch-jesuitischer Seite, als auch von den International-Demokraten wurden immer neue Versuche gemacht, Luthers überragende Persönlichkeit herabzusetzen und den religiösen Ursprung der Reformation zu leugnen. Natürlich soll nicht bestritten werden, daß die äußeren Verhältnisse fördernd und hemmend mitgewirkt haben; aber sie können unmöglich als die eigentliche Ursache hingestellt werden.

Welche Verirrungen! Der Soziologe Simmel hat die Reformation aus dem Prinzip der Kraftersparnis verstehen wollen, indem nämlich der heilsbedürftigen Seele der Umweg über das Priestertum erspart worden sei. Professor Cohen führte in seinem 1915 erschienenen Buch „Deutschtum und Judentum" die Reformation und die deutsche Kultur im ganzen auf das Judentum zurück.

Einer großen Beliebtheit erfreute sich die Erklärung der Reformation aus wirtschaftlichen Ursachen. Leider stellte Lamprecht, der sich um die Erforschung der wirtschaftlichen Verhältnisse um das Jahr 1500 Verdienste erworben hat, diese Dinge in den Vordergrund; er schrieb im fünften Band seiner deutschen Geschichte: „Der volle Durchbruch geldwirtschaftlicher Tendenzen mit ihren Folgen auf sozialem und, großenteils hierdurch vermittelt, auch auf geistigem Gebiet, mußte die Neuzeit selbst herbeiführen." Dürfen wir uns wundern, wenn der jüdische Sozialdemokrat Kautsky diesen Lamprechtschen Gedanken in entsprechender Färbung weitergab? Gewiß haben damals wirtschaftliche Gegensätze bestanden; aber wenn von klaffenden Klassengegensätzen der spätmittelalterlichen Bürgerschaften, von einem unerträglichen sozialen und wirtschaftlichen Joch der kapitalistischen Klassen, von einem tiefstehenden Proletariat, von einem Heer von Deklassierten aller Art, von tiefgreifenden kommunistischen Bewegungen gesprochen wurde: so hat Georg von Below nachgewiesen, daß die nähere Prüfung ein solches Bild als Phantasiegemälde enthüllt. Und wenn man die Bauernbewegung als Hauptgrund für die Ausbreitung der Reformation nennt, so sei dem gegenüber an vier Tatsachen erinnert: Diese Bewegungen bestanden schon lange vorher; Luther ist den aufständischen Bauern in schärfster Weise entgegengetreten, und trotzdem verlor er nicht die Sympathien des Volkes; bei der ersten Erhebung zu Luthers Zeit handelte es sich nicht um protestantische, sondern katholische Bauern; in Norddeutschland, dem klassischen Lande des Protestantismus, hat sich die Bauernbewegung am wenigsten geltend gemacht.

---

[1]) Vgl. das vorzügliche Werk von Belows „Ursachen der Reformation".

Welche Verirrungen! Für Kautsky ist Luther ohne rechte eigene Initiative; er wird nur geschoben von Freund und Feind; der Streit zwischen ihm und Tetzel ist ein Streit um den Geldbeutel. Die Fürsten wollen sich bereichern, die unteren Klassen von den Lasten frei werden, unter denen sie seufzen, und Luther findet nur deshalb Anklang, weil seine Lehre solchen Wünschen entgegenkommt.

Über die angebliche „Begehrlichkeit der Fürsten", über ihr „Streben nach Bereicherung aus dem Kirchengut" ist schon auf S. 194 ff. gesprochen; nicht nur von den katholischen, sondern auch von den internationaldemokratischen Geschichtschreibern wird dieses „Motiv der Reformation" stark betont. Letztere knüpfen auch hier an die Geschichtschreibung der „Aufklärung" an, die ja überall menschliche Schwachheit und Bosheit witterte. Sorgfältige Spezialuntersuchungen über die Verwendung von Stifts= und Klostergütern in den einzelnen Fürstentümern und Reichs= städten haben bewiesen, daß damit das Rätsel der Entstehung der Reformation keineswegs gelöst wird. Mit viel größerem Rechte kann man behaupten: **Nicht die Reformation, sondern die Gegenreformation** war das Werk einzelner Fürstenfamilien und ist auf ihre „Begehrlichkeit" zurückzuführen.

Man hat auf die vorausgehenden **geistigen Strömungen** hingewiesen, vor allem auf Mystik und Humanismus, und **Luther als das notwendige Produkt verschiedener Bildungsfaktoren** aufgefaßt. So können nur Leute urteilen, die überhaupt von der Bedeutung großer Männer in der Geschichte nichts wissen wollen; die auch in Bismarck nichts sehen, als das naturgeschichtliche Ergebnis einer Zeitbewegung. Aber gerade in Luther und Bismarck zeigt sich die schöpferische Persönlichkeit aufs glänzendste; was sie in sich aufnahmen, das haben sie eigenartig verarbeitet. „Die Gedanken der vorausgehenden Zeit erhielten in Luther nicht nur einen neuen, sie neu ordnenden Mittelpunkt, sondern dazu trat ein **heroischer Wille**, der die Kraft in sich fühlte, sie in die Tat umzusetzen."

Alle Bemühungen sind gescheitert. Wie die katholische Geschichtschreibung, so haben sich auch die internationaldemokratischen, die materialistischen, soziologischen, naturalistischen Historiker nicht als Wahrheitssucher bewährt. Wir müssen am religiösen Ursprung der Reformation festhalten[1]).

Karl Marx,
das geistige Haupt der Sozialdemokratie.

Von den Sozialdemokraten werden Marx und Engels als die Begründer der wirtschaftlichen, ökonomischen, materialistischen Geschichts=

---

[1]) Wo es den Kampf gegen das reine Deutschtum gilt, sind Rom und Juda einig. Auch der jüdische Schriftsteller Hertz spottet in seinem Buch „Rasse und Kultur", S. 355 ff., über das angebliche „Sehnen der Germanen nach Erlösung"; vielmehr sieht er überall nur politische und materielle Beweggründe.

auffassung gepriesen. Das ist höchstens halbrichtig. Denn schon vor Marx war bei namhaften deutschen Historikern das Interesse an den wirtschaftlichen Fragen sehr lebendig; auch hatte man bereits auf die schädlichen Wirkungen der Geldwirtschaft hingewiesen. Wohl kann Marx als der Vater einer zum häßlichen Zerrbild entarteten, ins Maßlose gesteigerten materialistischen Geschichtsauffassung gelten. Ausschlaggebend war für ihn nicht wissenschaftlicher Wahrheitsdrang, sondern **leidenschaftliche Herrschsucht**, die ihn trieb, sich an die niedrigsten Instinkte der Massen zu wenden, um sie seinen Zwecken dienstbar zu machen[1]. Mit dieser Herrschsucht verband sich ein giftspritzender Haß gegen alles, was ihm im Wege stand, **besonders gegen Preußen**. Nach einer ganz oberflächlichen Beschäftigung mit der Preußischen Geschichte wagte er die Behauptung: „Etwas Lausigeres hat die Weltgeschichte nicht produziert ... Auf Lumperei läuft die Preußische Geschichte hinaus."

Wahrheitsucher? Die auf Marx zurückgehende extreme materialistische Geschichtsauffassung hing zum großen Teil von spezifisch sozialdemokratischen Wünschen ab. Weil das leitende Kulturideal demokratisch war, so bestand die Neigung, auch in der Vergangenheit die großen Persönlichkeiten als „unwesentlich" anzusehen und nur das gelten zu lassen, was von der Menge kommt. Daher wurde ihre Geschichtschreibung „kollektivistisch". Vom Standpunkt des Proletariats aus bzw. von dem Standpunkte, den die Theoretiker für den der Masse hielten, kamen hauptsächlich die materiellen Werte in Frage; folglich erschien als wesentlich, was damit in Beziehung steht, das wirtschaftliche Leben. Die Geschichte wurde materialistisch, und es entstand eine gewaltsam und unwissenschaftlich konstruierte Geschichtsphilosophie; die Verspottung des Idealismus, die uns in diesen Kreisen begegnete, war in Wahrheit nur ein **Rollentausch**: an die Stelle der Ideale des Kopfes und des Herzens sind die **Ideale des Magens** getreten. Empfahl doch sogar der hochgefeierte Lassalle den Arbeitern, ihr Wahlrecht als Magenfrage aufzufassen. Man darf sich nicht wundern, wenn von diesem Standpunkt aus die ganze menschliche Entwicklung schließlich als ein **Kampf um den Futterplatz** angesehen wurde.

Oswald Spengler.

In Oswald Spengler ist eine Neuauflage von Karl Lamprecht erschienen. Beide rühmen sich, daß sie **zuerst** zahlreiche wichtige historische Erkenntnisse mitteilten, und merken nicht, wie rückständig sie sind. Der erste Satz in Spenglers mit größter Reklame verbreitetem Werk „Untergang des Abendlandes" lautet: „Hier wird **zum ersten Mal** der Versuch gemacht, die Zukunft vorauszubestimmen"; als ob das nicht vor ihm alle Naturalisten getan hätten. Bei beiden finden wir die Anwendung der naturwissenschaftlichen Methode auf die Geschichtschreibung, die Annahme

---

[1] Über die Persönlichkeit und das wahre Wesen von Karl Marx stand Oktober 1923 ein lehrreicher Aufsatz von Professor Sombart in der „Deutschen Rundschau".

fester Gesetze und eines berechenbaren Kreislaufs. Wie wir bei Lamprecht lesen „In jedem normal entwickelten Volk kehrt die Reihenfolge der Kulturzeitalter in gleicher Aufeinanderfolge wieder": so unterscheidet Spengler acht große Kulturentwicklungen, bei denen er einen durchaus gleichartigen Verlauf annimmt. Er behauptet: Für jede Kultur gibt es eine Kindheit, ein Jünglings-, Mannes-, Greisenalter und den Tod; er vergleicht die Kulturen mit Pflanzen. Der im Jahre 1924 gestorbene Geheimrat Troeltsch schrieb in der Hist. Zeitschr. 128: „Die Darstellungen tanzen fortwährend durch alle Kulturen hindurch, sprechen vom chinesischen Augustus, arabischen Cromwell, indischen Merowingern; den Leser umflattert ein Schneewind von Analogien." Troeltsch gesteht, er fühle sich nicht imstande, Spengler auf alle Gebiete zu folgen; er empfinde aber instinktiv große Strecken des Buches als wirres Gerede. Und dann geht er auf das Gebiet ein, wo er selbst Bescheid wisse, und übt eine vernichtende Kritik an dem, was Spengler über Religion, über Jesus und die christliche Kirche vorbringt.

Ich habe selbst das Spenglersche Buch bald nach seinem Erscheinen in Vorträgen und Aufsätzen als **rückständig** bezeichnet; es steckt eben noch in der französischen „Aufklärung" des 18. Jahrhunderts. Daraus erklärt sich auch sein Haß gegen den völkischen Gedanken: „Der romantische Begriff Volk soll hier zerstört werden."

Als ich Dr. Sternbergs Buch „Rathenau der Kopf" las, war mir die **große Übereinstimmung zwischen Spengler und dem Juden Walter Rathenau** keine Überraschung. Auch Rathenau behauptet „eine naturnotwendige Abfolge ganz bestimmter Epochen im historisch-kulturellen Geschehen: In jeder Kultur sind ein archäisches, ein kulminierendes und ein Barockzeitalter zu unterscheiden. Mit dem Ausgang des Barockzeitalters ist das historisch-kulturelle Dasein eines Volkes beendet; die freien Energien sind verpufft, und die ausgebrannten Völker bleiben wie tote Schlacken am Wege liegen."

III.
Die „katholische (jesuitische) Geschichtschreibung"[1] des 19. und 20. Jahrhunderts.

> Kardinal Manning: „Das Dogma muß die Geschichte besiegen."
>
> Der katholische Theologe Schnitzer nennt die katholische Theologie und Geschichtsforschung „eine unter dem gleißenden Schein der Wissenschaft organisierte planmäßige Verschwörung gegen die geschichtliche Wahrheit".
>
> Der Historiker Max Lenz sagt: „Ein höherer Wille zwingt die überzeugungstreuen Söhne der römischen Kirche, sich die Vergangenheit so vorzustellen, wie es ihren Zwecken entspricht."

Auf den großen Katholikentagen wurde wiederholt Sturm gelaufen gegen die angeblich „protestantischen" Wissenschaften und dafür die Pflege der „katholischen Wissenschaft" gefordert, für Philisophie und Nationalökonomie, für Rechts= und Naturwissenschaft; „die gewaltigste Reinigungsarbeit" aber liege der Geschichtsforschung ob[2]. Denn, so wagte Windthorst zu behaupten, „die Geschichte in Deutschland ist total gefälscht und in allen Schulen Deutschlands die protestantische Auffassung maßgebend". Überschwänglich wurde Joh. Janssen gepriesen, der Verfasser der „deutschen Geschichte seit dem Ausgang des Mittelalters": „Janssen hat das Apostelamt der Wahrheit geübt mit einer bewundernswürdigen Zartheit des Gewissens"; „er hat gründlich mit der alten Reformationslegende aufgeräumt"[3].

---

[1] Dieser Abschnitt ist eine Ergänzung zu den Ausführungen über den „Kampf gegen die Reformation, gegen das Preußentum und romfreie Deutschtum" auf S. 185 ff. und zu S. 212 ff.

[2] In dem über alle Länder verbreiteten und in alle Kultursprachen übersetzten umfangreichen Buch von Fülöp=Miller „Macht und Geheimnis der Jesuiten" stehen interessante Ausführungen über ihre Anpassungsfähigkeit. Sie schreiten immer mit der Zeit fort, ohne das geringste von ihrem Ideal der mittelalterlichen Denk= und Glaubenseinheit preiszugeben; vielmehr versuchen sie alles umzubiegen in Beweise für die Richtigkeit ihrer katholischen Ziele.

Der 1814 wiederhergestellte Professorenorden der Jesuiten warf sich mit größtem Eifer auf die Wissenschaften, deren klassisches Zeitalter damals anbrach. Und dabei trat ein wesentlicher Unterschied hervor: Ihr rechnerisches Denken ermöglichte den Jesuiten eine positive Mitarbeit auf verschiedenen Gebieten der Naturwissenschaften. Aber für die Geschichtswissenschaft bzw. Geschichtschreibung, die keine Gesetze kennt, konnte von keiner Mitarbeit der Jesuiten die Rede sein, trotz der geschickten Anpassung an die neuen wissenschaftlichen Methoden, sondern nur von einer Gegenarbeit. Schroff stehen sich zweierlei Rangordnungen der Werte gegenüber; für die Jesuiten sind Kirche und Menschheit die Höchstwerte, nicht Staat, Volk, Rasse.

[3] Über Janssens Werk ist schon ausführlich gesprochen S. 198 ff.

In Wirklichkeit handelte es sich um eine **planmäßig betriebene Geschichtsfälschung**. Das Ergebnis der Forschungen stand und steht von vornherein fest, nämlich:

einerseits die Göttlichkeit der römisch-katholischen Papstkirche, die Herrlichkeit des „gesegneten" Mittelalters und des römischen Kaisertums deutscher Nation, die Verdienste des Jesuitenordens und des Hauses Habsburg;

anderseits der häßliche Ursprung und die schrecklichen Wirkungen der Reformation, das „Neuheidentum" unserer deutschen Klassiker, die Begehrlichkeit der Hohenzollern.

Aber man gibt sich den Anschein, als wenn man völlig „objektiv" verfahre, gewissenhaft die historisch-kritische Methode anwende und alles auf ein sorgfältiges Quellenstudium aufbaue. In der Tat ist ein Bienenfleiß auf die Herbeischaffung des Quellenmaterials verwandt, und es erregte großes Aufsehen, als die katholische Geschichtswissenschaft so ausführlich „**die Quellen selbst reden ließ**".

Aber bei näherer Betrachtung zeigte sich, daß die Forscher rabulistischen **Advokaten** gleichen, die fleißig, aber parteiisch **Material für den Klienten und gegen die andere Seite** sammeln. Sie wählen aus, was für die katholische Auffassung paßt; übergehen, was ungünstig ist; bringen falsche Übersetzungen; verschleiern und entstellen die Tatsachen, gebrauchen absichtlich doppelsinnige Ausdrücke; reißen einzelne Sätze so aus dem Zusammenhang, daß sie einen ganz anderen Sinn geben, und schaffen ein verzerrtes Bild.

Nach den ersten Erfolgen wurde 1876 zur Pflege der „katholischen Wissenschaft" die **Görres-Gesellschaft** gegründet, mit dem „katholischen Grundsatz, daß zwischen der von der Kirche getragenen Offenbarung und den Erzeugnissen echter Wissenschaft niemals ein Widerspruch bestehen kann". Im Historischen Jahrbuch der Görres-Gesellschaft 1882 (III, S. 207 f.) heißt es: „Ein katholischer Autor muß es geradezu als seine strengste Pflicht erkennen, die prinzipiell allein richtige und **deshalb objektive** Auffassung der Kirche von der Glaubensspaltung zum klar erkannten Grundsatz der eigenen historischen Anschauung zu machen." Das bedeutet die Überwindung der historischen Tatsachen durch den dogmatischen Anspruch der Kirche[1]). **Umkehrung aller Werte!** Man

---

[1]) In den hist. pol. Blättern 1899, S. 492, schrieb Dr. Stölzle aus Würzburg: „Die **Freiheit der katholischen Theologen** gleicht der des Vogels im Käfig. Die Gitter des Käfigs sind die Dogmen; der Besitzer des Käfigs, der sorgfältig wacht, daß sein Vogel nicht entrinne, ist das als Hüterin bestellte kirchliche Lehramt. Die dem Vogel verstattete Möglichkeit, vom oberen Stäbchen aufs untere zu hüpfen, entspricht der Bewegungsfreiheit des Theologen, die wie die des Vogels eine beschränkte ist."

Mit Recht schreibt Brieger in „Reformation", S. 128: „Mag der einzelne noch so kühn, die Segel von dem Wagemut des Entdeckers geschwellt, aus dem Hafen steuern: auf hoher See hat er den geheimen Befehl zu entsiegeln, der ihm ein bestimmtes Ziel steckt; er **muß** bei einem im voraus feststehenden Ergebnis der Forschung landen, und höchstens ist es ihm anheimgegeben, **wie er es erreicht**."

erklärte, daß man die Menschheit von den zahlreichen Irrtümern befreien wollte, welche die hinterlistigen Protestanten verbreitet hätten; was die hervorragendsten Forscher und Wahrheitssucher, wie Ranke, Häußer, Droysen, Sybel, Treitschke gesagt und geschrieben haben, verdächtigte man als „protestantische" und „preußische" Geschichtswissenschaft.

Einige Beispiele mögen zeigen, wie **diese moderne Scholastik** arbeitet:

1.

Die einen halten es für ihre Aufgabe, unsere **großen Dichter und Denker**[1]) in den Staub zu ziehen, ihnen das Christentum abzusprechen und sie als moralisch minderwertig hinzustellen. Der bewährten Methode Janssens folgend, lassen sie „die Quellen selber reden" und reihen sie mosaikartig so aneinander, daß das Zerrbild herauskommt, das sie dem Leser vorzuhalten wünschen. Der Jesuit **von Hammerstein** sagt in seinem Buch „Das preußische Schulmonopol mit besonderer Rücksicht auf die Gymnasien": „Und welches ist das Ideal, das in Goethes Person der deutschen Jugend vorgestellt wird? **Goethe** selbst zeigt es uns in jenem Bilde, welches er von sich (dem Faust) über sein Tun und Treiben entrollt:

,Ich bin nur durch die Welt gerannt,
Ein jed' Gelüst ergriff ich bei den Haaren:
Was nicht genügte, ließ ich fahren,
Was mir entwischte, ließ ich ziehen.'

Das also ist Goethe! Wie er „ein jed' Gelüst bei den Haaren ergriff", zeigt der Katalog seiner unlauteren Liebschaften, die er als Knabe, als Jüngling, als verheirateter Mann und Greis von mehr als achtzig Jahren mit Unverheirateten und Verheirateten unterhielt, und bei denen er seine Opfer suchte aus der Reihe der Fabrikmädchen, Kellnerinnen, Schauspielerinnen, Pfarrerstöchter, adeligen Fräuleins usw. In diesem Sinne schrieb er in den ‚Zahmen Xenien':

,Ich wünsche mir eine hübsche Frau,
Die nicht alles nähme gar zu genau,
Doch aber zugleich am besten verstände,
Wie ich mich selbst am besten befände.'

Das ist Goethe! Das ist das Lebensideal, welches man unseren Gymnasiasten heute vorstellt … **Das also ist Goethe**, das ist der Mann, welcher die erste Stelle einnimmt unter den Heroen unserer Literatur …"

„Während **Lessing** nach Gold hungert, um seiner Spielwut zu frönen, wählt ein **heiliger Franz von Assisi** die äußerste Armut. Während Lessing dahin strebt, durch seine Schriften das Christentum zu vertilgen, erobert ein **heiliger Franz Xaver** durch seine apostolischen Worte ganze Königreiche für Christus und das christliche Sittengesetz. Während **Goethe** sein Leben zu einer Kette von Ausschweifungen gestaltet, wirft sich ein **heiliger Benediktus** in die Dornen, um

---

[1]) Vgl. auch den früheren Abschnitt über „Das romfreie Deutschtum", S. 210 ff.

durch freiwillig übernommene Schmerzen die Versuchungen des Fleisches zu überwinden."

Der „feinsinnige" Jesuit **Baumgartner** hat Lessing-, Goethe-, Schiller-Monographien geschrieben. Zwei Schriften tragen die Titel „Goethe und Schiller"; „Der Alte von Weimar". Von Goethe sagt er: „Seine Dichtung stellt sich als bloße Verherrlichung des allergewöhnlichsten Erdentreibens, kleinlicher Eitelkeit, törichter Theaterabenteuer und Liebschaften, egoistischer Selbstbewunderung und sinnlicher Genußsucht dar; sie zeigt aber kein Verständnis für das Leben der Völker, für die Erhabenheit der göttlichen Offenbarung und der Kirche, keine Spur von Gottesfurcht und Gottesminne, wie sie die mittelalterlichen Sänger erfüllten." Lessing wird von Baumgartner als glaubensloser Pantheist, frecher Christusverächter, Revolutionär, religionsloser Tor und böswilliger Religionsfeind gebrandmarkt, der in Haß gegen alle positive Religion das letzte Wort des Protestantismus frevelnd ausgesprochen und den Zersetzungsprozeß, den Luther begonnen, vollendet habe[1]).

2.

Der Jesuit **Duhr**[2]) hat ein großes Werk geschrieben, „Jesuitenfabeln", 4. Aufl. 1904, worin alles geleugnet wird, was die Geschichte von der unheilvollen Tätigkeit der Jesuiten im 16., 17., 18. Jahrhundert berichtet. Das Buch wimmelt von Entstellungen, Unterschlagungen, Fälschungen; aber Duhr gibt sich den Schein größter Wahrhaftigkeit.

Für seine „jesuitische" Arbeitsmethode will ich einige Beispiele anführen:

Um die Unechtheit einer „Abhandlung des spanischen Jesuiten Mariana" (gedruckt 1625), die schwere Anklagen gegen den Orden enthält, zu beweisen, beruft sich Duhr auf den Jesuiten Cordara. Wenn man aber die betreffende Stelle bei Cordara nachliest, so sieht man, daß sie gerade **für die Echtheit** spricht.

Über die **Aufhebung des Jesuitenordens** im Jahre 1773 schreibt Duhr 49 Seiten. Aber weder er noch irgend ein anderer jesuitischer Schriftsteller teilt den Wortlaut des Aufhebungsbreves des Papstes Clemens XIV. mit; er verwendet nur 29 Zeilen für eine oberflächliche, das Wichtigste auslassende Inhaltsangabe.

Duhr verschweigt, daß es neben der offiziellen Instruktion des Ordensgenerals Aquaviva auch eine geheime gab. Mit Vorliebe zitiert er den österreichischen Forscher Gindley **für die Jesuiten**; was derselbe aber **gegen** die Jesuiten gesagt hat, wird unterdrückt.

Duhr beruft sich zur „Entschuldigung der Jesuiten" auf eine Äußerung des „neuesten **protestantischen** Historikers" über das **Thorner Blutgericht** (1724), auf eine Schrift Jacobis. Wenn man aber das Werk nach-

---

[1]) Als es nicht gelang, unsere großen deutschen Klassiker zu beseitigen, hat man im 20. Jahrhundert allen Ernstes den Versuch gemacht, sie als Leute hinzustellen, die ihrem innersten Wesen nach katholisch gewesen seien. Vgl. meine „Kulturgeschichte", 4. Auflage, S. 371 ff.

[2]) Graf Hoensbroech, „14 Jahre Jesuit", beschäftigt sich eingehend mit den Jesuiten Duhr und Pachtler.

liest, so sieht man, daß darin gerade die Hauptschuld an der Bluttat den Jesuiten zugeschrieben wird.

Um die **Wohltätigkeit** der Jesuiten zu beweisen, fälscht Duhr den Originaltext einer „Verordnung".

Die Jesuiten **Pachtler** und **Duhr** wurden Mitarbeiter des großen Werkes „Monumenta Germaniae paedagogica". Sie haben mehrere Bände über das jesuitische Unterrichtssystem geschrieben. Unendlich viele Aktenstücke sind zusammengetragen, aber **alle**, die etwas Ungünstiges über den Orden enthalten, verschwiegen und unterschlagen.

3.

Andere verfolgen bei ihrer katholischen Geschichtswissenschaft das Ziel, **die Habsburger und das römische Reich deutscher Nation zu verherrlichen, dagegen die Hohenzollern zu verkleinern.** Hierin ist **Onno Klopp** besonders fruchtbar gewesen, der Lehrer des Welfenherzogs von Cumberland und Freund des Zentrumsführers Windthorst. Nach seinem Tode ist das zweibändige umfangreiche Werk herausgegeben: „Politische Geschichte Europas seit der Völkerwanderung", 1912.

Ich übergehe die Oberflächlichkeit, mit der er die Kämpfe des Mittelalters und die Reformation behandelt. Auch schüttelt er die Inquisition, die Bluthochzeit, die Taten des französischen Königs Ludwig XIV. und der englischen Stuarts von der katholischen Kirche ab; er spricht I, S. 160 von „dem auch von preußischer Seite gehegten Bestreben, die Feindschaft gegen die katholische Kirche zu schüren, indem man ihr Ludwig XIV. aufbürdet".

Die Hauptsache ist, daß Klopp als ein ganz einseitiger **welfischer und habsburgischer Parteigänger** auftritt. Er spielt sich immer als „Vertreter des Rechts" auf. Wir müssen aber staunen über das **verschiedene Maß,** mit dem er mißt: Wenn **andere** gegen das bestehende Recht verstoßen, so begehen sie ein schweres Verbrechen; wenn aber die **Habsburger** genau dasselbe taten, so befanden sie sich in einer „Zwangslage" oder handelten „aus edlen Beweggründen" oder „hatten moralisch recht" (vgl. I, S. 298, 432; II, 46, 174, 246). Die **großartige Fälschung** (das privilegium maius), welche kurz nach dem Jahre 1356 der Habsburger Rudolf veranlaßte, um Österreich eine bevorzugte Sonderstellung zu verschaffen und den „Titel Erzherzog" zu erschleichen, gibt Klopp zu. Aber er sagt I, S. 92: „Die goldene Bulle (gegen welche die Fälschung gerichtet war), war in der Form unstreitbar gültig, das Privilegium aber in der Form unstreitbar verwerflich; allein nach dem Inhalt und der Bedeutung beider verhielt es sich gerade umgekehrt."

Jeden Kenner der Geschichte wird die Behauptung befremden II, S. 240: „Immer sind es die Kaiser aus dem Hause Habsburg gewesen, die ein Verständnis hatten für das Große und Ganze, für die Idee des Reiches."

Geradezu unglaublich ist, was Klopp bei seinem **Haß gegen die Hohenzollern** über Friedrich den Großen, über die Freiheitskriege, über die Entstehung des neuen Deutschen Reiches vorträgt. Er bringt es fertig, die Erfolge der Freiheitskriege Österreich zuzuschreiben; II, S. 324 heißt es: „Nicht der König von Preußen und der Freiheitskämpferlärm hat Europa befreit, sondern die Tatkraft Metternichs und die braven österreichischen Soldaten aller Nationalitäten." Klopp sagt II, S. 276: „Die Ereignisse des Jahres 1813 wurden von den Vertretern der preußischen Wissenschaft so entstellt, daß Preußen als der Retter Deutschlands dastand."

Die Entstehung des neuen Deutschen Reiches und des Königreichs Italien sind Klopp ein Greuel. Über **Cavour** und **Bismarck** bringt er eine Blütenlese ungünstiger Aussprüche. **Er ersehnt die Wiederkehr des theokratischen Universalismus.** Am Schluß des zweibändigen Werkes stehen die Worte:

„Die Erkenntnis, daß für zahlreiche Schäden der Menschheit nur die Kirche die Heilmittel zu bieten vermag, ist seit Jahrzehnten aller Orten im Wachstum begriffen. Nicht freilich bei allen Häuptern der weltlichen Gewalt. Viele von ihnen vermögen es nicht, sich aufzuschwingen zu dem Gedanken, durch welchen vor 1100 Jahren (im Jahre 800) Papst Leo III. und Kaiser Karl der Große den Grundstein legten zu der christlichen Kultur des Abendlandes, zu dem Gedanken des innigen Bundes der zwei Autoritäten, der geistlichen und der weltlichen, und demgemäß der Weihe der zweiten durch die erste."

Auf denselben Ton hat **Dr. von Kralik** seine „Österreichische Geschichte" gestimmt[1]). Zwar ist sie vornehmer gehalten als viele andere Bücher, enthält auch manche wertvolle Ausführungen; aber wir müssen die Kunstfertigkeit bewundern, womit teils die Dinge auf den Kopf gestellt, teils das Wesentliche beiseite geschoben, dagegen Nichtigkeiten breit erörtert werden. Das Ganze ist eine allen geschichtlichen Tatsachen ins Gesicht schlagende Verherrlichung Österreichs, von dessen jahrhundertelanger „organischen Entwicklung" (!) er redet.

Welche Wahnidee! Während seit Jahrzehnten ringsum der nationale Gedanke erstarkte und im eigenen Österreich-Ungarischen Staat bei den Welschen, Slawen und Madjaren zum aggressiven, unduldsamen Chauvinismus entartete, sollten nach von Kraliks Ansicht die Deutschen „**um höherer Ziele**" willen darüber hinauswachsen. Gleich der erste Satz in seinem Buche heißt: „**Die Geschichte Österreichs ist das Problem, wie mehrere einander fremde Nationen ein einheitliches staatliches Gebilde zu höheren Zwecken der Kultur und Politik ausmachen können.**" „Alles weist auf höhere Probleme, höhere Lösungen hin." S. 94 spricht er von dem „Ideal einer einheitlichen Gliederung der Menschheit, einer einheitlichen, organisierten, sichtbaren Kirche, die alles Staatsleben, alle Wissenschaft, alle Ethik, alle Kunst einheitlich und großzügig bestimmt und zusammenfaßt". S. 254: „Josef II. fühlte sich als Nach-

---

[1]) Sie ist kurz vor dem Weltkrieg erschienen.

folger Karls des Großen." Auf S. 483 wird Schwarzenbergs und Brucks „großartiger Plan" eines gewaltigen Mitteleuropäischen Bundes gepriesen, in den Gesamt=Österreich eintreten sollte, bei dem auch der Beitritt der Schweiz und der beiden Niederlande und eine Zollunion mit Italien vorgesehen war. Wiederholt wird von „Österreichs Mission" gesprochen. Aus einem Buch des Freiburger Professor Buß (1861) führt von Kralik S. 516 ff. zahlreiche Stellen an; da heißt es: „Österreich ist ein Gewächs von 21 Kronlanden, verschieden in Stamm, Sprache, Geschichte, Verfassung, Recht und Interessen. Gegen diese Verschiedenheiten bringt das Konkordat (von 1855) eine politisch unschätzbare Hilfe, indem es unter die 21 Gelasse der Völker der Monarchie ein **sturmfestes Grundgewölbe** durchzieht, welches den Bau in allen Fugen verkittet." Auf S. 531 wird von dem „flachen Nationalitätsprinzip" gesprochen, während „Österreichs Staat auf einer **höheren Basis** beruhte". S. 624: „Die Österreichische Geschichte ist die große, stete, unentwegte Entwicklung eines weltgeschichtlichen Völkergedankens." S. 629: „Österreich ist der einzige Großstaat auf der Erde, der seit Jahrhunderten die Aufgabe hat, verschiedenartige, verschiedensprachige Völker unter einer zusammenfassenden Rechtsform zu vereinigen. Diese österreichische Aufgabe ist **vorbildlich** für die zukünftige Entwicklung der **ganzen Welt**. Es ist Österreichs Aufgabe, der **ganzen Welt** zu zeigen, wie die Lösung möglich ist, so daß sich einst die **Völker der ganzen Erde** in gleicher Rechtseinheit vereinigen können, wie das jetzt die Völker Österreichs zu erreichen haben. Was Österreich anstrebt, **das hat die ganze Welt im großen zu erreichen**. In Österreich wird die **vorbildliche Arbeit** für die Zukunft des **Menschengeschlechts** geleistet ... Österreichs Sache ist **das Erbe des alten römischen Reiches deutscher Nation**, ist die Sache Europas, die **Sache aller Völker der Erde**, die Sache der **höchsten menschheitlichen Kultur, der idealsten Weltanschauung**."

Das Ideal ist also nichts anderes als die **Rückkehr zur mittelalterlichen Staatsidee**, wie es Onno Klopp am Schlusse seines Buches ausspricht, zur „katholischen Staatsidee".

Um dieses „höheren Zweckes willen" ist die Geschichte von Dr. v. Kralik **korrigiert und gefälscht**. Wir sind erstaunt über die Verherrlichung der Habsburger: Der Urkundenfälscher Rudolf IV. (um 1360) wird mit Perikles, Kaiser Maximilian I. mit Alexander dem Großen, Kaiser Josef II., „der in der Weltgeschichte nicht seinesgleichen hat", mit Julius Cäsar verglichen, Belgrad „das neue Troja" genannt. Wir hören, wie sehr Österreich 1854/55, 1859, 1866, 1878, 1912/13 seine „Lebenskraft" bewiesen habe; 1912/13 wurde „Österreichs Bedeutung als Vormacht der höchsten europäischen Zivilisation in überraschender Weise aller Welt geoffenbart". Wir schütteln den Kopf, wenn wir S. 358 lesen: „daß der Befreiungskampf (1813—1815) für ganz Europa mit vollem Erfolg gelang, das ist vor allem Metternichs Hauptwerk." Noch mehr müssen wir gegen die Darstellung protestieren, daß das Haus Österreich **Deutsch-**

land vor dem Schicksal Polens bewahrt habe" und daß Österreich immer „das Hauptbollwerk Deutschlands gewesen sei". Im Gegenteil! — Auch ist es bezeichnend, wie geringschätzig Dr. von Kralik von dem „sogenannten großen" Kurfürsten, von Friedrich dem Großen und der „Seichtigkeit seiner Bildung", von Bismarck spricht; wie er dabei mit der Wahrheit umspringt, zeigt der eine Satz S. 230: „Auch das unterschied Josef II. von Friedrich II., daß er auf unermüdlichen Reisen sich selbst durch den Augenschein vom wahren Zustand seiner Länder zu vergewissern suchte"; weiß Dr. von Kralik nicht, daß niemand seine Länder besser kannte, als Friedrich II. der Große, und daß Josef II. seinem Beispiel f o l g t e ? Natürlich sind bei diesem Geschichtschreiber die Hohenzollern stets im „Unrecht", die Habsburger stets im „Recht", auch bei dem größten Länderschacher. Er kann nicht genug „die organische Entwicklung" des Österreich-Ungarischen Staates preisen, während Preußen und das neue Deutsche Reich eine „Zufallsschöpfung" genannt wird. Welche Verblendung gehörte dazu, um nicht zu sehen, daß sich Preußens Entwicklung seit 1640 auf einer geraden Linie bewegte! — Dr. von Kralik bringt es fertig, „die angeblichen Greuel" der Gegenreformation in Österreich-Ungarn zu leugnen und von der „ungewöhnlichen Nachsicht und Duldsamkeit der Habsburger in kirchlich-religiösen Fragen" zu sprechen.

4.

Über des Jesuiten **Grisar** Lutherbiographie hat Karl Bauer in den „Protestantischen Monatsheften" 1913 eine vortreffliche Abhandlung geschrieben. Grisar nimmt Luther gegenüber „Objektivität" in Anspruch; dazu bemerkt Bauer: „In Wirklichkeit ist diese kühle Weise nicht die vorurteilslose Sachlichkeit des Historikers, sondern das leidenschaftslose Abwägen des U n t e r s u c h u n g s r i c h t e r s u n d S t a a t s a n w a l t s." Luther erscheint als Angeklagter vor dem Forum der Geschichte, und Grisar erhebt öffentliche Anklage gegen ihn. „In die Seele des Angeklagten versetzt er sich nicht anders als der Staatsanwalt, wenn er dem Gerichtshof zeigen will, daß bei der psychischen Beschaffenheit des Inkulpaten von diesem nichts anderes zu erwarten war, als was die Anklage ihm schuld gibt. Und nur da läßt er einen Anklagepunkt fallen, wo er sieht, daß er mit seinem Material ihn nicht beweisen kann; aber verdächtig ist ihm der Angeklagte doch auch da." Das Bild Luthers ist nur scheinbar nach den Quellen gearbeitet, in Wirklichkeit stand es schon immer fest; Grisar macht die üblen Nachreden von Gegnern Luthers zur Grundlage seiner Darstellung. „So ist seine Beweisführung aus den Quellen im Grunde nichts weiter als die Ü b e r t r a g u n g d e s j e s u i t i s c h e n P r o b a b i l i s m u s v o m e t h i s c h e n a u f d a s h i s t o r i s c h e u n d b i o g r a p h i s c h e G e b i e t. Dadurch wird die Geschichte herabgedrückt auf das Niveau der Advokatenkunst, wobei schließlich mit allem alles behauptet und in gewissem Sinne auch bewiesen werden kann."

5.

Seit 1871 geben die Jesuiten eine vielgelesene Monatsschrift heraus, „Stimmen aus Maria Laach" (der Titel lautet jetzt „Stimmen der Zeit"). Wie da gearbeitet wird, das möge ein Aufsatz zeigen, der im November 1915 erschien über „Weltkrieg und Nationalismus". In dem ersten Teil des Aufsatzes unterscheidet der Verfasser, von Dunin, einen wahnwitzigen und einen berechtigten Nationalismus; ferner einen Staat, der die ihm einverleibten Völker in ihrer nationalen Eigenart schont, und einen tyrannischen Staat, der sie unterdrückt.

Man wird dem Verfasser recht geben müssen, daß der wahnwitzige Nationalismus eine (nicht „die") Hauptursache des Weltkrieges gewesen ist. Aber die **Hauptsache vergißt** er, und dadurch werden alle seine Ausführungen schief und seine Folgerungen verkehrt. Der Wahrheit entsprechend hätte von Dunin sagen müssen, daß alles, was er über den falschen, wahnwitzigen, fanatischen, revolutionären Nationalismus und über den tyrannischen Staat sagt, **nur für die anderen** gilt, für die Welschen, Angelsachsen und Slawen, aber nicht für die Deutschen. Trotzdem ist für jeden, der zwischen den Zeilen zu lesen versteht, klar, daß er mit dem wahnwitzigen Treiben der anderen seine Verdammung der deutschen Nationalisten begründen will; wie „jesuitisch"! Wenn von Dunin von „der einseitigen Kleinwelt politischer Quacksalber" spricht, „die mit dem Wörtchen all vor ihrem Volksnamen die Rechtsverhältnisse übernationaler Staaten und die Ansprüche anderer Völker auslöschen wollen", und an einer anderen Stelle von dem „nationalistischen Größenwahn verbohrter Alljuden", so soll der Leser an die bösen Alldeutschen denken, von denen ja unermüdlich häßliche und unwahre Zerrbilder entworfen wurden. Wir dürfen uns nun nicht wundern, daß für von Dunin der Nationalstaat eine niedere Durchgangsstufe ist; auch ihm erschien Österreich-Ungarn als die Verwirklichung des übernationalen Staatsideals.

Der zweite Teil des Aufsatzes trägt die Überschrift „Nationalismus und Religion". Wenn hier geklagt wird, daß die Religion der Beutepolitik dienstbar gemacht werde, daß „der moderne Nationalismus sich an einigen Stellen seiner Schlachtlinie zum Bundesgenossen der Religion oder doch religiöser Gedanken aufspiele", so trifft dies wiederum nur für die anderen zu. Es wäre Pflicht des Jesuiten von Dunin gewesen, gerade auf Grund seines reichen Materials auf den großen Unterschied zwischen uns Deutschen und den anderen hinzuweisen und zu sagen: Alles, was ich über einen wahnwitzigen Nationalismus und tyrannischen Staat ausgeführt habe, trifft nur für die anderen zu, nicht für uns Deutschen. Nur bei uns Deutschen gibt es einen gesunden und berechtigten Nationalismus, der leider viel zu wenig gepflegt wird. Je mehr wir ihn fördern, um so stärker werden wir; wenn wir ihn vernachlässigen, gehen wir zugrunde.

6.

Der Universitätsprofessor **Albert von Ruville** hat auf dem Mainzer Katholikentag 1911 einen Vortrag über „Katholischer Glaube, Geschichtswissenschaft und Geschichtsunterricht" gehalten. 1912 veröffentlichte er das Buch „Der Goldgrund der Weltgeschichte; zur Wiedergeburt katholischer Geschichtschreibung".

Voraussetzung ist für ihn: „Der Geschichtsforscher muß ein gläubiger Katholik sein" (S. 122).

Die wissenschaftliche Methode des katholischen Geschichtsforschers ist folgende: „Das Ganze muß dem Einzelnen vorangehen" (S. 99); er schafft sich, auf dem festen Grund der katholischen Wahrheit[1]), ein Gesamtbild. Dann prüft er mit allen Mitteln der historisch-kritischen Methode an den tatsächlichen Verhältnissen, ob dieses Gesamtbild richtig ist. Er kann gewiß sein, daß seine Ergebnisse nicht in Widerspruch zur Lehre der katholischen Kirche geraten. — **Gerät der Gelehrte bei seinen Forschungen dennoch in Konflikt mit der kirchlichen Lehre, so soll er seine Zuflucht nehmen zum Gebet und zum heiligen Altarsakrament, zur Eucharistie.** Freilich sieht er sich, wo unangenehme Dinge über kirchliche Einrichtungen und Personen behauptet werden, oft „genötigt", **mit seinem Urteil zurückzuhalten**[2]), nicht ohne weiteres auf fremde Forschung sich zu verlassen, sondern **zu schweigen, bis bessere Information erreichbar ist**" (S. 221). Diese „Selbstbescheidung" übe er nicht aus Furcht.

Den Protestanten gibt Ruville den Rat: Werdet katholisch! Dann werden euch die Augen aufgehen für die Herrlichkeit und göttliche Wahrheit der katholischen Kirche.

Die katholische Wissenschaft fordert sogar einen **polizeilichen Schutz** ihrer dogmatisch konstruierten, korrigierten und gefälschten Geschichte. Eine **kirchliche** Polizei besteht ja schon. Aber man verlangt auch eine **staatliche Polizei**; kein Geringerer, als der spätere Reichskanzler **von Hertling** hat geschrieben: „Ich halte es allerdings für das gute Recht der bürgerlichen Gesetzgebung, diejenigen Wahrheiten, auf deren Geltung ihr geordneter Bestand beruht, mit dem **Schutze des Gesetzes** zu umgeben und die öffentliche Verbreitung entgegengesetzter Irrtümer, deren Konsequenzen zu einer Auflösung derselben führen würden, unter Strafe zu stellen. Der Umfang dieser Wahrheiten läßt sich allerdings nicht in einer allgemein gültigen Weise bestimmen. Wo ein Volk in der überwiegenden Mehrheit seiner Glieder an einem bestimmten kirchlichen Bekenntnisse festhält, wird man aber dieses mit allem, was es einschließt, dazurechnen."

---

[1]) Diese „katholische Wahrheit" ist aber nichts anderes als die dogmatisch konstruierte und korrigierte Geschichte.

[2]) Das heißt auf gut Deutsch: der katholische Geschichtsforscher soll unangenehme Tatsachen **verschweigen und unterschlagen**.

7.

Die Jesuiten sind so „wissenschaftlich, objektiv und wahrheitsliebend", daß sie auch die moderne **Statistik** bei ihren Untersuchungen zu Hilfe ziehen. Die Jesuiten Pesch, von Hammerstein, Krose haben auf diesem Gebiete gearbeitet. Der Anfang wurde gemacht mit einer **konfessionellen Bilanz**, um zu zeigen, daß die katholische Kirche der protestantischen weit überlegen sei. Weil man aber die **intellektuelle und wirtschaftliche Rückständigkeit der Katholiken** nicht bestreiten konnte, warf man sich mit um so größerem Eifer auf die **Moralstatistik, Selbstmordstatistik, Kriminalstatistik.** Nur schade, daß sich bei sorgfältiger Nachprüfung herausstellte, daß von einer Überlegenheit der Katholiken gar keine Rede sein kann, daß sie vielmehr oft schlechter abschneiden als die Protestanten. Dasselbe gilt von der **Geburtenrückgangs- und Kirchenaustrittsstatistik** der jüngsten Zeit.

Und wo man die Rückständigkeit der Katholiken nicht leugnen kann, da scheut man sich nicht, sie auf die planmäßige Zurücksetzung derselben zurückzuführen. Es ist eine wahrheitswidrige, dreiste Behauptung, wenn der Jesuit Krose und Dr. Rost sagen, daß „die Protestanten die Verfügung über die Staatskrippe in rücksichtsloser Weise zum eigenen Vorteil ausbeuteten" oder „daß in Preußen wie in Bayern im Laufe des verflossenen Jahrhunderts eine dem Katholizismus abholde Tendenz geherrscht habe".

Gröbere Mittel der Geschichtsfälschung.

1.

Neben der „katholischen Wissenschaft" führen **Kundgebungen der Päpste, Hirtenbriefe der Erzbischöfe** einen leidenschaftlichen Kampf gegen die Wahrheit:

1. „Wenn Rom gesprochen hat, so gibt es für mich keinen Standpunkt mehr." Als der „Friedenspapst" Leo XIII. in der Enzyklika vom 5. Mai 1888 die Verdienste der Päpste **um die Sklavenbefreiung** rühmte, da erscholl sofort das Echo auf den Katholikentagen: „Das Papsttum habe die Ketten der Sklaverei nach und nach gebrochen." Es ist eine **Geschichtsfälschung**. In Wahrheit hat die Papstkirche den Sklavenhandel früher legitimiert, und das päpstliche Rom war die **letzte** europäische Stadt, die Sklaven hielt. Dagegen haben **deutsche Protestanten** in Amerika schon 1688 ihre Stimme gegen den Negerhandel erhoben, und **dem englischen Protestanten Wilberforce** gelang es im Anfang des 19. Jahrhunderts, im englischen Parlament den Beschluß der Abschaffung der Sklaverei durchzusetzen. Die Katholiken folgten meist nur widerwillig dem Druck der öffentlichen Meinung.

Welch unerhörte Beschimpfung Luthers stand unmittelbar vor dem Weltkrieg (1914) in dem **Hirtenbrief des Erzbischofs von Florenz**:

> Luther habe Könige, Fürsten und Barone gewonnen infolge seines eigenen Evangeliums, welches ihnen gestattete, zu **stehlen und zu morden** und so viel Frauen zu nehmen, wie ihnen beliebte. Des weiteren gewann Luther die Jugend dadurch, daß er ihr **freie Liebe** predigte

und Krieg jedwedem Gewissensbedenken erklärte. Die Bauern gewann Luther durch die Vorspiegelung, daß sie nach dem Sturz des Papsttums **weder Steuern noch Abgaben** zu zahlen hätten. Die Folgen der Reformation waren, daß die Häresie (Ketzerei) wie der Lavastrom eines Vulkans alles Leben in jenen Ländern ausdorrte.

Kampf gegen die Wahrheit! Der Papst Leo XIII., „die Leuchte der Wissenschaft", hat die **Bücherzensur** 1897 und 1900 neu organisiert (den **Index**, d. h. das Verzeichnis verbotener Bücher), und sein Nachfolger, Pius X., ist ihm eifrig gefolgt[1]). Vergebens wandten sich im Jahre 1907 deutsche Katholiken ehrerbietigst in einem Schreiben an den Papst Pius X.:

„Sodann wollest du, heiligster Vater, falls die völlige Beseitigung der namhaften Indexverurteilungen nicht angängig sein sollte, grundsätzlich alles das aus den Indexdekreten für immer beseitigen, was zumal **dem germanischen Volksgewissen aufs allertiefste widerspricht**, und das ist vor allem die Verurteilung ohne Anhörung der Angeklagten, die Geheimhaltung der Gründe möglicherweise vor dem Verurteilten und endlich die Verpflichtung des Verurteilten zum Schweigen ohne die gleichzeitige Schweigepflicht für sämtliche kirchlichen Gegner des Verurteilten."

Die Antwort war die Enzyklika gegen den „Modernismus" (1907); drei Jahre später wurde allen Priestern der „Antimodernisteneid" auferlegt, und zwar forderte Pius X. nicht nur äußere Unterwerfung, sondern auch innere Zustimmung; der Priester soll auf jede Selbständigkeit des Denkens verzichten.

Wir haben es in den letzten Jahrzehnten wiederholt erlebt, daß katholische Wahrheitsucher, deutsche Geistliche und Theologieprofessoren, welche auf Grund gewissenhafter historischer Studien Abhandlungen oder Bücher veröffentlichten, die an irgend einer Stelle von der dogmatisch korrigierten Geschichte abwichen, **gemaßregelt und zum Widerruf gezwungen wurden**: Schell, Merkle, Kraus, Ehrhard, Schnitzer, Wahrmund.

Die Päpste verlangen, daß die geschichtlichen Tatsachen geradezu auf den Kopf gestellt werden. Der gewaltsamen Unterdrückung der historischen Wahrheit müssen auch die **Schulbücher** dienen. Im Anhang der Katechismen stand ein „kurzer Abriß der Religionsgeschichte". Wir müssen staunen über den Mut, mit dem hier der Jugend ein ganz entstelltes Bild geboten wird: alles Häßliche, das in der römischen Kirche vorgekommen ist, wird **verschwiegen**. Dagegen heißt es von der Reformation: „Luther gewann in kurzer Zeit einen großen Anhang; denn der **leichtsinnigen** Volksmasse gefiel die **bequeme**, dem **sinnlichen** Menschen zusagende Lehre, und den **habsüchtigen** Großen kam die Auf-

---

[1]) Papst Pius X. (1903—1914) betrachtete den Kampf gegen den „**Modernismus**" als seine Hauptaufgabe. Es war ein Kampf gegen
    den souveränen Staat,
    die nationalen Bestrebungen,
    vor allem aber gegen die Freiheit der Wissenschaft,
besonders der **historisch-kritischen Methode**. Die Männer, die mit heißem Bemühen und aufrichtiger Liebe der Wahrheit und der Kirche zugleich zu dienen glaubten, waren für Pius X. „Unbotmäßige, Entgleiste, eitle Gecken, die von sich reden machen möchten"; er redete von „starrsinnigem Dünkel, frecher Neugier und Anmaßung". Eine Kundgebung nach der andern erging gegen die gefährlichen „Modernisten", gegen die unbequeme Geschichtsforschung.

hebung der Klöster und Stifter sehr gelegen." Natürlich ist Luther an den Bauernkriegen schuld. Alle Greuel der Religionskriege des 16. und 17. Jahrhunderts werden den Protestanten zugeschoben. Es wird von der blinden Wut erzählt, mit welcher die Hugenotten Priester, Mönche und Nonnen scharenweise ermordet hätten; kein Wort von der Bluthochzeit. Auch die französische Revolution wird als Folge des Protestantismus hingestellt.

Nicht viel besser war es in den „Lehrbüchern der katholischen Religion für höhere Schulen". Domkapitular Dr. Dreher bringt es fertig, beim Abfall der Niederlande von der Enthauptung „der kalvinischen Führer Egmont und Hoorn zu sprechen¹).

2.

Auch die **Volksliteratur**, volkstümlich geschriebene Bücher und Flugschriften dienen der Korrektur der Geschichte:

Ein trauriges Machwerk ist das unter der Hand massenweise vertriebene Buch „**Luthers galante Abenteuer**" von Besenbacher (3 Bände). Einige Kapitelüberschriften lauten: „Der Venusprediger", „Luthers Jugendsünden", „Der Prophet auf Freiersfüßen", „Luthers türkischer Harem", „Ein ergrauter Liebhaber."

Die „Kreuzritter" von Sienkiewicz sind ein Tendenzroman schlimmster Art. Er behandelt die Entscheidungskämpfe zwischen dem deutschen Ritterorden und den Polen, die zur Schlacht bei Tannenberg (1410) führten. Die deutschen Ordensritter erscheinen durchweg als nichtswürdige Teufel, die Polen als heilige Tugendbolde. Gerade dieser Roman hat nicht wenig dazu beigetragen, unter der polnischen Jugend den Haß gegen das Deutschtum zu schüren.

Für die urteilslosen Massen sind die erbaulichen Geschichtsbücher über die **Heidenmission** bestimmt. Man weiß nicht, worüber man mehr staunen soll, über die Dreistigkeit, mit der diese „Geschichtschreiber" ihre Lügen verbreiten, oder über die Dummheit der Leser, die sich solches bieten lassen.

3.

Korrektur der Geschichte! In der nachbismarckschen Zeit gelang es dem politischen Katholizismus, die Staatsgewalt in seinen Dienst zu zwingen:

Auf den Volksschulen wurde die Hauptsache unserer deutschen Geschichte dem **Kaplan** überlassen. Katholische Geistliche, die den Antimodernisteneid geleistet hatten und deshalb nur die dogmatisch korrigierte Geschichte vortragen durften, wirkten im Auftrag des Staates an den Volksschulen, Höheren Schulen und Universitäten.

Auf Veranlassung der staatlichen Behörden wurden in den Schul- und Lehrbüchern, sogar für fremdsprachlichen Unterricht, solche Aussprüche und Tatsachen unterdrückt, welche geeignet zu sein schienen, „das Gefühl der katholischen Schüler zu verletzen", d. h. welche der kirchlichen Richtung unbequem waren. Obgleich die ganze deutsche Geschichte der Hauptsache nach eine Auseinandersetzung mit Rom ist, sollten der germanische Arianismus, die

---

¹) Wir staunen über die selbstmörderische Toleranz und feige Kampfesscheu der deutschen, besonders der preußischen Regierungen, die gegen solchen Unfug nicht einzuschreiten wagten.

Kämpfe zwischen Kaisertum und Papsttum, Reformation und Gegenreformation, alle Konflikte zwischen Staat und Kirche aus dem Geschichtsunterricht entfernt werden. Was bleibt dann übrig?

Auch wurden von Staats wegen Bibliotheken, namentlich **Schülerbibliotheken** „gereinigt". Das ging so weit, daß Bücher über die Hohenstaufen-Kaiser, in denen von „deutscher Treue" und „welscher Tücke" die Rede war, entfernt wurden. Geschichtsbücher, welche wahrheitsgemäß den großen Kampf zwischen theokratischem Universalismus und Nationalismus, zwischen Priester- und Laienkultur, zwischen Asien und Europa in den Mittelpunkt stellten, wurden als „für Schülerbibliotheken ungeeignet" abgelehnt, z. B. 1911 meine „Angewandte Geschichte".

Aufsehen erregte im Jahre 1914 eine Verfügung des **Bayrischen Kultusministeriums** über die Schülerbibliotheken. Hier wurde nicht nur katholischen, sondern auch evangelischen Schulen ein Dürerbuch empfohlen, in welchem protestantenfeindliche Geschichtsfälschungen standen.

IV.
Konjunktur-Geschichtschreiber.

Nach der Novemberrevolution 1918 forderten die siegreichen Flavusdeutschen und ihre jüdisch-römischen Hintermänner: „Die Geschichtswissenschaft und der Geschichtsunterricht müssen sich wandeln; sie müssen in Fragen des staatlichen Machtgedankens, des nationalen Gedankens, der Selbständigkeit des Staates, seiner Verfassung, auch der sozialen und wirtschaftlichen Verhältnisse Anschauungen vertreten, die der herrschenden Demokratie entsprechen." Mit anderen Worten: **Das Dogma soll die Geschichte korrigieren.**

Wir bedauerten, daß der Leipziger Geschichtsprofessor **Walter Götz** dieser Forderung in einem Vortrag „die deutsche Geschichtschreibung des 19. Jahrhunderts und die Nation" nachgab. Er stellte die historischen Tatsachen auf den Kopf, indem er die romantische Bewegung als eine nur störende Episode aus der deutschen Geistesgeschichte zu streichen suchte und die wissenschaftliche Entwicklung des 19. Jahrhunderts als eine selbstverständliche Fortsetzung des Rationalismus des 18. Jahrhunderts hinstellte. Damit rückte er der längst überwundenen Weltanschauung der „Aufklärung" bedenklich nahe. Mit Recht spottete Georg von Below[1]), daß **all die alten Ladenhüter** wieder zum Vorschein kommen und als das „Modernste" gepriesen werden. Da lesen wir von „Objektivität" und „reiner Wissenschaft", die sich nicht, wie bei von Sybel und von Treitschke, politisch beeinflussen lasse; von der „Kulturgeschichte, die nicht immerfort von Königen, Staatsmännern und Feldherren erzähle". **Alte Ladenhüter!** Professor Götz weist dem Geschichtsunterricht die Aufgabe zu, das Volk von dem „Kultus der Macht" und von der Wirkung „alldeutscher Äußerungen" zu befreien; da stehen bissige Bemerkungen über Treitschke und Bismarck. Und wie es in der ganzen

---
[1]) In der Schrift „Die parteiamtliche neue Geschichtsauffassung", Langensalza 1920.

nachbismarckschen Zeit Leute gab, welche meinten, durch wachsende Nach=
giebigkeit die zunehmenden Ansprüche unserer Feinde überwinden zu
können, so behauptet Götz, die demokratische Gefahr hätte durch Bismarck
und seine Nachfolger durch fortschreitende Demokratisierung des Staates
beseitigt werden können. Im Gegenteil! Die demokratische Gefahr
hätte überwunden werden können, wenn man ihr unter Wilhelm II. ent=
schlossen entgegengetreten wäre, statt davor zurückzuweichen.

Viel gefährlicher war die historische Belletristik der Nach=
kriegszeit, die sich als „Wissenschaft" gebärdete. Neben Hegemann und
Wiegler taten sich besonders der Pazifist Herbert Eulenberg und
der Jude Emil Ludwig hervor, der seinen Namen „Cohn" schamhaft
verschwieg. Es erschienen umfangreiche Bücher über „Friedericus", „Na=
poleon", „Bismarck", „Wilhelm II.", „Die Hohenzollern". Emil Ludwig
konnte im Ausland als bedeutendster Vertreter der deutschen Literatur
auftreten, wurde sogar vom Papste empfangen, der ihm gesagt habe:
„Den Weltkrieg hat Luther verloren."

Erfreulicherweise nahmen endlich (1926 und 1928) angesehene Ver=
treter der Geschichtswissenschaft Stellung gegen diese durch jüdische Reklame
weitverbreiteten Machwerke. Aufsätze der „historischen Zeitschrift" er=
schienen als Sonderdruck unter dem Titel „historische Belletristik".

Aus der Einleitung des Rostocker Universitätsprofessors Schüßler seien
folgende Sätze wiedergegeben:

„Wir stellen nur eines fest: Die Geschichte hat einen Doppelcharakter;
sie ist Kunst, sofern sie es mit der Darstellung zu tun hat; sie ist Wissen=
schaft, soweit sie die Quellen behandelt.

Hier ist der Punkt, wo die Geschichtsforschung als Wissenschaft Protest
gegen die neueste Literatur im Stile Hegemanns, Ludwigs, Eulenbergs
und anderer erheben muß. Mag deren Darstellung noch so feuilletonistisch
gehalten sein; das ist in diesem Falle unwichtig; **die Behauptung
dieser Literaten jedoch, daß ihre Machwerke Wissen=
schaft seien oder sie ersetzen könnten, ist zurückzu=
weisen.** Denn keiner von ihnen hat den leisesten Begriff von
Quellen und von deren methodischer Behandlung (die allerdings gelernt
sein will); keiner ahnt etwas von dem Wesen der Kritik; keiner
weiß, was historische Anschauung und Wertung ist; kurz, unsere Wissen=
schaft erlebt es, daß Dilettanten einbrechen und ihre Limonade als edlen
Firnewein anpreisen.

Der Erfolg dieser Werke ist nur möglich angesichts der kaum glaub=
lichen Kritiklosigkeit auch sogenannter Gebildeter. Das allgemeine Kultur=
niveau ist so gesunken, daß die vorliegende ‚historische Belletristik' (ein
Gemisch von plumpster politischer Tendenzmacherei, Feuilletonismus und
bodenloser Kritiklosigkeit) die geistige Nahrung ungezählter gläubiger
Leser sein wird."

Als Düsseldorfer interessierte ich mich besonders für meinen Lands=
mann Herbert Eulenberg, zumal da ich 1926 aus nächster Nähe
erlebte, wie sowohl die Spitzen der Behörden, als auch die Vertreter der

Presse, als auch die Bürgerschaft diesem Geisteshelden bei seinem fünfzigsten Geburtstag wie einem Halbgott huldigten. Bald darauf erschien sein Geschichtswerk „Die Hohenzollern", das großen Absatz fand. Offenbar hielt Eulenberg es für eine Empfehlung, wenn er nach unserem Zusammenbruch als tapferer Held dem toten Löwen Fußtritte versetzte. Ich habe mich eingehend mit dem Buche beschäftigt und bald darauf in meinen Akademischen Vorlesungen gegen diese Art von „Wissenschaft" protestiert. Eulenberg selbst nennt seine Darstellung „**etwas derb und borstig, flott und frech**". Was er den Lesern bietet, sind Zerrbilder. Für die gewaltige Aufbauarbeit der Hohenzollern nach dem Dreißigjährigen, dem Siebenjährigen und nach den Napoleonischen Kriegen fehlt ihm jedes Verständnis. Um so eifriger leuchtet er in ihre Schlafzimmer hinein, und es geht durch sein Werk eine Art von Enttäuschung, daß so wenig scandalosa zu erzählen sind, daß vielmehr das Ehe- und Familienleben der meisten Hohenzollern nüchtern-bürgerlich verläuft. Diejenigen Hohenzollern, die etwas aus der Art geschlagen sind, kommen noch am besten bei ihm fort. Mit Geringschätzung spricht Eulenberg über die letzte Kaiserin Auguste Viktoria, über ihre klösterliche Erziehung, ihre Kirchenbauerei und Starrgläubigkeit. Im übrigen kann er es nicht lassen, Dinge zu erzählen, von denen er selbst zugibt, daß es sich um Klatsch handelt und sich die Wahrheit nicht feststellen lasse: Klatsch über die Königin Luise, Klatsch über die Kinderlosigkeit Friedrich Wilhelms IV. und über angebliche Kinder Wilhelms I. Aus jeder Zeile des Buches spricht der Haß des Demokraten und Pazifisten Eulenberg gegen das Preußentum und seine „Soldatenspielerei", und was dieser „Fortschrittsmann" selbst als politische Weisheit bietet, sind alte Ladenhüter der französischen Aufklärung.

Mit Recht hat die „Rheinische Landeszeitung" im Januar 1936 eine Ehrung Eulenbergs zu seinem 60. Geburtstag abgelehnt, statt dessen einen Artikel abgedruckt, in dem Eulenberg 1923 seinem Abscheu gegen den preußischen Militarismus Ausdruck gab. Zugleich erinnerte sie daran, daß er beim Beginn des Krieges, als jeder deutsche Mann seine Pflicht für das Vaterland tat, den Kronprinzen um Befreiung vom Militärdienst gebeten und die Befreiung auch erlangt hat.

Konjunktur-Geschichtschreiber! Wird Eulenberg den Anschluß an das Dritte Reich gewinnen? Ich war erstaunt, daß ausgerechnet dieser Pazifist und Demokrat, Preußenhasser und Antimilitarist sich gedrungen fühlte, zum 100. Geburtstag Heinrich von Treitschkes (15. September 1934) einen Festartikel in den „Düsseldorfer Nachrichten" zu veröffentlichen.

Möge unser Drittes Reich von Konjunktur-Geschichtschreibern verschont bleiben!

Schlagwort- und Namensverzeichnis.

Abraham 9.
Adler 259.
Aegypten 15, 177, 285.
Afghanistan 284.
Agis 47.
Alarich 110.
Alexander der Große 22, 53.
Alexander III., Papst 144.
Alexander VI., Papst 168 f., 226.
Alexandrinismus 59.
Alldeutsche 459.
Allegorie 88 ff.
Altes Testament 5 ff., 24 ff., 88 ff.
U.-S.-Amerika 233, 245, 249, 268, 286 ff., 333.
Anglomanie 233, 324.
Antiochos 68.
Apostolikum 151.
Araber 16.
Arbogast 108.
Arianer 112 ff.
Arier 16.
Ariovist 105.
Aristoteles 41, 44.
Armin 11, 105.
Arndt 300.
Arnold von Brescia 137.
Arsakiden 23.
Asien 56.
Aspar 108.
Assyrer 15.
Athanasianer 112 ff.
Athen 3.
Attentate 259.
Aufklärung 42, 229 ff., 428, 440
Augsburger Religionsfrieden 218.
Augustinus 91, 121, 129, 425.
Augustus 107, 212, 387.
Auserwähltes Volk 29.
Australien 246.
Avesta 23.

Babylon 6, 15, 17.
Babylonische Gefangenschaft 25 f, 145.
Balkanhalbinsel 251, 277, 311.
Baltikumtruppen 373.
Barnabasbrief 90.
Bauer 380.
Bauernkrieg 199.
Baumgartner 454.
Belgien 239, 336 f., 344.
Benedikt XV. 139, 346.
von Bethmann-Hollweg 344 ff., 444.
Bildungsschwindel 395 ff.
Bibel 5, 137 f., 167, 173, 191.
Bismarck 49, 175, 205, 211, 241, 253, 279, 313, 323, 361, 410, 436.
Blocher 398.
Böhmen 161.
Bolschewismus 21, 358, 388, 421.
Bonifatius 125.
Bonifatiusverein 221.
Bonifaz VIII., Papst 145 f.
Brasilien 258.
Buckle 442.
Burke 432.
Burenkrieg 283, 285.

Calvinisten 175.
Canisius 213.
Carnot 300.
Carlyle 301.
Cäsar 70, 75, 106.
Cesare Borgia 106, 363.
Cavour 456.
Chamberlain 280, 292.
Chammurabi 18.
China 284.
Chlodwig 115 f., 130.
Chronika 26.
Cimbern und Teutonen 105 f.
Clemens VII. 168 f., 174.
Clemens XIV. 216 f.
Crémieux 262.
Crispi 258.
Cromwell 231.
Cyprian 120.

Daniel 29, 34 f.
Dante 165 f.
Danton 300.
David 26.
Dawes-Abkommen 374.
Delaisi 244.
Demokratie 38 ff., 65, 229 ff., 357.
Deutscher Orden 162.
Dezius 98.
Diluvium 10.
Diokletian 98.
Diplomatische Künste 66.
Divide et impera 67.
Dogmatismus und Doktrinarismus 58, 233, 429.
Dollfuß 419.
Dreibund 304, 325, 336.
Dreiverband 323.
Dschingis-Chan 20.
Dualismus 141, 174.
Duhr 454 f.
von Dunin 459.
Duplex potestas 130 ff., 154.
Du Bois Reymond 445.

Ebert 381.
Eduard VII. 260.
Eigenkirchenrecht 116.
Elsaß 179, 296, 298.
Eisner 359.
Emanzipation 239, 262.
England 231, 244, 249, 268, 280 ff., 293 f, 312, 332.
Erasmus 195.
Erzberger 352 f., 359, 379.
Esther 28.
Esra 25.
Euhemeros 1.
Eulenberg 465.
Europäisches Gleichgewicht 293.
Evers 203.

Ferdinand I. 182.
Ferrer 259, 267.
Fichte 263.
Ficker 437.
Förster, Wilhelm 311, 358.
Frankreich 213, 233, 244, 288 ff., 296 f.
Freiheit 56 f., 247.
Freiheitskriege 293.
Freimaurerorden 229, 254 ff, 273.
Friedensschlüsse 302, 361 f.
Friedrich I., Barbarossa 130, 160, 176.

Friedrich II. von Staufen 133, 141, 160.
Friedrich III. von Habsburg 177, 181.
Friedrich II. 229, 237, 295, 349.
Friedrich Wilhelm, der Gr. Kurfürst 204.
Friedrich Wilhelm IV. 405, 432.
Fürsten 162, 194.
Fürstentümer, geistl. 196 f.

Gambetta 267.
Garantien 365.
Garibaldi 258.
Gegenreformation 182 f.
Geld 38 f., 63 f.
Germanen 105 ff.
Gero 106.
Geschichtsfälschung 24 ff., 45 f., 113 ff., 126, 171, 308, 452 ff., 461.
Gnostiker 91.
Goebbels 368.
Goethe 209, 354, 410, 453.
Görresgesellschaft 315, 452.
Görreslexikon 224.
Gracchen 75.
v. Graefe 373.
Gregor VII. 131 ff., 144, 269.
Gregor IX. 133, 140 f, 145.
Gregorovius 110 ff., 126 ff., 166 ff.
Griechen, die alten 36 ff.
Griechenland, Königreich 251, 340.
Grisar 458.
Großdeutsche 211.
Großstädte 79 f.
Grote 49.

Haag 292, 319.
Habsburger 175 ff., 180 ff., 204, 276, 325, 436.
Habsburger und Hohenzollern 204 ff.
Hadrian IV. 144
v. Hammerstein 453.
Hampe 131 ff.
Hannibal 66.
Hanse 162.
Harnack 87, 90, 93 ff.
Hase 99, 128, 134.
Hasse 399.
Hastings 283.
Heiler 96.
Hefele 151.
Der Heilige Geist 150 f.
Heine 268.
Heinrich I. 161.
Heinrich IV. 131 f.

Hellenismus 93.
Herakles 2
v Hertling 460.
Hexen 138, 148.
Hexenbulle 140.
Hexenhammer 140.
Hippolytos 97.
Hitler 279, 368, 389, 412, 421, 451.
Hoensbroech 214, 217.
Hohenzollern 51, 175, 204.
Holland 294.
Homer 8, 88 433.
Hongkong 292.
Humanisten 165 ff.
Humbert 259.
Hunnen 20, 108.
Hussitenkriege 162.
Hutten 194.

Jakob 9.
Janssen 148, 200, 451.
Jesuiten 150, 212 ff., 227 ff., 451 ff.
Jesus 33, 84 ff., 99, 410.
Ignatius Loyola 215.
Imperialismus 317, 342.
Imponderabilien 342.
Index 462.
Indien 23, 283.
Indogermanen 16.
Innitzer 418.
Innozenz III. 132, 139, 145.
Innozenz IV. 133, 146.
Innozenz VIII. 140, 168.
Inquisition 139, 146.
Inspiration 31.
Internationalismus 364.
Internationale Kulturgemeinschaft 80 f., 395.
Investitur 130 f.
Johann XXII. 146.
Priester Johannes 427.
Irrationale Kräfte 430.
Josef II 259.
Josias 25.
Irland 286.
Irredenta 307, 369.
Israel 24.
Italien 164, 177, 251, 303 ff., 307, 315.
Juden 24 ff., 87 ff., 240, 262 ff., 413 ff.
Julius II. 168 f.
Jungfrau v. Orleans 303.

Kaiserkult 82 f.
Kanonisches Recht 59, 141.
Kanossa 132.
Kant 143, 269.
Kaperwesen 281.
Kapitalismus 264.

Karl der Große 4, 134, 158 f., 297.
Karl IV. 162, 176
Karl V. 174.
Karl der Kühne 298.
Karthago 69.
Kastenwesen 22.
Katharina v. Bora 187.
Katholische Staatsidee 376, 457.
Katholikentage 208, 210 f., 218.
Katholische Wissenschaft 451.
Kautsky 48, 85, 359, 447.
Kekrops 2.
Ketteler 219.
Ketzer 90, 97, 137, 357.
Kiautschau 292.
Kirche 23, 37.
Kirchenstaat 169.
Kleisthenes 40.
Kleomenes 47.
Klerus 22.
Klopp Onno 455 f.
Kolonisation 281.
Kommunismus 43, 48, 85.
Konjunktur-Geschichtschreiber 464 ff.
Konkordat 177, 415, 420.
Königinhofer Handschrift 308.
Konstantin der Große 98.
Konstantinische Schenkung 126 f.
Konzil zu Nizäa 99, 125.
Konzilien 115, 149 f.
Kopenhagen 281, 295.
Kosmopolitismus 264.
v. Kralik 194, 203, 220, 271, 456.
Krauß 348.
Kreuzzüge 133, 427.
Kriegstheorien 361.
Kultur 143, 395, 421.
Kulturgemeinschaft 80, 154 ff.
Kulturphrasen 265, 441.
Kulturträger 140, 280 ff.
Kyros 2, 33.

Lacordaire 153.
Lagarde 402
Lamprecht 443 f., 447.
Laurentius Valla 167.
Lenz 451.
Leo I. der Große 123 f.
Leo III. 129.
Leo X 168 ff., 173, 199.
Leo XIII. 138, 224, 462.
Lessing 209, 453.
Liebig 446.
Linnebach 362.
Lloyd George 366.
Lothar 132.

Lothringen 296.
Ludendorff 345.
Ludwig XIV. 179, 182, 215, 299ff.
Ludwig XVI. 234f., 257, 259.
Luther 84, 159, 170, 173, 175, 185ff., 208, 410.
Lykurgos 4, 47.

Macaulay 118.
Macchiavelli 127.
Magie 93, 141.
Majunke 147.
Malmedy 364.
Munlius Capitolinus 64.
Manning 451.
Marcion 90.
Marduk 6f.
Marianische Kongregation 223.
Marokko 289.
Mars 62.
Marx, Marxismus 448f.
Mazedonien 52f., 67ff.
Mazzini 258.
Menschenrechte 233.
Metternich 206.
Metz, Toul, Verdun 296ff.
Mexiko 286.
Michelei 260f., 276, 285, 302, 314, 416.
Militarismus 207, 319.
Miller 139, 415.
Minkiewicz 309.
Mittelalter 104, 157.
Mittlere Linie 321ff., 344f.
Mitteleuropa 293ff., 391.
Modernismus 462.
Monarchie 52.
Mönchtum 93.
Mongolen 16.
Montefiore 267.
Moses 8.
Muckermann 385.
Mysterien 93.
Mystiker 149.
Mythe 1.

Napoleon I 182, 236.
Nat. soz. deutsche Arbeiterpartei 394.
Naturrecht 42.
Negerjagden 281.
Nehemia 25.
Nepotismus 170.
Nero 87.
Neutralität 338f., 346.
Nibelungensage 2.
Niebuhr 432ff.
Niederlande 179, 293.
Nikolaus I., Papst 128.
Nikolaus v. Cusa 128.

Noah 7.
Nobilität 73.
Nomaden 19.
Noske 392.

Odoakar 108.
Odysseus 9.
Offenbarung 31.
Oligarchie 52.
Opiumkrieg 284.
Orphiker 37f.
Ostelbier 320.
Ostgoten 108.
Österreich und Österreich-Ungarn 176, 271, 301, 310, 348, 419, 423, 439, 456f.
Otto I. der Große 159ff., 438.
Otto III. 160f.

Panslawismus 390.
Panslawismus 291f.
Papsttum 118ff., 135ff., 168ff., 269.
Paradies 7.
Parlamentsherrschaft 231.
Parther 23.
Patrizier 63ff.
Paulus 87, 119.
Pazifismus 211, 269ff.
Pergamum 67.
Peisistratos 3, 40.
Perikles 42.
Perser 15, 23.
Peter der Große 290ff.
Petrus 119.
Philipp von Hessen 188.
Philipp von Mazedonien 53.
Philipp II. von Spanien 179, 212.
Philo 89, 94.
Phöniker 15, 19.
pia fraus 121.
Pichler 113.
Pippin 127.
Pius X. 462.
Pius XI. 386.
Plato 44, 51, 92.
Plebejer 63ff.
Plutokratie 65, 71f.
Pöhlmann 19, 42, 49, 79.
Polen 161, 164, 309, 342.
Politischer Katholizismus 207.
Pombal 311.
Porfirio Diaz 286.
Portugal 258, 267, 311.
Porsch 219.
Presse 246.
Preußentum 204ff., 208, 236f., 439.
Priesterherrschaft 23.

Primat 126, 154.
Pseudoisidorischen Dekretalen 127f.
Pufferstaaten 304, 311.
Puffervölker 305.
Punische Kriege 66.

Rabulistik 97, 221.
Ranke 203, 434ff.
Rathenau 358, 378, 389.
Rationalismus 59, 428.
Reformation 185ff., 447.
Rekkared 115.
Renaissance 158f., 164ff., 170.
Republik 50, 78.
Reventlow 326.
Reunionen 297.
Revolution 199f., 231f., 234, 239f., 257f., 299, 336.
Rheingrenze 296.
Richelieu 298.
Ricimer 108.
Rickert 439.
Rollentausch 98, 165, 182.
Rom 61ff., 110ff., 120, 144f., 270, 273, 332, 421.
Rom und Juda 273ff., 306f., 327, 376, 381.
Romantik 436.
Römisches Reich deutscher Nation 160, 384f., 437f.
Romulus 5.
Rosenberg 415, 416.
Rousseau 234.
Rotteck 440f.
Rudolf I. 180.
Rudolf IV. von Oesterreich 176f.
Rußland 253, 284, 290ff., 305, 312, 388.
Rückständigkeit 406.
Ruville 460.

Saargebiet 367f., 418.
Säkularisation 196.
Salomo 27.
Sassaniden 24.
Saul 26.
Scharrelmann 400.
Scheidemann 352, 356, 380.
Scheindemokratie 71ff., 243ff.
Schiller 209.
Schlageter 382.
Schmoller 287.
Schnitzer 451.
Schöpfung 6.
von Schubert 116, 128.
Schuschnigg 420.
Schwanitz 356.
Schweiz 179, 305.

Semiten 15 f.
Seneka 80.
Separatisten 383.
Serbien 336.
Servius Tullius 64.
Severing 382.
Sienkiewicz 309, 463.
Sieyès 235.
Sigmund 162.
Silvester, Papst 127.
Simonie 130 f., 170.
Sintflut 7.
Sklavenbefreiung 461.
Sklavenhandel 281 ff.
Sokrates 41, 92.
Solon 3, 39 f.
Sophisten 41.
Sozialdemokratie 41, 240, 350 f.
Soziologen 442 f.
Spanien 139, 181, 212, 309, 389.
Sparta 44 ff.
Spengler 449 f.
Staatsanleihen 349.
Statistik 248, 461.
Status quo 277, 422.
Stedinger 140.
Stein, Frhr. von 237, 382.
Sterilisierung 416.
Stilicho 108.
Stoiker 54, 80, 88.
Stolypin 259.
Straßburg 296, 299.
Stresemann 381.
Sumerer 17.
v. Sybel 178, 426 f., 434, 437.

Syllabus 225.
Synkretismus 89, 99.
Syrakus 44, 53.

Tannenberg 164.
Tataren 19, 388.
Tertullian 96.
Teutoburger Wald 107.
Theater 406.
Theoderich der Große 111, 114, 157.
Theodosius der Große 123.
Theokratie 21 ff., 65, 82 ff., 356.
Theseus 3.
Thomas von Aquin 142, 210.
Thukydides 43.
Tiberius 106.
Timur 20.
Toleranz 231.
Torquemada 139, 170.
Tradition 149, 151 f.
Trebitsch 275.
Treitschke 238, 402, 434, 444.
Tridentiner Konzil 138, 150, 213.
Trotzki 268, 358.
Tschechen 308.
Türkei 258, 277, 310.

Ulfilas 112.
Ultramontanismus 240.
Unfehlbarkeit 149.
Ungarn 161, 258.
Universalismus 34 ff., 100.
Urvertrag 232
Usipeter und Tenchterer 106.

Valentinian III. 123.
Vandalen 108, 114.
Vandalismus 111.
Vatikanisches Konzil 150.
Vereinfachung 410.
Vertragstheorie 232.
Völkerbund 366 f.
Völkerverbrüderung 334.
Volkshochschule 408 ff.
Volkssouveränität 231, 234.
Voltaire 428 ff.
Vulgata 32, 138.

Wahl 233 ff.
Wellington 295.
Weltbürgertum 264.
Weltfreimaurerei 267.
Weltfriede 269.
Weltkrieg 330 ff.
Weltreiche 34 ff., 269.
Westfälischer Friede 177. 278.
Westgoten 108, 115.
Wichern 219.
Wiener Kongreß 180, 279.
Wiener Konkordat 177.
Wilberforce 461.
Wilhelm I. 329.
Wilhelm II. 211, 321, 343, 405.
Wilson 34, 245, 333, 339.
Windthorst 219.
Wirth 222, 359, 381.
Fr. Aug. Wolf 433.
Wolgast 400.

Zeno 80, 88.
Zentrum 222 f., 240.
Zisterzienser 162.